2019
安吉年鉴

ANJI NIANJIAN

安吉县史志办公室　编

当代中国出版社
Contemporary China Publishing House
2020年·北京

图书在版编目(CIP)数据

安吉年鉴. 2019/安吉县史志办公室编. -- 北京：当代中国出版社，2020. 1

ISBN 978-7-5154-1008-1

Ⅰ. ①安…　Ⅱ. ①安…　Ⅲ. ①安吉县—2019—年鉴　Ⅳ. ①Z525.54

中国版本图书馆 CIP 数据核字(2020)第 003956 号

出 版 人　曹宏举
责任编辑　姜楷杰
特约编辑　施海萍
封面设计　钟　诚
版式设计　杭州美迪图文设计有限公司
出版发行　当代中国出版社
地　　址　北京市地安门西大街旌勇里 8 号
网　　址　http://www.ddzg.net　邮箱：ddzgcbs@sina.com
邮政编码　100009
编 辑 部　(010)66572264　66572154　66572132　66572180
市 场 部　(010)66572281　66572161　66572157　83221785
印　　刷　浙江全能工艺美术印刷有限公司
开　　本　889 毫米×1194 毫米　1/16
印　　张　31.75 印张　880 千字
版　　次　2020 年 1 月第 1 版
印　　次　2020 年 4 月第 1 次印刷
定　　价　200.00 元

三要推动社会治理更加有序。要总结好、推广好、发展好乡村治理“安吉经验”，全面推动基层治理现代化。深入推进“平安安吉”“法治安吉”建设，有序提升基层治理“四个平台”功能，扎实推进“七五”普法工作，深入开展扫黑除恶专项斗争，积极推进“三无村社”创建，全面普及“家园卫士”，提标扩面“村居雪亮工程”，进一步健全立体化社会治安防控体系。要严格落实党政领导干部安全生产责任制，杜绝重大安全事故发生，确保平安考核进入省前20位。

8.关于加强党的建设的问题。做好下半年工作，党的建设是根本保障。全县各级党组织要认真学习贯彻习近平总书记在全国组织工作会议上的重要讲话精神，坚决扛起主责、抓好主业、当好主角，推动党建责任层层落实落地。

一要把党的政治建设摆在首位。坚持以党的政治建设为统领，确保在政治立场、政治方向、政治原则、政治道路上始终同以习近平同志为核心的党中央保持高度一致。要加强和改善党的领导，充分发挥党委总揽全局、协调各方的领导核心作用，支持人大、政府、政协依法依章履职，将统战、群团工作纳入党建总体布局，加强党管武装，深入推进军民融合发展。要加强和规范党内政治生活，提高民主生活会和组织生活会质量，严格执行民主集中制，落实和完善党委(党组)集体议事规则、决策程序和责任追究制度。

二要提升思想建设工作成效。把坚定理想信念作为党的思想建设的首要任务。按照中央和省市委统一部署，扎实组织开展“不忘初心、牢记使命”主题教育，引导广大党员干部自觉用党的创新理论武装头脑。巩固提升“坚定‘两山’路、奋进新时代”主题活动成果，进一步增强党员干部“感恩奋进”的责任感和使命感。要严格落实意识形态工作责任制，有效发挥舆论宣传主阵地作用，围绕纪念改革开放40周年、“八八战略”实施15周年、“红船精神”“两山”理念系统阐述和发表13周年等，精心策划一批主题新闻宣传，唱响主旋律，弘扬正能量，不断浓厚“‘八八战略’再深化、改革开放再出发”的氛围。

三要建设高素质专业化干部队伍。要坚持党管干部原则，把政治标准放在第一位，注重在发展实践中甄选干部、在工作一线中考察干部、在群众口碑中检验干部。要严格落实机构改革要求，选优配强领导班子、增强班子整体功能。健全干部教育培训机制，全面增强广大干部八个方面本领。大力培养选拔优秀年轻干部，实施“美丽后备”培养计划，加快助推成长成才。要满怀热情关心关爱干部，坚持严格管理和关心信任相统一，进一步健全鼓励激励、容错纠错和能上能下“三项机制”，完善和落实谈心谈话制度，在政治上激励、工作上支持、待遇上保障、心理上关怀，不断增强干部的荣誉感、归属感、获得感。

四要加强基层党组织建设。以提升组织力为重点，突出政治功能，深入推进“美丽党建”强基行动，推动基层党组织全面进步、全面过硬。牢固树立“党的一切工作到支部”的鲜明导向，实施新一轮“百村示范、千村晋位”专项行动，积极推行党支部“B+T+N”建设，不断建强基层战斗堡垒。要强化基层党组织带头人队伍建设，深化村(社区)书记视频交流会机制，深入开展基层党组织书记轮训，提高履职本领和服务群众能力。继续推进两新党组织“双量提升”行动，不断提升两新组织党建工作整体水平。

五要深入推进清廉安吉建设。严格落实“两个责任”，推动全面从严治党向纵深推进、向基层延伸。加快“清廉乡村”建设，年内完成38个村(社区)创建。持之以恒正风肃纪，深入落实中央八项规定精神，巩固拓展作风建设成果。扎实推进监察体制改革，充分发挥乡镇(街道)监察办公室职能作用。加大违纪违法案件查办力度，有案必查、有腐必惩，全年完成对59个行政村巡查，坚决查处发生在群众身边的不正之风和腐败问题。广大党员干部特别是领导干部，要不断增强政治定力、纪律定力、道德定力、防腐定力，切实以优良作风和过硬形象，共同维护好安吉政治生态的绿水青山。

同志们，自强靠奋斗，奋斗见行动！让我们更加紧密地团结在以习近平同志为核心的党中央周围，在省市委的坚强领导下，团结带领全县广大党员干部群众，不忘初心、牢记使命，更加自觉、更加坚定、更加奋发有为地扛起“干在实处永无止境，走在前列要谋新篇，勇立潮头方显担当”的新责任新使命新担当，一步一个脚印，踏踏实实干好工作，为高质量建设中国最美县域而努力奋斗！

安吉县人民代表大会常务委员会工作报告

——在安吉县第十六届人民代表大会第三次会议上

(2019年1月22日)

安吉县人大常委会主任　陆为民

各位代表:

我受安吉县人大常委会的委托,向大会报告工作,请予审议,并请列席会议的同志提出意见建议。

一、2018年工作回顾

过去一年,是我县经济社会发展砥砺前行、卓有成效的一年,也是县人大及其常委会工作开拓创新、不断发展进步的一年。一年来,县人大常委会在县委的坚强领导下,高举习近平新时代中国特色社会主义思想伟大旗帜,深入贯彻落实党的十九大和省市县委全会精神,始终坚持党的领导、强化法治意识、牢记为民宗旨、弘扬实干精神,认真履行法定职权,为建设中国最美县域作出了积极贡献。

一年来,县人大常委会共召开常委会会议12次、主任会议16次,听取和审议专项工作报告40次,开展执法检查和视察调研66次,作出决议决定和审议意见28项,圆满完成县十六届人大二次会议确定的目标任务。

(一)围绕中心,服务大局,着力推动改革发展

服务发展是人大工作的第一要务。一年来,常委会自觉践行新发展理念,牢牢把握发展新常态,充分发挥人大制度优势和作用,不断为改革发展大局加油助力。

*主动作为,服务经济提速赶超。*聚焦规划实施,对“十三五”规划及老龄、教育、水利、交通、残疾人五个专项规划实施情况开展调研,审议规划中期评估报告,要求政府补齐补好短板、高质量实施规划。围绕“优化营商环境年”行动,视察工业经济发展、对外贸易等工作,并走访110余家企业,为其转型发展提供指导支持。紧盯重点建设(民生实事)项目,全程跟踪92个项目推进进度和质量,开展“双满意度”评价。落实国有资产管理监督要求,全面建立国资管理情况报告制度,首次审议国资管理情况综合报告、行政事业单位国资管理情况专项报告。加强政府性债务监督,调研“两区”和乡镇(街道)债务管理情况,督促抓好债务化解和风险防控。调研财政征收等工作,要求主管部门在探索增收途径、落实征收举措、服务地方经济上下功夫。调研督查“最多跑一次”改革工作,梳理“跑改”涉及法律法规修改事项提交省人大,推动破解改革瓶颈制约。

*持续聚焦,推动生态建设提升。*落实生态环境状况报告制度,县乡两级人代会首次审议环境报告,实现全覆盖。高度关注饮水安全,首次成立特定问题调查委员会,对赋石、老石坎、凤凰三大水库污染源问题开展调查,为水库水质提升和水库流域治理提供对策依据。围绕森林城市建设,作出确定县树县花的决定,推动全民爱绿植绿护绿。紧盯城镇环境治理提升,视察“优雅竹城”建设发展、城中村改造及拆后利用、老旧小区改造、小城镇环境综合治理工作,推动巩固治理成效、助力文明城市创建。上下联动开展固废污染防治等执法检查,督促政府部门加强薄弱环节整改。

*积极融入,助力乡村振兴发展。*建立县人大联系行政村工

作制度，由常委会领导、各专工委分别结对一个行政村，加强联系指导，协助破解村级发展难题。对涉农代表建议开展“回头看”督查，督促职能部门在毁竹开垦治理、竹产业发展等方面加强问题破解。聚焦农林事业发展，先后视察小鲵国家级自然保护区建设管理、笔架山农业高新园区建设、森林资源保护及涉林违法犯罪案件查处、农家乐与民宿污水治理运维等工作。助力破解“三农”突出问题，调研“美丽乡村”经营、农民持续增收等工作，并提出推动产业兴旺、破解要素制约、培优乡村文化等对策建议。

精准问效，深化财政预算监督。对财政报告初稿和预算初步方案进行初步审查，相关审查意见得到重视和落实。推动预算编制工作实现五个突破性的首次，年度财政报告首次全面编列一般性公共预算支出明细，首次编制国有资本经营预算草案，首次编制政府重大投资项目资金安排及专项资金预算，首次报告经批准举借债务规模、结构、使用及偿还情况，首次向县人代会提交审查全部64个部门108个预算单位预算草案，预算编制工作规范性完整性透明性有效提升。出台《监督审计查出问题整改工作办法》，全程督促审计查出问题整改。指导乡镇做好民主参与式预算审查监督，推动乡镇预算编制工作进一步民主化规范化。

（二）关注民本，汇聚民意，着力推动民生改善

人大的根基在人民。一年来，常委会坚持把满足人民美好生活需要作为人大监督的出发点落脚点，积极推进社会民生事业进步，努力让群众共享改革发展成果。

聚焦热点，回应社会关切。首次举行问政会，代表就热点问题，面对面询问政府部门负责人，应询部门答复措施并积极落实，城区停车难等问题得到较好解决。紧盯幼儿“入园难”问题，督查新建小区配套幼儿园建设移交工作，促成龙山庄园等小区明确幼儿园移交时间。对早教机构管理开展“回头看”督查，推动主管部门出台教育培训机构审批和管理规定，加强行业监管。跟踪职业教育审议意见落实，视察职教校企合作共同体建设，推动职教中心设立四个校企合作冠名班。围绕医疗体制改革，调研医共体建设工作，推动解决中医院2号住院大楼项目资金难题。持续关注“菜篮子”工程，调研食品安全管理、农产品质量安全等工作，建议政府加强源头和重点领域监管，保障舌尖安全。

督好实事，增进民生福祉。全面落实民生实事项目代表票决制，实现县乡两级人代会和街道议政会全覆盖，共票决产生130件民生实事，内容涵盖饮水安全、就业扶持、残疾人保障等多个方面。加强实事督办，建立“看听问评”全程监督机制，开展办理满意度评价，推动实事办好办实，年度所有项目均如期见效。向代表广泛征集2019年实事项目线索，组织代表开展43次接待活动，共征集建议120余条，梳理后转交各级政府，夯实民生实事民意基础。

倾听呼声，畅通民意表达。坚持将人大信访工作作为知民情、解民忧的重要渠道，采取高效受理交办、全程督办、及时答复等处理机制，努力在法治轨道办信办访，有效保障群众合法权益，共接待群众来访130人次，推动解决信访难题30余件。同时，发挥代表的桥梁纽带作用，通过联系选民、提好建议、联络站接待等方式，广泛收集民情并转交政府部门研究处理，较好化解一批群众诉求。

（三）保障公平，维护正义，着力推动法治建设

法治事关正本立纲。一年来，常委会始终以加强法治为己任，充分发挥监督职能，不断推进依法行政和公正司法，切实保障“法治安吉”建设全面深入实施。

强化法治意识，促进依法行政。加强法律监督，先后对《社会养老服务促进条例》、《旅游法一法一条例》、《台湾同胞投资保障条例》等开展七项执法检查，推动法律法规有效实施。深化部门工作监督，评议县科技局和交通运输局工作，开展满意度测评，并督促落实评议意见、提升依法行政水平。首次启动部门案件评审，评审县公安局和市场监管局2017年已办结行政处罚案件，并督促抓好整改。加强规范性文件备案审查，共审查33件，切实维护法制统一。

深化司法监督，督促公正司法。持续跟踪司法体制改革进程，专题视察法院、检察院司改效果，推动“两院”更好落实司法责任制、增强司法公信力。聚焦生态司法保护，先后视察环境资源审判和生态检察工作，要求强

化恢复性司法理念、进一步推进生态司法实践。抓好“两官”履职监督,对员额法官、检察官开展述职测评,督促依法履职、公正司法。加强法院执行工作监督,跟踪《关于进一步推进法院执行工作的意见》落实情况,推动破解执行难题。

优化任免制度,规范人事任免。坚持党管干部和人大依法任免相统一,认真落实任前法律知识考试、审议表决、宪法宣誓、述职测评等制度,努力做到任前知情、任时知人、任后知行。加强干部任后监督,开展常委会任命的政府工作部门负责人述职测评,促进人大任命干部依法有效履职。全年共任免地方国家机关工作人员97人次。

(四)激发活力,创优载体,着力推动代表履职

人大工作的主体是代表,活力靠代表。一年来,常委会不断加强和改进代表工作,全力支持和推动代表依法履职,确保代表主体作用得到充分发挥、有效发挥。

抓学习培训,增强代表履职水平。制订年度培训计划,将人大综合素质提升班纳入教育主体班次,对代表中心组组长、人大干部开展集中轮训。常态化邀请代表列席会议、参与视察活动,每周推送学法案例,扩大代表知情知政渠道。指导代表小组制定个性化学习方案,坚持小组培训与自学相结合,培养代表履职能力。依托代表履职“一本两表”,掌握履职动态,实施全程考评督促,并开展优秀县代表和先进县代表小组评选,提高代表履职积极性。

抓主题实践,激发代表履职活力。深化“比拼履职、争做表率”主题实践,先后开展“共创文明城市从代表做起”“振兴乡村代表在行动”“我为营商环境献计出力”“履职促民生”等专项活动,共推动解决难题130余个。围绕文明城市创建,组织“城乡美化彩化”主题活动,动员各级代表植树种绿3000余株,并参与创建宣传1200余人次。紧扣烟花爆竹禁售禁放,发动各级代表争当“双禁”倡导者、践行者和守护者,先后开展宣传劝导150余次。

抓载体优化,拓宽代表履职渠道。继续深化“主任接待代表周”活动,在集中接待、督办重点建议基础上,常委会领导分赴联络站,听取代表建议并督促落实。加强联络站建设,做精一站一品,建成10个五星级联络站。健全联络站意见建议处理等机制,收集建议800余条,解决问题630余项。市县领导带头进联络站接待群众,履行代表职责。规范议政会运行,指导各街道在专业议政员小组、项目督查、履职考评等方面探索实践,履职效果有效提升。

抓全程督办,提升建议办理质效。明确六件重点建议,由常委会领导牵头督办、政府领导分工领办,先后促成全县域禁售禁放烟花爆竹、凤凰农贸市场改建营运等成果。紧盯单位临时变更、面商不充分、重答复轻落实等现象,采取预交办、代表确认面商后再续办、督查解决效果、纳入部门考核等措施,有效破解一批老大难问题。县人代会134件议案建议均答复完毕,面商率、办结率和代表满意率均达到100%,一批社会热点难点问题得到推动解决。

(五)顺应形势,强化本领,着力推动自身建设

打铁必须自身硬。一年来,常委会坚持把强化自身摆在突出位置,持续深化政治、思想、作风等各项建设,切实增强履职能力,更好适应新时代人大工作要求。

加强学习研究,增强素质本领。坚持将学习融入日常、抓在经常,学深悟透习近平新时代中国特色社会主义思想和各级重要会议精神,自觉用科学理论武装头脑、推动工作。结合履职实践,深入学习习近平总书记关于坚持和完善人民代表大会制度重要思想,有效提升能力水平。深化人大调查研究,围绕发展难点、社会热点开展调研,为县委决策和政府落实工作提供重要参考。全年共开展中心组学习10次、“党纪教育一刻钟”13次,调研专项课题9项。

加强一线履职,展现实干作风。抓好党风廉政建设,推进“两学一做”制度化常态化,持续加强和改进工作作风。不断深化“四新”“拼比争”等主题实践,以一线标准、实干要求开展人大工作。常委会领导积极投身“坚定‘两山’路、奋进新时代”主题活动,全力做好领办项目推进、外贸企业问难帮困、重点扶持村帮扶等工作;县人大机关干部主动参与招商引资、文明劝导等活动;各乡镇(街道)人大和各级代表也在服务中心大局中发挥积极作用。

加强平台建设,拓宽履职保障。推进“智慧人大”建设,完善

○4月26日，全国改善农村人居环境工作会议在安吉大年初一风景小镇召开。中共中央政治局委员、国务院副总理胡春华出席会议并讲话

○1月4—5日，2018年全国林业厅局长会议在安吉美林度假村召开

○9月7日，全国“四好农村路”管理现场会在安吉大年初一风景小镇召开

○11月30日，全国发展乡村民宿推进全域旅游现场会在安吉大年初一风景小镇召开

○10月18日，举行“一片叶子富了一方百姓”安吉溪龙党员捐赠茶苗启运仪式。浙江省委常委、常务副省长冯飞出席并讲话

○12月28日，浙江省自然博物院试开馆仪式举行

○11月30日，文化和旅游部党组书记、部长雒树刚（前排左二）来余村调研

○9月7日，交通运输部部长李小鹏（左二）来余村调研

○8月24日，湖州市委书记马晓晖（前左三）来安吉县调研乡村治理和旅游工作

○6月9日，湖州市委副书记、市长钱三雄（中）来安吉县调研工业项目推进情况

○6月12日，县委书记沈铭权（前左二）率队赴章村调研“坚定‘两山’路、奋进新时代”主题活动、乡村振兴工作等推进情况

○8月28日，县委副书记、县长陈永华（左二）率队调研交通及城区有关项目建设情况

○12月26日，县人大常委会主任陆为民（左二）带队专题调研示范区经济发展工作

○6月25日，县政协主席叶海珍（右二）视察县内全国文明城市创建工作

○7月16日，县委副书记、政法委书记赵德清（右二）参加梅溪镇公共法律服务中心“三调联动”调解中心揭牌仪式

○8月15日，“两山”理念与实践国际会议在安吉举行

○10月22日，安吉县《美丽乡村建设指南》国家标准项目获2018年浙江省标准创新重大贡献奖

○9月12日，乡村治理工作地方标准规范新闻发布会召开

○12月14日，全国首个《放心消费示范村建设与管理规范》（DB 330523T30-2018）地方标准规范在县内发布

○11月2日，“航空工业杯”第六届国际无人飞行器创新大奖赛暨2018安吉航空嘉年华开幕式举行

○9月28日，杭长高速公路开发区互通工程镇海至安吉公路安吉矮部里至南北庄段工程开工仪式举行

○10月26日，申嘉湖高速公路安吉孝源至唐舍段工程开工仪式举行

○11月3日，2018第十一届中国美丽乡村·安吉投资贸易人才洽谈会开幕

○10月29日，安洽会重点项目集中开竣工仪式举行

○2月8日，中源家居股份有限公司在上海证券交易所A股主板上市

○3月7日，2017年度安吉经济发展风云榜颁奖盛典举行

○9月23日，“两山热土·浙里丰收”——庆祝2018年首届中国农民丰收节活动在余村举行

○9月10日，2018安吉县庆祝第34个教师节暨“敏实杯”最美教师颁奖典礼举行

○8月，建设中的新第三小学

○2月5日，2017“安吉骄傲”年度最具影响力人物事件评选活动颁奖盛典举行

○8月16日，2018安吉县庆祝首个中国医师节暨“最美天使”评选颁奖典礼举行

○7月12日，浙江省第十六届省运会皮划赛艇比赛在安吉赋石皮划赛艇基地举办

○8月20日，正在举行的浙江省第十六届运动会火炬传递活动

○9月20日，正在进行的浙江省第十六届运动会公路自行车比赛

○9月22—25日，浙江省第十六届运动会柔道比赛在龙山体育中心举办

○9月27日，安吉县递铺街道鲁家村村委会主任裘丽琴（左三）参加在美国纽约举行联合国最高环境荣誉——“地球卫士奖”颁奖典礼

○8月27日，参加发展中国家落实2030年可持续发展议程研修班的七十多位非洲国家官员来安吉郎村村开展畲汉文化交流活动

编辑说明

一、《安吉年鉴》是中共安吉县委员会、安吉县人民政府主办，安吉县史志办公室编纂的综合性地方年鉴，是集知识、信息于一体，具有政府公报性质的综合性资料工具书，旨在全面系统地逐年记载安吉县政治、经济、文化、社会的基本面貌和发展状况。

二、本年鉴记载时间为2018年1月1日至12月31日。

三、本年鉴按部类分为11编，即特载、专记、大事记、概述、政治、基础设施、经济、教科文卫体、社会生活、名录、乡镇街道概况。为方便读者检索，采用编、章、节、目四个层次的结构形式，不同层次的标题用字体、字号等加以区别。

四、本年鉴所采用的稿件，均由有关单位专人撰写或提供，并经供稿单位领导把关，县保密局作保密审查。凡涉及县内国民经济和社会发展全局性的数据，以县统计局统计为准，统计局未作统计的，由各业务部门提供。个别数据会因资料来源和统计口径各不相同而不尽一致。

五、本年鉴的编辑出版工作，得到全县各乡镇(街道)、部门等有关单位的大力支持，谨此表示感谢。由于我们的编辑水平有限，书中难免有疏漏和不足之处，恳请广大读者批评指正。

《安吉年鉴》编辑部

2019年10月

主办

中 共 安 吉 县 委
安吉县人民政府

《安吉年鉴》编辑部

主　　编:唐银荣

副 主 编:江　燕

执行主编:鲍根贵　徐基本

责任编辑:李　凌　毛丽云

编　　辑:梅　松　胡江伟　张　倩

特　载

专　记

2018 年大事记

概　述

政　治

基础设施

经　济

教科文卫体

社会生活

名　　录

乡镇街道概况

索　引

Contents

Infrastructure

Economy

Education, Science and Technology, Culture, Health and Sports

Social Life

Directory

Profile of Towns and Streets

Indexes

坚定信心　勇担使命
真抓实干高质量推动中国最美县域建设取得新突破

——在县委十四届四次全体(扩大)会议上的报告

(2018年7月30日)

中共安吉县委书记　沈铭权

各位委员、同志们:

这次会议的主要任务是:高举习近平新时代中国特色社会主义思想伟大旗帜,深入学习贯彻党的十九大和习近平总书记重要指示精神,认真落实省委十四届三次全会、市委八届四次全会决策部署,按照省委"'八八战略'再深化、改革开放再出发"、市委"十问湖州、十大专项行动"的要求,回顾总结上半年工作,研究部署下半年任务,进一步团结动员全县上下坚定信心、勇担使命、真抓实干,奋力推动中国最美县域建设取得新成效,以优异成绩向改革开放40周年、"八八战略"实施15周年献礼。

下面,我代表县委常委会向全会报告工作。

一、关于上半年工作回顾

县委十四届三次全会以来,县委常委会团结带领全县广大党员干部群众,坚持以习近平新时代中国特色社会主义思想为指引,坚决贯彻落实中央、省市委重大决策部署,围绕"两聚一美"发展大局,实干担当、奋勇争先,全县经济社会发展取得了新进展、新成效。回顾半年来的工作,我们着重抓了五件大事。一是全面贯彻落实习近平总书记重要指示精神。我们坚持把学习贯彻习近平总书记对安吉的重要指示精神作为最突出的政治任务,加强领导、精心组织、周密安排,确保层层传达学习到位、贯彻落实到位。目前,已落实"白叶一号"帮扶湖南、四川、贵州等3省4县34个贫困村,预计带动1862户5839名建档立卡贫困人口增收脱贫。《人民日报》头版头条刊发相关经验做法并配发评论员文章,点赞安吉党员干部群众。二是成功承办全国改善农村人居环境工作会议。4月26日全国改善农村人居环境工作会议在我县召开,面对光荣的使命和艰巨繁重的任务,我们以高度的政治责任感和饱满的工作热情,以超常的毅力和过硬的作风,保障大会取得了圆满成功,得到了各级各界的高度肯定和一致好评,大大提升了安吉生态文明的知名度和美誉度。三是启动实施十大重点改革发展领域三年行动。围绕高质量、现代化、竞争力的发展要求,组织开展绿色家居提升、企业培大育强、平台优化升级、现代服务业提升、融杭接沪深化、城镇综合改造提升、乡村振兴战略实施、基本公共服务提升、公民文明素质提升、人才队伍培育等十大行动,全面推动中国最美县域建设。四是部署开展"坚定'两山'路、奋进新时代"主题活动。根据省委"大学习大调研大抓落实"、市委"提标杆破难题助赶超"专题调研活动要求,部署开展"坚定'两山'路、奋进新时代"主题活动,围绕"奋进九问",实施"六大行动",累计走访农户12万户,收集意见建议1万多条,解决"关键小事"1700余件,进一步浓厚了全县上下"拼比争、看变化"的干事创业氛围。五是全力夺取经济社会发展"半年红"。我们始终坚持发展第一要务,统筹抓好改革发展稳定各项工作,经济运行稳中向好、稳中提质、稳中增效。上半年,全县地区生产总值增长8.9%;财政总收入和地方财政收入分别增长26.3%和25%;规上工业增加值增长9.9%;城镇居民收入、农村居民收入分别增长8.5%和9.4%。

上半年的具体工作和成效,主要体现在五个方面:

1.抓项目、促转型,产业发展提质增效。县委常委会认为,抓项目就是抓发展,抓好项目就是抓高质量发展,必须更加突出以高端优质项目引领经济转型发展。项目"双进"持续发力。建立健全"产业招引、项目评审、环境监测、系统考核"工作机制,构筑招商统筹新体系,累计引进市定"大好高"项目20个,其中科尔卡诺、洁美电子等投资均超10亿元,养生堂智能生活产业园是我县首个被认定首期固投超20亿元的项目。创新建立项目联推机制,重大项目开工21个、竣工2个,实现有效投资52.8亿元。培大育强成效显现。修订实施工业经济新政,建立年度"双金""双高"企业培育库,着力推动企业做大做优做强。中源家居主板上市,万昌家具新三板挂牌。恒林椅业成为"金牛"企业,实现"双金"企业零突破。洁美科技入围省电子信息产业百家重点企业。创新驱动逐步增强。中德智能冷链物流技术研究院获评省级重点实验室,惠嘉生物获得省科技进步一等奖。首次全职引进"国千"1名,柔性引进"万人计划"、杰出青年、长江学者等顶尖人才5名。上半年,战略性新兴产业、高新技术产业分别增长14%和11%。

2.推改革、扩开放,发展动能加快释放。县委常委会认为,改革强动力,开放添活力,必须坚定不移深化改革、扩大开放,加快释放赶超发展新动能。重点改革不断推进。纵深推进"最多跑一次"改革,全面实施"无差别全科受理","跑一次"事项覆盖率达98.3%。企业投资项目"一窗服务""标准地""承诺报备制""亩均论英雄"等改革加快推进。营商环境不断优化。深入开展"优化营商环境提升年"活动,在全省率先启动营商环境监测,设立投资环境监测点122家,抽样调查良好率80%以上。金融市场运行稳健,上半年,全县银行业金融机构各项存贷款余额较年初分别增长10%和11.7%,不良贷款率为0.47%。创新实施"13130"督查机制,进一步优化政务环境,提高工作效能效率。对外开放不断深化。主动融入长三角一体化发展战略,申嘉湖高速西延、长湖申航道、306省道、303省道等一批项目快速推进,商合杭高铁安吉站成功增加到发线。对外贸易继续扩大,家具、竹产业基地入选国家外贸转型升级出口基地。

3.优环境、提品质,全域美丽持续提升。县委常委会认为,生态是安吉最大的优势,必须始终坚持"全域美丽",以文明城市创建为抓手,全面提升县域环境美丽指数。城乡建设提档升级。城中村改造、城市有机更新稳步推进,穆王东路、石佛路、塘浦大道等完成改造贯通。全面启动15个小城镇环境整治点建设。大力推进乡村振兴,制定实施"10+1"政策套餐,"田园鲁家"获评国家首批农村产业融合发展示范园。环境治理纵深推进。"三四五"联动持续加力,累计拆违50万平方米,"三改"75万平方米,拆后利用率达88%,PM2.5浓度同比下降15.9%,33个河长制断面水质达标率均为100%。夺得"五水共治"大禹鼎两连冠。文明新风逐步形成。深入开展"文明出行劝导""礼让斑马线"等活动,全面推行城区智慧停车,创新施划停车方向标识,城市管理更加精细规范。在全省率先启动"垃圾不出村"试点,积极开展城镇生活垃圾分类处理,"移风易俗文明治丧"有力推进,县域"双禁"全面实施。

4.惠民生、增福祉,社会大局和谐稳定。县委常委会认为,要让人民在"两山"实践中不断增强获得感幸福感安全感认同感，必须始终坚持以人民为中心，办好民生实事，更好地顺应民生需求。民生保障有效增强。新设养老机构2家，实现7家医院跨省异地联网结算。特困人群缴费补助和大病保障倾斜制度不断完善，困难人员医疗负担有效减轻。城镇登记失业率较去年末下降1.6%。成功创建浙江省无欠薪县。公共事业有序发展。省自然博物园、数字图书馆、昌硕小学、天子湖镇卫生院等民生工程加快建设。改造提升村级卫生服务站17家，顺利通过国家卫生县城复评。高考再传捷报，一段上线人数实现五年连续增长。成功创建省基本教育现代化县。社会治理有力推进。深化"平安安吉""法治安吉"建设，扎实推进扫黑除恶专项斗争，"一中心四平台""村居雪亮工程""家园卫士工程"等工作机制全面加强，实现省平安县十三连冠，成为全国首批农村幸福社区建设示范县，连续两届获评四年一度的全国平安建设先进县。

5.强党建、聚合力，实干氛围不断浓厚。县委常委会认为，事业是实干出来的，幸福是奋斗出来的，必须始终坚持实干担当、奋勇争先，把总书记对安吉的谆谆嘱托和重要指示转化为"拼比争、看变化"的强大动力。思想建设全面引领。持续深化党性党纪教育一刻钟、理论学习中心组、"主题党日"等制度，创新开设"感恩奋进大家谈"等宣讲平台，认真组织学习宣传党的十九大精神，特别是总书记对安吉的嘱托指示精神，引导全县广大党员干部不忘初心、感恩奋进。基层组织全面提升。深入实施"美丽党建"强基行动，下派28名"第一书记"到村任职。强化干部一线比拼，累计选派351名干部服务招商招才、企业发展、城中村改造等中心工作。坚持严管厚爱，认真落实干部带薪年休假、疗休养等各项制度。管党治党全面落实。延伸监督网络，向15个乡镇（街道）派出监察办公室，着力打通监察"最后一公里"。保持正风反腐高压态势，开展中央八项规定精神落实情况专项检查，查处问题12起，处理17人。认真落实统一战线、党管武装等工作，群团工作继续走在省市前列，老干部、关心下一代等各项工作取得新进展。

同志们，以上是县委常委会上半年以来的主要工作。这些成绩的取得，是中央、省市委坚强领导的结果，是全县广大党员干部同心协力、奋力实干的结果，是社会各界支持配合、积极参与的结果。在此，我代表县委常委会，向各位委员以及全县广大党员干部群众和社会各界人士，表示衷心的感谢和崇高的敬意！

在肯定成绩的同时，我们也要清醒地认识到，对照人民日益增长的美好生活需要，我们的工作还存在一些差距和不足，发展不平衡不充分问题仍然比较突出：经济底盘不够大，特别是缺少带动性强的大项目、大企业的支撑，稳增长的基础还不够牢固；创新发展的动能还不够强，融杭接沪的步伐还要进一步加大；改革落实的力度还有待加强，营商环境优化还有大量工作要做；城乡融合发展的水平还不够高，群众对优质生态产品、生态作品的需求还不能得到很好满足；全面从严治党还需进一步加强，干部的服务能力和水平还需进一步提高。对这些问题，我们要勇于面对，采取坚决有力的措施加以解决。

二、关于当前的发展形势

今年是"八八战略"实施15周年，习近平总书记对浙江工作作出重要指示，强调"干在实处永无止境、走在前列要谋新篇、勇立潮头方显担当"。安吉备受总书记关心关爱，备受党中央、省市委高度关注，深入贯彻落实总书记对浙江工作的重要指示精神，争当新一轮县域发展的弄潮儿和排头兵，首要在担当，关键在担当，根本在担当。今年以来，安吉"两山"实践的各方面优势正在持续叠加，长期向好的趋势更加明显，我们要清醒认识当前的发展形势，以更大决心、更足干劲决胜"全年红"，以更实作为、更强担当奋力推动中国最美县域建设取得新成效。

牢记嘱托，提升站位勇担当。今年以来，习近平总书记连续五次点赞安吉，给予了安吉新的嘱托和期望，特别是总书记对黄杜村党员向贫困地区捐赠白茶苗一事作出重要指示强调，要增强饮水思源、不忘党恩的意识，弘扬为党分忧、先富帮后富的精神，给了我们极大的鼓励和鞭策。先富帮后富，关键在先富，根本在发展。这份沉甸甸的嘱托和期望，是我们做好下一步工作、推动安吉加快赶超发展的精神引领和基本遵照。我们要不断提高政治站位，强化大局意识、标杆意识、责任意识，切实将各项工作做得更好，决不辜负习总书记和党中央、省市委的殷切期望。

抢抓机遇，加快赶超勇担当。今年以来，各级各界支持安吉发展的热潮不断涌来，目前已有47个省级部门出台了支持安吉“两山”实践的政策。省委、省政府也将指导安吉开展“两山”转化综合改革试验区建设。同时，长三角一体化已按下“快车键”，将引领安吉搭乘新一轮发展快车，实现赶超发展。我们要切实珍惜机遇、全力抢抓机遇、积极用好机遇，在推动安吉加快赶超发展的进程中争取更多主动、集聚更强动力、展现更大作为。

心系群众，勤廉为民勇担当。“两山”聚光灯下，安吉人民盼发展、盼获得、盼幸福的愿望更加强烈，对我们工作的标准要求也越来越高。“坚定‘两山’路、奋进新时代”主题活动开展以来，在走访调研中，我们深切感受到老百姓在就业增收、环境提升、就医就学、公平正义等方面，都提出了新的期待。人民群众的新期待，是我们做好各项工作的出发点、着力点和落脚点。我们要牢固树立“以人民为中心”的发展思想，始终坚持全心爱民、勤政为民、发展惠民，努力把安吉建设成为人民更加满意的幸福家园。

总书记的殷殷嘱托、各级各界的深情支持、人民群众的热切期盼，是一份要求我们不断强大自己、全面武装自己的责任使命。肩负这份责任使命，我们要把思想和行动凝聚到加快推进中国最美县域建设这项工程上来。这是一项标杆工程，我们只有正确看待“两山”光环和“两山”责任的关系，以“舍我其谁”的使命感和“时不我待”的紧迫感，拉高标杆、提升标准，努力拿出更多具有示范意义、经得起检验的改革发展成果，才能使中国最美县域建设更具说服力，更加不负众望。这是一项系统工程，我们只有正确认识发展定位和战略举措的关系，进一步厘清安吉“两山”实践的根本遵循、目标方向、路径举措、评价标准、组织保障，才能更好搭建起中国最美县域建设的“四梁八柱”，推动“五大美丽事业”结出累累硕果。这是一项创新工程，我们只有正确处理环境保护和赶超发展的关系，不断增强底线思维、辩证思维、创新思维，始终坚持绿色发展理念，实干创业、巧干创新，才能让中国最美县域建设更加合乎时代潮流、引领未来发展。我们要深入领会习近平总书记对浙江工作的重要指示精神，切实将“红船精神”、“八八战略”、“两山”理念所蕴含的“优势论”“奋斗论”“为民论”作为推动安吉赶超发展的战略指引、不竭动力和根本遵循，以更严标准、更高质量、更实保障推动中国最美县域建设，把安吉的绿水青山源源不断地转化为人民的金山银山。

以更严标准护美绿水青山。“优势论”是推动安吉赶超发展的战略指引。安吉的核心优势归根到底在于生态环境、在于绿水青山。我们要以绝对珍视的态度保持这份优势，以更加开阔的视野提升这份优势，以持续创新的办法转化这份优势，让安吉的美丽不断增色，全面积蓄赶超发展的动力。

以更高质量做大金山银山。“奋斗论”是推动安吉赶超发展的不竭动力。安吉不懈奋斗的目标，在于“源源不断地转化”、在于把金山银山做得更大。生态不是原始状态，保持定力也不是原地踏步，我们要以坚守的定力、破难的动力、顽强的毅力，抢抓机遇、借势而为，高质量、高水平推动改革发展各项任务落到实处，切实拓宽“两山”转化的新通道、增强“两山”转化的新动能，全面增强赶超发展的实力。

以更实保障推动成果共享。“为民论”是推动安吉赶超发展的根本遵循。我们所做的一切工作，落脚点在于“人民的金山银山”、在于人民群众的获得感、安全感、幸福感和认同感。我们要坚持共建、共治、共享理念，大力实施乡村振兴战略，切实深化基层治理经验，着力办好民生“关键小事”，保障人民群众更多更好共享“两山”转化成果，让我们的工作走进老百姓心里、得到老百姓支持、带动老百姓参与，全面汇聚赶超发展的合力。

三、关于下半年工作要求

根据当前的形势和任务，做好下半年工作，我们最大的政治责任，就是要学懂弄通做实习近平新时代中国特色社会主义思想和党的十九大精神，深入学习领会习近平总书记对浙江、对安吉的谆谆嘱托和重要指示精神，进一步增强政治觉悟、把牢政治方向、提高政治站位，坚决把维护习近平总书记核心地位、维护党中央权威和集中统一领导作为重大政治责任和根本政治任务，树牢“四个意识”，坚定“四个自信”，做到“四个服从”，一言一行讲政治，一举一动显忠诚。我们最大的工作指南，就是要坚定不移地沿着“八八战略”、“两山”理念指引的路子阔步前进，坚决扛起"两山"实践样板地、模范生和标杆县的使命担当，围绕建设中国最美县域的发展愿景，强化定力、精准发力、深处着力、科学用力，持续推进"建设中国最美县域五年行动计划"，深入实施"十三五"规划，切实抓好"十大重点改革发展领域三年行动计划"，高水平推动安吉"美起来、富起来、强起来"，高质量谱写践行"两山"理念建设中国最美县域新篇章。我们最大的目标任务，就是要坚持以经济建设为中心，扎实做好改革发展稳定各项工作，推动经济社会加快赶超发展，在确保完成年初县人代会各项目标任务的基础上，坚持"跳起来摘桃子"，力争全年全县地区生产总值增长8.5%以上；财政总收入增长15%以上，全力冲刺80亿元；规上工业增加值增长9%以上；服务业增加值增长9.5%以上；城镇和农村居民人均可支配收入分别增长8.5%和9%以上，全面夺取"全年红"。

当前，要重视研究和推进以下重点问题：

1.关于扶持实体经济的问题。习近平总书记强调，"我国经济是靠实体经济起家的，也要靠实体经济走向未来"。建设现代化经济体系，推动经济高质量发展，必须把着力点放在发展实体经济上。我们要坚定不移发展生态工业，推动各项政策、各种要素、各方力量向实体经济汇聚，为实现经济高质量发展筑牢根基。

一要抓转型、提质效。按照深化供给侧结构性改革的要求，坚持有"破"有"立"，既抓存量提升，又抓增量崛起，加快产业转型升级。要以自动化、信息化、智能化为突破口，加快实施"机器换人""企业上云"工程，高水平建设省级"两化"深度融合国家示范区域。扎实推进绿色家居企业质量、标准、品牌建设，加快由传统生产向先进制造转变，由资源依赖向创新驱动转变，由产品竞争向品牌竞争转变，力争绿色家居产业规上企业产值同比增长15%以上。深入开展"中国制造2025"安吉行动，大力推进信息经济、健康医药、高端装备企业发展，加快形成有竞争优势的产业体系，实现高新技术产业增加值55亿元以上，高新技术产业增加值占规上工业比重40%以上。持续推进膨润土行业整治提升、小锅炉清洁能源升级、亩均评价落后企业淘汰整治，确保全年腾出用能空间1万吨标煤以上。

二要抓培育、强主体。按照"抓大、扶中、育好"的总体思路，做大做强龙头企业，大力发展优质中小微企业，加快培育形成结构完善、递补合理的企业发展梯队。对于有基础有条件、产品市场广阔、符合产业发展导向、企业家素质优良的企业要"一企一策"，全力支持企业兼并重组、做大做强，确保全年新增10亿元以上企业2家、20亿元以上企业2家，力争市"金牛"企业再增1家。加快推进企业进军多层次资本市场，确保全年完成股份制改造企业20家，挂牌上市企业7家。大力扶持亩均收益高、发展潜力好的中小企业，加快打造一批"小巨人"企业，培育更多的"隐形冠军"。要积极促进小微企业成长，组织开展"大手牵小手、大企携小企"活动，推动小微企业与行业龙头企业配套协作，持续抓好"小升规""新上规"，确保全年净增规上企业30家以上。

三要抓服务、优环境。要像爱护眼睛一样爱护企业，不仅要关注企业"飞得高不高"，更要关注企业"走得难不难"。要纵深推进"最多跑一次"改革，全面推进无差别全科受理，进一步打破部门数据壁垒，打通信息孤岛，实现85%以上事项网上办理、60%以上民生事项"一证通办""移动办"。保持高压态势，完善长效机制，坚决打击招投标市场乱象。要深化"优化营商环境提升年"活动，扎实做好企业减负降本、投资环境监测、规范涉企执法等工作，确保全年新增各类贷款40亿元、完成200家监测点建设，并解决一批涉企"供电供水供气""用人用钱用地"的"遗留问题"。浓厚尊重爱护企业家的氛围，县委、县政府将聘请一批企业家担任经济顾问。要加强企业家队伍建设，大力弘扬专注专业、创新创业的企业家精神，深入开展全县企业家素质提升工程，着力打造一支聚焦主业、聚力创新、聚情社会的企业家队伍。

2.关于项目引进推进的问题。聚焦"两山"实践主动力是项目，聚力赶超发展主引擎是项目，建设中国最美县域主抓手还是项目。我们要以更加饱满的热情，更加充足的干劲，更加务实的举措，推动产业项目和基础设施项目齐头并进，民间投资和政府投资协同发力，跑出项目"双进""加速度"。

一要坚持"走出去"招商。只有"走出去"，才能"引进来"。要全面落实"两个70%"招商要求，深化"县级领导领衔＋工作专班跟进”模式,集中精力、集聚力量、集成政策,重点招引投资5亿元以上的先进制造业项目,全力攻坚云数据中心、山川抽水蓄能电站等重大产业项目,确保全年新引进市定大好高项目28个,其中工业项目20个,力争在20亿元以上工业项目上取得新突破。要完善“5+1”产业招商机制,加大统筹协调力度,对电子信息、生物医药、装备制造开展定向招商。创新招商方式,突出专业化市场化导向,积极探索与国开行等政策性银行合作招商模式,加大资本招商力度,精心筹备好第11届安洽会和第六届国际无人飞行器创新大奖赛。组织开展签约项目“回头看”,加强项目跟踪研判,该跟进的抓紧跟进,该舍弃的坚决舍弃。

二要坚持“零距离”服务。只有项目服务“零距离”,才能打通项目落地“最后一公里”。要进一步完善重点项目联推机制,进一步抓好集中开竣工活动,进一步发挥项目协调例会作用,加快推进长龙山抽水蓄能电站、永艺智能家居产业园、福斯特新材料等项目建设,年内要确保敏实系列工业项目、热威电热、洁美光电二期、华丰二期等项目竣工投产,实现全年固定资产投资增长15%以上,民间投资增长12%以上,工业性投入增长10%以上。围绕项目“立项—开工100天”目标,以实施“标准地”改革为突破口,协同推进企业投资项目“一窗服务”、承诺报备制、工业项目备案零前置等改革,大幅提升审批效率,加快“签约项目”为“落地项目”。

三要坚持“全要素”保障。只有全方位科学配置要素资源,项目才能“拿得住、装得下、布得好”。按照“准入一把尺、规划一张图、资源一个库和开发一盘棋”的理念,研究完善项目统筹协调、考核激励、分配收益等机制,全力保障符合发展导向的项目落地,以项目的合理布局促进产业布局优化。深入开展“五未”土地专项处置行动,摸清底数、因势利导、精准施策,下半年要完成“五未”土地处置6000亩。要积极推进亩均论英雄改革,加大差别化政策力度,进一步强化山水资源管控,促进资源加快向优势企业、优势产业集中。要创新融资模式,发挥好产业基金的引导作用,大力推动社会资本参与公共服务项目的建设管理,年内要新增2亿元的产业基金规模。

3.关于发展平台建设的问题。建设高质量的发展平台,是推进经济转型升级的重要前提,是优化生产力布局的关键举措,事关安吉长远发展和区域战略地位。县第十四次党代会以来,县域发展平台体制机制持续优化、发展能级持续提升、功能作用持续凸显。我们要坚持以改革的思维、系统的方法、创新的举措,加快技术、信息、人才等向平台汇聚,着力提高平台的自我发展能力,推动美丽经济集聚、集约、集群发展。

一要进一步提升承载力。牢固树立绿色集约理念,统筹规划布局、拓展发展空间、完善配套功能,有效发挥平台主阵地作用。开发区要抓紧新一轮战略规划落地,积极推进地下综合管廊、园区道路、标准厂房等建设,要结合城中村改造攻坚,加大征地拆迁力度,拓展园区发展空间,引导产业定向集聚。示范区要积极推动土地高效利用工作,加快完善两纵三横路网框架,抓紧提升园区污水处理等功能,着力增强万亩大平台的环境承载力。灵峰国家级旅游度假区要坚持科学布局、有序开发,高标准建设“一溪一湖一路”等工程,持续提升“最美公园”形象。笔架山农业高新区要加快推进现代农业公共服务中心、“美丽田园”等项目建设,不断完善园区基础配套。要整合提升乡镇平台,积极推进孝丰“国家安吉竹产业示范园区”建设,加快竹产业科创中心扩容升级。

二要进一步提升吸引力。坚持产城互动、融合发展,将园区开发与城镇建设有机结合,以重要入口及道路为重点,加快园区绿化亮化、美化净化和标识标志等形象建设,年内要完成绕城北线等20条园区道路提升工程,着力构建“一路一景”,努力把我们的园区建设得“让投资者来了就不想走”。要以产业需求为主导,优化升级“2+2+N”科创平台体系,着重加快椅艺产业创新服务综合体建设,年内开发区科创园要建成运营,示范区科创园要启动建设,力争省级重点企业研究院实现“零突破”。加快人才向平台集聚,力争全年培育引进“国千”2名、“省千”3名、“南太湖特支计划”13名以上。

三要进一步提升竞争力。平台承载着全县未来发展的希望和梦想。四大产业平台要进一步激发改革活力、增强自身实力、当好发展主力。开发区、示范区要大力度推进“二次创业”,不断完善“区区联合、统分结合”

运行体制，更加清晰厘定区镇(街)职责分工，积极探索“二级街道”管理等模式，稳步推行园区开发公司化架构、企业化管理、市场化运行等模式，建设高能级发展平台，打造产城融合高地。灵峰旅游度假区要狠抓产业项目落地，加快推动景城、景村、景产等相通互融、相促互动，不断擦亮“国家级旅游度假区”金名片。笔架山农业高新区要坚持用工业化的理念谋划农业，突出科技引领、强化项目支撑，力争年内创成国家级农业科技园区。

4.关于推动乡村振兴的问题。打造乡村振兴先导区，产业兴旺是首要任务。只有通过乡村经营，把农村产业搞活了、搞强了、搞旺了，农村才有活力，农民才有奔头，美丽乡村建设才有源头活水。我们要立足美丽乡村十年丰硕成果，以农业供给侧结构性改革为主线，着力激发乡村发展新动能，加快构建“村强、民富、景美、人和”的新局面。

一要突出融合发展。推动农村一二三产业融合发展，是乡村经营的重要路径。要坚持把现代产业发展理念和组织方式引入农业，大力推进农业标准化、品牌化建设，延伸产业链、打造供应链、提高附加值。安吉白茶要进一步强化品牌建设和保护，积极争创农业农村部地理标志农产品。要积极开展乡村经营示范村创建试点，着重加强对精品示范村的开发经营，年内要完成余村国家4A级景区、山川省级旅游度假区以及36个省A级景区村庄创建。要以全域旅游示范县创建为抓手，加快海游天地度假城、云上草原项目建设，推动休闲旅游与农耕体验、文化传承、健康养生深度融合，不断丰富乡村旅游产品体系。

二要突出创新发展。推动乡村经营，关键要以改革推动资源、技术、人才等创新因素从城市向农村延伸辐射。要深入抓好涉农重点领域改革任务的落地，用好、用足、用活“乡村振兴10＋1”政策，着力破除制约“三农”发展的体制机制问题，让农村资源要素活起来，年内要全面完成农村土地承包经营权确权登记颁证。大力探索农民宅基地制度改革，加快宅基地所有权、资格权、使用权三权分置，着力盘活利用空闲农房和闲置土地，发展农村新经济新业态。要抓住国家绿色金融改革创新试验区建设契机，创新开发更多符合农村改革要求的金融产品。积极支持各类人才回乡下乡创业，着力培育一批“新农人”“农创客”。

三要突出抱团发展。推动乡村经营，根本目的是要让农民获得更多收益、让村集体经济获得更快发展。要坚持共建共营共享，积极稳妥地推进“多村联创”等多主体联合经营机制，完善利益分配方式，确保村民、村集体、社会资本、工商资本等各方获得相对公平收益。要以联合更紧、合作更实、融合更深为导向，稳步推进特色产业农合联、乡镇农合联建设，推动利益联结“紧”起来、涉农资源“统”起来、农合联运转“实”起来。要深入研究村级集体经济发展不平衡、不充分的问题，强化因村施策、重点帮扶，实实在在地增强集体经济薄弱村的“造血”功能，要确保年内全面消除集体经济收入15万元以下村。

5.关于提升开放水平的问题。加快融入开放大格局，是安吉赶超发展的必由之路。只有全面融入，才能在区域竞争中争得应有地位，才能在融合发展中抢占先机。我们要把握趋势、顺应规律，坚定不移扩大对外开放，以融杭接沪为主攻方向，加快与大都市规划共绘、交通共联、产业共育、人居共享，推动经济社会高质量发展。

一要融入开放战略。坚持高点定位，以大格局、大胸怀、大视野，主动融入宁杭生态经济带、G60科创大走廊、浙江“大湾区、大花园”等战略，用好“两山”红利，积极参与长三角更高质量一体化发展，着力提升安吉在区域战略中的地位和分量。坚持以开放促发展，大力发展开放型经济，积极应对贸易战，鼓励企业抢占“一带一路”沿线以及非洲、东南亚等新兴市场份额，着力形成出口竞争新优势，今年要力争出口增长10%以上。牢牢把握沪杭产业外溢契机，加快推进“杭州孵化＋安吉制造”合作模式，示范区与杭州江干区的“飞地”合作要有实质性突破。

二要拓展开放通道。融入开放大格局，交通建设要先行。要加快推进商合杭高铁、申嘉湖高速西延、高铁大道以及国省道改造工程，年内要确保申嘉湖高速西延鹿山至孝源段主体完工、孝源至唐舍段开工建设，303省道实现竣工通车。要抢抓全国、全省大抓交通基础设施建设有利时机，全力争取安吉至杭州轨道交通、杭州二绕至杭长高速连接线等项目，认真做好235国道、304省道、215省道等项目前期。借力浙澳经贸合作区建设,加快长湖申航道西延,大力推进安吉港融入长三角内河集装箱联动发展,力争全年集装箱吞吐量突破25万标箱。

三要深化开放合作。要更大力度实施融杭接沪,坚持政府推动、市场联动、民间互动,健全与沪杭经常化交流机制。要以开放合作助力高水平的文教卫事业发展,深化与浙江大学、浙江科技学院等高校交流合作,积极承接省级优质医疗卫生资源“双下沉、双提升”,全力保障省自然博物园年内开馆运行。深入开展生态文明合作交流,扎实办好“两山”讲习所,持续提升安吉生态文明的辨识度。加强文化、旅游交流合作,放大“黄浦江源”品牌效应,大力推进全民网络营销,让安吉的绿水青山成为行走的“流量包”,全力打造安吉核心的旅游IP,力争全年旅游总收入突破320亿元。认真做好对口支援、对口合作和东西部扶贫协作,深入落实白茶苗扶贫帮困工作。

6.关于人居环境提升的问题。生态是安吉的特色,绿色是安吉的底色,美丽是安吉的名片。我们要保持战略定力,坚持问题导向、效果导向,持续打好环境整治组合拳,加快推进城乡融合发展,努力创造更多优质生态产品和生态作品,全力打造长三角“最美大花园”。

一要提升全域美丽指数。以“再提标、再夺鼎、改彻底、防反弹”为目标,深入实施“蓝天碧水净土”行动,坚决打好污染防治攻坚战。加强涉气行业整治,加快提升县域空气环境质量,全力争夺“蓝天杯”。持续推进“五水共治”,加快污水零直排区创建,确保国控断面水质稳定。深入开展违建治理“利剑”专项行动,坚决打击新增违建,加快消除存量违建。全面推行垃圾分类制度,积极谋划推进静脉产业园建设,逐步实现垃圾减量化、资源化、无害化处理。深化生态检察,常态化落实“补植复绿”修复补偿机制。加快推进白茶飘香精品观光带、美丽高铁廊道建设。要不折不扣完成中央环保督察意见整改落实,铁腕整治群众反映强烈的环境问题。

二要提升城乡融合水平。强化城市设计和经营,加快推进多规融合,着力完善县域总体规划修编。坚持拆改并举、拆用结合,扎实推进城中村改造,确保“三年任务两年完成”。坚持集中整治和长效管理相结合,加快小城镇环境综合整治项目建设,整体提升小城镇环境面貌,确保15个整治点通过省级考核。加快启动美丽乡镇(街道)创建,鼓励示范带动、联片创建,力争全年打造美丽特色乡镇(街道)5个。要以“四好农村路”为抓手,加快完善城乡交通路网结构,推进城乡互联互通、游运融合。

三要提升城市文明程度。紧紧围绕全国文明城市创建标准,坚持问题导向,突出重点路段、重点街巷、重点市场、重点小区,整治一批不文明行为,打造一批文明创建“样板点”,形成一批常态化长效管理制度。积极倡导和培育绿色生活方式,深入开展禁鸣禁放、礼让斑马线、光盘行动、移风易俗等活动,推动形成绿色环保、文明节俭新风尚。积极培育和践行社会主义核心价值观,用好家规家训、村规民约、文化礼堂等载体,营造文明谦让、邻里和睦、诚实守信的社会风尚。

7.关于办好民生实事的问题。人民群众对美好生活向往更加强烈、需求日益广泛,我们要切实保障和改善民生,既尽力而为,又量力而行,在发展中补齐民生短板,不断增进民生福祉。

一要推动民生保障更加有力。强化精准扩面和动态管理,全面提高社保综合服务水平,力争基本养老保险参保率达到92%以上,基本医疗保险参保率巩固在98%以上。积极推动更高质量和更充分就业,突出抓好大学生等重点群体就业创业,以创业带动就业。开展困难群体精准帮扶工程,确保零就业家庭动态归零,城镇登记失业率控制在3%以内。坚持“房住不炒”定位,坚决遏制投机炒房,确保房地产市场平稳健康发展。强化物业行业管理,不断提高物业精细化管理、人性化服务水平。

二要推动公共服务更加有效。高质量办好民生实事,加快雨污分流改造、城乡供水扩面、农贸市场提升以及养老服务中心建设。要办好人民满意教育,始终抓住教育质量这一核心,深化“县管校聘”等改革,加快安吉三小、递铺街道幼儿园等项目建设,着力解决教育资源“乡村弱”“城镇挤”、中心城区“入学难”“入园难”问题。要深化公立医院改革,全面推进医共体建设,年内完成2家乡镇卫生院迁建、30家社区卫生服务站改造工程。要切实完善现代公共文化服务体系,加快打造“五大美丽文化集群”。扎实做好十六届省运会各项承办工作。

预算在线监督、建议网上办理、网上联络站等平台，建立人大APP。借力信息化运用，做好预算监督、建议督办、民意收集反馈等工作。依托公众号和安吉人大网等宣传阵地，广泛宣传县乡人大工作和代表事迹，共在国家和省市级以上媒体登稿一百余篇，有效展示人大履职风采。

各位代表，过去一年，常委会工作取得的成绩，是在县委的坚强领导下，靠的是全体常委会组成人员和代表的共同努力，离不开“一府一委两院”的大力支持。在此，我谨代表县人大常委会，向关心、支持和帮助人大工作的同志及社会各界人士，表示崇高的敬意和衷心的感谢！

在肯定成绩的同时，常委会也清醒地看到，工作中还有一些差距和不足，主要是：监督工作实效性还需提升，议案建议督办力度还需加大，保障代表履职还需优化。对此，我们将高度重视，采取有效措施，认真改进提高。

二、2019年指导思想和主要任务

各位代表，栗战书委员长在浙江考察调研时指出：做好新时代人大工作，关键是把握好“三个紧扣”，就是紧紧扣在贯彻落实党中央重大决策部署，紧紧扣在回应人民群众重大关切，紧紧扣在厉行法治、推进全面依法治国。这对做好人大工作提出新的要求，我们在学习贯彻中认为：

——新的一年，我们要更自觉服务发展。要全面贯彻落实中央和省市县委重大决策部署，紧扣“高质量、加速度、均衡性、可持续”发展要求，主动适应新常态，精准把握着力点，在服务发展中更重实干、在推动发展中更求实效，全力以赴助推“两聚一美”发展再上新台阶。

——新的一年，我们要更自觉助推改革。要深入学习贯彻习近平总书记在庆祝改革开放40周年大会上的重要讲话精神，围绕“改革开放再出发”部署要求和县委全面深化改革重点目标任务，以时代发展要求强化自身，以改革创新精神推进工作，不断助力各项改革深入开展。

——新的一年，我们要更自觉履职为民。要始终践行以人民为中心的发展思想，永葆为民情怀，不断回应人民美好生活向往，多推动补齐民生短板，多推动解决关键小事，用履职为民的实际行动和成效，促进改革发展成果普惠于民，努力让广大群众更有获得感幸福感安全感。

——新的一年，我们要更自觉厉行法治。要坚决贯彻执行宪法，增强宪法意识，履行宪法使命，维护宪法权威，坚持用法治思维和法治方式来谋划开展人大工作，全力保障宪法法律实施，有效推动依法行政和公正司法，以法治凝聚改革共识、规范发展行为、保障社会和谐。

2019年，县人大常委会工作的指导思想是：高举习近平新时代中国特色社会主义思想伟大旗帜，深入学习贯彻习近平总书记关于坚持和完善人民代表大会制度重要思想，坚决贯彻落实党的十九大精神和中央、省市县委重大决策部署，在县委的坚强领导下，紧紧围绕县委十四届六次全会提出的目标要求，更重实干服务发展，更显担当履职为民，依法履行宪法法律赋予的各项职权，为奋力开创中国最美县域高质量发展新局面作出更大贡献、展现更大作为。

根据指导思想，常委会今年工作的主要任务是：

（一）坚持党的领导，始终把牢正确政治方向

深入学习贯彻习近平新时代中国特色社会主义思想，全面领会落实习近平总书记关于坚持和完善人民代表大会制度重要思想，进一步强化“四个意识”、坚定“四个自信”，始终把党的领导贯穿于人大依法履职的全过程。认真学习贯彻县委十四届六次全会精神，紧紧围绕全会部署要求，找准工作切入点着力点，高标准高质量谋划和推进人大工作。围绕县委重大决策部署，选准选好事关全局和长远发展事项，依法作出决议决定，大力推动贯彻执行，使县委主张转化为全县人民的共同意志和自觉行动。坚持正确贯彻县委意图、充分发扬民主和严格依法办事，认真行使人事任免权，加强人大任命干部任后监督，增强任命干部法治意识和履职绩效。

（二）坚持服务发展，充分履行人大监督职责

一是加强经济运行监督。密切关注经济发展态势，深入分析经济运行情况并提好对策建议，助力经济稳健提速。重视实体经济振兴，视察调研民营经济高质量发展、工业经济发展、“两化”融合及外贸等工作，促进经济质效并举。聚焦营商环境建设，视察调研招商引资、“五未”土地处置、“标准地”改革等工作，问效“最多跑一次”改革，督促打造营商标杆。深化重点项

目监督,视察调研及评价重点项目推进,督促其较快较好建设。二是加强生态建设监督。推动街道落实生态环境状况报告制度。继续做好对三大水库污染源特定问题调查,强化水源地保护。紧盯环境治理重点,调研城镇生活垃圾分类、大气污染防治等工作,督促巩固治理成效。紧扣"优雅竹城"建设管理,跟踪城中村拆后利用、小城镇环境综合治理等工作,推进城乡融合发展。围绕文明城市创建,督查不文明行为整治、犬类管理等工作,促进文明程度提升。三是加强预算审查监督。抓好预算全程监督,实现预算审查向支出预算和政策拓展转变。用好联网监督系统,督查审计查出问题整改,深化乡镇民主参与式预算监督,督促政府规范预算编制、严格预算执行。关注绿色金融改革,跟踪分析财政运行情况,加强金融风险防控、国资管理、专项资金管理、项目资金绩效评价等监督。四是加强法治建设监督。强化法治保障,监督文明行为促进条例等施后效果,保障法律法规有效实施。强化部门工作监督,开展政府部门负责人述职测评和部门工作评议,关注综合行政执法体制改革,视察"扫黑除恶"专项斗争等工作,推动严格依法行政。抓好行政处罚案件评审监督,督促规范公正执法。深化司法监督,开展"两官"述职测评,跟踪司法体制改革、破解"执行难"和生态检察工作,促进司法公信力提升。五是加强民生事业监督。围绕乡村振兴发展,助力农村产权制度改革,调研村庄经营、少数民族村振兴工作,推动解决不平衡不充分问题,促进乡村共建共营共享。紧扣农村产业发展,跟踪白茶原产地保护、笔架山农业高新园区建设等工作,激发乡村发展活力。聚焦群众所急所盼,督促办好民生实事,推动解决关键小事,开展学前教育专项执法检查,关注城乡一体化供水、治堵、医共体建设等工作,促进幸福民生实打实。

(三)坚持代表主体,更好发挥代表履职优势

进一步深化"比拼履职、争做表率"等主题实践,开展代表履职"回头看",引导代表在自查中补齐短板、在对标中推动履职。实施代表"培优"工程,抓好学习培训,发挥优秀代表"传帮带"作用,持续增强履职能力。全面完成五星级联络站建设,加强规范化实效化运行,并推进"掌上"联络站运用,构筑"实体+网上+掌上"三位一体联络站体系。深化民生实事项目代表票决制,督促实事办出成效。规范街道议政会运行,充分发挥议政员作用。常态化开展代表问政会,做到问准督实。加强会前代表视察,推动议案建议量质并举。抓好议案建议全程督办,进一步提高问题解决率。

(四)坚持实干创新,持续推进素质能力建设

加强思想政治建设,深入开展"不忘初心、牢记使命"主题教育,常态化制度化推进"两学一做"学习教育,筑牢做好新时代人大工作的思想根基。持续推进"坚定'两山'路、奋进新时代"主题活动,以一线实干要求推进人大工作。深化党风廉政建设,健全内部管理制度,严格执纪守规,打造过硬干部队伍。结合人大规律特点,认真学习宪法法律和人大制度理论,推动知识结构与时俱进。深入调研新情况新问题,加强理论和实践研究。坚持讲好人大故事,充分展示人大履职实践。抓好信息化建设,加快履职向智慧化转变。加强县乡人大联系指导,密切上下联动,激发工作活力。

各位代表,同志们,新的时代激励我们接续前行。把美丽事业变成美好现实,需要大家共同努力。让我们在县委的坚强领导下,深入贯彻落实党的十九大和省市县委重大决策部署,牢记使命,实干争先,奋力推进人民代表大会制度的安吉实践,为高质量建设中国最美县域而努力奋斗。

政府工作报告

——在安吉县第十六届人民代表大会第三次会议上

（2019年1月22日）

安吉县人民政府县长　陈永华

各位代表：

现在，我代表县人民政府向大会作工作报告，请予审议，并请县政协委员和其他列席人员提出意见。

一、2018年工作回顾

过去一年，在上级党委政府和县委的坚强领导下，在县人大、县政协的有力监督和积极支持下，我们紧密团结和依靠全县人民，全面聚焦“高质量、加速度、均衡性、可持续”发展，积极应对复杂多变的经济形势，主动对标高质量发展的根本要求，奋力推进“两聚一美”新实践，合力跑出“两山”转化加速度，经济社会发展呈现稳中有进、质效向好的良好势头。预计全年实现地区生产总值405亿元，同比增长8.5%；完成财政总收入80.08亿元，同比增长19.0%，其中地方财政收入46.92亿元，同比增长18.7%；预计城乡居民可支配收入分别达到52617元和30541元，分别同比增长9.1%和9.5%。

过去一年，我们聚力发展实体经济，赶超步伐持续加速

赶超动力稳步增强。项目“双进”扎实有力。全年引进项目56个，总投资达532.2亿元，其中“大好高”项目34个，实到外资2.01亿美元，浙商回归资金86.6亿元。成功举办第11届中国美丽乡村·安吉投资贸易人才洽谈会，总投资100亿元的格力智能制造产业园、75亿元的云泰大数据中心、60亿元的中国安吉白茶小镇综合体等一批重大项目相继签约。创新开展项目联推和会商督办，亿元以上重点项目新开工55个，竣工37个，其中养生堂安吉产业基地、福斯特新材料等项目全面开工，长龙山抽水蓄能电站、永艺智能家具等项目快速推进，华丰纸业（二期）、华缔生物等项目顺利投产。企业培育成效显著。新增“个转企”380家、“小升规”46家。“双金”企业实现零突破，培育“双高”优势企业20家。恒林椅业、永艺家具、天振竹木3家企业年销售收入突破20亿元大关。完成企业股改33家，中源家居成功上市，成为第四家主板上市企业。永裕竹业入选国家林业重点龙头企业。创新资源加速集聚。成为全国首批创新型县。新引育“千人计划”10人，入选“南太湖精英计划”54人。新增国家高新技术企业37家，省级高新技术企业研发中心13家。全县首个省级重点实验室——中德智能冷链物流技术研究院成立。省科技进步一等奖、省专利金奖、省万人计划全面实现零突破。

产业质效不断提高。工业经济量质齐升。完成规上工业增加值137.2亿元，同比增长8.8%，其中高新技术产业、战略性新兴产业增加值分别达到64.0亿元、21.3亿元，分别同比增长10.3%、9.3%。家具和竹制品制造业入选传统制造业改造提升省级试点。工业平台更加完善，完成投资6.4亿元。开发区“五横九纵”路网拉开框架，全县首条地下综合管廊启动建设。示范区万亩大平台总体规划、环境功能区调整全面完成。孝丰竹产业科创园获批全省唯一国家林业产业示范园区。现代服务业增势强劲。实现服务业增加值199.0亿元，同比

增长10.2%。休闲旅游亮点纷呈,成功承办全国发展乡村民宿推进全域旅游现场会,全县创成全省首批全域旅游示范县,山川乡获批省级旅游度假区,鄣吴镇获评省级旅游风情小镇,余村村创成国家4A级旅游景区,全县接待游客2504万人次,实现旅游收入324.7亿元,同比分别增长12.1%、15.1%。房地产市场稳中向好,完成销售129.2万平方米。绿色金融改革深入推进,全省率先实现绿色专营体系机构类型全覆盖,新增贷款132.2亿元,首次突破百亿元大关。现代农业稳步提升。成功承办首届中国农民丰收节安吉分会场活动。笔架山农业高新区获批创建国家农业科技园区。溪龙乡入选创建国家级农业强镇。灵峰街道成为首批省级特色农业强镇。"田园鲁家"创成首批国家农村产业融合发展示范园。粮食安全主体责任不断压实,提标改造粮食生产功能区7380亩,建成高标准农田4.2万亩。安吉白茶通过全国农产品地理标志认定,连续九年跻身全国茶叶品牌十强。安吉冬笋荣获"全国名优特新农产品"称号。

发展活力持续迸发。开放合作不断深化。积极应对中美经贸摩擦,完成进出口总额254.4亿元,同比增长15.8%。浙澳(安吉)经贸合作区获省政府批准设立,港口集装箱吞吐量达26.2万标箱。东西部扶贫协作和对口支援成效突出,黄杜村捐赠1500万株"白叶一号",助力三省四县34个贫困村增收脱贫。对外交通更加完善,申嘉湖高速孝源至唐舍段、304省道矮部里至南北庄段等"十三五"省重点交通项目全面开工,商合杭高铁安吉段架梁工程全线完工。营商环境持续改善。成功入选全国绿色发展百强县、全国投资潜力百强县。率先启动营商环境监测,发布全省首个县级投资环境评估报告。企业投资项目代办服务中心成立运行,免费代办各类审批事项300余件。推行企业投资项目承诺制改革,审批时限压缩至31天。降本减负成效明显,累计为企业减负18.9亿元,完成出口退税27.4亿元。资源利用更加高效。"亩均论英雄"改革全面启动,创新"6+N"亩均提升模式,整治提升低效企业192家。"标准地"改革全面推进,完成"标准地"出让1932亩。"五未"土地处置成效明显,完成批而未供5358亩,供而未用1800亩。矿产资源管理全面强化,创新推行出让价格评审和"五联单"管理。

过去一年,我们合力攻坚环境治理,城乡品质显著提升

城镇面貌焕然一新。空间布局更加优化。县域总体规划修编、自然生态空间用途管制成果编制全面完成。"无违建县"不断巩固,累计拆违92.5万平方米,"三改"181.9万平方米,拆后利用90.9%。城中村改造攻坚取得历史性重大突破,山头、余墩、驿站西侧等8个区块多年遗留问题全面清零,累计拆除1454户,腾出空间1.2万亩。小城镇环境综合整治领跑全省,15个整治点全部通过验收,其中5个点成为省级样板。城镇功能日趋完善。商业配套更加齐全,港中旅地中海、绿城悦榕庄正式运营,凤凰中心广场启动建设。灵峰北路、浮玉路等4条道路完成改建,齐云北路、天目南路全线贯通,中心城区断头路贯通工程基本完成。城市治堵成效明显,城市公交纯电化实现全覆盖,智慧停车系统建成启用,新增公共停车位3600个。银景花园、芝里四区雨污分流和9条背街小巷等改造全面完成。文明创建有力推进。全国文明城市创建全面启动,《文明行为促进条例》深入实施,"斑马线礼让行人""志愿文明劝导"等十大文明专项行动深入开展,社会风气持续向好,市民素质明显提升。烟花爆竹"双禁"实现县域全覆盖。城镇垃圾分类工作全面推进,建成垃圾分类示范小区20个。

乡村振兴开局良好。美丽乡村提档升级。成功承办全国改善农村人居环境工作会议,胡春华副总理亲临现场并作重要讲话。《美丽乡村建设指南》荣获首届浙江标准创新重大贡献奖,新增美丽乡村精品示范村15个、省级以上美丽宜居示范村5个。成功承办全国"四好农村路"现场会,获评首批"四好农村路"全国示范县,新改建农村公路107.9公里。经营活力不断增强。实施农村宅基地退出机制,盘活闲置宅基地23.7万平方米。新增毛竹林经营权流转3.4万亩。全国首创毛竹收购价格指数保险,参保面积达5.3万亩。积极探索"多村联创""飞地抱团"等模式,新增乡村经营示范村5个,消除集体经济薄弱村28个。乡村治理成效明显。全国首个乡村治理工作规范地方标准成功发布。获评首批全国农村幸福社区建设示范单位。

村级公共法律服务站点实现全覆盖。建成省级民主法治村8个，“余村经验”获第五届浙江省公共管理创新案例十佳创新奖。殡葬综合改革试点成效显著。“美丽家庭”“家规家训”“安吉好人”等各类评选深入开展，乡风文明不断提升。

人居环境日益改善。生态品牌更加响亮。荣获国家生态文明建设示范县、全国首个气候生态县、国家森林城市等称号。《人民日报》《新闻联播》等频频聚焦我县，累计刊发重要报道480余条，安吉的知名度、美誉度持续提升。生态景观更加美丽。“美丽田园”行动深入推进，完成农田环境提升600亩。新增珍贵彩色森林4.3万亩。全省首个综合性滨水景观乌象坝生态湿地公园全面建成。新增省级森林城镇2个，“森林人家”7个。建成全国生态文化村8个，居全国首位。生态治理更加有效。成功再夺“大禹鼎”。全省率先完成“准四类水”非工程原位提标扩容改造试点，创成“污水零直排区”20个，新增污水管网110公里，改造80公里，地表水功能区、集中饮用水源地、出境交接断面水质均100%达标。134台高污染燃料锅炉整治、60家挥发性有机物重点企业减排任务全面完成。工程运输车“三化”管理更加规范。4座废弃矿山完成复绿。

过去一年，我们全力办好民生实事，群众生活持续改善

民生保障更加有力。全年民生支出同比增长20%以上。新增住房公积金缴存2.1万人，公共租赁房、经济适用房新增受益家庭420户，改造农村困难群众危房145户。完成地质灾害搬迁治理79户。养老保险、医疗保险参保率分别达93.2%、99.1%。全省率先实现“全国联网一站式即时结报”医疗救助。实现城镇就业1.9万人，大学生就业创业1.2万人，失业再就业6773人，城镇登记失业率控制在2.37%。建成示范型居家养老服务中心6家，新增养老机构床位602张。发放残疾人各类补助3700万元，惠及1.17万人次。

公共事业全面提升。昌硕小学完成改扩建，3所幼儿园新投入使用。高考一段上线人数实现五连增。顺利通过国家卫生县城复评。新创国家卫生乡镇3个。县域医共体试点深入推进。中医师承定向培养全面启动。家庭医生重点人群签约率达83.1%。46家社区卫生服务站完成改造。浙江省自然博物院建成试运营，成为亚洲最大的自然博物馆之一。古城国家遗址公园、新图书馆等项目顺利推进。省级特色文化创意街区、文化产业发展中心建成运营。新增文化礼堂16家、农村影院5家。广电工作位居全省前列。全民健身深入开展，摘得第16届省运会金牌39枚。工青妇、红十字会等工作取得新进展，国防动员和后备力量建设、双拥优抚、人防、应急管理、统计、史志、档案、外事、侨务等工作进一步加强，关心下一代、老龄、慈善等事业不断提升。

社会大局和谐稳定。“平安安吉”实现十三连冠。“七五”普法持续深化，获评全国法治县创建先进单位。扫黑除恶专项斗争强势开展，“家园卫士”工程深入推进，建成物联网安防小区60个。创成浙江省首批“无欠薪”县。“信访网电”事项办结率和积案化解率均达100%。安全生产责任体系不断完善，全省率先实施消防承诺报备制，安全生产“三项主要指标”持续下降。创成全国农产品质量安全全程控制体系示范县、省食品安全县。

过去一年，我们持续强化责任担当，自身建设更加有力

依法行政不断深化。自觉接受人大及其常委会依法监督、政协民主监督和社会舆论监督。办理“两代表一委员”议案建议134件、提案168件，办结率、满意率及基本满意率均为100%。成立行政复议局，集中办理行政复议案件60件。主动公开政府信息3万余条，办结政府信息公开申请57件。

行政服务积极有为。累计1371项办事事项实现“最多跑一次”。积极推进“四个通办”，县乡村三级便民服务大厅标准化建设全面完成，“无差别全科受理”站点实现全覆盖。“四减”工作不断推进，累计减少办事材料2786份、办事环节903个。

勤政廉洁全面加强。严格落实党风廉政主体责任，全年开展“点命题”项目3个。政策审计、财政审计、领导干部经济责任审计三大平台建设深入推进，全年节约政府资金2.6亿元。公务用车不断规范，“三公”经费持续下降。

各位代表，奋斗伴随艰辛，成绩来之不易。过去一年成绩的取得，是县委正确领导的结果，是县人大、县政协和社会各

界监督、支持的结果，也是全县人民撸起袖子加油干、挥洒汗水拼命干的结果。在此，我代表县人民政府，向各位人大代表、政协委员，向全县广大干部群众和社会各界人士，致以崇高的敬意和衷心的感谢！

在肯定成绩的同时，我们也清醒地认识到：我县加快“两山”转化，推动高质量发展的基础和支撑还较薄弱，面临做大总量和加快转型的双重压力；城乡协调发展水平还需进一步提升，基础设施建设仍然存在不少短板；民生投入虽然逐年增加，但优质教育、医疗、养老服务等方面的供给与人民群众期盼仍有差距；部分干部服务发展、主动担当的意识有待提高，干事创业氛围仍需进一步浓厚；等等。对此，我们将高度重视，采取有效措施，切实加以解决，努力让全县人民感受到更多实实在在的变化和成效。

二、2019年工作目标和主要任务

2019年是新中国成立70周年，是全面建成小康社会的关键之年，也是建设中国最美县域承上启下的重要一年。当前，世界经济复苏增速缓慢，对外贸易形势复杂多变，我国仍处于经济结构调整和改革攻坚期，宏观形势的不确定性和潜在风险不断增多。困难不可低估，信心不容动摇。我们深知，要做好今年政府工作，唯有奋勇争先，方能不负重托；唯有苦干实干，才能梦想成真。我们要清醒地看到，我国仍处于发展的重要战略机遇期，随着长三角一体化上升为国家战略，沪湖绿色大走廊、宁杭生态经济带建设积极推进，全省大湾区大花园大通道大都市区建设全面加速，安吉发展优势多重叠加，发展机遇前所未有，发展前景无比广阔。站在新的历史方位和新的时代起点，县委第十四届六次全会在综合分析、科学研判的基础上，全面吹响了“坚定改革开放，创新‘两山’实践，奋力开创中国最美县域高质量发展新局面”的号角，我们必须按照县委要求，认清形势、把握机遇，凝心聚力加快发展，奋发有为追赶超越，全力推动安吉在更高起点、更高平台上实现新一轮更高质量的发展。

今年政府工作的指导思想是：高举习近平新时代中国特色社会主义思想伟大旗帜，坚决贯彻落实党的十九大和中央、省市县委全会以及经济工作会议精神，按照省委“‘八八战略’再深化、改革开放再出发”、市委“一四六十”工作体系部署要求，以深层次推动改革攻坚为主线，持续抓实重点改革发展领域十大工程，深入开展“招大引强攻坚年、亩均改革推进年、营商环境优化年”行动，推动经济更高质量发展，环境更优品质提升，民生更大力度改善，奋力开创中国最美县域高质量发展新局面。

综合分析各方面因素，建议2019年全县经济社会发展的主要预期目标为：地区生产总值增长8.0%以上；财政总收入同比增长9.0%左右，其中地方财政收入同比增长9.0%左右；规上工业增加值同比增长8.5%以上；高新技术产业增加值同比增长11.0%以上；服务业增加值同比增长8.5%以上；社会消费品零售总额同比增长10.0%以上；固定资产投资同比增长11.0%以上；研发经费支出占地区生产总值比重达2.56%；城乡居民人均可支配收入分别同比增长8.0%和8.5%以上；全面完成节能降耗减排任务。

实现上述奋斗目标，重点要做好以下四个方面：

（一）聚焦提质增效，在积蓄赶超动能上谋求更大突破

我们始终坚持发展实体经济不动摇，推动县域经济在“增量崛起”与“存量突破”中提升发展质效，引导经济朝着更高质量、更有效率、更可持续的方向发展。

扩大有效投资。持续聚焦项目“双进”，紧扣项目投资强度、亩均产出效益等关键指标，引导重大项目向量质并举、效益引领转变。加压升温招商选资。围绕“5+1”产业招商体系，全面开展“招大引强攻坚年”行动。聚焦世界500强、民企500强、上市公司和行业领军企业，深化驻点招商，深耕北京、上海和浙江三地，主攻省市县长项目、工业“大好高”和“两山”总部经济项目，力争新引进亿元以上项目60个，其中10亿元以上项目10个，市定“大好高”项目30个，完成实到外资2.5亿美元以上。聚力联推项目建设。持续深化“四季比拼”，抓实“一把手工程”、重点项目推进例会等活动载体，全面加速项目开竣工。确保格力智能制造安吉产业园、敏实集团安吉总部、洁美电子信息产业园等项目全面开工，长龙山抽水蓄能电站、绿色建材产业园快速推进，养生堂智能产业基地（一期）、热威电热（一期）等一批重

点项目全面投产。加快推进第三座抽水蓄能电站、云数据中心产业园等项目前期。确保全年完成项目开工60个、竣工45个，完成工业投资同比增长12.0%以上。持续提升平台承载。完成开发区入口标识及配套绿化亮化工程，推进古鄣路综合改造工程，整合提升园区平台3000亩。示范区争创省级万亩千亿大平台，确保高铁快速路、建设路实现贯通。加快国家安吉竹产业示范园区“一横一纵”道路建设。推动小微企业及亿元以下项目集聚入园，新建小微企业园3个。力争完成工业平台投资5.2亿元。

狠抓培大育强。坚持把培育新动能与改造提升传统动能紧密结合，更大力度、更实举措鼓励企业家聚焦主业、做精实业。推动主体升级。加强企业梯队培育，新增“双金”企业1家，“双高”优势企业20家。持续开展“凤凰行动”，力争新增股改企业15家、挂牌企业8家。实施“小微企业新三年成长计划”，完成“个转企”200家，新增规上企业30家。积极应对经贸摩擦，努力开拓非洲、东盟、拉美等国际市场，新增省级重点培育外贸综合服务企业1家，力争服务总额达3000万美元以上，确保自营出口占全省比重1%以上。更大力度落实减税降费措施，确保为企业减负18亿元以上。大力弘扬工匠精神，让企业家专心专注办好企业，选树民营企业家典型20个。深化亩均改革。全面开展“亩均改革推进年”行动。加快“标准地”改革，确保开发区、示范区、省级特色小镇全部实现工业项目“标准地”出让。深化资源要素差别化配置，加快推进低效工业企业整治提升，完成低效企业出清500家以上，其中规上企业提升50家以上，实现综合评价为D类和低于规定标准的低效企业全部出清，确保规上工业企业亩均税收达到20万元以上。强化创新引领。加快省级绿色制造高新区、椅艺创新服务综合体建设。确保科创园（二期）、两山创客小镇（二期）建成运营。深入实施数字经济“一号工程”，加快企业云端管理应用，完成企业上云500家。加强科技研发中心建设，开展规上企业研发机构全覆盖三年行动，新增省级企业研究院3家、省级高新技术企业研发中心10家。

打造营商标杆。大力开展“营商环境优化年”行动，浓厚尊商重商的社会氛围，打造更加透明、更加公平的发展环境。提速审批服务。深化“最多跑一次”改革，确保90%以上办事事项实现“无差别全科受理”。优化企业投资项目“一窗服务”，力争开发区、示范区新备案工业项目全部实行承诺制，确保工程建设项目审批管理系统全面运行，实现开工前审批“最多90天”。加强品牌培育。积极帮扶企业争创名优品牌，引导企业制定标准10项以上，发布“浙江制造”标准5项，培养企业标准化人才100名。新增全国绿色产品认证企业2家，浙江制造“品字标”企业2家。加快国家办公椅质量提升示范区创建，积极推进椅业国家检测中心建设，建成省竹制产品质量检验中心。争创全国质量强县示范县。加快人才集聚。坚持政策引才、环境留才，以更优服务吸引更多高端人才。深入推进“美丽英才计划”2.0版，全力抓好“百千万”等重大引才工程，力争引育“千人计划”10人、“南太湖精英计划”50人。争创省“千人计划”产业园。创新建立人才项目鉴别机制，定期开展绩效评估，对难以实现产业化的高层次人才项目实行退出机制，确保人才项目健康可持续发展。

（二）突出集约高效，在加速绿色增长上力求更大成果

我们始终坚持“两山”理念不动摇，坚定不移走生态优先、绿色发展之路，集聚更多要素资源，提升节约集约利用水平，坚决打好污染防治攻坚战，推动生态文明建设再上新台阶。

全面整合资源。加快要素集聚。力争县域“两山”转化综合改革试验区尽早落地，释放更多政策红利。做大做强金融产业，为实体经济注入更多源头活水，全面推进绿色金融改革创新试验区建设，新增绿色专营机构2家以上，完成绿色债券等直接融资20亿元以上，力争新增贷款50亿元以上。积极探索区域用能权交易，规范排污权有偿使用和交易行为。提高节约集约。推进土地利用总体规划修编试点，实现新增建设用地报批占补平衡。牢牢守住38万亩永久基本农田保护红线，严格落实粮食安全主体责任，建成高标准农田2.3万亩。深入推进“五未”土地处置专项行动，消化批而未供1000亩，盘活存量建设用地1000亩，完成低效用地再开发

600亩。严格约束管控。完成全县生态保护红线勘界标定。加大污染源环境监管信息公开力度,深化环境信用评价制度,完善环境监管网格化管理。严格管理优质山水资源,深化项目预评审制度。强化领导干部自然资源资产离任审计。深入推进自然资源资产负债表编制国家试点,力争完成“两个100%”要求。

提升开发效益。强化融合带动。加快整合全县旅游资源,推动产业融合发展,创成省级乡村旅游集聚区。大力培育康养结合、农事体验等多元融合新业态,完成浙江安吉小鲵国家级自然保护区建设,实施大熊猫重引入,加快“田园鲁家”国家级试点示范区建设,完成白茶飘香精品观光带(一期)建设。加快提档升级。全面完善县域旅游配套,加快山川省级旅游度假区基础设施建设,实施灵峰旅游度假区“四化三引”工程。启动国际艺术山谷、金银岛度假区建设,确保安吉云上草原项目投入运营。全面完成余村“两山”示范区建设,争创余村—竹博园5A级景区,新增4A级景区1家。鼓励发展民宿村落,新增金宿2家。加强市场营销,高水平举办中国玩水节、中国亲子旅游节等活动,确保旅游业增加值占地区生产总值比重达13%。推动综合利用。积极鼓励养殖废弃物循环利用,加快构建现代农业可持续发展新格局。深化垃圾资源分类收运和综合利用,实现城区住宅小区和单位垃圾强制分类全覆盖,确保小区精准分类达50%以上,建成餐厨垃圾处理中心,启动“静脉产业园”建设。

深化环境治理。保持高压治违。完善违章建筑智能化防控体系,构建不能违、不敢违的长效机制,实现县级河道“无违建”全覆盖。深化“五水共治”。力争三夺“大禹鼎”。深化河(湖)长制,完成6个乡镇“污水零直排区”创建,新增水环境优美村5个,美丽生态河道15条。狠抓农业面源污染和畜禽养殖治理,完成绿色防控2万亩。完成梅溪、城北污水厂提标改造,新增污水管网27公里。完成西苕溪流域生态修复工程。积极推进县域节水型社会创建。加快城乡一体化管网供水全覆盖,实施农村饮用水安全提升项目3个,新增受益人口1.34万,确保赋石和老石坎水厂建成通水,启动县域北部供水主管网建设。改善大气质量。启用工业挥发性有机物空气自动在线监测系统,加强4个清新空气站运维。规范餐饮油烟管理,实现油烟净化装置100%安装。确保空气优良率达到85%以上,全力夺取“蓝天杯”。抓实净土清废。实施全域土地综合整治和生态修复项目3个。启动工业固废处置中心建设。深化矿资行业整改提升,新增生态型标杆企业15家。

(三)深化统筹融合,在协调城乡建设上迈出更大步伐

我们始终坚持美丽县城、美丽乡镇、美丽乡村“三美”共建,突出精心规划、精致建设、精细管理,推动城乡品质内涵持续提升,全力争创首批浙江省大花园典型。

提升城市品位。优化空间布局。深化多规融合,启动新一轮县域总体规划编制,滚动推进专项规划、控制性详细规划修编,启动重要地块城市设计编制,确保拆后利用科学有序。完善城市功能。深入开展城市能级提升行动,启动浦源大道改造,完成凤凰中心广场主体建设,确保浒溪景观带、城市中心湖景观工程全面完工。完成递铺路、凤凰路综合改造。完成20个生活小区雨污分流改造。完成垃圾填埋场生态修复。建成花木市场二期。完成绕城北线绿化亮化,新增绿地10万平方米,亮化提升3处以上。加快石马港和递铺港河道整治提升,改造公园广场与城市节点2处,改造提升城市公厕10座。更新智能快递柜80套。加强精细管理。深化全国文明城市创建,集中力量做好253个测评点位整治提升。启动政务大数据治理和数据云平台建设,建立政务数据规范体系。加快推进智慧城管县域全覆盖,全面提升智慧城市建设水平。优化公交线网布局,启动城中公交换乘站建设,建成停靠站50座。畅通城市交通出行,新增公共停车位500个,拓展电动车分时租赁业态,新增充电站场10处。全面提升120个小区物业管理服务。

打造美丽镇村。加快美丽乡镇建设。编制发布《美丽县域建设指南》《美丽乡镇建设规范标准》。推进“城镇综合改造提升三年”行动,创建美丽特色乡镇7个,打造美丽样板乡镇5个。完成梅溪小城市培育试点验收。创成省级乡村振兴精品村3个,新增美丽乡村精品示范村15个。持续激发乡村活力。深化农村土地、林权制度改革,持续

推进宅基地退出和“三权分置”，新增毛竹林经营权流转1万亩。启动农业绿色发展先行区建设，争创绿色农业示范县。新增市级以上示范性家庭农场10家，市级农（林）业龙头企业4家。加快推进乡村振兴森林综合体试点建设，深化林长制管理，新增珍贵彩色森林2万亩，新增林下经济多模式融合经营1000亩以上。加强农民技能培训，培育初级新型职业农民300人以上。加大安吉白茶原产地保护，完成茶园生态修复1万亩，加快中国安吉白茶小镇综合体建设。提升乡风文明水平。持续推进清廉乡村建设。建成全国新时代文明实践站所141家，“两山”转化现场教学基地10个。加强全国农村社区治理实验区建设，新增社工45人以上。积极推广“余村经验”，新增乡村治理示范村10个。

优化综合配套。加快路网建设。全力推进杭长高速南北庄互通、申嘉湖高速孝源至唐舍段等项目建设，确保商合杭高铁安吉段主体完工，申嘉湖高速西延鹿山至孝源段全线通车。启动西南片区“511”行动，计划用5年时间，投资10亿元，改造提升农村道路100公里左右。持续做好“四好农村路”，启动水杭线、霞大线、港山线等3条县道建设，改造提升农村公路60公里、危桥7座。提升河海联运，加快实施长湖申航道西延工程。完善农基设施。全力推进笔架山农业高新区建设，建成现代农业公共服务中心，完成中环道路贯通。开展病险水库山塘除险加固清零行动，完成4座水库除险加固、36座山塘整治。完成老石坎水库清淤扩容60万立方米。启动西苕溪滨水生态廊道建设。完成8.4平方公里水土流失综合治理。强化能源保障。加快建设长龙山抽水蓄能电站500千伏线路输出工程、余村“两山”示范区生态电网工程，确保商合杭高铁牵引站220千伏线路工程、110千伏剑山输变电工程全面完工。优化民用供能布局，建成2座综合供能服务站。做好天然气供应保障。

（四）坚持共建共享，在满足人民期盼上争取更大作为

我们始终坚持把人民群众对美好生活的向往作为奋斗目标，坚决兜牢“底线民生”，全力保障“基本民生”，稳步提升“质量民生”，努力创造更高品质的生活，让全县人民的日子一年更比一年好。

聚焦富民惠民。促进就业创业。继续实施困难群体精准帮扶工程，确保零就业家庭动态归零，新增城镇就业12600人，失业人员再就业4000人，城镇登记失业率控制在2.98%以内。力争新引进大学生及各类人才9000人，大学生创业主体350人。抓实帮扶增收。深入开展促进“农民增收三年”行动，深化“多村联创”，新增乡村经营示范村5个，消除集体经济薄弱村23个。完善生态补偿机制，实现饮用水源地生态保护奖补资金翻一番。全力做好东西部产业与劳务协作，着力抓实“白叶一号”捐赠的后续工作。增强惠民保障。大力推进社会保障市民卡工程，力争全省率先在上海医疗机构实现刷卡就医。确保基本养老保险、基本医疗保险参保率分别达到94%、99%以上。做好公积金缴存扩面，完成规上企业职工建缴率达到45%以上。完成中低收入住房困难家庭保障200户以上。深化临时救助，做好困难群体托底帮扶，实施残疾人两项补贴7700人。加快完善医养结合养老服务供给体系，新增6家乡镇（街道）示范型居家养老服务中心，对60周岁以上老年人全部实行流感疫苗免费接种。

增强公共服务。提升文化惠民能力。努力让群众文化生活更加丰富，确保新图书馆、古城考古保护中心项目投入使用。实施综合文化站建设提升计划，新建文化礼堂20家，开展各类“送文化”活动200场以上。启动首届吴昌硕国际艺术奖评选活动，推动诗歌剧《大哉，吴昌硕!》走进国家大剧院。办好人民满意教育。加快教育基础设施综合改造提升工程，启动安吉一小改扩建，力争安吉六小、安高综合楼竣工，确保安吉三小迁建、安吉五小改扩建工程投入使用。稳步提升教育质量。举办首届“安吉游戏”国际峰会。加快健康安吉建设。深化医共体改革，持续推进“双下沉、两提升”工程，落实与浙一、省中医院合作办医，真正让老百姓在家门口享受更优质的医疗服务。启动2家卫生院建设，确保县中医院2号住院大楼投入使用。提高公共体育设施利用率，争创全国全民运动健身模范县。积极打造“新闻媒体＋”政务便民服务新品牌。加强国防动员和双拥共建，推动军民融合发展。扎

实做好退役军人、统战、工青妇、档案、史志、气象、慈善、红十字会和关心下一代等工作。

加强平安建设。深入开展"七五"普法,提高全民法治素养。实行联合接访,确保群众的合理诉求得到及时回应、合法权益得到有效维护。完善应急快速处置机制,全面加强网络舆情的应对引导。打造"信用安吉",推进公共信用信息在审批服务、执法监管领域的联通应用。推进殡葬综合改革试点,深化移风易俗、文明治丧。深入开展"放心消费在安吉"行动,创成放心消费示范单位150家。全面推进"厨房革命",建成可视厨房500家。加快城北农产品批发市场建设,改造提升农贸市场7家,新增省级放心农贸市场3家、星级文明规范市场3家。扎实开展扫黑除恶行动,深化"家园卫士"工程,完成60个物联网安防小区建设。严格落实重大事故隐患挂牌制度,深化重点行业领域安全生产监管,启动2个消防站点建设,坚决遏制较大以上安全事故发生。

各位代表!民生连着民心、民心凝聚民力,我们始终坚持把为民办实事作为县政府长期坚持的一项制度。今年我们继续按照"群众提、代表定、政府办、人大评"的理念,在前期广泛征求意见、充分研究论证的基础上,县政府梳理形成了12件民生实事候选项目,提请本次大会票决选出其中10件。民生实事项目确定后,我们将以高度负责的态度,扎实有力的举措,抓好项目落实,真正把实事办到老百姓家门口、办到群众心坎上。

三、全面加强政府自身建设

各位代表,发展的重任、竞争的态势、群众的期盼,对政府自身建设提出了更高要求。我们将义不容辞地扛起高质量发展的使命担当,把加快赶超作为首要任务,把务实高效作为基本要求,把坚守底线作为根本准则,合力打造群众满意的服务型政府。

锤炼高效担当作风。全面增强政府系统履职尽责的能力素养,更加自觉担负起深化"两山"实践、加快赶超发展的时代重任。稳妥推进政府机构改革,主动调优状态、调高标准、调快节奏,全面提高行政效能、优化行政服务。完善综合考评体系和容错纠错机制,旗帜鲜明为敢于担当、踏实做事、不谋私利的干部撑腰鼓劲,持续治理"庸懒散",坚决打通"中梗阻"。大力弘扬"定了干、马上办、办到底"的实干作风,对改革发展稳定中的深层次矛盾,不回避、不退缩、不畏难,对企业服务抓主动、快协调,对群众诉求早介入、快解决,努力营造敬业担当、主动作为的干事氛围,真正做到让投资者舒心、让人民群众满意。

增强依法行政意识。坚持依法行政,提高运用法治思维和法治方式推动政府工作的能力,做好规范性文件"立改废",提高行政复议质量。自觉接受县人大的法律监督、县政协的民主监督以及监察、司法、公众和舆论监督。认真执行县人大及其常委会的各项决议和决定,认真办好人大议案建议和政协提案,更加注重办理成果转化。完善重大行政决策公众参与、专家论证、风险评估、合法性审查和集体讨论决策等程序,有效发挥咨询委决策咨询、参谋助手的智囊作用。加大政务公开力度,完善政府信息公开和新闻发布制度,让权力在阳光下透明运行。

坚守廉洁自律底线。高标准贯彻中央八项规定及其实施细则精神,深化精文减会,严防"四风"问题反弹。坚决把纪律和规矩挺在前面,全面强化政府系统廉政建设,从严落实主体责任,全面履行"一岗双责",严肃查处各类违纪违法问题,让干部更清正、政府更清廉。深化建设项目招投标改革,严格公共资源交易标后监管,健全公共资源交易联合监管长效机制。全力做好金融风险防控,持续优化政府债务结构。加强审计监督,深入开展政策跟踪、财政预算执行、经济责任审计,完善政府采购、产权交易、国资管理等重点领域和关键环节的监管。深化国企改革,建立国有资产监管大数据平台。规范政府产业基金运作管理,全面落实财政资金竞争性存放。严控"三公"经费预算,进一步压减一般性支出,政府带头过"紧日子",让群众和企业过"好日子"。

各位代表,千帆竞发,奋楫者先;中流击水,勇进者胜。让我们更加紧密地团结在以习近平同志为核心的党中央周围,在中共安吉县委的坚强领导下,以永不懈怠的精神状态和一往无前的奋斗姿态,团结拼搏、克难攻坚,勤勉务实、奋发有为,为加快建设中国最美县域努力奋斗,以优异成绩向新中国成立70周年献礼!

中国人民政治协商会议
第九届安吉县委员会常务委员会工作报告

——在政协第九届安吉县委员会第三次会议上

（2019年1月21日）

政协安吉县常委会主席　叶海珍

各位委员：

我代表政协第九届安吉县委员会常务委员会，向大会报告工作，请予审议。并请列席会议人员提出意见。

一、2018年工作回顾

刚刚过去的一年，是安吉砥砺前行、锐意进取的奋进之年，也是九届县政协为“两山实践”聚识、为“赶超发展”聚智的提升之年。一年来，在中共安吉县委的坚强领导下，县政协常委会以习近平新时代中国特色社会主义思想为指导，紧紧围绕“两大主题”，积极履行“三项职能”，为全县实现高质量赶超发展作出了积极贡献。

（一）把握“共同理想”主轴，政治保障更加坚强有力

学习十九大，在思想上坚定“主心骨”。共识是谋事的前提、团结的基础。一年来，县政协常委会把学习宣传贯彻十九大精神作为贯穿全年的重点工作和首要政治任务，按照学懂弄通做实的要求，全年以召开政协党组专题会议、举办“崇学讲堂”、宣讲报告会等形式组织专题学习8次，各界别小组开展学习研讨17次，引导参加政协的各党派团体和各界人士夯实巩固共同思想政治基础。

贯彻新思想，在行动上把准“定盘星”。思想是行动的先导、前进的动力。一年来，县政协常委会把学习贯彻习近平总书记关于加强和改进人民政协工作的重要思想作为推动新时代政协事业高质量发展的根本遵循，围绕“高水平提质增效，高质量助推发展”的工作要求，认真研讨思考“完善政协协商民主工作机制”“加强政协民主监督”等课题，把学习转化为做好政协工作的务实举措和具体行动，从思想上政治上扣好履职的第一粒扣子。

强化抓党建，在制度上定好“度量衡”。坚持党的领导，是政协建立政治协商制度的前提。一年来，县政协常委会坚决维护县委权威、服从县委领导、执行县委决策，把县委“高质量、加速度、均衡性、可持续”的决策部署不折不扣地贯彻落实到政协全部工作之中。县政协党组对照全国政协和省、市政协党建工作会议要求，以制度建设为切入口，及时制定完善《政协党组工作规则》《政协机关党组工作规则》和《政协机关支部工作细则》，理清工作思路，理顺组织关系。

（二）紧扣“两聚一美”主题，服务大局更加坚定有为

紧扣党政所思，当好“两山”实践的智囊团。深入调研开展专题协商。我们选择“美丽文化建设的若干建议”“乡村振兴的安吉思考”作为重点课题深入开展调查研究，在县委理论中心组学习会上进行交流，为我县的经济社会发展提供有益的意见建议。因地制宜开展高端议政。围绕“实体经济与安吉发展”主题，开展县委书记与政协委员“面对面”协商建言；围绕“优化

营商环境”主题,开展县长与政协委员“面对面”协商议政。两次活动中,24位委员提出意见建议76条,为我县实体经济发展和营商环境改善提供了决策参考。沈铭权书记和陈永华县长现场点评,充分肯定了委员发言的质量,对委员们提出的意见建议逐条回应并要求相关部门抓好落实,极大地激发了政协委员的履职热情。在县委书记与政协委员“面对面”活动中,我们首次以融媒体直播的形式开放式议政,网民浏览量93518人次,参与互动976人次,切实扩大了参政议政的参与度和影响力。广泛选题开展双月协商。发挥专委会和部门对口协商作用,围绕“集中式饮用水水源地调整”“智慧医疗建设”“社区养老服务体系建设”等议题,同部门开展互动协商,提交调研建议书6期,以政协信息的形式向县委县政府和相关部门报送落实。

紧扣发展所需,争做赶超发展的助推器。积极融入中心工作。县政协领导班子积极融入党委政府中心工作,服务项目“双进”、参与招商引资,落实“6+1”联系任务。助力洁美科技总部落户安吉,牵头协调敏实集团项目加快推进,主动推动商合杭高铁、吉鑫空分、艾特轴承、瑞天机械、共创物业小微企业产业园等工程项目加快建设。扎实推进联系工作。县政协班子成员积极承担总工会、工商联、示范区等领导责任,主动完成河长制、路长制等工作任务。带头参与阶段性工作。县政协班子成员带头驻乡镇指导重大活动安保,参与环境综合整治巡查,参与文明城市创建志愿服务。

紧扣民心所向,画出最美县域的同心圆。加强联络联谊。坚持班子成员联系民主党派、工商联制度,加强与民族宗教界人士的沟通交流,充分发挥他们在促进经济发展、维护社会稳定中的桥梁纽带作用。主动做好上级政协视察调研和兄弟政协学习考察的服务保障工作,努力当好“两山”理念诞生地的讲解员和美丽乡村建设发源地的宣传员。支持异地商会建设。高度关注异地商会发展,积极推动粤港澳大湾区安吉商会成立和郑州安吉商会换届。借助异地商会平台和政协资源,积极开展招商引资和项目推介活动,为安吉经济发展发挥作用。精心讲好安吉故事。以改革开放40周年为主线,广泛征集、整理成《我见证了“两山”理念的起源》的安吉故事;完成省、市政协部署的《改革开放四十周年文史专辑》《浙江文化记忆——湖州篇》等史料征集任务;启动《安吉文史记忆》的编撰工作。

(三)围绕“提质增效”主线,协商体系更加完善有序

把握机遇抓试点,谋划协商内涵。统一思想定方案。去年7月,省政协确定安吉县为“请你来协商”平台建设试点县。我们第一时间召开会议专题研究,走访专家、深入研判,制定了《安吉县政协“请你来协商”平台建设实施意见》。挖掘内涵建体系。将“请你来协商”细分为“‘请’有机制、‘你’有范围、‘来’有场所、‘协’有重点、‘商’有成效”的工作目标,将常态会议协商归类分层,构建了“2+6+X”的协商体系。提升规格创品牌。我们谋划了“九个一”打造基层协商工作品牌,即“成立一副领导班子、出台一个实施意见、创建一套建设标准、设计一个品牌LOGO、注册一个微信公众号、搭建一个网络平台、改编一本政协杂志、策划一个电视访谈栏目、制定一个绩效评估机制”。

立足实效建制度,规范协商程序。健全提前协商机制。出台《政协年度协商计划制定办法》,积极助推党委政府进一步建立和完善“政治协商纳入决策程序”的有关制度,保障重大决策商于前、议于中、善其后。完善平等协商机制。主动助推党委政府完善协商议题的提前协商、多方共商机制。固化县长每年一次经济社会发展情况通报和分管县长条线工作情况通报制度。

注重亮点扬特色,提升协商平台。发挥“桥梁”工作室作用。充分发挥“桥梁”工作室委员的带动作用,开展协商选题会、信息商讨会和“头脑风暴”会,以常态化“练兵”提高专业化水平。创建界别议事厅。我们经过深入研究,延伸界别协商视角,出台《关于加强政协界别工作的意见》,将每年6月作为联系群众的“界别活动月”,探索建立了经济、共青团和农业“界别议事厅”,分别以“乡村休闲旅游”“公民道德建设”“白茶产业健康发展”等内容开展议事活动,取得明显成效,得到界别群众的广泛支持。拓展网络议政渠道。我们把网络的开放性、交互性特点和政协联系面广、代表性强的

优势结合起来。围绕“全国文明城市创建”主题，邀请委员、群众代表与宣传部部长、分管副县长同台议政，同步进行网络直播；围绕“专业技术人才引育”主题开展电视访谈，加大了网络协商议政的力度，拓宽了媒体议政的渠道。

（四）突出“履职为民”主旨，服务民生更加务实有效

围绕民生实事强监督。紧盯“关键小事”开展大监督。以“城乡生活垃圾分类处理”三级政协联动专项集体民主监督活动为主题，将政协委员编成17个小组，累计查看村（社区）58个、监督点227个，发现问题提出建议316条次，向省、市政协和党委政府提交相关信息专报12篇，有力推进了我县城镇生活垃圾分类工作的开展。紧盯“服务民生”委派民主监督小组。围绕“‘最多跑一次’改革”“基层专业技术人才引育”“垃圾分类处理”“全国文明城市创建”等议题，向政务办、人力社保局、综合执法局、创建办等四个部门委派民主监督小组，得到受派单位的重视和支持，形成了四份《民主监督建议书》及时报送县委县政府及受派单位，推动了部门相关工作的进一步落实。

围绕县域发展建诤言。高标准推进提案工作。制定《政协常委会民主评议提案办理工作办法》，首次对公安局、综合执法局、民政局三家单位开展民主评议。推进提案办理信息化建设，创新提案办理形式。在综合执法局、卫计局、文广新局、旅委、市场监管局等单位组织了以“城市、健康、文旅、市场”为主题的四季提案办理协商会，强化提案办理力度，2018年提案答复率100%、满意率99.4%。高质量反映社情民意。强化信息员队伍的培训和管理，充分发挥乡镇（街道）政协委员作用，增加信息的源头活水，推动县政协信息工作保持前列。全年累计报送信息203条次，其中省政协录用11篇，省委办录用3篇，市政协录用27篇，市委办录用58篇。我县政协成为全市唯一的省政协社情民意信息直报点，再次荣获全市反映社情民意考核一等奖。

围绕履职为民献爱心。深化以政协委员“六下乡”为重点的系列民生服务活动，宣传部、妇联、科协、农业、林业、教育、司法、体育等部门协同服务，赢得广泛好评。组织委员广泛参与“山青水净・植树造林”“慈善一日捐”等公益活动，在杭垓小学、文昌小学、梅园学校等开展微心愿认领和爱心助学等活动，取得了较好的社会效果。

（五）强化“一线担当”主责，自身建设更加扎实有力

坚持示范带动，当好政协人。发挥政协班子成员领头雁作用。我们通过政协党组会、主席读书会、“崇学讲堂”、民主生活会等方式，要求班子成员带头增强“四个意识”，做到严以律己、以身作则，敢抓敢管、严抓严管，充分发挥“关键少数”作用。发挥专委会组织者作用。政协各专委会组织开展双月对口协商、委派民主监督、书记县长与政协委员面对面、“六下乡”服务等履职活动，推动政协工作提质增效。发挥年轻干部战斗员作用。我们重视加强机关年轻干部队伍建设，定期召开机关干部日常工作述职、专题思想交流等活动，进一步提升年轻干部的政协情怀和工作能力。

坚持提升能力，讲好政协话。进一步修订完善《政协委员履职管理暂行规定》《政协委员任期履职情况综合评价办法》，强化委员服务管理，加强履职登记考核。通过主席约谈委员、召开企业界委员座谈会、助推异地商会建设等形式，切实发挥政协委员在本职工作中的带头作用，在界别群众中的代表作用，在政协工作中的主体作用。

坚持严实作风，干好政协事。我们坚持把守纪律、讲规矩摆在更加重要的位置，以“永远在路上”的执着坚定落实全面从严治党要求。严肃党内政治生活，强化党风廉政建设“一岗双责”，真正让禁令生威。积极履行政协职责，用扎扎实实的工作赢得群众的信任肯定，用实实在在的业绩为政协事业增光添彩。一年来，《人民政协报》《联谊报》“同心苑”等媒体报道我县政协特色工作文章26篇，我县政协工作经验在省政协相关会议上5次作交流发言。

各位委员！过去一年县政协取得的工作成绩，关键的是有中共安吉县委的坚强领导，县人大、县政府的大力支持。重要的是有县政协各参加单位和广大政协委员的倾情付出，各部门、乡镇（街道）及社会各界的热情帮助。在此，我代表县政协常委会对大家表示最衷心的感谢！

各位委员！我们深知，政协工作中还存在一些问题和不足，主要是：履职成果的转化运用需

进一步跟进,民主监督的制约机制需进一步完善,委员队伍的学习培训需进一步加强,政协工作的制度落实需进一步强化,等等。以上这些问题和不足,我们将高度重视,认真改进。

二、2019年工作任务

2019年,县政协工作的指导思想是:高举习近平新时代中国特色社会主义思想伟大旗帜,全面贯彻落实中共安吉县委十四届六次全会的决策部署,牢牢把握团结和民主两大主题,认真履行政治协商、民主监督、参政议政的职能,不断完善我县政协"2+6+X"协商议政新格局,以政协系统党的建设为重点,把发挥好专门协商机构作用作为新时代的新方位、新使命,切实推动建言资政和凝聚共识双向发力,大力推进政协工作提质增效,为争当践行"两山"理念样板地、模范生,推动中国最美县域建设高质量发展贡献智慧和力量。

(一)进一步强化思想政治引领这一中心环节,切实巩固共同思想政治基础

坚持把习近平新时代中国特色社会主义思想作为加强思想政治引领的主线和灵魂。加强思想政治引领,是人民政协发展进步的历史经验,也是人民政协这一制度安排日益成熟的重要标志。我们要以党组理论学习会为引领,完善主席会议、常委会议学习制度。结合"崇学讲堂"、委员培训、专题座谈会等学习载体,统筹党内党外委员和政协机关干部,以集中学习和自主学习相结合的方式,持之以恒抓好理论学习。

坚持把习近平总书记关于加强和改进人民政协工作的重要思想作为履职实践的根本遵循。做好新时代人民政协工作,最根本的是深入学习贯彻习近平新时代中国特色社会主义思想,重中之重是学习好、贯彻好习近平总书记关于加强和改进人民政协工作的重要思想。要进一步深化对新时代政协工作的规律性认识,在强基础、谋长远上下功夫,在提高工作质量和水平上下功夫。要始终坚持在县委领导下开展工作,做到重要精神及时传达、重要工作及时报告、重大事项及时请示,确保县委各项决策部署不折不扣执行到位。

坚持把政协系统党的建设作为政协工作的基础抓实抓好。党的领导是人民政协这一制度安排和政治组织最本质的特征。县政协党组要牢固树立"抓好党建是本职、不抓党建是失职、抓不好党建是不称职"的理念,切实以党的建设为引领,推动政协工作高质量发展。理顺组织体系。加强政协党组对机关党组、机关支部和全体政协党员委员的领导,切实推进党的组织对党员委员的全覆盖、党的工作对政协委员的全覆盖。丰富党建活动载体。规范机关支部主题党日活动,探索建立党员委员联系无党派人士和宗教界委员、党组成员联系界别委员机制,持续开展支部共建和"微心愿"认领活动。强化政协党建阵地建设。不断深化政协机关"文化之窗""任务之窗""党员之窗""制度之窗"建设,争创"县级机关党建示范点"。

(二)进一步明确专门协商机构这一职能定位,切实用好政协话语权

突出常态性,开展多层次协商。习总书记强调:"人民政协要发挥作为专门协商机构的作用"。汪洋主席强调,要把发挥专门协商机构作用作为新时代的新方位、新使命。为此,要固化已有的协商形式。突出重大课题协商,就"加强要素配置,全力打造'两山'转化的时代样板""安吉全域旅游发展"等课题深入开展调查研究。深化面对面协商,围绕"全国文明城市创建"和"推进乡村治理"两大主题,分别举行县委书记、县长与政协委员面对面活动。强化双月对口协商,分别就"城镇生活垃圾分类处理""大力发展林下经济""安吉专业市场管理""'最多跑一次'改革"等议题开展双月对口协商。努力探索新的协商方式。发挥"桥梁"工作室作用,以界别议事厅和"微协商"为载体,拓展网络议政新方式。

突出专业性,推进协商式监督。民主监督是政协的三大职能之一,也是政协的主职和主业。要拓展民主监督渠道。紧紧围绕党委政府中心工作选好监督主题,广泛征求意见,力求所提意见建议客观公正,以实事求是的原则做好协商。围绕"全县人才工作""重点工业项目推进"等内容开展常委会视察监督。要把握民主监督重点。用好用活三级政协联动专项集体民主监督和委派民主监督小组两种形式,围绕"加快竹产业示范园区建设""电商微商管理服务""智慧医疗信息化""快递业

规范健康发展”等议题委派民主监督小组。要提升民主监督实效。不断增强责任感和敏锐性，做到监督有理、有据、有力，建议有针对性、可行性和操作性。

突出开放性，探索媒体融合议政。政协是个开放性的平台，我们要拓展线上线下协商，不断发挥政协开放性平台的作用。在线下，把“请进来”与“走出去”结合起来。主动邀请基层群众参加协商活动，请他们提出意见建议。同时根据议题内容，将协商拉到基层，深入到现场、融入到群众中去。在线上，积极探索网络议政新形式。举办县委书记、县长与政协委员面对面活动、双月对口协商、界别议事厅协商，热情拥抱互联网，开辟协商新渠道。

（三）进一步突出提质增效这一目标导向，切实推动政协工作高质量发展

打牢一个基础，切实把调查研究作为提质增效的必经环节。完善调研选题机制。以“党政交题、委员荐题、各方征题、政协选题”为导向，认真谋划好年度调研课题，切实做到选题精准务实，成效事半功倍。推进调研制度建设。完善《关于加强和改进政协调查研究工作的意见》，确保专题协商、民主监督、为民服务等活动要先期深入调研，切实做到议政接地气、建言高“言值”。做实调查和研究环节。补齐当前研究不够的短板，使研究不仅要贯穿调查之中，而且要始于调查之前、终于调查之后，从而切实提高建言资政水平。

建立一套标准，不断完善协商议政体系。完善制度体系。“请你来协商”平台建设，是今后一段时间县政协推进政协工作提质增效的总抓手，具有全局性、稳定性和长期性。要与时俱进地提升“请你来协商”的制度化、规范化、程序化水平，抓好已有制度的落实工作，防止制度虚置，实现制度效用最大化。完善结构体系。深入研究探索提高协商议政质量的模式方法。按照“五个有”的总要求，健全完善“面上会议协商，线上常态协商，点上特色协商”的“2＋6＋X”协商议政格局。完善评价体系。继续做好履职成果的“回头看、带头督”工作，完善提案双向评议制度，探索建立协商成果绩效量化评估机制。

培育一批精品，着力打造政协工作的特色亮点。注重提案办理质量。强化立案审查关，深化个案工作法，完善“开门办案”机制，建立重点提案专题通报、重要提案信息专报、提案办理季度考核等制度。深化四季提案办理协商，继续推进政协常委会民主评议提案办理工作。研究反映社情民意信息机制。以“省政协社情民意信息直报点”为契机，年初召开社情民意信息工作座谈交流会，修订《特邀信息员管理办法》，制定《县政协社情民意工作考核评选办法》，研究把社情民意信息纳入对乡镇（街道）、部门的重要考核内容。发挥文史资政作用。“为时代立鉴、为安吉立史、为群众立言”是政协文史工作的方向，要坚持“三亲”原则，发挥政协文史“存史、资政，团结、育人”的重要作用，编撰出版《安吉文史记忆》。推动界别议事厅发展。推动第一批界别议事厅在规范运行、完善制度、创新方法等方面积极探索，不断总结工作经验，鼓励支持界别委员积极申报第二批界别议事厅，努力把界别议事厅这一新生事物变“盆景”为“风景”。

（四）进一步发挥凝心聚力这一重要作用，切实强化统一战线组织团结联谊功能

团结联谊促和谐。坚持把统筹谋划“两个70周年”主题活动作为推动政协事业创新发展的新机遇。要统筹谋划协助县委适时召开全县政协工作会议。习近平总书记主政浙江工作期间明确要求，全省各级党委每届至少召开一次政协工作会议。我们要主动当好参谋助手，早作谋划、早些着手，为开好会议做好准备。要统筹谋划纪念“两个70周年”的主题活动。筹备以“融入新时代，助推新征程”为主题的系列活动，通过举办文艺晚会、重要事件（人物）评选等活动，团结和引导参加政协各党派团体和各界人士，深刻认识70年来的巨大成就和宝贵经验，进一步彰显中国特色社会主义政治制度的巨大优越性和强大生命力。

集思广益谋发展。以“凝心、献计、出力”为主线，引导各党派、团体和社会各界人士主动融入党委政府重点改革发展领域十大工程，把使命感凝聚到“招大引强”“亩均改革”“营商环境”三大行动上来，把责任感汇聚到“要素配置、动能转换、服务效能、生态治理、城乡治理、社会治理”六大重点工作上来。要注意倾听民主党派、工商联和党外

代表人士的声音,支持和推动他们在安吉经济社会发展中传递正能量、作出新贡献。

倾心为民办实事。继续实施以“六下乡”为重点的系列民生服务活动;继续实施“山青水净・植树造林”“慈善一日捐”“委员微心愿”和爱心助学等公益活动,让委员走进群众、服务群众、温暖群众,以实际行动助力民生改善、增进民生福祉。

(五)进一步加强自身建设这一履职基础,切实提高政协工作水平

要发挥政协党组的核心作用。汪洋主席强调,人民政协处于凝心聚力第一线、决策咨询第一线、协商民主第一线、国家治理第一线,是党和国家一线工作的重要组成部分,这对新时代人民政协工作提出了新的更高要求。一要强化凝聚力。加强党组成员的党性修养,要明大德、守公德、严私德,做到以信念、人格、实干立身,最大限度地发挥政协党组的影响力。二要强化感染力。党组成员要增强自律意识、标杆意识、表率意识,自觉按照党的组织生活和党内政治生活准则办事,要求别人做到的自己首先做到,要求别人不做的自己首先不做,切实做好模范带头作用。三要强化执行力。一方面要不折不扣、原原本本传达贯彻执行各级党委的决策思路与政府的工作部署;另一方面要做好责任和压力的传导,努力做到政协干部人人有压力、个个有责任,确保各项工作不挂“空挡”。

要发挥政协委员的主体作用。政协委员是一份荣誉,更是一份责任。每位委员必须充分认识自己的使命,要比别人多花一些时间、多花一些精力,在参政议政中尽到自己应尽的责任。一要勤动脑。各位委员要广开思路,多关心一些安吉和百姓的大事,多思考一些事关大局的问题,多出一些利民的点子。二要勤动口。各位委员要广开言路,在参政议政中对县域经济社会发展的重要事情积极发表正确意见,做到言之有理、言之有物、言之有据。三要勤动手。通过书面文字提出有内容、有分析、有分量、有独特见解的意见和建议,积极反映社情民意,撰写委员提案或专题研报。四要勤动腿。多接触群众,多同有关方面联系,多做一些调查研究,在实践中增强自己的才干。

要发挥政协机关的表率作用。要按照“甩开膀子能干、坐下来能写、站起来能讲”的要求建设政协机关干部队伍。持之以恒讲学习。把学习作为一种态度、一种责任、一种精神境界、一种前进动力。要讲究方法,坚持干什么学什么,缺什么补什么,有针对性地学习掌握各种专业知识,努力成为行家里手。责无旁贷讲担当。要把“悠闲”的工作意识转变过来,做到眼中有活、主动找活、用心干活,把踏实做事、注重实效的作风落实到具体工作之中,做到尽职不越位、帮忙不添乱、切实不表面。严明纪律讲规矩。政协机关作为政协的窗口,代表政协的形象。要切实发挥表率引领作用,认真贯彻执行中央八项规定,坚决反对“四风”,切实做到守规矩、明底线、知敬畏,清清白白做人、踏踏实实做事。

各位委员,同志们!使命因担当而光荣,履职因有为而精彩!让我们更加紧密地团结在以习近平总书记为核心的中共中央周围,在中共安吉县委的坚强领导下,同心同德、锐意进取,努力推动人民政协工作创新发展,为奋力开创中国最美县域高质量发展新局面作出新的更大的贡献!

致富不忘党恩情

——全县落实习总书记批示纪实

1997年，溪龙乡党委、政府根据科研部门对当地土质、气候、积温、海拔等数据研究后得出的适宜白茶生长的结论，提出建设“千亩白茶基地”的目标。在乡政府一系列技术、资金、政策的支持下，次年底溪龙乡就完成1000亩白茶的种植目标，其中黄杜村种植面积最大，达900余亩。黄杜村的白茶产生了经济效益后，白茶种植经验迅速在全县进行了推广，种植面积快速增加，至2001年，安吉白茶种植面积突破万亩，其中受益最早最多的是黄杜村的村民。安吉白茶让黄杜村从人均年收入不到400元的贫穷村一跃成为人均年收入超过万元的富裕村，成为名副其实的“安吉白茶第一村”。2003年，时任浙江省委书记的习近平在安吉调研时称赞“一片叶子富了一方百姓”“一片叶子成就了一个产业”。

2018年，黄杜村白茶种植面积1.2万亩，亩均产茶25斤，为农民创收约1.5万元。先富起来的黄杜村村民没有忘记是党和政府当初对他们的支持和帮助。2018年4月9日，为响应中央打赢脱贫攻坚战号召，黄杜村20名农民党员联名致信习近平总书记，提出捐赠1500万株白茶苗帮助贫困地区群众种植5000亩白茶，并在种、管、销上点对点做好服务，直至脱贫致富。

5月18日，习近平总书记就联名信作出重要批示：“吃水不忘挖井人，致富不忘党的恩”这句话讲得很好。增强饮水思源、不忘党恩的意识，弘扬为党分忧、先富帮后富的精神，对于打赢脱贫攻坚战很有意义。

随后，中共中央政治局常委、全国政协主席汪洋和中共中央政治局委员、国务院副总理胡春华，中共中央政治局委员、中央宣传部部长黄坤明先后分别作出批示，要求贯彻落实习总书记批示精神，抓紧研究落实方案，真正把茶苗种好，种出效果，同时总结培育此类典型，弘扬扶贫攻坚的精神，为实现全面小康奋斗。

5月19日，省委书记车俊作出批示：习近平总书记对浙江省安吉溪龙乡黄杜村党员致富不忘党恩，主动帮扶贫困地区群众的精神给予充分肯定。希望各级党委政府把好事做实，扎扎实实做好扶贫脱贫工作。

同日，市委书记马晓晖专程赴黄杜村，组织召开习近平总书记重要指示精神传达学习会，提出总书记的亲切关怀是大家不断前进的力量源泉，总书记的光辉思想是大家事业发展的指路明灯，总书记的英明决策是大家必须完成的政治任务，总书记的重要指示是大家加快赶超的强大动力。

5月21日，县委书记沈铭权在县委常委专题扩大会议上强调要迅速兴起学习热潮，推动总书记重要指示精神入脑入心，要始终牢记总书记的谆谆教诲，把对党绝对忠诚落实到具体行动中，要始终突出党建引领，切实发挥战斗堡垒和先锋模范作用，要始终树立以人民为中心的发展思想，不断拓宽群众共同富裕之路，要始终坚持走在前列，全力打造全国乡村振兴先导区。

5月23日，中国农业科学院

党组成员、纪检组组长李杰人专程到溪龙乡和黄杜村考察,他高度评价了黄杜村党员通过捐苗表达出的这种致富不忘党恩、先富帮后富的情怀。他要求研究所继续发挥结对共建优势,持续跟进配合黄杜村做好捐苗后的技术支撑工作,进一步拉高结对共建工作的标杆。

为贯彻落实总书记和各级领导的批示精神和要求,按照国务院扶贫办的相关要求,中共安吉县委、县政府立即组织力量研究落实方案并同步实施。

溪龙乡党委、政府会同黄杜村党总支,将1500万株茶苗培育任务落实到每个党员和地块,县农业局、中国茶叶研究所、省茶叶集团有关技术人员做好技术指导。至6月底,1500万株茶苗扦插全部结束,为确保优中选优,把最好的茶苗送到受捐地区去,多扦插30亩,实际茶苗扦插超过100亩。

5月26日,国务院扶贫办委托中国社会扶贫网发布"特别发布1号",以公开征集的方式对接本次受捐地区。"特别发布1号"将受捐地区锁定在四川、云南、贵州、广西等地的国家级深度贫困地区,有种植茶叶传统,当地海拔、土壤及气候适宜种植安吉白茶的建档立卡贫困村,要求该地贫困人口较多,种植地块相对集中,交通相对便利,贫困户有种茶脱贫的积极性,当地基层党组织有凝聚力和战斗力,能够有效组建种茶专业合作社,组织技术培训和开展产销对接。中国社会扶贫网作为线上官方平台,具体承担着受捐地区报名、公示以及后续项目支持和资源对接工作。

同时,安吉派出由县乡领导、专业技术人员和黄杜村党员代表组成的考察组,赴有关地方进行调研,选择"白叶一号"受捐地区。5月27～31日,由国务院扶贫办开发指导司组织县委常委、统战部部长任烽、溪龙乡党委书记易国兵、乡农发中心主任钱义荣、黄杜村党总支书记盛阿伟、党员宋昌美等一行赴四川、云南两省四个县考察。6月3～6日,由溪龙乡常务副乡长姚尚平、县农业局高级农艺师冷明珠、黄杜村党总支书记盛阿伟等一行,赴贵州省雷山、余庆、普安三个县考察。6月4～6日,由溪龙乡党委副书记乡长唐宝城带领乡班子成员潘明全、县农业局茶叶站站长施永晨、乡农发中心主任钱义荣、黄杜村总支部委员徐正斌等一行6人,赴四川省青川县调研。

6月5日,在副市长杨六顺和县委副书记赵德清陪同下,国务院扶贫办副主任洪天云率队到安吉县考察捐赠茶苗培育工作开展情况,并听取溪龙乡党员对受捐地区相关要求的意见建议。考察组一行考察了溪龙乡黄杜村白茶产业园、"白叶一号"育苗基地和茶产业服务中心等地。随后召开座谈会,听取黄杜村党员意见建议。党员们表示1500万株茶苗将在月底前基本扦插完毕,10月份可以移栽;除了茶苗捐赠,黄杜村还将提供茶苗种植、茶园管理等技术支持;建议选择土壤、气候等适合"白叶一号"茶苗种植,且能有效组织村民集中连片种植,形成规模效益。考察组认为,扶贫的重点难点在精准,长远脱贫关键在产业,黄杜村20名党员捐赠茶苗帮助贫困地区脱贫的事迹,为全国8000多万名党员树立了榜样,也为受捐地区脱贫提供了产业支撑。接下来,要尽快确定受捐地区,把双方的工作思路、要求结合起来,把1500万株茶苗种活种好种出效益,把这件事做好做实做出成效,为打赢脱贫攻坚战贡献力量。

综合考察报告和网上报名等情况,按照国务院扶贫办要求,6月25～28日,由溪龙乡党委副书记、乡长唐宝城带领常务副乡长姚尚平、县农业局茶叶站站长施永晨、黄杜村党总支书记盛阿伟、中茶所研究员肖强、浙茶集团张新根等一行,赴湖南省湘西土家族苗族自治州古丈县默戎镇翁草村、贵州省铜仁市沿河县中寨镇志强村、黔西南布依族苗族自治州普安县地瓜镇屯山村、白沙乡卡塘村等地就茶苗种植选址进行考察,最终确定湖南省古丈县、四川省青川县和贵州省普安县、沿河县三省四县的34个建档立卡贫困村作为受捐对象。为保证扶贫精准到位,中国农科院茶叶研究所和浙江茶叶集团全程参与受捐选址活动,确保安吉"白叶一号"茶苗捐到哪里,中茶所技术指导就到哪里,浙茶集团加工、品牌和承销就到哪里,保证爱心茶种得活、有销路。成立由中茶所、浙茶集团、安吉县农业局、溪龙乡、黄杜村等单位技术人员组成的贵州普安组、古丈沿河组和四川青川组三个技术指导小组,为后续茶苗种植提供技术支撑。

7月4日晚,湖州市委副书

7月4日，国务院召开全国东西部扶贫协作工作推进会，会上举行浙江省安吉县黄杜村向贫困村捐赠白茶苗签约仪式

记陈浩、安吉县委书记沈铭权、溪龙乡党委书记易国兵、溪龙乡黄杜村党总支书记盛阿伟、浙茶集团总经理吴骁、中茶所研究员肖强参加了全国东西部协作工作推进会，会上盛阿伟代表黄杜村20名党员上台与贫困地区代表签约。7月5日上午，他们又参加由国务院扶贫办组织召开的安吉“白叶一号”茶苗捐赠后续工作部署座谈会。

8月27～30日，湖南省古丈县、四川省青川县和贵州省普安县、沿河县三省四县的26名农业技术人员以及镇村负责人，到安吉接受“白叶一号”茶苗从茶园开垦到种植管理的系统性培训，并实地参观考察安吉白茶生产，了解安吉白茶的历史。9月14日起，黄杜村陆续派出技术指导组，对受捐地的整地等环节进行现场技术指导，为种植茶苗做好准备。

10月12日，浙江省委书记车俊再次批示：安吉县黄杜村20名党员“吃水不忘挖井人，致富不忘党的恩”，自发捐赠1500万株白茶苗，帮助贫困群众脱贫致富，充分体现了我省基层广大党员为党分忧的赤诚之心，体现了先富帮后富的大局意识和为民情怀。全省各地各部门要高举习近平新时代中国特色社会主义思想伟大旗帜，深入贯彻习近平总书记关于东西部扶贫协作的重要指示精神，以黄杜村20名党员为榜样，切实增强“四个意识”，自觉践行“干在实处永无止境，走在前列要谋新篇，勇立潮头方显担当”的新期望，拉高标杆，主动作为，动员社会各界积极参与扶贫协作工作，全力帮助对口帮扶地区早日打赢脱贫攻坚战，为全面建成小康社会贡献浙江力量。

10月17日，浙江省省长袁家军批示：吃水不忘挖井人，致富不忘党的恩。安吉县黄杜村20名党员自发向贫困地区捐赠1500万株白茶苗，是为党分忧，先富帮后富的具体行动，是凝心聚力打赢脱贫攻坚战的生动实践，得到习近平总书记的充分肯定，意义十分重大。各地各部门要认真贯彻落实习近平总书记重要指示精神，提高政治站位，增强“四个意识”，广泛宣传学习安吉白茶苗捐赠的典型事迹，大力弘扬扶贫攻坚精神，进一步聚焦脱贫攻坚目标，细化产业合作，劳务协作，人才支援，资金支持等各项任务，把好事办好，把实事办实，高质量做好东西部扶贫协作工作，为全国扶贫攻坚大局贡献浙江力量。

10月18日上午，“一片叶子富了一方百姓——浙江安吉捐赠茶苗启运活动”在黄杜村举行，省委常委、常务副省长冯飞讲话并宣布捐赠茶苗启运。冯飞指出，10月17日是国家扶贫日，习近平总书记再次对扶贫工作作出重要指示，安吉捐赠茶苗启运仪式的举行非常有意义。一片叶子虽小，放大却是黄杜村村民对党的质朴情怀，对贫困地区的深情厚谊，以及社会各界的担当和人间大爱。一片叶子富了一方百姓，一片叶子凸显一种情怀，一片叶子播种一个希望，希望社会各界要认真贯彻落实习近平总书记重要指示精神和车俊书记、袁家军省长批示精神，积极向黄杜村学习，大力弘扬先富帮后富的精神，播撒更多希望的种子，为贫困地区打赢脱贫攻坚战贡献浙江力量、体现浙江担当。白茶苗受捐地区代表——青川县委副书记、县长刘自强表示，此次“白叶一号”远“嫁”青川，必将成为两地协作的纽带、致富的桥梁、友谊的信使，必将演绎“一片叶子再富一方百姓”的佳话。青川人民将始终牢记总书记的嘱托,在浙江人民的倾情帮扶下,努力将“白叶一号”产业基地建设成为东西部扶贫协作项目示范区,坚决打赢脱贫攻坚战,与全国人民同步进入小康社会。市、县领导董立新、沈铭权、陈永华、赵德清、王海稳,以及来自全省各级政府及相关部门的代表、企业家代表、白茶苗受捐地区代表齐聚现场,共同见证。

首批300万株“白叶一号”茶苗装成三车,于10月20日分别送至四川青川县、贵州普安县和沿河县。11月14日,首批启运的70万株“白叶一号”茶苗,顺利抵达湖南古丈县。由于天气、气温、土壤情况等原因,剩余的茶苗经过近5个月的时间,被分批陆续送达三省四县,当地受捐群众经由技术指导的要求陆续分批栽种,茶苗成活率达95%以上。

黄杜村捐赠扶贫茶苗情况一览表

表1

赠送点	四川省青川县	贵州省普安县	贵州省沿河县	湖南省古丈县	合计
数量(万株)	450	600	365	150	1565
栽种面积(亩)	1500	2000	1217	500	5217

1 月

2 日　省委召开全省全面深化改革大会。动员全省广大干部群众高举改革大旗、扛起改革担当，以习近平新时代中国特色社会主义思想为指导，全面落实党的十九大精神和党中央作出的重大改革部署，深化“最多跑一次”改革，推动重点领域改革，当好新时代全面深化改革的排头兵，为奋力推进浙江“两个高水平”建设提供强大动力和体制保障。沈铭权、陈永华、陆为民、叶海珍、赵德清等县四套班子领导在安吉分会场参加会议。

4 日　安吉县被国家林业局授予全国首个乡村振兴林业示范县。

4～5 日　全国林业厅局长会议在安吉召开。国家林业局局长张建龙就林业推动实施乡村振兴战略进行了部署，要求充分发挥林业的优势和作用，全面加强乡村生态文明建设，不断加大生态保护修复力度，为农业农村现代化提供生态屏障。副省长孙景淼致辞，省林业厅长林云举，全国各省及部分市林业厅局长，国家林业局各司局、林业院所等有关直属单位主要负责人，市、县领导钱三雄、施根宝、沈铭权等参加会议。县委书记沈铭权作题为《深入践行“两山”理念，努力打造美丽中国典范》的交流发言。

4～5 日　副省长孙景淼率队来安吉调研农业农村工作。副市长施根宝，县委副书记、县长陈永华参加。

5 日　县委召开第二十九次常委会会议。着重传达学习省委经济工作会议、市委八届三次全体（扩大）会议暨经济工作会议精神，听取中央环保督察反馈问题整改情况、全县“攻坚清零”集中行动工作、全县打击毁林（竹）种茶专项行动等情况的汇报。

同日　安吉县与山西省右玉县缔结为友好县。县委书记沈铭权主持，县委副书记、县长陈永华与右玉县委副书记、县长王志坚签署友好县协议，县领导叶海珍、赵德清等出席签约仪式。

6 日　全县优化营商环境暨企业培大育强股改上市推进大会召开，会议以视频会议进行，各乡镇（街道）设分会场。县委书记沈铭权强调，要不忘初心、政企同心、坚定决心，以“优化营商环境年”活动为抓手，提升“安吉服务”品牌，打造新时代安吉营商环境全省标杆。陈永华、陆为民、叶海珍等县四套班子领导，县法院院长、检察院检察长，县级机关各部门、开发区、示范区、各乡镇（街道）、规上工业企业、金融机构、安吉各外地商会等主要负责人等参加会议。

8 日　浙商银行湖州安吉支行正式开业，成为县内第 17 家银行业金融机构。沈铭权、陈永华等县领导出席。

9 日　县委书记沈铭权就美丽乡村精品示范村建设工作进行专题调研。

同日　县第十六届人大常委会召开第八次会议。会议由县人大常委会主任陆为民主持，副主任王爱民、孙松、黄先国、俞立安、梁蕴伟参加。县委常委、副县长王海稳，县人民法院院长沈芳君、检察院检察长陈章依法列席会议。会议讨论并通过了关于召开县第十六届人民代表大会第二次会议的决定；听取和审议了市人大代表、县人大常委会任命的政府工作部门负责人的述职报告；审议并通过了关于《安吉县生态保护红线划定方案》的议案；书面审议了县人大常委会 2018 年工作要点（讨论稿）。

同日 县人民法院环境资源审判巡回法庭、补植复绿警示教育基地揭牌仪式暨环境资源审判新闻发布会在龙山林场举行。县委副书记、政法委书记赵德清，县人民法院院长沈芳君参加。

10日 省文化厅党组书记、厅长金兴盛带队来县内，就浙江自然博物园项目推进情况进行专题调研。省文化厅副厅长蔡晓春，县委书记沈铭权，县委常委、常务副县长乐叶俊参加。

同日 省安委会考核督查组来县内考核2017年度安全生产工作。县委副书记、县长陈永华等参加汇报会。

11日 县委召开第三十次常委会会议。听取全国林业厅局长会议精神及全县贯彻落实建议的汇报，着重研究县委十四届三次全体(扩大)会议暨县委经济工作会议、县十六届人大二次会议、政协安吉县九届二次全体会议等会议筹备工作。

同日 市委常委、市公安局局长夏文星率督查组来县内，就安吉平安综治工作考评暨党委(党组)意识形态工作进行督查，并召开会议听取相关情况汇报。县领导沈铭权、赵德清等陪同。

同日 省水利厅厅长陈龙率队来县内调研水利工作。县委副书记、县长陈永华陪同。

12日 县政府举行座谈会，向县处级老干部征求即将提请县十六届人大二次会议审议的《政府工作报告(征求意见稿)》的意见建议。县委副书记、县长陈永华主持会议。

13日 “放歌新时代·文化进万家”2018年浙江省属院团文艺小分队走进天荒坪镇余村村，开展春节慰问演出活动。省委宣传部副部长唐中祥、省文化厅副厅长刁玉泉、县委书记沈铭权观看演出。

同日 县政协九届常委会第四次会议举行。县政协主席叶海珍，副主席朱玉成、侯献荣、梁霜、伍水荣、陈卫卫，秘书长杨慧伟参加。会议听取了县纪委县监委关于2017年全县党风廉政建设和反腐败工作暨深化监察体制改革试点工作情况的通报，审议了有关人事安排和委员调整名单以及九届二次会议有关材料，书面审议了《县政协2018年度工作要点》等内容。

15日 县委十四届三次全体(扩大)会议暨经济工作会议召开。出席全会的县委委员40人、候补委员8人。县委常委会主持会议，县委书记沈铭权讲话，县委副书记、县长陈永华部署2018年经济工作。全会深入学习贯彻党的十九大和中央经济工作会议精神，听取和讨论了沈铭权受县委常委会委托作的工作报告，审议通过了《关于高举习近平新时代中国特色社会主义思想伟大旗帜，高质量推进中国最美县域建设争当践行“两山”理念样板地模范生的决定》。沈铭权就《决定》(审议稿)向全会作了说明。县纪委委员；县人大、县政府、县政协党组成员和非中共党员的县领导；退出现职的县级领导，担任过副县级以上领导职务的老同志；各乡镇(街道)、县级机关各部门党政主要负责人，县人大各专(工)委主要负责人、县政协各专委主要负责人，开发区、示范区常务副主任；村(社区)党组织书记代表；部分基层党代表；部分企业代表；省南湖监狱、天蓄公司、长龙山公司、各民主党派主要负责人等应邀参加会议。

15～17日 省教育厅副厅长于永明率省基本实现教育现代化县评估组来县内，就创建省基本实现教育现代化县开展督导评估。县委副书记、县长陈永华参加评估反馈会。

16日 市委副书记、政法委书记陈浩率督查组来县内，就全面从严治党主体责任落实情况进行督查。沈铭权、陈永华、陆为民、叶海珍、赵德清等县四套班子领导参加。

17日 安吉县工商联(总商会)八届二次执委会议召开。县委书记沈铭权致辞。

同日 桐乡市委书记盛勇军率党政代表团来县内，考察美丽乡村、特色小镇建设和休闲旅游发展情况。县领导沈铭权、陈永华、赵德清陪同。

同日 湖州市“生育关怀·圆梦微心愿”启动仪式暨安吉县流动人口健康服务年广场宣传活动在递铺街道塘浦社区举行。

18日 县委书记沈铭权，县委副书记、县长陈永华分别带队走访省直在安吉有关单位，进行春节慰问。

同日 县委副书记、县长陈永华主持召开县政府第八次常务会议，着重研究讨论《安吉县工业项目投资与建设管理办法》《安吉县招商引资新十条意见》《安吉县招商引资考评奖励方案(2018年修订)》《2018年度安吉县县级机关部门招商引资服务工作考核办法》等事项，通报了《安吉县惠民殡葬政策实施办法》等。

同日　申嘉湖高速公路（湖州鹿山至安吉孝源段）四标段，鞍山隧道贯通。

22 日　县委召开第三十一次常委会会议，着重听取县十六届人大二次会议报告、政府工作报告、政协安吉县九届二次会议报告以及县法院、县检察院工作报告等起草情况的汇报，研究部署全县创建全国文明城市工作。

23 日　专题部署雨雪冰冻天气应对防范工作。县委书记沈铭权强调，全县上下要做好抗大灾的准备，严格按照防范雨雪冰冻天气防范应急预案的要求，积极行动起来，严格落实各项工作职责，确保人民群众生命财产安全和正常的生产生活秩序。陈永华、陆为民、叶海珍等县四套班子领导参加。

24 日　开展第 60 个集中推进日活动，县委书记沈铭权，县委副书记、政法委书记赵德清分别带队赴一线检查指导。

同日　县委书记沈铭权专题调研财政（地税）、国税工作，了解当前全县财税工作总体情况。

同日　县委书记沈铭权来到县气象局监测中心，了解雪情及雨雪冰冻天气防范工作情况，看望在一线值班值守的工作人员，并召开座谈会听取相关工作汇报。

25 日　县委书记沈铭权连线乡镇（街道），了解全县雨雪冰冻天气应急防范工作开展情况。

同日　县委召开 2017 年度全县基层党建和人才工作述职评议考核会。县委书记沈铭权强调，要深入贯彻落实新时代党的建设总要求，切实把基层党建和人才工作的政治责任扛在肩上、抓在手上、落实在行动上，努力把组织优势、人才优势转化为发展优势，为全县高质量谱写践行“两山”理念建设中国最美县域新篇章提供坚强保障。县领导赵德清出席会议。

同日　由《人民日报》、新华社、《光明日报》等 13 家中央媒体组成的“四好农村路”重大主题采访团，来灵峰街道横山坞村、天荒坪镇余村实地采访。中宣部新闻协调领导小组副组长丁丁带队，县委书记沈铭权介绍安吉县“四好农村路”建设经验。

同日　县委书记沈铭权来到县信访局接待室，主持县领导“大接访”活动，认真倾听民意、解决群众难题。沈铭权强调，要坚持以人民为中心的发展思想，耐心细致做好信访工作，倾听民声民意，做好百姓关心的民生实事和关键小事，为安吉经济社会发展营造良好氛围。

同日　启动雨雪冰冻Ⅲ级应急响应。

26 日　县委书记沈铭权召集县公安局、交通局、农业局、综合执法局等部门召开会议，现场视频连线各乡镇（街道），听取雨雪冰冻天气应对工作汇报。县领导赵德清等参加会议。

同日　县委书记沈铭权，县委副书记、政法委书记赵德清分别带队赴各乡镇（街道）检查指导抗冰雪工作。

27 日　县委副书记、政法委书记赵德清率县委办、交警大队和杭垓镇等部门乡镇负责人，到宁国市就浙皖边界雨雪冰冻恶劣天气道路交通安全工作进行协调。

同日　安吉县人民政府应急办向全县人民发出紧急动员令，共同抗击雨雪冰冻灾害。

28 日　县委书记沈铭权召集相关部门，举行第五次应急指挥部会商会议，现场连线各乡镇（街道），部署下一步防冰冻工作，动员全县上下进一步振奋精神、保持状态，积极行动起来，将持续冰冻天气造成的损失降至最低，全力夺取抗击雨雪冰冻灾害全面胜利。县领导赵德清参加会议。

同日　县突发公共事件应急管理办下发紧急通知，对全县做好未来几天抗击冰雪灾害工作，从十个方面提出了具体要求。

29 日　县委书记沈铭权带队开展“慈善送温暖”活动，为托养机构的老人们送去寒冬里的问候和祝福。

30 日　县委书记沈铭权，县委常委、常务副县长乐叶俊走访看望了朱长胜、徐序培、吴向明、崔双根、陶紫正、林元基等老同志。

31 日　县委书记沈铭权，县委副书记、政法委书记赵德清分别主持召开座谈会，邀请部分老同志、民主党派负责人、乡镇（街道）党委书记和企业代表参加，面对面听取大家对县委常委会及成员的意见建议。

同日　“向党和人民报告”——2017 年度公安工作汇报会举行。沈铭权、陈永华、陆为民、叶海珍、赵德清等县四套班子领导出席报告会，并为 2017 年度优秀平安志愿者和“家园卫士之星”代表颁奖。

同月　安吉县列入省级绿色制造高新技术产业园区。

同月　安吉“田园鲁家”农

村产业融合发展示范园入选创建首批国家“农村产业融合发展示范园”。

同月 孝丰镇孝丰社区入选省历史文化村落保护利用重点村。

同月 昌硕街道新街桥社区获评2017年度全国为侨公共服务示范单位。

2月

2日 县委书记沈铭权，县委副书记、县长陈永华等走访慰问困难群众及企业职工。

4～6日 第一届“安吉极智杯”全国少年儿童五子棋公开赛在安吉举行，来自上海、江苏、浙江、安徽等8个省市区的90名棋手参加，比赛分为U13岁组和U9岁组两个组别。

4～6日 中国人民政治协商会议第九届安吉县委员会第二次会议在行政中心召开。

5日 县委召开常委扩大会议，着重传达学习党的十九届二中全会精神、习近平总书记“1·5”重要讲话精神、十九届中央纪委二次全会和省纪委十四届二次全会精神、省十三届人大一次会议精神、省政协十二届一次会议精神。

同日 2017“安吉骄傲”年度最具影响力人物(事件)颁奖盛典晚会在县新闻集团一楼演播大厅举行。县领导沈铭权、陈永华、陆为民、叶海珍等，以及参加今年县“两会”的部分代表、委员出席颁奖晚会。获得“2017年度最具影响力人物”的分别是：浙江省第八批援藏干部人才李旭东，中国驻利比里亚维和警察防暴队医疗官、联利团一级医院院长朱均，新华社总经理室副总经理潘海平，孝丰镇横溪坞村党支部书记裘松伟，灵峰街道总工程师朱建东，“攻坚清零”专项行动团队，县水利局党委委员、总工程师谷红卫，安吉公益合唱艺术协会，大康控股集团有限公司董事长毛如佳，上海安吉商会，以及浙江惠嘉生物科技股份有限公司董事长刘金松、浙江万方生物科技有限公司董事长杨彩梅夫妇。获得“2017年度安吉骄傲最具影响力事件”的是：“安吉游戏”教育模式向全球推广，洁美电子、恒林椅业主板上市。

5～7日 安吉县十六届人大二次会议在行政中心召开。

8日 中源家居股份有限公司在上海证券交易所A股主板上市。中源家居股份有限公司主要从事沙发的研发、设计、生产和销售，产品主要包括手动功能沙发、电动功能沙发、扶手推背沙发、老人椅等功能沙发，股票简称“中源家居”，股票代码为603709。本次发行价格为19.86元/股，网上发行数量为2000万股，募集资金3.97亿元，主要用于投资年产53万件沙发扩建项目、家具及配套五金件扩建项目、研发设计培训中心建设项目、沙发技改项目等。

9日 县委常委会召开2017年度民主生活会。会议以认真学习领会习近平新时代中国特色社会主义思想，坚定维护以习近平同志为核心的党中央权威和集中统一领导，全面贯彻落实党的十九大各项决策部署为主题，聚焦“6个方面”，深入查摆问题和不足，深刻剖析思想根源，明确今后努力方向和改进措施，推动全面从严治党向纵深发展。市委常委、市纪委书记、市监委主任梁雪冬到会指导。县委书记沈铭权主持会议并讲话。县委常委班子成员陈永华、赵德清、杨新初、乐叶俊、吕立、任烽、陆建卫、陈旭华、赵怀君、谷炳方、王海稳参加。县人大常委会主任陆为民、县政协主席叶海珍列席会议。

同日 中国进出口银行浙江省分行与安吉县共同举办“贯彻落实‘两山’理念 政策性金融支持绿色产业发展研讨会”。中国进出口银行浙江省分行党委书记、行长王园园，县领导沈铭权、陈永华等参加。

12日 县委、县政府举行2018新春团拜会，全县各界人士欢聚一堂，畅叙友情，共迎新春，共话发展。县委书记沈铭权致辞，县委副书记、县长陈永华主持，陆为民、叶海珍、赵德清等县四套班子领导出席。

同日 全县公安工作会议举行。县委书记沈铭权强调，全县公安机关和全体公安干警要在县委、县政府的领导下，坚持围绕中心，在服务发展上再立新功；坚持聚焦主业，在维护稳定上再出实招；坚持改革创新，在为民服务上再作表率；坚持党的领导，在队伍建设上再见成效。实干担当、奋勇争先，为高质量推进中国最美县域建设作出新的更大贡献。副县长、公安局局长杨建新参加。

22日 县委召开常委扩大会议，传达学习市委书记马晓晖2月14日在安吉调研时的讲话精神。

同日　全县作风建设大会暨全国文明城市创建动员会召开。县委书记沈铭权强调，新时代是奋斗者的新时代。全县上下要收心归位、提振精神，迅速投入到全国文明城市创建等各项县委、县政府中心工作中，以更加饱满的热情、更加昂扬的斗志、更加务实的作风，实干担当、奋勇争先，为高水平推动安吉美起来、富起来、强起来，高质量谱写践行“两山”理念建设中国最美县域新篇章作出新的更大贡献。县委副书记、县长陈永华部署全国文明城市创建工作，陆为民、叶海珍、赵德清等县四套班子领导在主会场参加会议。

26 日　县委副书记、县长陈永华主持召开县城乡规划委员会 2018 年第一次例会，研究示范区安吉分区科创园、递铺街道中心幼儿园等项目方案。

28 日　开展第 61 次集中推进日活动。县委书记沈铭权、县人大常委会主任陆为民、县政协主席叶海珍分别检查指导三级河长巡河和县级河道联系部门履职情况。

同月　在中国环境报社、中国环境网发起的首届“寻找最美基层环保人”推荐宣传活动中，安吉县环境保护局昌硕街道环保中队长李迎春被评为 10 位“2017 最美基层环保人”之一。

同月　县环保局被人力资源社会保障部、环境保护部授予“全国环境保护系统先进集体”称号。

3 月

1 日　县委副书记、县长陈永华主持召开县政府第九次常务会议，着重研究讨论《安吉县工业经济政策（2018 年修订）》《关于推进工业企业分类综合评价深化“亩均论英雄”改革工作实施意见（试行）》《安吉县加快科技创新若干政策（2018 年修订）》等事项，通报了《2018 年政府办理议案建议和提案工作方案》等。

2 日　县委召开第三十五次常委会会议。学习传达八届市纪委二次全会精神，研究相关政策制定和实施等工作。

同日　湖州市人大常委会主任胡菁菁、副主任喻运鑫一行来县内调研地方立法和监督执行情况。县人大常委会主任陆为民等参加汇报会。

5 日　县委召开常委扩大会议。学习传达党的十九届三中全会和省市委常委扩大会议精神，并就贯彻落实会议精神、加快中国最美县域建设作出部署。

同日　县委书记沈铭权带队赴淳安考察，为生态环境优势转化、推进乡村振兴战略汲取好经验、好做法。县领导陈永华、陆为民、叶海珍等参加。

7 日　2017 年度安吉经济发展风云榜颁奖盛典举行。沈铭权、陈永华、陆为民、赵德清等县四套班子领导参加，并为获得各类荣誉的优秀企业及先进集体、个人颁奖。县级机关各部门、各乡镇（街道）主要负责人及工业经济百强企业负责人、重点在建工业项目主要负责人等参加。

同日　浙江省政协副主席、省科技厅厅长周国辉率队来县内，调研“两山”实践示范县创建及“两山”讲习所运行情况。

同日　县内 73 家单位联合成立“放心消费诚信承诺联盟”。

8 日　县内举行项目集中开工活动，永艺家具、凤凰中心广场等 7 个项目开工。沈铭权、陈永华、陆为民、叶海珍、赵德清等县四套班子领导赴一线指导。

9 日　县纪委十四届三次全会召开。县委书记沈铭权在会上强调，要始终坚持以习近平新时代中国特色社会主义思想为指导，全面贯彻落实党的十九大精神，按照中央和省市纪委全会部署，以高度的政治自觉和强烈的使命担当，坚持不懈推进全面从严治党，为高质量建设中国最美县域提供坚强的纪律和政治保障。县委副书记、县长陈永华主持会议并传达了市纪委八届二次全会精神。陆为民、叶海珍等县四套班子领导参加会议。县委常委、县纪委书记、县监察委主任杨新初代表县纪委常委会作工作报告。

同日　中国安吉宋茗茶博园开园揭牌仪式举行。全国政协文史和学习委员会副主任周国富、省农业厅副厅长叶新才、市政协副主席钟鸣、县政协主席叶海珍等参加。

同日　省委常委、政法委书记王昌荣来县内调研。

11 日　县委书记沈铭权在调研乡村振兴工作时强调，要强化党建引领、搭建载体、发展产业、提升环境、培育文明，全力打造乡村振兴全国典范。

12 日　县委副书记、县长陈永华，率城投集团、住建（规划）局、综合执法局、昌硕街道等单位负责人，就中心城区建设开展调研。

14日 县委书记沈铭权带队赴开发区就工业企业开展专题调研,实地了解企业发展情况,与企业负责人面对面交流,听取企业对政府服务的意见建议。

15日 县委以视频会议的形式,召开一季度村(社区)党组织书记工作交流会。县委书记沈铭权强调,广大党员干部要进一步发扬"拼激情、比担当、争一流"的作风,发挥领头雁作用,通过一点一滴的变化,扎实推进乡村振兴战略,打造乡村振兴县域典范。

同日 县委副书记、县长陈永华主持召开县政府第十次常务会议,着重研究讨论《关于进一步推进乡村振兴 农村人才开发工作的实施意见(2018～2020年)》《关于落实乡村振兴战略 发展壮大村级集体经济的若干意见》《关于实施乡村振兴战略 促进乡村经营发展的若干意见(试行)》等事项,通报了《安吉县县属国有企业机构编制和人力资源管理办法(试行)》等。

18日 2018中国安吉白茶开采新闻发布会在上海举行,吸引了《人民日报》、新华社、中央电视台、《经济日报》等三十余家新闻媒体的记者参加。县领导陈永华、赵德清参加。会议发布,2018年安吉白茶将于3月26日正式开采,2018中国安吉白茶博览会将于3月22日在安吉举行。

19日 县委召开第三十七次常委会会议,传达省市委农村工作会议精神,研究推进乡村振兴和相关政策制定和活动实施等工作。

同日 县委书记沈铭权率队赴开发区、示范区,召开3月份"一把手工程"例会,动员全县上下保持干劲,增强紧迫感,从细从实狠抓推进,奋力夺取"开门红",为实现"全年红"打下坚实基础。会前,县领导沈铭权、陈永华、陆为民、叶海珍、赵德清等先后赴中国物流浙江(安吉)现代物流园、热威电热科技公司项目、华缔生物工程项目、华丰纸业科技二期项目现场开展督查。

21日 县委书记沈铭权率队调研县内住建(规划)工作。他强调,要坚持高起点规划、高品质建设、高标准管理,围绕"生态绿色美丽"的要求,全力打造宜居宜业宜游的中国最美县域。

同日 县政府第二次全体会议暨廉政工作会议召开。县委副书记、县长陈永华强调,要集中时间精力沉到一线,全力以赴破难题、心无旁骛抓落实,以实实在在的成效,勇夺"开门红"、确保"满堂红",全面圆满完成全年和本届政府各项目标任务。

22日 县委召开常委扩大会议,着重传达学习全国"两会"精神,全面部署县内学习贯彻工作。

同日 2018中国安吉白茶博览会暨"安吉白茶伴你走向美好生活"主题论坛开幕。农业农村部农产品质量安全中心副主任陈金发、省农业厅副巡视员吴金良、市人大常委会副主任胡国荣,县领导陈永华、赵德清等出席。

23日 县委召开农村工作会议,贯彻落实中央和省市委农村工作会议精神,回顾总结十年中国美丽乡村建设成果,全面部署实施乡村振兴战略,动员全县上下提高站位、拉高标杆,全力打造全国乡村振兴先导区。县委书记沈铭权讲话。县委副书记、县长陈永华主持。陆为民、叶海珍、赵德清等县四套班子领导参加。

同日 2017年度全县"攻坚清零"专项行动总结大会暨2018年度城中村改造攻坚行动动员会举行。县委书记沈铭权要求,要以决战决胜的姿态,坚决打赢城中村改造"三年任务两年完成"攻坚战,奋力推进中国最美县域建设。县委副书记、县长陈永华主持。县领导陆为民、叶海珍、赵德清等参加。

24日 "绿水青山不会忘——纪念陈嵘诞辰130周年"主题活动举行。全国绿化委员会副主任、中国林学会理事长赵树丛,中国林学会副理事长、秘书长陈幸良,县领导沈铭权、陈永华、陆为民、赵德清,省林业厅、省林科院、中国林学会的相关领导嘉宾以及陈嵘后裔参加。

同日 纪念陈嵘诞辰130周年暨2018全国林下经济发展学术研讨会在县内召开。全国绿化委员会副主任、中国林学会理事长赵树丛,中国林学会副理事长、秘书长陈幸良,县委副书记、政法委书记赵德清参加。

25日 安吉县举行第十五个"3·25"生态日活动。省环保厅副厅长卢春中,市县领导施根宝、沈铭权、陈永华、陆为民、叶海珍、赵德清等参加。活动为"全国最美基层环保人"获得者以及"十佳生态文明使者""十佳低碳出行者"获得者颁奖,为安吉县乡村振兴行动、绿色经济发展、文明城市创建、"攻坚清零"行动、民兵参建行动、党员先锋、志愿者等七支代表队授旗,进行了"'文明城市·你我共建'生态文明每一天"活动启动仪式。

29 日　全省建设平安浙江工作会议召开。县委副书记、县长陈永华在省主会场接受省委省政府颁发的"平安县"奖牌。至此,安吉县已实现省平安县十三连冠。

同日　《安吉县"平安家庭"守则》现场发布活动在孝丰镇举行。县委副书记、政法委书记赵德清参加。

31 日　县委召开全县领导干部会议,专题传达学习市"两会"精神,研究部署贯彻落实工作。

4 月

2 日　国家气候中心主任宋连春来县内调研气象工作。

3 日　县委举行党建、政法工作会议,贯彻落实中央和省市委相关会议精神,总结 2017 年党建、政法工作,研究部署 2018 年工作。县委书记沈铭权强调,新时代、新形势、新任务赋予了党建精神文明建设和平安政法工作新的要求,要努力提高党的建设科学化水平,奋力营造更加和谐稳定的社会环境,为高质量推进中国最美县域保驾护航、再立新功。县领导陈永华、赵德清等参加。

同日　"劳模之家"揭牌暨劳模(工匠)志愿服务队成立。县领导陆为民、赵德清等参加。

4 日　举行高层次人才季度恳谈会,听取人才创新创业的经验和收获,以及对人才工作及创新创业工作的意见和建议。县委书记沈铭权参加。

同日　安吉县首支基层安监执法监察中队——递铺街道执法监察中队成立。

8 日　县委召开理论学习中心组(扩大)会议,专题学习宪法修改的相关知识。陈永华、陆为民、叶海珍等县四套班子领导,以及县委理论学习中心组成员参加会议。会议邀请中国人民大学博士生导师胡锦光教授作题为《新时代的宪法发展与依宪治国》的专题辅导报告。

同日　市委常委、副市长王德胜,副市长施根宝来县内调研"提标杆、破难题、助赶超"专项工作。

9 日　副省长陈伟俊率省环保厅等相关部门负责人,就县内生态文明建设进行调研。市、县领导施根宝、沈铭权、陈永华等陪同。

同日　市委书记马晓晖来县内调研。他指出,当前的安吉,正处在厚积薄发、蓄势增能、跨越赶超的关键阶段。要奋力扛起践行"两山"理念样板地、模范生的职责使命,把生态立县战略融入经济社会发展的方方面面,全力拓宽"两山"转化通道,不断提升县域整体实力,努力把安吉打造成全国"两山"实践标杆县和绿色发展的典范,为全市加快赶超、实现"两高"作出新的贡献。市、县领导蔡旭昶、施根宝、沈铭权、赵德清等参加调研。

同日　安吉白茶与乡村振兴智库峰会在溪龙乡举行。中国国际茶文化研究会会长周国富,市县领导叶理中、钮建新、叶海珍,以及国内茶研究专家参加。

10 日　县委召开第四十次常委会会议,听取了递铺、孝源两大街道工作情况,以及相关考核办法、责任清单制定,主题活动实施方案等情况的汇报。

11 日　中国法学会副会长兼秘书长鲍绍坤率"枫桥经验"理论调研组来县内调研社会治理工作。

18 日　4 月份"一把手工程"例会暨"坚定'两山'路　奋进新时代"主题活动动员会举行。县委书记沈铭权强调,全县上下要围绕中心大局,突出实干担当,打好发展组合拳,奏响奋进最强音。陈永华、陆为民、叶海珍等县四套班子领导参加。

同日　安吉县启动"坚定'两山'路　奋进新时代"主题活动,集中在 4 月中旬至 6 月底,在全县各乡镇(街道)、村(社区)干部中同步开展"大走访、大宣讲、大调研、大讨论、大提升、大推进"六大行动。

同日　县内首个投资环境监测报告发布。该报告以文件形式,公布了政府职能方面 4 大类 15 个问题、资源配置方面 4 大类 10 个问题,同时通过对当前的投资环境的分析,提出参考建议。

19 日　联合国副秘书长兼联合国环境署执行主任埃里克·索尔海姆一行来县内考察生态文明建设。

同日　全县民兵整组点验大会举行,来自全县各条战线的 1575 名基干民兵接受集中整组点验。

20 日　2018 年度全县综合安全生产工作电视电话会议召开。县委副书记、县长陈永华强调,各级各部门要以党的十九大精神和习近平新时代中国特色社会主义思想为指引,认真贯彻落实党中央、国务院和省、市关于加强安全生产工作的一系列重大决策部署,全面加强安全生产监督管理,推动安全生产形势平稳向好,为实现高质量发展、加快建设中国最美县域提供坚强安全保障。

24日 第一届海峡两岸美丽乡村论坛举行。海峡两岸关系协会副会长李亚飞,市县领导施根宝、沈铭权、陈永华等参加。

同日 广东省政协主席王荣率考察团来我县考察。省、市、县政协领导周国辉、叶理中、钮建新、叶海珍陪同。

26日 全国改善农村人居环境工作会议在安吉县召开。会议全面贯彻落实党的十九大精神,深入学习贯彻习近平总书记关于乡村振兴和改善农村人居环境的重要指示精神,认真落实李克强总理批示要求,进一步推广我省"千村示范、万村整治"工程经验做法,全面部署改善农村人居环境各项任务。国务院总理李克强对会议作出重要批示。国务院副总理胡春华出席会议并讲话。会议代表参观了安吉县天荒坪镇余村,重温学习习近平总书记"绿水青山就是金山银山"思想,并考察了刘家塘村、鲁家村、大竹园村以及剑山村蔓塘里等农村人居环境整治工作现场。省市县领导车俊、袁家军、陈金彪、彭佳学、马晓晖、钱三雄、蔡旭昶、施根宝、沈铭权、陈永华、赵德清陪同考察或出席会议。

28日 安吉县举行庆五一暨县劳动模范、模范集体颁奖典礼。市县领导钟鸣、沈铭权、陈永华、陆为民、叶海珍、赵德清等参加,并为获奖者和获奖集体颁奖。会议公布了市级以上先进荣誉和县级劳动模范、模范集体称号名单,方隽云等30人获"安吉县劳动模范"称号,昌硕街道桃园社区居民委员会等15家单位获"安吉县模范集体"称号,6人、3家集体分获提名奖。会上为县总工会五支志愿者服务队授旗。

5月

2日 县委召开常委扩大会议,专题传达学习全国改善农村人居环境工作会议精神,总结会议筹备工作经验。

同日 县委召开第四十二次常委会会议,传达全市建设平安湖州暨综治维稳工作会议精神,听取一季度全县经济形势等情况汇报。

3日 共青团安吉县第二十一次代表大会开幕。县委书记沈铭权寄语全县各级团组织、青年工作者和广大青年,要以本次大会为新起点,牢牢把握历史方位,勇担职责使命,创造出无愧于时代、无愧于青春的崭新业绩。县领导陈永华、陆为民、叶海珍、赵德清等出席大会。团市委副书记刘姝姗到会祝贺并讲话。

同日 县委副书记、县长陈永华主持召开县政府第十一次常务会议,着重研究讨论《关于面向基层开展中医师承培养工作的实施意见》《关于推进安吉县绿色金融产业集聚区建设的实施意见》《安吉县加快全域旅游发展若干政策(2018年修订)》等事项,通报了《安吉县环境污染责任保险工作的实施意见》。

4日 县委书记沈铭权率队调研县内交通运输工作。强调要坚持高起点规划、高水平建设、高速度推进,加快构建外联内畅的综合交通体系,为全县经济社会发展提供有力保障和坚强支撑。

7日 市委书记马晓晖来县内调研。市委常委、秘书长蔡旭昶,县委书记沈铭权陪同。

8日 举行项目集中开工活动,城北小学、护童家具、开塞尔机械等5个项目开工。沈铭权、陈永华、陆为民等县四套班子领导分赴一线指导。

9日 市人大常委会副主任沈志华带队来县内调研公共文化服务体系建设情况。县人大常委会主任陆为民陪同。

10日 辽宁省人大常委会副主任康捷率人大代表团来县内考察。市人大常委会副主任喻运鑫、县人大常委会主任陆为民陪同。

同日 市委副书记、政法委书记陈浩来县内调研乡村振兴工作。县委副书记、政法委书记赵德清陪同。

16日 安吉县"美丽党建"强基行动现场推进会举行。县委书记沈铭权强调,要强化政治责任,以提升组织力为重点,突出政治功能,进一步聚焦主责主业,凝心聚力抓基层、强基础,努力开创基层党建新局面,为高质量建设中国最美县域提供坚强组织保障。

同日 县委副书记、县长陈永华率政府办、组织部、经信委、督查办等相关部门负责人,赴中力机械、"路德坦摩"、城中村改造攻坚余墩指挥部、全国文明城市创建办,开展"感恩奋进大家谈”活动，调研企业发展、中心工作推进情况。

17 日　市委书记马晓晖以西苕溪市级河长身份，到梅溪镇检查荆湾国控断面水质提升情况。市县领导蔡旭昶、施根宝、沈铭权参加。

同日　中国铁路总公司党组成员、副总经理王同军，率全国 18 个路局 31 个在建公司负责人，来县内开展环境保护主题教育，召开商合杭铁路建设生态环境保护管理现场会。

同日　县委召开第四十三次常委会会议，传达市党政代表团开展对口支援工作的情况，并听取了乡镇工作等情况汇报。

18 日　县委书记沈铭权率队赴孝丰镇，召开 5 月份“一把手工程”例会，要求全县乡镇(街道)和部门要进一步解放思想，敢于改革、推动开放，实干担当、奋勇争先，为安吉开放发展、推动中国最美县域建设多作贡献。

同日　市人大常委会党组副书记、副主任董立新带队来县内调研绿色金融发展及相关情况。县人大常委会主任陆为民陪同。

20 日　市委书记马晓晖赴黄杜村传达习近平总书记重要指示精神，要求全市上下一定要始终铭记总书记的亲切关怀和谆谆教诲，全力把湖州、安吉和溪龙黄杜村的各项工作做得更好，绝不辜负党中央和省委的殷切期望。市县领导蔡旭昶、施根宝、沈铭权、陈永华、陆为民、叶海珍参加。4 月 9 日，溪龙乡黄杜村盛阿伟等 20 名党员给习近平总书记写信，汇报了种植白茶致富的情况，并提出愿意捐赠 1500 万株茶苗帮助贫困地区脱贫。习近平总书记专门委托中央办公厅向写信的溪龙乡黄杜村党员们转达问候，勉励他们先富帮后富，带动更多人为脱贫攻坚贡献力量。习近平指出，同志们致富不忘党恩，打算捐赠茶苗帮扶困难群众，这种为党分忧、先富帮后富的精神值得肯定。希望同志们把帮扶困难群众这件事做实做好做出成效，带动更多人为脱贫攻坚贡献力量。接到中办的转达后，省委书记车俊立即作出批示指出，习近平总书记对浙江安吉溪龙乡黄杜村党员致富不忘党恩，主动帮扶贫困地区群众的精神给予充分肯定。希望各级党委政府把好事做实，扎扎实实做好扶贫脱贫工作。

21 日　县委召开常委扩大会议，专题传达学习习近平总书记的重要指示精神，研究部署我县贯彻落实工作。

22 日　专题召开“坚定‘两山’路　奋进新时代”主题活动推进会，总结前阶段工作开展情况，研究部署下阶段工作任务。县委书记沈铭权强调，要从主题活动中汲取新的感悟和体会，不断坚持好的经验和做法，以更加坚定的态度、更加有力的行动，将主题活动推向纵深，实现与“夏季攻坚”同频共振，为全面决胜“半年红”、奋力夺取“全年红”打下坚实基础。

23 日　举行第 64 个环境综合治理“集中推进日”活动。县领导沈铭权、陆为民、叶海珍分赴一线检查指导。

同日　安吉县国家卫生县城复评反馈会召开。经过三天的随机抽查，省国家卫生县城复查组对安吉县国家卫生县城创建工作予以充分肯定，认为安吉县委县政府坚持“生态立县”发展战略，将国家卫生县城巩固与“两山”实践、最美县域建设、全国文明城市创建等工作有机结合，不断补短板、抓提升、建长效，国家卫生县城巩固工作达到《国家卫生县城标准》。

25 日　县内举行“5·26 爱路日”暨“我爱路·我文明·我行动”主题党日活动启动仪式。省交通运输厅党组成员、省公路局局长洪秀敏，县领导沈铭权参加。

同日　县委副书记、县长陈永华率相关部门负责人，就中心城区土地出让工作进行督导。

26 日　全国台联党组成员、副会长杨毅周率部分全国政协台联界别委员来县内考察。市县政协领导李建平、叶海珍陪同。

29 日　“缶风遗韵”——徐之麾、郑汉健书画篆刻作品展在县吴昌硕纪念馆开展。

30 日　安吉县举行建设平安安吉工作会议，贯彻落实中央、省委政法工作和省市建设平安浙江工作会议精神，总结去年全县建设平安安吉工作，部署下步任务。县委书记沈铭权动员全县上下，紧盯平安县十四连冠目标，奋力开创平安安吉建设新局面，为打造平安中国示范区的先行区提供“安吉经验”“安吉模式”和“安吉样本”，为高质量推进中国最美县域建设作出新的更大贡献。县领导陈永华、陆为民、叶海珍、赵德清等参加。

30～31 日　县委书记沈铭权，县委副书记、县长陈永华分别带队赴县内部分小学和幼儿园，开展“六一”儿童节慰问，代表县四套班子向全县少年儿童送上节日祝福，并走访看望了一线少儿工作者。

31日　县委副书记、县长陈永华主持召开县城乡规划委员会2018年第二次会议，研究银润蓝城天使小镇·小镇中心规划、余村“两山”示范区总体规划等项目方案。

6月

1日　县委第六次财经工作领导小组(扩大)会议召开，专题听取县领导联系项目情况。县委书记沈铭权强调，要以上率下、以责促行，层层示范、带动、落实，进一步浓厚全县上下“大抓项目、抓大项目”的氛围，高质量推进中国最美县域建设，加快“两山”转化。陈永华、陆为民、叶海珍、赵德清等县四套班子领导参加。

4日　省政协副主席陈小平率部分省政协委员来县内，就“打开‘两山’转化通道 助力乡村振兴”课题进行调研。

5日　国务院扶贫办副主任洪天云率队到县内考察捐赠茶苗培育工作开展情况，并听取溪龙党员对受捐地区相关要求的意见建议。

6日　中国建设银行安吉人民路绿色专营支行揭牌仪式举行。中国建设银行行长王祖继、首席风险官廖林、浙江分行行长高强，市县领导项乐民、沈铭权参加。

7日　县委召开第四十五次常委会会议，传达学习全国生态环境保护大会及全省生态环境保护大会精神，听取乡镇工作等情况汇报。

同日　湖南省委书记、省人大常委会主任杜家毫，省委副书记、省长许达哲率党政代表团来县内，就生态文明建设和乡村振兴战略推进等工作进行考察。省市县领导车俊、陈金彪、马晓晖、蔡旭昶、沈铭权、赵德清参加。

同日　以水利部部长鄂竟平为组长的国家最严格水资源管理制度考核组来县内现场检查。省市县领导彭佳学、施根宝、陈永华等陪同。

8日　2018年县委人才工作领导小组第一次会议举行，贯彻落实省市人才工作会议精神，审议相关文件，研究部署重点工作。

9日　中央纪委驻生态环境部纪检组组长、生态环境部党组成员吴海英，率纪检组党员来安吉县开展“不忘初心，牢记使命”主题党日活动。县委书记沈铭权陪同。

同日　市委副书记、市长钱三雄来县内，就工业项目推进情况进行调研。市、县领导项乐民、沈铭权、陈永华参加。

11日　县人大常委会举行首次代表问政会。县人大常委会主任陆为民主持。

12日　县委书记沈铭权率县委办、组织部、农办、国土资源局、住建(规划)局、交通运输局等部门相关负责人赴章村镇部分行政村，调研“坚定‘两山’路奋进新时代”主题活动、乡村振兴工作等推进情况。

13日　江苏省政协主席黄莉新率团来县内考察。省、市、县政协领导孙景淼、杨建新、叶海珍陪同。

14日　副省长、省公安厅厅长王双全来县内调研基层民主法治和公安工作。市县领导夏文星、沈铭权、陈永华、赵德清等参加。

15日　召开6月份“一把手工程”例会。县委书记沈铭权动员全县上下，进一步提升项目“双进”带动力、改革创新驱动力、资源要素保障力、环境建设支撑力、干部队伍创造力，以切实可行、行之有效的举措，全力冲刺“半年红”，确保“双过半”。县领导陈永华、陆为民、赵德清等参加。

19日　市委以视频会议形式，召开2018年第二次全市乡镇(街道)党委书记工作交流会，要求全市上下互学经验、比拼实绩，进一步推动各项任务落实，奋力冲刺“半年红”，为夺取“全年红”打好基础。会上，安吉天荒坪、长兴开发区等六位乡镇和园区党委书记围绕“招大引强抓项目，打造最优营商环境”主题分别交流发言。沈铭权、陆为民、叶海珍、赵德清等县四套班子领导在安吉分会场参加。

20日　县委书记沈铭权率县委办、应急办、水利局、气象局等部门负责人赴一线检查防汛工作。他强调，要严格落实防汛责任，居安思危、未雨绸缪，切实做到隐患排查到位、预案演练到位、物资保障到位、监测值守到位、快速处置到位，确保安全度汛，全力保障全县人民群众生命财产安全。

同日　省检察院检察长贾宇来县内调研基层检察工作。

同日　全县“清廉乡村”建设培训班开班。

21日　首届“红船论坛”在

嘉兴南湖举行，本次论坛主题是“红船精神的时代价值”。省政协主席、省委宣传部部长葛慧君出席并讲话。县委书记沈铭权受邀参加，并围绕“红船精神与‘八八战略’”作主题发言。

同日　召开“美丽高铁”廊道建设工作推进会，布置商合杭高铁廊道重点风貌段环境综合提升行动。

22日　省委常委、省纪委书记、省监委代主任任振鹤调研县内落实全面从严治党工作、履行监督责任情况。市、县领导马晓晖、梁雪冬、蔡旭昶、沈铭权等参加。

同日　县委副书记、县长陈永华主持召开县政府第十二次常务会议，研究讨论《安吉县毛竹收购价格指数保险方案》《关于生态环境部督查集中式饮用水水源地环境保护工作有关情况》《关于进一步深化安台经济社会文化交流合作的若干措施（试行）》，通报了《安吉县农业水价综合改革总体实施方案》。

同日　浙江省高考成绩和各类别各段分数线揭晓。全县高考普通类一段上线总人数再次实现增长，达515人。其中，湖州市总分前10名安吉占3席。安吉高级中学教育集团学生张欣悦以695分成为县内最高分，位列全省第121名。

24日　县委召开第四十七次常委会会议，传达学习习近平总书记在深入推动长江经济带发展座谈会上的重要讲话精神等内容。

26日　省考核验收组表示，安吉县国家生态文明建设各项指标已经达到国家生态文明示范县考核验收要求，通过考核验收，并按程序报生态环境部审议批准。

27日　举行第65个环境综合治理“集中推进日”活动。县领导沈铭权、陆为民、叶海珍率队分赴一线检查指导。

29日　安吉县举行庆祝建党97周年大会。县委书记沈铭权要求全县各级党组织和广大党员，缅怀过去、继往开来、决胜全年，奋力争当深入践行“两山”理念、加快推进中国最美县域建设的排头兵。叶海珍、赵德清等县四套班子领导参加。

30日　举行二季度招商引资项目集中签约仪式。共有14个项目签约，总投资达102.17亿元，涉及智能制造、绿色家居、大健康产业、总部经济等内容。

同月　湖州市和安吉县两级公安机关食药环部门成立的“105专案组”成功破获了一起由公安部督办的特大销售假药案，捣毁销售假药窝点9个，现场扣押各类肉毒素3828盒、玻尿酸40771盒、纤维王等减肥药5253粒，涉案金额达1.5亿元。

同月　中国物流与京东物流合作项目京东安吉云仓正式入驻中国物流浙江（安吉）现代物流园。

7月

4日　湖州安吉第三届“两山杯”创新创业大赛新闻发布会在北京举行。县委书记沈铭权代表县委县政府，向与会嘉宾长期以来对安吉的关心与支持，以及清华启迪之星对本次活动的支持表示感谢。沈铭权还向全国各地优秀人才发出参与“两山”创业创新大赛的邀请。

同日　第八届东南七省森林公安区域警务合作联席会议在安吉县召开，国家林业和草原局森林公安局副局长张萍出席，县委副书记、政法委书记赵德清在会上致辞。

6日　新华社发布消息，中共中央总书记、国家主席、中央军委主席习近平近日对浙江省安吉县黄杜村农民党员来信提出向贫困地区捐赠白茶苗一事作出重要指示强调，“吃水不忘挖井人，致富不忘党的恩”，这句话讲得很好。增强饮水思源、不忘党恩的意识，弘扬为党分忧、先富帮后富的精神，对于打赢脱贫攻坚战很有意义。

同日　省委常委、统战部部长熊建平来县内调研统战工作。

同日　上海市人大常委会党组书记、主任殷一璀，江苏省人大常委会党组副书记、副主任陈震宁，浙江省人大常委会党组书记、副主任梁黎明，安徽省人大常委会党组副书记、副主任沈素琍率沪苏浙皖人大考察组来我县考察。市、县领导胡菁菁、沈铭权、陆为民陪同。

7日　山东省委书记、省人大常委会主任刘家义，省委副书记、省长龚正率党政代表团来县内，就生态文明建设和乡村振兴战略推进等工作进行考察。省委副书记、省长袁家军，省高级人民法院党组书记、院长李占国，以及市县领导马晓晖、施根宝、沈铭权陪同。

9日　举行项目集中开工活动，县城污水处理二厂三期、安众科技等6个项目开工。沈铭权、陆为民、叶海珍等县四套班子领导分赴一线指导。

12日 央视一套《焦点访谈》用整档栏目的篇幅,全景再现安吉溪龙黄杜村引种白茶、党员干部带头试种、帮助和带动村民种植白茶,实现从贫困村到白茶第一村的致富过程;展现黄杜农民党员"吃水不忘挖井人,致富不忘党的恩",捐赠1500万株"白叶一号"茶苗帮助贫困地区群众脱贫以及考察确定捐赠地等经历。

13日 第二季度"美丽党建"强基行动现场推进会举行。

14日 安吉运动员季博文在省运会皮划赛艇比赛上获得3枚金牌。

16日 梅溪镇公共法律服务中心"三调联动"调解中心举行揭牌仪式。

18日 省委常委、组织部部长黄建发带队来县内,就党建引领生态文明、乡村振兴、基层治理、扶贫协作等工作进行调研。

同日 7月份"一把手工程"例会暨三季度"秋季争收"动员会举行。县委书记沈铭权动员全县上下,再接再厉、持续奋斗,更加扎实有力地推动各项工作落实,全力推进经济社会赶超发展。县四套班子领导参加。

同日 浙江省第16届运动会安吉县火种采集仪式在余村举行。

同日 敏实集团安吉厂区全面投产典礼举行。

20日 针对第10号台风"安比"来袭,县内启动防汛抗台Ⅳ级响应。

同日 新组建的国家税务总局安吉县税务局挂牌成立,标志着原安吉县国家税务局、安吉县地方税务局正式合并。

21日 市委副书记、市长钱三雄来县内调研农业农村工作。

同日 举行2018年高考总结大会。

25日 开展第66次集中推进日活动。县领导陈永华、叶海珍就县内开展"污水零直排区"创建工作分赴一线检查指导。

同日 省工商联十一届二次常委会议在县内召开。省委统战部副部长、省工商联党组书记徐旭主持会议。

26日 县委召开第五十一次常委会会议,传达省委十四届三次全体(扩大)会议、市委八届四次全体(扩大)会议,全省深化"千万工程"推进乡村振兴现场会,省纪委十四届三次全体会议等会议精神。

同日 全市矛盾纠纷多元化解工作暨在线矛盾纠纷多元化解平台建设现场推进会在县内召开。

27日 县委书记沈铭权率队到空军某部队参加军事日活动,深入了解部队现代化建设情况,接受国防教育,推动军地融合发展。县领导叶海珍,县委办、县政府办及国防动员委员会成员单位相关负责人参加。

30日 中共安吉县委十四届四次全体(扩大)会议举行。出席这次全会的县委委员37名、候补委员8名。县委常委会主持会议。县委书记沈铭权作大会报告。县委副书记、县长陈永华部署下半年经济工作。

31日 安吉县举行2018年城市安全应急救援实战演练。本次演练模拟了3个场景,共响应4个应急预案,分别为:在行政服务中心模拟防暴恐应急响应、在县第四小学模拟防震减灾应急响应、在穆王路模拟危险化学品事故应急响应,以及模拟网络与信息安全应急响应。

同月 根据国家林业和草原局公告,国家安吉竹产业示范园区获批,正式成为国家林业产业示范园区。

8月

1日 县委书记沈铭权,县委副书记赵德清分别率队,走访慰问了武警官兵、消防官兵以及部分退役军人、现役军人,向驻安吉部队全体官兵和全县军队离退休干部、转业退伍军人、革命伤残军人、烈军属、民兵预备役人员等致以诚挚的问候,并对他们为安吉经济社会发展作出的贡献表示感谢。

3日 县委副书记、县长陈永华主持召开县政府第十三次常务会议,研究讨论《安吉县消防审批承诺报备制改革实施办法》《加快文化产业发展的若干政策意见(修订)》《安吉县推动绿色金融改革创新若干意见》《关于调整城镇土地使用税政策的通知》,通报了《安吉县关于推进幸福邻里中心建设和服务管理实施方案》。

6日 交通运输部公路局局长吴德金率队来县内,调研"四好农村路"建设情况。

7日 县委书记沈铭权带队调研县内实体经济发展时强调,要以实际行动贯彻县委全会精神,坚定发展信心,强化服务保障,坚定不移发展生态工业,推动政策、要素、资源向实体经济汇聚，为实现经济高质量发展筑牢根基。

同日　县委副书记、县长陈永华率政府办、督查办、经信委、国土局、住建(规划)局、交通运输局、环保局、开发区、递铺街道等乡镇(街道)、部门主要负责人，调研敏实集团安吉总部项目。

9 日　“法律援助在新时代基层社会治理中的地位与作用”学术研讨会在安吉举行。中国政法大学国家法律援助研究院名誉院长樊崇义，县委副书记、政法委书记赵德清参加。

10 日　召开全国“四好农村路”现场会筹备工作会议。县委副书记、县长陈永华，县委副书记、政法委书记赵德清参加。

11 日　县委书记沈铭权率县委办、组织部、农办、国土资源、住建(规划)等部门相关负责人赴孝丰镇，调研“坚定‘两山’路　奋进新时代”主题活动成效。

13 日　全县加强乡村治理工作会议举行，深入贯彻学习习近平总书记对安吉县乡村治理“余村经验”的重要指示精神，全面落实中央和省市委关于加强乡村治理部署要求。县委书记沈铭权强调，要对标先进、比学赶超，全面提升乡村治理现代化水平，努力在乡村治理当中走在前列。陈永华、陆为民、叶海珍、赵德清等县四套班子领导及法检两长参加。

同日　县委召开第五十二次常委会会议，听取关于县内贯彻落实全市生态环境保护大会暨污染防治攻坚推进会精神等情况汇报。

14 日　安吉县举行“两山”理念发表 13 周年暨“两山”故事文艺晚会。省委宣传部副部长王四清，县领导沈铭权、赵德清等县四套班子领导及法检两长参加。

15 日　“两山”理念与实践国际会议在县内举行。省人大常委会党组书记、副主任梁黎明，浙江大学校长、中国科学院院士吴朝晖，市县领导胡菁菁、沈铭权、陈永华、陆为民等参加。会上“两山”发展指数研究成果及“两山”发展百强县名单发布。作为国家“两山”建设和转化实践基地，安吉县以全“A＋”的成绩，在百强县名单上高居榜首。浙江省宁海、江苏昆山分别排在第二、三位。

同日　国家开发银行联合中央党校(国家行政院)邀请河北省武邑县、江西省安远县等地方领导干部，来县内开展脱贫攻坚培训。国家开发银行浙江省分行行长刘新，县委副书记、县长陈永华参加。

16 日　安吉举行庆祝首个中国医师节暨“最美天使”颁奖典礼。李相道、王卫广、吴玲玉等十人被授予“最美医生”称号，本次活动还评选出了“最美护士”“最美院长”“最美团队”及特别奉献奖。县领导沈铭权、陈永华、陆为民、叶海珍等参加。

同日　举行县长与政协委员面对面活动。围绕优化营商环境主题，县委副书记、县长陈永华与部分政协委员深入座谈交流，听取意见建议，共商营商环境持续深化优化大计。县政协主席叶海珍主持会议。

17 日　县委副书记、县长陈永华率队赴示范区，召开 8 月份“一把手工程”例会，动员全县上下对照“秋季征收”目标任务，聚焦项目、狠抓落实，统筹推进各项工作，为实现“全年红”打下坚实基础。

20 日　县委书记沈铭权率队，赴县产投集团开展调研。他强调，要继续唱响深化改革主旋律，聚焦做强做优做大总目标，不断提升发展质效，增强市场竞争力和影响力，实现国有资产保值增值，为加快高质量赶超发展厚植优势。

同日　省第 16 届运动会火炬传递活动在县内举行。

21 日　副省长朱从玖率队来县内调研省政府领导联系重点项目推进情况。

同日　县委书记沈铭权率队赴县城投集团开展调研。他强调，要加快资源整合，加强统筹谋划，持续推进改革创新，扬长补短提升国企核心竞争力，做强做优做大国有资本，更好地发挥城市建设主力军作用，努力创造更加出色出彩的实绩。

22 日　县委书记沈铭权率队调研城市污水、垃圾处理情况。他强调，要牢固树立和践行绿色发展理念，进一步完善污水、垃圾处理体系，提升处理能力、提高处理标准，满足群众生产生活需求，全力保障城市生态安全。

同日　《“两山”理念讲习丛书》首发仪式在天荒坪镇山河村文化礼堂举行。由浙江省中国特色社会主义理论体系研究中心主任、浙江省委党校智库专家胡坚等 8 位专家、学者、教授编著，历时 5 个月完成，总字数近 49 万。

同日　内蒙古自治区党委书

记、人大常委会主任李纪恒率党政代表团来县内,就生态文明建设、乡村振兴等工作进行考察。

23日 2018年上半年度全县新闻宣传工作会议召开,深入学习贯彻习近平总书记关于宣传思想工作的重要讲话精神,全面落实中央和省市县委相关决策部署,总结安吉县新闻宣传工作,部署下阶段工作。县委书记沈铭权强调,要进一步认清形势、明确任务,以更高的政治站位、更强的责任担当、更实的工作举措,做好新闻宣传工作,为践行"两山"理念建设中国最美县域提供强有力的思想舆论保证。

同日 省委政法委副书记朱晨来县内调研基层民主法治和平安建设工作。

24日 市委书记马晓晖来县内调研乡村治理和旅游工作。市县领导卢跃东、沈铭权、陈永华参加。

26日 县委书记沈铭权率队赴昌硕街道石鹰村、高坞岭村,围绕村级集体经济发展、薄弱村"消薄"等内容开展调研。

28日 县委书记沈铭权率队赴县税务局调研。他强调,要立足新起点,迈上新征程,在服务大局、促进发展上谋实策、出实招,在高质量推进中国最美县域建设中作表率、立新功。

同日 县委副书记、县长陈永华率队调研交通及城区有关项目建设情况。他强调,要紧扣目标进度,加强施工力量,集中精力攻坚,以最快速度最高质量保障项目落地,进一步优化群众出行条件和人居环境。

29日 开展第67个"集中推进日"活动暨"防违治违"工作推进会。县领导沈铭权、陆为民、叶海珍分别率队,赴一线督查指导。

30日 全市加强和创新乡村治理现场会在天子湖镇高禹村举行。市、县领导陈浩、胡国荣、施根宝、李建平、赵德清、熊义勤出席。

31日 全县生态环境保护暨健康安吉推进工作会举行。县委书记沈铭权强调,要以习近平新时代中国特色社会主义思想为指引,深入贯彻习近平总书记关于生态文明建设、健康中国建设的有关精神和要求,以更大决心、更高站位、更实举措,统筹推进生态环境保护、污染防治攻坚和健康安吉建设各项工作,以实际行动不断开辟"绿水青山就是金山银山"新境界,奋力推动中国最美县域建设取得新成效。陆为民、叶海珍、赵德清等县四套班子领导参加。

同日 安吉新闻集团专家工作站成立暨导师帮带结对和特约摄影记者聘任仪式举行。

9月

1日 县委召开第五十三次常委会会议,传达全省小微企业园建设提升暨"低散乱"整治推进大会、全省扶贫开发工作会议、全省组织工作会议等会议精神。

3日 县委副书记、县长陈永华率队检查全国"四好农村路"管理现场会筹备工作情况。

同日 吴民先八十初度书画小品展在安吉县吴昌硕纪念馆开展。民进中央副主席、全国政协常委朱永新宣布开幕。苏州市人大常委会副主任顾月华,县领导陆为民、叶海珍出席开幕式。

4日 县政协界别议事厅揭牌。

7日 全国"四好农村路"管理现场会在县内召开。交通运输部部长李小鹏、副部长戴东昌、农业农村部党组成员宋建朝、国务院扶贫办副主任欧青平,全国各省(区、市)交通运输厅(局、委)主要负责人,省市县领导高兴夫、马晓晖、钱三雄、陈永华参加。会上,交通运输部、农业农村部、国务院扶贫办联合对30个"四好农村路"全国示范县进行授牌,县委副书记、县长陈永华上台接受授牌;浙江省交通运输厅、福建省交通运输厅、河北省涉县等8家单位作交流发言。会后,李小鹏一行前往天荒坪镇余村村、灵峰街道目莲坞自然村、安吉公路文化馆进行调研。

10日 举行庆祝第34个教师节暨"敏实杯"最美教师颁奖典礼。蔡菊妍、邓德芳、戴艺等10人获"最美教师"荣誉。县委书记沈铭权为"最美教师"获得者颁奖。陈永华、陆为民、赵德清等县四套班子领导分别为获得"最美教师"入围奖,省、县绿叶奖等荣誉的优秀教师、教育工作者等颁奖。

同日 县委副书记、县长陈永华主持召开县政府第十四次常务会议,研究讨论《安吉县推动竹产业高质量发展若干政策》《安吉县加快小微企业园高质量发展的实施意见》《安吉县深化"亩均论英雄"改革 加快低效工业企业整治提升三年行动计划(2018~2020年)》《安吉县城镇生活垃圾分类工作实施方案》等。

11日 县委召开第五十四

次常委会会议，听取关于安吉县贯彻落实全国“四好农村路”管理现场会精神有关建议汇报等内容。

同日　县委副书记、县长陈永华率政府办、创建办、综合执法局、交警大队、住建局、市场监管局、昌硕街道、消防大队等单位负责人，深入背街小巷、老旧小区、主次干道，督查全国文明城市创建工作。

12 日　《乡村治理工作规范》发布，是全国首个乡村治理地方标准规范。

同日　县委书记沈铭权专题调研小微企业运行情况。他强调，要以“亩均论英雄”改革为引领，加强亩均税收、环境容量和能评环评的评价，激励和引导小微企业走上高质量发展之路，不断夯实安吉经济高质量发展的基础。

13 日　香港特别行政区第十三届全国人大代表视察团来县内视察。全国人大常委会副秘书长郭振华，省人大常委会党组副书记、副主任李卫宁，市县领导马晓晖、胡菁菁、张兰新、卢跃东、沈铭权、陆为民陪同。

同日　县委书记与政协委员面对面活动举行。围绕“请你来协商——实体经济与安吉发展”这一主题，县委书记沈铭权与政协委员面对面协商议政，零距离听取建议。

14 日　县委书记沈铭权率队赴山川乡，调研乡村振兴战略推进情况。他强调，作为全国首个乡域 4A 级景区，山川乡环境资源优势明显，要大力推进全域旅游，彰显浪漫气质，做强美丽经济。

同日　《安吉年鉴（2017）》获得全国县区级综合年鉴二等奖。

同日　市人大常委会主任胡菁菁带队，就安吉县“十三五”重点项目推进情况进行督查。

16 日　《人民日报》以《习近平叮嘱我们护好绿水青山》为题，再现了习总书记在安吉首次发表“绿水青山就是金山银山”发展理念的过程，以及安吉人民践行这一发展理念的做法、感悟、期盼，证明安吉是习近平总书记生态文明思想孕育和发展的活水源头之一。

18 日　召开 9 月份“一把手工程”例会。县委书记沈铭权动员全县上下，充分利用好接下来的一百多天时间，以重点项目建设为突破口，精心组织开展“百个项目百日攻坚”，大干快上、全面提速，为实现“全年红”打牢基础。县领导陈永华、陆为民参加。

同日　县委书记沈铭权以人大代表的身份，来到天荒坪镇人大代表联络站，宣讲习近平总书记重要指示精神及县委全会精神，并与人大代表、群众代表面对面座谈交流。他希望人大代表联络站充分发挥联系代表、联系群众的独特作用，更好地反映民意、集中民智、汇聚民心，凝聚智慧和力量，合力推动安吉经济社会高质量发展。县人大常委会主任陆为民参加。

同日　省第 16 届运动会公路自行车大赛在安吉正式开赛。

19 日　德国石荷州州长君特率领的石荷友好代表团一行来县内，访问浙江科技学院安吉校区。

同日　县委召开建设法治安吉工作领导小组会议暨县委法律顾问聘任大会，学习贯彻党的十九大及十九届二中、三中全会精神，深入贯彻省市委法治建设领导小组会议要求，研究部署下一步深化法治安吉建设的工作任务。

20 日　三省一市政协长三角污染防治协作机制落实情况联动民主监督工作组来县内调研。上海市政协副主席李逸平，江苏省政协副主席王荣平，安徽省政协副主席郑宏，浙江省政协副主席吴晶、周国辉参加，市县政协领导杨建新、高东、叶海珍陪同。

21 日　全县统一战线纪念改革开放 40 周年中秋座谈会举行。县委书记沈铭权强调，要认真学习贯彻习近平总书记统一战线重要思想，进一步提高政治站位、强化使命担当，以更加有力举措推动安吉县统一战线事业不断向前发展。

23 日　“两山热土・浙里丰收”——安吉县庆祝 2018 年首届中国农民丰收节活动在余村举行。省人大常委会副主任史济锡，省农业厅厅长林健东，市县领导钱三雄、陈浩、施根宝、沈铭权、陈永华、赵德清、熊义勤参加。

同日　浙江邮政全力支持安吉实施乡村振兴战略合作签约仪式举行。浙江邮政党组成员、副总经理杨嘉树与县委副书记、县长陈永华作为双方代表签订协议。

同日　在首届中国农民丰收节安吉分会场，中国邮政发行的《中国农民丰收节》纪念邮票举行首发仪式，并将 23 号版票赠送给天荒坪镇余村村、63 号版票赠送给安吉收藏，“23”寓意“两山”理念,“63”寓意绿水青山。

25日 县委举行理论学习中心组扩大会议暨“牢记使命、担当奋进”主题党日活动,共同见证安吉党员使命教育馆正式开馆,重温入党誓词,并邀请《求是》杂志社原副总编辑黄中平作题为《学习与运用习近平新时代中国特色社会主义思想》的报告。

26日 举行第68个环境综合治理“集中推进日”活动。县领导沈铭权、陆为民、叶海珍率队分赴一线检查指导。

27日 联合国最高环境荣誉——地球卫士奖颁奖典礼在美国纽约举行。其中,浙江省“千村示范万村整治”工程(简称“千万工程”)荣获联合国地球卫士奖中的“激励与行动奖”,鲁家村村委会主任裘丽琴作为浙江省农民代表上台领奖,并发表了获奖感言。

28日 举行杭长高速公路开发区互通、镇海至安吉公路(安吉矮部里至南北庄)即规划304省道(安吉矮部里至南北庄)工程开工仪式。

同日 湖州市检察院党组书记、检察长孙颖来安吉孝丰镇人大代表联络站开展主题接待日活动。

29日 县委召开第五十五次常委会会议,传达市有关会议精神,听取关于全省医共体建设现场推进会精神和县内县域医共体试点工作开展情况汇报等内容。

同日 县委副书记、县长陈永华以人大代表身份,来到天子湖镇人大代表联络站,开展联系人民群众主题活动。

同日 报福镇首届“茂林开竹·张灯迎客”竹灯夜游公共文化旅游节(简称“开竹节”)开幕。

30日 安吉县公祭革命烈士仪式在孝丰革命烈士陵园举行。沈铭权、陈永华、陆为民、叶海珍、赵德清等县四套班子领导及县双拥领导小组成员单位及相关单位有关负责人,县公安局、人民法院、人民检察院、人武部干部代表,烈士家属、老战士、退役军人、驻安吉武警部队官兵、学生代表以及孝丰镇干部群众代表参加。

10月

8日 《2018年中国中小城市科学发展指数研究成果》发布,“2018年度全国综合实力百强县市”“2018年度全国绿色发展百强县市”“2018年度全国投资潜力百强县市”等榜单出炉。安吉县位列“2018年度全国绿色发展百强县市”榜单第50位、“2018年度全国投资潜力百强县市”榜单第58位。

9日 国务院发展研究中心副主任王安顺率调研组来县内调研乡村振兴战略实施情况。

同日 浙江宇翔职业技术学院筹建工作汇报会暨揭牌仪式举行。

11日 县城区垃圾分类一期项目正式启动。

12日 召开全县犬类规范管理专项整治行动动员大会,全面部署整治工作任务,动员全县上下统一思想、统一行动,确保专项整治工作取得实效,促进全县养犬行为更加规范、更加文明,为人民群众营造更加健康美好的生活环境。

同日 全国人大常委会办公厅新闻局巡视员钟雪泉带领人民日报社、新华社、法制日报社、中国人大杂志等央媒记者来安吉,集中采访县内民生实事项目人大代表票决制工作,挖掘、总结“安吉经验”。

同日 县公安局召开新闻通报会,通报了警方历时4个月成功破获的跨省“小龙虾藏毒”大案,共缴获冰毒500余克、气枪1把,抓获贩毒嫌疑人员26名、吸毒人员50余人,斩断了从湖北至安吉的跨省贩毒通道,该案也是县公安局迄今为止单个案件抓获贩毒吸毒人员最多的案件。

13日 县委召开第五十六次常委会会议,听取关于全市组织工作会议精神及县内贯彻落实建议的汇报等内容。

15日 第45届世界技能大赛管道与制暖项目国家集训队第一轮集训(安吉基地)启动暨省高技能人才公共实训基地授牌仪式在安吉高级技工学校举行。省人力资源和社会保障厅副厅长仉贻泓、县委书记沈铭权分别为学校进行第45届世界技能大赛管道与制暖项目中国集训基地、浙江省省级高技能人才公共实训基地授牌。

同日 在深圳举行的2018森林城市建设座谈会上,安吉县获得“国家森林城市”称号,成为全国首批县级国家森林城市。

15~16日 安吉县政府与珠海格力电器股份有限公司战略合作签约仪式,在广东省珠海格力电器总部举行。

18日 “一片叶子富了一方百姓——浙江安吉捐赠茶苗启

运活动”举行。省委书记车俊，省委副书记、省长袁家军专门就此事作出批示。省委常委、常务副省长冯飞宣布捐赠茶苗启运。市、县领导董立新、沈铭权、陈永华、赵德清，以及来自省内各级政府及相关部门的代表、企业家代表、白茶苗受捐地区代表参加启动仪式。

同日　副省长王文序率省政府调研组来县内调研乡村旅游工作。

同日　省财政厅厅长徐宇宁率队赴递铺街道鲁家村调研乡村振兴推进情况。

19 日　2018 年安吉县“师带徒”结对活动暨“两山”劳模工匠宣讲团成立仪式举行。

20 日　10 月份全县“一把手工程”例会暨四季度“冬季决战”动员会举行。县委书记沈铭权动员全县上下：进一步咬定目标不放松，坚定信心抓落实，提振精气神，冲刺四季度，确保夺取“全年红”“满堂红”。陈永华、陆为民、叶海珍、赵德清等县四套班子领导，法检两长等参加。

同日　孝丰镇举行第八届孝文化风情活动暨第二届“孝之酒”封坛仪式。

22 日　2018 年浙江省标准创新贡献奖颁奖活动在杭州举行。安吉县《美丽乡村建设指南》国家标准项目获 2018 年浙江省标准创新重大贡献奖。

25 日　全县“扫黑除恶”专项斗争工作督察会举行。县委书记沈铭权强调，要认真贯彻全国全省扫黑除恶专项斗争推进会精神，提高政治站位，进一步压实责任，以更高的自觉、更实的举措，扎实推动扫黑除恶专项斗争向纵深发展，为高质量发展营造良好社会环境。

26 日　举行申嘉湖高速公路孝源至唐舍段开工仪式。

27 日　县委副书记、县长陈永华主持召开县政府第十五次常务会议，研究讨论《安吉县消防安全责任制实施办法》《安吉县消防行政执法委托工作方案》，通报了《关于开展基层医疗卫生机构财政补偿机制改革的实施意见》《安吉县推进医疗卫生与养老服务相结合的实施方案》《关于提请人大审议安吉县县树县花评选结果》等事项。

29 日　安洽会重点项目集中开竣工仪式举行。共有 39 个项目集中开工竣工，总投资 229.6 亿元。

30 日　县委召开第五十七次常委会会议，传达全省宣传思想工作会议精神，研究县内贯彻落实等工作。

同日　安吉县禁毒预防教育基地揭牌仪式在县职业教育中心学校举行。

31 日　举行第 69 个环境综合治理“集中推进日”活动。县领导沈铭权、陈永华、赵德清分别率队赴一线检查指导。

同日　安吉县第十六届人大常委会第十五次会议听取和审议了县人民政府《关于提请审议确定安吉县县树县花的议案》。经表决通过，确定金钱松为安吉县县树、杜鹃花为安吉县县花。

同月　中共中央办公厅发文，安吉县被列入全国“新时代文明实践中心建设试点县(市、区)”。

同月　在浙江省第 29 届戏剧小品邀请赛上，由县文化馆选送的小品《我们村的 APP》从参赛的 98 件作品中脱颖而出，获金奖。

同月　县公安局网警大队首次破获一起特大侵犯公民个人信息案，抓获 6 名犯罪嫌疑人，缴获公民个人信息 2500 余万条，查扣涉案电子设备 10 余件。

11 月

1 日　湖南省人大常委会党组书记、副主任刘莲玉带队来县内考察。市人大常委会党组书记、主任胡菁菁，县人大常委会党组书记、主任陆为民陪同。

2 日　第六届国际无人飞行器创新大奖赛暨 2018 安吉航空嘉年华开幕式举行。中国航空学会理事长林左鸣、副理事长李春宏、秘书长姚俊臣，市人大常委会主任胡菁菁以及沈铭权、陈永华、陆为民、赵德清等县四套班子领导参加。共有来自世界各地的 27 支队伍 180 名选手参加。

3 日　2018 第 11 届中国美丽乡村·安吉投资贸易人才洽谈会开幕。市委书记马晓晖宣布开幕，副市长项乐民、县委书记沈铭权分别致辞，县委副书记、县长陈永华主持，陆为民、赵德清等县四套班子领导参加。本次开幕式上共签约项目 20 个，总投资 375 亿元。

同日　安吉上海“两山”双创园正式开园。本次开园仪式作为 2018 第 11 届中国美丽乡村·安吉投资贸易人才洽谈会的组成部分，签约过程也是与安吉主会场同时进行并直播连线。在与会嘉宾共同宣布双创园正式开园后，上海交通大学航空航天学院与安吉县就通航产业发展达成校地合作协议，上海连翼信息科技有限公司、云迹创意设计(上海)有限公司等6家科技型企业与我县签订落地协议，成为首批入驻园区的企业。

5日 市委常委会召开会议专题研究安吉工作。市委书记马晓晖主持会议并讲话。县委书记沈铭权作情况汇报。陈永华、陆为民、赵德清等县四套班子领导参加。

同日 县委召开常委扩大会议，传达学习市委常委会精神。

8日 举行全县建设新时代文明实践中心(试点)动员大会暨全国文明城市创建工作推进会。县委书记沈铭权强调，要深入学习贯彻落实党的十九大精神和中央、省市委的重大决策，部署新时代文明实践中心试点工作和深化全国文明城市创建工作，为建设中国最美县域提供坚强思想保证和强大精神力量。

同日 举行城镇生活垃圾分类工作动员大会。县委书记沈铭权强调，要深入学习贯彻党的十九大精神和习近平新时代中国特色社会主义思想，认真落实中央和省市委决策部署，进一步动员全县上下加大城镇生活垃圾分类工作推进力度，加快推进减量化、资源化、无害化处理，坚决打赢垃圾治理攻坚战。县委副书记、县长陈永华主持，叶海珍、赵德清参加。

同日 四川省人大常委会副主任黄新初带队来县内考察。县人大常委会主任陆为民陪同。

9日 第三季度“美丽党建”强基行动现场推进会举行。县委书记沈铭权强调，基层党组织要深入学习贯彻习近平新时代中国特色社会主义思想和党的十九大精神，把基层党建与生产经营、教育教学等业务工作融合起来，积极发挥党建工作的“乘数效应”。

同日 召开城乡规划委员会2018年第四次会议，研究南门商业广场建设等15个项目的规划(建筑)设计方案。县委副书记、县长陈永华参加。

12日 县委书记沈铭权率队督查地信大会维稳安保工作。强调全面打赢地信大会等系列重大活动维稳安保攻坚战，责任重大、使命光荣。全县上下要坚决贯彻落实中央和省市委的决策部署，在思想上真正紧起来，措施上真正实起来，责任上真正严起来，守好“护城河”，筑牢维稳安保的铜墙铁壁。县委副书记、政法委书记赵德清主持乡镇(街道)视频调度会议，部署下阶段具体任务。

同日 由中共中央宣传部和浙江省委宣传部组织的浙江“千万工程”建设典型经验集中采访活动走进县内，来自《人民日报》、新华社、中央广播电视总台、《光明日报》、《经济日报》、《中国日报》及浙江卫视、浙江日报、浙江之声等二十余家中央及省级主流媒体齐聚一堂，深入采访县内推进“千村示范、万村整治工程”和建设“中国美丽乡村”的做法及取得的成绩。

13日 召开组织工作会议，深入学习贯彻落实全国和省市组织工作会议精神，研究部署当前和今后一个时期县内党的建设和组织工作。县委书记沈铭权动员全县各级党组织切实把思想和行动统一到中央和省市县委的决策部署上来，以更高标准、更高质量、更高水平，深入践行新时代党的组织路线，抓好党的建设和组织工作，为中国最美县域建设提供更加坚强的组织保证。

同日 国家开发银行党委委员、副行长周清玉率队来县内考察。

14日 海南省委书记、省人大常委会主任刘赐贵，省委副书记、省长沈晓明率党政代表团来县内，考察美丽乡村建设和生态文明建设等情况。省委副书记、省长袁家军，市委书记马晓晖，县委书记沈铭权，县委副书记、县长陈永华参加。

15日 安吉县人民政府咨询委员会成立大会举行。县委书记沈铭权为县咨询委授牌，县委副书记、县长陈永华主持，并宣读聘任文件，县人大常委会主任陆为民、县政协主席叶海珍、县第十五届人大常委会主任梁为民参加。

同日 举行“智汇安吉·筑梦两山”2018年海内外高层次人才洽谈会。

同日 浙江省广电学会安吉培训中心揭牌成立。

16日 全县11月份“一把手”工程例会暨深化“亩均论英雄”改革动员会召开。县委书记沈铭权强调，全县上下要统一思想、提高认识、迅速行动，加快推进低效工业企业整治提升、绿色工厂创建等重点工作，不断将“亩均论英雄”改革引向深入，更好更快地促进全县经济社会高质量赶超发展。县委副书记、县长陈永华作相关工作部署。陆为民、叶海珍、赵德清等县四套班子领导，法检两长等参加。各乡镇（街道）和村（社区）等通过视频会议方式收听收看。

同日　县委书记沈铭权率队专题调研我县“最多跑一次”改革工作。他强调，要坚持以人民群众的满意度、获得感检验改革成效，拉高标杆、主动作为，抓实抓细各项改革任务，推进我县“最多跑一次”改革向纵深发展。

同日　县委副书记、县长陈永华在率队督查扫黑除恶专项斗争工作时强调，扫黑除恶事关我县经济社会健康稳定发展，要充分认识专项斗争开展的重要性，突出问题导向、抓实重点突破、扎实推进各项工作，为我县高质量建设中国最美县域营造良好环境。

20 日　县委副书记、县长陈永华率队调研“优雅竹城”项目建设推进情况。他强调，要紧紧围绕高质量建设中国最美县域目标，对照全国文明城市创建的目标要求，把握城市功能定位、增强承载能力、着力提升品位，进一步优化人居环境，切实增强人民群众幸福感获得感。

22 日　在全省见义勇为先进人物表彰暨见义勇为工作会议上，安吉新居民张老永被省政府记一等功，并授予“浙江省见义勇为先进分子”荣誉称号。

同日　首届 SOPAI 杯世界五子棋公开赛在县内开赛，来自俄罗斯、日本、爱沙尼亚、中国 4 个国家的 146 名选手参加。

23 日　县委副书记、县长陈永华带队调研交通重点项目建设推进情况。他强调，各相关部门要盯紧目标任务，合力攻坚克难，提高建设标准，以只争朝夕的精神和从严从实的作风，加快重点项目建设步伐，确保早建成、早见效。

同日　2018 中国美丽乡村精品示范村天子湖镇创建工作推进会暨高庄村稻乡音悦节开幕。

25 日　县委书记沈铭权率队检查全国乡村民宿发展现场会筹备工作。他强调，要以高度的政治责任感和饱满的精神状态，以严之又严、细之又细的工作作风，高标准高质量完成筹备工作，以周全准备确保大会精彩圆满。县委副书记、县长陈永华作具体工作部署，县领导赵德清参加。

26 日　县委召开第五十九次常委会会议，听取县政务服务管理办公室工作情况等汇报。

同日　县委副书记、县长陈永华主持召开县政府第十六次常务会议，研究讨论《安吉县促进电子商务发展若干政策》《高水平打造“两山”人才生态最优县的实施意见》《安吉县人才引育补贴实施办法》等事项。

28 日　县内 30 个重点项目集中开竣工。项目类型涵盖产业转型、基础建设、公共服务、生态环保等领域。开工项目总投资为 50.8 亿元，共 17 个，包括福斯特（安吉）新材料有限公司年产 20000 吨碱溶性树脂生产线项目、10000 吨聚酯多元醇生产线项目、年产 24000 吨光敏性丙烯酸酯生产线项目、鑫盛永磁科技有限公司年产 2500 吨稀土钕铁硼永磁生产线项目等。竣工项目总投资 48.2 亿元，共 13 个，包括浙江华缔生物工程有限公司年产 250 吨提取类医药、食品、保健品和 0.5 吨合成多肽药、2 亿粒胶囊剂、1000 万瓶口服液生产线项目，安吉亚太制动系统有限公司年产 1600 万套中高档汽车钳体总成生产线项目等。

同日　举行第 70 个环境综合治理“集中推进日”活动。县领导沈铭权、陆为民、叶海珍、赵德清分别率队赴一线检查指导。

29 日　市政协主席杨建新率队来县内调研政协工作。

30 日　全国发展乡村民宿推进全域旅游现场会在县内召开，文化和旅游部党组书记、部长雒树刚出席会议并讲话。会议旨在深入贯彻落实党的十九大和十九届二中、三中全会精神，着力推进旅游供给侧结构性改革，以大力促进乡村民宿资源开发和产品建设为抓手，深化全域旅游发展。文化和旅游部党组成员李世宏主持会议。副省长成岳冲，市县领导马晓晖、钱三雄、沈铭权、陈永华等参加。

同日　市委书记马晓晖来县内调研山川乡乡村振兴战略推进情况。县委书记沈铭权，县委副书记、政法委书记赵德清参加。

同日　市委书记马晓晖在安吉会见珠海格力电器股份有限公司董事长兼总裁董明珠女士一行。县领导沈铭权、陈永华、赵德清参加。

同月　国家文物局公布“十三五”时期文化旅游提升工程中的全国重点文物保护单位保护利用设施建设项目，县内递铺城址（现更名为古城遗址）成为浙江省 2019～2020 年全国重点文物保护单位保护利用设施建设项目。

12 月

3 日　省农业农村厅党组书记、厅长林健东率调研组来县内调研乡村治理体系建设。市县领导陈浩、沈铭权、赵德清陪同。

同日　第二届国际“竹产业·竹建筑·竹文化”绿色发展论坛暨2018第一届安吉“两山”国际竹产品创意设计大赛颁奖典礼举行。中国房地产业协会副会长兼秘书长、住房和城乡建设部原总经济师冯俊,中国室内装饰协会会长张丽,中国绿色碳汇基金秘书长邓侃,县领导陈永华参加。

6 日　县委书记沈铭权主持召开全县民营企业家座谈会。他强调,要深入学习贯彻习近平总书记在民营企业座谈会上的重要讲话精神,全面落实中央和省市委关于发展民营经济的各项决策部署,坚定发展信心,保持战略定力,深化改革创新,营造更优环境,齐心协力推动民营经济持续健康发展,为实现安吉高质量发展提供更强劲的动力和活力。

7 日　县委书记沈铭权率队调研开发区工作,并重点检查了开发区2018年度全面从严治党主体责任落实情况。

同日　县委书记沈铭权率队调研公安工作,并重点检查了公安局2018年度全面从严治党主体责任落实情况。

同日　雨雪冰冻天气防范应对工作视频会议召开。县委书记沈铭权强调,全县上下要立即行动,广泛动员、积极应对,切实把防范应对雨雪冰冻天气的各项措施落实到位,齐心协力应对雨雪,全力以赴保障平安,确保人民群众生命财产安全。

8 日　县委召开第六十次常委会会议,听取县教育局工作情况等汇报。

10～12 日　县委书记沈铭权率党政考察团赴海宁,江苏张家港、镇江、溧阳,以及德清,分别就区域合作、保税港区发展、航天航空全产业链打造、高新技术产业发展,以及地信大会后续影响、开发利用情况等内容开展考察学习。

11 日　市委副书记、市长钱三雄来县内调研美丽乡村建设工作。县委副书记、县长陈永华参加。

12 日　县委副书记、县长陈永华率检查组到县人民法院,开展2018年度县人民法院落实全面从严治党主体责任检查。

同日　洞庭山矿泉水安吉有限公司天然山泉水生产项目举行开工仪式。

13 日　县内举行座谈会,欢送改革开放杰出贡献拟表彰对象鲍新民赴京参会。县领导沈铭权、赵德清参加。

同日　县委书记沈铭权就县人大工作开展专题调研。县人大常委会主任陆为民作相关工作情况汇报,县委副书记、政法委书记赵德清参加座谈。

同日　县委书记沈铭权就县政协工作开展专题调研。县政协主席叶海珍作相关工作情况汇报,县委副书记、政法委书记赵德清,县委常委参加座谈。

13～14 日　县委副书记、县长陈永华率党政考察团赴江苏江阴、常熟、太仓,就传统产业转型升级、工业平台建设、创新驱动等内容开展考察学习。

14 日　全县宣传思想工作会议举行。县委书记沈铭权在会上强调,要坚持以习近平新时代中国特色社会主义思想和党的十九大精神为指导,深入贯彻落实全国和省市宣传思想工作会议精神,聚焦“举旗帜、聚民心、育新人、兴文化、展形象”的使命任务,守正创新、立破并举,奋力推动宣传思想工作谋好新篇、再创佳绩、走在前列,为把安吉建设成新时代中国最美县域提供更加强大的思想力量、精神支撑、文化引领。县委副书记、政法委书记赵德清主持,县委常委、宣传部部长陈旭华参加。

同日　全国首个《放心消费示范村建设与管理规范》(DB 330523/T30－2018)地方标准规范在县内正式发布。该标准由县市场监督管理局提出并与中国计量大学共同起草编制,将于2019年1月1日起实施。

17 日　举行乡镇(街道)党委书记座谈会。县委书记沈铭权强调,要紧盯指标完成情况、综合质量效益、统筹发展水平等方面,查漏补缺、奋力冲刺,确保各项工作争先晋位、圆满收官,同时精心谋划好明年工作思路。县委副书记、县长陈永华,县委副书记、政法委书记赵德清参加。

18 日　召开12月份“一把手工程”例会。县委书记沈铭权动员全县上下要集中精力、奋勇争先,全力打好全年工作的收官战,确保完成年初制定的各项目标任务,及早科学谋划未来发展思路,奋发进取推动明年开好局,加快推进安吉高质量发展。

县委副书记、县长陈永华主持,并作具体工作部署,县领导陆为民、叶海珍、赵德清参加。

同日　县委副书记、县长陈永华主持召开专题座谈会,就2019年《政府工作报告(征求意见稿)》听取部分老干部的意见和建议。

同日　庆祝改革开放40周年大会在北京举行,会上,100名为改革开放作出杰出贡献的人员受到表彰,被授予改革先锋称号并颁授改革先锋奖章。天荒坪镇余村村原党支部书记鲍新民以"绿水青山就是金山银山"理念的践行者赫然在列。

19日　全国人大常委会副委员长吉炳轩率队来县内调研,省市人大常委会领导史济锡、胡菁菁、胡国荣,县委书记沈铭权、县人大常委会主任陆为民陪同。

同日　安徽省副省长张曙光率党政代表团来县内调研乡村振兴战略推进情况。副省长彭佳学、副市长蒋伟峰、县委书记沈铭权陪同。

21日　县委副书记、县长陈永华召集开发区和示范区管委会常务副主任、乡镇长及街道主任召开座谈会,征求对2019年《政府工作报告(征求意见稿)》的意见和建议。

同日　梅溪镇退役军人服务站举行揭牌仪式。

22日　市委副书记、市长钱三雄来县内调研新开工工业项目推进情况。他强调,要紧紧围绕高质量发展要求,持续深化"亩均论英雄""标准地""最多跑一次"等各项改革工作,全力以赴抓好工业项目建设,支持工业企业做大做强,为加快赶超、实现"两高"夯实基础。

23日　县委举行理论学习中心组扩大会议。县委书记沈铭权主持,陈永华、陆为民、叶海珍、赵德清等四套班子领导,县人民法院院长、人民检察院检察长等参加。

23～25日　农业农村部党组成员、中央农办秘书局局长吴宏耀带队来县内调研,系统总结安吉县乡村治理经验,丰富乡村治理内涵,健全乡村治理体系,为全国乡村治理大会在安吉召开打好基础。市县领导蒋伟峰、沈铭权、陈永华、赵德清参加。

25日　县委举行第六十三次常委会会议,学习贯彻习近平总书记在庆祝改革开放40周年大会上的重要讲话精神等。

同日　全县人才工作会议举行。县委书记沈铭权强调,要坚持以习近平新时代中国特色社会主义思想为引领,深入贯彻习近平总书记关于人才工作的重要论述和省市委决策部署,牢固树立"人才强县"工作导向,始终把人才作为推动改革发展的中流砥柱,高水平打造人才生态最优县,努力使安吉成为人才向往之地和人才集聚之地。县委副书记、县长陈永华主持。

26日　开展第71个环境综合治理"集中推进日"活动。县人大常委会主任陆为民、县政协主席叶海珍分别率队赴一线检查指导。

27日　举行乡村振兴专项资金设立暨乡村振兴主办银行授牌仪式。

28日　浙江省自然博物院试开馆仪式举行。省委常委、宣传部部长朱国贤,国家文物局博物馆司副司长金瑞国,以及市县领导马晓晖、范庆瑜、沈铭权、陈永华、陆为民、叶海珍等参加仪式并参观。

同日　县庆祝改革开放40周年最具影响力事件评选暨"安吉骄傲"年度特别活动在龙山体育中心举行。"一根翠竹的无限风光""一片叶子的致富传奇""一把转椅的产业奇迹""一路兴旺的全域旅游""一所学校的体制改革""一方平台的开放裂变""一山洞开的八方通达""一处蓄能的世界之巅""一个县域的样本力量""一种文明的传承发扬""一座美丽的幸福家园""'两山'理念的继往开来"被评改革开放40周年最具影响力12大事件。

29日　县委副书记、县长陈永华主持召开县政府第十七次常务会议,研究讨论《安吉县政府产业基金管理暂行办法》《安吉县集中式饮用水源地生态保护奖补资金管理办法(修订)》《关于全面深化县域医疗卫生服务共同体建设工作意见》等工作。

同月　浙澳(安吉)经贸合作区获得省政府批复正式成立。

同月　县公安局历经两个多月时间,成功侦破一起特大伪造、买卖国家机关证件案,共抓获14名犯罪嫌疑人,其中3人已被逮捕。据初步查明,该团伙从2017年8月以来,非法伪造、买卖假冒特种作业操作证(含焊接工、电工、叉车工等特种作业操作证)2万本以上,辐射全国20多个省市,非法获利1700余万元。此案是自2018年7月国务院、省、市、县部署打击假冒特种作业操作证专项治理行动以来,浙江省侦破的最大"打假证"案件。

县情简介

安吉县隶属浙江省湖州市，素有“中国第一竹乡”“中国白茶之乡”“中国椅业之乡”之称，县域面积1886平方公里，户籍人口46万，下辖8镇3乡4街道209个行政村(社区)和1个国家级旅游度假区、1个省级经济开发区、1个省际承接产业转移示范区，是习近平总书记“绿水青山就是金山银山”理念诞生地、中国美丽乡村发源地和绿色发展先行地。2018年，实现地区生产总值404.32亿元，同比增长8.3%；完成财政总收入80.08亿元，同比增长19.03%，其中地方财政收入46.92亿元，同比增长18.73%。

生态优美，环境宜居。境内“七山一水两分田”，山清水秀、风光旖旎，拥有108万亩毛竹林、海拔1587米的浙北第一高峰龙王山、总面积1244公顷的安吉小鲵国家级自然保护区，共有河道1264条、总长度1571公里，各类水库山塘4545座、总库容4.35亿立方米。多年来，全县森林覆盖率、植被覆盖率均保持在70%以上，空气质量优良率保持在90%以上，地表水、饮用水、出境水达标率均为100%，被誉为气净、水净、土净的“三净之地”，获评全国首个生态县、联合国人居奖首个获得县。

区位优越，交通便捷。地处长三角经济圈的几何中心，是上海黄浦江的源头、杭州都市圈重要的西北节点。全县拥有高速公路1条、国道1条、省道3条、县道63条，公路总里程2186公里；拥有码头16座，航道总里程50公里；拥有通用航空机场1座、直升机场1座。未来几年，随着商合杭高铁、申嘉湖高速等工程的建成使用，综合交通网络更加完善，真正实现30分钟到杭州、湖州，90分钟到上海、苏州、南京、合肥的快捷出行。

历史悠久，人文深厚。建县于公元185年，县名取自《诗经》“安且吉兮”，是古越国的重要活动地和秦三十六郡古鄣郡郡址所在地。境内的上马坎旧石器文化遗址，将浙江境内人类的历史提前到距今80万年。全县拥有4个国保级单位，数量居全省各县(区)第一，文物蕴藏量居全国各县(区)前十位，非物质文化遗产数量在全省名列前茅。境内地域文化丰富，竹文化、茶文化、昌硕文化、移民文化互相交融，是南朝文学家吴均、艺术大师吴昌硕、林学家陈嵘的故乡。

绿色崛起，产业兴旺。坚持绿色生态、产业融合发展导向，大力发展生态农业、生态工业、生态旅游业，初步形成了具有地方特色、符合县域实际的“1+2+3”生态产业体系，“1”即健康休闲一大优势产业，“2”即绿色家居、高端装备制造两大主导产业，“3”即信息经济、通用航空、现代物流三大新兴产业，三次产业比为6.5∶44.1∶49.4。目前，全县有主板上市企业4家、新三板挂牌企业14家，白茶产业品牌价值达37.8亿元，椅业产业占国内市场的1/3、出口市场的1/2，竹产业以全国1.8%的立竹量创造了全国20%的竹业产值，集民宿、高端旅游综合体、特色小镇于一体的全域旅游全面兴起。

城乡融合，社会和谐。坚持美丽乡村、美丽乡镇、美丽县城“三美”共建、互促共进，美丽乡村创建实现188个行政村全覆盖，建成精品示范村44个、乡村经营示范村5个、精品观光带4条、示范风情小镇5个，建成区面积达35平方公里。由安吉县为第一起草单位的《美丽乡村建设指南》经国家标准委员会于2015年6月发布施行，成为美丽乡村建设国家标准。勇夺省平安县十三连冠，获评全国平安建设先进县，探索走出一条以“余村经验”为典型代表的乡村治理之路。2018年，城乡居民人均可支配收入分别为52617元和30541元，同比增长9.1%和9.5%，城乡收入之比达到1.72∶1。

气候概况

2018年，安吉县总的气候概况是：年平均气温偏高，其中2月显著偏低，1月、6月、10月正常，7月、8月、12月偏高，9月显著偏高，3～5月和11月异常偏高。年雨量偏多，但各月起伏较大，其中10月异常偏少，2月偏少，5月、9月偏多，1月、4月、11月显著偏多，8月、12月异常偏多，其余都正常。年日照正常，其中12月显著偏少，1月、5月、11月正常，其余月份均属偏多。

2018年极端天气气候事件多发，民生和工农业生产影响较为复杂，有9件重要的天气、气候事件，分别为：(1)气温持续偏高，春季回暖明显；(2)开年暴雪强势来袭，雪后持续低温冰冻；(3)春夏强对流频发，城区积涝影响交通；(4)梅中有伏不典型，局地暴雨倾盆下；(5)台风接踵而来，风雨影响有限；(6)高温提早报到，余力稍显不足；(7)深秋大雾预警连发，“仙气缭绕”交通受阻；(8)12月阴雨(雪)寡照，雨量日照均破历史极值；(9)霾日呈现逐年减少，大气环境改善明显。

一、主要气候因子变化

1. 气温

全年平均气温偏高，为17.0℃，比常年16.1℃高0.9℃，比上年16.9℃高0.1℃，主要表现为：2月显著偏低，1月、6月、10月正常，7月、8月、12月偏高，9月显著偏高，3～5月和11月异常偏高。极端最高气温为37.8℃，出现在7月26日；极端最低气温为−9.1℃，出现在1月30日。

全年日最高气温高于(含)35℃的高温日32天，比常年偏多3.5天，本年度无高于(含)38℃的高温日；日最低气温低于(含)0℃的天数39天，低于−5℃的严重冰冻天数7天。全年无霜日249天，初霜时间为12月14日，上年度终霜日为4月8日，总霜日为26天。日平均气温稳定通过10℃的回暖期在3月11日。

2. 降水

全年降水量偏多，为1861.4毫米，比常年1423.4毫米多438.0毫米，比上年1512.4毫米多349.0毫米，各月降水量起伏较大。主要表现为：其中10月异常偏少，2月偏少，5月、9月偏多，1月、4月、11月显著偏多，8月、12月异常偏多，其余都正常。

全年雨日〔雨量超过(含)0.1毫米〕174.0天，比常年152.8天多21.2天，比上年158.0天多16.0天；雪日14天，积雪21天。

3. 日照

全年日照正常，为2061.5小时，比常年多289.8小时，比上年多100.0小时。全年2/3月数日照偏多，主要表现为：12月显著偏少，1月、5月、11月正常，其余月份均属偏多。

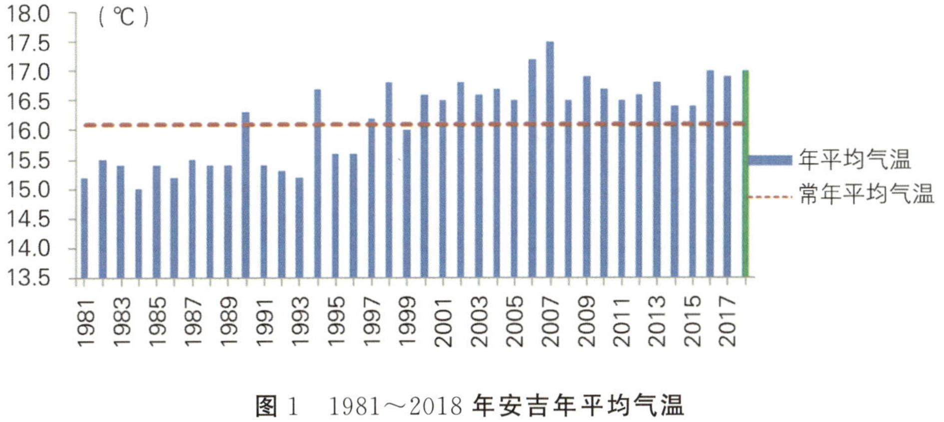

图1　1981～2018**年安吉年平均气温**

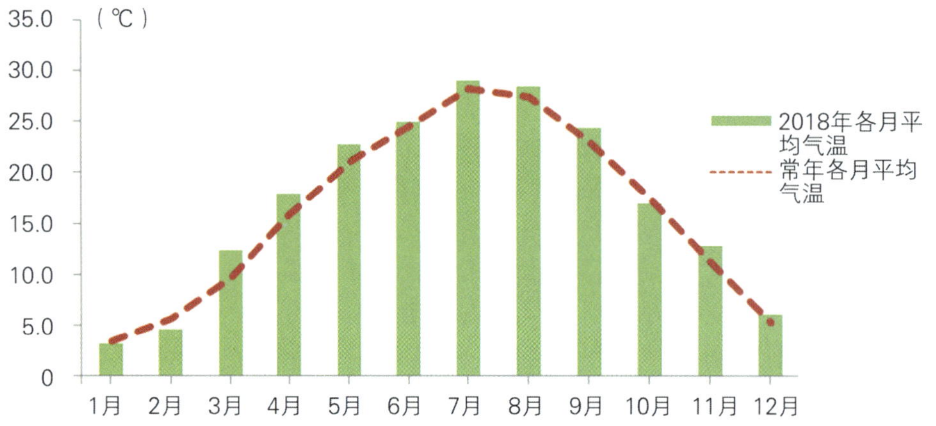

图 2　安吉 2018 年各月平均气温

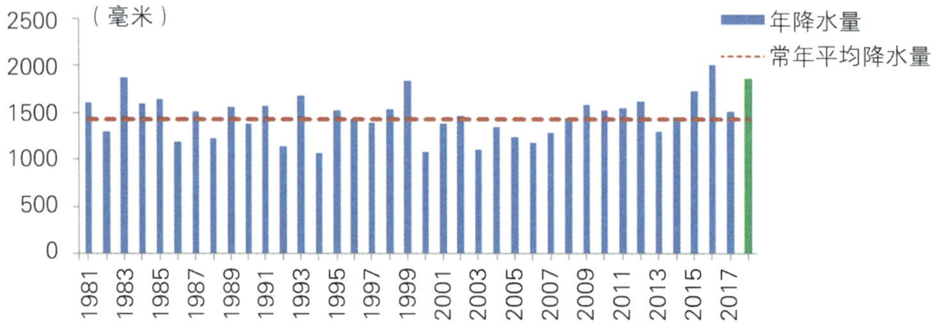

图 3　1981～2018 年安吉年降水量

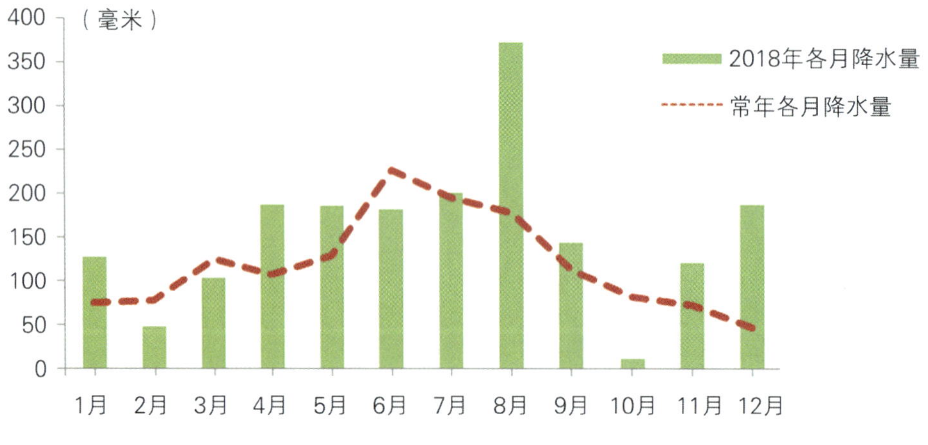

图 4　安吉 2018 年各月降水量

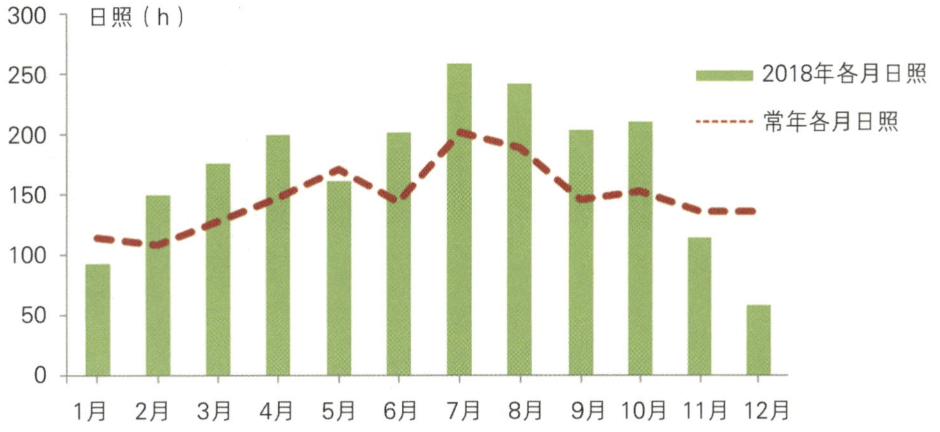

图 5　安吉 2018 年各月日照时数

二、重要天气、气候事件及其对民生和工农业生产影响

1. 气温持续偏高，春季回暖明显

全年平均气温显著偏高，气温变暖趋势持续。2018 年安吉年平均气温为 17.0℃，比常年 16.1℃ 高 0.9℃，为历史第四高值。

2018 年春季（2018 年 3～5 月）平均气温达 17.7℃，比常年高 2.2℃，属于异常偏高范围，为有观测记录以来最暖春季。

2. 开年暴雪强势来袭，雪后持续低温冰冻

1 月末 2 月初受暖湿气流与强冷空气影响，安吉县出现连续性降雪和低温天气。24 日中午起县内自西南向东北出现降雪，全县最大积雪深度均在 13 厘米以上，安吉国家站 15 厘米，山区 15～25 厘米，高山区 25 厘米以上，最大鄣吴 28 厘米。这是继 1984 年（37 厘米）、2008 年（30 厘米）、1977 年（28 厘米）、2016 年（26 厘米）和 2011 年（25 厘米）后的又一次强降雪。1 月 24 日至 2 月 13 日，安吉县出现持续低温冰冻，其中 1 月 30 日，2 月 1 日、4 日、5 日，全县大部地区出现最低气温 −7～−10℃，个别山区 −10℃ 以下的严重冰冻天气。

3. 春夏强对流频发，城区积涝影响交通

2018 年春夏期间安吉县强对流天气多发，主要出现在 4～9 月，尤以 7 月最多，主要过程有：

3 月 4 日，白天全县大部地区最高气温升至 30℃ 以上，傍晚起受强冷空气影响，全县出现强降温、短时强降雨、雷暴大风等强对流天气。4 月 23 日，全县出现大雨至暴雨，局部大暴雨，最大雨量安吉城市站 122.5 毫米，10～13 时连续三小时短时暴雨导致城区大面积积涝，很多车进水、抛锚、丢失车牌，给城市交通带来严重影响。5 月 18 日，全县出现雷阵雨天气，其中姚村站和溪龙站最大小时雨量分别为 59.4 毫米和 64.8 毫米。7 月 6 日，受强对流回波影响安吉县东部地区出现暴雨天气，最大小时

年初暴雪后，全县人民参与除雪

4月23日,安吉县城发生城市积涝

雨量钱坑桥站75.4毫米。7月7日,受强对流回波影响安吉县西南地区出现强对流天气,安吉桐杭站1小时雨量达76.9毫米。

7月26日,安吉县部分地区出现强雷电、短时强降水和8级大风,7个站小时雨量超30毫米,最大风阵风风力梅溪19.5米/秒,报福17.2米/秒。7月30日,县内出现强对流天气,其中安吉深溪站小时雨量达81.3毫米。

4.梅中有伏不典型,局地暴雨倾盆下

2018年梅雨形势不典型,梅雨量分布不均,局地短时雨强大,梅中有伏。安吉县于6月20日入梅,7月9日出梅,梅期19天,入梅时间比常年偏迟,出梅时间接近常年,梅期比常年略短。梅雨期安吉国家站雨量290.9毫米,与常年梅雨量(274.2毫米)相比略偏多,全县面雨量约290毫米,呈南多北少,最大桐杭377毫米,其次河垓366毫米。

入梅后安吉县共出现3次集中降水过程,6月20日、6月22~23日以系统性大到暴雨过程为主。6月25~27日持续晴热高温,大部分乡镇自动站最高气温达37~40℃。6月30日至7月7日以分散性短时暴雨为主。其中影响较为严重的:7月6日全县东部地区出现强对流天气,最大小时雨量钱坑桥站75.4毫米;7月7日全县西南地区出现强对流天气,安吉桐杭站小时雨量达76.9毫米。

5.台风接踵而来,风雨影响有限

2018年,海上热带系统活跃,有5个台风影响安吉县,分别是:2018年第8号台风"玛莉亚"、第10号台风"安比"、第12号台风"云雀"、第14号台风"摩羯"、第18号台风"温比亚",其中"玛莉亚"和"安比"总体对安吉县影响不大。台风"云雀"8月3日在上海金山沿海登陆,"摩羯"8月12日在浙江温岭沿海登陆,"温比亚"8月17日在上海浦东新区南部沿海登陆,均带来暴雨大风天气,造成全县河网水库水位上涨,对工农业生产及交通运输不利。

受"玛莉亚"外围环流影响,安吉县7月11~12日局部出现小雨。受"安比"影响,7月21日下午安吉县出现分散性降雨,截至23日08时,全县面雨量19.6毫米,最大雨量高禹42.5毫米。受"云雀"影响,8月2日下午至3日,安吉县普降暴雨。8月2日12时至3日20时,全县面雨量56.5毫米;全县共有35站雨量超50毫米,最大天荒坪96.8毫米,其次七管80.9毫米。受"摩羯"影响,8月12~13日,全县普降暴雨,局部大暴雨,阵风6~8级,局部9级。12日08时至13日12时,全县面雨量96.2毫米,全县共有19站超100毫米，最大雨量昆铜149.1毫米，其次天荒坪146.9毫米；同时伴有偏东大风，最大梅溪23.2米/秒（9级），其次昆铜22.2米/秒（9级）。受"温比亚"影响，8月16～17日，安吉县普降暴雨，局部大暴雨，阵风6～8级。16日12时至17日23时，全县面雨量99.1毫米，全县共有18站超100毫米，最大雨量石岭193.2毫米，其次深溪167.5毫米。

6.高温提早报到，余力稍显不足

2018年高温出现时间偏早，但总体强度不强。5月14～16日，安吉县连续三天最高气温超过35℃，最高气温37.5℃，出现在16日，创历史同期新高。高温出现早，强度强，历史罕见。

年内安吉县≥35℃高温日数为32天，比常年多3.5天，其中5月高温日数为3天，6月3天，7月17天，8月9天。高温天气主要出现在7月中下旬及8月上旬，其中较长时间连续高温过程有：7月14～21日、7月25～31日、8月4～11日；年极端最高气温达37.8℃，出现在7月26日。高温日数虽多，但最高气温均未达到38℃，与往年相比较，威力稍显不足。

7.深秋大雾预警连发，"仙气缭绕"交通受阻

2018年11月26日至12月4日，受静稳天气影响，安吉县出现连续大雾天气，部分地区最低能见度低于100米，交通受到严重影响，安吉县气象台11月26日起连续9天发布大雾预警信号。年内全县大雾天气出现天数为87天，多出现在1月、11月、12月。

8.12月阴雨（雪）寡照，雨量日照均破历史极值

2018年12月安吉县阴雨（雪）寡照，降水量、降水日数均异常偏多，日照显著偏少，降水量创历史同期新高，日照创历史同期新低。连阴雨（雪）过程主要出现在上旬、下旬。月内降水量186.8毫米，比常年同期异常偏多140.3毫米；降水日数19天，比常年同期异常偏多10.2天；日照57.6小时，比常年同期显著偏少73.8小时，创历史同期新低。

12月出现两次降雪过程。7～9日安吉县出现中到大雪、山

大雾中的竹城

区暴雪;过程最大积雪深度,平原5～10厘米,高山区10～20厘米。30～31日安吉县普降中雪,山区大到暴雪;积雪深度,平原3～5厘米,高山区5～10厘米。

9.霾日呈现逐年减少,大气环境改善明显

据省雾霾监测网统计,2018年度霾日33天,比2017年少18天,呈持续下降趋势。影响安吉地区的霾日以轻微霾为主,约占总霾日的81.8%,轻度霾占15.2%,中度霾日仅1天;秋冬季霾日较多,7月、8月无霾日。

(张　莹)

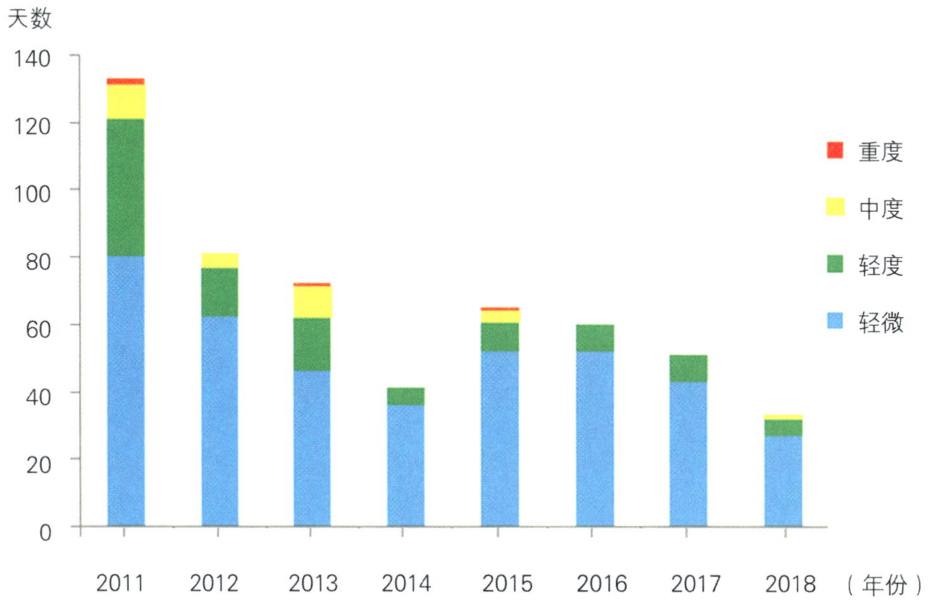

图6　2011～2018年安吉年霾日数统计图

国民经济和社会发展概况

2018年,安吉县全面聚焦高质量、加速度、均衡性、可持续发展,积极应对复杂多变的经济形势,主动对标高质量发展的根本要求,奋力推进"两聚一美"新实践,合力跑出"两山"转化加速度。全年经济稳中有进,增长质量和效益不断提升,发展基础更加牢固,民生保障更加完善。

【综合】　初步核算,全年域内生产总值(GDP)404.32亿元,比上年增长8.3%。其中,第一产业增加值26.38亿元,第二产业增加值178.30亿元,第三产业增加值199.65亿元,分别同比增长2.9%、7.0%和10.4%。按户籍人口计算,全县人均生产总值86099元,比上年增长7.8%,按平均汇率(1∶6.6174)计算达到13011美元。三次产业增加值结构由上年的7.2∶44.2∶48.5调整为6.5∶44.1∶49.4。

2018年,安吉县居民消费价格总水平(CPI)呈现总体温和上涨的运行态势,累计上涨2.7%,涨幅较上年同期提高1.1个百分点。其中,食品价格上涨2.5%,工业消费品价格上涨1.8%,服务价格上涨3.6%。

全县实现财政总收入80.08亿元,同比增长19.0%,其中地方财政收入46.92亿元,同比增长18.7%。从主要税种看,增值税、企业所得税分别为19.52亿元、3.27亿元,分别同比增长22.9%、9.0%;个人所得税和营业税为5.62亿元和1376万元,分别同比增长18.8%和110.4%。全县财政支出74.30亿元,同比增长19.8%。从支出类别看,一般公共服务支出为7.97亿元,同比增长7.2%;公共财政民生支出59.17亿元,同比增长19.7%。其中,节能环保支出8.47亿元,同比增长49.5%;教育支出14.84亿元,同比增长1.0%;医疗卫生支出7.73亿元,增长35.5%;科技支出3.98亿元,增长39.3%;社会保障和就业支出4.92亿元,增长6.2%。

【农业和农村建设】　2018年,全

2018 年安吉县分行业增加值一览表

表 2　　单位:万元

指标名称	2018 年	±%
地区生产总值	4043247	8.3
第一产业	263788	2.9
第二产业	1782977	7.0
工业	1649595	8.2
第三产业	1996482	10.4
交通运输、仓储和邮政业	158606	4.5
批发和零售业	403546	6.4
住宿和餐饮业	158854	5.4
金融业	252988	10.1
房地产业	250609	6.2
营利性服务业	358339	24.7
非营利性服务业	408934	10.8

2018 年安吉居民消费价格(CPI)八大类价格指数涨跌幅度

表 3

类别	指数涨跌幅度(%)	对总指数涨跌影响(%)
CPI 指数	2.7	2.67
食品烟酒	2.5	0.76
衣着	−0.9	−0.06
居住	7.0	1.45
生活用品及服务	1.9	0.10
交通和通信	0.9	0.13
教育文化和娱乐	1.4	0.15
医疗保健	1.1	0.10
其他用品和服务	2.0	0.05

县农林牧渔业生产稳中有升,实现农林牧渔业增加值 26.81 亿元,同比增长 3.0%。其中,农业增加值 18.31 亿元,林业增加值 5.94 亿元,牧业增加值 5416 万元,渔业增加值 1.59 亿元,农林牧渔服务业增加值 4313 万元,分别同比增长 3.1%、1.5%、2.6%、6.9%和 8.9%。全年粮食播种面积 1.38 万公顷,同比下降 9.6%;经济作物播种面积 1.44 万公顷,同比增长 4.6%,其中油菜籽面积 570 公顷,同比增长 13.3%;蔬菜面积 7372 公顷,同比增长 1.7%;花卉苗木面积 3189 公顷,同比增长 3.9%。全年粮食产量 7.94 万吨,同比增长 7.7%;油菜籽产量 0.12 万吨,同比增长 23.5%;蚕茧产量 290 吨,同比下降 2.4%;生猪出栏 9.48 万头,同比增长 20%;水产品产量 1.69 万吨,同比增长 4.2%。

全县实施农业园区向休闲园区转型,2018 年末拥有山水灵峰休闲农业园、鲁家家庭农场集聚区、溪龙安吉白茶产业园等 3 个农业园区;建成休闲农业园区 25 个,其中安吉乡土农业发展有限公司、安吉中南百草原、安吉山水灵峰休闲农业有限公司被评为全国休闲农业与乡村旅游五星级示范企业(园区)。年末拥有省级无公害农产品基地 28.08 万亩,本年新增 4.57 万亩;拥有无公害产品 187 个,本年新增 44 个;拥有绿色食品 52 个,本年新增 9 个;拥有有机食品 11 个,本年新增 1 个。全县累计建成“中国美丽乡村”187 个村,其中 44 个精品示范村、133 个精品村、8 个重点村和 2 个特色村,完成乡村经营示范村创建 5 个;15 个乡镇美丽乡村全覆盖,全县美丽乡村创建覆盖率达 100%。2018 年完成农村公路提升改造 82 公里,建成农村联网公路 26.4 公里,完成农村公路大中修 50.03 公里,实施农村公路安保工程 19.6 公里,完成病危桥梁改造 19 座。累计开通县城公交线路 41 条,累计开通城乡公交线路 61 条,其中新增城市公交线路 2 条,调整城市公交线路 3 条。2018 年度建设项目共 5 个,受益人口 9421 人,总投资 2509 万元,其中省级提升项目 3 个,受益人口 6800 人,县级提升项目2个，受益人口2600人。项目形式有城镇管网延伸和单村供水两种，其中管网延伸项目3个，单村供水项目2个。

【工业】 全年实现规模以上工业增加值137.20亿元，比上年增长8.8%，其中轻工业增加值76.86亿元、重工业增加值60.34亿元，分别同比增长6.3%和12.3%。规模以上工业销售产值563.70亿元，同比增长13.1%，工业产品产销率95.73%。规模以上工业企业完成出口交货值218.74亿元，同比增长12.9%；出口交货值占销售产值的比重为38.8%，比去年同期提高1.9个百分点。新产品产值207.26亿元，同比增长31.1%，新产品产值率达35.2%，比去年同期提高7.0个百分点。

全年规模以上工业实现主营业务收入564.87亿元，比上年增长13.7%；利税65.96亿元，其中利润40.96亿元，分别同比增长13.8%、15.5%。16个工业行业达到了“主营业务收入超10亿或利税超亿元”，共实现主营业务收入518.32亿元、利税总额61.76亿元，分别占全部规模以上工业的91.8%和93.6%。利税超亿元的行业中，家具制造业23.58亿元，同比增长11.4%；电力、热力的生产和供应业9.80亿元，同比增长4.0%；电气机械和器材制造业1.02亿元，同比增长28.8%；计算机、通信和其他电子设备制造业3.57亿元，同比增长45.8%；非金属矿物制品业4.54亿元，同比增长120.3%。全县主营业务收入超10亿元企业有8家，5亿至10亿元企业有10家。

2018年安吉县规模以上工业增加值

表4

指标名称	绝对数(亿元)	占规上工业增加值比重(%)
工业增加值总计	137.20	100.0
在总计中：轻工业	76.86	56.0
重工业	60.34	44.0
在总计中：		
绿色家居	63.61	46.4
特色椅业	49.01	35.7
绿色竹业	12.00	8.7
生态家纺	2.60	1.9
健康休闲	9.35	6.8
绿色食品	4.60	3.4
健康医药	4.50	3.3
装备制造	16.03	11.7
高端装备	5.46	4.0
信息经济	6.58	4.8

全年高新技术产业主营业务收入为299.51亿元，同比增长21.3%；利税、利润分别为37.95亿元和24.30亿元，分别同比增长19.0%、18.8%。战略新兴产业主营业务收入为84.20亿元，同比增长13.8%；利税、利润分别为11.03亿元和7.93亿元，分别同比增长17.6%、20.2%。装备制造业实现主营业务收入88.18亿元，比上年增长17.0%，实现利税8.28亿元，同比增长29.1%。

【固定资产投资和建筑业】 全年固定资产投资项目439个，完成固定资产投资155.06亿元，比上年增长5.5%，其中，基础设施投资30.24亿元，下降36.1%；第二产业投资40.42亿元，下降27.7%，其中技术改造投入31.48亿元，下降24.0%；第三产业投资114.64亿元，同比增长25.8%。全年完成房地产开发投资69.12亿元，比上年增长101.3%。全年房屋施工面积383.06万平方米，同比增长25.3%；房屋竣工面积33.36万平方米，同比增长9.8%；商品房销售面积129.19万平方米，同比增长10.3%，其中住宅114.65万平方米，同比增长7.8%；商品房销售额147.42亿元，同比增长41.5%，其中住宅133.88亿元，同比增长41.0%。全年房屋施工面积383.06万平方米，同比增长25.3%；房屋竣工面积33.36万平方米，同比增长9.8%；商品房销售面积129.19万平方米，同比增长10.3%，其中住宅114.65万平方米，同比增长7.8%；商品房销售额147.42亿元，同比增长41.5%，其中住宅133.88亿元，同比增长41%。

全县年末拥有建筑企业72家，其中一级资质企业6家、二级资质企业7家。全年建筑业企业完成建筑业总产值60.44亿元，和去年同期大抵持平，其中建筑工程产值51.40亿元，同比下降0.1%。安装工程产值6.02亿元，同比增长16.4%；房屋建筑施工面积330.42万平方米，同比增长14.8%；竣工面积143.26万平方米，同比增长27.8%。

【国内贸易和旅游】　全县实现社会消费品零售总额171.43亿元，同比增长10.2%；其中，批发零售业154.97亿元，同比增长10.2%；住宿餐饮业16.46亿元，同比增长10.3%。从限上单位看，全县消费品零售总额36.93亿元，同比增长15.9%。其中，粮油、食品类2.77亿元，同比增长8.8%；金银珠宝类0.81亿元，同比下降1.2%；汽车类6.55亿元，同比下降23.1%；石油及制品类5.57亿元，同比增长28.4%；家用电器和音像器材类2.14亿元，同比增长3.0%。市场成交额超亿元的市场9个，成交额28.18亿元。

全年接待国内外旅游人数2504万人次，比上年增长12.1%；其中，接待境外旅游人数17.42万人次，同比增长10.5%。全年实现旅游总收入324.74亿元，同比增长15.1%；其中，国内旅游收入319.26亿元，同比增长15.2%；旅游外汇收入8115万美元，同比增长8.5%。全年旅游景区门票收入6.36亿元，同比增长13.2%。年末拥有星级宾馆8家。

【对外经济】　全年进出口总额254.44亿元，比上年增长15.8%。其中，进口6.81亿元，同比增长8.7%，外贸出口247.63亿元，同比增长16.0%。全县共有出口实绩企业740家，其中，今年新增88家。出口实绩企业中，家具类企业495家，累计出口177.52亿元，同比增长16.6%，占全县出口总额71.7%；塑料制品企业累计出口27.85亿元，同比增长41.7%；竹木制品企业92家，累计出口9.85亿元，同比下降21.7%；化工产品企业累计出口7.92亿元，同比增长23.5%；纺织服装企业累计出口5.51亿元，同比增长43.5%；五金金属制品企业累计出口4.59亿元，同比增长9.8%；机电产品累计出口4.96亿元，同比下降3.2%。

全年共备案外资项目31个，其中新批外商投资企业22家，批准增资项目4个。全年合同外资6.99亿美元，同比增长45.9%；实到外资2.01亿美元，同比增长17.9%。全年新批投资总额千万美元以上项目13个。备案的31个项目中，其中二产项目16个，合同外资14493万美元；三产项目14个，合同外资54388万美元，同比增长33.2%。

【交通运输和邮电】　2018年末全县公路通车里程2212.06公里，其中高速公路35.39公里、国道49.18公里、省道118.91公里、县道462.62公里、乡道602.85公里、村道943.12公里。全年完成客运量1199万人，同比增长3.1%；客运周转量3.57亿人公里，同比增长9.8%。完成货运量3493万吨，同比增长13.5%。其中，公路2026万吨，同比增长27.1%；水路1468万吨，同比下降1.2%。货运周转量38.02亿吨公里，同比增长2.6%。其中，公路12.45亿吨公里，同比增长7.6%；水路25.56亿吨公里，同比增长0.3%。全年内河港口货物吞吐量26万标箱。

2018年全县汽车保有量达到16.69万辆，比上年增加6720辆，增长4.2%。小型汽车保有量13.96万辆，比上年增加1.42万辆，增长11.3%，其中轿车保有量8.87万辆，比上年增加7696辆，增长9.5%。全年小型汽车上牌照1.81万辆，比上年减少2138辆，下降10.5%。

全年实现邮政电信业务收入5.87亿元，比上年增长7.1%；全县年末固定电话用户11.18万户，比上年减少9643户；移动电话用户78.68万户，同比增加7.60万户；全县电话普及率为每百人191部，同比增加13部；年末互联网宽带用户29.85万户，同比增加5.53万户，增长22.8%；年末互联网光纤用户21.15万户，同比增加3.74万户，增长21.5%。

【金融和保险】　金融机构年末本外币存款余额609.34亿元，贷款余额632.18亿元，分别比上年增长13.7%和26.4%；全年新增贷款132.20亿元，新增额同比增加62.40亿元。年末住户本外币存款余额为295.43亿元，新增30.77亿元，新增额同比增加4.31亿元。

保险公司全年保费收入18.95亿元，同比增长11.5%。其中，财产险保费收入6.25亿元，同

2018年安吉县金融机构存贷款余额

表5　　单位:万元

指　标　名　称	2018年末	比年初增减额
金融机构本外币存款余额	6093432	735887
金融机构人民币存款余额	5942433	751203
住户存款	2947083	307551
金融机构本外币贷款余额	6321777	1322021
金融机构人民币贷款余额	6304773	1316332
住户贷款	2772977	553713
短期贷款	1220613	197615
中长期贷款	1552364	356098
非金融企业及机关团体贷款	3531701	762631
短期贷款	1079975	200661
中长期贷款	2428309	542862

2018年安吉县学校基本情况

表6

学校类别	学校数(所)	招生数(人)	在校生数(人)	毕业生数(人)	专任教师数(人)
中等职业学校	3	1946	5897	1594	431
普通中学	23	7665	22326	6776	1778
高中	5	3283	9552	2959	732
小学	27	5530	30160	4399	1595

比增长3.9%;人身险保费收入12.71亿元,同比增长15.7%。各类保险赔款支出3.90亿元,同比增长10.0%。其中,财产险赔款3.63亿元,同比增长10.7%;人身险赔款2737万元,同比增长1.5%。

【教育和科技】 2018年末全县共有小学27所,招生5530人;在校生30160人,比上年增加1263人,小学学龄儿童入学率为100.0%。小学生均校舍建筑面积7.4平方米,比上年减少0.4平方米;生均图书26册,比上年增加1册;每百名学生拥有计算机19台,比上年增加1台。共有初中18所,招生4382人,在校生12774人,比上年增加403人,初中入学率为100.0%。初中生均校舍建筑面积22.5平方米;生均图书33.3册;每百名学生拥有计算机29.9台。全县各类中等职业教育学校3所,招生1946人,在校生5897人;普通高中5所,在校生9552人,毕业生2959人。

全县共有专任教师4731人,比上年增长2.9%,具有硕士以上学位教师120人,比上年增加8人。其中,义务教育中小学专任教师2641人,比上年增长2.0%;中等职业教育专任教师431人,比上年增长5.9%。

全县共有幼儿园28所,在园幼儿15130人,比上年增长3.1%。幼儿园专任教师927人,比上年增加38人。

全年专利申请量9708件;专利授权量3974件,其中发明专利授权280件。全年经认定登记的技术成交项目176项,技术成交金额4.4亿元。年末已拥有省级高新技术企业研发中心63家,省级企业研究院18家;拥有国家级高新技术企业127家。全年获省级以上政府奖的科技成果1项。

【文化、体育和卫生】 2018年开展电影下乡放映3029场次,举办大型广场文化活动24场,组织基层文化活动901场。年末县图书馆藏书13万册,乡镇文化站藏书21万册。县博物馆建筑面积15923.52平方米,藏品总量6550件/套,二级以上藏品1343件。年末数字电视用户达到13.60万户,当年新增2000户。全年出版各类报纸574万份。

2018年完成了第16届省运会5项办赛工作及火炬采集、火炬传递两场省运会大型配套活动,全县运动员共获得金牌39.6枚。全县累计开展“全民健身与省运同行”各类运动会1000余场,其中国家级比赛8场、省级比赛9场。新创建省级中心村全民健身广场1个,市级中心村全民健身广场4个、市级中心村休闲公园5个。新建省级小康体育提升工程20个,省、市便民体育设施27个。新增体育场地面积约10万平方米。培训社会体育指导员新增160人，完成国民体质监测4099人，体彩销售总额达3.9亿元。

年末拥有医疗卫生机构197个，其中县级医院5家、县级卫生机构2家、乡镇(街道)卫生院16家、社区卫生服务站125家、民营医疗机构41家。拥有医疗机构核定床位1914张，开放2515张(南湖监狱未纳入)；卫生技术人员2660人，其中执业医师865人、执业助理医师312人、注册护士1064人；每万人拥有医院(卫生院)床位数54张；每万人拥有卫生技术人员57.8人，其中医生25.6人。全县婴儿死亡率、5岁以下儿童死亡率分别为2.06‰、2.75‰。

全县基本医疗保险参保率为99.12%，其中，全县年末城乡居民医疗保险参保人数28.36万，全年报销金额3.92亿元，比上年增长8.5%。

【人口、就业、人民生活和社会保障】 全县年末户籍人口47.07万人，其中男性23.30万人、女性23.76万人；城镇人口17.54万人，乡村人口29.52万人；60岁以上人口10.88万人，占总人口的23.1%，占比比上年提高0.6个百分点。全年出生人口4729人，出生率为10.1‰；死亡人口3342人，死亡率为7.1‰；人口自然增长率为3.0‰。全县一孩出生2357人，一孩率为51.92%；二孩及以上出生2183人，二孩及以上率为48.08%。全年新增城镇就业19653人，失业人员再就业6773人，其中困难人员就业985人，城镇登记失业率2.36%。

据城镇居民家庭抽样调查，全年城镇居民人均可支配收入达到52617元，比上年名义增长9.1%；其中，工资性收入增长8.8%，经营净收入增长7.3%，财产净收入增长10.7%，转移净收入增长12.9%；人均消费支出34008元，增长8.0%；年末人均住房面积48.6平方米。据农村居民家庭抽样调查，全年农村居民人均可支配收入达到30541元，名义增长9.5%；其中，工资性收入增长9.5%，经营净收入增长7.6%，财产净收入增长24.6%，转移净收入增长11.2%。人均生活消费支出20888元，增长11.0%；年末人均住房面积66.6平方米。

全县年末参加城镇基本养老保险人数达到26.50万，比上年增加2.08万人；参加城镇职工基本医疗保险人数21.44万，同比增加2.17万人；参加失业保险人数13.94万，同比增加1.33万人；参加工伤保险人数15.61万，同比增加0.11万人；参加生育保险人数15.07万，同比增加0.22万人；参加生活保障和生活补助制度的被征地农民1137人，比上年减少155人。

2018年末住房公积金正常缴存人数达到5.85万，比上年增加0.78万人；全年归集住房公积金8.49亿元，同比增长12.8%；当年发放个人住房贷款3.76亿元(含公转商贷款)，同比下降47.4%。

全县年末各类收养性社会福利单位拥有床位4294张，收养1593人；年末城镇“三无”、农村“五保”集中供养对象293人，集中供养率99.0%。全年得到政府最低生活保障的家庭4613户6397人，其中城镇600人、农村5797人；全年发放低保保障金4214万元；低保标准为每月681元。全年销售社会福利彩票2.17亿元，筹集社会福利资金650万元。

【资源、城市建设、环境保护和社会安全】 2018年雨量偏多，日照正常，气温偏高。全县年降雨量1861.4毫米，比常年多438.0毫米，比上年多349.0毫米，雨日174天，年日照时数2061.5小时，比常年多289.8小时，比上年多100.0小时，年平均气温17.0℃，比常年高0.9℃，比上年高0.1℃，年极端最高温度37.8℃，极端最低气温为−9.1℃。

全年共完成造林面积93公顷，封山育林面积7770公顷，全年森林覆盖率达到70.2%。

全县地表水水质总体良好。100%的监测断面达到Ⅱ、Ⅲ类水质，100%的监测断面水质满足功能区要求，县出境断面水质达标率100%。县域环境空气质量综合指数为3.94，环境空气质量优良率为83.3%。

全年规模工业能耗消费比上年增长0.9%，单位工业增加值能耗降低率为7.3%。全社会用电量33.56亿千瓦时，同比增长14.9%，其中工业21.54亿千瓦时，同比增长13.1%。

中心城区自来水普及率达100%；中心城区污水处理率达95.57%；生活垃圾无害化处理率达100%；农村生活垃圾分类处理行政村全覆盖；城市建成区面积34.9平方公里，人均公园绿地面积17.3平方米，绿化覆盖率达到45.5%。

全年全县共发生道路交通死亡事故48起,死亡49人,比上年减少2人;共发生各类生产安全事故47起,死亡30人,受伤30人,未发生较大安全事故;发生火灾119起,直接财产损失393万元,无人员伤亡。没有发生特种设备、农业机械、水上交通领域事故。

生态文明建设

2018年,安吉县生态文明建设工作围绕"两聚一美"发展大局,以"四新""拼激情、比担当、争一流"等主题实践活动为载体,把生态文明建设工作放在更加突出位置,全县生态环境综合治理成效得到提升。安吉县继获全省首批"无违建县"、省"四边三化"行动先进县等荣誉后,又夺省"五水共治"大禹鼎。

【改革创新优机制】 2018年,安吉县生态文明建设不断完善生态环境治理组织架构。按照县委第五十二次常委会要求,成立安吉县生态文明建设暨污染防治攻坚工作领导小组,设1个综合协调办公室和4个专项行动办公室,明确安吉县生态文明建设暨污染防治攻坚工作组织架构及领导小组下属各办公室职责,横向汇集治水、治气、治土、治矿、治林、治山、治矿、治废等相关职能部门监督合力,纵向联通县、乡、村三级网格化监管渠道,不断提升生态文明办在环境治理、生态保护方面的统筹、协调、督查、考核等职能。创新"集中推进日"活动模式。贯彻落实省委、省政府"大学习大调研大抓落实"要求,改变以往走马观花式的活动模式,构建"面上统筹、条线推进、点位整治"三位一体工作体系,完善"常态化治理+主题式推进"工作机制,创新引入现场研究、集中办公、联席会议等活动形式,精心设计每月"集中推进日"活动主题,科学规划"集中推进日"活动县领导现场督查线路,明确各条线重点项目突出问题和攻坚点位。全年开展生态环境综合治理"集中推进日"活动12次,参与县级领导近130人次,参与部门20多个,解决生态环境综合治理重难点问题近200个,完成"三四五"各项目标任务。强化联防联动工作机制。健全县、乡、村三级生态责任管理体制,联合组织部、督查办制定《安吉县村级生态责任制考核办法(试行)》,督促镇、村落实"三改一拆""四边三化""五水共治"等生态责任,完善纵向到底的网格化监管体系;提升沿路沿线生态环境美丽指数,联合多部门、乡镇(街道)力量,完成全国改善农村人居环境工作会议、全国"四好公路"现场会、全国乡村民宿发展现场会等各类重大活动期间沿路沿线环境整治23次;与省级权威部门合作开发及完善防违控违信息化管理平台;强化舆论氛围营造,与新闻集团合作设立《亮短揭丑》曝光台,共播出涉及环境综合治理节目30期,曝光问题点位近50个,整改率90%以上。

【迎难而上优生态】 "三改一拆"动真碰硬。2018年,拆违92.5万平方米,"三改"181.9万平方米,拆后利用90.9%。全力抓好新增违建管控,出台《安吉县新增违法建筑责任追究办法》,强化责任追究和问责处置,下发新增违建督办单30份,涉及38处新增违建,已拆除22处、立案12处、规范处置2处、2处正在处理中,全年问责处置12人,通报批评单位2家;全面做好存量违建处置,推进"一户一档"工作,全面掌握县内存量违建底数,对农家乐、白茶设施管理用房等违建按年度计划规范处置,逐步消除违法状态;加强沿路沿线生态环境问题排查整治,对县域内38条道路(涉及高速、省道、环城道路、县道)进行排查,排查出问题点位427处,均按要求完成整治。

"五水共治"强势推进。安吉县地表水环境功能区、集中饮用水源地、出境交界断面水质达标率均100%,24个县控以上断面水质均达到功能区要求,其中Ⅱ类以上水质断面占比95.8%。贯彻落实《浙江省河长制规定》,出台《安吉县全面深化湖长制实施方案》,各级河长巡河率达100%,全市排名第一;完成省、市试点"污水零直排区"创建20个,打造美丽河湖200条,治理渔业尾水8500亩;围绕截、清、治、修四大举措,全力推进治污项目建设,建污水管网40.9公里,完成改造污水管网32.9公里,建排水管网25公里,排水管网清淤250公里,增加应急抽水能力0.05万立方米/小时。

"治气治霾"克难攻坚。安吉县PM2.5浓度33微克/立方米,空气优良率为83.3%,空气优良率、PM2.5浓度均值均位列全市首位。以废烟、废气、扬尘整治为抓手，紧盯“1861”打好治气治霾攻坚战，全面落实建设工地7个100%，完成615台工业锅炉清洁能源的替代，38台单段式煤气发生炉全部完成淘汰；整治挥发性有机物治理重点企业、“散乱污”企业140家；制定1个园区20家工业企业臭气异味治理方案，完成5家整治任务，下发空气质量专项督查通报64次，通报问题点位126个，已完成整改119个；否决、劝退不符合准入条件、挥发性有机物（VOCs）管控要求项目32个；开展秸秆综合利用的科普宣传。

“生态示范”统筹推进。强化生态文明理念宣传和氛围营造，围绕《关于推行生活方式绿色化行动的实施意见》（安委办发〔2017〕110号）要求，结合全国文明城市创建三年行动计划，下发《2018年安吉县推行生活方式绿色化工作任务》，整合24个部门力量合力推动生活方式绿色化行动，从绿色采购到绿色建筑、从绿色能源到绿色出行、从绿色宣传到绿色消费等等，全方位立体化多渠道推进安吉民众绿色生活习惯养成、绿色生活素养提升、绿色生产理念培育；牵头14个部门以“主题活动＋子活动”形式开展“8·15”生态文明日宣传，并以制作专题宣传片、微视频、开设生态文明宣传专栏等密集式宣传，提升群众生态文明素质；举办生态文明建设干部培训班，将生态文明建设工作纳入2018年度县委干部专题培训班次，组织15个乡镇（街道）及相关部门的分管领导、专职干部共47人参加学习，提升全县生态文明干部职工的生态文明思想素养和“五水共治”“三改一拆”、治气治霾等业务工作能力。

（宣　昊）

12月15日，在中国生态文明论坛南宁年会上，安吉县被授予第二批国家生态文明建设示范市县称号

中国共产党安吉县委员会

重要会议

【中共安吉县委十四届三次全体(扩大)会议暨经济工作会议】2018年1月15日,县委十四届三次全体(扩大)会议暨经济工作会议在县城召开。出席全会的县委委员40人、候补委员8人。

县委常委会主持会议,县委书记沈铭权讲话,县委副书记、县长陈永华部署2018年经济工作。

全会深入学习贯彻党的十九大和中央经济工作会议精神,听取和讨论了沈铭权受县委常委会委托作的工作报告,审议通过《关于高举习近平新时代中国特色社会主义思想伟大旗帜,高质量推进中国最美县域建设争当践行“两山”理念样板地模范生的决定》。沈铭权就《决定》(审议稿)向全会作了说明。

全会充分肯定了过去一年县委常委会的工作。全会指出,一年来,县委常委会始终保持奋进的姿态、赶考的状态,团结带领全县各级党组织和广大党员干部,坚持强定力、守信念、铸忠诚,坚决贯彻落实中央省市委决策部署;坚持把方向、出思路、作决策,坚决扛起“两山”诞生地的使命担当;坚持抓重点、补短板、强弱项,坚决有力地走绿色发展的赶超之路;坚持打基础、促当前、利长远,坚决抓好为民服务的大事小事;坚持拼激情、比担当、争一流,坚决打造风清气正的政治生态,着眼长远、着力当前,统筹改革发展各项事业,全县经济运行持续向好,改革创新持续推进,全域美丽持续提升,民生福祉持续改善,从严治党持续加强,中国最美县域建设迈出坚实步伐。

7月30日,县委十四届四次全体(扩大)会议召开

全会强调,2018年是贯彻落实党的十九大精神的开局之年,是改革开放40周年,是决胜全面建成小康社会、实施“十三五”规划承上启下的关键之年,更是中国最美县域建设的重要一年。迈上新征程,要坚决扛起践行“两山”理念建设中国最美县域的责任使命,实干担当、奋勇争先,全面加快中国最美县域建设。2018年全县工作的指导思想是:高举习近平新时代中国特

色社会主义思想伟大旗帜，全面贯彻党的十九大和中央经济工作会议精神，坚决落实省市党代会、省市委全会和经济工作会议决策部署，紧紧围绕县第十四次党代会确定的各项目标任务，把思想和行动聚焦到高质量、加速度、均衡性、可持续发展上来，不忘初心、牢记使命，实干担当、奋勇争先，坚定不移沿着“八八战略”指引的路子砥砺奋进，坚决扛起“样板地、模范生”的使命担当，以十大重点改革发展领域三年行动计划为抓手，高水平推动安吉美起来、富起来、强起来，高质量谱写践行“两山”理念建设中国最美县域新篇章。

全会强调，围绕2018年全县工作指导思想和目标任务，重点抓好五个方面工作：突出产业提质，建设高质量的现代经济；突出改革创新，建设高质量的动能体系；突出城乡融合，建设高质量的长三角大花园；突出文明创建，建设高质量的精神家园；突出共建共享，建设高质量的美好生活。

全会强调，高质量推进中国最美县域建设，关键在党，关键在人，关键在党员干部。必须毫不动摇坚持和加强党的全面领导，毫不动摇把党建设得更加坚强有力。要切实加强思想政治建设，用习近平新时代中国特色社会主义思想武装头脑；切实加强干部队伍建设，努力锻造一支与“两聚一美”、高质量发展相匹配的安吉“铁军”；切实加强基层组织建设，推动基层党组织建设全面进步、全面过硬；切实加强党风廉政建设，健全完善责任压力传导机制，全面推进“清廉安吉”建设，全面强化中国最美县域建设的党建保障。

全会强调，当前的安吉正处于“两山”实践重大战略机遇期和大有可为的历史机遇期，必须继续保持“争先”信心，坚定“赶超”决心，全力推动县域经济社会发展。要突出高质量发展这一主线，注重速度和规模的增长、质量和效益的提升、结构和动力的优化。切实把高质量发展的根本要求，贯穿于开展美丽经济、美丽环境、美丽文化、美丽民生、美丽党建五大行动中，贯穿于十大重点改革发展领域三年行动计划中，高水平推动安吉美起来、富起来、强起来。切实抓好在谋大育强上有新成果、在创新驱动上有新支撑、在优化营商环境上有新突破、在乡村振兴上有新形象、在美丽环境品质上有新提升、在民生共建共享上有新格局、在防范重大风险上有新举措、在全面从严治党上有新作为八个方面的重点工作。要以对组织、对事业、对群众高度负责的态度，只争朝夕、奋勇争先，大力弘扬快干、实干、会干的工作作风，坚定争先赶超的自信力、增强改革创新的担当力、强化高效推进的落实力，努力向上级党委、全县人民交一份满意的答卷。

会议强调，做好2018年经济工作，要牢牢把握“高质量、加速度、均衡性、可持续”的发展总要求，深入践行“两山”理念，把握稳中求进总基调，落实高质量发展新要求，创新赶超发展新模式，切实增强防范风险意识，以聚力推动高质量发展为目标，全面落实今年重点经济工作任务。重点抓好七个高质量：大力提振实体经济，推进产业发展高质量；提升功能载体能级，推进平台建设高质量；增强发展活力动力，推进改革创新高质量；实施乡村振兴战略，推动美丽经济发展高质量；着力补齐功能短板，推动城市建设高质量；精准施策富民惠民，推进人民生活高质量；增强底线意识，推进各类风险防范高质量。

全会号召全县广大干部群众更加紧密地团结在以习近平同志为核心的党中央周围，高举习近平新时代中国特色社会主义思想伟大旗帜，以党的十九大精神为统领，在省市委的坚强领导下，在“两山”理念指引下，以久久为功的韧劲、实干担当的勇气、奋勇争先的劲头，撸起袖子加油干，不忘初心谱新篇，高质量谱写践行“两山”理念建设中国最美县域新篇章。

全会还对岁末年初的各项工作进行部署，要求全县上下学会统筹安排、“弹好钢琴”，抓紧抓早抓主动，抓好任务落实，全力开好头、起好步，确保实现“开门红”、夺取“全年红”，并统筹做好县委全会精神的学习贯彻、民生保障、安全生产以及党风廉政建设等工作。

县纪委委员；县人大、县政府、县政协党组成员和非中共党员的县领导；退出现职的县级领导，担任过副县级以上领导职务的老同志；各乡镇（街道）、县级机关各部门党政主要负责人，县人大各专（工）委主要负责人、县政协各专委主要负责人，开发区、示范区常务副主任；村（社区）党组织书记代表；部分基层党代表;部分企业代表;省南湖监狱、天蓄公司、长龙山公司、各民主党派主要负责人等应邀参加会议。

【中共安吉县委十四届四次全体(扩大)会议】 2018年7月30日,中共安吉县委十四届四次全体(扩大)会议在县城召开。出席全会的县委委员37人、候补委员8人。

县委常委会主持会议。县委书记沈铭权作大会报告。县委副书记、县长陈永华部署下半年经济工作。

全会高举习近平新时代中国特色社会主义思想伟大旗帜,深入学习贯彻党的十九大和习近平总书记重要指示精神,认真贯彻落实省委十四届三次全会、市委八届四次全会决策部署,按照省市委相关要求,回顾总结上半年工作,研究部署下半年任务,进一步动员全县上下坚定信心、勇担使命、真抓实干,奋力推动中国最美县域建设取得新成效,以优异成绩向改革开放40周年、“八八战略”实施15周年献礼。

全会指出,县委十四届三次全会以来,县委常委会团结带领全县广大党员干部群众,坚持以习近平新时代中国特色社会主义思想为指引,坚决贯彻落实中央和省市委重大决策部署,围绕“两聚一美”发展大局,实干担当、奋勇争先,实现了产业发展提质增效,发展动能加快释放,全域美丽持续提升,社会大局和谐稳定,实干氛围不断浓厚,全县经济社会发展取得了新进展、新成效。

会议指出,安吉“两山”实践的各方面优势正在持续叠加,长期向好的趋势更加明显,我们要清醒认识当前的发展形势,牢记嘱托、提升站位,抢抓机遇、加快赶超,心系群众、勤廉为民,把中国最美县域建设作为一项标杆工程、系统工程、创新工程,以更严标准护美绿水青山、更高质量做大金山银山、更实保障推动成果共享,奋力推动中国最美县域建设取得新成效。

全会对做好下半年工作作出部署,要求重视研究和推进八大方面重点问题。要加快产业转型升级、提升发展质效,培育品牌企业,扶持优势企业做大做强,做好纵深推进“最多跑一次”改革等服务,进一步优化营商环境,坚定不移发展生态工业,推动各项政策、各种要素、各方力量向实体经济汇聚;坚持“走出去”招商、“零距离”服务、“全要素”保障,推动产业项目和基础设施项目齐头并进,民间投资和政府投资协同发力,跑出项目“双进”加速度;加快技术、信息、人才等向平台汇聚,进一步提升平台的承载力、吸引力、竞争力以及自我发展能力,推动美丽经济集聚、集约、集群发展;立足美丽乡村十年丰硕成果,以农业供给侧结构性改革为主线,突出融合发展、创新发展、抱团发展,不断激发乡村发展新动能,加快构建村强、民富、景美、人和的新局面;坚定不移扩大对外开放,融入开放战略,拓展开放通道,深化开放合作,以融杭接沪为主攻方向,加快与大都市规划共绘、交通共联、产业共育、人居共享,推动经济社会高质量发展;保持战略定力,持续打好环境整治组合拳,不断提升全域美丽指数、城乡融合水平和城市文明程度,努力创造更多优质生态产品和生态作品,全力打造长三角“最美大花园”;推动民生保障更加有力、公共服务更加有效、社会治理更加有序,在发展中补齐民生短板,不断增进民生福祉;全县各级党组织要认真学习贯彻习近平总书记在全国组织工作会议上的重要讲话精神,把党的政治建设摆在首位,不断提升思想建设工作成效,积极建设高素质专业化干部队伍,加强基层党组织建设,深入推进清廉安吉建设,坚决扛起主责,抓好主业、当好主角,推动党建责任层层落实落地。

全会强调,要进一步坚定发展信心,聚焦高质量发展主旋律,心无旁骛谋发展、扑下身子抓落实,在重点工作上发力,在难点问题上攻坚,在薄弱环节上补短,确保高质量、高水平完成全年目标任务,实现“满堂红”“全年红”。要有质效地招引项目,争取在推进项目上有时效、向上争取中有突破,坚持把项目建设作为高质量发展的顶梁柱。进一步实现培大育强上有突破,平台配套达到高标准,将惠企政策不断落到实处,坚持把企业主体作为高质量发展的主力军。积极向改革要活力、向创新要动力、向服务要效益,坚持把难题破解作为高质量发展的突破口。要让环境更宜居、保障更完善、社会更稳定,坚持把民生改善作为高质量发展的落脚点。

会议要求,全县上下务必要有坚定的政治自觉、高度的责任担当、强烈的忧患意识、科学的方式方法，实干的工作作风，要牢固树立“四个意识”，坚定“四个自信”，深入学习领会习近平总书记的重要指示精神，并在学懂弄通做实上下功夫。直面现实和困难，坚决贯彻既定部署，确保工作干一件成一件，积小胜为大胜。坚定信心、积极作为，同时也要未雨绸缪、防范风险，确保牢牢把握经济工作主动权。注重统筹兼顾，坚持问题导向，以科学的方式方法解决问题，推动工作落实。坚持干字当头，把更多时间和精力用到抓发展上，干出安吉工作的加速度、发展的新气象、百姓的好口碑。

全会号召全县各级党组织和党员干部，更加紧密地团结在以习近平同志为核心的党中央周围，在省市委的坚强领导下，团结带领全县广大党员干部群众，不忘初心、牢记使命，更加自觉、更加坚定、更加奋发有为地扛起“干在实处永无止境，走在前列要谋新篇，勇立潮头方显担当”的新责任新使命新担当，一步一个脚印，踏踏实实干好工作，为高质量建设中国最美县域而努力奋斗。

非县委委员和候补委员的县纪委委员；县人大、县政府、县政协党组成员；县人武部政委；退出现职的县级党员领导干部，担任过副县级以上领导职务的党内老同志；各乡镇（街道）党委书记、副书记、纪委书记，开发区、示范区党工委副书记，县级机关各部门党委（党组）书记、副书记和党员行政主要负责人；县人大各专（工）委、县政协各专委主要负责人；县纪委、县监察委各派驻纪检监察组组长；县委办、县人大办、县政府办、县政协办党员副主任；县委组织部、县委宣传部、县委统战部副部长，县委政法委副书记；消防大队、供电公司、邮政公司、烟草公司、电信公司、移动公司、联通公司、人民银行、银监办等单位党委（党组）书记和党员行政主要负责人；村（社区）党组织书记代表、基层党代表；会议邀请非中共党员的县级领导；县级部门非中共党员的主要负责人；各民主党派主要负责人；省南湖监狱、天蓄公司、长龙山公司、中德工程师学院、省广电安吉公司、省自然博物馆、海关安吉办事处、高速交警安吉大队主要负责人以及部分县重点企业的负责人列席。

【常委会议】　2018 年 1 月 5 日下午，中共安吉县委举行十四届县委第二十九次常委会会议。

传达学习省委经济工作会议、市委八届三次全体（扩大）会议暨经济工作会议精神。会议由县委书记沈铭权传达省委经济工作会议、市委八届三次全体（扩大）会议暨经济工作会议精神。会议认为，省委经济工作会议与市委八届三次全体（扩大）会议暨经济工作会议为安吉做好 2018 年工作指明方向、明确任务。会议强调，要深刻领会省市会议精神，迅速传达学习会议精神，深入研究贯彻落实举措，并将会议精神融入县委全会报告和县“两会”政府工作报告中。

听取关于中央环保督察反馈问题整改情况的汇报。会议指出，抓好督察反馈意见整改工作，是一项重大政治任务，是维护以习近平同志为核心的党中央权威和集中统一领导的必然要求，是满足人民日益增长的优美生态环境需要的必然要求。特别是，安吉作为“绿水青山就是金山银山”理念的诞生地，要在环境保护和生态文明建设方面更进一步、更快一步，当好新时代环境保护工作和生态文明建设的排头兵。要以问题整改为契机，坚持整体推进、系统修复、标本兼治，总结经验，举一反三。要坚持问题导向，全面梳理查摆现存环境问题，制定整改方案，优化整改措施，明确时间表、线路图、责任人。要形成合力层层落实，强化联动机制，协同作战，合力攻坚。要进一步提升环境建设水平，创新生态文明体制机制，高质量推进中国最美县域建设。

听取关于全县“攻坚清零”集中行动工作情况的汇报。会议对“攻坚清零”行动取得的阶段性成果表示充分的肯定。会议指出，“攻坚清零”行动阶段性胜利的取得依靠的是全县上下一心、共同努力，成绩属于全体党员干部群众。会议强调，“攻坚清零”具有长期性、复杂性、艰巨性，要盘活好拆后土地利用、拆后安全管控等事宜，努力用制度机制固定好经验、好做法、好举措，深入做好成果运用的文章。要抓牢扫尾工作不松懈，围绕“三年任务两年完成”目标，持续推进 2018 年城中村改造攻坚工作，强领导、强督查、强宣传，坚决打赢这场攻坚战。

听取关于全县打击毁林毁

竹种茶专项行动情况的汇报。会议肯定2017年以来打击毁林(竹)种茶专项行动的成绩。会议强调,要坚定信心,坚持问题导向、效果导向,综合施策,迎难而上,坚持疏堵结合,在改造提升竹产业、发展林下经济、推进森林旅游等方面下功夫。要强化工作合力,久久为功,进一步强化全县一盘棋意识,加强各方工作衔接,继续对毁林(竹)种茶行为保持高压防范和打击态势,确保毁林(竹)种茶行为不反弹,坚决打赢这场硬仗。

听取关于全省基层民主法治建设工作推进会会议精神及安吉县贯彻落实建议的汇报。会议原则同意提出的贯彻落实会议精神的相关建议。会议强调,要进一步增强责任感和使命感,深刻学习领会党的十九大精神,进一步推动新时代基层民主法治工作的建设。要高度重视,用好会议在安吉召开的契机,加强与上级司法部门的沟通联系,积极争取在法治建设、南湖监狱土地置换等方面的支持,将会议成果转化为发展红利,为"两聚一美"发展大局提供坚强的法治保障。

听取关于推选2017年度全市"美丽乡村建设优秀带头人"的汇报。会议强调,要严把人选质量、规范推选流程,为美丽乡村建设树立一批先进个人典型。会议圈选产生3名推荐人选(含1名备选人选)。

会议还研究了干部人事工作。

会议书面汇报关于2018年民生实事项目筛选情况的汇报;关于全市城市基层党建工作推进会精神及安吉县贯彻落实建议的汇报;关于全省新闻发布工作专题研讨班上有关精神传达及安吉县贯彻落实建议的汇报。

会议书面审议《关于安吉县党委(党组)理论学习中心组学习实施办法》。

1月11日上午,中共安吉县委举行十四届县委第三十次常委会会议。

听取关于全国林业厅局长会议精神及安吉县贯彻落实建议的汇报。会议充分肯定本次承办全国林业厅局长会议的成果。会议认为,作为2018年安吉县承办的第一场全国性大会,林业厅局长会议的举办全面展示安吉林业工作、生态文明建设成效和"两山"实践的成果,充分展现安吉的良好形象和安吉团队的精神风貌。会议强调,要运用好会议成果,特别是用好首个"全国乡村振兴林业示范县"红利,放大政策效益,精准谋划,积极争取更多的资金、项目支持。会议指出,要做好会后跟进工作,总结经验,有效宣传大会成果。要发挥林业在乡村振兴战略中的作用,坚持疏堵并举的原则,进一步防范打击毁林毁竹种茶行为,加快林业现代化建设,全面振兴安吉林业,不断拓宽"两山"科学转化的路径,加快建设中国最美县域。

听取关于县委十四届三次全体(扩大)暨经济工作会议筹备情况的汇报。会议指出,即将召开的县委十四届三次全体(扩大)暨经济工作会议是在贯彻落实党的十九大精神、中央经济工作会议,省委十四届二次全会、市委八届三次全会决策部署的关键时期召开的一次重要会议,全县各界高度关注、充满期待。会议原则同意对县委全会安排的建议。会议强调,开好这次全会,对于科学合理地安排部署好全县当前及今后一段时期的工作,对于深入贯彻落实中央和省、市委相关精神,深入推进中国最美县域建设,加快推进高质量发展具有重要意义。会议要求,起草组要认真梳理、研究和吸纳各方提出的意见和建议,特别要做好全会报告与政府工作报告之间的衔接,进一步修改完善大会报告。会务保障要充分贯彻中央八项规定精神,坚持节俭办会,提高会议效率。要抓好会后全会精神学习贯彻,提前部署好报告内容的责任分解,明确时间表、线路图、责任人,切实将全会决策部署抓到底、抓到位、抓出成效。

听取关于县十六届人民代表大会二次会议和政协安吉县第九届委员会第二次会议筹备情况的汇报。会议指出,一年一度的"两会"是全县人民政治生活中的一件大事,要严格按照中央八项规定精神要求,本着节俭办会的原则,精心做好会议的筹备和组织工作,认真起草会议文件,把各项工作做细、做实,为代表、委员搞好服务,切实把"两会"开成民主团结、求实鼓劲的大会,营造绿水青山的政治生态。要引导代表委员认真审议报告,积极建言献策,遵守会场纪律,自觉服从大会安排,保证大会到会率,确保会议的风清气正。会议原则同意对县"两会"的安排建议。

听取关于安吉县监察体制改革试点工作情况的汇报。会议指出，监察体制改革是事关全局的重大政治体制改革，是推进全县治理体系和治理能力现代化的重大举措。会议原则同意县纪委、县监委2018年工作安排的建议。会议强调，做好下阶段县监察委员会工作：一要提高政治站位，坚定改革试点方向。全县上下要深刻认识国家监察体制改革的重大意义，切实把思想和行动统一到以习近平同志为核心的党中央决策部署上来，要始终坚持正确政治方向，扎实深入地推进国家监察体制改革试点工作，向中央、省、市委交出一份高质量的答卷。二要坚持问题导向，积极探索改革实践。重点在优化执纪监督和执法监督方法、规范纪律审查和执法调查措施使用、完善工作流程和内控方法等方面下功夫，完善监察委员会与执法机关、司法机关在线索处置、证据转换、案件移送等方面的协调衔接机制，使反腐败的铁拳攥得更紧、招数更多、威力更大。三要加强队伍管理，提升干部能力素质。按照习近平总书记提出的“打铁还需自身硬”的要求，不断提高监察干部的业务能力和工作水平。牢记“信任不能代替监督”，加强对监察干部队伍的管理，不断提升自身拒腐防变的能力，内强素质外树形象。

听取关于进一步加强政府性债务管理有关情况的汇报。会议指出，要清醒认识当前上级对政府债务管理的严格要求，对政府性投资项目要源头上做好把控。会议指出，全县上下要牢固树立可持续发展的理念，高度重视政府性债务管理工作，确保举债有度、风险可控，进一步优化债务结构，促进全县经济社会健康发展。要抢抓“两山”诞生地的政策机遇，积极向上争取支持。要加强债务管理的教育培训，打造一支业务素质过硬的融资团队。

会议还研究干部人事工作。

会议书面汇报关于县委、县政府2018年春节前后重要会议活动安排建议。

会议书面审议《开展深化移风易俗文明治丧活动，助推生活方式绿色化行动方案》。

1月22日上午，中共安吉县委举行十四届县委第三十一次常委会会议。

听取关于县人大常委会工作报告起草情况的汇报。会议充分肯定县人大常委会党组一年来的工作成效，肯定其紧抓经济社会发展大局，助力经济转型升级，依法履职有新成效；充分行使监督职能，强化依法行政建设，依法监督有新作为；聚力安吉生态建设，推动美丽县域环境整体提升，建言献策有新成果；坚持改进作风，树立人大形象，自身建设有新提高。会议原则同意县人大常委会工作报告，认为其总结成绩实事求是、客观公正，部署工作思路清晰、内容丰富。会议要求，县人大常委会党组要根据常委会讨论的意见作进一步修改完善后提交县“两会”。

听取关于县政府工作报告起草情况的汇报。会议充分肯定县政府党组一年来的工作成效，认为《政府工作报告》（草稿）既实事求是总结2017年县政府工作实绩，又客观分析2018年所面临的新形势、新机遇，全面体现中央、省、市工作要求，落实县委十四届三次全会精神，突出“两聚一美”发展大局。报告文风朴实，在总结过去工作、阐述指导思想、部署新年工作上都言之有物、言之有理、重点突出。会议原则同意县政府工作报告，强调报告内容要突出高质量发展的要求，注重与县委十四届三次全会精神的结合。要求县政府党组要认真听取和吸纳各方面的意见和建议，进一步修改完善报告。

听取关于县政协工作报告起草情况的汇报。会议指出，2017年是新一届政协班子谋篇开局之年，县政协党组充分发挥政治协商、民主监督、参政议政职能，融入新时代，贯彻新思想，体现新作为，为推进中国最美县域建设作出重要贡献。会议原则同意县政协工作报告，要求县政协党组工作要增强政治定力，要把强化理论武装、增强政治定力放在首位，认真学习贯彻习近平新时代中国特色社会主义思想，加强政协领导班子和干部队伍建设，力争工作多出亮点，打出政协特色品牌。会议要求县政协党组要按照各方的意见，充分吸纳各方面的建议，进一步将报告修改好、完善好后提交县“两会”审议。

听取关于县法院、县检察院工作报告起草情况的汇报。会议充分肯定一年来县法院、县检察院党组围绕中心，改革创新，认真落实县委及上级法检两院各项决策部署和工作要求上，克服案多人少的困难，争先评优，为县域经济社会发展和社会和谐稳定作出的积极贡献。会议认为“两院”报告文风简洁、内容充实,总结工作实事求是,分析问题客观实际,部署工作紧扣中心和大局,具有很强的针对性、指导性和前瞻性。会议要求“两院”党组认真听取各方意见,进一步修改好报告,为安吉县经济社会发展提供有力的司法保障。

听取关于全省宣传思想文化工作会议有关精神传达及安吉县贯彻落实建议的汇报。会议指出,一年来,全县宣传思想文化系统围绕中心、服务发展,唱出践行“两山”理念建设中国最美县域的好声音,成绩有目共睹。会议要求,宣传部门要继续贯彻落实好全省宣传思想文化工作会议精神,牢牢把握意识形态主动权,继续唱响“两山”实践主旋律,推进精神文明建设,加强新媒体建设和管理,增强做好宣传思想工作的责任感和使命感,更好地发挥思想引领、凝聚共识、精神激励等作用,引导全县人民聚精会神谋发展、一心一意谱新篇。

关于安吉县创建全国文明城市有关工作的汇报。会议指出,全国文明城市是综合评价城市整体文明程度的重要荣誉,是城市形象品牌和综合竞争力的客观反映。创建全国文明城市是践行“两山”理念,高质量推进中国最美县域建设的重要举措。会议要求,全县上下要坚定目标,以志在必得的勇气和决心坚决打赢创建全国文明城市攻坚战。要强化组织领导,进一步明确职责,集聚全县资源和力量,认真研究创建评测指标体系,完善有效保障,力争把人财物用到刀刃上。通过建立长效机制,让广大老百姓长期受益,进一步优化营商环境,充分展示安吉“两山”理念诞生地的形象风貌和“两山”实践的成效。

会议还研究干部人事工作。

会议书面汇报关于“平安安吉”建设十佳先进集体、个人和美丽党建先进基层党组织、十佳共产党员拟表彰对象。

会议书面审议县四套领导班子实绩材料、《关于贯彻落实中央八项规定实施细则的办法》(县委办)、《安吉县信访工作责任制实施细则》(信访局)。

2月5日下午,中共安吉县委举行十四届县委第三十二次常委扩大会议。

传达学习党的十九届二中全会精神。会议由县委副书记、县长陈永华传达领学党的十九届二中全会精神。会议介绍全会的基本情况。会议传达,全会讨论研究修改宪法部分内容的建议,充分体现党中央对宪法修改的高度重视,充分体现党中央对全面依法治国的坚定决心。宪法修改是国家政治生活中的一件大事,是党中央从新时代坚持和发展中国特色社会主义全局和战略高度作出的重大决策,也是推进全面依法治国、推进国家治理体系和治理能力现代化的重大举措。宪法是国家各项制度和法律法规的总依据,其生命及权威在于实施,要以此次宪法修改为契机,深入推进科学立法、严格执法、公正司法、全民守法,把依法治国、依宪治国工作提高到一个新水平。全党同志要更加紧密地团结在以习近平同志为核心的党中央周围,以习近平新时代中国特色社会主义思想为指导,全面深入贯彻党的十九大精神和本次全会精神,牢固树立政治意识、大局意识、核心意识、看齐意识,坚定不移走中国特色社会主义法治道路,自觉维护宪法权威、保证宪法实施,为新时代推进全面依法治国、建设社会主义法治国家而努力奋斗。

传达学习习近平总书记“1·5”重要讲话。会议由县委副书记、政法委书记赵德清传达领学习近平总书记“1·5”重要讲话。会议传达,习近平总书记“1·5”重要讲话,强调实现新时代党的历史使命最根本的是要高举中国特色社会主义伟大旗帜。着眼于党和国家事业发展全局,从历史和现实相贯通、国际和国内相关联、理论和实际相结合的宽广视角,对一些重大问题进行深刻阐述,对标对表提出三个“一以贯之”,即做到坚持和发展中国特色社会主义要一以贯之,推进党的建设新的伟大工程要一以贯之,增强忧患意识、防范风险挑战要一以贯之。要以时不我待、只争朝夕的精神投入工作,推动全党全国各族人民把思想统一到党的十九大精神上来,把力量凝聚到实现党的十九大确定的目标任务上来,不断开创新时代中国特色社会主义事业新局面。

传达十九届中央纪委二次全会和省纪委十四届二次全会精神。会议由县委常委、县纪委书记、县监委主任杨新初传达领学十九届中央纪委二次全会和省纪委十四届二次全会精神。

会议介绍全会的基本概况。会议传达，习近平总书记在十九届中央纪委二次全会上的重要讲话，站在新时代党和国家事业发展全局的高度，深刻阐述党的十九大关于全面从严治党的战略部署，总结五年来全面从严治党重要经验，科学分析党面临的风险和挑战，明确提出当前和今后一个时期全面从严治党的总体要求和主要任务，为新时代推进全面从严治党指明前进方向、提供根本遵循。会议传达，赵乐际书记在十九届中央纪委二次全会上所作的工作报告，强调要深入贯彻落实党的十九大精神，忠实履行党章赋予的政治责任，从八个方面明确 2018 年的主要任务，从五个方面提出加强纪检监察机关自身建设的要求。会议传达，车俊书记在省纪委十四届二次全会上的讲话，强调要认真学习贯彻十九届中央纪委二次全会精神特别是习近平总书记重要讲话精神，坚定不移推进党风廉政建设和反腐败斗争，切实推动全面从严治党向纵深发展，加快建设清廉浙江。

传达省人大十三届一次会议精神。会议由县人大常委会主任陆为民传达领学省人大十三届一次会议精神。会议介绍省人大十三届一次会议的概况。会议传达车俊书记在闭幕式上的讲话主要精神、省政府工作报告主要精神、省人大常委会工作报告主要精神及其他四个报告（省法检“两院”工作报告、省发改委和财政厅分别提请审查的计划报告、预算报告）情况。会议要求，要把贯彻落实省十三届人大一次会议精神作为 2018 年县人大一项重要的政治任务来抓，以习近平新时代中国特色社会主义思想为指引，增强“四个意识”，坚定“四个自信”，改进工作作风、提升能力素质，紧紧围绕县委十四届三次全会提出的高水平推动安吉美起来、富起来、强起来，高质量谱写践行“两山”理念建设中国最美县域新篇章的目标任务，谋划和开展好新一年的人大各项工作。

传达省政协十二届一次会议精神。会议由县政协主席叶海珍传达领学省政协十二届一次会议精神。会议介绍省政协十二届一次会议的概况。会议传达车俊书记在闭幕会上的讲话精神、省政协常委会工作报告精神、葛慧君主席在闭幕会上的讲话精神。会议要求，为贯彻落实省政协十二届一次会议精神，县政协要积极履行政协职责，采取多形式、利用多种载体认真组织传达学习。要切实做好结合文章，坚持把学习贯彻省政协十二届一次会议精神，与学习贯彻习近平新时代中国特色社会主义思想结合起来，与学习贯彻党的十九大精神结合起来，与学习贯彻县委十四届三次全会精神结合起来，切实将广大委员和机关干部行动统一到县委各项决策部署上来，为高水平推动安吉美起来、富起来、强起来，高质量谱写践行“两山”理念建设中国最美县域新篇章作出新的更大的贡献。

会议强调，学习好、贯彻好、落实好这几项重要会议精神，对于全县深刻理解习近平新时代中国特色社会主义思想，深刻把握中央和省委、省人大、省政府、省政协决策部署，更好地推动全省“两个高水平”建设在安吉的生动实践，意义重大。

为积极推动这几项重要会议精神在安吉县开花结果、落地生根，会议对全县下阶段工作提出如下要求：

切实增强思想自觉，深刻领会全面把握精神实质。要做好学思文章，凝聚思想共识，注重把握“三个结合”，即要注重与学习贯彻习近平新时代中国特色社会主义思想和党的十九大精神紧密结合，要注重与学习贯彻省第十四次党代会、省委十四届二次全会和省委经济工作会议精神紧密结合，要注重与学习贯彻县委十四届三次全体（扩大）会议暨经济工作会议、县“两会”精神紧密结合。要紧紧围绕县第十四次党代会确定的各项目标任务，坚决扛起“样板地、模范生”的使命担当，高水平推动安吉美起来、富起来、强起来，高质量谱写践行“两山”理念建设中国最美县域新篇章。

切实增强行动自觉，做实做细做好各项部署安排。全县上下要做实做细做好县委、县政府各项部署安排，自觉把思想和行动统一到高质量建设中国最美县域上来，把智慧和力量凝聚到落实县委县政府 2018 年各项目标任务上来。突出高质量发展要求，深入推进全域景区化、产业生态化、生态制度化，建设现代化经济体系。突出践行“两山”理念，坚决扛起“样板地、模范生”的使命担当。突出抓好项目“双进”，坚持项目为王，加大项目引推力度，提升平台能级，优化营商环境，提升实体经济质效。要突出改革创新引领,抓好关键领域改革,推进科技人才创新,全面增强发展活力。突出民生共建共享,守底线、办实事、提素养,顺应群众美好生活需求。突出全面从严治党,旗帜鲜明讲政治,夯实基层组织建设,着力提升领导发展能力,全面建设清廉安吉。

切实增强政治自觉,层层抓好学习贯彻落实。全县各级党组织和党员干部要把学习这几个重要会议,以及县委十四届三次全体(扩大)会议和县"两会"精神作为当前的头等大事和首要政治任务,精心组织、周密部署,抓好集中学习、宣传宣讲、学用结合,迅速把思想和行动统一到县委、县政府各项决策部署上来。

会议就部署全县当前工作的开展提出如下要求。着眼于一季度"开门红",重视抓好经济运行。精心组织,高质量、高标准、高要求开好民主生活会。开展矛盾纠纷排查化解,全力维护平安安全。继续高度关注天气变化,严密防范冰冻雨雪灾害。做好困难帮扶等工作,开展好节前慰问活动。严格落实中央八项规定精神,绷紧党风廉政建设这根弦。严格落实值班制度和领导带班制度,加强春节期间值班值守工作。

2月11日上午,中共安吉县委举行十四届县委第三十三次常委会会议。

听取关于扫黑除恶专项斗争情况的汇报。会议原则同意政法委关于下一步扫黑除恶专项斗争工作安排的建议,要求其根据县情实际,统筹各方意见,及时研究制定专项方案。会议指出,安吉县开展扫黑除恶专项斗争起步较早、基础较好,前期各项工作开展扎实有效,全县上下要更进一步把思想和行动统一到中央对扫黑除恶专项斗争工作的重要指示精神上来。提高站位,强化认识。要深刻认识到开展扫黑除恶专项斗争,是以习近平同志为核心的党中央作出的重大决策部署。要准确把握工作原则,全面掌握有关政策,从讲政治的角度和对人民高度负责的责任担当,全力以赴打赢这场为期三年的攻坚战,为高质量推进中国最美县域建设创造安全稳定的社会环境。突出重点,重拳出击。要准确研判和及时掌握全县涉黑涉恶违法犯罪的动向特点,深入排查、深挖线索,紧盯《省公安厅关于深入开展扫黑除恶专项斗争的通告》指出的十类黑恶势力,立足安吉实际,突出"稳、准、狠",以零容忍的态度,下大力气重拳出击。统筹推进,依法打击。要坚持依法严惩,严格依法办案,提高办案质效,确保每起案子都经得起法律和历史的检验。要坚持统筹兼顾、系统治理,将此次专项行动同当前日常治安管控治理、"平安安吉""法治安吉"建设、全国文明城市创建、城中村改造攻坚、优化营商环境、党风廉政建设、基层组织建设等各项工作有效结合起来,全面铲除黑恶势力滋生土壤。加强领导,压实责任。政法委牵头指挥,公检法司形成合力,乡镇(街道)切实担负起"保一方平安"的政治责任。强化联动协调,建立政法、纪检、监察等部门之间的问题线索快速移送反馈等机制,形成全县上下一盘棋作战的强大合力。广泛宣传,营造氛围。有效发挥主流媒体、新兴媒体的传播媒介作用,广泛开展各类扫黑除恶专项斗争宣传活动。加强警民联动,充分发动和依靠群众,进一步畅通举报渠道。

听取关于2018年全省统战部长会议精神及安吉县贯彻落实相关建议的汇报。会议充分肯定一年来安吉县统一战线工作围绕中心、服务大局取得的成绩。会议指出,统一战线是我党的三大法宝之一。新一年,安吉县要贯彻落实好全省统战部长会议精神,把握新时代统战工作的新机遇新要求,找准目标定位、明确重点任务,创新方式方法,要着重把握以下四点:一要强化思想政治引领。积极组织全县统战人士开展习近平新时代中国特色社会主义思想和十九大精神学习贯彻,凝聚党外代表人士思想共识。二要强化党外队伍建设。加强民主党派思想、组织、班子建设,加大党外后备人才培养,提高民主党派"五种能力",提升其参政议政、民主监督、服务社会的水平。三要强化统战资源优势发挥。积极搭建平台、创新机制,充分发挥其在招商引智、乡村振兴等重大发展战略中的积极作用。四要强化统战工作合力。严格落实各级党委统战工作"四个纳入"、主要领导"三个带头",落实领导小组成员责任,持续构建大统战工作格局。

听取关于《安吉县乡镇财政管理体制(2017～2019)》起草情况的汇报。会议指出,建立科学合理的乡镇财政管理体制，是顺应全面深化财政体制改革新形势的迫切需要，事关“两聚一美”发展大局，事关全县经济社会高质量、加速度、均衡性、可持续发展。会议强调，建立科学合理的乡镇财政管理体制需要注重以下四点：一要体现科学精准。立足各乡镇（街道）发展实际，统筹全局、因镇施策，建立健全事权与财权相匹配的乡镇财政体制。要在保障县级财政正常运转和一定调控能力的基础上，加大向乡镇倾斜力度，释放更多发展红利，推动财政资金发挥更大效益，激发各乡镇科学理财、招商引资、发展经济的积极性。二要强化动态管理。加强对制度运行的评估和分析，抓好各环节监管，做到边实施、边完善，切实提高财政体制管理水平。三要有效防范风险。结合乡镇财政管理体制改革，做好防范化解政府性债务风险工作，制定出台安吉县防范化解政府性债务的实施意见，从严从紧控制乡镇新增政府性债务。四要抓好责任落实。由县财政局牵头抓总，相关机关部门明确职责分工到位，强化部门协作。积极加大对资金、资产、资源和财务人员的管理，确保各项责任落实到位。

听取关于2017年度两区、乡镇（街道）、机关部门、国企考核结果情况及2018年考核办法的汇报。会议指出，加强考核评价是推动中央和省、市、县委决策部署落到实处的重要举措，是促进各级干部加压力、增动力、提能力的重要途径，全县上下必须高度重视。县委常委会会议原则同意2017年度的考核结果以及2018年考核办法。会议强调，要翻篇归零，正确看待考核结果，充分体现“拼比争”正确导向，使考评指标体系与省、市对县的考核要求，与县委、县政府中心工作和乡镇部门的主责主业相对应。要突出考核指挥棒作用，把日常考评与年终考评结合起来，推动考核更全面客观地反映情况，进一步激发广大干部干事创业激情，进一步浓厚“拼激情、比担当、争一流”的良好氛围。

听取关于《安吉县招商引资新十条意见》《2018年度安吉县县级机关部门招商引资服务工作考核办法》《安吉县招商引资考评奖励方案（2018年修订）》起草情况的汇报。会议指出，制定完善招商引资考核办法是调动全县上下抓招商、推项目积极性的重要举措。会议要求，要组织相关乡镇、平台、部门学好政策、弄懂政策，按照公开、公平、公正的原则抓好执行，持续优化营商环境，抓紧抓好项目服务，后续工作跟进到位。

听取关于2017年全县评先评优“双十佳”评选结果的汇报。会议原则同意“双十佳”评选结果，并在年后的全县作风建设大会上表彰相关先进。

会议还研究干部人事工作。

会议书面审议《安吉县国有企业领导人员管理办法（试行）（修订稿）》。

会议书面通报《安吉余村“两山”——竹博园生态旅游区创建国家级5A景区实施方案》。

2月22日上午，中共安吉县委举行十四届县委第三十四次常委会会议。

会议由县委书记沈铭权传达学习市委书记马晓晖在安吉县调研讲话精神，并就贯彻落实马晓晖调研讲话精神作工作部署。陈永华、陆为民、叶海珍、赵德清等县领导对马晓晖书记调研讲话精神谈了体会和认识。

会议传达，2月14日，市委书记马晓晖来到安吉县调研践行“两山”理念情况。马晓晖指出，全市上下要高举习近平新时代中国特色社会主义思想的伟大旗帜，深刻学习领会习总书记“两山”理念所蕴含的深邃逻辑、超前视野、为民情怀和开创精神。马晓晖强调，湖州是习近平总书记“绿水青山就是金山银山”理念的诞生地，要奋力当好践行“两山”理念“样板地、模范生”，开辟高质量赶超发展的康庄大道，要着重把握以下四点：一要进一步学习领会“两山”理念蕴含的超前眼光和战略视野，坚定不移、持之以恒，把新发展理念融入赶超发展全过程和各方面。要把创新作为第一动力，把协调发展作为内生特点，把绿色发展作为普遍形态，把开放发展作为必由之路，把共享发展作为根本目的。二要进一步学习领会“两山”理念体现的联系观点和辩证思维，创新引领、扬长补短，加快推进湖州高质量赶超发展。要进一步调优产业、动能、能耗结构，聚焦聚力高质量、现代化、竞争力，拓宽“两山”转化通道。三要进一步学习领会“两山”理念饱含的民生情怀和群众立场，发展为民、服务为民，深入践行以人民为中心的发展思想。要以改善群众生活环境为基础，以促进群众增收致富为目标,以创新基层社会治理为保障。四要进一步学习领会“两山”理念彰显的开创精神和担当意识,敢为人先、敢闯敢试,自觉适应新时代、扛起新使命、走好新征程。要担当实干、勇于创新、从严治党,始终以永不懈怠的精神状态和一往无前的奋斗姿态,努力创造更加优异的业绩。

马晓晖强调,安吉作为“两山”理念诞生地、美丽乡村发源地,要始终高举习近平新时代中国特色社会主义思想伟大旗帜,深入贯彻落实党的十九大和省第十四次党代会、省委十四届二次全会、省“两会”精神,紧紧围绕市委、市政府的部署要求,坚定不移照着“两山”这条路走下去,努力打造“两山”实践标杆县,为全市、全省发展大局多作新贡献。余村要紧紧围绕建设“两山”示范区的目标,高起点抓好规划完善、资源整合、内涵提升、形态提质、精细管理等工作,确保勇立潮头、走在前列,继续当好践行“两山”理念的标杆和示范。

会议指出,马晓晖的讲话充分肯定安吉县这些年“两山”实践的科学性和正确性,充分彰显“两山”理念伟大的真理力量和实践力量,全县上下要以更足的信心继续践行“两山”理念,要以更高标准、更严标准,抓好关键小事,在新时代再探索、再创新、再实践,全力打造“两山”实践标杆县。

会议强调,为深刻贯彻落实马晓晖在安吉县调研讲话精神,要着重抓好以下四点。一是要认真学习,深刻领会。要总结提炼马晓晖讲话中的新观点、新要求,充分运用到具体工作当中去,以对“两山”理念的新认识指导“两山”新实践。二是要保持定力,突出重点。要以党的十九大精神,习近平新时代中国特色社会主义思想为指导,深刻领会“两山”理念所蕴含的理论与实践内涵。要不忘初心、坚定战略自信,要重点围绕“高水平推动我县‘美起来、富起来、强起来’,高质量谱写践行“两山”理念建设中国最美县域新篇章”,让百姓共享“两山”实践成果而不懈努力。三是要拉高标杆,打造示范。马晓晖在调研中提出要将安吉打造成为“‘两山’实践标杆县”这一新目标,赋予安吉县更加深刻的“两山”内涵及更高示范要求。全县党员干部要查摆自我不足,从关键小事、关键环节抓起,举一反三,推动工作进一步提升。有机结合作风建设大会、重温入党誓词等会议活动,真正做到不忘初心,牢记使命,奋勇前进。四要俯下身子,狠抓落实。要牢记“新时代是奋斗者的新时代”,撸起袖子加油干,俯下身子抓落实,收心归位于新一年工作。坚决担起“两山”理念带给全县党员干部的责任使命,保持全县上下心齐气顺、劲足实干的良好氛围,珍惜各级各界对安吉的殷殷关切。

3月2日上午,中共安吉县委举行十四届县委第三十五次常委会会议。

学习传达八届市纪委二次全会精神,听取安吉县2017年度党风廉政建设、反腐败工作情况并研究2018年工作,听取县纪委十四届三次全会相关情况汇报。会议由县委常委、县纪委书记、县监委主任杨新初传达八届市纪委二次全会精神,汇报安吉县2017年度党风廉政建设、反腐败工作情况以及2018年工作及县纪委十四届三次全会相关情况。会议指出,2017年是纪委监察体制改革的关键之年,县纪委认真履行全面从严治党监督责任,积极发挥巡视利剑作用,为全县“两聚一美”发展大局实现良好开局提供了坚强的纪律保证。会议要求,2018年全县要以贯彻落实八届市纪委二次全会精神为契机,落实各项要求、创新机制载体、优化工作举措,为高质量推进中国最美县域建设全面保驾护航。一要坚定政治方向。要始终坚持以习近平新时代中国特色社会主义思想为指导,全面贯彻落实党的十九大精神,把加强党的政治建设贯穿于全面从严治党各项工作的始终,确保全县纪检监察工作始终同中央和省、市委各项决策部署同向同行。二要聚焦作风建设。要把学习贯彻八届市纪委二次全会精神同中央纪委全会、省纪委全会的部署要求结合起来,把推动中央八项规定精神化风成俗作为重中之重,驰而不息正风肃纪,加强监督检查。三要创新工作机制。要加快改革成果运用,不断创新机制载体,做到纪检与监察工作同部署、齐推进。特别要加强对重点人群、重点领域、重点时段的研究分析,制定实施切实可行的办法措施。四要加强队伍建设。要以高素质、专业化为方向,切实加强纪检监察干部队伍建设,守好铁纪律,当好权力看护人,将反腐倡廉工作进行到底。

听取关于十九届三中全会和全国“两会”安吉县维稳安保工作有关情况的汇报。会议指出，十九届三中全会和即将召开的全国“两会”是全党和全国各族人民政治生活的大事要事。当前安吉县的维稳安保形势依然严峻，全县上下要紧绷维稳安保这根弦，忠实履行政治责任，切实强化各项举措，做到警钟长鸣、严防死守。全县各级各部门要以高度的政治责任心，进一步提高使命担当，切实做好应对各种风险挑战的思想准备和工作准备，以万全之策确保万无一失。一要强化思想认识，提高政治站位。高度重视维稳安保工作是对党忠诚的一面明镜。要坚持以习近平新时代中国特色社会主义思想和党的十九大精神为指引，认真贯彻落实中央和省、市委相关部署要求，坚决扛起安保维稳重大政治责任。二要强化目标意识，树立必胜信心。要把维稳安保工作摆在重中之重，做到认识再提高、精力再集中、工作再聚焦，坚决打赢这场维稳安保攻坚战。三要强化工作措施，做好各项部署。要强化排查整改，积极排摸矛盾纠纷、安全隐患；拓宽情报掌控渠道，加强舆情研判分析；紧盯重点人员，落实属地责任，强化源头管控；进一步完善信访接访工作，维护正常上访秩序；强化预案完善，结合扫黑除恶专项行动，精准打击一批非访、闹访、挑头骨干、幕后策划组织人员。四要强化结果导向，高度关注科学方法。县领导要以身作则，结合明访、暗访、抽查等多种科学方法，以结果为导向，以法治为引领，确保维稳安保各项工作全面落实。五要强化责任意识，筑牢维稳基础。要认真履行维稳安保主体责任，严格落实县领导联系乡镇（街道）制度，严格督促检查。各乡镇（街道）要严格落实属地责任，各部门积极配合，形成协调联动、齐抓共管的扎实局面。

听取关于《安吉县高层次人才队伍建设三年行动计划》《安吉县企业培大育强三年行动计划》制定情况的汇报。会议原则同意《安吉县高层次人才队伍建设三年行动计划》《安吉县企业培大育强三年行动计划》制定情况意见。会议指出，制定落实改革发展领域三年行动计划是县委、县政府深入贯彻落实党的十九大精神和省、市县党代会、全会精神的重要举措和抓手。会议要求，制定落实改革发展领域三年行动计划，一要强化大局观念。紧扣“两聚一美”发展大局，围绕“高质量、加速度、均衡性、可持续”的发展总要求，精准制定、静心思考，突出体现战略全局性、前瞻性和科学性。二要体现精准发力。结合十九大精神、省市下发的系列专项行动计划和最新工作要求，立足安吉实际，统筹三年谋划，传承、创新协同推进。突出发展性指标、体现争创性指标，精准发力、精准扶持。三要突出可操作性。从中观到微观、从面到点，每项工作都要制定详细的任务书、时间表、路线图，突出项目化、具体化、节点化，切实做到目标明确、责任明确、措施有力，确保上级决策部署和全县各项重点工作落地生根、开花结果。四要狠抓落实。各有关部门要坚决落实主体责任，紧紧围绕目标任务，凝心聚力、攻坚克难、创新方法，扎扎实实推进三年行动计划，坚决避免流于形式，成为一纸空文。

听取关于2018年安吉县工业经济政策修订工作的汇报。会议指出，工业经济政策是政府引导经济发展的方向性文件，在具体修订过程中，要体现高质量发展、差异化服务、营商环境优化的导向，体现科学精准，完善政策的针对性、延续性、衔接性和可操作性，同时要体现政策落实的及时性、效应性。

听取关于安吉县“13130”督查反馈工作办法的汇报。会议原则同意“13130”督查反馈工作办法的制定。会议指出，制定实施“13130”督查反馈工作考核办法，是落实2018年全县作风建设大会要求、加强干部队伍建设、推动各项重点难点工作落地见效的务实举措。具体实施过程中，要明确工作导向，督促全县各单位全体干部自我加压、用心工作，动真碰硬，按照要求逐条逐项抓好落实，巩固成果，多载体、多渠道带动此办法的结果运用，结合“营商环境优化年”活动，不断强化抓工作落实机制的引领作用。

会议书面通报《中共安吉县委2018年巡察工作方案》《关于兑现2017年度经济发展奖励资金的情况说明》《2017年度各类优秀企业名单》。

3月5日上午，中共安吉县委举行十四届县委第三十六次常委会会议。

会议由县委书记沈铭权主持传达党的十九届三中全会公报(全文),传达省委常委扩大会议和市委常委扩大会议精神。

会议指出,党的十九届三中全会是在全国上下深入学习贯彻党的十九大精神的关键节点召开的一次十分重要的会议。学习贯彻好党的十九届三中全会精神,对于我们深入贯彻落实习近平新时代中国特色社会主义思想和党的十九大精神,推动形成干事创业发展新局面,具有重大意义。

会议要求,全县上下要按照中央和省、市县委的部署要求,紧密联系实际,将传达学习贯彻党的十九届三中全会精神作为当前一项重要的政治任务来抓。一要提高站位,充分认识重大意义。党的十九届三中全会的召开,进一步向全党全国全世界展示了以习近平同志为核心的党中央深化党和国家机构改革的鲜明态度和坚定决心。全会审议通过的《中共中央关于深化党和国家机构改革的决定》,是深化党和国家机构改革的纲领性文件和行动指南,审议通过的《深化党和国家机构改革方案》,是深化党和国家机构改革的施工图。全县上下要充分认识这次全会的重大意义,切实提高政治站位,把思想和行动统一到全会精神特别是习近平总书记的重要讲话精神上来,把抓改革举措落地作为重要政治责任,确保党中央决策部署在安吉县不折不扣落到实处。二要加强领导,迅速组织传达学习。全县各级党委(党组)要迅速行动起来,通过机关学习日、支部组织生活会等多种形式,组织广大党员干部认真学习会议精神。广大党员干部要牢固树立"四个意识",坚定"四个自信",始终在政治立场、政治方向、政治原则、政治道路上同以习近平同志为核心的党中央保持高度一致,坚决维护习近平总书记的核心地位,坚决维护党中央权威和集中统一领导,带头讲政治、顾大局、守纪律,当好改革的促进派。宣传部门和新闻媒体要精心策划,多层面、多渠道、多角度宣传十九届三中全会精神和全县学习贯彻落实情况,努力营造浓厚的学习贯彻氛围。三要准确把握,全面抓好贯彻落实。深化党和国家机构改革,是推进国家治理体系和治理能力现代化的一次深刻变革,是新时代坚持和发展中国特色社会主义的必然要求。安吉县要旗帜鲜明讲政治,坚决拥护党中央关于深化党和国家机构改革的重大决策部署。特别是要按照中央和省委的统一部署,蹄疾步稳推进改革,扎实做好全县机构改革的思想准备和工作准备。在推进改革过程中,要深入做好干部思想工作,加强工作统筹协调,确保改革期间思想不乱、工作不断、队伍不散、干劲不减。四要实干争先,加快建设最美县域。要以学习贯彻党的十九大和十九届二中、三中全会精神为动力,以只争朝夕、时不我待的奋斗姿态,全面掀起创新破难、真抓实干的热潮,坚定不移沿着"八八战略"、"两山"理念指引的路子砥砺奋进,坚决扛起"样板地、模范生"的使命担当,高水平推动安吉美起来、富起来、强起来,高质量谱写践行"两山"理念建设中国最美县域新篇章。要统筹抓好项目双进、改革创新、城乡建设、乡村振兴、环境治理、民生改善等各项工作,确保实现"开门红"。要坚持以党的政治建设为统领,扎实开展"不忘初心、牢记使命"主题教育,全面推进党的政治、思想、组织、作风、纪律建设,不断推动全面从严治党向基层延伸。要扎实做好全国"两会"重大维稳安保工作,深入推进扫黑除恶专项斗争,不断加强和创新社会治理,确保夺取平安星级金鼎。

会议书面传达《人民日报》评论员文章《推进国家治理现代化的一场深刻变革》。

3月19日上午,中共安吉县委举行十四届县委第三十七次常委会会议。

传达省、市委农村工作会议精神。会议由县委书记沈铭权传达省、市委农村工作会议精神。会议传达,省委农村工作会议回顾习近平总书记在浙江工作期间对解决"三农"问题的深入思考和实践探索,围绕乡村振兴"产业兴旺、生态宜居、乡风文明、治理有效、生活富裕"20字总要求,提出浙江省全面实施万家新型农业主体提升、万个景区村庄创建、万家文化礼堂引领、万村善治示范、万元农民收入新增"五万工程",并明确八个方面的重点工作任务。会议传达,市委农村工作会议回顾总结2017年湖州市农村工作取得的成效,提出湖州要打造实施乡村振兴战略示范区这一目标,明确四个阶段六项任务,从组织领导、人才支撑、共建共享等方面,强调打造实施乡村振兴战略示范区的保障合力。会议要求，要认真学习领会省、市委农村工作会议精神，结合安吉实际，围绕打造乡村振兴先导区这一目标定位，抓好贯彻落实。

传达市委第三十四次常委会会议有关议题精神。会议由县委副书记、政法委书记赵德清传达市委第三十四次常委会关于扎实推进矿山复绿工作议题精神。会议指出，扎实推进矿山复绿工作是认真践行绿色发展理念，加快探索矿山生态环境建设新路径。按照"加快推进、集中攻坚、提前完成"原则，全市上下要集中力量打攻坚战，力争在短期内消除"两路两侧"可视范围内裸露山体。会议强调，全县上下要高度重视矿山复绿工作，排出时间表、线路图，加强信息报送，按时保质完成市里的交办任务。

听取关于县委农村工作会议筹备情况及相关政策文件起草情况的汇报[《关于落实乡村振兴战略发展壮大村级集体经济的若干意见》《关于安吉县实施乡村振兴战略促进乡村经营发展若干意见》《关于创新农村宅基地退出机制振兴乡村新产业新业态的实施意见》《关于进一步加强农村人才开发工作的实施意见(2018～2020年)》]。会议原则同意相关政策文件起草意见以及县委农村工作会议安排建议，要求相关部门根据会议讨论意见作进一步修改完善。会议强调，实施乡村振兴战略是党的十九大作出的重大决策部署，是决胜全面建成小康社会、全面建设社会主义现代化国家的重大历史任务。准确把握大势、系统谋划全局。必须清醒认识到安吉县作为"两山"理念诞生地，实施乡村振兴战略有基础、有条件、有机遇、有优势，必须拉高标杆、走在前列，全力打造全国乡村振兴的先导区。全县党员干部要深入学习贯彻中央、省、市委关于乡村振兴战略的决策部署，层层压实责任，狠抓工作落实，确保乡村振兴实现良好开局。坚持问题导向、梳理补齐短板。作为打造中国最美县域的重大举措，安吉县要按照"产业兴旺、生态宜居、乡风文明、治理有效、生活富裕"总要求，找准实施乡村振兴战略的着力点和结合点，要坚持问题导向，总结美丽乡村建设经验、梳理短板、补齐不足。要整合资源、用足政策，加大对城郊接合部、平原乡村环境治理力度，着力推进经济薄弱村转化，促进乡村经营发展，壮大乡村集体经济，提升新型农民素质，加快实现整体美、全域美。积极稳妥推进、大胆探索创新。作为加快建设中国最美县域的重要路径，安吉县要全力打造全国乡村振兴先导区。要以供给侧结构性调整为主线，积极发力，积极稳妥、敢于探索、发现问题、总结经验。坚持因地制宜、实事求是。要按照中央、省、市委的时间表和施工图，科学谋划安吉县乡村振兴目标任务安排，加快实施乡村振兴战略的重大举措。要充分考虑不同区域的地理环境、资源优势，结合地域实情，实事求是谋划，因地制宜发展。

听取关于《安吉县乡村振兴(美丽乡村提升)三年行动计划》《安吉县城镇综合改造提升三年行动计划》《安吉县绿色家居(传统产业)提升三年行动计划》制定情况的汇报。会议原则同意三项《三年行动计划》，要求相关部门根据会议讨论意见作进一步修改完善。会议充分肯定三项三年行动计划的编制工作，指出其紧扣"两聚一美"发展大局，目标、任务和责任明确，实现长期和短期有效结合。会议要求，实施三项《三年行动计划》要处理好计划与其他相关规划之间的衔接协调关系，要与建设中国最美县域五年行动计划相呼应。加快计划落地推进，要制定具体明确的"施工图"，进一步细化年度指标任务，确保各项工作任务落地落实。强化牵头领导督查制度，有关部门要坚决落实主体责任，强化督查考核，加强跟踪督促，确保各项工作按计划有序有效推进。

听取关于2018年干部教育培训计划建议方案的汇报。会议原则同意《2018年干部教育培训计划建议方案》，要求相关牵头部门根据会议讨论意见修改后执行。会议指出，善于学习、重视干部教育培训，是我们党一大优势和传统，是治国理政的宝贵经验。就做好干部教育培训工作，安吉县要科学统筹安排。既要严格按照上级要求做好干部教育培训工作，也要结合安吉实际，突出教育培训的针对性和实效性，科学统筹安排，处理好干部教育培训与日常工作推进的"工学矛盾"。突出学以致用。围绕县委、县政府中心工作，坚持问题导向、过程导向、目标导向，注重学和用的有机结合,要加强县级干部的理论授课能力,引导干部运用所学理论和知识指导实践、推动工作。严肃学风学纪。要高标准执行中央八项规定精神,依法依规开展干部教育培训,从严治校、从严治教、从严治学,保持良好的教学秩序和学习风气。尤其要加强外出培训学习的监督管理,加强正风肃纪,确保干部的学习安全。

听取关于"3·25生态日"系列活动筹备情况的汇报。会议原则同意关于"3·25生态日"活动安排建议,要求牵头部门根据会议讨论意见,做进一步修改完善后执行。会议要求,要从形式、内涵方面高标准办好本次生态日活动,细致周密做好会务工作,精心制定活动宣传方案,加强传统媒体与新媒体的融合互动,进一步完善各项保障方案和应急预案,确保各项活动安全有序进行。

会议书面汇报《关于〈2018年度安吉县中心城区城中村改造攻坚专项行动实施方案〉制定情况》《关于〈安吉县食品安全党政同责实施办法〉起草情况》。

会议书面通报《安吉县人民政府关于加快农业品牌建设的实施意见》《关于开展美丽田园建设工作的实施意见》《关于加快发展现代农业的若干意见》。

3月22日下午,中共安吉县委举行十四届县委第三十八次常委会会议。

会议由县委书记沈铭权主持传达。会议的主要内容是传达学习十三届全国人大一次会议、全国政协十三届一次会议的基本情况、全国"两会"精神与中央领导同志讲话的主要精神、代表们对于《中华人民共和国宪法修正案》的审议意见与关注的重点问题以及《中华人民共和国监察法》《国务院机构改革方案》选举和决定任命国家机构组成人员等方面的基本情况。

会议指出,这次全国"两会"是在中国特色社会主义进入新时代,全面贯彻党的十九大精神的开局之年,决胜全面建成小康社会、开启全面建设社会主义现代化国家新征程的关键时期召开的十分重要的会议,在党和国家事业发展史上具有里程碑意义。全县上下要把深入学习贯彻全国"两会"精神作为当前一项重要的政治任务,要更加自觉地用习近平新时代中国特色社会主义思想武装头脑,切实把思想和行动统一到党中央决策部署上来。

会议强调,学习全国"两会"精神,全县广大党员干部要保持实干担当、奋勇争先的精神状态,全身心地投入高水平推动安吉美起来、富起来、强起来,高质量谱写践行"两山"理念建设中国最美县域新篇章的实践中,努力取得新成绩、作出新贡献。

在深刻领会上下功夫。这次全国"两会",选举产生新一届国家机构领导人员和全国政协机构领导人员,实现新老交替。习近平总书记以全票当选为国家主席、中央军委主席,充分体现党的意志、人民意志、国家意志的高度统一,充分反映全党全军全国各族人民的共同愿望和心声。实践充分证明,习近平总书记无愧为全党拥护、人民爱戴的领袖,无愧为国家的掌舵者、人民的领路人。全县上下要不断增强"四个意识"、坚定"四个自信",忠诚拥戴领袖、维护领袖、紧跟领袖,始终在思想上政治上行动上同以习近平同志为核心的党中央保持高度一致。要深刻领会全国"两会"对中国2018年经济社会发展的全面部署,把认识和行动统一到党中央关于当前形势的分析判断上来,统一到关于经济社会发展、人大政协工作和民主法治建设、党中央关于全面从严治党等的部署要求上来。

在学习宣传上狠下功夫。全县各级党组织和广大党员干部要充分认识本次全国"两会"的重大意义和重要成果,要通过全覆盖的方式迅速掀起学习宣传贯彻热潮。全县各级党组织要充分运用党委(党组)理论学习中心组、机关学习日、支部组织生活会等各种形式,全方位、多层次组织学习。广大党员领导干部要身体力行、率先垂范,带头学习、解读、宣讲、贯彻,充分发挥好示范表率作用。组织部门和党校要把全国"两会"精神纳入干部教育的重要内容,抓好党员干部培训工作。宣传部门和新闻单位要多角度开展宣传工作,营造良好舆论氛围,让"两会"精神广为人知、深入人心,凝聚各方智慧到实现"两会"目标上来。

在贯彻落实上狠下功夫。全县各级领导要在做实上下功夫,把全国"两会"精神和党的十九大提出的战略部署转化为具体的工作任务,以钉钉子精神扎实推进,进一步激发实干担当、奋勇争先的精神状态。要深入调查研究，紧密联系安吉实际，对发展思路再完善，对发展目标再修订，对发展举措再创新，使安吉县发展思路与全国“两会”目标任务相一致，切实把全国“两会”精神落实到各项工作中去，落实到推动经济发展上来，落实到增强人民群众获得感幸福感安全感上来。全县各级部门要抓紧对表指标，持续加力，全力冲刺“开门红”。要盯紧盯牢，招大引强持续发力，坚定不移狠抓项目“双进”。要精心安排，切实抓好春耕备耕等工作，做好“三农”服务工作。要以“最多跑一次”改革为牵引，提升服务效能，持续优化营商环境。要深入推进环境治理工作，持续打好环境治理攻坚战。要统筹抓好平安综治维稳工作，确保全县社会大局和谐稳定。要加强学习和教育，严明机构改革纪律规矩，把思想和行动统一到中央的决策部署上来，做到推进机构改革和做好当前各项工作“两不误”。

3月22日，中共安吉县委举行十四届县委第三十九次常委会会议。

听取关于《安吉县创建全国文明城市三年行动计划》《安吉县平台优化升级三年行动计划》《安吉县融杭接沪（开放合作）三年行动计划》《安吉县现代服务业提升三年行动计划》《安吉县基本公共服务提升三年行动计划》制定情况的汇报。会议原则同意《安吉县创建全国文明城市三年行动计划》《安吉县平台优化升级三年行动计划》《安吉县融杭接沪（开放合作）三年行动计划》《安吉县现代服务业提升三年行动计划》《安吉县基本公共服务提升三年行动计划》，要求相关部门根据会议讨论意见作进一步修改完善。会议指出，编制这五项三年行动计划是安吉县全面贯彻落实党的十九大精神，坚持以习近平新时代中国特色社会主义思想为指导，认真领学省、市县党代会、全会精神的重要举措。会议要求，制定落实三年行动计划，要坚持问题导向，分阶段制定明确的“施工图”“线路图”。详细制定每项行动计划的若干子计划，做到细化、量化、形象化；要狠抓责任落实，坚持一分部署，九分落实，以踏石留印、抓铁有痕的作风强化牵头领导、重点部门的督查考核和评估工作。

会议听取关于进一步规范县管领导干部退出领导岗位及转岗安排有关建议的汇报。

会议还研究干部人事工作。

4月10日，中共安吉县委举行十四届县委第四十次常委会会议。

学习习近平总书记在十三届全国人大一次会议闭幕会上的重要讲话，听取递铺、孝源两大街道工作情况、关于安吉县2018年度落实全面从严治党主体责任考核办法制定情况、关于安吉县党委（党组）意识形态工作责任清单、《关于在全县乡镇（街道）开展“坚定两山路奋进新时代”主题活动的实施方案》起草等工作情况的汇报，并研究制定相关工作贯彻落实的意见。

4月18日晚上，中共安吉县委举行十四届县委第四十一次常委会会议。

听取关于全国改善农村人居环境工作会议筹备情况的汇报。会议听取前一阶段全国改善农村人居环境工作会议的筹备工作进展情况汇报，进一步明确会议筹备工作领导小组及8个专项小组的工作职责和具体要求，进一步部署大会筹办的各项细化工作。会议指出，作为由国务院主办的国家一级会议，本次全国改善农村人居环境工作会议是安吉县有史以来筹备规格最高、影响最大、具有里程碑意义的一场盛会。会议强调，要充分认识到本次全国改善农村人居环境工作会议的召开，是对习近平总书记“千万工程”指示在浙江的具体落实，是对安吉县十余年来坚定不移践行“两山”发展理念，探索丰富“两山”理念内涵，积极发展共享“两山”成果的充分肯定。会议指出，省委省政府、市委市政府对于安吉筹备好本次全国改善农村人居环境工作会议寄予极大的厚望，安吉县要不辱使命，按照会议筹备职责分工，倾心投入，全力以赴做好筹备工作。提高站位、高度重视。要清醒地认识到本次大会具有会议规格高、各项标准严、筹备时间紧等特点，要增强使命意识和担当精神，自觉把筹备好本次大会作为当前全县一项重要的政治任务抓紧抓好。要强化使命感、危机感和紧迫感，突出工作重点，强化工作责任，坚持问题清单化、清单责任化、责任具体化，进一步加快工作进度，切实把各项筹备工作做细、做实，确保大会如期召开。提高标准，切实加强全域环境整治。环境整治是大会筹备工作的重中之重，安吉县作为“两山”理念诞生地、美丽乡村发源地,更是要以高标准、严要求、勤自省的态度严肃对待。要迅速行动起来,全力推进环境整治工作。要精准发力,从提高公厕整洁、加强污水处理、推进"垃圾不落地"等细节入手,狠抓环境"点";要重拳出击,从推进考察点及沿路沿线绿化带、茶园、公共区域等环境景观提升入手,强抓环境"线";要全面提升,掀起全域环境大整治高潮,广泛宣传、全面动员、全员参与,重抓环境"面"。提高水平,切实做好会务保障工作。要强化协作,依照部署环环紧扣,周密安排各项会议活动,确保不出差错;要完善服务设施,改进服务方式,努力提高服务质量,为参会领导、与会人员提供良好环境;要切实抓好会议期间食品卫生、消防、安保等工作,周密制定预案,细化工作举措,加强协调配合,形成工作合力,确保会议顺利进行。抢抓机遇,充分展示"两山"实践成果。要充分利用好这次大会契机,充分体现安吉县践行习近平总书记"两山"理念,展示"两山"理念先行区建设的显著成效;充分体现农村人居环境改善与美丽经济发展互促共进的丰硕成果;充分体现推进全面深化改革,激活农村发展活力的典型经验;充分体现实施乡村振兴战略,注重"产业兴旺、生态宜居、乡风文明、治理有效、生活富裕"全面发展的生动实践。强化协作,充分展示安吉团队精神风貌。要把本次会议筹备作为展现安吉团队精神风貌、集中检验工作水平的契机。要以临战的精神状态,全力以赴,精益求精,切实把各项筹备工作抓细、抓实、抓具体,力争把本次大会办成一次有影响力、有特色、高水平盛会。严明纪律,强化各方面保障。要明确责任抓落实,切实履行好各自职责,确保各项工作无缝对接。要增强保密观念,遵守保密纪律,杜绝失密泄密事故的发生。要落实好各项维稳安保信访工作举措,做到安全隐患早消除,矛盾纠纷早化解,反馈问题早整改。要以严实作风抓落实,主动聚焦重点领域,强化督促检查,严格实行责任追究制,确保大会的举行。

听取关于举办第一届海峡两岸美丽乡村论坛的汇报。会议指出这场全国性会议在安吉县的召开,是展现全县风貌、资源、人文、历史的好契机。会议要求,各有关部门及乡镇(街道)要高度重视、上下合力,切实把承办好这次会议作为当前的一件大事要事来抓。要从促进两岸交流的高度抓好本次会务保障工作,积极加强统筹协调、分工协作、落实责任、细化方案,切实抓紧抓好各项筹备工作,努力将论坛办好、办出特色,确保取得丰硕成果;要运用好论坛成果,加强与国台办、台商的沟通交流,保持良性互动、良好联系,增进台湾民众对大陆实际情况的了解,深化两岸经济相融,走出一条有安吉特色、独具实效的对台工作之路,为各地与台湾乡村交流合作提供示范借鉴。

5月2日上午,中共安吉县委举行十四届县委第四十二次常委会会议。会议分为第一阶段县委常委(扩大)会议与第二阶段县委常委会会议。

第一阶段:县委常委扩大会议

会议由县委书记沈铭权主持。县委副书记、县长陈永华传达全国改善农村人居环境工作会议精神,县委副书记、政法委书记赵德清总结全国改善农村人居环境工作会议筹备工作。县人大主任陆为民、县政协主席叶海珍等县领导围绕本次大会谈了体会和认识。

会议高度肯定大会的筹备工作。会议指出,全国改善农村人居环境工作会议是安吉县筹办的首个国家级会议,规格之高、规模之大、影响之广前所未有。在国务院、省、市各级的精心指导下,全县上下把办好这次大会作为重要政治任务和重大发展机遇,以高度的政治责任感和饱满的工作热情,充分展示安吉团队实干担当、奋勇争先的生动实践,较好地完成中央和省、市委交办的各项任务,确保会议成功,受到中央、省、市有关领导的高度肯定,得到与会嘉宾的一致好评,对外展现安吉的美丽形象、攻坚克难的铁军风貌、善作善成的工作标准以及团结协作的强大合力。

会议总结本次大会的成功经验。会议指出,大会筹备过程中,安吉县相关乡镇(街道)、部门以及广大党员干部群众经受了锻炼,接受了考验,收获了珍贵的、可供借鉴的几点经验启示。加强领导、统筹安排是取得成功的根本前提。会议指出,国务院、省委省政府和市委市政府高度重视这次大会筹备工作并对安吉县成功筹办本次大会寄予了殷切希望,县委、县政府把筹备工作作为一项重大政治任务，成立大会筹备工作领导小组，下设八个专项小组各司其职，众志成城，相互支持、相互配合，保障了各项工作顺利开展。明确目标、开拓创新是取得成功的重要基础。从开展“千村示范万村整治”工程，到中国美丽乡村建设，再到中国最美县域建设，安吉县始终坚持“一张蓝图绘到底”，一任接着一任干，坚定目标不动摇。近年来，各级各部门和广大党员干部群众自我加压、创新破难，全力拼激情、比担当、争一流，高标准、高质量地完成各项目标任务，为如今美丽整洁、开放活力、文明和谐、宜居宜业的安吉形象奠定了坚实基础。实干担当、奋勇争先是取得成功的关键保证。整个大会筹备过程中，全县广大党员干部、公安干警、志愿者舍小家顾大家，不讲条件、不辞辛劳、恪尽职守、忘我工作，始终以饱满的热情、昂扬的斗志、坚韧的毅力，全身心投入工作，展现了巨大的工作潜力。实践表明，只有实干担当、奋勇争先，才能攻克难关，从而圆满完成各项任务。

会议强调，承办本次全国改善农村人居环境工作会议是安吉县持续打响美丽品牌、彰显美丽形象的新起点，对全力打造全国乡村振兴先导区、创建全国文明城市、推进中国最美县域建设必将产生广泛而深远的影响。全县党员干部要再接再厉，乘势而上，高水平推动安吉“美起来、富起来、强起来”，高质量谱写践行“两山”理念建设中国最美县域新篇章，着重要把握以下几点。一要领会精神，狠抓落实，持续改善农村人居环境。要对照大会要求，重点抓好村容村貌提升、“垃圾革命”“污水革命”“厕所革命”和农业生产废弃物的资源化利用，突出绿色生态村庄建设以及农村人居和群众生产生活融合等工作，为群众生产生活提供便利。二要加快发展，补齐短板，全力推进乡村振兴战略。要突出规划引领，树立全域一盘棋的规划理念，进一步完善村庄产业规划，因地制宜，坚持做到农村产业发展与县域整体规划相统一、相融合。要以完善产权制度和要素配置市场化为重点，稳步推进农村改革，巩固和完善农村基本经营制度，积极探索农村土地制度改革，促进农村一二三产业融合发展。要围绕乡村文化振兴，充分挖掘美丽文化，因地制宜改善环境。三要加强对接，争取资源，不断激发“两山”实践新动能。要充分把握安吉县是习近平总书记“绿水青山就是金山银山”理念的诞生地这一优势，依托“两山”红利释放，积极向上争取更多资源和要素，不断激发“两山”实践新动能，打通“两山”转化新通道，奋力争当践行“两山”理念样板地、模范生。

第二阶段：县委常委会会议

传达全市建设平安湖州暨综治维稳工作会议精神。会议由县委常委、副县长乐叶俊传达全市建设平安湖州暨综治维稳工作会议精神。会议指出，平安是最基本的民生需求和最基础的发展环境，抓好平安建设、保障地方稳定是全县党员干部义不容辞的政治使命。全县上下要牢牢以习近平新时代中国特色社会主义思想为航标，增强深度忧患的意识，树立长期奋斗的思想，保持常抓不懈的韧劲，为建设基础更牢、水平更高、人民群众更加满意的平安安吉而努力奋斗，具体要把握好以下三点。一是认识要再深化、再提高。要牢记平安建设永远在路上，时刻保持居安思危的忧患意识，在思想上更加重视，主动适应新形势，把握新要求，增强工作主动性、创新性、系统性、持续性，推动平安建设向前端延伸、向基层延伸，努力建设基础更牢、水平更高、实效性更强的平安安吉。二是措施要再强化、再创新。要强化风险隐患排查整改，确保信访积案减存量、控增量，深入推进全科网格等基层治理体系建设，抓好平安细胞、平安宣传队伍等建设，强化基层治理体系建设，进一步提高全县平安三率，培育打造工作亮点。三是责任要再细化、再落实。要把平安创建当作一项系统的、动态的、长期的政治任务，进一步加强组织领导，强化“守土有责”意识，层层落实，牢固树立“全县一盘棋”的大局意识，分工协作、密切配合，形成齐抓共管的工作格局。要加强督查考核，加强工作保障，加强宣传引导，营造良好的工作氛围。

听取关于一季度全县经济形势情况汇报。会议指出，今年以来，面对复杂的宏观经济形势和艰巨的经济发展任务，全县上下深入贯彻落实党的十九大和中央、省市委经济工作会议精神，深入践行“两山”理念，以“优化营商环境年”活动为抓手，聚力高质量发展，推动最美县域建设，经济运行实现平稳增长。会议要求,全县上下要把准思路、把牢方向、狠抓落实,以“保持定力、坚定目标、加大力度”为总要求,全力实现“时间过半、任务过半”目标,着重把握以下五点。一要坚定信心,保持定力。积极擦亮安吉是习总书记“两山”理念发源地这一“金名片”,把握好当前我县正处于加快赶超发展的这一战略机遇期,集中精力抓发展,全力提振发展信心,争当样板、争做标杆,高质量推进中国最美县域建设。二要瞄准高项目,抓牢“牛鼻子”。必须清醒认识到“抓项目就是抓发展”这一事实,勇担使命、勇挑重担,突出“大好高”项目招引和有效投入,进一步加大项目“双进”力度,抢抓机遇,充分挖掘企业内在潜力。三要完善体制机制,打响“服务牌”。要以“优化营商环境年”活动为抓手,进一步健全完善各项体制机制,重点解决好项目审批、协调推进、土地要素、企业帮扶等问题,全力打响“安吉服务”品牌,努力打造新时代安吉营商环境全省标杆。四要认清不足,着力补齐短板。要认真梳理安吉县经济发展中诸如弱项指标有待提升、环境保护久久为功、民生保障任重道远等短板,以精益求精的态度透过问题看本质,切实增强推进高质量发展的紧迫感、危机感和使命感,全力加快赶超步伐。五要增强忧患意识,严控“防风险”。要认清当前国际政治经济形势复杂多变,政治、金融风险集聚等客观态势,坚决打好防范化解重大风险攻坚战,密切关注进出口贸易、政府债务、金融市场等方面,加大对安全生产、信访维稳等各方面工作的统筹,确保全县经济平稳运行。

听取关于安吉县对口支援工作情况汇报。会议原则同意关于安吉县对口支援工作情况的汇报,要求相关牵头部门根据会议讨论意见作进一步修改完善。会议指出,对口支援工作是党中央、国务院作出的重大战略决策,是打赢扶贫攻坚战,实现先富帮后富、最终实现共同富裕目标的重大举措,要提高政治站位,高度重视对口支援工作,在医疗卫生、教育文化、就业增收等民生领域加大扶持力度,坚持民生导向,突出精准帮扶,增强帮扶受援地区的自我发展“造血”功能。要坚持“优势互补、互惠互利、共同发展”的工作思路,创新思路和举措,以市场为导向,依托自身发展优势和产业优势,推动单向支援向合作共赢转变。

听取关于《进一步加强党委联系服务专家工作的实施意见》起草情况的汇报。会议原则同意《进一步加强党委联系服务专家工作的实施意见》,要求相关牵头部门根据会议讨论意见作进一步修改完善。会议指出,广大专家、知识分子是党和国家的宝贵财富,是当前我们高质量推进中国最美县域建设事业的重要力量,要提高认识,增强做好人才工作的责任感和紧迫感。要加强组织领导,坚持党管人才原则,完善体制机制,形成党委统一领导、牵头部门抓总统筹、有关部门各司其职、社会力量广泛参与的联系服务专家人才的工作格局。要加强联系,结合多种活动载体,及时掌握、了解专家人才各方面情况,及时解决其实际困难和问题,深入一线和企业,摸实情、出实招、求实效,进一步深入服务,帮助专家人才多出成果、快出成果。

会议书面审议《2018年县委、县政府重点工作任务分解表》《关于2018年度市级后进村(社区)党组织整顿转化情况的汇报》《关于拟命名表彰安吉县2015～2017年度县级文明单位(村)的情况汇报》《关于全县建设平安安吉暨综治维稳工作会议筹备情况的汇报》。

5月17日上午,中共安吉县委举行十四届县委第四十三次常委会会议。

传达赴市党政代表团赴新疆、青海、吉林等地开展对口支援工作的情况。会议由县委书记沈铭权传达市党政代表团赴新疆、青海等地开展对口支援工作情况,县委副书记、县长陈永华传达市党政代表团赴吉林白山开展对口支援工作情况。会议指出,通过这次考察交流活动,进一步增强做好对口支援和东西部扶贫工作的使命感,增强以“一带一路”为统领推进对外开放的责任感,增强加快推进高质量发展的紧迫感。全县党员干部要深刻认识到开展对口支援工作是推动区域协调发展、协同发展、共同发展的大战略,是光荣的政治任务,是义不容辞的政治责任。要主动挑起担子、履行责任,以最大努力助推对口支援地区同步迈入全面小康;找到更多优势互补的结合点、交流合作的切入点、互利共赢的着力点,不断提升对外开放的层次和水平;突出高质量发展,全力建设和发展好自身，更有效地履行好对口支援责任。

听取梅溪镇、天子湖镇工作情况的汇报。会议听取县第十四次党代会以来梅溪镇、天子湖镇重点工作情况及下一步工作打算的汇报。会议对两个乡镇的工作给予了充分肯定，指出自县委部署示范区体制机制调整后，两个乡镇迅速完成干部调配、职能调整等各项工作，统一基层思想，全力做好土地征迁、基础项目建设、环境综合整治等各项工作，不断完善发展思路，协调发展各项事业，不断提升党员干部精气神，有力助推示范区平台建设及全县经济社会发展。会议要求，下一步，两个乡镇要围绕“两聚一美”发展大局，结合会议提出要求，着力做好五个方面。一是围绕平台建设强化保障。要遵循生产关系适应生产力发展这一客观规律，全力服务保障示范区万亩大平台建设，要在加强沟通协调，强化保障的前提下持续做好土地征迁、配套建设、项目服务等工作。要建立健全重点项目强化服务机制，加强与相邻乡镇联通。二是围绕补齐短板提升环境。要进一步强化问题导向，持续深入开展“三四五”“小城镇环境综合整治”等环境整治工作，加快补齐环境短板，解决好环境建设不均衡、不充分的问题。要用好小城市培育等政策，加快完善镇区配套设施，提升城镇辐射能力，提升示范区平台集聚功能。三是围绕乡村振兴创新经营。要借力美丽乡村精品示范村创建，以笔架山农业高新园区建设为契机，积极探索多村联创、抱团发展等模式，力争在乡村经营方面走在前列，为全县面上提供可借鉴、可复制的模式。四是围绕和谐稳定改善民生。要始终将增进民生福祉、维护平安稳定作为党委、政府义不容辞的责任。要统筹好社会事业发展，要在医疗服务、教育投入、文化繁荣、社会养老等方面再下功夫，努力在劳动就业、增收致富、安居保障、社会救助等领域有新突破。同时，要落实好安全生产、信访维稳等属地责任，不断增强人民群众的幸福感、获得感和安全感。五是围绕党建引领狠抓队伍。要坚决扛起全面从严治党的主体责任，进一步加强党员干部队伍的政治建设、思想建设、组织建设、作风建设、纪律建设。要以当前县委开展的“坚定‘两山’路　奋进新时代”主题活动为契机，组织和动员镇村干部集中开展“大走访、大宣讲、大调研、大讨论、大提升、大推进”等六大行动，进一步凝聚共识、拉高标杆、查找短板、推进发展。

听取关于安吉县承办第一届海峡两岸美丽乡村论坛系列活动情况及下一步工作打算的汇报。会议充分肯定安吉县承办第一届海峡两岸美丽乡村论坛系列活动的各项承办工作，强调要用好会议成果，推动开展各项合作事宜，抓好签约事项落地，争取更多红利释放，进一步拓展对台合作交流。会议原则同意汇报提出的下一步工作打算的建议，强调要加强两岸在美丽乡村建设等方面的交流合作与两岸产业的对接，要在招引台资上精准发力，力争引进高质量的台资项目。

听取关于《安吉县新增违法建筑责任追究暂行办法（审议稿）》起草情况的汇报。会议原则同意该《办法》的起草意见，要求相关部门根据会议讨论意见作修改完善后以县“两办”名义行文。会议指出，要统一思想、提高认识，切实认清《办法》出台的必要性；高度重视、突出重点，以《办法》出台为新起点，进一步加强对新增违建的防控举措；坚持原则、动真碰硬，切实维护责任追究的严肃性，确保《办法》执行的刚性约束；加强宣传、营造氛围，发挥党员干部的带头作用，积极推动《办法》执行落到实处。

会议书面审议《安吉县全域旅游产业发展三年行动纲要（2018～2020）》《2018 年安吉县生态文明先行示范区建设工作实施方案》《2018 年安吉县“五水共治”工作实施方案》《2018 年安吉县“三改一拆”工作实施方案》《2018 年安吉县“四边三化”行动工作实施方案》《2018 年安吉县大气污染防治工作实施方案》《2018 年安吉县土壤污染防治工作实施方案》《2018 年安吉县矿山综合治理工作实施方案》《2018 年县委理论学习中心组学习计划建议方案》《关于全省人才工作座谈会主要精神及我县贯彻落实建议的情况汇报》《关于深入推进安全生产领域改革发展的实施意见》《关于重点扶持村结对帮扶工作情况的汇报》。

5 月 21 日上午，中共安吉县委举行十四届县委第四十四次常委会会议。

会议由县委书记沈铭权主

持,主要传达学习习近平总书记的重要指示精神,研究部署安吉县贯彻落实工作。

会议首先传达习近平总书记对溪龙乡黄杜村盛阿伟等20名党员来信的重要指示精神,省委车俊书记、陈金彪秘书长的批示精神以及市委马晓晖书记在黄杜村白茶合作社传达学习会上的讲话精神。黄杜村党支部书记盛阿伟、溪龙乡党委书记易国兵作了表态发言。

会议指出,习近平总书记的重要指示、省委车俊书记的批示和市委马书记的讲话精神,是对我们的极大鼓舞和有力鞭策。会议要求,全县上下要以习近平总书记的重要指示精神为强大动力,不忘初心、牢记使命,实干担当、奋勇争先,以更严要求、更快速度、更实作风,高质量推进中国最美县域建设。迅速兴起学习热潮,推动总书记重要指示精神入脑入心。全县各级各部门要以高度的政治自觉,迅速组织开展学习宣传活动,确保总书记的重要指示精神家喻户晓、深入人心。全县各级党组织要有效结合党委(党组)中心组学习会、座谈会、报告会等形式教育引导全体党员干部把为党分忧作为党性修养的重要内容,切实把思想和行动统一到总书记的指示要求上来。要有效结合当前正在开展的“坚定‘两山’路奋进新时代”主题活动,通过走访、宣讲、调研等形式,把总书记的亲切关怀和重要指示传递到每一个基层党组织、每一名党员群众,使之成为全县上下的思想引领和力量源泉。始终牢记总书记的谆谆教诲,把对党绝对忠诚落实到具体行动中。全县党员干部要感恩总书记对安吉深情厚爱,坚定不移听党话、跟党走,把对党绝对忠诚落实到工作生活的方方面面。要一以贯之学懂弄通做实习近平新时代中国特色社会主义思想,深入学习领会总书记对安吉的谆谆嘱托,全面践行和发扬“为党分忧、先富帮后富”的精神,进一步增强“四个意识”,坚定“四个自信”,以感恩之心维护核心、紧跟核心、爱戴核心,向核心看齐,始终在政治立场、政治方向、政治原则、政治道路上同以习近平同志为核心的党中央保持高度一致,做到对党忠诚、为党分忧、为党担责、为党尽责。始终突出党建引领,切实发挥战斗堡垒和先锋模范作用。全县各级党组织要更加注重抓基层打基础,要提升基层党组织领导力,团结带领广大群众贯彻落实县委关于乡村振兴战略各项决策部署;要提升基层党组织凝聚力,认真落实“三会一课”、主题党日等制度;要提升基层党组织治理能力,坚持自治、法治、德治“三治并举”,树立文明新风,提高文明程度,进一步发挥基层党组织领导基层发展、带领群众致富、推动乡村振兴的战斗堡垒作用。始终树牢以人民为中心的发展思想,不断拓宽群众共同富裕之路。全县党员干部必须进一步增强责任感和使命感,认真践行以人民为中心的发展思想,以担当之责、严实之态、精准之策和有效之举坚决贯彻落实好总书记批示要求,推动改革发展成果更多更公平地惠及全县人民。要高度关注县内集体经济薄弱村和低收入群体,注重“输血”“造血”一起抓,大力扶持发展村级集体经济。要传承发扬中华民族守望相助的优良传统,落实先富帮后富,认真做好扶贫协作和对口支援工作。要坚持精准扶贫、科学扶贫,优先在有意愿、有基础的结对支援地区开展白茶扶贫帮扶工作,组织专业队伍积极考察适合种植白茶区域,给予技术支持,确保茶苗质量与存活率,进一步打响安吉白茶品牌美誉度。始终坚持走在前列,全力打造全国乡村振兴先导区。要进一步做大做强安吉白茶产业发展,推进专业化生产,加强品牌管理,强化市场培育,不断提升产品质量和品牌声誉。要依托现有的“三农”发展基础与美丽乡村知名度、美誉度,用好成功承办全国改善农村人居环境工作会议的有利契机,坚持以“产业兴旺、生态宜居、乡风文明、治理有效、生活富裕”为总要求,提高站位,拉高标杆,进一步打开“两山”转化渠道,全力打造全国乡村振兴先导区,不辜负各级领导嘱托和厚望。

6月7日下午,中共安吉县委举行十四届县委第四十五次常委会会议。

县委书记沈铭权主持会议并讲话。会议主要传达学习全国生态环境保护大会及全省生态环境保护大会精神,听取乡镇工作等情况汇报。

传达学习全国生态环境保护大会及全省生态环境保护大会精神。会议由县委书记沈铭权传达学习全国生态环境保护大会及全省生态环境保护大会精神。会议要求,我县要坚定不移沿着总书记开创的生态建设道路砥砺前进，坚决贯彻落实好全国及全省的生态环境保护大会精神，努力当好践行“两山”理念样板地模范生，具体要把握好以下三点。一是更加坚定目标。要进一步牢记嘱托、感恩奋进，围绕建设中国最美县域这一奋斗目标，在各方的点赞与激励中以更加坚定的信念和决心做好生态环境保护、生态经济发展、生态成果惠民等工作，努力使安吉县的生态文明建设始终走在全国前列，用实际行动向总书记，向中央和省、市委交出满意答卷。二是聚力抓重破难。要高标准、严要求地审视全县的生态环保工作，要清楚地认识到污染防治攻坚战是一场永远在路上的持久战。要聚焦重点领域、关键环节，拿出切实可行、动真碰硬的务实举措，聚力抓重破难，围绕治水治气治土治矿等关键环节，做好“深治理、细养护、抓建设、促转化、立标准”工作。会议明确，由王捷副县长牵头，县委办、县政府办与环保局相互协作，对照中央与省、市要求，梳理安吉县生态环境保护工作存在的问题与短板，倒排中央环保督察期间安吉县承诺的44件环保案件时间节点，深化细化抓落实，自我加压强督查，严防部分环保问题反弹。三是突出标准引领。要以“两山”理念诞生地、生态文明建设高地的责任感加强制度标准体系建设，着力搭建安吉县生态文明体系的“四梁八柱”，扩宽“两山”转化渠道，力促安吉的生态文明制度、机制和标准持续引领全国，成为典范和标杆。

听取杭垓镇、报福镇、章村镇工作情况的汇报。会议听取县第十四次党代会以来杭垓镇、报福镇、章村镇重点工作情况及下一步工作打算的汇报。会议对三个乡镇的前期工作给予充分肯定，指出三个乡镇是安吉县重要的生态屏障，干部努力干事、主动奉献，产业发展、项目推进成效明显，未来发展充满机遇、大有可为。会议要求，下一步，三个乡镇要围绕“两聚一美”发展大局，结合会议提出的要求，着力做好以下工作。保持定力。在坚持“生态保护、生态发展、生态惠民”中以更高站位考虑问题、谋划发展。要树立正确的政绩观，一张蓝图绘到底、一以贯之抓落实，坚持“打基础、促当前、立长远”，正确处理好保护与发展的关系。增强信心。坚持规划引领，攻坚克难，将三个乡镇的生态环境优势逐步转化为生态农业、生态旅游业优势，将“两山”转化落到实处，开创农村生态发展新局面。关注重点。围绕乡村振兴“产业兴旺、生态宜居、乡风文明、治理有效、生活富裕”20字总要求，突出融合发展，加快现有产业升级，积极培育新业态，认真研究“互联网＋”“生态＋”“旅游＋”等新型业态发展模式，积极挖掘和培育各地独特文化资源，积极实现向旅游资源的转化。要不断夯实基础设施，优化人居环境，进一步改善民生。要加快推动经济薄弱村转化，积极探索“抱团飞地”等模式，通过市场化运作，盘活村级存量资源，增加集体收入。要抓好生态环境保护，加大生态补偿力度，在守住生态红线的基础上务实求发展。要狠抓党建，加强各级党支部书记“领头雁”建设，加强村级后备干部队伍建设，激发干部干事激情，发挥主观能动性，在创新亮点特别是软环境建设上争当示范，在“拼比争”中看变化，营造只争朝夕的发展氛围。会议明确，由县委副书记、政法委书记赵德清牵头，对三个乡镇提出的建议作具体梳理，研究提出具体对策。

听取关于《安吉县委全面深化改革领导小组2018年工作要点（审议稿）》起草情况的汇报。会议原则同意《要点》，要求牵头部门根据会议讨论意见，做进一步修改完善。会议指出，要按照习近平总书记“思想再解放改革再深入工作再抓实 推动全面深化改革在新起点上实现新突破”要求，进一步强化全县各项工作以改促转的鲜明导向，增强安吉县深化改革工作的系统性、整体性、协同性。会议要求，下一步就落实《要点》和安吉县深化改革工作具体要把握好以下四点。一是提高站位、深化认识。要进一步抬高思想站位，主动与中央和省、市改革部署对标对表，始终做到同频共振、同向同步。二是贯彻要求、突出重点。要梳理规定动作，做好“最多跑一次”改革、供给侧结构性改革以及机构改革的研究、跟进措施。三是结合实际、加强谋划。努力找准改革的突破口和抓手，以改革来破解发展难题，努力通过点上的有效突破来带动全局的整体推进。四是明确责任、狠抓落实。盯紧抓牢改革重点事项和关键节点，做好常态化的跟踪督查,抓好阶段性绩效评估工作,强化效果导向,确保各项任务落地见效。

听取关于安吉县贯彻落实中央和省加强禁毒工作意见的情况汇报。会议原则同意安吉县贯彻落实中央和省加强禁毒工作意见的情况汇报,要求牵头部门根据会议讨论意见,做进一步修改完善。会议指出,毒品问题危害个人、家庭、社会,是与黑恶势力等违法犯罪紧密相连,破坏社会治安秩序、影响社会大局稳定的源头性、基础性问题。会议要求,全县上下要从战略上深刻认识禁毒工作的极端重要性,要坚定不移地把中央和省委、省政府的禁毒工作要求落到实处。会议要求,要从讲政治、讲大局的高度,坚决贯彻落实好中央和省加强禁毒工作的意见,以最坚决的态度、最严厉的措施全面加强和改进禁毒工作;要结合扫黑除恶专项行动,充分运用大数据技术,严格落实重点管控措施,坚持依法从重从快集中打击;要从加强全民禁毒宣传教育工作、预防教育入手,加强防范和源头治理,增进各方协作,织密"群防群治"社会网络,形成全民关心、支持和参与禁毒的浓厚氛围。

听取关于安吉县招商引资工作推进情况及下一步工作安排的汇报。会议强调,要系统辩证地看待招商工作,相互理解、换位思考,加强定力、增强信心。要集中精力抓招商,做好顶层设计和机制建设。继续加强项目准入评审工作,积极谋划符合高质量要求、符合全县产业定位、符合上级考核要求的"引力"型项目。要更好地创新办法推介安吉、引育人才,强化资源要素保障,压实责任,全力在重大项目招引上取得新突破。

6月14日晚上,中共安吉县委举行十四届县委第四十六次常委会会议。

县委书记沈铭权主持会议并讲话。会议主要传达学习习近平总书记对余村乡村治理经验作出的重要指示精神,研究安吉县贯彻落实工作。

会议首先传达习近平总书记在司法部法治宣传司司长王晓光撰写的反映余村践行"两山"理念、坚持"三治"结合推进乡村治理等相关内容的调研报告上作出的重要指示,王沪宁、黄坤明先后作出的批示,以及6月1日习近平总书记在中宣部调研组专题撰写的《坚持自治法治德治相结合推进新时代乡村治理的生动范例——关于浙江"余村经验"的调研报告》圈阅这一重要指示。

会议传达《坚持自治法治德治相结合推进新时代乡村治理的生动范例——关于浙江"余村经验"的调研报告》的内容摘要、全文的主要框架脉络及部分重要章节。陈永华、叶海珍、赵德清等县领导围绕总书记的批示精神谈了体会和感想。

会议指出,全县上下要坚定不移的贯彻落实习近平总书记对余村乡村治理经验作出的重要指示精神,着力把握以下三点。一是要深入学习、深刻领会。全县各级各部门要以高度的政治自觉,深入学习领会总书记的重要指示精神,切实把总书记的重要指示转化为聚焦"两山"实践、聚力赶超发展、建设中国最美县域的强劲动力。二是要有效结合当前正在开展的"坚定'两山'路 奋进新时代"主题活动,通过走访、宣讲、调研等形式,把总书记的亲切关怀和重要指示传递到每一个基层党组织、每一名党员群众,使之成为全县上下的思想引领和力量源泉。三是要坚定清醒、奋进有为。要把总书记的亲切关心和重要指示,转化为全县抓发展的强大动力。要以深切领会习近平总书记对安吉的谆谆嘱托和重要指示精神,通过深入开展"坚定'两山'路 奋进新时代"主题活动,加强理论武装,推动学习贯彻习近平新时代中国特色社会主义思想往深里走、往实里走、往心里走为当前最大的政治责任;以围绕"两山"实践"样板地、模范生、标杆县"的目标要求,强化定力、精准发力、深处着力、科学用力,以中国最美县域建设为载体,深入推进"五大美丽行动",扎实抓好"十个三年行动计划",不断打通"两山"转化的通道为当前最大的工作目标;以全力冲刺"半年红""双过半",为实现"全年红"打下扎实基础,坚定不移强产业、强平台、强改革、强特色、强治理、强党建为抓手,扎实做好改革发展稳定各项工作,推动经济社会的持续健康发展,为当前最大的任务要求。积极主动、落实任务。要深入研究《坚持自治法治德治相结合推进新时代乡村治理的生动范例——关于浙江"余村经验"的调研报告》精髓,学而后思,积极主动对接落实报告中的相关建议任务,使余村经验、安吉经验发挥出更大示范作用。会议明确,由县委副书记、政法委书记赵德清牵头，召集农办等部门作会商研究，主动与省农办、农业农村部做好对接。由县委常委、组织部部长吕立牵头，做好与中央组织部、中央党校的对接，加快推进“两山”讲习所建设，围绕“两山”重要发展理念和乡村治理经验，做好课程设置、师资力量配置等基础性特色工作，着力将讲习所打造成为全国干部教育培训基地。由县委常委、宣传部部长陈旭华牵头，召集相关部门商议，加强同中宣部、中央广播电视台、省委宣传部等单位做好对接，配合做好相关电视专题片拍摄，打出打好“安吉经验”招牌，提升安吉整体的美誉度、宣传度。

6 月 24 日下午，中共安吉县委举行十四届县委第四十七次常委会会议。

县委书记沈铭权主持会议并讲话。会议主要传达学习习近平总书记在深入推动长江经济带发展座谈会上的重要讲话精神，传达全国省区市纪检监察工作座谈会、省委常委会、全省市县纪委书记会议、江苏省委副书记任振鹤安吉调研讲话精神等内容。

学习习近平总书记在深入推动长江经济带发展座谈会上的重要讲话精神。会议由县委书记沈铭权从会议背景、座谈会基本情况、总书记的重要讲话精神三方面传达学习习近平总书记在深入推动长江经济带发展座谈会上的重要讲话精神。会议强调，要将深刻领会习近平总书记生态文明思想与学习贯彻习近平总书记关于长江经济带发展战略思想以及安吉县实际相结合，具体要抓好以下三点。一是旗帜鲜明，坚决贯彻“共抓大保护、不搞大开发”战略导向。要以高度的政治自觉、思想自觉、行动自觉，牢记嘱托，保持发展定力，辩证地看待保护与开发，始终坚持“生态立县”发展战略，走绿色发展之路。二是保持定力，深入落实“生态优先、绿色发展”战略任务。要深入践行“两山”理念，突出绿色发展导向，注重产业融合发展，努力形成产业集群，突出创新引领，不断拓展产业发展价值链。会议明确，要高度重视习总书记重要讲话中强调的“选择具备条件的地区开展生态产品价值实现机制试点”这一事宜，由王捷副县长牵头，会同发改委、环保局等部门进行研究，做好前期调研与后期跟踪工作，积极向上对接，争取试点落户安吉。三是提高站位，加快融入“协同发展、融合发展”大格局。要围绕“两山”实践，做足主动服务和融入长江经济带建设文章，加快融入“一带一路”、大湾区大通道大花园大都市步伐，深入推进城乡融合，突出抓好全国文明城市创建和乡村振兴，努力在长江经济带绿色融合发展中率先崛起。

县委常委、纪委书记杨新初传达全国省区市纪检监察工作座谈会、省委常委会、全省市县纪委书记会议、任振鹤同志安吉调研讲话精神。会议要求，要旗帜鲜明讲政治，始终对标“两个维护”，要感念习总书记一直以来对安吉的关心关注，注重严明党的政治纪律和政治规矩。要切实加强党对反腐败工作的统一领导，在思想上高度重视，不断健全组织机制和落实有效举措，对照“清廉乡村”建设，标本兼治，进一步打造政治生态上的绿水青山。要一以贯之抓深化纪检监察体制改革，不折不扣地贯彻执行党中央和中央纪委指示要求，提高站位、对标看齐，把握要求、彰显作为。要驰而不息正风肃纪，以“作风建设永远在路上”的态度用好监督执纪“四种形态”，使中央八项规定精神在党员干部中内化于心、外见于行。要切实加强各级纪检监察干部队伍建设，热情爱护、严格要求，严防“灯下黑”。

听取关于《安吉县庆祝改革开放 40 周年活动方案》起草情况的汇报。会议原则同意《方案》，要求牵头部门宣传部充分吸收梳理会议讨论的意见建议，做进一步修改完善。会议指出，庆祝改革开放 40 周年是党和国家政治生活中的一件大事。活动开展要充分认识庆祝改革开放 40 周年的重大意义，具体要把握好以下四点。一要提高站位，把握好方向。要认真对照部署要求，精心组织开展。二要注重特色，助推发展。庆祝活动要紧扣安吉实际，要将学习贯彻落实党的十九大精神和“不忘初心、牢记使命”主题教育以及当前重点改革发展领域中心工作有效结合，将活动所激发出来的热情动力转化为建设中国最美县域的强大动力。三要精心组织、周密安排。会议明确，由县委副书记、政法委书记赵德清，县委常委、宣传部部长陈旭华牵头，会同有关部门逐个梳理完善活动方案，要突出主题，精准定位，科学安排各项活动时间节点，确保各项工作扎实有序推进。四要明确任务，压实责任。要细化工作方案，明确任务分工，坚持隆重热烈、安全祥和、务实节俭的原则，贴近基层、贴近党员、贴近群众，坚决防止形式主义和铺张浪费。

听取关于《县委“拼比争、看变化”专项督查活动方案》起草情况的汇报。会议原则同意该方案的起草，要求牵头部门县委办根据会议讨论意见，做进一步修改完善。会议指出，要高度重视本次县委“拼比争、看变化”专项督查活动对全县政治、经济、党风等方面的检验、推动、落实意义。会议要求，要切实加强组织领导，做好协调配合，确保督查有序进行；要扎实做好前期工作，加强督查的针对性；要主动深入一线，加强关键领域难点、重点督查；要一把尺子量到底，增强督查工作的科学性和公正性；要严格抓好整改落实，强化成果运用，及时总结推广好的经验做法，为完成年度目标任务，为下一步最美县域建设行动的实施打下坚实基础。

会议还研究干部人事工作。经会议研究，明确王昌慧同志为县纪委常务副书记。

书面审议议题《关于省、市委建设法治浙江工作领导小组会议精神及我县贯彻落实建议的汇报》《关于推动全县领导干部职工落实带薪年休假制度的方案》《安吉县庆祝建党97周年大会方案》《安吉县庆祝改革开放40周年新闻宣传方案(讨论稿)》。

6月30日，中共安吉县委举行十四届县委第四十八次常委会会议。

听取县纪委、县监委、县委组织部有关情况汇报，并研究制定相关工作的贯彻落实意见。

7月9日，中共安吉县委举行十四届县委第四十九次常委会会议。

听取关于安吉县贯彻落实全省退役军人工作推进会精神、安吉县国地税征管体制改革有关情况的汇报，并研究制定相关工作的贯彻落实意见。

7月23日，中共安吉县委举行十四届县委第五十次常委会会议。

听取关于湖州市政府常务会议、市委常委会会议精神及湖州引水工程前期工作情况的汇报，并研究制定相关工作的贯彻落实意见。

7月26日，中共安吉县委举行十四届县委第五十一次常委会会议。

传达省委十四届三次全体(扩大)会议、市委八届四次全体(扩大)会议，全省深化“千万工程”推进乡村振兴现场会，省纪委十四届三次全体会议等会议精神；听取关于贯彻落实省、市总结提升推广新时代“枫桥经验”六大工程有关事项、关于决胜基本解决执行难工作情况、关于县监委向乡镇(街道)派出监察办公室等情况的汇报；会议还进行党纪(性)教育一刻钟学习，听取县委十四届四次全体(扩大)会议筹备情况等工作汇报，审议《安吉县美丽乡镇(街道)创建办法》等内容，并研究制定相关工作贯彻落实意见。

8月13日下午，中共安吉县委举行十四届县委第五十二次常委会会议。

会议由沈铭权同志主持。会议传达学习有关会议精神，听取有关工作汇报，并进行认真研究。

听取关于安吉县贯彻落实全市生态环境保护大会暨污染防治攻坚推进会精神情况的汇报。会议原则同意《关于我县贯彻落实全市生态环境保护大会暨污染防治攻坚推进会精神情况的汇报》，要求牵头部门县环保局充分吸收梳理会议讨论的意见建议，做进一步修改完善。会议强调，生态文明建设是中华民族永续发展的根本大计，安吉县要坚定不移走生产发展、生活富裕、生态良好的绿色发展道路。会议要求，贯彻落实全市生态环境保护大会，要着重把握好以下五方面。一是强化认识。要深入学习贯彻习近平生态文明思想，以高度的时代责任感和历史使命感全面打好污染防治攻坚战和生态文明建设持久战，自觉把思想和行动统一到中央、省、市委关于生态环境保护各项决策部署上来。二是抓住重点。要以“碧水、蓝天、净土”三大行动为主抓手，持续深入推进“三四五”联动，高质量、高水平提升全域美丽指数，全力争创“蓝天杯”，力争再夺“大禹鼎”。三是补齐短板。要清醒地认识到在安吉县整体大环境良好的背景下，仍有诸如区域间发展不平衡、国控断面水质还不能稳定达标等问题，要始终坚持问题导向，落实精准举措，加快补齐短板。四是发挥优势。要继续发挥好人民群众的主体作用，努力激发全县人民积极性、主动性和创造性，为安吉县的生态文明建设积累更多丰富的实践经验。五是走在前列。全县各级各部门要拉高标杆、勇于创新，积极为全省乃至全国生态环境建设提供有益探索和经验，使生态文明建设的“安吉制度”“安吉标准”“安吉样板”继续走在前列。

听取鄣吴镇、山川乡工作情况的汇报。会议听取县第十四次党代会以来鄣吴镇、山川乡重点工作情况及下一步工作打算的汇报。会议对两个乡镇的工作给予了充分肯定，指出两个乡镇真抓实干，特色显著，发展成效明显；攻坚破难，工作特色亮点多；战斗力强，干事创业氛围好。会议要求，下一步，两个乡镇要围绕“两聚一美”发展大局，结合会议提出要求，着力做好以下工作。要立足自身、找准定位，发挥好比较优势。要将自身的发展置身于全县的发展大局中去思考谋划，按照“扬长避短、形成特色、错位发展”的思路，明晰定位，探索出能够发挥本地优势的发展道路。鄣吴镇要持续打好昌硕牌、文化牌，做深做好文旅融合的文章；山川乡要大力推进全域旅游，彰显浪漫气质，做强美丽经济。要只争朝夕、狠抓落实，保持好发展势头。要继续保持良好发展态势，贯彻落实好县委十四届四次全会的各项决策部署，要紧紧对照全会提出的八个问题，结合本乡镇的实际，拿出具体的落实举措，围绕既定目标抓落实、求突破。要牢记使命、增强本领，造福一方百姓。要守土尽责，大胆探索，争做改革创新的先行者。要增强发展本领，全面提高履职能力、服务能力和带领群众致富能力，当好示范，为全县发展大局多做贡献。

听取关于《中共安吉县委关于建设清廉安吉的实施意见》起草情况的汇报。会议原则同意《中共安吉县委关于建设清廉安吉的实施意见》，要求牵头部门县纪委认真梳理会议讨论的意见和建议，充分吸收、修改完善。会议强调，《意见》的起草是全面落实《中共浙江省委关于推进清廉浙江建设的决定》的重要举措，作为“两山”理念诞生地，安吉县必须提高政治站位，努力打造“清廉浙江”的“安吉样本”。要强化责任落实，明确任务的时间表、路线图、任务书和责任人，抓实抓细抓好各项工作。要强化正风肃纪，在“清”和“廉”上下功夫，实现思想、组织、作风、反腐倡廉和制度建设上的久久为功。要坚持共建共创，凝聚合力，各单位部门要把思想和行动统一到县委部署上来，突出全民参与，把清正廉洁理念和措施落实到各个行业中去。

听取关于《加快文化产业发展的若干政策意见（修订）》起草情况的汇报。会议原则同意《加快文化产业发展的若干政策意见（修订）》，要求牵头部门宣传部根据会议讨论结果意见，作进一步修改完善。会议指出，文化产业是推动经济社会发展的重要支柱产业，也是全县经济转型升级、赶超发展的重要动力。会议要求，要高度重视文化产业发展，发挥好安吉县生态资源、山水资源、未来交通区位等优势，将文化产业作为支柱产业进行培育。要把握好全省加快发展文化产业的机遇，主动对标对表上级文化产业发展部署，加快推动全县文化产业创新发展。要注重实效，积极引导资金、土地、人才等资源集聚，为安吉县文化产业发展创造良好的营商环境。要突出重点，加快发展，坚持以项目、企业、平台为支撑，实现融合发展、创新发展、有效发展。

听取关于开展纪念“两山”理念13周年系列活动情况的汇报。会议指出，要统一思想，提升认识，充分认识纪念“两山”理念13周年系列活动的重要意义，积极用好活动成果，加快“两山”转化。要紧扣实际、彰显特色，把纪念活动与学习贯彻落实党的十九大精神和全面贯彻落实省、市、县委重大决策部署有效结合，推动最美县域建设。要加强领导，周密安排，积极强化协作，依照部署环环紧扣，周密安排各项会议活动，严格落实“八项规定”精神，做好会议接待、会议保障、环境整治、安全保卫、新闻宣传等工作，充分展示好安吉形象。

会议书面审议议题《2018年上半年落实意识形态工作责任制情况报告》（县委宣传部）。

9月1日上午，中共安吉县委举行十四届县委第五十三次常委会会议。

会议由沈铭权同志主持。会议传达学习有关会议精神，听取有关工作汇报，并进行认真研究。

传达全省小微企业园建设提升暨“低散乱”整治推进大会会议精神。会议由沈铭权同志传达全省小微企业园建设提升暨“低散乱”整治推进大会会议精神。会议指出,推进小微企业园建设提升和“低散乱”整治工作是推动小微企业高质量发展的重要载体,是激励和倒逼小微企业高质量发展的重要举措,两者相互统一、相互促进。会议要求,安吉县要认真贯彻落实全省小微企业园建设提升暨“低散乱”整治推进大会会议精神,要在思想认识上再提升,工作推进上再加速,服务保障上再强化。要学习借鉴好的经验做法,因地制宜加快小微企业园规划建设提升,以及“低散乱”整治。要有效结合“最多跑一次”改革、优化营商环境等工作,为小微企业发展提供更好的配套服务。会议明确,由县委常委、副县长乐叶俊牵头,经信委负责,做好本次大会精神的研究与落实,发改委、行政服务中心等相关部门要认真研究管理服务问题,国土、金融等部门要做好相应的要素保障工作。

传达全省扶贫开发工作会议精神。会议由陈永华同志传达全省扶贫开发工作会议精神。会议指出,精准脱贫是全面建成小康社会必须打好的三大攻坚战之一,安吉县作为“两山”理念发源地,必须扛起责任担当,以总书记扶贫开发重要战略思想为指导,切实把思想和行动统一到中央和省、市委的决策部署上来。会议要求,要提高站位、强化担当,突出重点、精准施策,强化责任、狠抓落实,坚决贯彻落实好全省扶贫开发工作会议精神,打赢低收入百姓增收攻坚战。要结合乡村振兴战略,发挥好县四套班子“六联”、部门联系村等作用,强化各经济薄弱村自身“造血”功能,以项目为纽带,着力打造富民强村产业支撑。要认真做好对口支援、对口合作和东西部扶贫协作,深入落实白茶苗扶贫帮困后续工作。

传达全省组织工作会议精神。会议由吕立同志传达全省组织工作会议精神。会议指出,要把深入学习贯彻全省组织工作会议精神作为一项重要的政治任务,进一步增强广大党员干部的思想自觉、政治自觉、行动自觉。会议强调,要突出抓好政治建设,深入推进“两学一做”常态化制度化,做好“坚定‘两山’路、奋进新时代”主题活动回头看等工作。要发挥党委领导作用,深入实施“美丽党建”强基行动,不断加强组织体系建设。要注重打造高素质专业化干部队伍,有计划培养使用优秀年轻干部,强化对干部的监督,着力提升干部队伍建设。加快打造人才生态最优县,稳步推进平台乡镇人才孵化器建设,进一步加大人才引育力度。

听取灵峰街道、上墅乡工作情况的汇报。会议听取县第十四次党代会以来灵峰街道、上墅乡重点工作情况及下一步工作打算的汇报。会议对两个乡镇(街道)的工作成效表示充分肯定,指出两个乡镇(街道)工作方式有传承有创新,抓发展思路清晰、成效明显、氛围浓厚。会议要求,下一步,两个乡镇(街道)要围绕“两聚一美”发展大局,结合会议提出的意见和建议,要进一步理清思路、抢抓机遇。以“‘长三角最美大公园’核心区块”自我要求,充分发挥生态环境、绿水青山的核心优势,不断提升美丽环境指数、做强美丽经济品质。灵峰街道要立足“中国最美公园”目标,以打造“全域美丽的新高地、乡村旅游的新高地、产城融合的新高地”为方向,在国家级旅游度假区建设上再深化、再细化;上墅乡要秉持“勇于开拓、敢为人先”精神,立足“全域慢联、最美慢城”目标,做好“一村一景、连点成线”的文章,着力打造长三角休闲慢谷品牌。要进一步聚焦重点、狠抓落实。紧紧对照县委十四届四次全会提出的八个问题,结合各自实际、抓好落实。灵峰街道要以项目为引擎,高标准、科学建设“一溪一湖一路一寺”等工程,不断擦亮“国家级旅游度假区”金名片;上墅乡要以乡村经营为重点,持续深入实践“多村联创”,探索建立多主体联合经营机制,打造“多村联创”的“上墅样板”。要进一步统筹兼顾、全面提升。要重点抓好经济工作,统筹抓好各项工作,结合好“坚定‘两山’路 奋进新时代”主题活动,着力推动各项问题的解决,切实维护好本区域的和谐稳定,实现经济社会发展的全面提升。

听取关于2018年全县重点项目建设情况和下一步推进计划的汇报。会议强调,要全面落实两个70%的招商要求,用好各类载体和平台,主动攻坚重大产业项目,不断浓厚“抓大项目,大抓项目”的氛围。要牢固树立全县“一盘棋”的大局意识,联系县领导要扛起责任担当,以身示范;各部门要在涉及项目细节工作中深入研究、加强配合;项目所在乡镇和平台要坚决落实主体责任，细化目标任务，合力推动项目建设，持续完善重点项目联推机制。要纵深推进“最多跑一次”改革，持续深入推进“优化营商环境年”活动，不断优化企业服务。要坚持把督查推进作为项目建设的重要抓手，有效运用“13130”督查机制，倒逼重点项目快速推进。会议明确，由发改委牵头，做好“百个项目”行动部署。

听取关于全县反恐工作相关情况的汇报。会议指出，抓好反恐工作，事关国家安全、人民切身利益、改革发展稳定全局。会议强调，全县各级各部门要提高思想认识，时刻高度警醒，进一步做深、做细、做实反恐维稳各项工作。要保持高压态势，坚持点面结合、惩防并举，狠抓任务落实。要强化共建共治，进一步理顺工作体系、健全工作机制，充分发挥群防群治的综合防控优势，夯实网格化管理，形成强大的工作合力。

听取关于交通部“四好农村路”全国现场会筹备情况的汇报。会议强调，此次大会规格高、标准严，要提高站位、高度重视，要高质量高水平高标准地办好此次大会。进一步落实工作责任，保持好对上的沟通联系，周密安排、做好应急准备，细化工作举措，加强协调配合，形成工作合力，进一步提升安吉县的知名度和美誉度。

会议书面审议议题《关于我县贯彻落实浙江省工会第十五次代表大会精神的汇报》(县总工会)。

9月11日下午，中共安吉县委举行十四届县委第五十四次常委会会议。

会议由沈铭权同志主持。会议传达学习有关会议精神，听取有关工作汇报，并进行认真研究。

听取关于全国“四好农村路”现场会举办情况及安吉县贯彻落实会议精神有关建议的汇报。会议指出，本次全国“四好农村路”现场会在安吉县的举办，充分展示安吉县交通事业蒸蒸日上的良好态势、安吉县“两山”实践的美丽形象与全县党员干部的良好风貌，进一步提升全县的美誉度和知名度。交通运输部部长李小鹏“路美景美，工作更到位”的评价正是对本次会议主要成果的生动概括。会议要求，全县上下要不折不扣地贯彻落实好本次全国“四好农村路”现场会精神，着重要把握好以下三点。一要领会精神，狠抓落实。要结合安吉县实际，将“四好农村路”建设与实施乡村振兴战略有机结合，不断提升全县整体农村公路建设养护管理水平，逐步建立“内通外联”交通体系。二要抢抓机遇、加快发展。切实把握好全省“交通强国示范区”和大湾区建设等外部利好，持续推进重点交通项目，加快构建安吉县铁、公、水、空“四位一体”的立体大交通格局。三要加强对接、用好成果。要以本次大会为契机，举好“两山”旗，积极向上争取，力争在资金、政策、用地、项目等关键要素上有所突破。

听取关于《中共安吉县委关于建立县人民政府向县人大常委会报告国有资产管理情况制度的意见(讨论稿)》起草情况的汇报。会议原则同意《意见(讨论稿)》，建议修改完善后以县委名义行文。会议指出，建立政府向本级人大常委会报告国有资产管理情况制度，是习近平新时代中国特色社会主义思想在国有资产管理领域的重要体现，是充分发挥人民代表大会制度优势、加强人大监督国有资产职能的重大部署。会议要求，提升思想认识，认识到该项制度的建立是民主法治的需要，是县人大常委会依法履行监督职责的重要手段。把牢工作重点，确保这一制度始终在党的领导下进行，坚持全口径全覆盖，坚持问题导向，促进国有资产保值和增值。抓好制度落实，明确各相关部门的工作职责、目标任务、具体要求，加强国有资产管理队伍建设、制度建设，确保安吉县国有资产管理情况报告制度开好头、起好步。

听取溪龙乡、孝丰镇工作情况的汇报。会议听取县第十四次党代会以来溪龙乡、孝丰镇重点工作情况及下一步工作打算的汇报。会议对两个乡镇近段时期以来各项工作的开展给予充分的肯定，指出两个乡镇能立足自身优势，坚持“一张蓝图绘到底”，发展思路清晰；能立足全县发展大局，在项目推进、产业发展等重点工作方面推进有力；广大干部群众干事创业有热情、讲方法，氛围浓厚。会议要求，下一步，两个乡镇要围绕“两聚一美”发展大局，结合会议提出的意见和建议，进一步找准定位、全面发力。一要挖掘潜力、发挥优势，努力打造自己的“特色名片”。溪龙乡要围绕“抓好一个产业，讲好一个故事，建好一个小镇”的要求，努力打造“中国·安吉白茶小镇”，做足白茶产业集聚发展文章，打好“特色牌”；孝丰镇要主动对标国家级特色小镇定位，加快推进国家安吉竹产业示范园区建设，全面推进城乡融合发展，努力争当安吉“乡村振兴样板区、特色小镇示范区、历史文化名胜区”。二要进一步突出重点、狠抓落实。两个乡镇要对照县委十四届四次全会提出的八个问题，认真梳理研究当前重点，倒排时间，落实责任，抓好落实。进一步改进作风、凝聚合力。要突出党建引领，推动全面从严治党向纵深发展、基层延伸。要夯实基层基础，提升基层组织战斗能力，充分调动各级班子成员及广大党员干部的积极性主动性，凝聚干事创业的强大合力。

听取关于《安吉县乡村治理工作规范》起草情况的汇报。会议指出，《规范》的制定发布，是安吉县深入贯彻落实习总书记“余村经验”重要指示精神的重要举措，将为系统总结余村经验，积极推广安吉县乡村治理经验及模式，提供具体标准和操作规范。会议要求，增强标杆意识，要用“标准发源地”的责任感严格自我要求。抓好标准实施，会议明确，县委政法委负责牵头抓总、综合协调，统筹安排《规范》实施的每个步骤和环节，要强化宣传引导，为乡村治理工作规范实施营造浓厚的社会氛围。不断巩固提升，进一步健全乡村治理体系，为全省乃至全国推进乡村治理提供更多的安吉经验、安吉素材和安吉样本。

听取关于中国首届农民丰收节安吉分会场筹备情况的汇报。会议原则同意首届农民丰收节安吉分会场活动方案，要求牵头部门农业局进一步加强向上对接、细化工作方案、确保活动完成。会议要求，要在思想上高度重视，提高政治站位，把这次活动作为展示安吉和浙江农村改革发展巨大成就的重要平台。要加强统筹协调，提高活动组织水平，做好会务接待、环境整治、维稳安保、宣传报道等各方面工作，确保办出特色，办出水平。要落实落细责任，明确任务分工，敲实工作职责，确保各项工作扎实有序推进。要抓好会议成果的转化，深入挖掘，巩固拓展活动成果，做好“两山”转化文章。

9月29日下午，中共安吉县委举行十四届县委第五十五次常委会会议。

会议由沈铭权同志主持。会议传达学习有关会议精神，听取有关工作汇报，并进行认真研究。

传达全市网络安全和信息化工作会议精神。会议由陈旭华同志通报全市网络安全和信息化工作会议精神。会议强调，要提升认识，深刻领会。深入学习习近平总书记对做好新形势下网信事业发展的新要求、新部署和省市委网络安全和信息化工作会议精神，始终把牢正确的政治方向，坚决守住网络安全和网络舆论底线。要抓住重点，强化落实。着重抓好网上正面宣传与舆论引导、网信工作保障措施、网络信息产业发展等重点工作。要加强领导，优化机制。全县各级各部门要把网信工作纳入重要工作内容，各级领导干部要做学网、懂网、管网、用网的行家里手。会议要求，县网信办要发挥好统筹协调、参谋服务、舆情管控职能，网信领导小组成员单位要各负其责，形成合力，认真落实好网络意识形态工作责任制、网络安全工作责任制。

听取关于全省医共体建设现场推进会精神和安吉县县域医共体试点工作开展情况的汇报。会议由县卫计局党委书记、局长肖家青同志汇报全省医共体建设现场推进会精神和安吉县县域医共体试点工作开展情况。会议强调，要坚定改革方向。深入学习贯彻习近平总书记关于以人民为中心、以健康为根本的重要论述，认真贯彻落实中央、省、市委相关决策部署，切实把县域医共体建设作为新时代深化医疗体制改革的总抓手，认真抓好这项牵一发而动全身的民生实事。要强化责任担当。完善顶层设计，以群众满意为导向，着力巩固提升现有三个县域医共体试点成果。要坚持问题导向，以深化“双下沉、双提升”“最多跑一次改革”为抓手，着力解决医疗服务水平提升、专业人才引进培育、医疗资源优化配置、优质医疗健康服务下乡等问题。要加强组织领导。对照医共体建设的具体要求，重点围绕阶段性目标精准发力，在政策完善和引导上多下功夫，不断加快推进县域医共体建设。会议要求，由任贵明副县长牵头，会同卫计等部门，研究部署全县推进县域医共体建设的具体措施。

听取昌硕街道、天荒坪镇工作情况的汇报。会议由昌硕街道党委书记符海滨同志、天荒坪镇党委书记赵双勤同志分别汇报昌硕街道、天荒坪镇工作情况。会议指出，县十四次党代会以来，昌硕街道、天荒坪镇重点工作推进有力，干事创业氛围浓厚，发展成效明显，值得充分肯定。会议强调，要高点定位、自我加压。要立足自身优势，高起点高标准找准定位，在现有基础上着眼长远、自我加压，力争各项工作再迈上一个新台阶。昌硕街道作为中心城区，要充分利用好独特的区位优势和良好的发展基础，勇担全县“首善之区”的重任，树立首位意识、增强首位责任，抓好“一城一区一中心”的建设工作，切实履行好街道所承担的城市管理、服务民生、维护社会稳定等各项职责，全力打造好“服务昌硕、美丽昌硕、平安昌硕、活力昌硕、幸福昌硕”的“五个昌硕”品牌。天荒坪镇作为全县的老牌工业重镇、旅游强镇，要坚决扛起“两山”实践排头兵的重任，充分利用好“两山”红利的释放，以打造“宜居、宜业、宜商、宜游”的山区经济发展样板镇为目标，统筹推进抓产业、优环境、惠民生、强治理等各项工作，努力成为全县风情小镇的精致典范和县域大景区精品示范。要聚焦重点、狠抓落实。要认真对照县委十四届四次全会八个方面的决策部署，全面盘点、倒排时间，狠抓任务落实，确保全年各项工作画上圆满句号。昌硕街道要着重做好环境综合整治、平稳稳定、民生保障等工作。天荒坪镇要着重抓好余村“两山”示范区建设、长龙山电站项目服务、小城镇环境综合整治三大重点任务。要补齐短板、夯实基础。昌硕街道要以落实县委巡察整改为抓手，聚焦问题，立行立改，切实解决机关党建不够扎实、机关化作风较突出、部分村(社区)级组织战斗力不强等问题。天荒坪镇要主动对标“两山”转化的更高要求，着力解决一批历史遗留环境治理问题、工业经济层次较低等问题。

听取关于《城镇生活垃圾分类工作实施方案》起草情况的汇报。会议由县综合执法局党委书记、局长乐叶都同志汇报《城镇生活垃圾分类工作实施方案》起草情况。会议指出，城镇生活垃圾分类事关城市品质提升，是各级各界高度关注、人民群众普遍关心的民生实事。会议强调，要提升思想认识。开展城镇生活垃圾分类工作，是安吉自身现实的需要，是城乡统筹的需要，也是回应群众呼声的需要，必须要把这项工作做好、做实、做出成效。要突出工作重点。围绕城镇生活垃圾处理“减量化、无害化、资源化”的目标，按照“全链条管理、市场化导向、网格化推进”的思路，抓好《方案》的完善和落实。要强化保障措施，加大站点建设力度，着力完善基础设施。要不断浓厚氛围。要突出教育引导，要注重观念的转变、方法的传输、监督的到位，通过宣传强氛围、引导教办法、强制立规矩，提升群众“想分、会分、主动分”的思想自觉和行动自觉，上下同欲、多管齐下抓好工作推进。

会议书面审议《安吉县2018年党风廉政建设和反腐败工作组织领导与责任分工》《关于2018首届中国农民丰收节安吉分会场举办情况及我县下一步工作打算的汇报》。

10月13日上午，中共安吉县委举行十四届县委第五十六次常委会会议。

会议由沈铭权同志主持。会议传达学习有关会议精神，听取有关工作汇报，并进行认真研究。

传达学习全市组织工作会议精神。会议由吕立同志通报全市组织工作会议精神及安吉县贯彻落实建议。会议指出，要高度重视新时代组织工作，把思想和行动统一到中央和省市委的部署上来。要深度谋划组织工作，做到系统布局、整体推进。会议强调，要加强党的政治建设。坚持思想建党，紧抓理论武装不放松，用习近平新时代中国特色社会主义思想武装党员干部，强化“四个意识”，坚定“四个自信”。要夯实党的组织体系。要扩大组织覆盖，以提升组织力为重点，突出政治功能，深入实施美丽党建“强基行动”，不断扩大党组织在农村、城市、两新、学校、医院等领域的覆盖面。要强化党建责任，坚持“书记抓、抓书记”，全面落实好党建“第一责任人”职责，抓好乡镇(街道)党委书记抓基层党建工作述职，着力推动“全领域建强、全县域提升”。要发挥服务功能，创新活动载体，充分运用好“拼比争、看变化”“挂牌亮相”“承诺晒诺”等载体活动，进一步提高党员创先争优意识,发挥党员先锋模范作用。要锻造实干担当的“铁军”队伍。要围绕提升专业能力、坚持从严管理、突出年轻干部培养三个方面,进一步加强干部培育、选拔、管理和使用。要着力集聚各方英才,重点加大引育力度、提升科创平台、强化人才服务。会议要求,组织部门和组工干部要加强自身建设,着力打造立得住、叫得响的安吉组织工作品牌。

传达学习全市对外开放大会暨高质量外资集聚先行区建设推进会精神。会议由县商务局党委书记、局长孙莉同志汇报全市对外开放大会暨高质量外资集聚先行区建设推进会精神及安吉县贯彻落实建议。会议指出,要树立发展信心,引导企业客观冷静分析形势,积极有效地应对新情况、新问题。要切实增强责任感和使命感,做到勇担责任、政企同心,抓住发展机遇和有利条件,助力企业高质量发展。要进一步强化舆论引导,加大宣传力度,鼓励企业做好自我武装,掌握市场主动权。会议强调,要厚植发展后劲,要强化精准招商,立足“1+2+3”产业布局,集中更多精力,汇聚更多合力,切实提升招引的精准度和实效性。要加快培大育强,深入开展进企业“问难帮困稳增长”专项活动,严格落实企业减负各项政策,加快构建布局合理、结构合理、梯次合理的企业培大育强架构体系。要突出招才引智,切实做好人才项目产业化扶持工作。要抓好开放载体。要拓宽开发通道,加快完善和提升高速、高铁、港口、机场等一批重大工程建设,全力打造水陆空一体的“大交通”格局。要提升平台能级,大力推动开发区、示范区等平台扩容提质,不断提升各类平台的承载力、集聚力、竞争力。要加强战略合作,深度融入国家和省市开放战略,努力在平台搭建、信息共享、要素集聚、产业承接、总部经济等方面,实现全方位、多领域合作。要提升发展环境。要持续优化营商环境,深入开展“优化营商环境年”活动,加力推进“最多跑一次”改革,提高政务服务效率,全力打造“安吉服务”品牌。要持续强化要素供给,重点在政策、土地、资金等方面进一步强化保障。要持续提升美丽形象,坚定不移抓好环境综合整治,持续深入推进“平安安吉”“法治安吉”“诚信安吉”建设,全力打造宜居宜业宜游的发展环境。会议要求,县商务局认真做好全县对外开放大会的谋划筹备工作。

传达学习全省政协系统党的建设工作会议精神。会议由叶海珍同志通报全省政协系统党的建设工作会议精神。会议指出,加强政协系统党的建设,是事关政协工作方向和大局的根本之举,是破解政协系统党建工作存在问题和不足的迫切需要,是更好肩负起新时代人民政协政治使命的必然要求。会议强调,要切实加强党的领导。坚持以习近平新时代中国特色社会主义思想为指导,始终在党委领导下开展政协工作,把党的领导贯穿政协工作全过程和各方面,不折不扣落实党中央和省、市县委的决策部署。要树立做好政协工作必须首先抓好党建的观念,发挥好政协党组在政协工作中的领导核心作用。要切实服务发展大局。要积极建言献策、强化民主监督、投身发展实践,以实际行动主动围绕中心、服务大局。要切实强化自身建设。要按照习近平总书记“懂政协、会协商、善议政”的要求,不断创新工作机制、改进工作方法、增强工作实效,进一步提高政协工作制度化、规范化、程序化水平。政协党组要认真落实全面从严治党主体责任,大力加强政协机关思想政治建设、组织建设和作风建设,更好地引导和服务政协委员依章履职。

会议研究干部人事工作。

会议书面审议关于《开展全县领导干部“最多跑一次”改革办事体验工作方案》的汇报。

10月30日晚,中共安吉县委举行十四届县委第五十七次常委会会议。

会议由沈铭权同志主持。会议传达学习有关会议精神,听取有关工作汇报,并进行认真研究。

听取关于全省宣传思想工作会议精神及安吉县贯彻落实建议的汇报。会议由县委常委、宣传部部长陈旭华通报全省宣传思想工作会议精神以及安吉县贯彻落实建议。会议强调,要提升思想认识高度。要坚持以习近平总书记关于宣传思想文化工作重要论述为指导,深入学习贯彻全国、全省宣传思想工作会议精神,切实把思想和行动统一到中央和省委的部署要求上来,不断增强做好宣传思想工作的政治自觉、思想自觉和行动自觉。要坚定正确的政治方向。

全县各级党委（党组）要旗帜鲜明地坚持党管宣传、管意识形态、管互联网的原则，全面履行好主体责任，加强意识形态责任落实，牢牢掌握意识形态工作的领导权、管理权和话语权，不断推进习近平新时代中国特色社会主义思想学习宣传，切实把社会主义核心价值观融入经济社会发展各方面。要坚持服务发展大局。要紧紧围绕县委、县政府中心工作，坚持把统一思想、凝聚力量作为中心环节，自觉承担起举旗帜、聚民心、育新人、兴文化、展形象的使命任务，唱响主旋律，壮大正能量，讲好安吉故事、传播好安吉声音，为推动全县经济社会高质量发展营造良好舆论氛围。要统筹推进公共文化服务、文化产业、文艺精品创作，努力提供更高质量的文化供给，切实增强人民群众的文化获得感。要加强人才队伍建设。要把加强宣传人才队伍建设作为做好宣传思想工作的基本保障，积极开展宣传工作人员培训，切实提高宣传干部队伍的工作本领和能力。

听取关于全市加快打造滨湖旅游城市大会会议精神和安吉县贯彻落实建议的汇报。会议由县旅委党委书记、主任管永丰汇报全市加快打造滨湖旅游城市大会会议精神和安吉县贯彻落实建议。会议强调，要坚定发展信心。要立足优美的生态环境和深厚的文化底蕴，以全域旅游为抓手，乘势而上、顺势而为，努力打造更高水平、更有效益的休闲旅游产业。要突出项目带动。要坚定不移的招大引优，厚植旅游业的根基。灵峰旅游度假区作为全县全域旅游产业大平台，要充分利用好国家级旅游度假区的金字招牌，要切实发挥龙头作用，在优质项目招引上持续发力、精准用力。要加强资源整合。要按照“全域旅游”的要求，坚持规划引领、抓好规划布局，更加合理地整合全县旅游资源，以四条精品观光带建设为重点，不断推出更丰富、更精致的旅游线路和旅游产品。要强化品牌引领。精心设计策划开展一系列推介宣传活动，进一步提升安吉旅游品牌的美誉度、知名度。要注重整体提升。要以“智慧旅游”建设为载体，认真研究游客的消费习惯及变化趋势，围绕吃住行游购娱等要素，打造特色、贴心、高品质的旅游服务产品。要加大旅游业人才队伍的建设，加大旅游市场联合检查执法力度，着力促进旅游产业健康有序发展。

听取关于全省机构改革动员大会精神以及安吉县启动机构改革工作情况的汇报。会议由县编委办（督查办）副主任诸自力汇报全省机构改革动员大会精神以及安吉县启动机构改革工作情况。会议强调，要提高政治站位，深化思想认识。全县各级各部门要进一步统一思想，强化政治担当，按照中央的总体部署和省委的具体安排，高标准、高质量、高效率地推进安吉县机构改革工作，确保各项决策部署落到实处。要全面对标对表，狠抓改革落实。要严格对标上级部署的时间节点，精心组织实施，确保各项改革任务保质保量、按时完成。要吃透上级精神，准确把握中央、省委的改革要求，积极向上沟通对接，结合实际做好“自选动作”，加快制定科学有效、切实可行的机构改革方案。要强化组织领导，积极稳妥推进。要在县委、县政府的统一领导下组织实施，把深化机构改革摆到更加突出的位置，组成工作专班，逐级落实好责任。要认真做好广大党员干部的思想政治工作，确保机构改革过程平稳有序，做到改革与发展“两手抓”“两不误”“两促进”。要严明纪律约束，加强舆论引导。要严格执行政治纪律、组织人事纪律、机构编制纪律、财经纪律和保密纪律，做到政令畅通、令行禁止，加强督促检查，坚决杜绝各类违法违纪现象。要加大正面宣传和舆论引导，营造理解改革、支持改革的良好氛围。

听取关于《安吉县建设新时代文明实践中心（试点）工作实施方案》起草情况的汇报。会议由县委宣传部常务副部长金枫涛汇报《安吉县建设新时代文明实践中心（试点）工作实施方案》起草情况。会议原则同意该《方案》，修改完善后以县委、县政府名义行文。会议指出，建设新时代文明实践中心，是党中央立足新时代发展特点，着眼基层工作实际作出的一项重要决策部署；是深入宣传习近平新时代中国特色社会主义思想、培育和践行社会主义核心价值观的重要载体和重要阵地；是推动乡村振兴战略实施、加快乡村文化振兴的重要抓手，对凝聚群众、引导群众，打通联系服务群众“最后一公里”具有极为重要的意义。会议强调，要提高站位，抓好结合。要把新时代文明实践中心建设与贯彻落实十九大精神结合起来，同自觉贯彻中央、省、市委的重大改革决策部署结合起来，同实施乡村振兴战略、创建全国文明城市等结合起来，主动担当、积极作为，努力打造全国新时代文明实践中心样板。要明确重点，统筹推进。要加快制订工作清单，对标对表扎实推进。要按照县、乡镇(街道)、村(社区)三级布局，成立相应的新时代文明实践中心、站、所(点)，加强对全县各级文明实践中心的领导、管理和指导。要强化志愿者队伍建设和管理，积极引导在职党员干部、退休干部、乡土人才等投身志愿服务，加强服务培训，强化志愿考评，打造一支"两山"志愿队伍。要落实责任，凝聚合力。县委宣传部(县文明办)要发挥牵头抓总作用，统筹资源布局，创新服务亮点。各乡镇(街道)要把文明实践平台建设，作为落实意识形态工作责任制的重要内容，作为全面推进乡村振兴的重要组成部分，切实加强领导、落实责任。各有关部门要对照实施方案，细化责任、通力协作，强化对乡镇(街道)的业务指导。要强化保障，严格考核。按照上级部署，做好人员、物质等保障工作，加大督查考核力度，确保试点建设创出特色、打出品牌。

会议还研究了干部人事工作。

会议书面审议《中共安吉县委关于贯彻落实湖州市委高质量赶超发展"一四六十"工作体系的实施意见》《关于第十一届安治会暨第六届国际无人飞行器创新大奖赛活动方案的汇报》。

会议书面通报《关于"一片叶子富了一方百姓——浙江安吉捐赠茶苗启运活动"举办情况及下一步工作打算的汇报》《关于县委常委会研究乡镇(街道)工作有关督办事项情况的汇报》《关于安吉县消防安全责任制实施办法起草说明的汇报》。

11月5日，中共安吉县委举行十四届县委第五十八次常委会会议。

传达学习市委常委会精神。会议指出，这次市委常委会充分肯定安吉工作，让我们充满信心；提出的"绿色发展的标杆，生态宜居的典范"这一奋斗目标，让我们倍感振奋、备受鼓舞。

会议强调，安吉县要进一步提升产业发展质效，进一步深化环境综合治理，进一步加大改革创新力度，进一步迈开接轨沪杭步伐，进一步推动乡村全面振兴，进一步落实全面从严治党。要把做大做强绿色产业摆在更加突出的位置，重点抓好生态工业，加快推进全域旅游，精心打造优质农业，以绿色产业来助推绿色发展；自我加压，提高标准，持续抓好环境整治、城乡建设、制度创新，全面深化环境综合治理工作；以改革开放40周年为新起点，加快重点改革推进，稳步推进机构改革，加速集聚创新资源，着力推动"改革开放再出发"；积极发挥区位优势，坚持交通先行，注重要素承接，优化营商环境，加快推进区域经济一体化发展；深化文明实践，促进富民增收，提升公共服务，努力在乡村振兴战略实施工作中走在前列；持续全面从严治党，不断提高党引领发展的能力和水平，严明纪律规矩，全力打造政治生态的绿水青山。全县上下要围绕"一个目标、三个坚定不移、五个时代样板"的明确要求，对照县委制定出台的"十大工程"，理清责任、担当作为，确保各项工作按时间节点和标准要求落实好。要把学习贯彻市委常委会精神，与扎实做好当前各项重点工作紧密结合起来，全力以赴确保实现"全年红"，谋划好下步工作思路，持续抓好年底前平安稳定工作，真正把贯彻落实这一重大政治责任转化为具体的工作责任，真正做到融入日常、抓在经常。

11月26日上午，中共安吉县委举行十四届县委第五十九次常委会会议。

会议由沈铭权同志主持。会前开展"党纪(性)教育一刻钟"，由县委书记沈铭权传达学习关于中央和省市巡视(巡察)工作规划的有关精神。会议听取有关工作汇报，并进行认真研究。

听取十四次党代会以来县政务办工作汇报。会议由县政务办常务副主任朱车生汇报县政务办工作开展情况。会议指出，十四次党代会以来，县政务办在抓改革落地、服务优化、队伍建设等方面富有成效，工作值得肯定。会议强调，要在工作站位上进一步拉高标杆。要扛起责任担当，强化大局意识，拉高工作标杆，主动创新举措，努力争当"两聚一美"建设事业的排头兵。要在推动改革上进一步狠下功夫。要以"最多跑一次"改革为主线，进一步深化改革创新，不断总结完善，着力打造更加高效、便捷、公正的政务环境。要进一步扩大服务范围，加强部门之间的沟通协调，对各项审批进行全面梳理。要大力推进网上审批，更好地服务企业和群众，不断优化营商环境。要继续深化“无差别全科受理”改革，依托基层治理“四个平台”，借助乡镇便民服务中心载体，加大联动服务体系。要积极探索创新，在不断实践中总结提炼，多争取省里、市里的试点，多出“安吉经验”“安吉样本”。要在为民服务上进一步力求实效。要从服务全县经济社会发展的高度，进一步增强工作的责任感和使命感。要不断改进方法，持续转变作风，努力提高工作效率，全面推进安吉县政务服务工作上台阶、上水平。要强化监督管理，积极推行政务公开、“阳光审批”，保障群众的知情权、参与权和监督权，切实做到依法依规办事、阳光透明审批、优质高效服务。要在突破难点上进一步提高水平。要在招投标、涉企项目审批、打通信息孤岛、有序发展中介等方面不断强化监管、认真做好研究、抓紧落实举措，保障政务服务高效有序。要在强化队伍上进一步落实举措。要加强自身建设，注重政务服务队伍综合素养提升，完善内部运行机制和相关管理制度，加强服务窗口的文明创建，合理调配工作力量，保持窗口工作人员的稳定性。要落实机构改革要求，推动政务服务工作无缝连接。

听取《关于新一轮“百村示范、千村晋位”专项行动的实施意见》制定情况的汇报。会议由县委组织部常务副部长徐伟汇报《关于新一轮“百村示范、千村晋位”专项行动的实施意见》的制定情况。会议强调，要高度重视。对新一轮“百千行动”要在思想上高度重视，行动上抓好落实。要狠抓关键。要围绕“抓重点、补短板、强弱项”切实抓好乡镇党委书记、村支部书记选任，深化“导师帮带制”“乡贤参事”等机制，要有效结合乡村振兴战略的实施，着力打造具有安吉特色的基层党建品牌。要注重实效。要从实际出发，不断完善《意见》，做到实际、实用、实效。要强化领导。要加强组织领导，强化保障，把工作做实做到位。

听取关于安吉县近期维稳安保工作有关情况的汇报。会议由县委政法委常务副书记王国明汇报安吉县近期维稳安保工作有关情况。会议指出，今年以来，全县维稳安保工作在任务重、要求高、时间长的客观情况下，完成各项任务，工作值得肯定。会议强调，要强化思想认识，保持高度警觉。安吉县社会大局总体稳定，但社会稳定风险仍然存在，安全稳定形势依然严峻。全县上下要保持清醒的头脑和高度警觉，时刻绷紧“安全”这根弦，抓紧“稳定”这条线，深刻认识当前维稳安保工作的严峻性、复杂性和挑战性，切实把思想和行动统一到中央、省、市委关于维稳安保工作的各项决策部署上来，进一步做深、做细、做实维稳安保各项工作，全力维护全县发展大局的和谐稳定。要保持工作力度，紧盯重点环节。要突出重点，紧盯重点的人和重点的事，积极推进“因人施策、因事施策”。要加强依法打击，以“扫黑除恶专项斗争”为抓手，扎实开展突出治安问题排查整治专项行动，查漏补缺、夯实基础，全力维护全县社会和谐稳定。要做好源头防控，筑牢维稳安保工作的社会基础，加强基层治理，进一步健全“大调解”体系，把矛盾纠纷化解在萌芽状态，努力在源头上抓预防、治根本。要加强组织领导，凝聚工作合力。严格按照“党政同责、一岗双责要求”，强化组织协调，坚持统分结合，整合资源力量，形成维稳安保工作的强大合力。要严肃工作纪律，落实好各项制度。要充分发挥群防群治的综合防控优势，用好“雪亮工程”“家园卫士”“平安卫队”等平台载体，进一步夯实网格化管理，筑起群防群治的“铜墙铁壁”。

听取关于探索实施“二级街道”管理模式的汇报。会议由递铺街道党委书记吴国兴汇报关于探索实施“二级街道”管理模式的相关情况。会议强调，要明确改革目标。实施“二级街道”管理模式，既是顺势而为，也是发展所需。要通过这次改革，进一步推动“管理力量下沉，服务关口靠前”，把联系服务群众的“最后一公里”的文章做实、做细，努力构建更加精细化、科学化的社会治理格局，为街道和开发区经济社会发展营造更好环境。要体现精干高效。要科学划分工作片区，实行分级管理，推动管理职能的有效衔接，管理效能的有力提升。要有效整合资源。要有效整合人力资源，通过科学考录、培养使用、考核评价、激励保障等各项配套制度,把从严管理贯彻到基层队伍建设全过程。要积极稳妥推进。要做到平稳有序,保持既有政策和当前工作的稳定性和连续性。有关部门要做好沟通对接,积极协调配合好工作的开展。递铺街道要以此次体制改革为契机,立足更高站位、瞄准更高要求,充分激发体制改革所带来的创新活力,为全县“两聚一美”发展大局作出更大贡献。

会议还研究了干部人事工作。

会议书面审议《2018年度落实全面从严治党主体责任检查方案》《中国共产党安吉县第十四届委员会巡察工作规划》《安吉县领导干部政治表现考察实施办法(试行)》《关于全面深化新时代“导师帮带制”加快推进中国最美县域建设的实施意见》《安吉县“四大领域”容错纠错实施细则(试行)》。

会议书面通报关于全市宣传思想工作会议暨新时代文明实践中心建设部署会精神及安吉县贯彻落实建议的汇报。

12月8日,中共安吉县委举行十四届县委第六十次常委会会议。

听取关于《安吉县机构改革方案》起草情况的汇报,并研究制定相关工作的落实意见。

12月8日上午,中共安吉县委举行十四届县委第六十一次常委会会议。

会议由沈铭权同志主持。会前开展“党纪(性)教育一刻钟”,由县委副书记、县长陈永华传达学习省委第二巡视组巡视湖州市情况反馈精神。会议听取有关工作汇报,并进行认真研究。

听取关于安吉县改革开放40周年最具影响力事件评选暨“安吉骄傲”年度特别活动方案的汇报。会议由县外宣办汇报安吉县改革开放40周年最具影响力事件评选暨“安吉骄傲”年度特别活动方案。会议强调,要提高站位,高度重视。各级各部门要提高站位、凝聚共识,充分认识此次活动的重要意义,精心组织、科学谋划好各项筹备工作。要立足实际,彰显特色。要认真按照上级的有关部署和要求,立足安吉县实际,讲好安吉改革开放的故事,展示好安吉取得的发展成果,彰显改革开放大潮中的安吉风采、安吉贡献,特别是我们践行“两山”理念、推动生态文明建设的生动实践。要凝聚人心,助推发展。要以举办此次活动为契机,加大宣传力度,充分体现群众性和时代性,全面营造庆祝改革开放40周年的浓厚氛围,进一步增强全县人民的自豪感、归属感,激发广大干部群众干事创业的积极性,更加主动地投身到中国最美县域建设事业上来。要明确任务,压实责任。牵头单位要牵头抓总、担起责任,各责任单位和有关部门要积极主动、紧密合作,共同保质、保量把各项任务完成好。要坚持隆重热烈、安全祥和、务实节俭的原则,体现公认性、引领性、导向性,确保本次活动有序开展。

听取县十四次党代会以来教育局工作汇报。会议由教育局汇报县十四次党代会以来全县教育工作情况。会议指出,近年来教育局深入推进教育改革,资源配置不断优化,品牌质量不断扩大,队伍建设不断加强,全社会关心支持教育发展氛围不断浓厚,教育事业推进成效明显,成绩值得肯定。会议强调,要完善配置,全面推进教育事业城乡融合发展。一方面,要进一步优化配置,强化学前教育配套,大力推动小区配套幼儿园建设。要立足当前、中长期谋划,结合人口增长、分布、需求等特点,完善教育项目规划设计,切实满足群众对“好上学”的需求。另一方面,要进一步统筹城乡,在城乡学校建设标准、教师配备、软硬件配置等方面严格标准、城乡统一、配置均衡,确保城乡教育均衡发展,切实解决群众对“上好学”的期盼。要统筹推进,高质量提升教育办学水平。按照“学前教育国际争先、职成教育国内知名、普高省内前列、义务市内一流、民办教育彰显特色”的目标,进一步优化教育品质,提升办学质量。学前教育方面,要进一步提升安吉游戏品牌。义务教育方面,要围绕质量和均衡两大主题,全面梳理存在的问题,抓好落实整改,扭转义务教育质量品牌不明显的局面。普高教育方面,要狠抓师资力量保障,加大政策激励力度,持续保持高考质量稳步提升的良好势头。职成教育方面,要继续结合企业实际,加大合作力度,创建一批符合市场需求的示范性特色专业,为县域企业发展提供坚强技术人才保障。民办教育方面,要依法促进民办教育事业的健康发展,切实维护民办学校和受教育者的合法权益。同时,要更加注重提升公办学校教学质量，严格落实义务教育均衡发展要求。要从严管理，坚定不移抓好队伍建设。要在教育系统内部，进一步全面落实从严治党责任。要加强和改进局党委对学校的领导，不断凝聚学校改革发展的强大动力。在抓好校长队伍建设、教师队伍建设、校园文化建设等方面持续发力。要突出重点，营造全社会关心教育系统的氛围。坚持问题导向，抓住关键环节，扎实整治到位。要加大校外培训机构整治力度，强化师德建设，严把课堂教学质量和规范管理，杜绝在职教师有偿补课；要多方联动，共同治理，合理规范校外培训机构，切实减轻学生负担。要加强校园安全管理，坚持“属地管理、分级负责”“谁主管、谁负责”的原则，加大校园周边环境整治力度，强化食品安全，严厉打击各种侵害学校权益、危害师生安全、损害青少年身心健康的违法犯罪行为，有效遏制校园安全责任事故发生。要切实加强未成年人思想道德建设，切实做到学校、家庭、社会三位一体，持续关心关注未成年人身心健康。

听取《关于高水平打造“两山”人才生态最优县的实施意见》制定情况的汇报。会议由县委组织部汇报《关于高水平打造“两山”人才生态最优县的实施意见》制定情况。会议强调，要提高站位，深化认识。县委将进一步加强对人才工作的领导，深入落实人才工作“双组长”制；各单位要高度重视人才工作，切实加强对人才工作的领导，下大力气多措并举引进人才，不断厚植最美县域发展动能。要落实责任，统筹推进。抓好配套办法和政策实施，全面构建人才引育服务保障体系。要加大引育力度，围绕现代化绿色生态产业体系，大力引荐适合安吉产业发展的顶尖人才或团队，统筹引进一批产业发展需要的大学生和高技能人才。要全力提升平台，加快推进现有平台建设，积极拓展人才项目异地孵化器或海外离岸创业基地建设，不断提升县域人才孵化和承载能力。要全心做好服务，着力解决在住房、就医、就学等方面遇到的实际问题。要加强宣传，浓厚氛围。大力弘扬以改革创新为核心的时代精神，大兴识才爱才敬才用才之风，不断扩大科技创新和人才工作的社会基础，形成尊知重才、鼓励创新的社会共识。要加强对典型人才、重大创新成果的宣传力度，着力营造尊重人才、崇尚科学的浓厚社会氛围。会议要求，要阶段性加强对《实施意见》落实情况的跟踪评估，综合评估意见实施的效果。

听取关于承办全国发展乡村民宿推进全域旅游现场会及安吉县下一步工作打算的汇报。会议由县旅委汇报关于承办全国发展乡村民宿推进全域旅游现场会及安吉县下一步工作打算。会议指出，会议承办成功，进一步展示安吉县域的美丽形象，进一步积累会务接待的有益经验，进一步展现干部群众的精神风貌，再一次检验我们的工作能力和水平，工作值得肯定。会议强调，要梳理谋划，提升安吉旅游业的发展水平。近年来，安吉县在美丽乡村建设过程中，发力乡村旅游，形成“生态＋”“文化＋”“农业＋”等业态丰富的旅游融合发展模式，通过“优雅竹城、风情小镇、美丽乡村”三级联创，较早较好地探索全域旅游的发展路径。随着大众旅游时代的到来，随着交通条件和城乡面貌的不断改善，安吉的休闲旅游发展正迎来黄金机遇期，要坚定信心、乘势而上，努力打造更高质量的休闲旅游产业。要学习研究，落实好各项会议的部署。要以加快提升乡村民宿发展为突破口，着眼推动休闲旅游产业大发展，按照打造高水平、高质量、高品位“全域旅游”样板的目标要求，高位规划布局、优化基础建设，加大资源整合，加强规范管理，强化品牌引领，丰富旅游业态，推出更精致、更丰富的旅游产品，提供更贴心、更智能的体验服务，努力打造更多“游在安吉”的经典套餐，不断提升安吉旅游的知名度和美誉度，让更多游客走进来、住下来、玩起来，进一步提高休闲旅游综合收益。要把握机遇，用好会议成果。要总结筹办大会经验，充分用好本次会议成果，保持沟通联系，做好跟踪落实，积极向上争取更多资源、更多要素为我所用，特别是对重大项目要主动沟通，吸引更多项目资源、人才资源、旅游资源在安吉落地。会议要求，全县旅游战线要继续发扬拼比争的工作作风，坚持以“钉钉子”的精神，一步一个脚印踏踏实实干好工作，为全县“两聚一美”发展再作更大贡献。

会议书面审议《关于加强和完善城乡社区治理的实施意见》。

12月8日上午，中共安吉县

委举行十四届县委第六十二次常委会会议。

会议由沈铭权同志主持。会议专题听取关于《安吉县机构改革方案》起草情况的汇报,并进行认真研究讨论。

听取关于《安吉县机构改革方案》起草情况的汇报。

会议由县编委办(督查办)汇报《安吉县机构改革方案》起草情况。会议强调,要提高站位,统一思想认识。切实扛起责任担当,扎实抓好这项工作,确保按时保质完成任务。要通过深化机构改革来实现资源整合、力量优化、效率提升,进一步激发改革闯劲、拼劲、干劲、韧劲,为高水平"两山"转化、高质量赶超发展增添新动能。要精心组织,抓好方案实施。要抓好动员准备,协调小组办公室要做好面上统筹,各成员单位要根据职责分工主动履好职。要抓好转隶组建,组织、编办、人社、财政、审计、档案、后勤保障等部门加强协调联动,按照"先立后破、不立不破"的原则,统筹做好人员转隶、印章使用、挂牌、办公用房调整、档案交接、审计等工作,确保工作无缝衔接。要抓好部门"三定",进一步推动职能优化、机构设置和人员配备,构建新的管理体制和运行机制,把改革的各项任务落到实处。要严明纪律,确保平稳有序。严格执行机构改革政治纪律、组织纪律、机构编制纪律、干部人事纪律、财经纪律、保密纪律。要严控编制总量,各部门原有行政编制要根据工作任务做好统筹使用,不得突破省下达的行政编制总量,严守机构编制底线。要确保思想稳定,着眼大局、统筹考虑,把相关政策定在前面,把部门班子组建在前面,把困难问题想在前面,把纪律规矩立在前面,确保机构调整、职责划转、人员转隶等按要求、按时限调整到位,各项工作有条不紊、平稳有序、无缝衔接,确保干部队伍思想不乱,人心不散,干劲不减。要做到有机衔接,按照改革时间表和路线图,抓好时间节点工作落实。新老机构交替过程中,相关职责移交完成之前,有关部门要按照原职责落实工作任务,特别是安全生产、应急救援、社会稳定等方面的工作,更要做到无缝衔接、平稳运行,确保机构改革和日常工作两不误、两促进。新机构组建后,要统筹谋划明年思路、重点任务和工作举措等,迅速扛起职责、担负使命,积极有效开展工作。

12月25日,中共安吉县委举行十四届县委第六十三次常委会会议。

学习贯彻习近平总书记在庆祝改革开放40周年大会上的重要讲话精神,听取关于县委十四届六次全体(扩大)会议暨经济工作会议筹备工作情况、关于全国加强乡村治理体系建设工作会议筹备情况、关于安吉县2018年度落实全面从严治党主体责任考核"一票否决"单位等情况的汇报,并研究制定相关工作贯彻落实意见。

组织工作

【概况】 2018年,安吉县组织系统始终坚持以习近平新时代中国特色社会主义思想为指导,以新时代党的组织路线为遵循,以践行"两山"理念为主线,紧扣全年组织工作重点任务,强化主责主业、强化责任担当、强化工作落实,干部、组织、人才"三驾马车"齐头并进。2018年,习近平总书记对安吉县余村"党建引领乡村治理"以及黄杜村党员致富不忘党的恩、主动帮扶贫困地区群众的精神予以批示肯定,7月15日《人民日报》头版刊登介绍黄杜村相关做法;鲁家村党委书记朱仁斌入选全国"榜样3"活动学习人物;余村村党支部原书记鲍新民入选改革开放40周年杰出贡献人物;《筑梦"两山"》电教片获评第十四届全国党员教育电视片二等奖;人才成长助推计划全面实施,安吉上海"两山"双创飞地建成,人才创业项目产业化累计突破60亿元,省"万人计划"、省级重点企业研究院、省级重点实验室、省专利金奖、国家级技能大师工作室取得零突破。有260余批4900余人到安吉县考察交流组织工作,扩大了"美丽党建"工作的影响。

【"坚奋"主题教育活动】 2018年,安吉县组织工作围绕习总书记对安吉县历次批示精神,按照省、市委有关部署要求,创新开展"坚定'两山'路 奋进新时代"主题活动,围绕"奋进九问",实施"六大行动",创设"感恩奋进大家谈",组织党员干部常下基层、常问民生、常解民需。全年以县委书记沈铭权为代表的各级党员干部累计走访群众12.4万户,开展宣讲728场次,征集意见建议1万余条,解决群众关心的"关键小事"1700余件,总结推广党建引领乡村振兴十三策、村级事务管理“五个所有”、游客党员“三化”服务管理等一批基层治理创新举措，相关做法在《浙江日报》头版报道。

【干部队伍建设】　服务中心大局。围绕最美县域建设，开展“承诺晒诺”活动，全县82个单位共承诺实事241项。持续实施“服务创优先锋行动”，选派389名干部分赴中心工作等一线服务。配合开展好东西部扶贫协作工作。深化“导师帮带”新时代内涵，出台《深化“导师帮带制”加快推进中国最美县域建设的实施意见》。举办首届全县年轻干部能力提升培训班，实行一个月集中学和五个月实践炼的模式，83名年轻干部在重难点一线磨炼成长。持续开展“两山”实践最美系列选树，不断激发党员干部比学赶超意识。完善干部人事制度。制定出台《政治表现考察实施办法》《“四大领域”容错纠错实施细则》等系列文件，健全完善县管领导干部到龄退职转岗办法，制定印发《干部人事报告事项操作流程》。召开全县干部人事档案工作会议，规范干部人事档案管理。以机构改革工作为契机，做好领导班子调配和人员转隶等相关工作，推进机构改革，选优配强各级领导班子。开展教育培训。以“两山”讲习所建设为抓手，推进现场教学基地提升工程，改造提升12个“两山”现场教学点，打造“中国最美县域”教学品牌。以县委党校为主阵地，多措并举提高培训质量和教学层次，举办主体班次25期，培训学员3000余人次。完善干部监督管理。落实“凡提四必”，对瞒报个人有关事项等问题的3名对象作出取消或暂缓提拔处理。开展县管领导干部企业、社会组织兼职专项督查工作，对80家单位的3885名在职和退休干部开展专项督查。开展提醒诫勉函询、“三责联审”和“一把手”工作纪实检查，严格因私出国（境）审批，不断织密制度笼子。

【基层党建工作】　落实“美丽党建”项目申报制度，全年完成基础项目17个、创新项目40个。健全完善全县基层党建工作考核办法，深化基层党建工作季度例会制度。深化基层党委书记、县委组织员和两新工委委员、基层党组织书记述职的“三述”做法，推行乡镇党建重点任务纪实管理，全面压实党建责任。持续深化“双整提升”工作。落实省、市委“大学习大调研大抓落实”要求，创新开展“坚定‘两山’路奋进新时代”主题活动，围绕“奋进九问”，实施“六大行动”，创设“感恩奋进大家谈”，不断预热“不忘初心、牢记使命”主题教育；推进“百千”专项行动，获评市级示范乡镇党委1个、先锋示范村党组织12个，获评数量连续三年居全市第一。启动实施新一轮“百千”专项行动三年计划。开展乡村振兴调研，总结提炼《基层党建引领乡村振兴十三策》、村级事务管理“五个所有”、游客党员“三化”服务管理、“红色家园卫士”等基层治理创新做法。推进重点任务落实。开展“十问基层党建”集中调研，部署开展村社组织换届“回头看”，逐村建立“一村一档”，制定“一村一策”。在全市率先出台《党组织领导下的中小学校校长负责制实施办法》。实施“美丽党建”强基行动，抓好全程指导，每季召开现场推进会，完成91个党建示范点打造。下发《机关党建工作规范》，开展“星级党组织”

11月9日，县委书记沈铭权（右二）带队开展第三季度“美丽党建”强基行动，深入推进基层党建“全领域建强、全区域提升”

创建,实施机关党建"五大行动"。挖掘红色资源,建成党员教育使命馆等教育阵地。打造基层"铁军"集群。举办村社党组织书记集中轮训、乡村振兴专题研讨班,深化村社党组织书记季度视频交流会议。选派24名村(社区)党组织书记赴省内先进地区挂职学习。深化"四诺履职"记实管理,推行村主职干部集中办公。规范党员发展流程,发展党员360余名。打造党建电视栏目《两山红印》。紧扣全国文明城市创建、"最多跑一次"改革等中心工作,推动党员志愿服务常态化。推进两新党建有效覆盖。深化"双量提升"专项行动,建设"两新"党组织30个。深化"红色动力工程",不断推进"红色车间""文化车间""党员人才工作室"增量提质。培育党建示范点20个,打造提升天子湖、开发区2个枢纽型党群服务中心。举办"两新"组织党组织书记专题培训班、实干安商青英培训班。建立全国首个电商产业党建联盟党工委,并揭牌运行。推进与遂昌县的"村企结对""消薄"行动,完成抱团发展合作项目2个。

【人才创新创业】 落实党管人才原则。充实调整县委人才工作领导小组成员单位,深化人才项目参与决策机制、人才工作会商机制,制定落实党委联系专家制度,确保各类人才发展难题领办落实。推行项目化领办、差异化考核机制,科学设置4个方面20项考核内容,通过月督查、季通报形式督促推进。人才队伍力量显著增强。全面落实《高层次人才队伍建设三年行动计划》,全年培育"万人计划"1名、"省千"3名、省"海外工程师"3名、"南太湖精英计划"项目54个。举办第三届"两山杯"创新创业大赛,角逐出21个项目和企业。在全市率先推出"乡村振兴农村人才开发工作二十一条"。推进"百名硕博引才计划"和紧缺急需高层次人才招录工作。双创平台能级切实提升。抓实"两山"创客小镇二期和科创园二期两大主平台建设,加快推进小微企业产业园、笔架山农业高新区、国家级安吉竹产业高新科技示范园区建设。建成首个安吉、上海"两山"人才双创园,设立上海、深圳、长沙以及英国、瑞士5家海内外引才工作站。加大人才发展平台建设,建设省级博士后工作站4家,省级院士工作站、省级重点企业研究院各1家,国家级技能大师工作室1家。人才生态环境持续改善。出台《高水平打造"两山"人才生态最优县实施意见》,按需选派"三大员"驻企服务,探索推进高层次人才企业"放管服"改革,定期开展"两山讲堂"创业沙龙、融资路演、上市引领等活动,破解高速公路通行补贴、新能源电动车租赁等问题160余个。开展资本市场助推行动,连续六年人才创业项目产业化位居全市前列,累计产值超过50亿元,其中产值超亿元企业5家、挂牌新三板4家。

(吴贻嘉)

宣传工作

【概况】 2018年,安吉县宣传思想文化战线增加政治意识、大局意识、核心意识、看齐意识,贯彻学习习近平新时代中国特色社会主义精神,按照年初确定的各项目标任务,不断解放思想、优化作风,补齐短板、狠抓落实,为推动社会主义繁荣兴盛,高质量谱写践行"两山"理念建设中国最美县域新篇章提供有力的精神动力和文化保障。

11月3日,中共安吉县委、安吉县人民政府在上海举行安吉·上海"两山"双创园开园仪式

【意识形态工作】 2018年，县委宣传部将意识形态工作作为党的建设和政权建设的重要内容，与经济建设、政治建设、文化建设、社会建设、生态文明建设和党的建设同部署、同落实、同考核。制定下发《安吉县党委（党组）意识形态工作责任清单》《安吉县党委（党组）意识形态工作责任制督查和责任追究实施办法》，明确乡镇（街道）、县级机关各部门党委（党组）落实意识形态工作具体责任内容、督查和责任追究实施办法。全面落实分析研判、定期汇报、追究问责等制度，统筹抓好全县意识形态工作。把党委（党组）意识形态工作责任制落实情况，纳入县委中心工作考核，纳入县委巡察重点内容。定期开展全县各单位党委（党组）意识形态工作责任制落实的督查，完成县委意识形态工作半年度汇报工作。强化对意识形态各类阵地的监管，加强中小学校、宗教场所及报告会、研讨会、论坛讲座等管理，深化网络意识形态管控。落实基层宣传思想文化工作“四张清单”，通过举办网评员培训班，邀请知名专家讲座，组织宣传干部赴中国人民大学集中培训、全县基层党校骨干教师（宣讲员）培训班等形式，提升基层网评员、百姓宣讲员和七百余支群众性文体团队的政治素质和业务能力。

【理论武装工作】 制定出台《安吉县党委（党组）理论学习中心组学习实施办法》，组织开展县委理论中心组各类形式的专题学习会11次，其中交流研讨4次，确定县委中心组成员蹲点调研课题22项。以开展“四学四强”活动为载体，强化乡镇（街道）、机关干部理论学习。全县各级党组织开展各类专题学习600多场次，撰写调研报告、体会文章800余篇，择优在《安吉新闻》、“两山讲习所”微信公众号上刊载40余篇。持续推进“三联三进”活动，强化“六有”规范化基层党校建设，全年增加规范化基层党校6家（含3家企业党校），实现15个乡镇（街道）全覆盖。组织省内专家从践行“两山”理念、美丽乡村建设、文化产业发展、互联网经济、现代农业发展、农村社会治理、基层党组织建设等方面编著本土宣讲教材《“两山”讲习》丛书，举办2018“两山”理念实践探索研讨会暨丛书发布会。举办“不忘党恩、为党分忧——‘两山’宣讲团进基层主题宣讲”活动。制定《安吉县基层理论宣讲示范点评选办法》。开展“美丽乡村·微党课”活动，邀请省委“红船精神”宣讲团成员赵金飞教授赴安吉宣讲，举办“弘扬红船精神，走好新时代的长征路”微党课大赛选拔赛，推荐优秀选手参加市级比赛，获二、三等奖。举办改革开放40周年系列宣讲活动。制定《安吉县基层理论宣讲示范点评选办法》，创评市级宣讲名嘴工作室2家，培育百姓宣讲名嘴2人，创建县级基层理论宣讲工作室8家。提升“两山”转化路径，成立“两山”人文大讲堂，省社科联副主席陈先春作《新时代文化的力量》首场报告会专题辅导报告，已完成3场报告会。配合做好中央、省、市社科理论专家蹲点调研工作，提炼总结习近平生态文明思想在安吉的生动实践。中宣部余村调研理论成果获习总书记圈阅；中科院特大项目“改革开放40周年百县调查安吉篇”课题成功入选。组织开展市、县级社科规划课题申报、立项工作，市级课题立项2项，县级立项25项。《“两山”重要思想引领安吉美丽乡村建设研究》入选《杭州都市圈蓝皮书（2018）》。安吉竹博园入选第八批省级社科普及基地，安吉生态博物馆荣获省级优秀社科普及基地称号。

【新闻舆论工作】 2018年，县委宣传部在省级以上主流媒体和部委行业报刊刊发安吉县重要报道700余篇。《人民日报》于7月15日头版头条刊发《“让他们像我们一样富起来”》专题报道，以最权威的声音报道安吉“两山”实践给百姓们带来的巨大福利，也表达安吉农民“吃水不忘挖井人、致富不忘党的恩”的朴实情怀。《光明日报》《经济日报》《新华每日电讯》相继利用“头版头条＋评论”的方式刊发安吉题材单篇报道。组织开展《坚定“两山路” 奋进新时代》《项目为王 聚力赶超》《打造营商环境全省标杆》《创建全国文明城市进行时》等一系列主题宣传。开设《亮短揭丑曝光台》《新闻追缉令》《百姓连线》等专栏，根据群众反映强烈的社会热点，直击问题根源所在，强化新闻媒体监督力度，畅通百姓沟通渠道，相继刊发报道100余篇（条）。创新新闻联席例会，制定《新闻评论员制度》《新闻特约通讯员管

8 月 18 日,安吉县文化产业发展中心入驻企业签约仪式举行

理办法》等制度,完善《乡镇部门宣传考核办法》,打造全新新闻宣传一盘棋格局。围绕常态性、阶段性主题宣传重点,拓展、规范、利用新增城市大屏、LED 屏、户外广告、楼宇广告、美丽乡村信息中心等社会宣传阵地,滚动播放公益广告 60 余条。对重要路段、乡镇主入口、主街道,采取定点、定时、定向宣传,做到全覆盖。深度挖掘各条战线的优秀人物事迹,培育选树黄杜村 20 名党员代表、天荒坪“两山”宣讲团、天子湖苏美娥等一批凝聚社会主义核心价值观,体现时代特点,具有感人事迹的新时代典型人物。联合县总工会,开展企业“文化车间”“文化俱乐部”创建工作,参与“进‘文化车间’觅奋斗初心”红色寻访活动,组织新闻媒体深度挖掘安吉县改革开放 40 周年来涌现出的优秀企业、企业家和一线技术人员代表。

【公民思想道德建设】 挖掘选树“安吉好人”,向省文明办推荐 20 余名“安吉好人”参与“浙江好人”的评选,其中黄文龙、黄秀英、吴苗琴、张老永分别获得 2 月、3 月、4 月、7 月“浙江好人”称号。参与“湖州好人”的发布活动,首批发布“安吉好人”李旭东入选。设立安吉县新时代文明实践基金 300 万元(分五年),用于关爱身边好人、道德模范,并褒奖好人免担保进行高额贷款授信。争取市级好人好报慰问资金 7.9 万元。开展“我的中国梦”主题教育实践活动。组织开展童谣征集传唱活动,选送实验小学《24 字记心头》、孝丰小学《核心价值代代传》传唱节目参加湖州市首届童谣节,分获一、二等奖。组织未成年人常态化开展“清明祭英烈”“七一唱红歌”“向国旗敬礼”等活动。连续十年联合浙工大开展“春泥计划”活动,浙江工业大学党委书记蔡袁强调研安吉“春泥计划”并慰问大学生实践团队。完成湖州市未成年人思想道德建设工作中关于校外未成年人心理健康辅导中心、社区家长学校、网吧、校园周边环境等测评任务。做好乡风文明建设。继续实施以“垃圾不落地、出行讲秩序、办酒不铺张、邻里讲和睦”为主要内容的“小城镇文明行动”,完成省对县小城镇文明行动的考核检查。发挥“一约四会”(村规民约,道德评议会、红白理事会、村民议事会和禁毒禁赌会)等组织的作用,开展反对铺张浪费、禁燃禁放、酒席减负等突出问题的宣传倡导活动。在全域范围推行“禁燃禁放”前,安吉已有三十多个行政村参与响应在农村“禁燃禁放”,走在全市前列。安吉黄杜村民捐赠 1500 万株白茶苗,弘扬“为党分忧、先富帮后富”的文明村风。通过组建乡贤理事会等组织,“举、用、颂、学”相联动,培育富有地方特色和时代精神的新乡贤文化,在乡村形成向上向善、积极进取的精神文化导向,如灵峰街道的乡贤参事会、天子湖镇乡贤议事协商会、鄣吴的乡贤馆等。

【创建全国文明城市】 强化公益宣传,制定出台《安吉县创建全国文明城市宣传策划总方案》《媒体宣传操作方案》,声、频、报、网立体式宣传《安吉县创建全国文明城市倡议书》《安吉市民文明公约》《市民文明停车规范》等内容。媒体平台开设“创建全国文明城市进行时”“文明创建大家谈”“一把手谈文明创建”等专栏专题。制作完成公益宣传短片 5 部,刊发《创建简报》40 期,开通“文明安吉”微信公众号,开展社会主义核心价值观创作小品设计大赛。深化志愿服务，开展创建志愿服务工作，在县城区范围内集中开展“文明出行劝导”志愿服务活动。推进“学雷锋志愿服务站点”的建设，打造生态广场、九州广场、桃园社区志愿服务示范站点。发动文明单位、社会组织等志愿者在不同节点开展各种如“创建全国文明城市·扫雪除冰温暖同行”等志愿服务工作。加强城乡联动，以创建为抓手，以乡风文明为突破口，加强农村精神文明建设。推广余村乡村治理模式，构建自治、法治、德治三治相结合的乡村治理体系，继续开展小城镇文明行动，移风易俗酒席减负行动，培育富有地方特色和时代精神的新乡贤文化。

【新时代文明实践建设】　召开新时代文明实践中心动员大会，按照中办《关于建设新时代文明实践中心试点工作的指导意见》的通知（厅字〔2018〕78号）文件要求，研究制定《安吉县建设新时代文明实践中心（试点）工作实施方案》，挂牌成立安吉县新时代文明实践中心，各乡镇（街道）依托乡镇（街道）文化站成立新时代文明实践所，村（社区）依托文化礼堂成立新时代文明实践站，中心、所、站三级联动，统筹资源，使新时代文明实践工作迅速落地生根。落实四项运行机制，完善统筹协调机制，实行村镇基层点单，中心（部门）统一派单形式；完善供需对接机制，将部门有什么和基层需要什么有效对接起来；完善基金褒奖机制，创新成立新时代文明实践基金，用于褒奖关爱身边好人、道德模范、优秀志愿者；完善长效运行机制，研究制定中心对部门、站所的考核激励措施，发挥站所宣传教育群众的功能。整合五大服务平台，整合以百姓宣讲等为载体的宣讲平台，整合以青少年活动中心等为载体的教育服务平台，整合以文化礼堂等为载体的文化服务平台，整合以科技示范基地等为载体的科技科普服务平台，整合以体育场馆等为载体的健身体育服务平台。开展学习实践科学理论、培育践行主流价值、丰富活跃文化生活、持续深入移风易俗、大力提升科普技能等活动。建设“六有”规范标准，制定出台新时代文明实践场所“六有”标准化意见（即有场地、有机构、有队伍、有制度、有标识、有菜单），将新时代文明思想，特别是社会主义核心价值观、“两山”理念、中国美丽乡村建设、生态文明、“致富不忘党恩、先富带动后富”等思想精神努力融入干部群众的日常生活和工作。

【互联网管理】　制定出台《2018年度安吉县民情在线工作考核办法》，通过网军大数据分析，对每位网评员日常工作信息进行动态管理和考评。完善建立涉安舆情报送和转办机制，加强重大舆情的专题研判会商力度。优化每日舆情报送、重大舆情专报等信息载体，形成日常报送和专项报送相结合的网上舆情报送体系，强化事件专题分析和阶段性分析。2018年，上报各类舆情信息400余条，编发《网络舆情专报》80期，重大舆情专报3期。针对全县各类突发事件和网上热点敏感话题，会同相关部门适时启动舆情应急预案，强化协作配合，加强对涉事主体的指导，妥善应对处置“杭垓卫生院病人死亡”“两库引水”等的网上舆情，遏制各类谣言和违法有害信息的传播扩散。做好中共十九届三中全会、全国“两会”等重要节点的网上舆情监测应对工作，研判各类网络信息3000余条，查删网上有害信息530余条，清理负面跟帖298条。成立安吉县网络文化协会，全年开展网络安全知识进社区、老年人防网络诈骗知识讲座、“抖动安吉”全民抖音大赛等活动5次，受众近1万人次。在安吉新闻网开设《纪念改革开放四十周年》《新时代、新气象、新作为》等16个专题栏目。在百度安吉吧、新浪微博针对“绿水青山就是金山银山”、生态日、学雷锋日、网络中国节、“汶川地震十周年祭”等设置正能量话题1600余个，发布正面信息61000余条，相关话题阅读数“3000万+”，参与网民近6万人次。

【文化艺术】　创作编排首个以“两山”理念为主题的舞台剧目《两山故事》，全剧由“安且吉兮”“绿水青山”“不忘初心”3个篇章4个部分13个节目组成，涵盖歌舞、杂技、小品等表演形式，时长70分钟，共有演职人员200余人。剧目在还原舞台剧概念的基础上，探索戏剧叙事与声光电等多媒体形式的融合。展现安吉护美绿水青山、壮大金山银山的发展历程。2018年，演出22场（次），其中19场送入农村文化礼堂，观看总人数达18000余人。重点创作一批集中体现“两山”理念的本土歌曲作品，其中

正在演出的首个以"两山"理念为主题的舞台剧目《两山故事》

《绿水青山不会忘》《中国最美是安吉》《今天的你真美》《幸福感》等歌曲在QQ音乐榜和酷狗音乐榜同步发行。举办"绿水青山就是金山银山"主题创作作品展，展出作品48幅，相继在杭州、丽水等地展出。邀请国内著名漫画家邓辉华创作漫画作品《画说两山》。举办好新春团拌会、"我的城市我的家——文明牵手你我他"元宵民俗文化演艺汇活动等大型主题文艺活动。承办做好中国作协调研座谈会，开展"花开安吉——国家艺术基金青年艺术教育理论人才培养项目写生创作优秀作品展"。策划制作彰显安吉特色的长卷图景《绿水青山图》，并在进博会会场中国馆亮相，为与会者呈现一幅产业兴旺、生态宜居、治理有效的美好景象。

【公共文化服务和文化产业发展】 8月18日，安吉县文化产业发展中心开园。全年完成入驻和正在履行注册程序的企业37家，已经完成注册的品牌企业17家，超额完成年度企业引进任务。创新成立首个安吉县文创中心——"两山"规划设计建设推广联盟，为安吉县美丽乡村文创、文旅产业推广提供智力支持。研究制定全县首个乡镇(街道)文化产业发展考核办法，为全县乡镇(街道)年度文化产业发展提供衡量标准和依据。编撰完成《安吉县文化产业发展五年行动计划(2018～2022)》。修订完成《关于加快文化产业发展的若干政策意见(修订)》。制定完成《安吉县文化产业发展三年实施方案》。完成新建农村文化礼堂16家，开展"送文化到礼堂"系列展览展示、书法惠民、文艺演出等活动80余场。孝源街道皈山场村村歌《美酒一缸缸》进入省村歌大赛总决赛。章村镇文化礼堂节目《木鼓舞》获第七届浙江民间文艺映山红奖、优秀民间艺术表演评选活动金奖。探索"媒体+""互联网+"的智慧信息产业发展，推进媒体、服务、产业三融合。实现每天《安吉新闻》《百姓连线》等品牌栏目的一小时高清直播，电视收视份额从五年前的8.5%提升到当前的18.7%；报纸、广播覆盖全域；"安吉发布"微博粉丝超39万人，"安吉发布"微信公众号粉丝超18万人。自主研发的"爱安吉"APP，集实时电视、广播、报纸、直播和20多个部门政务资讯于一体，打造县域范围传播特点的融媒体移动客户端。全年下载用户达15万户，活跃度40%。联合全国173家市、县广电台成立全国市、县广电台"长城"协作联盟，建成共建共享的"游视界"平台。自主研发的智慧旅游、综合治理信息化平台等智慧项目，在全国13个省120多个县域得到应用推广。

【安吉县文化产业发展中心项目完成建设并开园运营】 2018年8月18日，总面积为11500平方米的安吉县文化产业发展中心开园。现场完成安吉县人民政府与杭州金海岸文化发展股份有限公司战略合作协议签约。完成安吉县文产办与安吉海岸文化传媒有限公司、安吉维创文化发展有限公司等12家企业入驻协议签约。

【安吉被列为全国"新时代文明实践中心建设试点县(市、区)"】 8月24日，中共中央办公厅发文，安吉被列为全国"新时代文明实践中心建设试点县(市、区)"，浙江仅7个。整合以百姓宣讲等为载体的宣讲平台，以青少年活动中心等为载体的教育服务平台，以文化礼堂等为载体

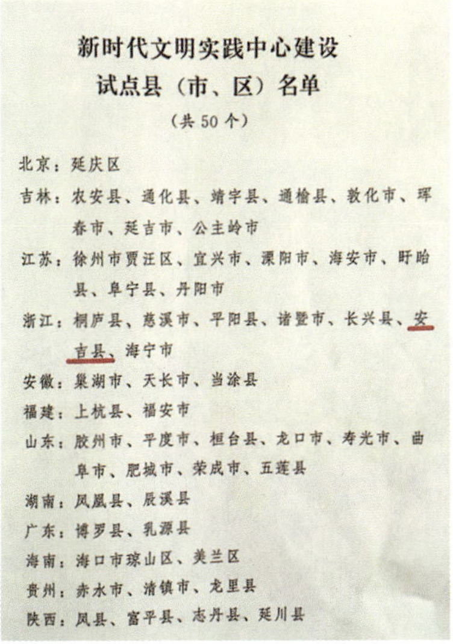

新时代文明实践中心建设
试点县（市、区）名单
（共50个）

北京：延庆区
吉林：农安县、通化县、靖宇县、通榆县、敦化市、珲春市、延吉市、公主岭市
江苏：徐州市贾汪区、宜兴市、溧阳市、海安市、盱眙县、阜宁县、丹阳市
浙江：桐庐县、慈溪市、平阳县、诸暨市、长兴县、安吉县、海宁市
安徽：巢湖市、天长市、当涂县
福建：上杭县、福安市
山东：胶州市、平度市、桓台县、龙口市、寿光市、曲阜市、肥城市、荣成市、五莲县
湖南：凤凰县、辰溪县
广东：博罗县、乳源县
海南：海口市琼山区、美兰区
贵州：赤水市、清镇市、龙里县
陕西：凤县、富平县、志丹县、延川县

8月24日，中共中央办公厅发布《新时代文明实践中心建设试点县（市、区）名单》，安吉被列为全国“新时代文明实践中心建设试点县（市、区）”

的文化服务平台，以科技示范基地等为载体的科技科普服务平台，以及以体育场馆等为载体的健身体育服务平台。

【安吉县首次承接中宣部重大主题采访】　2月，安吉县完成中宣部生态文明重大主题采访活动，在新闻素材梳理、采访路线设置、人员场景安排等，制作“一盘一册”，采取“一对一”全程服务，得到15家中央媒体一致好评。

【中宣部赴安吉县余村开展为期六天的专题调研】　5月下旬《坚持自治法治德治相结合　推进新时代乡村治理的生动范例——关于浙江“余村经验”的调研报告》形成；5月31日，调研报告获中央政治局常委、中央书记处书记王沪宁和中央政治局委员、中央书记处书记、中央宣传部部长黄坤明批示并送呈习近平总书记；6月1日，习近平总书记在该调研报告上圈阅。

（宋　珏）

统战工作

【概况】　2018年，统战工作围绕服务安吉“两聚一美”战略部署，团结带领全县广大统一战线成员，凝聚思想共识、服务经济建设、发展民主政治、促进社会和谐、推动实践创新，为湖州市加快赶超、实现“两高”，为安吉高质量谱写践行“两山”理念、建设中国最美县域新篇章不断汇聚安吉统一战线的智慧和力量。

【推动多党合作】　强化统战成员思想政治引领，组织举办“风雨同舟七十载·凝心聚力谱新篇”纪念“五一”口号发布70周年“4+3”系列活动、改革开放40周年统一战线中秋座谈会、“‘八八战略’再深化、不忘初心再出发”统一战线首届趣味运动会等主题活动。深化新阶层人士统战工作，建好“新力汇·梦想驿站”，启动社联会“新力汇·融爱之家”示范基地建设，以创新实践基地建设为抓手，丰富活动形式，抓好主题教育，有序引导新阶层人士参与中心工作。在全市率先印发《关于支持民主党派加强自身能力建设的若干意见》，形成民主党派加强“五种能力”建设十项制度，县常委部长与各民主党派、统战团体班子成员及骨干围绕自身建设面对面谈心90余人次，加强针对性指导。九三学社安吉基层委员会围绕“不忘初心、携手同行”主题在全市率先召开首个党派班子民主生活会，会后严抓整改落实；中国民主建国会安吉委员会建立“半月沙龙”活动制度，每次明确主题，以沙龙形式交流思想、分享感悟；民主党派制度逐步完善。引导各民主党派积极向上争取“两山”支持，民建省委会与民建市县组织打造民建教育培训实践基地、科创园、“两山”基金和社会服务品牌；农工党浙江省委会在安吉鲁家村建立乡村振兴示范基地，助推乡村振兴。组织民主党派、新联会参与少数民族村乡村振兴计划，签订帮扶协议，发挥各自优势特长为民族村发展提供智慧和资源支持。春节、暑期集中开展民主党派“牵手春天·与你同行”“情牵学子·筑梦未来”系列社会服务活动，开展活动20余场次，捐助资金100余万元，服务群众5000余人。

【发展非公有制经济】　加强企业家思想政治引领，组织企业家代表学习习近平总书记《在民营企业座谈会上的讲话》，坚定民营企业发展信心。成立11人助企公益律师团，设立非公经济法务培训基地，加强非公企业法律服务。重视新生代企业家教育培养，组织35位青年企业家赴中国人民大学开展安商创业培训班，举办两期“传承大讲堂”，开展赴延安“红色之旅”活动，接受革命传统和爱国主义教育。解决企业困难，优化营商环境，协调县农商银行为执委企业授信10亿元，帮助湖州炜业锅炉容器制造有限公司盘活安商大厦价值771万元僵死资产，牵头破解篁都大酒店“双停项目”。搭建交流平台，增添发展动力，争取省工商联十一届二次常委会议在安吉召开，组织 20 家安吉企业现场观摩学习；举办 2018 年绿色家居产业对接会，促成多家企业与异地安吉商会建立合作关系；组织“百亿企业行”活动，向优秀企业学习取经；新成立粤港澳安吉商会，搭建安吉与粤港澳大湾区交流平台。组织非公企业参与多层级结对帮扶工作，在乡村振兴中体现责任和担当。洁美电子、永艺股份等 9 家企业参与浙江省“千企结千村，消灭薄弱村”活动；县内 68 家企业与 68 个行政村结对帮扶，迪拜安吉商会、新生代企业家联谊会通过签订协议、资金帮扶等开展村企业结对；组织企业赴四川省木里县结对扶贫考察，天草生物与木里县签订药材采购协议；青海省乌兰县到安吉考察期间，组织 15 家县内企业签约结对帮扶乌兰县 15 个贫困村协议。

4 月 23～27 日，第一届海峡两岸美丽乡村论坛在安吉县举行

【台湾事务】 2018 年，安吉县统战工作开展“优化投资环境，促进台企业转型升级”活动，在全省率先出台县级惠台政策，建立健全鼓励台资企业转型升级和自主创新“1234”举措和服务台胞 10 项规范，联系省侨联法顾委安吉工作分站全年为侨界提供法律援助 4 次，依法帮助台侨企业解决困难 25 起。组织和办理因公赴台 2 批，促成两岸 3 对村庄、1 对民宿协会结对，在台北举办安吉旅台乡亲团拜会、迎中秋联谊活动，扩大对台基层交流，增进乡情乡谊。承办第一届海峡两岸美丽乡村论坛，中央有关部委部门负责人、大陆 9 省区市美丽乡村建设示范点代表和台湾的基层代表、台商 320 余人参加活动。活动微博总阅读量达到 2.2 亿，中央电视台、中国台湾网、台湾中华头条跟踪报道。中央台办、国台办《对台工作简报》以单篇 5 页的篇幅刊登“安吉经验”做法。

【港澳侨统战工作】 2018 年，安吉县统战工作发挥海外联谊团体和侨联等资源优势，引进的美颂国学幼儿园、桃花源现代农业园、辰霖家具有限公司 3 个项目先后被评为湖州市“大好高”项目。配合县委做好人才工作，争取香港科技大学 EMBA 校友会签订框架合作协议，吸引港澳台青年来安吉实习创业，专门赴山东开展人才项目对接洽谈，引进创新长期领军人才刘军、姜鸿的项目成功入围“南太湖精英计划”。注重乡情加深交往，畅通联络渠道，激发他们爱国、爱乡的热情，全年接待港澳海外乡亲 30 余批次 600 余人。加强旅港乡亲联谊工作，两次赴港开展乡亲联谊活动，接待百名香港青年来安吉参加美丽乡村之旅，指导香港安吉同乡会开展各类活动，巩固爱国、爱港的阵营。

【乡镇统战工作】 督促全县 15 个乡镇（街道）落实统战工作“四个纳入”和“三个带头”的工作要求，完善乡镇领导干部统战工作“五联”机制。组织各乡镇（街道）开展辖区内 12 类统战对象、统战资源情况排查，重点开展乡贤人士第二轮排查，建立健全乡贤档案 2000 余份。推进乡镇统战规范化建设，天子湖镇建成湖州市首个乡镇“统战工作之家”。推进“不忘初心”统战传统教育基地、统战社会服务基地、统战创新实践基地、统战干部培训基地等基层统战“四大基地”建设，实行县镇村三级统战资源共享。制定出台《进一步加强乡镇（街道）统一战线工作的意见》，完善部领导分片联系、乡镇统战工作例会等制度，定期开展乡镇统战调研走访，加强工作督促指导，部

7月6日，省委常委、统战部部长熊建平（前左三）调研安吉县天子湖镇“统战工作之家”

领导班子开展走访40余次。印发《2018年基层统战工作项目清单》，指导乡镇加强统战工作统筹，15个乡镇（街道）制定统战重点工作项目化推进表，定期督查反馈推进进度。制定“统战干部课堂”“乡镇统战干部沙龙”等研训机制，定期开展统战干部培训活动，强化基层统战干部队伍素养。打造“美丽乡贤”工程，在全县范围启动村级乡贤参事会建设，挖掘用好乡贤统战资源，凝聚乡贤人士的智慧和力量，引导他们参与“美丽乡村”建设。在山川乡、天子湖镇、灵峰街道先行试点实现32个行政村乡贤参事会建设全覆盖基础上，全县建成村级乡贤参事会99个，覆盖率59%，各乡镇（街道）乡贤工作各具特色、百花齐放，乡贤反哺故里回乡创业、献策献力化解矛盾等工作成效显著。在“安吉统战”微信公众号推送“美丽乡贤”故事25篇，单篇阅读量最高近5000人次，安吉乡贤工作经验做法文章被《中国统一战线》杂志录用2次。

【加强自身建设】　利用支部主题党日、部务会议、季度例会等契机，组织统战干部开展各类学习20余次。与县社会主义学校联合印发《安吉县社会主义学校2018年主要班次培训计划》，排定6期主要班次，已组织统战干部和党外代表人士学习300余人次。争取“浙江省社会主义学院‘两山’理念与统一战线研究基地（2018～2021）”落户安吉，为安吉县统一战线学习提供更多更高层次资源支持。在天子湖镇成立安吉县统战干部教育培训基地，在全市率先开创统战干部课堂，提升干部素质、加强队伍建设。完善年度重点工作目标完成情况公示制，重点工作项目化上墙推进，建立工作纪律、工作效率不达标通报制度。严格执行“党纪教育一刻钟”学习要求，加强党风廉政建设，制定下发《党风廉政建设工作计划》，层层签订党风廉政建设责任书，领导干部和中层干部认真分析排查廉政风险点。组织开展党章党规党纪专题集中学习15次，增强党员干部党章党规党纪意识，时刻将政治纪律和政治规矩立在心头。周密谋划全年的党建工作，明确支部党建目标任务和班子成员党建工作分工，从建立党建工作协调制度、完善党建工作例会，抓好机关党支部的重点活动等方面入手，不断促进党建工作规范化、制度化，开展主题党日活动11次，县委常委、统战部部长任烽上“做最好的党员”党课，通过观看主题教育片、主题实践等活动，实现以党建工作促统战队伍建设，以队伍建设促统战工作不断登上新台阶的目标。

（王章锦）

老干部工作

【概况】　2018年，县委老干部工作围绕全县工作大局，落实省、市老干部局长会议部署要求，推进中办发〔2016〕3号、浙委办发〔2017〕51号和湖委办〔2018〕4号文件精神贯彻落实，坚持稳中求进、求真务实，强化责任担当，扎实工作，各项工作统筹推进，全面推动新时期老干部工作科学、转型发展。2018年，安吉县有离休干部79人，其中党员离休干部51名，异地安置5名（本县安置在外的2名，外省、市、县安置到本县的3名）。年龄最大101岁、最小86岁，平均年龄91

岁。按参加革命工作时间划分，抗日战争时期参加革命工作的6人、解放战争时期参加革命工作的73人；按级别待遇划分，享受县(处)级33名、科级46名。

【离退休干部党建工作】 2018年，建立老干部党建“鲁比克方块”工作体系，实现党建工作横向协作(各有关部门、乡镇街道、村社区协同合作)、纵向联动(省市老干部局的联动)、立体化实施(整合涉老组织资源)。以党组织建设为核心引领，一切工作到支部，不管身份、岗位、年龄、居住地、组织关系隶属如何发生变化，以党建为中心始终不变，以原单位、居住地、学习活动地、流动地为半径，通过横向协作、纵向联动，立体实施，“转”出安吉老干部的新时代夕阳红。先后联合组织部、机关党工委、财政局等单位印发《关于推进社区离退休干部党建工作的实施意见(试行)》《关于给予全县各级离退休干部党组织书记工作补贴的通知》，将离退休干部党组织工作经费纳入县财政预算，并将离退休干部党建工作纳入县直机关各党组织、乡镇(街道)2018年度党建工作考核，保证各项工作规范有序运行。以“先锋夕阳”党建服务品牌为主线，培育老年大学“爱心之光”、老干部游客党员“红途驿站”、城市社区“家园红韵”、美丽乡村“田园银辉”四大子品牌，融合老干部各领域的特色文化，构建“1＋4＋N”的党建工作机制。全年培育“爱心之光”示范点1个(安吉老年大学)、“红途驿站”示范点1个(董岭村)、“家园红韵”11个(实现昌硕街道城市社区离退休干部党组织全覆盖)、“田园银辉”示范点1个(鲁家村)。推出“343”工作法，即建立三个阵地(“两山”讲习堂、老党员学习室、党性教育基地)，思想教育到支部；畅通四种途径(老导师帮带、老干部参事议事、老党员讲好故事、老同志文明实践)，作用发挥到支部；彰显三大特点(昌硕文化、生态文化、孝文化)，文化养老到支部。把基层党组织建设成为宣传党的主张、贯彻党的决定、领导基层治理、团结党员群众、推动改革发展的坚强战斗堡垒。推动老年大学实施“党建＋”模式，加强老年大学临时党组织建设，通过“党组织＋团队(班级)＋正能量活动”工作模式，开展党员志愿服务活动，推进党建元素进班级、党组织进社团。做好老年大学向基层延伸拓展，在递铺街道、灵峰街道、昌硕街道新建老年大学分校，使老年朋友在家门口就可以上学。通过设立“红色课堂”，选聘“金色导师”，举办“蓝色论坛”，开展“绿色志愿”正能量活动，培育“银色人才”，增强思想引领原动力，使五彩学堂真正成为凝聚力量的主阵地、弘扬优良作风的加油站、构建和谐社会的稳定器。

8月29日，上墅乡“先锋夕阳·红途驿站”揭牌暨董岭游客老年大学成立仪式举行

【服务管理工作】 深化“123456”服务老干部工作模式，主动了解离休干部的诉求和期盼，把握离休干部关注的热点问题，争取到各职能部门的支持，尽最大努力为他们解决实际问题。开展离休干部“半失能老干部”康复护理试点工作，得到浙江健恒糖尿病医院老年康复护理院的支持，为80余名离休干部提供生活照顾、疾病诊治护理、康复保健、临终关怀等一系列的综合养护服务，提升“双高期”离休干部的生活质量；牵头出台离休干部住院医疗费自费部分补助政策，明确离休干部住院期

间诊疗项目、治疗性药物的自费部分补助标准（5000～10000 元报销 50%；10001～30000 元报销 60%；30001～50000 元报销 70%；最高补助金额不超过 15 万元），解决了离休干部医疗费自费部分过高的问题；邀请仁安医院、汪木英医院专家举办健康义诊活动，为全县 1000 余名离退休干部提供免费诊疗服务；化解离休干部信访积案 2 起，为离休干部以及家属争取各类补助金 7 万余元。

【打造银亮“两山”正能量活动品牌】　开展“银领护美”生态行动。组织老干部绿色志愿行动队进学校、进社区“两山”宣传活动。开展生态护绿，结合生态日活动，主动宣传赠送花苗花籽，老少同绘“绿水青山”长卷，自编自导《五水共治为环保》、快板《垃圾分类》等文艺节目，到村（社区）进行巡演，宣传垃圾分类，提高生态环保意识。开展“银领守卫”平安行动。组织老干部参与“平安安吉”建设，实行平安义务巡查。按照网格需要，建立 70 位老干部组成的平安义务服务队，所在网格每天至少巡查 1 次，每周进小区入户开展平安知识宣传，实现特殊人群每月必访，重点场所每月必查，累计发放各类宣传倡议 5000 余份、采集社会信息 3800 余条。联合县公安局、网信办在老年大学举办预防网络电信诈骗宣传讲座，为老年大学学员普及预防诈骗知识，发放各类宣传资料 2000 余份，提升全县老年人防电信诈骗意识。开展“银领创建”文明行动。组织老干部参加全国文明城市创建行动，推动移风易俗，净化生态环境，开展创建千人签名承诺、开学第一课、知识竞赛、安吉县老干部庆祝改革开放 40 周年学雷锋志愿服务广场活动等宣传活动，实施“禁燃禁放”“鲜花换纸钱香烛”“文明交通出行”等爱心劝导活动，充分发挥老干部带头示范作用，浓厚“人人参与创建、处处文明风尚”好氛围，累计发放文明城市创建倡议书 2500 余份，参与人数 4000 余人次。开展“银领传播”文化行动。组织老干部传播弘扬优秀文化，丰富群众精神生活。老干部宣讲团开展政治宣讲、送文化下乡等活动 110 余场次，组织重阳晚会、“竹灯炫彩·银耀夜空”报福镇首届开竹节文艺汇演、庆祝改革开放 40 周年全省老年大学书画大赛优秀作品巡展（安吉）等各类演出活动 30 余场次。开展“银领示范”阵地行动。组织老干部打造志愿服务的新阵地，彰显老干部社会服务功能。按照有专人在做、有活动阵地、有特色服务项目、作用发挥较好等原则，培育 10 个老干部工作室，有 5 个工作室被评为市级最美老干部工作室。开展最美老干部工作室星级评估工作，完成申报 2 家五星级市级最美老干部工作室。拓展孔书记党建工作室、物业调解工作室等非公企业党建、社会矛盾纠纷调解等功能定位，实现串点成线，发挥老干部社会服务影响。

【浙江老年大学“两山”教育实践基地落户】　10 月 31 日，浙江老年大学“两山”教育实践基地授牌仪式在安吉县老年大学举行，安吉老年大学与浙江老年大学签订助推安吉老年教育发展协议书，争取省校在教育资源、师资队伍、课程设置等方面予以支持，推动安吉老年教育发展再上新台阶。

【浙江老干部艺术团贯彻党的十九大精神专题巡演在安吉县举行】　2018 年 1 月 20 日，浙江省委老干部局在安吉举办“相逢新

10 月 31 日，浙江老年大学“两山”教育实践基地授牌仪式举行

时代——浙江老干部艺术团贯彻党的十九大精神专题巡演(安吉)”,围绕“不忘初心、牢记使命”主题,以歌舞、诗朗诵、表演唱等多种形式展示老干部最美风采,宣传“两山”实践,省政协副主席陈艳华、省政协原副主席王玉娣、盛昌黎等参加演出,省、市、县各级领导、老干部、老党员等500余人次观演。

【安吉金灿灿志愿服务团接受副省长王文序授旗】 在“银耀新时代·助力新风尚”2018浙江老干部志愿服务活动启动仪式上,安吉金灿灿志愿服务团接受副省长王文序授旗,并进行全省典型事迹宣传,省委老干部局局长鲍秀英、副局长毛瑞福分别接见老干部志愿者代表,并对事迹进行充分肯定。

【举办老干部庆祝改革开放40周年暨学雷锋志愿服务广场活动】 9月22日,联合瀰水公益举办“银耀新时代·助力新风尚”安吉县老干部庆祝改革开放40周年暨学雷锋志愿服务广场活动,采用老干部文艺汇演、12项广场志愿服务等形式,引导老同志主动参与中心工作,为安吉县全面深化改革各项工作加油鼓劲、贡献力量。

【打造“先锋夕阳”离退休干部党建品牌】 深度培育老年大学“爱心之光”、老干部游客党员“红途驿站”、城市社区“家园红韵”、美丽乡村“田园银辉”四大子品牌,融合老干部各领域的特色文化,构建“1+4+N”的党建工作机制,得到中组部老干部局、中办老干部局以及省、市、县各级领导的充分肯定,被市局推荐上报为全省老干部工作“创新案例”。

【举办全省老年大学书画大赛优秀作品联展】 11月29日,庆祝改革开放40周年全省老年大学书画大赛优秀作品联展在安吉县举办,展出作品81幅。其中,安吉县老干部获省委老干部局庆祝改革开放40周年全省老年大学书画大赛优秀组织奖。

【全市“两横三纵”党建示范带建设暨离退休干部党建工作推进会在安吉县召开】 11月31日,全市“两横三纵”党建示范带建设暨离退休干部党建工作推进会在安吉召开。市委组织部副部长、老干部局局长夏冰、市委老干部局副局长陈宜明、区县老干部局局长、离退休干部党建分管领导及工作人员参加活动。县委常委、组织部部长吕立陪同考察“先锋夕阳”离退休干部党建品牌。相关领导先后考察安吉县老年大学“先锋夕阳”离退休干部党建品牌总体概况以及鲁家村“先锋夕阳·田园银辉”、云鸿社区“先锋夕阳·家园红韵”、董岭村“先锋夕阳·红途驿站”三个子品牌建设情况,对安吉县离退休干部党建工作予以充分的肯定并提出宝贵意见。

【全年开展“四季送”活动】 春节期间,县老干部局走访慰问特殊困难离休干部、离休干部无固定收入遗孀和当年故世离休干部遗孀。夏季高温期间,开展“三进”活动,进家庭、进医院、进支部,带上清凉用品上门走访慰问全县离休干部和县处级老领导。秋季组织老干部健康体检,并邀请专家对体检报告进行解答。冬季组织工作人员开展大走访,及时掌握离退休干部身体状况,帮助协调解决生活中的问题困难,为离退休干部送去温暖。

(宋　怡)

11月31日,湖州市“两横三纵”党建示范带建设暨离退休干部党建工作推进会在安吉召开

党校教育

【概况】 2018年，中共安吉县委党校坚决贯彻党的十九大、十九届三中全会精神，高举习近平新时代中国特色社会主义思想伟大旗帜，增强"四个意识"，坚定"四个自信"，以"红色学府 绿色理念 两山引领 全国示范"为战略目标，以高标准建好、用好"两山"讲习所为重点，县委党校、"两山"讲习所、行政学校、社会主义学校"三校一所"协同发展，完成各项工作任务，提升党校的竞争力和影响力。

后勤设施改造。为高标准建设"两山"讲习所，2018年4月，县委党校根据《安吉县人民政府专题会议纪要》(〔2018〕20号)的要求，与安吉和春大酒店有限公司提前终止双方租赁经营关系后，立即启动改造计划。6月，经安吉县人民政府第15次、17次县长办公会议研究同意，县委党校("两山"讲习所)对教学设备、后勤设施及整体环境进行全面改造，并同意追加县委党校("两山"讲习所)改造项目资金，总投入资金4815万元。11月18日，启动报到大厅新建工程。

开发课程体系。充分挖掘"本校教师＋本土讲师团＋外聘专家"的师资力量，加强与复旦大学、上海交通大学、省委党校等国内高院名校的合作共建，组织校内骨干教师围绕"生态经济""生态文化""生态社会"和"生态环境"四大讲习主题，开发出《生态经济发展的安吉模式》等两堂主体课程并进入一线教学。联合县内部门客座讲师，共同研讨"两山"的实践转化，动态调整专题课程内容，增加"安吉县生态产业情况介绍""安吉县竹产业介绍"两堂专题课。立足安吉县生态文明建设和乡村治理的工作及成效，由县委常委组织部部长吕立、县委常委宣传部部长陈旭华牵头成立"两山"精品课开发领导小组，由党校承担课题开发的具体事项。完成"安吉生态文明建设的实践与启示""从乡村建设到乡村治理 构建共建共享共治新格局——安吉乡村治理的嬗变与启示"两大课程。

"两山"培训。对内，组织一线教师和研训员开展"两山"实践集体调研活动7次，动态调整余村、鲁家等现有成熟讲习点的讲稿，开发出大竹园村、碧门村2个新的讲习点。在党校美丽乡村研训中心对外培训工作的良好基础上，继续深化与中浦院、省委党校、浙江大学等知名高校的合作办学，县委党校"两山"理念实践成果推广再上新高度，全面辐射至23个省、5个自治区、4个直辖市。全年举办培训班138期，培训县内外各级、各类党政干部26639人次。在增加培训数量的同时，注重争取更多高规格培训班，举办中国浦东干部学院西藏厅级干部培训班(第7期)等超10个厅、处级班。党校作为干部教育培训的主阵地、主渠道，培养优秀干部和提供决策咨询历来是自身两项主业。县委党校牢牢抓住一个"实"字，不断探索创新，提升教学科研水平。

主体培训。根据2018年度干部教育培训计划，2018年，主体班次25个(33期)，同比增长25%。全年举办各类培训班次26个(34期)，合计培训天数300天，参训学员3352人次。其中，主体班24个(31期)，培训天数292天，参训学员2716人次，完成中国最美县域大讲堂3期。突出理论教育和党性教育。坚持"红色学府"定位，把党的十九大精神、习近平新时代中国特色社会主义思想作为必修课纳入主体班课程，做到从村(社区)书记到科级领导干部全覆盖。紧贴中心工作需求。围绕建设中国最美县域目标，结合干部岗位职责和成长需求，科学安排培训班次和课程。课程设置关注学员党性修养和能力素质的提升，资源配置注重本地和异地的整合互补，探索进行Ⅰ—课堂、案例教学、体验教学等教学形式的创新，提升培训质量和效益。加强部门间交流合作。与县体育局、消防大队签订合作共建协议，多次开展共建活动。深入村、社区开展各类大宣讲活动，听课党员干部超过3000人次。

教学改革。以全县首届年轻干部能力提升培训班为典型，在管理模式、课程设置、活动设计等环节大胆创新。创新培训管理模式。根据年轻干部能力提升培训班的特点，创新实施项目化管理，实行"导师帮带制"，为学员配备好理论学习、实践锻炼及互帮互教的导师，着力从破难能力、理论知识和团队素养方面助推年轻干部成长。优化培训课程设置。培训班采取集中—分散—集中的形式。在前期集中培训阶段，设置团队建设、理论学习和党性教育模块；在分散培训阶段，根据学员的年

3月13日，安吉县年轻干部能力提升培训班开班

龄、专业、部门、特长、经历进行搭配组合，参与到征地拆迁、招商引才、信访维稳和中心工作推进一线，让学员在实践中摔打磨炼，提高解决复杂问题的能力。精选“两山”夜学内容。创新开设每周一晚“两山”夜学活动，举办“两山”夜学活动22期，内容包括以党性教育为主题的“学习红船精神，奉献无悔青春”班级交流活动、党史知识竞赛和红诗诵读表演，以展现实践锻炼成果为主题的情景小品表演。

调查研究。以服务全局、服务决策、服务教学、服务实践为调研大方向，当好参谋智囊。开展资政研究。围绕县委、县政府中心工作，立足实际，开展“理论高地”建设。撰写《安吉县深化导师帮带制 助力年轻干部加快成长》《递铺南路环境实地考察见闻及思考》获县委书记沈铭权重要批示。撰写经验交流《安吉认真落实习总书记指示精神 更高水平建设“两山”讲习所》登上《浙江党校通讯》2018年第4期。尝试智库建设新模式。2018年，与复旦大学社会发展与公共政策学院签订合作协议，联合开展县委重点课题“安吉美丽乡村发展模式及其政策评估研究”的研究工作，并形成专业研究文章，探索出一条县级党校与知名院校科研合作的全新路子。4月11日，与杭州电子科技大学马克思主义学院实现校所共建。4月份，承接省政府课题。党校撰写领导专报《浙江县域经济六大风险点研判与应对》获浙江省常务副省长冯飞、副省长朱从玖重要批示，并获得2017～2018年全市党校系统优秀决策参阅一等奖、2018年浙江省党校系统优秀决策咨询成果县区组一等奖。组织理论研究。借助省、市委党校课题研究平台，组织申报市委党校课题5项，全部立项，省委党校课题立项1项，省社会主义学院课题立项1项，湖州市社科联课题立项2项，申报县社科联课题8项，课题申报数量近三年来最多。

人才队伍建设。坚持人才强校，打造一支优质师资队伍。配齐配足人员编制。向上争取人才支持和政策支持，为党校(“两山”讲习所)增加领导职数1个，事业编制数2个。多渠道引进人才。通过百名硕博引才计划、事业编制人员公开招考、编外用工公开招考、公开选调等方式，已招录事业编制法学专业本科生1名，已录用财会专业编外用工1名，调入国调队研究生1名、专职财务1名、教育系统网络管理人才1名，杭州电子科技大学马克思主义学院下派博士到校挂职锻炼1名。多方法培养师资。以学习培训、挂职锻炼、参加竞赛的方式提升教师理论素养、实践能力和业务水平，组织2名骨干教师参加省委党校教学能力提升培训班和教学管理骨干师资培训班，安排2名新录用年轻教师赴县委办、宣传部挂职锻炼，安排拟招录百名硕博研究生到校实习，组织1名优秀教师参加湖州市党校系统精品课比赛，“《共产党宣言》与新时代中国”获精品课优秀奖。

党风廉政建设。坚持“把纪律和规矩挺在前面”，共创风清气正的校园环境。落实校委班子“两个责任”。年初常务副校长与校委班子成员，班子成员与各职能科室负责人分别签订个性化的《中共安吉县委党校党风廉政建设工作目标责任书》11份，制定并下发《2018年度党风廉政建设工作计划》和《2018度年党风廉政建设责任制分工》，梳理出岗位风险点18条，制定相应的防控措施，执行“三重一大”事项集体决策制度。加强全体教职工作风建设。开展“两学一做”学习教育和学校理论学习中心组学习、党支部学习、全校教职工理论学习，组织全体教职工开展十九大精神学习交流5次，开展《中华人民共和国监察法》等专题学习2次，赴鄣吴镇开展红色教育1次，开展《共产党宣言》、党章诵读学习3次。按要求开展“党纪教育一刻钟”活动和“正风肃纪”检查，截至2018年12月底，开展正风肃纪(自查自纠)25次，每次都由班子成员带班检查，出动人员66人次，未发现违规、违纪现象。严格遵守各项财经纪律。强化“三公”经费管理，从严控制公务接待、公务用车等经费的支出及管理，坚持开展每月报销凭证自查工作。

对外宣传。坚持硬件建设和软件建设“两手抓”。以接待工作为窗口，亮化党校形象。做好每次接待工作，以丰富的内容、规范的流程、热情的态度向外展示安吉“两山”实践成果和党校形象。全年接待来自甘肃、广东、黑龙江、江苏、天津、福建、浙江省内等地兄弟党校领导来访四十余批，完成国家公务员局培训监督司领导、浙江省委党校离退休干部调研安吉的接待工作。以信息化建设为保障，加强资源整合。用数字化手段加强党校对外宣传工作，对接市委党校管理服务平台，定期报送工作信息；接入省委党校红色学府网并在各类班次中使用，动态展示办班成果；实现无线网络全覆盖，建设智慧党校。开发“中共安吉县委党校培训管理系统”小程序，并初步运用于主体班管理。以互动交流为机遇，加强异地合作。加强异地党校之间交流合作，实现优势互补、资源共享，协力发展。与北京市大兴区委党校结为友好党校，就合作开展异地党员干部教育培训签订友好合作协议书。

【举办首期年轻干部能力提升培训班】 3月13日至9月9日，中共安吉县委党校举办首期年轻干部能力提升培训班。本期培训班弘扬马克思主义优良学风，注重教学创新，强化理论与实践相结合，在为期6个月的教学过程中，全县83名年轻干部参加培训。该班采取项目化管理方式，首次创新开展“理论学习＋一线锻炼”“集中讲授＋分线实践”的培训模式，学制达半年，细化入学教育、理论学习(党性教育)、实践锻炼、课题调研、县情教育、综合能力提升六大模块学习任务，提升党性修养、理论水平和实践工作能力。

【完成整理《陈嵘年谱》】 聚焦安吉本土优秀传统文化发展及精神文明建设，继承和弘扬陈嵘精神，县委党校积极配合安吉县政府及梅溪镇举办的纪念陈嵘诞辰130周年活动，帮助整理陈嵘生平事迹，完成5万字、百余幅配图的《陈嵘年谱》。

【联合举办乡村振兴战略研讨会】 12月8日，县委党校联合复旦大学，在上海联合主办长三角一体化背景下乡村振兴战略研讨会。会前，县委党校与复旦大学中国乡村发展研究中心签订深度合作协议书。未来将围绕科研、教学开展深度合作，每年开展一项课题研究，开展一次研讨活动，组织访学交流活动，每年聘请若干复旦大学教师来安吉教学，安排若干安吉基层干部到复旦大学交流，共同开发一门精品课程。会上，安吉县委党校楼成、王甲两位副校长分享“安吉模式”，解读《安吉乡村振兴的思考》《安吉乡村生态富民模式》。

(周靓靓)

12月7日，安吉县委党校与复旦大学中国乡村发展研究中心签订深度合作协议书

信访工作

【概况】 2018年,安吉县信访工作紧扣“了解民情、集中民智、维护民利、凝聚民心”新定位,坚持以“全国文明城市创建”为中心,以保障重要节点万无一失为关键,以解决群众合理诉求为导向,以基础业务规范创新为动力,实现人民信访“最多跑一次”目标,取得良好成效。全年接待来县上访群众516批1313人次(集体访62批641人次),同比批次下降33.85%,人次下降51.53%;收到群众来信及网上信访1013件,同比增长1.03%,其中来信280件、网上信访733件;“12345”政府阳光热线共受理工单103386件,同比增长49.1%,责任单位满意率99.36%。受理复查申请106件,引导走法律途径解决70余件,开展实地督查50余次。全年“信访网电”事项按时转办率和按时办结率均达100%,信访积案化解率100%,规范化办理水平明显提升、办理时效明显增速。

【创新信访工作机制】 2018年,县信访工作坚持“来访群众是考官,信访案件是考题,群众满意是答案”的行动指南,县领导带头接待来访群众,创新工作方式,畅通群众诉求通道,化解疑难信访事项。高位推动。县委、县政府高度重视信访工作,县委常委会、书记和县长办公会议共9次研究部署全县信访维稳工作,并安排财政资金900多万元进行县社会矛盾联合调处中心暨信访接待中心大楼改造。另外,支持出台《2018年县领导接访(接听)督导积案实施方案》,每天确保一名县领导在信访局坐班接待来访群众,每月两次接听群众来电。采取定点接访、重点约访、电话回访等形式,帮助解决群众信访问题。全年参与接访(接听)县领导191人次,部门领导292人次,律师232人次;接待来访群众72批261人次,接听电话219个,批阅群众来信117件,其中批示转办25件,重点约访11人次,处置疑难信访事项和集体访32件。规范推动。严格落实省、市规范办理及网上系统操作程序,对所有“信访网电”事项实施全程跟踪,落实首办首问责任制,想方设法提升办理实效。规范登记交办、办理答复、跟踪监督、统计归档等环节管理,通过环环相扣的回访核实、满意度评价和督查督办来提升办理质量。尤其是加强117件领导批示交办信访事项的督办和反馈力度,对已经办理到位、群众评价满意的,及时报告县领导,予以审核结案;对办理不到位的,马上进行督查督办,重大问题实施联合督查,推动责任单位认真办理群众诉求,确保有接必果,提升群众满意度和获得感。创新推动。研究出台《信访维稳情报会商制度》《信访事项联动督查制度》和《规范接待群众来访工作制度》,构筑横向到边、纵向到底的信访责任体系,实现“信访网电”业务办理的全流程追溯和闭环式管理。同时,加强政法系统间的横向互动,联合公安局建立《涉嫌“扫黑除恶”情况移送机制》,助力全县“扫黑除恶”专项行动;联合县检察院建立《公益损害数据信息共享协作机制》,规范行政机关依法履职成效。全年向县公安局和检察院移送有效数据或线索8条,涉及人员近400人,涉案金额约86万元。

2018年改造后的安吉县信访局办公大楼

【提升信访工作质量】 2018年,县信访工作坚持质量和效率并重,依法按政策,及时就地解决群众合法合理诉求，千方百计把信访问题解决好，把矛盾纠纷化解掉。开展大攻坚。制定《安吉县历年遗留信访积案清仓见底大排查大甄别大化解活动方案》，18件信访积案全部于9月底前化解，全市率先实现“清零”目标。开展大协调。以“事要解决”为第一要素，牵头当好“老娘舅”，重点解决一些权责不清晰、政策不明确的信访问题。全年牵头召集各类协调会30多次，对接协调乡镇（街道）和部门200余次，一大批在各乡镇（街道）和部门之间推诿扯皮、重复空转的事项得到妥善解决。开展大帮扶。坚持做到“合理诉求的解决到位、诉求无理的思想教育到位、生活困难的帮扶救助到位”的工作原则，千方百计筹措解决疑难复杂信访问题专项资金129.46万元，其中省级资金49.46万元。

【提升软件硬件实力】 2018年，县信访工作全局上下始终保持高度团结、高度统一，坚持谋事不谋人，干事不说事，强化实干担当、深化系统学习，全力打造一支“铁心跟党走、铁脚走基层、铁肩担道义”的信访铁军。党风政风更加风清气朗。成立局党风廉政建设领导小组，层层签订责任书，推动全面从严治党向纵深推进。加强监督执纪问责，落实中央“八项规定”精神，开展“机关病”“慵懒症”“圈子文化”专项整治。党的十九大精神学习入脑入心，党建的引领和统领作用更加坚强有力，全局上下风清气正、干事创业的氛围更加浓厚，全年无违法违纪情况出现。信访铁军更加实干担当。制定《安吉县信访系统干部能力素质三年提升工程》，科学制定培训规划，按照“全员参与、分类实施”的原则，围绕统一政务投诉举报平台与基层“四个平台”融合对接，信访基础业务规范化办理、要信和积案办理、专项资金申报使用等工作，创新开展集中授课、定期轮训和挂职锻炼、上门帮扶等多种形式的培训，累计受训人员达200余人。民生服务改革稳步推进。紧跟“互联网+改革”步伐，提升系统操作和创新驾驭能力。配合县跑改办建立“最多跑一次”电话回访工作机制，制定出台《安吉县政务服务电话回访实施细则》，提升“一号响应”速度。顺利将15个乡镇（街道）、54个县级机关部门接入省统一政务咨询投诉举报平台，实现统一平台和“四个平台”信访数据的一键贯通。信访干部在便民服务大厅就能接待、办理和流转“信访网电”业务，提升办理速度。初步形成左右互动、上下联通的立体化信访工作格局，深度诠释“最多跑一次改革”成效。

（吕　斌）

档案工作

【概况】 2018年，安吉县档案工作围绕建设“中国最美县域”、争当践行“两山”理念“样板地、模范生”和创建全国文明城市，发挥馆藏资源优势，深挖档案内涵，发挥关键凭证作用，提供全面档案服务。推进“三四五”工程档案工作。持续征集“三重一特”档案，指导县内重大活动档案收集、建档，逐步开展已结束活动的档案抢救性收集工作。

服务乡村振兴战略。提升“美丽乡村”档案品牌影响力，推进“美丽乡村”馆藏档案数据库提升工程，深化安吉特色的“美丽乡村”专题数据库和千村档案建设。推进农村土地确权登记颁证档案管理工作，与农业局等涉农部门密切联动，对全县5个标段15个乡镇（街道）在开展土地确权工作中的档案工作进行现场检查和指导，要求各测绘公司、村（社区）、乡镇（街道）档案工作与土地确权工作实时同步，确保土地确权档案齐全完整和顺利移交。完成2017年度中国美丽乡村精品示范村“乡村记忆基地”的验收工作，景坞村、高禹村等8个村通过验收。开展2018年度美丽乡村精品示范村业务指导，帮助鹤鹿溪村、新丰村等14个村查找相关记忆素材，做好“乡村记忆”基地建设提升工作。2018年，全县已累计建成29个“乡村记忆”基地。

服务“最多跑一次”。按照各级“跑改办”和上级档案部门的要求，比对省局“最多跑一次”事项“八统一”指导目录，梳理出“最多跑一次”权力清单和公共服务事项共10项。完成卫计局等23个单位8项《行政审批事项文件材料归档范围和档案保管期限表》的编制和审核，为“最多跑一次”电子化归档做好前端工作。完成梳理“一证通办”及证明材料、起草“最多跑一次”满意度评价方案、拟定“最多跑一次”改革知识竞赛试题等任务。牵头开展“最多跑一次”电子化归档工作，实现县“一窗受理平台”

12月11日，档案局召开“最多跑一次”事项电子化归档一对一培训会议

与市电子文件统一管理平台的接口对接，完成县电子文件统一管理平台建设。

服务重点项目和企业。将档案工作列入工业园区平台建设考核，提升企业档案工作刚性。制定出台《2018年度工业园区档案工作考核细则》，明确档案工作要求。日常坚持走访调研各项目和企业，了解基层档案工作现状，针对性开展档案监督指导工作。服务省重点建设项目长龙山抽水蓄能电站导截流阶段移民档案专项验收准备工作，上门指导建立档案室、开展档案收集培训，通过初验，为通过省级终验收打好基础。服务省级重点项目“苕溪清水入湖河道整治”工程，对指挥部、施工单位、监理单位档案员开展培训工作，督促完成施工1标段应急段档案整理并向工程指挥部进行移交，移交档案三套561卷(其中原件1套)。服务中央预算内投资的天草生物生产线技改项目，帮助通过档案专项验收。

拓宽查档渠道。查档窗口入驻行政服务中心，方便群众就近查档。初步完成婚姻档案数据共享工作，将馆藏婚姻档案数据(204978件68.8GB)通过离线移交方式提供给婚姻登记处，创新婚姻档案利用方式。推动查档服务从市际“异地查档、跨馆服务”向省际“一网查档、百馆联动”迈进，应用档案服务网提供全省档案查询服务，得到群众普遍好评。持续推进档案室系统向基层延伸，在全县30余个村(社区)开展村级数字档案室创建。全面优化查档流程，提升窗口服务能力，2018年，有1762人次前来查档，查阅档案11736卷(件)，复印档案51534页，查档满意度为96%。

加快功能建设。持续完善档案馆“五位一体”功能，凸现爱国主义教育基地作用，免费对外开放史料中心、荣誉展陈馆，吸引社会各界参观。深化档案利用服务中心作用，加大特色档案资料征集力度，新征集到各类史料170册，家谱9套36册，安吉籍和相关人士出版物36册，安吉籍新四军军人何伏的中国人民解放军独立功勋荣誉章1枚、照片15张、回忆录1本。

激发档案活力。围绕记史、存史、展史“三位一体”的档案文化建设体系，扩大档案与社会的接触面，使档案动起来、活起来。3月初正式对外开放荣誉展陈馆，将安吉县从新中国成立以来获得的省级以上重大荣誉进行集中展示，增强群众对安吉县的荣誉感、认同感、归属感。开展安吉县历史文化档案陈列馆建设，挑选部分具有代表性的开放档案走出库房，面向社会，开辟群众利用档案新窗口。举办国际档案日系列宣传活动，进行《档案见证改革开放》展览，精选馆藏和社会征集的照片，生动展现从1979年至2018年安吉县波澜壮阔的发展历程。进行《以案说法》档案法制展览，增强广大群众的档案法制意识，助力创建法治社会。开展全县乡镇(街道)巡回展览活动，将县档案馆精品展板进行全方位、全覆盖地展出，提升社会档案意识。

提升依法治档水平。制定《安吉县档案馆档案行政执法随机抽查实施检查方案》，明确档案执法检查流程和对象。依法开展抽查监管，制定2018年度“双随机”抽查工作计划，及时录入省“双随机”抽查管理系统，并按计划完成“双随机”抽查监管，紧盯抽查中发现的问题，督促有关单位整改到位。

做好档案接收整理。接收

撤销单位安吉县农村土地综合整治工作办公室2010～2017年文书档案1255件。持续做好出生医学证明档案接收前的核对、校正工作。主动为安吉县公安消防队、县委组织部提供档案库房，完成消防档案、组织部档案暂存工作。完成2016～2017年度《人民日报》《浙江日报》《中国档案报》《湖州日报》和《安吉新闻》的整理、编号、编目、入库、上架，共计100册。专赴河南，完成11盘馆藏珍贵老录像档案的清洗、修复、数据采集和整理工作，得到数据59.1GB。

加强档案安全和指导。保障实体档案安全。持续完善和发挥射频识别(RFID)、恒温恒湿等智能管理系统功能，及时维修保养库房设备。与机管局、消防大队对接，商定档案馆消防安全管理方案。采购档案消毒机专业设备，逐步分批开展档案杀菌消毒工作。保障数字档案安全。排查上传至网络的档案信息，取消档案原文对外公布。新增防火墙、日志审计、保全系统等软硬件，本质提升档案系统安全系数。质检并挂接32家单位2017年文书档案电子目录及数字化成果，计122567页142GB。将数字化成果纳入长久保全系统进行数据双套备份、安全实时监测和无损恢复。加强专业民生档案监管。指导县民政局、卫计局、人社局、国土局等16个重要民生档案部门按照分类方案做好2017年度民生档案的规范整理。完成各类民生档案60000余件档案的规范整理。对递铺街道、孝丰镇村(社区)档案员进行业务培训，举办4期培训班，有57名档案员参加，提升基层档案工作水平。

【数字档案建设】 制定出台《安吉县档案信息化建设实施方案》，争取到县政府安排村级档案数字化的专项经费，有序推进全县档案信息化建设。对照国家数字档案馆测评进一步查漏补缺，持续完善馆室系统，加快推进数字档案向智慧档案转变。指导立档单位开展2017年度及以前年度保管期限为永久、30年的文书档案数字化，完成30个单位2017年度文书档案登记备份，计120549页128GB。完成县环保局、教育局、审计局3家单位2018年业务数据登记备份，2.03GB，并建立规范备份台账。

【档案局在生态广场开展国际档案日活动】 6月8日，档案局在生态广场开展国际档案日活动。局务会议成员鲁婷君、张建勇、保管利用科科长蔡有远等七人具体举办活动。活动由三部分组成：进行《档案见证改革开放》展览，通过挑选馆藏照片和向社会征集两种方式，找到五十余张最具代表性的老照片，并结合安吉县历史将照片配上文字描述，最终呈现出图文并茂、主题鲜明的专题展；进行《以案说法》档案法制展览，将与群众生活息息相关的档案法律知识，通过漫画的形式生动展现；现场档案知识解答，档案局业务骨干现场解答群众有关婚姻、房产、个人等各方面的档案疑惑，指导群众正确使用档案。活动现场还设立档案知识有奖问答互动环节，引导市民群众在趣味问答中了解档案知识，体会档案惠民作用，培养档案意识。活动有400余人参加，群众档案知识咨询130余人次。

【启动精品展板全县巡回展活动】 9月25日，县档案局启动精品展板全县巡回展活动，挑选《档案见证改革开放》和《档案法制漫画》两批展板，在全县15个

6月8日，安吉档案局在生态广场开展"国际档案日"活动

乡镇(街道)轮流展出。通过全方位、全覆盖的展出,向全县老百姓介绍档案工作,展示档案价值,提升档案意识。

【开展"最多跑一次"事项电子化归档一对一培训会议】 12月11日,县档案局开展"最多跑一次"事项电子化归档一对一培训会议,由局务会议成员、监督指导科科长张建勇负责培训。本会议分批次进行,有32家县级单位参加。

(施玮行)

史志工作

【概况】 安吉县史志办公室主要负责全县地方党史资料的征集编研工作;贯彻执行县委、县政府有关党史工作的方针、政策,为县委、县政府制定长期和近期的党史工作规划,配合有关部门进行党史的宣传教育工作,充分发挥党史工作资政育人的社会功能。

【中共安吉党史第三卷】 于2017年启动《中国共产党安吉历史(1978～2002年)》编纂工作,截至2018年,"三卷纲目"经征求意见后定稿,并着手编纂,已编辑初稿约12万字。

【"中共安吉县委执政纪实"系列丛书】 2017年,县委办印发《关于开展中共安吉县委年度执政纪实工作实施方案》,方案要求以中共安吉县委的重大决策、重点工作和重要活动为主线,以县委、县人大、县政府、县政协活动为重点,力求全面、系统、准确地记述县委团结带领全县人民,在"聚焦两山实践、聚力赶超发展、建设中国最美县域"新征程上所做的工作和取得的成就,编撰"中共安吉县委年度执政纪实"系列丛书,分类记述一年度县委、县政府在美丽经济、美丽环境、美丽文化、美丽民生、美丽党建等方面的重大决策部署、显著成效和创新经验。史志办分别印发了各单位报送材料的具体要求,按季度收集各单位部门的材料。安排专人一边收集一边整理编撰,按计划完成既定任务。2018年,安吉县史志办公室编印《安吉县执政纪实(2017)》《机关部门和乡镇(街道)工作纪事(2017)》《在省级以上的会议和活动中的交流材料汇编(2017)》《中共安吉县委理论学习中心组课题集(2017)》等10本书。

【《安吉县志(1989～2012)》】 于11月8日通过终审。《安吉县志(1989～2012)》是1994年版《安吉县志》的续志,全志以生态文明建设为主线,以改革开放为时代背景,力求全面、系统、客观地记录历届安吉县委、县政府坚持以经济建设为中心,坚持生态立县发展道路,实现经济快速发展、社会全面进步的历史现实,反映安吉县政治、经济、文化、社会发展取得的成就。

【"《浙江日报》安吉史料"丛书】 收集整理《浙江日报》自1949年5月以来关于安吉县(含原孝丰县)的新闻报道。编印"《浙江日报》安吉史料"系列丛书,全年完成1949～1960、1961～1978、1979～1991三本编印工作。此套丛书具有原始记录的性质,真实反映了新中国成立以来,安吉县的历史事件和社会现象,为研究安吉政治、经济、文化、社会发展提供史料参考。

【《安吉年鉴(2017)》获全国县区级综合年鉴二等奖】 5月,《安吉年鉴(2017)》经中国地方志指导小组组织开展的全国年鉴编纂出版情况的综合评阅,获得全

2018年度安吉县史志办主要成果

国县区级综合年鉴二等奖。12月,《安吉年鉴(2018)》由方志出版社完成出版工作。

（毛丽云）

机构编制工作

【“最多跑一次”改革】 2018年,县机构编制工作梳理安吉县“最多跑一次”办事事项1375项(4项为省定不需“跑一次”事项),1371项已实现“最多跑一次”,覆盖率100%。围绕群众眼里“一件事”,梳理县级多部门“一件事”50项,跨层级跨部门“一件事”12项,指导各牵头部门确定“一事最多跑一次”的实现模式。梳理确定全县省定民生事项290项,专有民生事项62项,“一证通办”事项256项,覆盖率72.73%。推进“最多跑一次”改革向基层延伸,梳理形成《安吉县乡镇(街道)办事事项清单》和《安吉县村(社区)政务服务事项清单》,明确各乡镇(街道)办事事项141项,同比增加125%,推动县级部门事权下放、窗口下移,部门下放权力93项;明确村(社区)服务事项44项,由各乡镇(街道)结合村(社区)实际情况选择性地推送。配合县政务办完成15个乡镇(街道)便民服务中心“无差别全科受理”窗口的搭建和业务指导,助力打造安吉县“半小时群众办事服务圈”。

【“双随机一公开”监督检查】 2018年,县机构编制工作指导各部门完成省“双随机”抽查监管系统应用及跨部门联合抽查监管工作。截至12月31日,27家政府部门共录入抽查监管对象16385家(其中企业主体13459家、非企业主体1173家、监管项目368个、场地1234个、特定人员148人、设施设备3个),入库检查人员665人。制订抽查计划74个,参与任务总数120个,应检查对象2158个,抽查任务公示率100%,检查完成率100%,检查结果公示率100%。市场监管、安全生产、环境保护和文化四个领域牵头部门已分别牵头制定跨部门联合监管计划,开展“部门联合、随机抽查、按标监管”的“一次到位”监管工作,四家牵头部门组织15次联合抽查监管,参与部门数达18个,抽查对象118个,参与执法人员255人,发现问题140个,整改完成136个。

【“基层治理四平台”建设】 2018年,县机构编制工作按照综合指挥、属地管理、全科网格、运行机制“四大基石”,制定《安吉县深化“基层治理四平台”建设工作实施意见》和《2018年安吉县“基层治理四平台”建设主要任务》,明确各牵头部门2018年职责分工和主要任务,加强协作配合。发挥督查考核指挥棒作用,将“四个平台”建设纳入县委、县政府中心工作考核。推动属地管理政策落实,深化权力下放、资源下沉、保障下倾,派驻在编人员253名、编外人员460名,较“四个平台”建设前增加152%,执法力量整体下沉比例72%,其中综合行政执法下沉比例85%,市场监管下沉比例72%。加大全科网格建设,科学合理划分为505个网格,同时印发《安吉县专职网格员考核管理办法(试行)》,新增配备专职网格员301名。协调配合县委组织部构建“党建统领+四个平台+全科网格”的基层共治模式,加强基层党组织体系与基层治理体系深度融合,安吉县已建立710多个党小组之家、组建4个社区大党委,村级党群服务中心实现全覆盖。在县委政法委设立安吉县综合信息指挥中心,

6月28日,安吉县编委办(督查办)开展党员活动组织党员参观泾县新四军军部旧址

理顺管理体制。不断完善县、乡两级综合指挥体系,协调推进基层治理综合信息平台完善升级,完成网格地理信息绘制和网格员轨迹系统开发。2018年,“四个平台”的乡镇(街道)人员、派驻机构人员、村(居)主职干部、全科网格员四类人员统一APP注册人数4108人,注册率100%,综合信息平台1～12月上报各类信息179856条,日均事件量493条,办结率99.7%。

【落实党政机构改革】 2018年,县机构编制工作积极做好准备工作,8月份以前,主要抓好各乡镇(街道)、县级机关各部门核实机构、编制、人员信息等基础工作,确保数据精准,同时开展机构编制监督检查,梳理违纪违规问题清单,督促整改,通过编印小册子、简报(5期)等方式普及机构编制知识。按照省、市的统一部署,配合省、市机构改革调研组到安吉实地调研,提供基层实际情况和改革的意见建议;同时主动出击,自主开展调查研究,广泛听取各方意见,结合全县实际,梳理出县域特色机构设置专项调研课题5个,关键领域和重点环节专项调研课题8个,规定动作调研课题8个,针对上述课题,面向县四套班子、乡镇(街道)及部门主要领导开展专题调研,听取重要意见,为方案的起草做好准备。贯彻落实上级精神要求,学习领会党中央和省、市委深化机构改革精神,牢牢把握“四个意识”和“六个坚持”,浙江省深化机构改革工作落地后,立即启动县域机构改革工作。对标对表抓好落实,因地制宜发挥县域自主性,通过反复模拟论证,起草机构改革草案。积极主动与省、市机构改革协调小组办公室做好对接,请示解惑释疑;向县委、县政府和县深化机构改革协调小组汇报,充分研判分析。方案几上几下充分酝酿,最终形成机构改革方案审议稿,经县委、县政府决策后,已报请省、市委批准。狠抓机构改革相关配套工作,完成干部人事调整、人员转隶以及机构改革“三定”框架等工作,严明纪律、财务审计、资产管理、档案、印章等配套文件均已制发。牵头改革配套任务。在深化机构改革的同时,同步推进县人大、政协机构改革,理顺群团组织与党政部门的关系,推进县侨联、文联、社科联、法学会、贸促会、计生协会的改革。推进行政类事业单位改革,对照法律法规规章和政策性文件,参考权责清单,梳理行政类事业单位行政决策、行政审批等领域的行政职能,进行条目式梳理,形成清单,为“还政予政”工作做好准备;推进乡镇服务型政府建设,深化街道体制改革,出台乡镇、街道体制改革两个文件,强化党建引领,突出基层公共管理、公共服务和公共安全等职责;优化资源配置,精简内设机构和事业单位,一般乡镇、街道设置内设机构和中心9个。

【优化资源配置】 2018年,县机构编制工作发挥“两山”理论发源地的优势,强化理论研究和实践阵地建设,设立“两山”讲习所,在县委党校挂牌;加强政务服务数字化转型,整合大数据管理职责,设立大数据管理中心,推进信息资源共建、共管、共享;调整政务服务管理体制,将行政服务中心由事业单位调整为行政机构,组建政务服务管理办公室,强化政务服务管理职责,为“最多跑一次”提供体制机制保障;全面落实权责一致要求,改革公共资源交易监管体制,突出公共资源交易领域依法行政,强化监管和行政执法;深化企业投资项目审批流程改革,设立企业投资项目代办服务中心,为“三省四办 一窗服务”工作模式提供机构编制保障。

【规范编制管理】 2018年,县编办出台《关于加强全县机关事业单位机构编制和人员管理的通知》,其中对用编计划提出明确要求,即:在机构编制限额内各单位年初一次性提出年度用编计划,满编或超编的单位原则上不再提出用编计划;年度用编计划应包含统一招考、高层次人才引进、公开选调、商调、政策性安置等方面的需求;空编3名及以上的单位,申请用编数一般控制在空编数的1/3,最多不超过1/2。用编计划批准后,当年有效,原则上年度内不作调整;个别专业性、延续性比较强的工作岗位,可视退休人员情况提前半年酌情提出用编申请。2018年通过部门申报,县编办会同县委组织部、县人力社保局认真审核把关,全县共核准使用行政编制91名、参公事业编制使用78名、事业编制使用123名;核减率分别达11%、2.5%、11%。按照编制用途分类,用于公开招聘141名,高层次人才引进37名,政策性安置17名,其他用于跨乡镇

11月9日，安吉县编委办（督查办）开展趣味运动会

跨部门交流用编97名。通过编制用编计划，全年按梯度有序推出使用，有利于把握全局，优化人才队伍结构。

【机构编制监督检查】　2018年，将机构编制工作纳入县委、县政府综合考核，制定考核细则，明确工作要求；开展机构编制实名制数据信息专项核查，确保系统数据真实、准确，调整完善机构编制违纪、违规问题清单并提出有效的整改方案，深化编外用工实名制核查，发挥机构编制部门专业优势，参与县委巡察、"三责联审"、经济责任审计、津补贴发放、公务用车改革等工作；加大实名制统计分析力度，探索建立部门满编运行制度，规范用编管理，联合社会保险局创新落实网上实名制"最多跑一次"工作，方便部门办事，提高工作效率。

【完善权力清单和责任清单】　2018年，县机构编制工作持续推进权责清单更新调整，指导35个部门、15个乡镇（街道）及2个功能区将2018年重点工作目标任务纳入责任清单并全部上网公示，定期组织指导部门对法律法规规章"立改废释"和上级委托下放事项进行比对调整。

【事业单位登记管理】　2018年，县机构编制工作落实事业单位设立、变更、注销等登记管理以及中文域名注册和机关事业单位网站挂标调整更新工作，完成270余家事业单位年度报告公示并接受社会监督。

（王　云）

机关党建

【概况】　县直机关党工委是县委派出机构，主要负责贯彻落实县委对县直机关党工委工作的决定、指示，指导县直机关党组织的思想、组织、作风建设和党员教育管理工作，完成县委交办的各项工作任务等内容。县直机关党工委下设基层党组织178个，其中机关党委3个、机关党总支21个、机关党支部154个，党员2832人。2018年，县直机关党工委有4名班子成员，内设2个科室，下设党群、政府、人大政法、宣传、发计、农经和财贸7个归口。县直机关党工委按照省委"大学习、大调研、大抓落实"部署，围绕"服务中心、建设队伍"两大核心任务，开展"美丽党建建设年"活动，发挥机关党组织的战斗堡垒作用，打造"政治强、业务精、作风优"的安吉机关"铁军"，为聚焦"两山"实践、聚力赶超发展，建设中国最美县域作出努力。

"美丽党建"工作。召开全县党建工作会议，县委组织部部长吕立传达全省机关党建工作会议精神，同时工委班子召开专题学习会，研究制定工作计划。结合党组织书记培训会、党务干部培训班，组织机关党务干部开展学习，对会议精神进行研讨，以更高的历史站位抓好工作落实和执行，推动党建工作与业务工作深度融合。系统推进素质工程提升。累计举办集中培训、专题讲座等各类形式的学习活动110余场，结合主题党日开展支部书记上党课350余场。深化"书香机关"建设，开设"菜单式学习超市"。同步推进机关党建重点课题调研、机关党建十佳创新成果征集等活动，获2017年度湖州市机关党建理论研究成果先进单位，选送的党建理论研究文章分获省级三等奖1篇，市一等奖1篇、二等奖1篇、三等奖2篇。实施"美丽党建"强基行动。围绕"活力党建""规范党建""品牌党建""责任党建""和谐党建”五个党建行动，开展“美丽党建建设年”活动。2018年初，各机关党组织量身定制“美丽党建”强基行动项目任务；季度召开“美丽党建”强基行动现场会，各机关党组织负责人开展交叉检查、互评打分；不定期召开全县机关“美丽党建”升温提速推进会，组织各机关党务干部前往兄弟市、县党建示范点参观学习。全年党工委先后完成县公积金中心、综合执法局2个机关党建示范点的建设，并在全县机关党建比赛中，分获并列第一的好成绩；推进县交通局、林业局等6个党建示范点的培育；完成44个机关支部主题党日优秀案例的评选；选树39个机关党建优质服务品牌。

加强提升基层组织建设。健全考评体系，突出重点考核，将全国文明城市创建、优化营商环境、健康促进机关等中心工作纳入机关党建考核。建立机关党组织书记、专职副书记述职评议考核制度，建立党建工作横向交流机制。坚持每月党建责任清单，开展“一月一提示、一季一督查”，定期对各基层党组织的“三会一课”、主题党日、党费收缴等情况进行专项抽查，对存在问题的机关党组织书记进行谈话提醒，常抓常管严督导。年末通过各自晒工作、相互议绩效比拼全年党建工作成效。同时将机关党建考核结果与各项先进评比直接挂钩，不断强化“重创新、拼实绩、争一流”。推进阵地建设，聚力打造机关党建示范集群，县机关党工委启动机关党建示范点和星级机关党组织创建，召开“美丽党建”强基行动现场推进会，组织15个创建单位的党务干部分赴湖州市、德清县机关党建示范点创建单位参观学习；制定《“机关党建示范点”创建活动实施方案》，按照“五高”要求，切实抓好有形化创建。完成近300平方米的机关党建综合体打造，旨在通过“阵地联用共享、学习联抓共管、活动联动共推”，达到以点促面、整体提升的目的。不断扩大“两山”示范效应，余村被列为浙江省、市直机关主题党日活动基地，维笙香溢大酒店被列为中共浙江省省级机关党校教育培训基地。开展主题活动，通过系列红色主题活动，教育引导广大机关党员干部牢固树立“四个意识”。开展县直机关“定格红色印迹”手机摄影比赛，寻找机关党员最美瞬间。以“过政治生日、忆誓言初心”为主题，结合主题党日为每位党员过好政治生日。与县烟草局和三山村共同开展支部联合主题党日活动，通过资源共享、活动共参，共同推动基层党建组织力、融合力、服务力的持续提升。

提升服务合力。深化志愿服务，围绕文明城市创建、“双禁”攻坚、绿色殡葬、河长制等中心工作，结合支部主题党日活动、党员双报到和过年回乡走亲戚的契机，发动全体机关党员干部利用自己的多重身份，发挥宣传表率作用。3171名机关党员签订“双禁攻坚 文明创建”承诺书，发放宣传资料5万余份。结合“三服务三促进”等服务结对活动，慰问群众396人，送去慰问金348340元。组织全体在职机关党员干部2500余人在早晚上班高峰期，对15个县城主要交通路口进行文明劝导。7月26日，县机关党工委联合国内知名高校，在生态广场开展“绿色出行、文明你我”绿色骑行活动，首度邀请国外留学生参与安吉生态公益活动和全国文明城市创建工作，扩大安吉绿色发展、

7月26日，县机关党工委联合国内知名高校，在生态广场开展“绿色出行、文明你我”绿色骑行活动，首度邀请留学生参与安吉生态公益活动和全国文明城市创建工作

生态先行的影响力。展现党员担当，组织全体机关党员干部开展责任路段扫雪除冰、防雪抗冻工作。组织开展无偿献血活动，46家单位的231名机关党员共献血73850毫升。组织开展“我为扶贫出把力”活动，2000余名在职机关干部累计捐款30余万元，用于对口支持贫困地区扶贫产业项目、基础设施建设等。主动服务中心，优化营商环境，整合资源，成立“跟党同心创业”企业红色党建指导服务队等25支专业化团队，突出精准服务，先后开展志愿服务105次，服务企业245家，解决问题368个。拓展“党建＋中心工作”模式，研究制定《县直机关党建优质服务品牌创建工作实施意见》，以“五个有”为标准，指导39个机关党组织围绕服务全国文明城市创建、实体经济、乡村振兴、民生改善四大主题，立足部门职能，打造机关党建优质服务品牌。2018年，经党工委积极指导报送，有28个机关党组织的54篇“党建＋”做法得到省工委充分肯定，并在省直工委网站上连续刊登报道。打造“健康机关”，举办公众应急知识进机关暨党员志愿者应急救护技能普及培训，联合县卫计局、机管局首度开展中医健康保健宣传活动。

【开展“不忘初心 牢记使命”主题教育活动】 7月1日，县直机关党工委开展“红色印迹展”，围绕县委“拼比争”主题活动，征集机关各党组织、全体党员服务全国文明城市创建、服务实体经济、服务乡村振兴、服务民生改善中的生动案例，通过手机摄影定格，寻找机关党员最美拼比争瞬间。收到各类照片1009幅，精选出106幅作品在行政中心二楼大厅作集中展示。7月4日，开展红色经典诵读会，通过机关党员形式多样的诵读红色经典，缅怀峥嵘岁月，感悟红色魅力，传承红色基因，教育引导广大机关党员“坚定‘两山’之路，争当奋进先锋”。

【开启中央和国家机关党校及跨省域省级机关党建交流渠道】 9月，县机关党工委首度争取中央和国家机关党校举办的党务干部培训班在安吉办班，为期四天，交流安吉机关党建的做法并实地考察机关党建在“两山”实践中的转化。2018年3月，县机关党工委联系对接宁夏回族自治区区直机关党工委党务干部培训班3期共252人到安吉考察交流机关党建工作。县工委副书记程琦授课“机关美丽党建的安吉实践与感悟”，扩大了安吉党建及“两山”实践的影响力。

【开展“百家机关进百校 汇爱聚力促发展”主题党日活动】 首次组织县直机关各部门与结对学校党组织联合开展“百家机关进百校 汇爱聚力促发展”9月主题党日活动。开展“4＋1”活动(一次走访、一堂党课、一次座谈、一批赠书及一次结合部门职能的活动)，截至9月30日，约有58个部门105个支部500余名党员走进校园，上党课、座谈82次，赠书千余册，真正做到党建联通，活动联情，发展联策。

【开通“安吉机关党建”微信公众号】 2018年11月16日，县机关党工委首度开通“安吉机关党建”微信公众号，以“机关红耕，两山绿翼，传递机关正能量，展现党员新形象”为运行宗旨，为

9月，县直机关各部门与结对学校党组织联合开展“百家机关进百校 汇爱聚力促发展”主题党日活动。图为县直机关向结对学校赠送图书

机关党员、机关党建工作的交流沟通搭建"空中立交桥"。

【开展"机关党支部+国企党支部+经济薄弱村党支部"定向党建联动活动】 聚焦乡村振兴,聚力资源整合。县机关党工委主动穿针引线,于2018年11月23日,联合县烟草局和三山村共同开展支部联合主题党日活动。工委党支部和烟草局党支部给三山村党支部各送去5万党建帮扶资金、开展向党员赠送书籍、走访慰问村困难党员、清洁河道志愿服务并联议乡村经营项目。通过资源共享、活动共参、优势互补,实现定向帮扶有实效,主题党日有新意,乡村振兴有实招,共同推动基层党建组织力、融合力、服务力的持续提升。

【打造安吉县机关党建综合体】 县机关党工委在县行政中心内分别打造"红音驿站""红汇港湾"党建综合体,同时对每个楼层的党建点进行有机串联,整合资源,打造一条功能完备的机关党员"红色动力线"。12月6日,安吉县机关党建综合体举行开馆仪式,正式启用,县委常委、组织部部长吕立参加并作重要讲话。同步推出"安吉县机关支部主题党日学习套餐",通过"阵地联用共享、学习联抓共管、活动联动共推",达到机关党建以点促面,整体提升的目的。

11月23日,安吉县直机关党工委联合县烟草局和三山村共同开展支部联合主题党日活动

【创新机关党建考评方式】 2018年,县机关党工委首度将县委中心工作全国文明城市创建、优化营商环境等纳入机关党建考核内容,注重考核结果运用,将机关党建考核结果与各项先进评比直接挂钩,出台《机关党建示范点创建活动实施方案》《机关星级党组织创建方案》《机关党建优质服务品牌创建工作意见》和《优秀支部主题党日活动案例评比》,从制度上保障、推动"美丽党建"强基行动。定期对各基层党组织的"三会一课"、主题党日、党费收缴等情况进行专项抽查,对存在问题的机关党组织书记进行谈话提醒,常抓常管严督导。年末通过各自晒工作、相互议绩效比拼全年党建工作成效。

【安吉县被列为浙江省直机关首批机关党建工作重点联系点】 2018年,县机关党工委把安吉列为浙江省直机关首批机关党建工作重点联系点、拓宽宣传推广安吉机关党建做法的畅通渠道。全年有28个机关党组织的54篇"党建+"做法得到省工委充分肯定,并在省直工委网站上连续刊登报道(录用率列全省前茅、创安吉县新高),在全省予以推广宣传,扩大安吉"美丽党建"引领"美丽事业"的模式效应。

(李　萍)

中共安吉县纪律检查委员会
安 吉 县 监 察 委 员 会

【概况】 2018年，县委牢固树立“四个意识”，以上率下担起管党治党政治责任，统筹推进“清廉安吉”建设，党内政治生态持续优化，反腐败斗争取得压倒性胜利。全县各级纪检监察组织坚决贯彻落实中央、省、市、县委和上级纪委监委决策部署，忠诚履行党章和宪法赋予的职责，坚持稳中求进工作方针，聚焦监督执纪问责，坚定不移惩治腐败。

把“两个维护”落实到强化监督、执纪审查、调查处置、巡察巡查、问责追责等各个环节，强化政治监督。出台保障上级党委政府重大决策和重要决定落实、保证全县机构改革顺利进行有关规定，加强对中央和省、市、县委重大决策部署落实情况的监督检查，开展“优化营商环境”、“最多跑一次”改革、“攻坚清零”专项行动、做地出地工作等重点任务督查，坚决查处自行其是、各自为政，上有政策、下有对策的行为。定期开展政治生态动态分析研判，准确掌握安吉县政治生态状况。协助县委制定建设“清廉安吉”实施意见，出台保障“清廉安吉”建设“八大行动”，统筹推进清廉机关、清廉学校、清廉医院、清廉乡村、清廉企业、清廉文化建设，一体推进党风、政风、民风建设。加强对全面从严治党主体责任落实情况的监督，由县党政班子成员带队对36家单位开展专项检查，发现问题71个，提出整改意见108条。加强问责督责，对履行主体责任不力的4家单位13人进行问责，其中县管领导干部5人。

8月30日，安吉县廉政文化教育基地授牌

强化“一案双查”，对落实“两个责任”不力的14名领导干部实施追责。

落实《浙江省进一步深化监察体制改革试点工作实施方案》要求，履行监察职能，全要素使用各类监察措施，完善内控制度，严格审批程序，依法监察公职人员行使公权力情况、调查职务违法犯罪案件。2018年，查处职务犯罪案件17件17人，移送司法机关14人，其中采取留置措施5人。完善与公安、检察、审判、审计等部门协作配合机制。创新监察方式，探索非留置办案模式，对12名涉嫌职务犯罪人员采取非留置措施，直接调查移送起诉。推动监察职能向基层延伸，全县15个乡镇(街道)设立监察办公室，与乡镇(街道)纪委合署办公，制定乡镇(街道)监察办公室日常管理制度、监督调查处置工作办法等文件。整合乡镇(街道)联村干部、村监委成员、廉情监督员三支监督力量，在209个村(社区)成立村级廉情工作站，织密基层监督网络。

执行新修订的党纪处分条例，坚持纪在法前、纪严于法，运用监督执纪“四种形态”，加强问题线索集中管理、动态更新和集体会商，综合运用谈话函询、组织处理、纪律处分等方式分类处置。全年运用“四种形态”处理569人次，同比增长96.7%，其中一、二、三、四种形态分别占70.2%、20%、3.3%、6.5%,切实让红脸出汗、咬耳扯袖成为常态。充分发挥派驻监督作用,完善片区协作机制,创新轮流驻守、“巡察式”“点穴式”派驻监督方式,对工程项目建设、专项资金管理、招标采购等领域开展精准监督,全县各派驻机构上报问题线索137件,立案21件,党纪政务处分21人,运用第一种形态处理171人次。督促各级党委(党组)严把选人用人政治关、廉洁关、形象关,依托廉情信息系统审核1533人次。强化纪律教育,常态化开展“党纪教育一刻钟”活动,创新开展“纪委列单—单位点单”特色宣讲,全年累计开展教育活动1270余场次,受教育党员干部68700余人次。

以“永远在路上”的恒心和韧劲,落实中央八项规定及其实施细则精神,驰而不息纠“四风”、树新风。把日常检查和集中督查、补短板和防反弹结合起来,抓住节庆假日等重要节点,紧盯“四风”隐形变异新形式、新动向,邀请廉情监督员、普通群众参与,常态化开展正风肃纪,全年开展检查44次,查实问题64个,运用第一种形态处理39人。组建10个巡回执纪监督组,专项核查全县各单位落实中央八项规定精神情况,发现问题26个,运用第一种形态处理11人。全年查处违反中央八项规定精神问题14件19人,并进行通报曝光。深化“点命题”监察工作,农村“三资”管理、投资环境监测、临时救助三个项目结题。开展形式主义、官僚主义集中整治,走访基层单位63家,访谈群众226人,聚焦4方面12类问题,强化执纪问责,查处形式主义、官僚主义问题9起22人。开展领导干部违规房产交易、违规借贷以及“小金库”专项治理,确保领导干部廉洁从政。

强化信访举报主渠道作用,加强问题线索处置,2018年,受理信访举报476件,处置问题线索557件,同比上升139.1%。坚持无禁区、全覆盖、零容忍,不断加大执纪执法力度。全年立案166件166人,同比上升12.2%;处理171人,其中党纪政务处分161人,同比上升11%,乡科级领导干部17人。查办县交通运输局原党委副书记、副局长王某某,县经济开发区城北公司新农办原工作人员杜某,梅溪镇板桥村原村委委员兼出纳郑某某等一批要案、窝案。树立“没有安全就没有审查调查”的意识,严格按照程序办案,守住办案安全底线。做好查办案件“后半篇文章”,强化办案治本功能,及时堵塞审查调查中发现的体制机制问题和制度漏洞,发出纪律检查建议书25份,督促发案单位党委(党组)落实整改。加强处分决定执行情况监督,对32名受处分党员干部开展执纪专项检查,处置执行不到位2人,追回多发工资奖金8.9万余元。

协助县委做好省委巡视反馈问题整改情况“回头看”工作,抓好整改落实。加强巡察工作组织领导和机构设置,选优配强巡察工作组专职组长、副组长,强化巡察人才库建设。制定第十四届县委巡察工作规划,制定县委巡察工作领导小组、县委巡察办、县委巡察组工作规则,出台巡察成果综合运用办法。深化政治巡察,组建4个巡察组,以巡驻、巡审、巡访、巡查四个结合工作方式,开展政治体检,着力查找管党治党“宽松软”问题。完成第三、四轮巡察工作,巡察8个乡镇(街道)和16个县级机关部门,选取8个村(社区)进行提级巡察,发现问题473个,提出整改意见271条,移交问题线索32件,党纪政务处分6人,运用第一种形态处理46人,收缴违规发放津补贴5.7万元,收回其他应收款17.5万元,巡察“利剑”作用发挥明显。

牢固树立以人民为中心的思想,将正风反腐利剑对准信访反映集中、“四风”问题突出的农村基层党组织和党员干部,增强群众的获得感、幸福感。深化农村基层作风巡查,完成59个行政村巡查工作,发现问题666个,移交问题线索49件,党纪处分1人、移送司法机关1人、第一种形态处理42人。开展扶贫领域腐败和作风问题专项治理,成立16个督导组,检查扶贫资金项目33个,发现问题32个,约谈18人,党纪处分1人,运用第一种形态处理15人。协同推进扫黑除恶专项斗争,深挖涉黑涉恶腐败及其“保护伞”,排查出问题线索8件,坚持扫黑除恶与惩治群众身边的不正之风和腐败问题相结合,监察立案11人,全部移送起诉。开展“清廉乡村”建设,出台《清廉乡村创建量化考评细则》,完成39个村(社区)“清廉乡村”创建,推进2条精品示范带建设,会同有关单位出台村级“小微权力”清单、村级党风

10 月 19 日，安吉县纪委监察委深入基层走访村级“三务公开”执行情况

廉政建设主体责任清单等制度，推进村级“三务”公开信息平台建设，优化基层党风、政风、民风。

制定干部教育培训计划，举办全县纪检监察干部综合业务培训班，开设“清廉安吉”大讲堂，实行导师帮带和双岗练兵，提高纪检监察干部专业素养和综合素质。建立干部常态化交流机制，选派 163 人次参与上级纪委监委和县级办案、正风肃纪检查、巡视巡察等工作，提升干部实战能力。强化纪检监察系统党风廉政建设主体责任，落实“五张清单一张网”，层层签订党风廉政建设责任状，逐级夯实管党治党责任。完善廉政档案建设，健全廉政档案管理、廉政事项报告制度，加强纪检监察干部常态监督管理。建立纪检监察干部参与巡视巡察、审查调查等专项工作“两书”风险防控制度，出台监督执纪回访办法，督促干部依纪依法廉洁履职。坚持刀刃向内，全年对履行监督责任不力的 2 名纪检监察干部进行党纪处分，对 1 名纪检监察干部运用第一种形态处理。出台干部家访制度，加强对纪检监察干部及家属的关心关爱，增强队伍凝聚力战斗力。

【出台《安吉县“清廉乡村”创建量化考评细则》】 1 月 3 日，县纪委牵头制定并下发《安吉县“清廉乡村”创建量化考评细则》，围绕“清廉乡村”建设五大目标，研究设置 11 个考评项目、30 项具体指标和 5 个一票否决事项，通过构建可量化、可衡量、可统计的评价指标体系，为“清廉乡村”建设的推进画定“施工图”。

【出台《县纪委县监委创建全国文明城市工作实施方案》】 3 月 14 日，县纪委牵头制定并下发《县纪委县监委创建全国文明城市工作实施方案》。以党的十九大精神为引领，按照县委部署要求，结合纪检监察工作实际，制定四个主要任务及三项保障措施，成立县纪委县监委创建全国文明城市工作领导小组，为高质量谱写践行“两山”理念建设中国最美县域新篇章、创建全国文明城市提供坚强保证。

【安吉县监察留置编外人员第一案】 3 月 22 日，县监委作为湖州市监委留置分点，对县城北新区开发总公司原工作人员杜某采取留置措施，这是 2018 年全县第一起编外人员监察留置案件。4 月 26 日，调查终结，留置对象解除留置并将其移送检察院，用时 35 天。

【出台《县纪委县监委推行生活方式绿色化三年行动实施方案》】 4 月 4 日，县纪委县监委印发《县纪委县监委推行生活方式绿色化三年行动实施方案》，以 3 年（2018～2020 年）作为行动规划期，分年度推进，制定具体工作目标任务。

【出台《安吉县纪检监察系统案件质量考评办法》】 4 月 8 日，县纪委牵头制定并下发《安吉县纪检监察系统案件质量考评办法》，明确考评范围、考评内容、考评方式、考评结果与运用。做到案件质量考评每月一次，考评结果原则上每季通报一次。

【出台《安吉县纪检监察系统领导干部家访制》】 5 月 14 日，县纪委制定并下发《安吉县纪检监察系统领导干部家访制》。每次家访由 2 位领导干部参与，采取分级负责、随机上门的方式进行，以入户走访为主，利用 8 小时工作外或休息日、节假日时间深入被访纪检监察干部家中，与干部家属面对面交流。强化内在监督,将全县纪检监察干部“八小时以外”有关情况纳入日常监督管理的重要内容。

【出台《关于落实扶贫领域腐败和作风问题专项治理的工作方案》】 5月14日,县纪委牵头制定并下发《关于落实扶贫领域腐败和作风问题专项治理的工作方案》。方案明确建立衔接联系制度、拓宽问题发现渠道、加强问题线索管理等九个方面工作,明确各项工作责任部门与配合部门,将责任落实、落细、落具体。

【出台《关于在扫黑除恶专项斗争中强化监督执纪问责的工作方案》】 6月8日,县纪委牵头制定并下发《关于在扫黑除恶专项斗争中强化监督执纪问责的工作方案》。方案从九个方面明确主要工作任务,明确各项任务牵头科室与配合科室,成立县纪委县监委扫黑除恶专项斗争领导小组统筹组织协调扫黑除恶专项斗争中监督执纪问责工作。

【全县“清廉乡村”建设培训班开班】 6月20日,全县“清廉乡村”建设培训班在县委党校开班,县委副书记赵德清出席开班式并作动员讲话,来自全县15个乡镇(街道)、34个创建村(社区)的68名镇村干部参加培训,旨在通过学习研讨,引导基层开拓思路、找准定位,积极探索“清廉乡村”建设的方法路径。

【中共安吉县委巡察工作领导小组办公室成立】 6月30日,经县编委会议审议并报市编委办同意,设立中共安吉县委巡察工作领导小组办公室,为县委工作机构,设在县纪律检查委员会。核定行政编制3名,设主任1名、副主任1名。

【设立监察委员会派出乡镇(街道)监察办公室】 7月,全县15个乡镇(街道)设立监察办公室。监察办公室由县监委派出,与乡镇(街道)纪委合署办公,实行一套工作机构、两块牌子。监察办公室对县监委负责,接受县监委的领导和监督。在深入调研的基础上,研究制定安吉县监察委员会向乡镇(街道)派出监察办公室的工作方案,明确机构设置、干部任免、监察范围、监察职责、监察权限、领导关系等事项,赋予乡镇(街道)监察办公室部分监察职责。

8月27日,湖州市清廉乡村(街居)建设现场推进会与会人员赴高禹考察

【协助县委制定《关于建设清廉安吉的实施意见》】 8月上旬,县纪委协助县委制定《关于建设清廉安吉的实施意见》,按照政治清明、政府清廉、干部清正、社会清朗的总体要求,明确提出建设“清廉安吉”4个方面25项具体任务,推进县域党风、政风、民风、社风一体化建设。9月20日,《中共安吉县委关于建设清廉安吉的实施意见》(安委发〔2018〕11号)发文。

【开展导师帮带制工作】 8月16日,县纪委牵头制定并下发《全县纪检监察系统开展导师帮带制工作的实施方案》,全力助推年轻干部成长成才,引导年轻纪检监察干部适岗融合。9月28日,印发《关于明确纪检监察系统第一批导师帮带结对名单的通知》。10月10日,县纪委县监委举办纪检监察系统第一批导师帮带结对座谈会,确定23对导师帮带对子,其中“条线帮带”14对、“双岗练兵”9对。

【建立村级廉情工作站】 7月,各乡镇(街道)村级廉情工作站成

9 月 18 日，大竹园廉情工作站成立。图为工作人员正在研究廉情资料

立。县纪委县监委出台《安吉县村级廉情工作站管理办法》《关于进一步规范村级廉情工作站相关内容的通知》等文件，整合乡镇（街道）联村干部、村监委成员、廉情监督员三支监督力量，在 209 个村（社区）成立村级廉情工作站，织密基层监督网络。

【出台《关于践行“八大行动”推动清廉安吉建设的实施意见》】 9 月 29 日，县纪委制定并下发《关于践行“八大行动”推动清廉安吉建设的实施意见》。明确践行“八大行动”的总体要求、主要目标、工作要求等方面，推进“清廉安吉”建设，促进党风、政风、民风、社风持续向好，打造安吉政治生态的绿水青山。

【开展领导干部违规房产交易专项治理工作】 为切实解决领导干部在房产交易方面存在的违纪违规问题，促进领导干部廉洁从政，10 月 15 日，县纪委印发《关于开展领导干部违规房产交易专项治理工作的通知》，于 12 月 20 日前完成自查报告、核查处理、总结规范三个工作流程。

【2018 年“点（命）题”评议会议召开】 11 月 8 日，县纪委组织开展 2018 年“点（命）题”评议会议，县农业局《加强农村三资监管，深化农村基层党风廉政建设》、投资促进局《搭建投资环境监测系统，优化全县营商环境》、民政局《规范临时救助行为，发挥急难救助功能》三个项目均得到通过。

【开展党员领导干部违规借贷问题专项治理工作】 11～12 月，县纪委在全县范围内开展领导干部违规借贷专项治理工作。11 月 20 日，印发《关于开展领导干部违规借贷专项治理工作的通知》，此次专项治理工作分为自查、核查、整改三个阶段，于 12 月底前完成核查阶段。

【全县纪检监察系统为上级党委政府重大决策和重要决定提供纪律保障】 12 月 17 日，县纪委印发《关于全县纪检监察系统认真履行职责为上级党委政府重大决策和重要决定提供纪律保障的通知》。12 月 20 日，全县统一召开专题民主生活会，有五十余名纪检监察干部到会履行政治监督职责，确保上级党委政府重大决策和重要决定在全县各单位贯彻落实不打折扣。

【出台《关于加强县纪委县监委对乡镇（街道）纪委和监察办公室领导的若干意见（试行）》】 12 月 17 日，县纪委县监委印发《关于加强县纪委县监委对乡镇（街道）纪委和监察办公室领导的若干意见（试行）》，从建立健全重要工作报告制度、加强对组织人事工作的领导等四个方面加强县纪委县监委对乡镇（街道）纪委、监察办公室的领导。

（许　岚）

安吉县人民代表大会

【安吉县第十六届人民代表大会第二次会议】 2018年2月5～7日,安吉县第十六届人民代表大会第二次会议在递铺举行。会议应到代表232名,实到232名,列席273人。大会听取和审查县人民政府县长陈永华所作的县人民政府工作报告、县人大常委会主任陆为民所作的县人大常委会工作报告、县人民法院院长沈芳君所作的县人民法院工作报告、县人民检察院检察长陈章所作的县人民检察院工作报告,审查安吉县2017年国民经济和社会发展计划执行情况、2018年国民经济和社会发展计划(草案)的报告,审查安吉县2017年财政预算执行情况、2018年财政预算(草案)的报告,审查安吉县2017年度环境状况和环境保护目标完成情况的报告。大会通过上述7个报告的决议。会议依法补选陈秀宽、徐伟为安吉县第十六届人民代表大会常务委员会委员。会议票决"农村公路提质70公里以上,改造危桥10座以上""完成安吉三小、少体校、育星培智学校迁建主体工程""完成全县智慧健康系统信息化改造提升;完成社区卫生服务站改造提升30家""实施农村饮水安全提升工程,新增受益人口5500人以上""完成困难残疾人生活补贴4400人,重度残疾人护理补贴3800人;完成应急救护技能培训1.3万人,新增公共自动体外心脏除颤器4个""新增养老机构床位300张以上""新增放心农贸市场4家、三星级农贸市场2家,完成天荒坪农贸市场改造提升工程""完成垃圾分类示范小区10个""完成小区雨污分流改造工程2个""完成物联网安防小区建设60个"为2018年安吉县人民政府民生实事项目。会议票决《关于在全县农村地区逐步推行禁售禁放烟花爆竹的议案》为大会议案。本次大会共收到代表议案87件、代表建议47件,确定大会议案1件,其他议案转为建议办理。

【安吉县第十六届人大常委会第八至十七次会议】 2018年1月9日,安吉县第十六届人民代表大会常务委员会举行第八次会议。县人大常委会主任陆为民,副主任王爱民、孙松、黄先国、俞立安、梁蕴伟及24名委员出席会议。县委常委、县人民政府副县长王海稳,县人民法院院长沈芳君,县人民检察院检察长陈章,县人大机关党组成员,县人大常委会各委室副主任,县政府办、住建(规划)局、文广新局、卫计局、环保局、安监局主要负责人,孝源街道人大工委副主任吴正明,市人大代表程成龙、施一南、胡恒怡、潘亭、王水琴、戎露江、张荣炳、诸炜荣、张宏、陆丽、黄大伟、章慧,县人大代表娄云红、沈洁列席会议。会议表决通过《关于召开县第十六届人民代表大会第二次会议的决定》。会议听取和审议市八届人大代表述职报告,并对市人大代表进行述职测评。会议听取和审议县人大常委会任命的政府工作部门负责人述职报告,并对政府工作部门负责人进行述职测评。会议审议通过县人民政府关于提请审议《安吉县生态保护红线划定方案》的议案。会议根据县人大常委会主任会议的提请,按照《中华人民共和国地方各级人民代表大会和地方各级人民政府组织法》的规定,以无记名投票表决的方式,决定任命吴欣同志为县人大常委会研究室副主任。会议书面审议《安吉县人大常委会2018年工作要点》(讨论稿)。会议根据县人民法院的提请,按照《中华人民共和国地方各级人民代表大会和地方各级人民政府组织法》的规定,以无记名投票表决的方式,决定任命孟黎明同志为县人民法院副院长,任命卢洁、徐文祥、王磊、程思瑶、方勇五位同志为县人民法院审判员;决定免去金铭乐同志的县人民法院审判员职务;免去闵海峰同志的县人民法院副院长、审判委员会委员、审判员职务;免去王旦晖同志的县人民法院副院长、审判委员会委员、审判员职务。

1月19日,安吉县第十六届人民代表大会常务委员会举行第九次会议。县人大常委会主任陆为民,副主任吴佩勋、王爱民、孙松、黄先国、俞立安、梁蕴伟及22名委员出席会议。县委常委、县人民政府副县长王海稳，县人民法院院长沈芳君，县人民检察院检察长陈章，县人大机关党组成员，县人大常委会各委室副主任，县政府办主要负责人列席会议。会议审议通过《安吉县人大常委会工作报告》。会议审议通过《安吉县人大常委会2018年工作要点》。会议审议通过《安吉县第十六届人民代表大会第二次会议有关事项》。会议书面审议县政府关于2018年民生实事候选项目情况的报告。会议根据县人大常委会主任会议的提请，按照《中华人民共和国地方各级人民代表大会和地方各级人民政府组织法》和《中华人民共和国全国人民代表大会和地方各级人民代表大会选举法》的规定，以无记名投票表决的方式，决定接受江利勇同志辞去县第十六届人民代表大会代表职务。

3月23日，安吉县第十六届人民代表大会常务委员会举行第十次会议。县人大常委会主任陆为民，副主任吴佩勋、王爱民、孙松、黄先国、俞立安、梁蕴伟及24名委员出席会议。县人民政府副县长王捷，县纪委副书记、县监察委员会副主任王昌慧，县人民法院院长沈芳君，县人民检察院检察长陈章，县人大常委会各委室副主任，县政府办、县旅委主要负责人，梅溪镇人大副主席李一鸣、天子湖镇人大副主席李更正，县人大代表张吉林、邓水苗列席会议。会议听取和审议县人民政府副县长王捷代表县人民政府所作的关于贯彻执行旅游法一法一条例工作情况的报告和县人大常委会城建环资工委主任林立辉代表县人大常委会调研组所作的关于安吉县贯彻执行旅游法一法一条例工作情况的调研报告。会议根据县监察委员会的提请，按照《中华人民共和国宪法》和《中华人民共和国监察法》的规定，以无记名投票表决的方式，决定任命姚斌、刘伟栋同志为县监察委员会委员；决定免去张永玲同志的县监察委员会委员职务。会议根据县人民检察院的提请，按照《中华人民共和国地方各级人民代表大会和地方各级人民政府组织法》的规定，以无记名投票表决的方式，决定任命喻琳、张冰妍同志为县人民检察院检察委员会委员。

5月23日，安吉县第十六届人民代表大会常务委员会举行第十一次会议。县人大常委会主任陆为民，副主任吴佩勋、王爱民、孙松、黄先国、梁蕴伟及22名委员出席会议。县人民政府副县长任贵明，县人民法院院长沈芳君，县人民检察院副检察长蒋正平，县人大机关党组成员、县人大常委会各委室副主任，县人武部政委刘小翔，县政府办、民政局、水利局、环保局负责人，鄣吴镇人大副主席戚继成、杭垓镇人大副主席李宗栓，县人大代表黄潮洪列席会议。会议听取和审议县人民政府副县长任贵明代表县人民政府所作的关于《浙江省社会养老服务促进条例》执行情况的报告和县人大法制(内务司法)委员会主任委员鲍亚红代表县人大常委会调研组所作的关于《浙江省社会养老服务促进条例》执行情况的调研报告。会议根据县人大常委会主任会议的提请，以无线表决系统表决的方式，表决通过《关于提请对赋石水库、老石坎水库和凤凰水库污染源开展特定问题调查的议案》。

6月14日，安吉县第十六届人民代表大会常务委员会举行第十二次会议。县人大常委会主任陆为民，副主任吴佩勋、王爱民、孙松、黄先国及22名委员出席会议。县人民政府副县长王捷，县监察委员会副主任王昌慧，县人民法院副院长张汉文，县人民检察院常务副检察长胡秀义，县人大机关党组成员、县人大常委会各委室副主任，县公安局负责人列席会议。会议听取和审议县公安局关于提请许可对县第十六届人民代表大会代表胡某某依法予以刑事拘留的报告。会议按照《中华人民共和国全国人民代表大会和地方各级人民代表大会代表法》的有关规定，以举手表决方式，决定许可县公安局对县第十六届人民代表大会代表胡某某依法采取刑事拘留。

7月23日，安吉县第十六届人民代表大会常务委员会举行第十三次会议。县人大常委会主任陆为民，副主任吴佩勋、王爱民、孙松、黄先国、俞立安、梁蕴伟及26名委员出席会议。县委常委、常务副县长乐叶俊，县监察委员会副主任王昌慧，县人民法院院长沈芳君，县人民检察院检察长陈章，县人大机关党组成员、县人大常委会各委室副主任，县政府办、发改委、经信委、财政局、审计局主要负责人，报福镇人大主席戴开林、孝丰镇人大副主席麻江云，县人大代表高彬波、刘旭国列席会议。会议听取和审议县委常委、常务副县长乐叶俊代表县人民政府所作的关于2018年上半年工作情况的报告。会议听取和审议县财政局局长徐勇受县人民政府委托所作的关于2017年财政决算(草案)的报告、县审计局局长沈卫江受县人民政府委托所作的关于2017年财政预算执行和其他财政收支的审计工作报告、县人大财政经济委员会主任委员徐存林所作的关于2017年财政决算(草案)的初审报告，会议决定批准2017年财政决算。会议听取和审议县发改委主任童师祥受县人民政府委托所作的关于2018年上半年国民经济和社会发展计划执行情况的报告。会议书面审查和审议县政府关于2018年上半年财政预算执行情况的报告。会议根据县人大常委会主任会议的提请，按照《中华人民共和国地方各级人民代表大会和地方各级人民政府组织法》的规定，以无记名投票表决的方式，决定任命王炜同志为县人大常委会城乡建设与环境资源保护工作委员会副主任；决定免去石定一同志的县人大常委会城乡建设与环境资源保护工作委员会副主任职务。会议根据县人民政府的提请，按照《中华人民共和国地方各级人民代表大会和地方各级人民政府组织法》的规定，以无记名投票表决的方式，决定任命李晓敏同志为县民族宗教事务局局长；决定免去黄先贵同志的县民族宗教事务局局长职务。会议根据县人民法院的提请，按照《中华人民共和国地方各级人民代表大会和地方各级人民政府组织法》的规定，以无记名投票表决的方式，决定任命潘柏强同志为县人民法院审判员、审判委员会委员、副院长，肖建平同志为县人民法院梅溪人民法庭庭长，梁赟同志为县人民法院天子湖人民法庭庭长，汤珊珊、彭瑞森、毛效龙、陈浩同志为县人民法院审判委员会委员，卢洁同志为县人民法院刑事审判庭副庭长，方勇同志为县人民法院民事审判第一庭副庭长，徐文祥同志为县人民法院梅溪人民法庭副庭长，程思瑶同志为县人民法院执行庭副庭长，王磊同志为县人民法院立案庭副庭长，包静怡同志为县人民法院民事审判第二庭副庭长；决定免去陶世文同志的县人民法院天子湖人民法庭庭长职务，肖建平同志的县人民法院破产审判庭庭长职务，梁赟同志的县人民法院立案庭庭长职务，包静怡同志的县人民法院执行庭副庭长职务，毛剑卫、徐季平同志的县人民法院审判员职务。

9月27日，安吉县第十六届人民代表大会常务委员会举行第十四次会议。县人大常委会主任陆为民，副主任吴佩勋、王爱民、孙松、黄先国、俞立安、梁蕴伟及21名委员出席会议。县人民政府党组成员黄根凤，县监察委员会副主任王昌慧，县人民法院院长沈芳君，县人民检察院检察长陈章，县人大机关党组成员、县人大常委会各委室副主任，县政府办、发改委、经信委、教育局、科技局、财政局、国土局、住建(规划)局、交通运输局、水利局、商务局、卫计局、审计局、环保局、市场监管局、投资促进局、供销联社、城投集团、开发区、示范区、梅溪镇、溪龙乡、天子湖镇、鄣吴镇、杭垓镇、孝丰镇、报福镇、山川乡、灵峰街道主要负责人，递铺街道人大工委副主任朱平列席会议。会议听取和审议县人民政府党组成员黄根凤代表县人民政府所作的关于“十三五”规划纲要实施情况的中期评估报告，书面审议县人大财经委关于“十三五”规划纲要实施情况中期评估报告的审议报告。会议听取和审议县人民政府党组成员黄根凤代表县人民政府所作的关于2018年全县重点建设项目进展情况的报告，书面审议县人大常委会调研组关于2018年全县重点建设(民生实事)项目进展情况的调研报告。会议同时对重点建设项目进展情况进行评价，并对项目责任部门和服务项目部门的工作进行满意度测评。会议听取和审议县科技局局长刘承娟所作的关于县科技局工作情况的报告、县人大常委会教科文卫工委主任莫骄代表县人大常委会工作评议调研组所作的关于对县科技局工作评议的调研报告；听取和审议县交通运输局局长叶新安所作的关于县交通运输局工作情况的报告、县人大常委会城建环资工委主任林立辉代表县人大常委会工作评议调研组所作的关于对县交通运输局工作评议的调研报告。会议同时对县科技局、县交通运输局工作进行评议。会议听取和审议县人民政府党组成员黄根凤代表县人民政府所作的关于县十六届人大二次会议代表议案、建议办理情况的报告、县人大常委会办公室副主任沈晓波所作的关于县十六届人大二次会议代表议案、建议督办情况的报告。会议书面审议县政府关于2017年度财政预算执行和其他财政收支审计查出问题整改情况的报告。会议审议通过《安吉县人大常委会监督审计查出问题整改工作办法》。会议根据县人民政府的提请，按照《中华人民共和国地方各级人民代表大会和地方各级人民政府组织法》的规定，以无记名投票表决的方式，决定免去乐叶俊同志的县人民政府副县长职务。

10月31日，安吉县第十六届人民代表大会常务委员会举行第十五次会议。县人大常委会主任陆为民，副主任吴佩勋、王爱民、孙松、黄先国、俞立安、梁蕴伟及22名委员出席会议。县人民政府副县长杨绍军，县监察委员会副主任王昌慧，县人民检察院检察长陈章，县人民法院副院长张汉文，县人大机关党组成员、县人大常委会各委室副主任，县政府办、林业局负责人列席会议。会议根据县人民政府的提请，表决通过《关于提请审议确定安吉县县树县花的议案》。会议根据县人大常委会主任会议的提请，按照《中华人民共和国地方各级人民代表大会和地方各级人民政府组织法》和《中华人民共和国全国人民代表大会和地方各级人民代表大会选举法》的规定，以无记名投票表决的方式，决定接受周盛东同志辞去县第十六届人大常委会委员、县第十六届人大财政经济委员会委员、县第十六届人大代表职务的请求，并报县第十六届人民代表大会第三次会议备案。会议根据县人大常委会主任会议的提请，按照《中华人民共和国地方各级人民代表大会和地方各级人民政府组织法》的规定，以无记名投票表决的方式，决定任命麻江云同志为县人大常委会递铺街道工作委员会副主任，吴月成同志为县人大常委会孝源街道工作委员会副主任；决定免去朱平、池金豪同志的县人大常委会递铺街道工作委员会副主任职务，吴正明同志的县人大常委会孝源街道工作委员会副主任职务。会议根据县人民政府的提请，按照《中华人民共和国地方各级人民代表大会和地方各级人民政府组织法》的规定，以无记名投票表决的方式，决定任命潘鸣、杜尉栋同志为县人民政府副县长，马联国同志为县科学技术局局长，王晶同志为县司法局局长，马洪亮同志为县环境保护局局长；决定免去刘承娟同志的县科学技术局局长职务，王晶同志的县环境保护局局长职务，王峰同志的县司法局局长职务，叶新安同志的县交通运输局局长职务。会议根据县人民法院的提请，按照《中华人民共和国地方各级人民代表大会和地方各级人民政府组织法》的规定，以无记名投票表决的方式，决定任命王笑、潘晶晶、陈超磊、苏娈同志为县人民法院审判员；决定免去沈解鸣同志的县人民法院审判员职务。会议根据县人民检察院的提请，按照《中华人民共和国地方各级人民代表大会和地方各级人民政府组织法》的规定，以无记名投票表决的方式，决定任命汪莹同志为县人民检察院检察员。

11月26日，安吉县第十六届人民代表大会常务委员会举行第十六次会议。县人大常委会主任陆为民，副主任吴佩勋、王爱民、孙松、黄先国、俞立安、梁蕴伟及24名委员出席会议。县委常委、县人民政府副县长王海稳，县监察委员会副主任余再鸣，县人民法院常务副院长顾少白，县人民检察院常务副检察长胡秀义，县人大机关党组成员、县人大常委会各委室副主任，县政府办、科技局、财政局、国土局、交通运输局、农业局、林业局、水利局、市场监管局主要负责人，县人大孝源街道工委副主任李锡良列席会议。会议听取和审议县委常委、县人民政府副县长王海稳代表县人民政府所作的关于全县农产品质量安全情况的报告和县人大常委会农工委主任顾小宝代表县人大常委会调研组所作的关于全县农产品质量安全情况的调研报告。会议听取和审议县财政局局长徐勇受县人民政府委托所作的关于2017年度全县行政事业单位国有资产管理情况的专项报告，书面审议县政府关于2017年度全县国有资产管理情况的综合报告和县人大财经委关于安吉县国有资产管理情况报告制度建立情况及对首次报告的初步审查报告。会议听取和审议县委常委、县人民政府副县长王海稳代表县人民政府提请的

《关于提请审议2018年安吉县财政预算调整方案(草案)的议案》和县财政局局长徐勇受县人民政府委托所作的《关于提请审议2018年安吉县财政预算调整方案(草案)的议案》的说明,书面审议县人大财经委关于安吉县2018年财政预算调整方案(草案)的审查报告。会议决定批准安吉县2018年一般公共预算调整方案和安吉县2018年政府性基金预算调整方案。会议书面审议县科技局、交通运输局关于人大工作评议意见整改落实情况的报告。会议根据县人大常委会主任会议的提请,按照《中华人民共和国地方各级人民代表大会和地方各级人民政府组织法》《中华人民共和国全国人民代表大会和地方各级人民代表大会选举法》的规定,以无记名投票表决的方式,决定接受谷炳方同志辞去县第十六届人大常委会委员、县第十六届人民代表大会代表职务,决定接受王宏之同志辞去县第十六届人大常委会教科文卫工作委员会委员、县第十六届人民代表大会代表职务,决定接受周哲敏同志辞去县第十六届人大常委会代表与选举任免工作委员会委员、县第十六届人民代表大会代表职务,决定接受叶鸣岗、马洪亮、唐宝城、张超、祝青、胡红芳同志辞去县第十六届人民代表大会代表职务。

12月27日,安吉县第十六届人民代表大会常务委员会举行第十七次会议。县人大常委会主任陆为民,副主任吴佩勋、王爱民、孙松、黄先国、俞立安、梁蕴伟及25名委员出席会议。县委常委、县人民政府副县长王海稳,县监察委员会副主任王昌慧,县人民法院院长沈芳君,县人民检察院检察长陈章,县人大机关党组成员、县人大常委会各委室副主任,县政府办、发改委、经信委、教育局、民政局、财政局主要负责人,溪龙乡人大主席黄定瑞、鄣吴镇人大主席戴泽万,市人大代表查德荣、施安龙、陈双贵、江明红、吴仕荣、叶军、沈渊、谈立山、廖艳燕、章洁、潘春华,县人民法院员额法官马琴芳、孙发国、孙红波、陈浩、彭瑞森、戴伟民,县人民检察院员额检察官吴佩珏、张若一、竺炜、黄建伟,县人大代表刘小洁、张慧列席会议。会议审议通过《关于召开县第十六届人民代表大会第三次会议的决定》。会议审议通过《县人大常委会工作报告》。会议听取和审议市人大代表述职报告,并对市人大代表进行测评。会议听取和审议县人大常委会任命的政府工作部门负责人述职报告,并对政府工作部门负责人进行测评。会议听取和审议员额法官、员额检察官述职报告,并对员额法官、员额检察官进行了测评。会议审议通过《关于县第十六届人民代表大会代表资格的审查报告》。会议审议通过《关于提请补选徐仲仪为湖州市第八届人大代表的议案》。

【安吉县第十六届人大常委会第十五至二十八次主任会议】

2018年1月4日,县人大常委会主任陆为民主持召开第十五次主任会议,副主任吴佩勋、王爱民、孙松、黄先国、俞立安、梁蕴伟出席会议。县人大各专委会主任委员、副主任委员,县人大常委会各委室主任、副主任,县人大机关党组成员列席会议。会议传达学习省委书记、省人大常委会主任车俊同志在省十二届人大常委会第四十六次会议结束时的重要讲话精神。会议听取和讨论县人大常委会工作报告(初稿)。会议听取和讨论县人大常委会2018年工作要点(初稿)。会议讨论《关于召开县第十六届人民代表大会第二次会议的决定(草案)》。会议听取和讨论人事任免相关事项。会议讨论决定县第十六届人大常委会第八次会议的有关事项。

1月10日,县人大常委会主任陆为民主持召开第十六次主任会议,副主任吴佩勋、王爱民、孙松、黄先国、俞立安、梁蕴伟出席会议。县人大各专委会主任委员、副主任委员,县人大常委会各委室主任、副主任,县人大机关党组成员,县政府办、公安局负责人列席会议。会议听取和讨论关于2018年政府民生实事项目筛选情况的报告。会议听取和讨论关于报请许可对县人大代表江某某依法采取刑事强制措施的报告。会议听取和讨论县十六届人大二次会议日程、议程安排和列席人员名单等大会事项。会议听取和讨论2017年度各乡镇(街道)人大考核情况。会议讨论决定2017年度优秀县人大代表议案建议和议案建议办理先进单位名单。会议听取和讨论人事任免事项。会议书面审议县人大常委会工作报告(讨论稿)。会议书面审议县人大常委会2018年工作要点(讨论稿)。会议讨论决定县第十六届人大常委会第九次会议的有关事项。

2月28日,县人大常委会主任陆为民主持召开第十七次主任会议,副主任吴佩勋、王爱民、孙松、黄先国、俞立安、梁蕴伟出席会议。县人大各专委会主任委员、副主任委员,县人大常委会各委室主任、副主任,县人大机关党组成员,县政府办负责人列席会议。会议讨论通过撤销有关常委会文件的相关事项。会议讨论确定《关于在全县农村地区逐步推行禁售禁放烟花爆竹的议案》《关于加快提升县城主城区垃圾分类处理的建议》《关于要求确保被拆迁小微企业发展的议案》《关于建设优雅竹城,重建凤凰农贸市场的议案》《关于加强我县毛竹产业保护的议案》《关于要求建立校企联合培育技工人才机制的议案》共6件议案、建议为2018年重点代表议案、建议。会议讨论通过《2018年安吉县乡镇(街道)人大工作考核细则》。会议讨论通过县人大机关联系村建议方案。会议讨论人事任免相关事项。会议讨论决定召开县第十六届人大常委会第十次会议的有关事项。

4月20日,县人大常委会主任陆为民主持召开第十八次主任会议,副主任吴佩勋、王爱民、孙松、黄先国出席会议。县人大各专委会主任委员、副主任委员,县人大常委会各委室主任、副主任,县人大机关党组成员,县政府办、台办、林业局相关负责人列席会议。会议听取和讨论关于贯彻执行《浙江省台湾同胞投资保障条例》工作情况的报告。会议听取和讨论关于浙江安吉小鲵国家级自然保护区工作情况的报告。会议讨论通过关于对县公安局、县市场监管局行政处罚案件办理情况开展评审的工作方案。会议讨论通过关于2018年重点建设(民生实事)项目进展情况视察调研与评价的工作方案。会议讨论通过关于对县科技局、县交通运输局开展部门工作评议的实施方案。会议听取和讨论关于组织成立特定问题调查委员会,对赋石水库、老石坎水库和凤凰水库污染源问题开展调查的建议。会议讨论通过关于在全县各级人大代表中继续开展"比拼履职、争做表率"主题实践活动的方案。会议讨论通过县人大志编纂方案。会议讨论决定县第十六届人大常委会第十一次会议的有关事项。

6月13日,县人大常委会主任陆为民主持召开第十九次主任会议,副主任吴佩勋、王爱民、孙松、黄先国出席会议。县人大各专委会主任委员、副主任委员,县人大常委会各委室主任、副主任,县人大机关党组成员,县公安局负责人列席会议。会议听取和讨论了关于提请许可对县第十六届人民代表大会代表胡某某依法予以刑事拘留的报告。会议听取和讨论了人事任免事项。会议讨论决定了县第十六届人大常委会第十二次会议的有关事项。

6月26日,县人大常委会主任陆为民主持召开第二十次主任会议,副主任吴佩勋、孙松、梁蕴伟出席会议。县人大各专委会主任委员、副主任委员,县人大常委会各委室主任、副主任,县人大机关党组成员,县政府办、森林公安局、供销联社负责人列席会议。会议听取和讨论关于森林资源保护和涉林违法犯罪案件查处工作情况的报告。会议听取和讨论关于笔架山农业高新园区建设发展情况的报告。会议讨论通过关于听取和审议"十三五"规划纲要实施情况中期评估报告的实施方案。会议讨论通过关于开展"主任接待代表周"活动的方案。会议听取和讨论人事任免事项。会议讨论决定县第十六届人大常委会第十三次会议的有关事项。

7月20日,县人大常委会主任陆为民主持召开第二十一次主任会议,副主任吴佩勋、王爱民、孙松、黄先国、梁蕴伟出席会议。县人大各专委会主任委员、副主任委员,县人大常委会各委室主任、副主任,县人大机关党组成员列席会议。会议听取和讨论人事任免事项。会议听取和讨论各专委会、工委上半年工作情况和下半年工作安排。

8月28日,县人大常委会主任陆为民主持召开第二十二次主任会议,副主任吴佩勋、王爱民、孙松、俞立安、梁蕴伟出席会议。县人大各专委会主任委员、副主任委员,县人大常委会各委室主任、副主任,县人大机关党组成员,县政府办、残联、发改委、教育局、公安局、民政局、交通运输局、水利局、市场监管局、体育局、政务办负责人列席会议。会议听取和讨论县公安局、市场监管局关于行政处罚案件办理情况的报告。会议听取和讨论县发改委关于国民经济和社会发展第十三个五年规划纲要的中期评估报告,及各审议小组对规划纲要和五个专项规划的调研审议报告。会议听取和讨论县人大常委会各视察调研组关于重点建设项目视察调研情况的汇报。会议听取和讨论县政务办关于“最多跑一次”工作落实情况的报告。会议听取和讨论县体育局关于全县体育设施建设和利用情况的报告。会议听取和讨论《安吉县人大常委会监督审计查出问题整改工作办法》(讨论稿)。会议讨论通过《关于开展对员额法官、检察官述职测评的实施方案》。会议讨论决定召开县第十六届人大常委会第十四次会议的有关事项。

9月26日,县人大常委会主任陆为民主持召开第二十三次主任会议,副主任吴佩勋、王爱民、孙松、黄先国、俞立安、梁蕴伟出席会议。县人大各专委会主任委员、副主任委员,县人大常委会各委室主任、副主任,县人大机关党组成员列席会议。会议听取和讨论人事任免相关事项。

10月30日,县人大常委会主任陆为民主持召开第二十四次主任会议,副主任吴佩勋、王爱民、孙松、黄先国、俞立安、梁蕴伟出席会议。县人大各专委会主任委员、副主任委员,县人大常委会各委室主任、副主任,县人大机关党组成员,县政府办、住建(规划)局、林业局负责人列席会议。会议听取和讨论县住建(规划)局关于优雅竹城建设发展情况的报告。会议听取和讨论县林业局关于安吉县县树县花评选情况的报告。会议听取和讨论人事任免事项。会议讨论决定县第十六届人大常委会第十五次会议的有关事项。

11月26日,县人大常委会主任陆为民主持召开第二十五次主任会议,副主任吴佩勋、王爱民、孙松、黄先国、俞立安、梁蕴伟出席会议。县人大各专委会主任委员、副主任委员,县人大常委会各委室主任、副主任,县人大机关党组成员列席会议。会议听取和讨论关于调整县人大常委会年度议题的报告。会议听取和讨论《关于开展县人大常委会任命的政府工作部门负责人述职测评的工作方案》。会议听取和讨论《关于开展市人大代表述职测评的工作方案》。会议听取和讨论人事任免事项。会议讨论决定县第十六届人大常委会第十六次会议的有关事项。

11月30日,县人大常委会主任陆为民主持召开第二十六次主任会议,副主任吴佩勋、孙松、俞立安、梁蕴伟出席会议。县人大各专委会主任委员、副主任委员,县人大常委会各委室主任、副主任,县人大机关党组成员列席会议。会议听取和讨论关于召开县十六届人大三次会议的相关事项。

12月10日,县人大常委会主任陆为民主持召开第二十七次主任会议,副主任吴佩勋、王爱民、孙松、黄先国、俞立安、梁蕴伟出席会议。县人大各专委会主任委员、副主任委员,县人大常委会各委室主任、副主任,县人大机关党组成员列席会议。会议讨论通过《关于员额法官、检察官述职测评工作方案》。会议听取和讨论关于补选县第十六届人民代表大会代表的相关事项。

12月25日,县人大常委会主任陆为民主持召开第二十八次主任会议,副主任吴佩勋、王爱民、孙松、黄先国、俞立安、梁蕴伟出席会议。县人大各专委会主任委员、副主任委员,县人大常委会各委室主任、副主任,县人大机关党组成员列席会议。会议听取和讨论《关于召开县第十六届人民代表大会第三次会议的决定(草案)》。会议听取和讨论县人大常委会工作报告(讨论稿)。会议讨论通过《湖州市文明行为促进条例》宣传贯彻情况监督方案。会议听取和讨论2018年乡镇(街道)人大工作考核情况。会议讨论通过2018年先进县人大代表小组和优秀县人大代表名单。会议听取和讨论关于提请补选市第八届人大代表的议案。会议讨论决定县第十六届人大常委会第十七次会议的有关事项。

【预算编制工作实现五个首次】2018年的预算编制工作,首次全面编列一般公共预算支出明细(类款项),首次编制国有资本经营预算草案,首次编制政府重大投资项目资金安排及项目相关情况说明,首次报告经批准举借债务的规模、结构、使用和偿还情况,并首次在人代会上提交全部64个部门108个预算单位的预算草案供人大代表审查，提高预算编制的规范性、完整性、透明性。

【督查《湖州市禁止销售燃放烟花爆竹规定》执行工作】　1月17日，县人大常委会副主任吴佩勋带队督查《湖州市禁止销售燃放烟花爆竹规定》执行工作。督查组实地走访县双禁办、祥溪花园小区、递铺一小等地，听取了解春节期间等时段的“双禁”工作情况，并提出加强宣传引导、发挥辐射带动作用，分步推进扩面、实现全县域“双禁”，完善督查机制、巩固“双禁”工作成果等意见建议。

【开展“城乡彩化美化”主题活动】　3月9日，县人大围绕全国文明城市创建工作，组织发动县各级人大代表开展“城乡彩化美化”主题活动，各级代表共参与1700余人次，种植苗木3000余株。

【视察新建小区幼儿园、早教机构规范化管理工作】　3月12日，县人大常委会副主任王爱民带队视察全县新建小区幼儿园、早教机构规范化管理工作。视察组实地走访凤凰山中心幼儿园东城分园、龙山庄园配套幼儿园、紫金花园幼儿园等新建小区幼儿园和新爱婴早教中心、塘浦海贝游艺馆早教机构等地，听取教育、住建等部门关于幼儿园建设移交和早教办学等情况汇报，并提出相关意见建议。

【视察农家乐与民宿生活污水治理运维工作】　3月20日，县人大常委会副主任黄先国带队视察全县农家乐与民宿生活污水治理运维工作。视察组先后走访孝丰镇、报福镇等地的农家乐和民宿集聚村落，实地查看生活污水治理运维工作，听取县农办、旅委等工作汇报，并要求，要继续加大工程质量监管力度、加强管网和终端设备维护、重点解决好旅游旺季游客激增时段污水处理能力吃紧等问题。

3月9日，安吉县人大常委会主任陆为民（右一）参加“城乡彩化美化”主题活动

【调研旅游法“一法一条例”在安吉县的执行情况】　2月起，由县人大常委会副主任孙松带队的县人大常委会调研组对《中华人民共和国旅游法》《浙江省旅游条例》在县内的执行情况进行调研。期间，分别召开由部分乡镇分管领导、旅游企业及从业人员等参加的座谈会，实地视察调研部分重点休闲旅游项目，收集部分数据材料，形成调研报告，针对县旅游资源整合力、部门统筹力、市场监管力、对外营销力方面存在的问题，提出立足规划，用好资源；紧抓统筹，用好合力；依法行政，管好市场；全力推广，做好营销等意见建议。3月23日，关于县政府旅游法“一法一条例”执行情况议题在县第十六届人大常委会第十次会议上得到充分审议，推动县域旅游产业的健康有序发展。

【专题调研台胞投资条例在县内的执行情况】　3～4月，为进一步了解台胞投资条例在县内的执行情况，县人大常委会副主任王爱民带队对该项工作进行专题调研。调研组先后走访柏腾广电、广隆五金、敏泰科技等台资企业，听取县台办关于条例执行情况汇报，并针对安吉县台资企业发展现状以及面临的问题困难，提出要提高政治站位、做优服务举措、注重引导指导、深化交流互动等意见建议。4月20日，县第十六届人大常委会第十八次主任会议听取和讨论关于贯彻执行《浙江省台湾同胞投资保障条例》工作情况的报告，推动部门依法履职，保障台胞投资权益。

【调研安吉小鲵国家级自然保护区建设管理工作】 4月13日，围绕生态品牌提升创建，县人大常委会副主任黄先国带队对安吉小鲵国家级自然保护区建设管理工作开展视察调研。调研组赴县林业局听取相关工作情况汇报，查看保护区内实时监控情况，并就下一步工作提出规范保护区内各类设施建设，向上对接做好管理机构设置工作，加强技术队伍建设，学习借鉴完善管理制度，探索保护与开发融合新路子的意见建议。

【视察工业经济发展工作】 4月17日，县人大常委会主任陆为民带队视察全县工业经济发展工作。视察组先后走访舒友、和也等工业企业，听取经信委、开发区等工作汇报，并要求，要从推进“两山”实践的高度抓好工业经济发展，聚焦产业转型、培大育强、招大引强，实现高质量、加速度和可持续；要专注主业做强实体，研究市场赢得商机，加强研发重视技改，规范管理扩大上市；要不断优化企业服务，构建“清亲”政商关系，全力为企业排忧解难。

【开展“加强税收征管，探索财政增收新途径”课题调研】 4月，县人大常委会副主任梁蕴伟带队开展“加强税收征管，探索财政增收新途径”课题调研。调研组视察了解新形势下安吉县财政(税收)增收存在主要问题和困难，分析研究下步对策措施，并提出要努力培育财源、挖掘增收潜力、构建和谐财税环境、宣传贯彻税收法律法规、坚持依法治税、化解债务风险等建议。

【专题调研《浙江省社会养老服务促进条例》执行情况】 4月，县人大常委会副主任吴佩勋率队专题调研安吉县《浙江省社会养老服务促进条例》执行情况。通过座谈会、实地走访养老机构、听取民政部门汇报等形式，广泛了解安吉县养老服务体系建设工作情况和老年人实际需求，形成调研报告，提出提高认识、高度重视养老服务体系建设，统筹规划、加快推进养老服务设施建设，整合资源、发展社区居家养老服务，加强管理、提升养老服务质量水平的工作建议。

【调研乡镇、街道和两区债务管理工作】 4～5月，县人大常委会副主任梁蕴伟带队调研乡镇、街道和两区债务管理工作，详细了解2013年以来各地债务规模、结构和全县债务总体情况，债务资金使用方向、形成原因，对促进地方经济社会发展所起的作用及存在问题，各地化解债务主要措施、计划及建议等。5月18日，市人大常委会副主任董立新一行赴安吉县专题听取乡镇债务情况汇报，并要求摸清底数、严格把关，切实做好债务化解和风险防控工作。

【举办人大干部综合素质提升班】 4～5月，县人大举办人大干部综合素质提升班，分两批共组织六十余名人大干部和代表中心组组长、副组长参训，重点培训党的十九大及“两会”精神、人大制度理论与相关法律法规、治国理政新思维、宏观经济形势分析与供给侧改革、代表履职知识等课程。

【视察全县外贸工作】 5月7日，县人大常委会副主任梁蕴伟带队视察全县外贸工作。视察组实地视察艺维斯家具有限公

4月24日，安吉县人大干部综合素质提升培训班第1期在厦门大学开班

司和跨境电商孵化园，听取商务局外贸工作情况汇报，并要求，要深入贯彻国务院《关于加快培育外贸竞争新优势的若干意见》要求，推动安吉县外贸由规模速度型向质量效益型转变；培养引进和打造更高水平的外贸人才和企业家队伍；重视和推动外贸企业转型升级；用好国家支持鼓励外贸出口的政策措施；做好外贸企业服务工作。

【专题调研全县森林资源保护工作】 5月24日，县人大配合市人大农委，对全县森林资源保护工作开展专题调研。调研组走访古城村杨树坞（毁林种茶及毁林生态修复点）和绕城南线（珍贵彩色森林）等地，听取县林业局工作汇报，并要求，充分认识森林资源保护工作的长期性和艰巨性，增强工作紧迫感责任感；处理好保护与开发的关系，实现资源保护与经济建设的同步发展；针对毁林（竹）种茶突出问题，创新森林资源管护模式，守好一方绿水青山。

【固废污染防治"一法一条例"执法检查】 5月25日，县人大常委会主任陆为民、副主任孙松带队，对全县固废污染防治"一法一条例"工作开展执法检查。检查组实地走访金山污水处理项目、美欣达固废处置项目、旺能垃圾焚烧项目及飞灰填埋场等地，听取政府部门情况汇报，并要求，强化认识，加大固废污染防治"一法一条例"执行力度；有力落实监管职责和主体责任，加强固废污染防治和大气、水、土地等环境治理；扩大普法宣传，提升全民对固废污染防治"一法一条例"的法律意识。

【视察全县职教校企合作共同体建设工作】 5月31日，县人大常委会副主任王爱民带队视察全县职教校企合作共同体建设工作。视察组先后走访职教中心等地，听取校企双方代表对合作办学工作的有关意见，并提出学校和企业应做到优势互补、资源互用，以推动校企双元育人模式的建立等工作建议。

【涉农林类议案、建议"回头看"督查】 5月，县人大对代表在县十五届人大五次会议、十六届人大一次会议上提出的涉农林类议案、建议进行"回头看"督查。督查组先后赴林业局等部门，了解竹产业发展、森林资源保护等议案建议的后续办理和落实情况，并要求，持续重视代表议案建议办理工作，加大对有关问题的研究和破解力度，采取多种行之有效的对策措施，确保答复内容如期兑现。

【启动县人大志编纂工作】 5月，县人大启动人大志编纂工作，分为县人民代表大会、县人大常委会、乡镇人民代表大会、人物、丛录五个部分，对1949年至2019年间的县乡两级人大历史沿革、组织机构、大事记、决议决定、选举、人事任免、人大监督、议案建议、代表等内容，进行严谨详细的编纂记述。

【启动对县科技局、交通运输局的部门工作评议】 5～8月，县人大启动对县科技局、交通运输局的部门工作评议。评议组通过制定评议方案、召开动员会、听取部门工作报告、与部门班子和中层干部等谈话、向有关部门征求意见等方式，详细了解两个部门的工作情况，并梳理形成评议调研报告。

【视察调研全县重点项目建设情况】 5月，县人大根据《2018年重点建设（民生实事）项目进展情况视察、调研与评价方案》要求，成立6个专项视察调研组，利用4个月时间，对全县92个重点建设（民生实事）项目的服务、建设进度、存在问题、下步加快建设和落实的对策措施等开展视察调研。

【首次代表问政会】 6月8日，县人大组织开展首次代表问政会，问政会采取"代表提、部门答"的方式，五位县代表分别就特殊路段临时停车管理、城市行道树更新、城市内涝、毁林毁竹种茶等热点问题，面对面向县政府办、住建（规划）局、综合执法局、林业局等部门提问。相关部门主要负责人从问题现状、形成原因和解决方案等方面逐一答复说明，并提出问题破解对策。会后，代表与选任工委及时开展问政问题办理"回头看"活动，对现政府有关部门的措施落实情况进行跟踪监督，先后听取县综合执法局、住建（规划）局等部门对问题落实情况的汇报，并提出有针对性的意见建议，五件问政问题都得到落实解决。

【视察调研笔架山农业高新园区建设工作】 6月13日，围绕农业产业高质量发展，县人大常委会副主任黄先国带队视察调研笔架山农业高新园区建设工作，在实地查看、听取工作情况汇报后，就下一步工作提出：要继续坚持高起点规划、高标准推进，发挥高新园区的示范和带动作用；要提前谋划园区建成经营后的体制机制问题，探索符合实际的农旅融合模式；要探索可复制可推广的农业园区建设与经营工作经验等建议。

6月14日，安吉县人大常委会主任陆为民带队调研城中村改造工作

【特定问题调查】 5月23日，县人大常委会表决通过由县人大常委会农业农村工委牵头，联合部分县人大代表共同提出的《关于提请对赋石水库、老石坎水库和凤凰水库污染源开展特定问题调查的议案》。此次特定问题调查，预计历时一年时间，主要采取布点动态检测、污染源解析、量化分析、控污对策研究、水环境质量评价等方式，对水库库区及汇水区域范围内的农业面源污染、农村生活污染、大气干湿沉降、水库底泥释放、工业点源污染等影响水质因素进行调查，找准污染来源及其所占比例，并提出针对性控源减排方案与对策，为下一步水库水质提升和水库流域治理提供科学依据。

【专题调研城中村改造工作】 6月14日，县人大常委会主任陆为民、副主任孙松带队专题调研城中村改造工作。调研组先后走访山头、天荒坪路等征迁指挥部，实地查看征迁现场情况，听取各指挥部所属片区征迁情况汇报，并要求，充分认识城中村改造重要意义，进一步自加压力，明确责任；坚持"一把尺子量到底、一个标准评到底"工作原则，确保公平公正公开；强化比拼，形成各指挥部你追我赶，村"两委"班子、党员干部、村民小组长带头挑担子的浓厚氛围；依法依规依纪开展工作，妥善处置问题纠纷。

【视察调研"十三五"规划和五个子规划的实施情况】 6月开始，县人大根据《听取和审议"十三五"规划纲要实施情况中期评估报告的实施方案》要求，成立六个审议小组，对全县"十三五"规划和教育、水利、综合交通、老龄事业、残疾人事业五个子规划的实施情况开展视察调研。

【启动对行政处罚案件办理情况的评审工作】 7月，县人大根据《关于对县公安局、县市场监管局行政处罚案件办理情况开展评审的工作方案》要求，启动对县公安局、市场监管局行政处罚案件办理情况的评审工作。

【开展"加强税收征管，探索财政增收新途径"课题调研】 7月，县人大财政经济委员会对县财政局提交的《关于2017年财政决算(草案)的报告》进行初步审查，提交初审报告，就进一步做好预算执行及决算工作提出提高收入组织水平，保障重点支出，提高预算管理水平，重视审计发现问题的整改和督促落实四项建议。7月23日，县人大常委会第十三次会议审查并批准2017年财政决算。

【"主任接待代表周"活动】 7月，县人大举行"主任接待代表周"活动。7月4日集中接待期间，对年度重点议案建议进行现场督办，县政府及相关部门分别就主城区垃圾分类处理、拆迁小微企业发展、校企联合培育技工人才等办理情况，向代表答复说明，代表对办理工作进行现场评价并就存在的问题提出改进完善建议。7月9～13日分散接待期间，县人大常委会各副主任带

7月4日，安吉县人大代表开展集中接待日活动

领相关部门分赴各代表联络站，共接待23名代表选民，收集23类问题，部分当场提出解决措施，部分作为闭会期间代表建议转交县政府办理。

【专题调研体育设施建设利用情况】 7月27日，县人大常委会副主任王爱民带队专题调研全县体育设施建设利用情况。调研组实地查看递铺街道赵家上村、昌硕街道玉馨社区等地体育设施建设的基本情况，听取县体育局和教育、规划部门的工作汇报，并针对当前工作中的矛盾问题，提出要争取对县城区群体设施财政投入，整合社会、学校资源，在合理范围内推动校园体育场地对公众开放，最大限度发挥各类体育资源的服务功能和社会效益等意见建议。8月28日，县第十六届人大常委会第二十二次主任会议听取和讨论了县体育局关于全县体育设施建设和利用情况的报告，提出指导性、操作性更强的意见建议。

【员额法官、员额检察官述职测评】 8月，为加强对员额法官、检察官依法履职、公正司法情况的监督，县人大常委会制定《关于开展对员额法官、检察官述职测评的实施方案》，明确述职内容、述职测评对家、方法步骤等重点环节。由县人大常委会副主任吴佩勋牵头的调研组走访“两院”负责人，县政法委、纪委等部门，听取对“两官”的意见建议，并形成书面材料，向主任会议进行汇报。2018年，有39名员额法官、17名检察官参加述职。12月27日，县第十六届人大常委会第十七次会议听取和审议10名述职对象的口头述职，并且进行测评，增强“两官”接受人大监督的意识，增强公正司法的责任感和使命感，促进依法办案。

【视察环境资源审判和生态检查工作】 8月21日，县人大常委会副主任吴佩勋率县人大法制内司委视察全县环境资源审判和生态检察工作，实地查看法院补植复绿教育基地、检察院检察服务中心等地，并听取法院和检察院有关工作汇报，并提出提高认识，推进生态司法工作；构建多方联动、协作共治格局；加大打击力度，做好保护工作；加大宣传力度，增强生态保护意识和相互监督意识等建议。

【香港特别行政区人大代表来安吉县视察】 9月13日，以马逢国为团长，卢瑞安、黄玉山为副团长的香港特别行政区第十三届全国人大代表来安吉县视察，全国人大常委会副秘书长郭振华，省人大常委会副书记、副主任李卫宁以及市县领导马晓晖、胡菁菁、张兰新、卢跃东、沈铭权、陆为民陪同。视察团先后视察天使小镇、田园鲁家、余村，并表示将以这次视察为契机，加深对安吉各方面情况的了解，更好地为安吉经济社会发展出谋划策。

【国有资产管理报告工作布置会】 9月14日，为深入贯彻中央、省、市、县委决策部署，加快推进建立国有资产管理报告制度工作，县人大财经委组织县政府办、财政局、国土局、农业局、林业局、水利局分管领导和相关职能科室负责人召开工作布置会。会议对《中共安吉县委关于建立县人民政府向县人大常委会报告国有资产管理情况制度的意见（讨论稿）》起草情况进行说明，明确报告内容、完成时间、责任分工，并提出要提高站位，领会《意见（讨论稿）》精神；突出重点，确保报告准确；多措并举，全面提升报告质量等要求。

【专题视察县美丽乡村经营工作】 10月11日,围绕“两山”成果转化,县人大常委会副主任黄先国带队专题视察我县美丽乡村经营工作。视察组实地走访了天子湖镇高禹村,听取了县农办、旅委相关工作情况汇报,并就下一步工作提出了要结合政府扶持和市场运作,挖掘各村特色资源,以市场为导向,优化配置资源,开发出市场需求旺盛的产业和产品;要加强对各村的引导和扶持,解决好资金、土地和人才等要素问题,深入调研政策性壁垒,大力改革破难;要发掘、维系、发展好各村文化习俗,完善文化设施建设,开展好文化活动,不断提升乡村文化活力。

【视察城乡建设情况】 10月12日,从推动文明城市创建、县乡村“三级联动”提升的角度出发,县人大常委会副主任孙松带队对城市总体规划执行、优雅竹城建设、小城镇环境综合整治情况进行了集中视察,就推动县城建设再提升、城乡环境再优化提出了针对性的意见建议,也为主任会议研究谈论优雅竹城建设议题作了充分的准备。

【视察食品安全监督管理工作】 10月15日,县人大常委会副主任吴佩勋率队视察全县食品安全监督管理工作。视察组实地察看了县食品药品检验检测中心和浙江民生健康科技有限公司等食品企业,听取了县市场监管局关于全县食品安全监管工作情况汇报,并针对存在问题和群众关注热点,提出了工作建议。

【视察招商引资及营商环境建设工作】 10月17日,县人大常委会副主任梁蕴伟带队视察了全县招商引资及营商环境建设工作。听取了县投资促进局的共组汇报,实地走访了四家企业,在充分肯定成绩的同时,建议县投资促进局进一步落实上年县人大评议和视察意见,以效益和实力为中心,不断提高招商引资的质量,进一步改善营商环境,为我县经济发展提供新动力。

10月8日,安吉县人大常委会主任陆为民以人大代表身份走进递铺街道人大代表联络站

【视察法院工作】 10月19日,县人大常委会副主任吴佩勋率队视察法院司法体制改革工作及落实《关于进一步推进法院执行工作的意见》情况。视察组听取了法院司法体制改革工作汇报和落实《意见》情况汇报,并提出意见建议,助推司法改革有序推进。

【视察赋石水库饮用水源保护区内旅游餐饮项目问题整改情况】 10月29日,根据市人大部署,县人大常委会副主任孙松召集县政府办、环保局、杭垓镇等单位,市县联动对13个赋石水库饮用水源二级保护区内旅游餐饮项目问题整改情况进行了实地视察,督促政府及相关部门加快推进问题整改,尤其是阿里拉度假村等未完成问题的整改,力争尽快取得省政府批复,推进赋石水库饮用水源二级保护区范围的调整。

【专题调研农产品质量安全】 7月到10月,围绕“米袋子”“菜篮子”工程,成立了由县人大常委会副主任黄先国任组长的专题调研组,专题调研农产品质量安全。调研组开展了走访、实地查看、座谈等活动,对《农产品质量安全法》及《浙江省农产品质量安全规定》执行情况开展了执法检查,并赴先进地区学习考察,形成了调研报告,提出了加大宣传、健全机制、加强扶持和注重源头防控等意见建议。11月26日,县十六届人大第十六次会议专题听取和审议了政府相关工作情况，对调研报告展开了充分审议，推动了农产品质量安全。

【专题调研医共体建设工作】 9～10月，为精准监督医共体改革试点工作，由县人大常委会副主任王爱民带队的调研组专题调研了县医共体建设工作。调研组先后走访了县卫计局、人力社保局等相关部门，实地视察了县第一医共体及天子湖镇中心卫生院，听取了多家医疗卫生机构的汇报，并针对发现的试点工作推进中的问题，提出了要“扶持基层发展、增加财政投入、加强人才培养、提高服务水平”等意见建议，推动了医共体改革试点工作开展。

【审查预算调整方案】 11月下旬，县人大财经委对县财政局受县政府委托提交的《安吉县2018年政府性基金预算调整方案（草案）》进行了审查，形成审查报告，建议县政府及财政部门进一步学习贯彻预算法，不断提高预算调整的法治化意识，真正做到没有预算就不得支出，预算调整必须落实先批准再执行的法定要求。11月26日，县第十六届人大常委会第十六次会议批准了2018年预算调正方案。

【专题调研县法院工作】 11月21日，县人大常委会主任陆为民专题调研法院工作，重点视察了县人民法院执行指挥中心、递铺法庭以及诉讼服务中心、行政争议调解中心、在线矛盾纠纷多元化解平台（ODR）等，并座谈听取了法院有关工作情况汇报。陆为民肯定了法院工作，认为法院大局意识强，多措并举，全力服务经济社会发展；便民举措实，坚持司法为民理念，有效保障群众合法权益；执行质效高，自加压力，努力推进执行难题破解；干部队伍精，着力提升干部综合素质，积极打造法院“铁军”。就进一步抓好法院工作，陆为民要求，要进一步增强意识，服务全县发展大局，要充分发挥刑事、民商事、行政审判及执行等职能作用，在区域经济、环境保护、社会稳定等方面主动作为，为促进经济社会发展提供强有力的保障；要进一步为民着想，维护人民群众权益，在工作中坚持司法为民、司法利民、司法安民、司法亲民，建设人民群众信得过、靠得住的审判机关；要进一步深化改革，提升审判执行质效，全面推进法官员额制等改革，真正落实“谁办案谁负责”的案件终身负责制，严防冤假错案，让司法更高效公正；要进一步重视基层，提高法庭司法水平，夯实司法事业发展根基；要进一步提升素质，打造过硬法院“铁军”，不断提升人民群众对法院工作的满意度。

11月21日，安吉县人大常委会主任陆为民（左二）专题调研法院工作

【专题调研县检察院工作】 11月22日，县人大常委会主任陆为民、副主任吴佩勋专题调研县检察院工作，调研组一行实地察看了“12309”检察服务大厅和院史厅等地，并召开座谈会，听取了检察院有关工作汇报。陆为民指出，县检察院工作思路清晰、干部干劲十足、工作成效明显，在服务中心大局上做出了新的贡献、在检察业务实绩上取得了新的突破、在干部队伍建设上迈上了新的台阶。陆为民要求县检察院要继续发挥优势，积极主动、乘势而上，在保障全县发展上积极作为，围绕经济发展、环境保护、民生幸福等中心工作找准切入点、着力点，推动全县赶超发展；在服务人民群众上继

续优化，始终抓住人民群众最关心的司法需求问题、最关切的权益保障问题、最关注的法律监督问题，认真受理、及时反馈，切实维护人民群众的切身利益；在维护公平正义上履职担当，在人民群众对权益保障和公平正义的追求更加强烈的当下，强化监督职能、健全监督机制、跟上时代步伐，努力营造公平正义的法治环境；在加强队伍建设上再显成效，坚持抓班子带队伍，把从严治检与从优待检结合起来，努力打造一支信念坚定、执法为民、敢于担当、清正廉洁的干警队伍。

【全国人大常委会副委员长吉炳轩到安吉县调研】 12月19日，全国人大常委会副委员长吉炳轩率队到安吉县调研，省市人大常委会领导史济锡、胡菁菁、胡国荣，县委书记沈铭权、县人大常委会主任陆为民陪同。调研组一行先后赴灵峰街道蔓塘里自然村、递铺街道鲁家村、天荒坪镇余村村进行了实地走访。详细了解了蔓塘里自然村美丽乡村的规划、建设以及管理，农村生活污水治理、垃圾分类、美丽庭院建设等情况；详细了解了鲁家村如何从一个一穷二白的小山村，将田园变景区、资源变资本、农民变股民，最终蜕变成为"开门是花园、全村皆景区"的美丽乡村新样板的故事；观看了习总书记发表"绿水青山就是金山银山"重要讲话的珍贵视频资料，详细了解余村十多年来坚定不移将绿水青山转化为金山银山的生动历程。调研组对县美丽乡村建设的成就表示充分肯定，认为安吉县作为"两山"理念诞生地、美丽乡村发源地，在美丽乡村规划、建设、管理、经营等方面积累了许多宝贵经验，希望今后能够再接再厉，以打造"两山"理念"样板地、模范生"为引领，在发展中保护好生态环境，将更多的绿水青山转变为金山银山。

【专题学习习近平总书记在改革开放40周年大会上的讲话精神】 12月25日上午，县人大常委会召开党组扩大会议，专题传达学习习近平总书记在改革开放40周年大会上的讲话精神。县人大常委会主任陆为民主持会议并讲话。会议指出，习近平总书记在庆祝改革开放40周年大会上的重要讲话全面回顾了改革开放发展历程，为推进新时代改革开放指明了前进方向，提供了根本遵循。我们要认真学习领会，深入抓好贯彻落实。会议强调，要深刻领会、学深悟透习近平总书记重要讲话的精神要义，进一步增强"四个意识"，坚定"四个自信"，做到"两个维护"，不忘初心，牢记使命，勇立潮头、奋勇搏击，进一步坚定将改革开放进行到底的信心和决心，切实把习近平总书记的重要讲话精神贯彻落实到县人大各项工作中。会议要求，要进一步落实好人民当家作主的要求，发挥代表作用，反映人民群众期盼，积极履行人大职责。要以改革开放的眼光审视人大工作，深入思考和研究如何更好发挥人大在新时代的作用，不断开创县人大工作新局面。要继续秉持主动担当、精准有效的工作理念，牢牢坚持党的领导，服务好县委的决策部署，为全县改革发展提供更加有力的保障。

【专题调研示范区经济发展工作】 12月26日，县人大常委会主任陆为民带队专题调研示范区经济发展工作情况，副主任吴佩勋、王爱民、孙松、黄先国、俞立安及部分驻会委员参加。县委常委、示范区党工委书记徐卫勇以及县政协副主席、示范区管委会主任陈卫卫陪同。调研组一行先后前往华缔生物药业集团、祖名豆制食品有限公司、鸿泉电子项目进行了实地调研，随后召开座谈会听取了示范区2018年工作开展情况及2019年工作计划。调研组指出，推动高质量发展，企业是主力军，项目是主战场，平台是基本保证。示范区要坚持围绕"攻坚大项目、培育大产业、谋划大平台、抓实大党建"这条主线，提升能级，做大平台集聚优势，坚决扛起赶超发展"桥头堡"，"两山"转化"排头兵"，最美县域"北大门"的使命担当，不断优化环境、完善配套，加快打造高新技术成果转化集聚区和省际产城融合示范区。要多措并举，高质量推动产业发展，围绕电子信息、装备制造、健康医药、云数据等产业深入开展全产业链招商，着力招大引强、培大育强，推动企业科技创新，不断提高亩产效益。要精准施策，着力优化营商环境，以提高企业满意率为目标，用好联推、"六联"等载体，打通服务项目企业"最后一公里"，着力解决企业需求的痛点和难点，为安吉加快赶超做出示范区新的贡献。

（盛少华）

安吉县人民政府

【县政府常务会议】 2018年召开九次县政府常务会议。

1月18日，举行第八次常务会议。会议听取县文明办沈一平关于《安吉县创建全国文明城市领导小组组织架构及创建工作考评办法》的汇报；听取县财政局陈显永关于《安吉县乡镇（街道）财政管理体制（2017～2019）》的汇报；听取县经信委高安兵关于《安吉县工业项目投资与建设管理办法》的汇报；听取县投资促进局曹宏华关于《安吉县招商引资新十条意见》《安吉县招商引资考评奖励方案（2018年修订）》和《2018年度安吉县县级机关部门招商引资服务工作考核办法》的汇报；听取县环保局王晶关于《安吉县水环境功能区调整方案可行性报告》的汇报。会议通报《关于支持浙江宇翔外国语专修学院加快发展的情况》《安吉"两山"景区创建国家级5A景区实施方案》和《安吉县惠民殡葬政策实施办法》；书面通报《安吉县深化行政复议体制改革工作方案》《安吉县2018年国家卫生县城复评工作实施方案》《安吉县养殖水域滩涂规划（2017～2030）》《加快推进慈善事业发展的实施意见》和县政府第七次常务会议落实情况。

3月1日，举行第九次常务会议，会议听取县经信委高安兵关于《安吉县工业经济政策（2018年修订）》《关于推进工业企业分类综合评价深化"亩均论英雄"改革工作实施意见（试行）》和《关于推进工业企业分类综合评价深化"亩均论英雄"改革工作实施意见（试行）》的汇报；听取县科技局刘承娟关于《安吉县加快科技创新若干政策（2018年修订）》的汇报；听取县人力社保局顾建强《关于进一步优化大学生就业创业政策》的汇报。会议通报《2017年度经济发展奖励资金》《2018年政府办理议案建议和提案工作方案》；书面通报《2017年度各类优秀企业名单》《2017年度经济发展各类先进集体和先进个人》《2017年度安吉经济发展风云榜颁奖盛典活动方案》《安吉县自然资源资产负债表编制试点方案》《安吉县食品安全党政同责实施办法》《安吉县"13130"督查反馈工作办法》《2017年度全县"攻坚清零"专项行动拟授三等功人员名单》和县政府第八次常务会议落实情况。

3月15日，举行第十次常务会议，会议听取县委组织部凌逸刚《关于进一步推进乡村振兴农村人才开发工作的实施意见（2018～2020年）》的汇报；听取县农办吴婉芳《关于落实乡村振兴战略 发展壮大村级集体经济的若干意见》和《关于实施乡村振兴战略 促进乡村经营发展的若干意见》的汇报；听取县国土局徐基财《关于创新农村宅基地退出机制振兴乡村新产业新业态的实施意见（试行）》的汇报；听取县农业局杨忠义《关于加快发展现代农业的若干意见（2018年修订）》的汇报。会议通报《安吉县县属国有外派监事工作管理办法》《安吉县县属国有企业机构编制和人力资源管理办法（试行）》《关于开展美丽田园建设工作的实施意见》和《关于加快推进农业品牌建设的实施意见》；书面通报《安吉县现代渔业绿色发展三年行动计划（2018～2020）》和县政府第九次常务会议落实情况。

5月3日，举行第十一次常务会议，会议听取县金融办陈作云《关于推进安吉绿色金融产业聚集区建设的实施意见》的汇报；听取县卫计局肖家青《关于面向基层开展中医师承培养工作的实施意见》的汇报；听取县旅委管永丰关于《安吉县加快全域旅游发展若干政策（2018年修订）》的汇报；听取县环保局王晶关于《安吉县环境污染责任保险工作的实施意见》的汇报。书面通报《安吉县关于企业投资项目承诺报备制改革试点的实施方案（试行）》《安吉县企业投资项目"标准地"试行实施方案》《安吉县企业投资项目"一窗服务"实施方案》《关于进一步加强行政事业单位财务管理和监督的意见》《关于金融支持服务乡村振兴战略的实施意见》《关于义务教育阶段学校招生工作的实施意见》《2018年度安吉县房屋征收补偿标准》《梅溪镇长湖申航道西延项目国有土地上房屋征收决定的情况汇报》《关于深入推进安全生产领域改革发展的实施意见》

《安吉县全域旅游产业发展三年行动纲要(2018～2020)》《2018年安吉县生态文明先行示范区建设工作实施方案、“五水共治”、“三改一拆”、“四边三化”、大气污染防治、土壤污染防治、矿山综合治理工作实施方案》和县政府第十次常务会议落实情况。

6月22日,举行第十二次常务会议。会议听取县金融办陈世斌关于《安吉县毛竹收购价格指数保险方案》的汇报;听取县环保局王晶《关于生态环境部督查集中式饮用水水源地环境保护工作有关情况》的汇报;听取县台办王欢《关于进一步深化安台经济社会文化交流合作的若干措施(试行)》的汇报;听取县水利局戴先才关于《安吉县农业水价综合改革总体实施方案》的汇报。书面通报《安吉县促进大数据发展实施意见》《关于2017年度企业分类综合评价结果的通报说明》《安吉县全县禁止销售燃放烟花爆竹实施方案》《昌硕街道余墩区块国有土地上房屋征收决定》《安吉县畜禽养殖废弃物高水平资源化利用工作方案》《关于进一步加强“地沟油”综合治理工作的实施意见》《安吉县主要污染物排污权有偿使用和交易管理办法》和县政府第十一次常务会议落实情况。

8月3日,举行第十三次常务会议,会议集中学习《中华人民共和国环境保护法》。会议听取县消防大队厉海荣《安吉县消防审批承诺报备制改革实施办法》的汇报;听取县金融办陈世斌《安吉县推动绿色金融改革创新若干意见》的汇报;听取县税务局何文刚《关于调整城镇土地使用税政策的通知》的汇报;听取县委宣传部王伟静《加快文化产业发展的若干政策意见(修订)》的汇报。会议通报《安吉县关于推进幸福邻里中心建设和服务管理的实施方案》;书面通报《安吉县道路交通事故社会救助基金管理实施细则》《安吉县第四次经济普查工作方案》《安吉县加快文化产业发展五年行动计划(2018～2022)》《安吉县人民政府关于进一步加强文物工作的实施意见》《安吉县气象灾害预警信号发布与传播规定》《安吉县休闲旅游项目投资与建设管理指导意见》《安吉县休闲旅游项目“三未”低效用地认定标准和处置办法》和县政府第十二次常务会议落实情况。

9月10日,举行第十四次常务会议。会议听取县经信委高安兵《安吉县推动竹产业高质量发展的若干政策》《安吉县加快小微企业园高质量发展的实施意见》和《安吉县深化“亩均论英雄”改革加快低效工业企业整治提升三年行动计划(2018～2020年)》的汇报;听取县发改委童师祥《关于规范安吉县屋顶光伏工程建设的意见》的汇报;听取县教育局施明清《安吉县第三期学前教育行动计划(2017～2020)》的汇报;听取县综合执法局乐叶都《安吉县城镇生活垃圾分类工作实施方案》的汇报。书面通报《安吉县对口与合作交流工作的实施意见》《关于进一步加强通信基站规范建设的管理办法》《安吉县污水处理费征收使用管理实施细则》《安吉县农村电子商务发展实施意见》《安吉县人民政府办公室关于废止部分行政规范性文件的通知》和县政府第十三次常务会议落实情况。

10月29日,举行第十五次常务会议,会议集中学习全域土地整治相关政策。会议听取县消防大队厉海荣关于《安吉县消防安全责任制实施办法》《安吉县消防行政执法委托工作方案》的汇报。会议通报《开展基层医疗卫生机构财政补偿机制改革的实施意见》《安吉县推进医疗卫生与养老服务相结合的实施方案》《关于提请人大审议安吉县县树县花评选结果》;书面通报了《安吉县全面推行安全生产责任保险制度工作的实施意见》《安吉县农业水价综合改革总体实施方案的修订意见》《安吉县人民政府咨询委员会工作规则》《安吉县县乡法治政府建设三年行动计划(2018～2020年)》和县政府第十四次常务会议落实情况。

11月26日,举行第十六次常务会议,会议集中听取县财政局俞土良关于《安吉县县级财政资金竞争性存放招投标操作规程(修订版)》的汇报;听取县商务局孙莉关于《安吉县促进电子商务发展若干政策》的汇报;听取县委组织部凌逸刚关于《高水平打造“两山”人才生态最优县的实施意见》的汇报;听取县人力社保局顾建强关于《安吉县人才引育补贴实施办法》的汇报;听取县国土局徐基财《关于完善被征地农民参加社会保障实行“人地对应”工作的实施意见》的汇报;听取县民政局姜平《关于进一步加强城市社区专职工作者队伍建设的实施意见》和《关于进一步推进普惠型儿童福利保障体系建设的实施意见》的汇报。书面通报了《关于加强和完善城乡社区治理的实施意见》《安吉县党政机关印章管理办法》《安吉县新民居积分管理办法（试行）》《关于深化乡镇政府服务能力建设和街道体制改革的实施意见》和县政府第十五次常务会议落实情况。

【2017年度安吉经济发展风云榜颁奖盛典举行】 2018年3月7日，2017年度安吉经济发展风云榜颁奖盛典隆重举行。盛典为安吉经济发展过程中的优秀企业、单位和个人颁发荣誉奖，其中恒林椅业、永艺家具、天振竹木、洁美电子、中源家居、嘉瑞福家具、中力机械、永裕竹业、大东方家具、博泰家具获评十大明星企业。

【全县农村工作会议召开】 2018年3月29日，全县农村工作会议召开。会议全面贯彻落实中央和省、市委农村工作会议精神，回顾总结十年中国美丽乡村建设成果，全面部署实施乡村振兴战略，动员全县上下提高站位、拉高标杆，全力打造全国乡村振兴先导区。

【全县优化营商环境暨企业培大育强股改上市推进大会召开】 2018年1月6日上午，全县优化营商环境暨企业培大育强股改上市推进大会召开。会议强调要不忘初心、政企同心、坚定决心，以“优化营商环境年”活动为抓手，提升“安吉服务”品牌，打造新时代安吉营商环境全省标杆。

【2017“安吉骄傲”颁奖盛典举行】 2018年2月5日，2017“安吉骄傲”年度最具影响力人物（事件）颁奖盛典晚会在县新闻集团举行。晚会分为“初心最美”“使命最美”“担当最美”和“实干最美”四个篇章。对“2017年度最具影响力人物”和“2017年度安吉骄傲最具影响力事件”进行表彰。

【中国安吉白茶博览会开幕】 2018年3月22日，2018中国安吉白茶博览会暨“安吉白茶伴你走向美好生活”主题论坛开幕。农业农村部农产品质量安全中心副主任陈金发出席论坛，并授予安吉县“全国农产品质量安全全程控制体系示范县”称号。2018年，安吉白茶产量1890吨，产值25.30亿元，连续九年跻身全国茶叶类区域公共品牌十强，品牌价值37.76亿元，被习总书记誉为“一片叶子富了一方百姓”。

【安吉县创建基本实现教育现代化县】 2018年4月3日，浙江省第四批“基本实现教育现代化县”名单公布，安吉县名列其中。安吉县围绕“办人民满意教育”总目标，持续加大教育投入，补齐教育短板，提升教师教学水平，促进教育现代化发展。2018年，全县中小学专任教师高一层次学历占比97.38%，教学计算机师机比1∶1、生机比3.86∶1，生均图书册数达26.89册，教学仪器、体育场地、专用教室等均达到省级标准。

【安吉县获省科技进步一等奖】 2018年4月11日，2017年度浙江省科学技术奖励大会在杭州举行。会上，安吉县浙江惠嘉生物科技股份有限公司获全省科学技术进步奖一等奖，这是安吉县首次摘得此项桂冠，也是全市唯一荣获一等奖的项目。

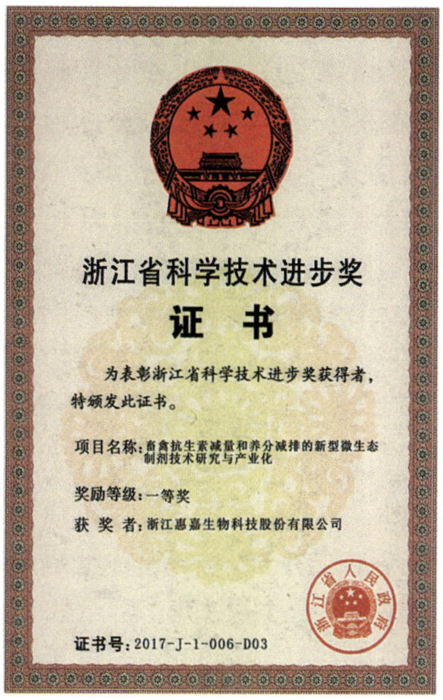

4月11日，浙江惠嘉生物科技股份有限公司获浙江省科学技术进步奖一等奖

【第一届海峡两岸美丽乡村论坛在安吉县举行】 2018年4月24日，第一届海峡两岸美丽乡村论坛举行。海峡两岸关系协会副会长李亚飞参加。本次论坛的举行深化了湖台两地交流合作，让两岸同胞共享美丽乡村建设成果。安吉县以此活动为契机，深入交流、加强合作、创新载体，共同推进两岸乡村现代化、生态化发展水平，更好地造福两岸同胞。

【全国改善农村人居环境工作会议在安吉召开】 2018年4月26日，全国改善农村人居环境工作会议在安吉县召开。国务院总理李克强对会议作出重要批示。国务院副总理胡春华出席会议并讲话。会议全面贯彻落实党的十九大精神，深入学习贯彻习近平总书记关于乡村振兴和改善农村人居环境的重要指示精神，落实李克强总理批示要求，推广浙江省“千村示范、万村整治”工程经验做法，全面部署改善农村人居环境各项任务。

【安吉县创建全省首批“无欠薪”县】 2018年6月4日，2017年度浙江省“无欠薪”县考核结果公布，安吉县成为全省首批成功创建的16个县(市、区)之一。近年来，安吉县出台《安吉县依法治理欠薪工作方案》，建立工资支付动态监管预警机制、租赁厂房经营企业工资支付保证金制度，实施建筑领域农民工工资专户管理等措施，欠薪案发率连续三年下降。

【安吉县荣获全国法治县(市、区)创建活动先进单位】 2018年6月5日，第四批“全国法治县(市、区)创建活动先进单位”名单公布，安吉县成为全市唯一获此殊荣的县(区)。至此，全县已成功创建国家级民主法治示范村3个、省级民主法治示范村30个，建成规范化公共法律服务站15个，村级公共法律服务点实现全覆盖。

【安吉县获评为全国首个气候生态县】 2018年7月28日，全国气候与气候变化标准化技术委员会对《浙江安吉国家气候标志评估报告》进行严格评审，同意授予安吉县全国首个“气候生态县国家气候标志”。2018年，安吉县植被覆盖率75%，森林覆盖率70.1%，全年优良以上空气质量达标率83%以上。地表水、饮用水、出境水达标率均为100%。

【全国“四好农村路”管理现场会在安吉召开】 2018年9月5日至7日，全国“四好农村路”管理现场会在安吉县召开。交通运输部副部长戴东昌，农业农村部党组成员宋建朝，国务院扶贫办副主任欧青平，全国各省、区、市交通运输厅(委)相关负责人，市县领导杨六顺、陈永华、赵德清、何承明参加。会上，安吉县被授予首批“四好农村路”全国示范县，安吉县将充分发挥典型带头作用，提炼可学习、可复制、可推广的经验，为更多地区树立建设样板。

9月7日，交通运输部部长李小鹏为安吉县“四好农村路”示范县授牌

【安吉县发布全国首部乡村治理地方规范】 2018年9月12日，安吉县正式发布全国首部《乡村治理工作规范》。该规范以余村社会治理经验为蓝本，包含“支部带村”“发展强村”“民主管村”“依法治村”“道德润村”“生态美村”“平安护村”和“清廉正村”八个方面内容，并首次导入“安吉乡村治理的系统动力学模型”“安吉乡村治理的静态结构模型”两个模型，使乡村治理评价标准化繁为简，为实现“村强、民富、景美、人和”的乡村振兴目标打下坚实基础。

【安吉县庆祝2018首届中国农民丰收节活动举行】 2018年9月23日，“两山热土·浙里丰收”——安吉县庆祝2018年首届中国农民丰收节活动在余村举行。省人大常委会副主任史济锡，省农业厅厅长林健东，市县领导钱三雄、陈浩、施根宝、沈铭权、陈永华、赵德清、熊义勤参加。安吉余村庆祝活动是首届中国农民丰收节全国庆祝活动的六大分会场之一、浙江庆祝活动的主会场。本次活动以“两山热土·浙里丰收”为主题，包含“农民百姓话丰收”“农业产业展丰收”“农民群众颂丰收”“城乡居民享丰收”等内容。

【安吉县入选全国绿色发展百强县(市)和投资潜力百强县(市)榜单】 2018年10月8日,《2018年中国中小城市科学发展指数研究成果》发布,安吉县位列2018年度全国绿色发展百强县(市)榜单第50位、2018年度全国投资潜力百强县(市)榜单第58位。

【安吉县创建全国首批县级国家森林城市】 2018年10月15日,2018森林城市建设座谈会在广东省深圳市召开。会上,安吉县被授予"国家森林城市"荣誉称号,成为全国首批县级国家森林城市。全国政协副主席李斌为安吉县授牌,中共安吉县委副书记、县长陈永华代表安吉接受奖牌,并作为全国唯一县级单位代表进行交流发言。

【"一片叶子富了一方百姓——浙江安吉捐赠茶苗启运活动"在安吉县举行】 2018年10月18日,"一片叶子富了一方百姓——浙江安吉捐赠茶苗启运活动"在安吉县举行。2018年,安吉县黄杜村20名党员自发捐赠1500万株白茶苗,帮助三省四县34个贫困村的贫困群众脱贫致富。习近平总书记对此给予充分肯定并作出重要指示。

【安吉县获评为浙江省食品安全县】 2018年10月29日,第二批"浙江省食品安全县"名单公布,安吉县成功入选。安吉县以"践行'两山'理念,食品安全先行"的目标,把食品安全摆在突出位置。严格落实"党政同责""四个最严"的工作要求,开展浙江省食品安全县创建工作,实现食品安全整体状况持续向好、食品安全治理水平稳步提高、食品安全公众满意度显著提升的目标。

【第11届中国美丽乡村·安吉投资贸易人才洽谈会拉开序幕】 2018年10月29日,第11届中国美丽乡村·安吉投资贸易人才洽谈会开幕。2018年安洽会以彰显"创新融合、绿色发展"为主题,以改革开放40周年为背景,回顾安吉改革开放发展之路,总结安吉在"两山"理念指引下,坚持生态立县的绿色发展奋斗历程;会议以签约一批、开工一批、投产一批、外资到位一批"四个一批"为总体要求,加大重点产业和重大项目引推力度,加快人才和人才项目引进进程,加速招商引资各项任务超时序完成,推动项目落地转化。

【安吉县人民政府咨询委员会成立】 2018年11月15日,安吉县人民政府咨询委员会成立大会举行。县委书记沈铭权为县咨询委授牌,县委副书记、县长陈永华主持,并宣读聘任文件。咨询委员会作为县委、县政府的"智囊团",是一个综合性、战略性和政策性的决策咨询服务平台,能够充分发挥建言献策、超前谋划、科学论证等重要作用,推动安吉经济社会事业的发展。

【全县深化"亩均论英雄"改革动员会召开】 2018年11月16日,安吉县11月份"一把手工程"例会暨深化"亩均论英雄"改革动员会召开。会议强调,全县上下要统一思想、提高认识、迅速行动,加快推进低效工业企业整治提升、绿色工厂创建等重点工作,将"亩均论英雄"改革引向深入,促进全县经济社会高质量赶超发展。

【安吉县成功创建为全国首批创新型县(市)】 2018年11月21日,全国首批创新型县(市)建设名单公布,安吉县成为全省成功入选的五个县市之一。这是对安吉县科技工作的高度肯定,2018年全县新增国家高新技术企业37家、省级高新技术企业研发中心13家。省级重点实验室、省科技进步一等奖、省专利金奖、省万人计划全面实现零的突破。

【全国发展乡村民宿推进全域旅游现场会在安吉县召开】 2018年11月30日,全国发展乡村民宿推进全域旅游现场会在安吉县召开,文化和旅游部党组书记、部长雒树刚出席会议并讲话。会议旨在深入贯彻落实党的十九大和十九届二中、三中全会精神,着力推进旅游供给侧结构性改革,以大力促进乡村民宿资源开发和产品建设为抓手,深化全域旅游发展。文化和旅游部党组成员李世宏主持会议。副省长成岳冲,市、县领导马晓晖、钱三雄、沈铭权、陈永华等参加。会上,相关省、市、县(区)镇和民宿经营者代表进行交流发言。来自各省、自治区、直辖市及计划单列市、副省级城市文化和旅游行政部门主要负责同志,相关单位及乡村民宿机构代表140余人参加会议。

【安吉县获设立浙江澳门(安吉)经贸合作区批复】 2018年11月

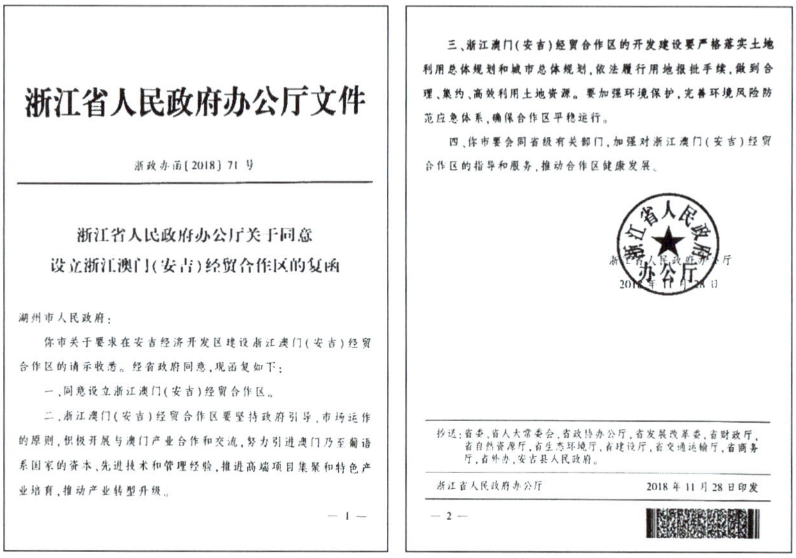
浙江省人民政府办公厅文件

浙政办函〔2018〕71 号

浙江省人民政府办公厅关于同意
设立浙江澳门(安吉)经贸合作区的复函

湖州市人民政府：

你市关于要求在安吉经济开发区建设浙江澳门(安吉)经贸合作区的请示收悉。经省政府同意，现函复如下：

一、同意设立浙江澳门(安吉)经贸合作区。

二、浙江澳门(安吉)经贸合作区要坚持政府引导、市场运作的原则，积极开展与澳门产业合作和交流，努力引进澳门乃至葡语系国家的资本、先进技术和管理经验，推进高端项目集聚和特色产业培育，推动产业转型升级。

— 1 —

三、浙江澳门(安吉)经贸合作区的开发建设要严格落实土地利用总体规划和城市总体规划，依法履行用地报批手续，做到合理、集约、高效利用土地资源。要加强环境保护，完善环境风险防范应急体系，确保合作区平稳运行。

四、你市要会同省级有关部门，加强对浙江澳门(安吉)经贸合作区的指导和服务，推动合作区健康发展。

浙江省人民政府办公厅

2018 年 11 月 28 日

抄送：省委、省人大常委会、省政协办公厅，省发展改革委，省财政厅，省自然资源厅，省生态环境厅，省建设厅，省交通运输厅，省商务厅，省外办，安吉县人民政府。

浙江省人民政府办公厅　　2018 年 11 月 28 日印发

— 2 —

11 月 28 日，安吉县设立浙江澳门(安吉)经贸合作区的请示获浙江省人民政府批复

28 日，安吉县设立浙江澳门(安吉)经贸合作区的请示正式获省人民政府批复。该经贸区位于安吉经济开发区核心区块，规划总面积约 96 平方公里，产业发展涵盖智能制造、港口物流、产业和创新服务等多个领域。

【第二届国际“竹产业·竹建筑·竹文化”绿色发展高峰论坛举行】 2018 年 12 月 3 日，第二届国际“竹产业·竹建筑·竹文化”绿色发展高峰论坛暨 2018 第一届安吉“两山”国际竹产品创意设计大赛颁奖典礼举行。

【全县人才工作会议举行】 2018 年 12 月 25 日，全县人才工作会议举行。会议强调，要坚持以习近平新时代中国特色社会主义思想为引领，深入贯彻习近平总书记关于人才工作的重要论述和省、市委决策部署，牢固树立“人才强县”工作导向，始终把人才作为推动改革发展的中流砥柱，高水平打造人才生态最优县，努力使安吉成为人才向往之地和人才集聚之地。

【安吉县庆祝改革开放 40 周年最具影响力事件评选暨“安吉骄傲”年度特别活动举行】 2018 年 12 月 28 日，安吉县庆祝改革开放 40 周年最具影响力事件评选暨“安吉骄傲”年度特别活动举行。颁奖典礼分为“生产之美”“生活之美”“生态之美”三大篇章，通过回顾安吉大地上那些曾经激荡的岁月、推动发展的事件，全面展现改革开放 40 年来安吉经济社会发展取得的辉煌成就。

（俞显俊）

安吉县产业投资发展集团有限公司

【概况】 2018 年，安吉县产业投资发展集团有限公司(以下简称“产业集团”)以“提高国有资产运营效益、做强做优做大国有企业”为目标，发挥自身优势，积极探索创新，理清业务与经营板块，以“四个招引”和投资平台为抓手，全力以赴推进各项工作有序开展，实现经营收入 1.43 亿元，利税 422 万元。政策性融资担保余额 1.63 亿元，完成全年计划 102%，完成县委、县政府交办的各项工作任务和产投目标任务。2018 年 12 月，“两山”创客小镇荣获“安吉县重才爱才突出贡献单位”荣誉称号。

经营框架基本完善。经过一年的运行，集团确定“1＋4＋4＋N”的经营框架，即一个集团，四个业务板块(产业基金、股权投资、金融服务和资产管理四大业务)，“四个招引”和投资平台(创客小镇、科创园、资本广场、上海“两山”双创园区)，多个全资、控股或参股企业具体运作。在此方向的指引下，集团充实企业发展框架，在原有国风基金、国信担保、国融创投子公司的基础上，经县政府批准新设立两山投资管理、国合资产管理和“两山”融资租赁子公司，在 2018 年 5 月成功变更为集团公司，初步奠定企业集团化发展框架。有序完成股权资产划转。根据县政府专题会议精神，集团主动对接，强化沟通，基本完成划转任务，为集团发展注入新动力。全年完成“两山”创客小镇、天赋城乡建设、长龙山抽水蓄能、科技创业园、追梦公司、民融中心、农信担保、雷博公司股权划转及工商变更工作，完成第一国际城 7～21 楼委托经营管理工作，协调椅业检测中心、湖州银行股份和振州工业园资产管理权变更。争取各类资质牌照。为扩展集团业务，成功申报县内首家内资

8 月 11 日，融资租赁业务培训推介会召开

融资租赁牌照。完成国融创投公司省发改委备案和财富管理相关资质认定。推进“两山”投资管理公司中基协备案工作，于 2018 年 11 月取得私募股权投资牌照。

经营业务整体向好。产业基金方面，完成政府产业引导基金投资 1.29 亿元，带动社会资本投入 4.2 亿元。收集整理已投政府产业基金 17 个投资项目的季报、年报进行专项审计，做好投后管理。完成浙科创投基金清退工作。谋划农发基金、创业投资基金组建与投资，争取并购基金等新增 2 亿产业基金规模，完成规模 1 亿元农发基金搭建。政策性融资担保方面，为全县 36 家企业及个人提供 46 笔涉及金额近 1.63 亿元的担保服务，完成全年计划 102%，无新增代偿；扩大金融机构合作面，从原有 5 家银行增加至 9 家，总授信额度从 13 亿元增加到 38 亿元；丰富担保产品线，与省担保集团推出个人性经营贷款“白茶贷”“绿色保”业务。新推出美丽乡村精品示范村无抵押担保产品。股权投资方面，股权直接投资 2000 万元，合计投资项目 15 个。加强在投企业永裕竹业、惠嘉生物、天草生物、树兰医院等跟踪服务；完善企业项目库建立，针对已入库的 94 家企业归档分为七大类，走访 72 家企业，完成 13 家企业初步尽调，6 家企业的尽调报告，并对其中 2 家进行初步投决。招商工作方面，对接国资盘活闲置资产，主动出击，开展金融招商六个月以来，已招引“两山资本广场”入住股权投资类、总部经济类企业 130 家，上缴县国库税款金额总计 357.81 万元。“两山”创客小镇自 7 月接手后，招引企业 7 家，其中国家“千人计划”项目和南太湖精英计划项目各 1 家。园内国家“千人计划”项目 6 个，省“千人计划”项目 7 个，南太湖精英计划项目 10 个，总注册资本 15.5 亿元。通过引进市场化招商运营机构，在上海设立双创产业园，“落户安吉、创业上海”，同时做好上海飞地企业的落地服务，意向企业 16 家，首批落户 6 家，项目质量较高。探索开展融资租赁和财富管理业务，为解决企业融资难、融资贵问题，围绕实体企业设备直租、回租等，在舟山自贸区成立两山融资租赁公司（内资试点）。前期走访县内各类企业 300 余家，外地租赁公司、银行 10 余家，初步摸清业务范围与合作模式，完成公司内部机构、决策机制、运营模式、人员培训等制定与规范，2 笔业务还在报备。探索财富管理工作，与浙金所、南湖金交所等开展合作，重点针对国有平台融资等开展服务，完成梅溪产品销售约 6500 万元，启动开发区及度假区产品销售。与合作伙伴一起为县内平台融资约 3 亿元。做好国有资产的保值增值工作，对划转和代管的国有固定资产开展全面排查、清理，做好资产的盘活和规范经营。主动出击，开展两山资本广场金融招商，招引企业 130 家。调整“两山”创客小镇的产业定位，完善企业扶持政策和园区考核办法，清退园区考核不合格企业 4 家。与县人力社保局合作在创客小镇二期打造安吉人力资源产业园，招引县内外人力资源企业，为人力资源培训、拓展小镇配套服务打下基础。

团队建设卓有成效。明确党委书记抓党建和党风廉政建设主体责任，定期召开党委会，常态化开展“党纪教育一刻钟”。年初根据党风廉政建设工作计划和工作要点，制定集团《2018 年党风廉政建设工作方案》和《党风廉政建设和反腐败工作组织领导与责任分工意见》，明确全年的党风廉政工作目标要求及责任分工，完善党风廉政建设工作机制。每季度召开党风廉政专题例会，总结分析阶段性成果和不足，布置下阶段党风廉政建设重点工作和任务。组织签订《落实党风廉政建设责任制责任书》5 份、干部廉洁从业承诺书 29 份。建立全体干部廉政档案，对干部基本信息、岗位廉政风险点和预防措施、需重大报告事项等信息进行采集。集团党委贯彻落实中央八项规定精神，结合“廉政支出100条”，制定集团公务接待登记制度，严控“三公经费”，制定《考勤、请假管理暂行办法》等内部管理制度，严明工作纪律，推动党风廉政向全员延伸。6月，组织全体党员参观全国廉政示范基地雨花台；11月，在县委组织部的大力支持下，牵头承办县属国企基层党务工作培训班，增强全体国企党务工作者的工作信心和能力。2018年面向社会公开招聘员工18人，转隶12人，补充人员力量，选拔任用7名中层骨干；注重人才培育，开设“员工微讲堂”，已举办各类培训20期，选送180人次参加各类专业机构举办的论坛、讲座和培训；鼓励员工积极参加金融类从业资格考试，全年有7人取得相关证书，为集团金融业务开展打好了基础。注重团队凝聚，组织“新征程、心融入、新蓝图”主题团队建设1次。年底，针对表现优异的团队和个人，评选出先进集体2个，优秀员工6名。

【浙江省率先推出绿色担保业务】 2018年5月，产业集团下属子公司安吉县国信融资担保有限公司与省担保集团、农业银行安吉支行签署“绿色保”业务合作协议，在浙江省率先创新开展“绿色保”业务。“绿色保”业务的落地推广是助推安吉“两山”理论实践示范县建设的有益实践，也是创新绿色担保业务、践行绿色金融、普惠金融理念的积极探索。截至12月底，“绿色保”已为小微企业提供担保业务26笔，共计800万余元。

【国融创投公司省发改委备案】 2018年5月，产业集团下属子公司安吉国融创业投资有限公司成为省创投协会会员单位，成功备案为省发改委创投类企业。

【省委常委、统战部部长熊建平赴两山创客小镇指导工作】 2018年7月6日，浙江省委常委、统战部部长熊建平一行人赴“两山”创客小镇指导工作。县委书记沈铭权、县委统战部部长任烽等相关领导陪同。

7月6日，浙江省委常委、统战部部长熊建平(左三)一行赴“两山”创客小镇考察

【成功申报县内首家内资融资租赁牌照】 2018年7月，产业集团下属子公司浙江“两山”设备租赁有限公司内资融资租赁试点企业申报获得确认，在省商务厅、省税务局下发的中国(浙江)自贸试验区第三批八家内资融资租赁试点企业名单之列。首笔业务于2019年1月落地。

【举办县内首场融资租赁业务推介会】 2018年8月11～12日，集团会同省租赁业协会在“两山”创客小镇联合举办一场融资租赁业务培训推介会。全县有关经济部门、部分乡镇街道以及各大银行共计70余人参加。

【财富管理资质认定成功】 2018年9月17日，产业集团下属子公司浙江安吉国合资产管理有限公司成功入会浙江南湖金融资产交易中心成为其综合类会员，具有理财销售资质。

【第五届“创青春”中国青年创新创业大赛金奖】 2018年10月，安吉“两山”创客小镇内企业浙江斯力柯新材料有限公司研发项目“纳米级硅酸盐混凝土养护修复增强一体化技术”荣获“苏高新杯”第五届“创青春”中国青年创新创业大赛商工组金奖。

【上海两山双创园区正式运营】 2018年11月3日，位于上海闵行区国家级紫竹科技园内的上海两山双创园区正式运营。园区通过引进市场化招商运营机构，招引加速器企业为主，“落户安吉、创业上海”，首批落户六家，项目质量较高。开园当天，市委组织部副部长、人才办常务副主任贺雪荣，县委常委、组织部部长吕立及相关领导参加。

（雷　聪）

安吉县文化旅游投资发展集团有限公司

【概况】 2018年，安吉县文化旅游投资发展集团有限公司（以下简称“文旅集团”）按照“强管理、推改革、凝人心、提质量、增效益”的基本思路，围绕六大旅游要素和“文化＋旅游＋”的发展模式，经营效益取得成效。截至12月31日，文旅集团完成营收约6678万元，比2017年同期增长97%，其中竹博园景区营业收入约2926万元，旅游人数34.6万人次，营收比2017年同期增长40%。大竹海景区营业收入1955万元，旅游人数45.5万人次，营收比2017年同期增长52%。9月，安吉县天荒坪镇余村村“两山”景区正式获评国家4A级旅游景区，向余村“两山”示范区建设及创建5A级景区迈出坚实一步。浙社科联公布第八批“浙江省社科普及基地”名单，竹博园社科普及基地名列其中。

国企改革。在2017年完成竹博园、大竹海、旅游集散中心、大竹海等第一批三家单位移交的基础上，完成第二批资产移交工作，龙王山土地、姚家大院、绿园旅行社权证变更、资产移交等已全部到位，同时配合县政府国开行“乡村振兴贷款”项目，按照相关规定和要求调整集团下属各类股权结构，确保项目贷款顺利进行。

经营状态。竹博园景区引入新科技虚拟（VR）体验科技馆，大竹海景区引入玻璃天桥项目。新设立“竹皇”“竹后”，丰富景区的业态体验。集散中心成功引进“泰国城项目”，每年增加150万元租金收入。下属各子公司同步开展不同形式的合作经营方式，如景区＋酒店、景区年卡、门票与二次消费捆绑等。11月，文旅集团与中南百草园、江南天池、藏龙百瀑、浙北大峡谷四家景区共同成立安吉“两山”国际旅行社、安吉“两山”理论培训公司，并和文旅科技公司等五家公司合署成立安吉“两山”旅游服务中心。注册成立安吉文旅酒店管理公司，与国大雷迪森合作，接管县委党校住宿、餐饮等后勤服务工作。

4月，联合国副秘书长兼联合国环境署执行主任埃里克·索尔海姆先生（左一）来安吉余村考察文化旅游环境

重点项目。“两山”示范区基础设施建设提升项目已全部完成，完成投资2000万元。“两山”讲习所项目于2018年的8月15日开工建设，年底前三幢建筑完工结顶。余村—竹博园5A创建总规及修建性详规完成。2018年9月，成功创建国家4A级景区。完成竹博园入口停车场改造。竹博园长廊维修改造、竹博园引水工程等。小鸟巢地块的大溪雷迪森庄园项目完成方案招标并确定设计单位。1月19日，文旅集团旅游资源调查小组完成对全县15个乡镇街道的实地走访调查工作，整理出53个单体资源，涉及45个村（9个水库、5个山塘），为下一步文旅集团旅游资源项目投资做好基础。

内部管理。完善文旅集团下属景区组织架构和管理体系，竹博园由12个各部室改至7个，大竹海由5个部室改为2个，工作执行力和效率大大提升。对43项年度重点工作每月开展督察通报，对集团各部室及员工每季度开展绩效考核，促进文旅集团工作推动有力。建立健全文旅集团40项内部管理制度并汇编成册，制作下发员工手册，实现用制度管理员工、用手册引导员工目的。着力完善集团安全生产管理体系，全年开展各类安全培训、演练活动八期，实现安全生产零事故。完成集团财务、审计自查和国企车改等工作。

创新人才选拔方式，出台《文旅集团中层干部选拔任用工作实施办法》和《规范子公司中层干部选拔任用工作实施意见》，完成集团总部4个中层岗位竞聘，竹博园、大竹海、“两山”创旅3个子公司6名高管、6名部门经理的竞聘上岗工作。先后进行5次社会公开招聘，招录11人。多形式开展人才培养，分层抓好赴上海交通大学、安徽半汤乡学院外出学习培训5次，信息宣传、财务规范等内部培训10次，选派4名员工上派下挂岗位锻炼，使员工在岗位锻炼中得到快速成长。企业文化逐步提升，完成集团标识品牌设计和办公视觉设计(VI)系列应用，注册“两山”图形标识，群团活动丰富多彩，相继开展员工素质拓展、岗位大练兵、摄影兴趣小组等活动16次，围绕中心开展文明城市创建工作，成立71名志愿者组成的文旅先锋志愿者服务总队开展各类志愿服务活动。文旅集团两个季度(二、四季度)获得县文明城市创建工作先进单位。

国企党建。结合实际，采取独立建、联合建、临时建等方式，成立集团机关党支部、竹博园景区党支部、大竹海景区党支部和余村两山示范区建设项目临时党小组，把支部建在景区、建在项目、建在一线。开展“一支部一品牌”建设，围绕企业经营发展和党员干部学习教育，推出机关支部“三微”党建、竹博园支部廉政教育、大竹海支部村企共建、余村项目党小组干在一线四个党建品牌。完成集团新大楼党群服务中心、职工活动室、党建文化走廊的布置，拓展大竹海、竹博园支部党建阵地，制定国企党支部工作手册，完善“三会一课”制度和“五个一”文旅特色支部主题党日活动。开展党风廉政建设。抓好党风廉政建设党委主体责任和班子成员“一岗双责”的落实，在党风廉政建设工作部署上制定和完善党风廉政建设年度计划和责任分工，定期召开专题会议研究部署党风廉政建设工作，分层分级签订个性化《党风廉政建设责任书》；在源头治理防控上，创新开展将个人征信纳入个人廉政档案管理，受到县委领导的充分肯定。文旅集团纪委定期开展正风肃纪和内部管理制度执行情况检查，及时纠正经营和管理上的一些工作纰漏；在廉政教育方面上，组织开展“党政教育一刻钟”和“微党课”教育活动，请县委纪委相关领导为集团中层以上干部进行的党规党纪主题教育。在县委对集团党委建设主体和“一岗双责”的年度考核中，文旅集团在三大国企中名列前茅。

【文旅集团成立第一届工会】 1月27日，文旅集团召开第一届工会成立大会，选举工会委员会委员。会议通过无记名差额投票方式，选举产生文旅集团第一届工会委员会班子。

【5D玻璃天桥战略合作协议签订】 9月10日，大竹海景区与河南尧山集团、常州云尧旅游开发有限公司签订5D玻璃天桥的战略合作协议，该项目投资规模超2000万元，通过轻资产运营的合作模式，进一步挖掘景区二次消费潜力，提高景区经营效益。

【安吉竹博园景区获批全国林业科普基地】 10月，中国林学会公布命名第四批全国林业科普基地(增补)的通知名单，安吉竹博园景区获批全国林业科普基地。

10月，安吉竹博园被命名全国林业科普基地

【成立“两山”国际旅行社与“两山”培训有限公司】 11月12日，文旅集团下属子公司产业经营管理有限公司与中南百草园、江南天池、藏龙百瀑、浙北大峡谷正式签订合作协议，共同出资筹建“两山”国际旅行社与“两山”培训有限公司，通过资源共享、优势互补，着力打造一个合作共赢的旅游新经济圈。

（黄　偲）

法制工作和外事工作

·法制工作·

【行政复议案件】 2018年，县行政复议局共收到行政复议申请60件，受理51件，已结案42件（含2017年结转9件），其中维持25件，终止（撤回）6件，驳回复议申请1件，纠错10件。

【行政诉讼案件】 2018年，安吉县行政诉讼案件一审立案105件，审结120件（含2017年结转），其中裁定撤诉、驳回起诉71件、判决驳回诉讼请求38件、判决确认违法、履行职责、撤销11件，维护老百姓的合法权益。

【行政确权工作】 2018年，县法制办共审查行政确权案件5件。在案件审查过程中，注重案情细节，把好法律关、文字关，在保证法律、政策得到正确贯彻实施前提下，为老百姓解决实际困难，化解各种社会矛盾，维护社会稳定。

【执法监督工作】 2018年8月份，由县人大、法制办、检察院人员成立评审组，对县公安局、市监局进行行政处罚案件专项督查活动，抽取41个案件卷宗，发现问题案卷7件，并要求相关部门及时整改。

【重大行政决策机制】 根据《安吉县人民政府重大行政决策程序规定》的要求，县政府将《昌硕街道余墩区块国有土地上房屋征收决定》《梅溪镇长湖申航道西延项目国有土地上房屋征收决定》和《安吉县第三期学前教育行动计划》作为2018年度重大行政决策项目，并要求决策承办单文履行相关重大行政决策程序。

【行政规范性文件备案、制定、清理】 2018年，审查行政规范性文件50件，提出审查意见101条，经集体讨论通过并公布31件，向市政府、县人大常委会报备31件。开展行政规范性文件专项清理3次，审查文件228件，废止文件8件。

【安吉县行政复议局成立】 2018年3月21日，县行政复议局成立运行。除法律规定涉及海关、金融、国税、外汇管理等实行垂直领导的行政机关和国家安全机关的行政复议案件外，对以安吉县人民政府相关部门、直属机构及其派出机关为被申请人的行政复议案件，由安吉县行政复议局统一受理，作出具体行政行为的行政机关的上一级行政主管部门不再受理。

（董国辉）

·外事工作·

【概况】 2018年，安吉县外事工作办理因公出国（境）团组36批71人次，其中县内自行组团9批40人次；全年受理邀请外国人来华业务33批52人次。

【因公出国（境）管理】 县外事办搭建引资引智平台，为全县经济社会发展提供有力支撑。9月，派员赴英国、瑞士参加2018年中国安吉·英国剑桥高层次人才项目洽谈会、英国纽卡斯尔海外高层次人才推介会、苏黎世海外高层次人才推介会，并成立三个海外引才工作站，开辟智资

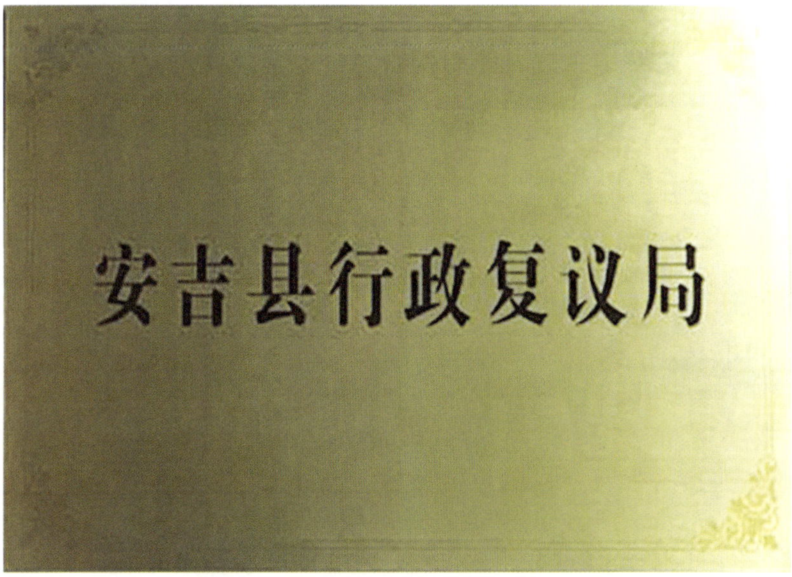

3月21日，安吉县行政复议局成立运行

合作新模式，为宣传推介安吉、开展人才项目精准对接与交流提供平台。突出任务导向，全方位服务经贸团组“走出去”。经贸合作是县领导出访的重要内容。2018年，安吉县有8个经贸团组相继赴欧美、亚洲等地执行经贸任务。立足竹产业、旅游文化产业合作、特色小镇建设，全年安吉县党政领导分别率团拜访哈萨克斯坦、英国、瑞士、法国、德国、西班牙、美国、墨西哥、澳大利亚、新西兰和日本等国的工商联、商会、企业和经贸界人士，与之开展座谈交流，深入洽谈经济贸易、人才引进、招商引资、科技创新、文化教育等合作项目。

【对外交流与合作】 2018年，安吉县接待外宾12批239人次。组织来宾考察代表性企业与景点，观摩、体验茶艺与书法表演，向外宾多角度展示安吉县经济社会的快速发展，深厚文化底蕴与丰富的城市内涵，利用活动平台推介安吉，促进对外友好交流合作。6月，以南非野生动植物保护机构处长为团长的非洲野生动植物保护管理与履约官员研修班学员团到安吉县考察。成员分别来自马拉维、南非、乌干达、马里等7个国家。代表团前往安吉县余村，考察新农村建设、竹啤酒、竹叶黄酮厂等，对安吉县竹子栽培和加工利用技术赞不绝口，表示安吉之行受益甚多。7月，由商务部主办的2018年国际热带木材组织(ITTO)成员国竹业高附加值利用官员研修班到安吉县考察学习。研修班成员有22人，分别来自泰国、瓦努阿图、秘鲁、巴西等7个国家。此次研修推动ITTO成员国竹产业发展，也展现安吉林业积极融入国家“一带一路”倡议的实践和成效，为浙江竹产业“走出去”提供机遇。9月，来自25个国家的31名青年汉学家来到安吉，参观考察天荒坪镇余村、灵峰街道大竹园村以及鲁家村，以“两山”理论与“绿色”发展为主题，参观了解安吉在生态建设领域的探索实践和发展成就。这是来安吉考察的第二波汉学家。12月，联合国工业发展组织马达加斯加代表团考察安吉县生态水电建设，在走访凤凰水库、天荒坪抽水蓄能电站等地后，对安吉县生态水电建设做了详细了解。同月，由中国林科院、中国林学会资助的，由国际竹藤组织(INBAR)组织的老挝、柬埔寨和牙买加代表团来安吉考察并与安吉县竹产业负责人和企业代表交流讨论安吉县竹林经营、林地流转等有关政策，特别是有关绿色产业和当地农民致富的政策问题。2018年，安吉县办理邀请函(电)申请表11份16人次。以提升服务效率为宗旨，完善“外事为民”的服务手段和服务体系，在严把邀请外国人来华审核关的同时，为企业提供便利渠道和服务，做到一次性详尽告知企业办理商务邀请的条件及所需资料。为更好满足安吉县企业“走出去”进行经贸、文化、旅游等对外交流的需求、参与亚太地区以及“一带一路”沿线国家间的贸易投资合作，组织重大经贸活动，拓展境外新兴市场，2018年，县商务局组织县内企业赴哈萨克斯坦、波兰、摩洛哥参加展会、项目洽谈等经贸活动，县外事办积极主动配合做好经贸活动报批与签证工作。

7月26日，安吉县外事办开展2018年芝加哥大学实验学校中国教育和文化交流项目

【拓展“一带一路”市场】 5月8～10日，安吉县溪龙乡组织安吉白茶企业赴波兰特色食品国际食品展参展。参展企业8家，参展人员14人，向波兰等参会嘉宾推广安吉白茶，了解波兰部分经

济结构、生产消费模式及习惯，茶叶消费种类比例、档次比例、经销模式。在参展之余，代表团与波兰格罗济斯克市政府做了专题的交流，推介茶文化，现场作了茶艺表演，并请他们帮助联系代理公司。5月20～24日，县商务局组织县内企业赴哈萨克斯坦阿拉木图市参加第16届哈萨克斯坦—中国商品展，并与哈国多家企业开展贸易洽谈等活动。12月5～12日，安吉县参展团赴摩洛哥参加2018年摩洛哥国际贸易展览会。展会期间，各参展单位接待客户访问300多人次，达成意向客户85个，合同(意向)金额500万美元。其中润大柯泓家具与摩洛哥本地最大的家具批发商FURNTURE INC取得初步对接，万宝家具与华为在摩洛哥总部达成一定合作意向。

【"外国友人眼里的绿水青山·清丽湖州行"活动走进安吉】 10月26日，"外国友人眼里的绿水青山·清丽湖州行"在安吉县拉开帷幕，来自31个国家的驻华使节、国际友城代表、外国驻华商务机构代表、在湖外国友人代表等80余人来安吉县出席活动。外国友人先后赴横山坞的目莲坞、竹博园参观考察。本次活动展示安吉在"两山"理念引领下，经济建设和社会发展所取得的成就。县外事办全程做好翻译服务工作。

【安吉县招才引智团赴英国、瑞士招才引智】 9月2～9日，安吉县招才引智团分别赴英国剑桥、纽卡斯尔和瑞士苏黎世、达沃斯这些高层次人才集中城市，举办3场海外高层次人才推介洽谈活动、组织3个专场座谈商讨会和3场拜访对接活动，洽谈人才项目17个，吸引意向来安吉县落地合作人才11名。

【安吉县经贸类团组赴俄罗斯、塞尔维亚、德国、西班牙、瑞士、法国、美国和墨西哥等国执行项目洽谈和经贸交流任务】 10月14～21日，县人大常委会主任陆为民等六人赴俄罗斯和塞尔维亚分别与俄罗斯契科夫、塞尔维亚斯雷姆斯卡米特罗维察两个市政府举行座谈会；与圣彼得堡工商联合作举办国家安吉竹产业示范园区项目推介会；与俄中商务园洽谈合作开发安吉通航小镇事宜；与俄罗斯ETANA公司洽谈在安吉报福镇开展俄罗斯室内高山滑雪综合体项目开发事宜；与塞尔维亚塔拉国家公园洽谈银润小镇主题乐园开发项目；与塞尔维亚USCE购物中心商谈竹制品及家具在当地销售的合作事宜。10月21～28日，县人大常委会副主任吴佩勋带队三人赴德国和西班牙，主要与威尔堡市政府高级顾问、昆卡市政府商务部和文化部、BECO furniture GmbH、西班牙中国商会和西班牙温州商会等洽谈项目并进行经贸交流。10月28日至11月3日，副县长王捷等五人赴瑞士和法国，主要与瑞士Jaron. Direct Gmbh公司洽谈乡村旅游综合体项目；与法国Hywoo International Investment公司开展品牌授权洽谈；与万豪酒店集团洽谈品牌合作；与法国Chateauform'集团洽谈"安吉Chateauform'会议之家"项目。

（钱周瑜）

区域合作

【概况】 2018年，区域合作工作坚持招商引资"一号工程""一把手工程"地位不动摇，以十条意见为纲领推动谋大招强、产业招商。2018年累计新引进项目(亿元以上)56个，总投资532.24亿元，其中工业项目43个，总投资302亿元。累计完成市定大好高项目34个，完成年度目标任务的121.4%，其中工业项目21个，服务业7个(其中折抵流失项目3个)，农业9个。完成5个10亿元以上工业项目签约，引进世界500强格力和行业龙头企业养生堂2个项目，其中，养生堂固投超20亿元以上。累计完成合同外资69881万美元，完成全年目标任务的139.8%；累计完成实到外资21590万美元，完成年度目标任务的100.4%；全年累计上报浙商回归省外资金86.6亿元，完成全年任务的123.71%。累计完成203家投资环境监测点挂牌，完成全年任务的101.5%。

2018年，不断优化机制、创新举措，完善抓手、健全保障，开创招商引资向投资促进转变的新局面。建立健全"产业招引、项目评审、环境监测、系统考核"四项工作机制。先后引进总投资100亿元的格力智能制造安吉产业园项目，总投资75亿元的大型数据中心项目，总投资60亿元的中国安吉白茶小镇全域开发综合体项目等特大项目。引进总投资20亿～50亿元项目

4 个,总投资 10 亿～20 亿元项目 8 个。2018 年,浙江、上海、北京 3 个分局入库的累计在谈项目线索 16 个;工业项目 7 个,累计总投资 46 亿元,其中总投资 5 亿元以上项目 4 个;总部经济项目 7 个;重要在谈线索 2 个。累计签约项目 6 个,累计固投 42.9 亿元。客商来安吉考察的人数和规模均大幅增加,1～12 月份,县投资促进局接待重点客商考察批次 40 余批 500 余人次,驻外分局接待客商 500 余批次 2000 余人次。全县上下深入挖掘招商线索,不断增加项目储备。

优化招商区域布局,精简配强招商团队。2018 年,从全县选派抽调 15 人组建北京、浙江、上海三支招大引强分局及一支推介分局实行脱产招商。北京地区重点招引央企国企,浙江地区重点引进优质、品牌制造业企业,上海、江苏地区瞄准先进制造业项目。加强国内其他地区的培育与开拓。邀请业内专家、知名企业家,开展产业、行业、专业等三业培训,增加干部在专业领域的知识储备和能力提升。确保每名招商干部都能熟悉产业、精通招商、专业过硬,同时,严格干部管理,强化招商后勤保障。明确产业招引方向,提升项目引进标准。明确县局及驻外招商分局以世界 500 强、央企国企、民企 500 强、上市公司为重点,招引固投 5 亿元以上工业项目和建设用地亩均缴税 60 万元的"两山"总部经济项目。首创政银企合作招商新模式,促成县政府与口行浙江省分行签订战略合作协议。出台《工业项目投资与建设管理指导意见》,开展新增建设用地工业项目准入评审。明确项目落地的硬性指标和综合条件,启动新增建设用地工业项目部门"6＋X"联合评审模式,以市场化方式筛选高质量项目落地,推动土地等要素资源向优质企业集中。全年累计组织评审 40 个工业项目,23 个建议引进,14 个建议谨慎引进,3 个建议不予引进。其中,75 亩以下工业项目 32 个,75 亩以上工业项目 8 个。年内有 23 个项目签约,18 个项目立项,3 个项目获市定"大好高"。

【举办二季度招商引资项目集中签约攻坚活动】 开展全县 2018 二季度招商引资项目集中签约攻坚活动,营造浓厚招商氛围。为营造招商氛围、激发招商活力,5 月份,启动为期两个月的招商引资项目集中签约攻坚活动。通过不断落实任务,压实责任,专题推进,于 6 月 30 日举办二季度项目集中签约仪式,14 个项目现场集中签约,总投资 102.17 亿元,固投达 67.79 亿元,涵盖智能制造、现代服务、总部经济等领域。其中智能家居产业园、洁美电子信息产业园、杭锅项目 3 个项目固投超 10 亿元。

【举办第 11 届安洽会】 11 月 3 日,县投资促进局举办第 11 届中国美丽乡村·安吉投资贸易人才洽谈会。本届安洽会系列活动共计 11 项,其中主活动分 5 项,分别是:开幕式暨项目集中签约、嘉宾主旨演讲、安吉上海"两山"双创园揭牌仪式暨招才引智活动、项目集中开竣工、无人机大奖赛。子活动共 6 项,分别是:第三届"两山杯"创新创业大赛、安吉海内外高层次人才洽谈会、"两山杯"国际竹产品创意设计大赛、无人机产业高峰论坛、第二届国际竹产业绿色发展高峰论坛、"浙江制造"安吉制造业转型升级高峰论坛在本届安洽会上,签约总投资百亿的格力电器安吉智能制造产业园等 20 个项目,总投资达 375 亿元。签

6 月 30 日,安吉县开展全县 2018 年第二季度招商引资项目集中签约攻坚活动

订战略合作框架协议 2 个，总投资 380 亿元。20 个签约项目中世界 500 强投资 1 个、央企投资 1 个、国企投资 1 个，上市公司投资 2 个、知名企业投资 4 个，总占比 45%，所有工业项目都经过“6＋X”评审把关。邀请格力电器、万向集团、物产中大、中国电信、中铁总装、中电科、远洋集团等世界 500 强、民企 500 强、央企国企、上市企业和行业领军企业 65 家，占总邀请客商比例 60%以上，创历史新高。在本届安洽会开幕式上，珠海格力电器董事长董明珠特地从北京发来贺信，并介绍格力电器安吉智能制造产业园项目践行“两山”理念的深刻内涵。

【举办第六届国际无人飞行器创新大奖赛】 11 月 2 日，举办第六届国际无人飞行器创新大奖赛暨安吉嘉年华活动。此次大赛秉承“创新＋科普”为主题，设置固定翼类竞技赛、旋翼类竞技赛和创意赛等比赛形式，吸引国内外的高校、科研院所和企业、民营机构等 25 支队伍近 200 人参赛，近 20 万观众到场观看。南航获固定翼一等奖并获创纪录奖、昌航获旋翼一等奖、民航飞行学院获固定翼第一视角一等奖。大赛期间的航空嘉年华活动安排青少年三模大赛、航空科普工坊、航空运动体验、航空科技体验、1∶1 战机模型展示等活动。

举办 2018 中国无人飞行器在智慧领域的应用暨安吉无人机产业高峰论坛。该论坛作为第六届国际无人飞行器创新大奖赛暨 2018 安吉航空嘉年华活动的学术交流平台，深入探讨产业发展趋势、机遇与挑战、物流实践、数字化应用四个方面的议题，旨在问道无人机产业在智慧领域的发展之路，推动无人机产业快速健康发展。论坛邀请中国航空学会、北京航空航天大学无人机界专家 10 余位，全国无人机企业 128 家，参会人员 200 余人。会上，5 名无人机界顶级专家、学者做主旨演讲，涉及无人机行业产业的概念性与方向性、机遇与挑战及各应用领域的实际应用操作。无人机产业高峰论坛上，来自全国 112 位行业内专家、企业代表共同见证了由县投资促进局组织牵头的安吉·中国无人机产业创新联盟的成立。该联盟由落户在安吉的 20 家无人机企业发起，以安吉·中国无人机创新中心为产业平台，以“安全、开放、创新、共赢”为宗旨，以市场、智库、平台、交流为方式。在 2018 中国无人飞行器在智慧领域的应用暨安吉无人机产业高峰论坛上，引进 7 家无人机产业项目落户安吉无人机创新中心，形成安吉通航产业集群新优势。

【启动投资环境监测】 2018 年，安吉县投资促进局通过研究实施方案，细化工作举措，多层次构建科学化的投资环境监测体系，增强政企互动，保障经济社会健康发展。充分利用电视、纸媒、网络平台、微信公众号、建立企业家微信群、APP 手机客户端、走访企业发放服务卡等平台，通过发布公告、设立《打造营商环境全省标杆》专栏等形式介绍安吉县投资环境监测工作，及时推送优化营商环境相关动态，向社会公布监督举报方式。出台《安吉县投资环境监测试行办法》，引进具有专业资质的第三方机构上海谷川联行有限公司作为安吉县投资环境监测报告的执行主体，以第三方独立调研为前提，在全县范围内开展投资环境监测，全面、客观地反映企业对安吉县营商环境的真实感受和对部门服务的评价。全年完成监测点布点 203 个（洁美电

4 月 24 日，县投资促进局赴县内重点企业设立投资环境监测点

子、敏实集团、港中旅、大康、养生堂二期、云上草原等重点企业、重点项目),其中已运营企业187个,签约重点项目16个。按产业类别分,第一产业12个,第二产业157个,第三产业34个;按所属区域分,两区企业、项目132个。主要是以“一企一点一卡”的模式建立网格化工作体系,及时了解企业的困难和问题,畅通企业反映问题和对政府部门服务评价的渠道。

(王金艳)

住房公积金制度

【概况】 2018年,安吉县公积金分中心贯彻落实党的十九大精神,高举习近平新时代中国特色社会主义思想伟大旗帜,围绕市中心和县委、县政府的决策部署,秉承“为民、务实、清廉”宗旨,敢于担当、主动作为。2018年度目标责任制考核被市住房公积金中心评为优秀等次。

【住房公积金归集和提取】 2018年,归集公积金86091.25万元,归集额同比增加9977.65万元,同比增幅13.11%;当年提取公积金64909.11万元,提取额同比增加4979万元,同比增幅8.31%;年末公积金余额为211124.35万元,同比增加21182.13万元,同比增幅11.15%。

【住房贷款发放、回收及风险防范】 2018年,向1007户职工家庭发放住房贷款37567.28万元(含住房公积金个人住房贷款转商业性个人住房贷款195.8万元),当年贷款发放额同比减少33816.32万元,同比降幅47.37%。贷款回收31143.95万元,同比增加151.5万元,同比增幅4.89%。年末贷款余额为253748.58万元,同比增加6227.53万元,同比增幅2.52%。年末存贷比例为136.40%(含公转商),下降13.45个百分点。截至2018年12月底,分中心已连续18年多、累计连续227个月月末贷款本息及时收回,贷款始终无逾期。分中心的资产优良率连续多年保持100%。累计提取的风险准备金达173417万元。

【住房公积金缴存比例调整和年度验审】 2018年,住房公积金缴存额度的调整为:①缴存比例:行政机关、事业单位住房公积金缴存比例仍按单位和个人各12%标准执行;企业和其他组织的住房公积金缴存比例可根据单位实际情况,仍按单位和个人各8%至12%范围内标准执行。②缴存基数:职工缴存工资基数按2017年度职工个人工资总额的月平均数确定(工资口径按国家统计局规定列入工资总额统计的项目计算)。③继续实行“控高保低”政策:行政机关、事业单位职工个人工资总额低于市统计局公布的2017年全县职工平均工资标准的,按全市职工月平均工资标准计算。2018年度职工住房公积金月工资基数按2017年职工月平均工资的60%以上执行,最低不得低于当地最低工资标准。在本次调整中凡提高缴存工资基数的单位,按国家和省、市有关规定执行。住房公积金补贴缴存工资基数上限按不超过上一年度全市职工月平均工资标准执行。

2018年,应参加调整和年审单位为2427家、职工人数52432人,实际完成调整和年审单位2318家、职工人数50478人。完成率分别为95.51%(按单位计)和96.27%(按职工人数计)。

【住房公积金制度建立及年度扩面情况】 2018年,市政府下达安吉县扩面任务增加8050人,实际完成21011人,完成率261.01%;净增任务2900人,实际完成6689人,完成率230.66%。截至2018年底,安吉县有正常缴存单位2394家,年末实际缴存住房公积金人数50748人。

【为政府提供廉租住房建设资金】 截至2018年底,从公积金增值收益中已累计提取廉租住房建设资金5732.47万元。

【住房公积金贷款贴息工作】 自2007年以来,每年均开展低收入住房公积金贷款家庭贴息工作,截至2018年底,已累计为395户公积金贷款家庭贴息82.40万元。其中,2018年向符合贴息条件的18户贷款家庭发放贴息金额5.75万元。

【最多跑一次工作】 2018年,安吉县公积金分中心着眼群众获得感,不断深化“最多跑一次”改革。4月2日,县房屋交易与不动产登记公积金受理点挂牌运行,实现二手房交易和贷款一窗受理、联审联办,改变群众办事“两头跑”的情况。4月27日,开通支付宝线上离退休提取公

4 月 2 日，安吉县房屋交易与不动产登记公积金受理点挂牌成立

积金业务，成为全省首家上线支付宝办理提取公积金业务的县级公积金中心。继 2017 年全县 12 个乡镇（街道）便民服务中心和县工行公积金窗口设立的基础上，2018 年 7 月份以来，县农商行营业部、孝丰支行、天子湖支行、天荒坪支行、梅溪支行、杭垓支行 6 个公积金业务延伸网点相继挂牌，将服务送到百姓的“家门口”，服务触角进一步延伸。

【创建工作】 7 月，创建县级机关党建示范点。安吉县公积金分中心积极助力全国文明城市创建，在一季度的考评中，分中心被县创建办评为创建优秀单位，四季度获创建流动红旗。

（杨光辉）

安吉县政务服务管理办公室

【概况】 2018 年 5 月 16 日，安吉县行政服务中心更名为安吉县政务服务管理办公室，由政府直属事业单位调整为县政府派出机构，受县政府授权负责全县政务服务管理工作；安吉县公共资源交易管理办公室受县政府授权负责全县公共资源交易监督管理，在公共资源交易领域实施集中监管和行政执法。两机构合署办公，机构规格正科级。12 月 3 日，启用“安吉县政务服务管理办公室”印章，原“安吉县行政服务中心”印章停止使用。

【“最多跑一次”改革】 2018 年，县政务办推进“最多跑一次”事项标准化全覆盖。全年安吉县有办事事项 1375 项，除 4 项省定不宜“跑一次”外，1371 项已全部实现“最多跑一次”。落实县级多部门和跨层级跨部门“一件事最多跑一次”，涉及县级多部门“一件事”50 项、跨层级跨部门“一件事”12 项。按照“减事项、减次数、减材料、减时间”的要求，持续开展“减证便民”工作，累计减少办事材料 2786 份、减少办事环节 903 个、减少办事时限 8024 个工作日，办事事项向基层、网点延伸 171 项。深化“一窗受理、集成服务”改革。设立“8＋3”个主题板块，完成事项与“一窗受理”平台对接，1230 个事项实现“无差别全科受理”。全面完成乡镇（街道）、村（社区）“无差别全科受理”。推行“一号（12345 统一政务咨询投诉举报平台）”预约办理、咨询服务，推进渠道入口整合并与“一窗受理”平台对接，实现“最多跑一次”政务服务来电咨询、预约“一号响应”。完善“三级联动”政务服务体系。全面推进乡镇（街道）、村（社区）网上服务站点建设，推进事项下放。乡镇便民服务中心办事事项从 2017 年的 65 项增加至 141 项，村级便民服务中心事项清单目录必选 25 项、可选 19 项。加强政银、政医合作，将 30 个涉企涉民高频事项延伸至银行、邮政、医院等网点。完成政务服务网办事网点电子地图，299 个“最多跑一次”办事网点地理信息录入和 6400 余条办事事项地址关联。开展千家“市民服务之窗”试点，建设并启用 24 小时市民服务之窗，现有综合、社保、商事、司法、公安、税务等 11 台自助服务机，群众 8 小时外可查询打印 107 个事项，自助办理 58 个高频事项。打破信息孤岛，实现数据共享。组建安吉县大数据管理中心，对全县自建信息系统、信息化智慧化项目进行摸底，归集办事所需材料数据信息 9181 条，完成县内 41 家单位信息系统与办事事项匹配确认。加快实现网上办事，将 14 项“一网通办”模式的“一件事”

加载至浙江政务服务网后台。加快“浙里办”APP建设,全市率先完成“浙里办”APP掌上办事事项367项,实现100%高频民生事项APP掌上办,“浙里办”APP累计下载量为27797,占全县常住人口的5.78%。“一证通办”事项256项,“一窗通办(无差别受理)”事项1230项,“一城通办”“一网通办”事项1146项。推进企业投资项目在线审批监管平台2.0版全面应用,实现“四个百分百”——100%应用平台、100%网上申报、100%网上审批、100%系统打通。推进企业投资项目承诺制改革,累计实施承诺制项目19个,占年度新备案一般企业投资项目数的54.2%,超额完成市对县考核任务,9个项目取得施工许可证,平均审批用时35天。成立企业投资项目代办服务中心,为企业提供全流程、精准化的无偿代办服务。全年为64个项目提供代办服务,成功办理2018年新备案项目施工证16件,平均审批用时72天。提升商事登记改革便民化规范化水平。湖州市率先推行“市场监管部门通办+承诺准营制+同步备案制”共197项,从线下纸质资料部门间流转到线上“一窗受理”平台实时接收,统一窗口出证。对21项承诺准营事项,当场办结并出证,实现准入即准营。对同步备案事项,做到出证即备案。全年办理一窗通办各类事项5979件,其中联办事项25件,承诺准营617件,同步备案5337件。推行商事登记全程电子化,工作全省领先,获省、市领导肯定批示。湖州市率先实行注册登记“局所一体、全域通办”模式,申请人可就近选择各分局(所)办理注册登记核名、受理、打照、发照等一站式服务。深化便民服务领域“最多跑一次”改革。实现不动产交易税收登记与水电气、有线电视、宽带、公积金、银行服务等事项联动办理。优化安吉县二手房交易平台和办理流程,在30分钟办结的基础上做到税后30分钟领证。联合县住建局牵头在工行安吉支行营业部设立“县房地产交易管理所存量房交易资金托管专户”,保障买卖双方资金安全、交易当事人合法权益。打破数据壁垒,建立数据共享平台,在浙江省县区中率先实现离退休职工支付宝提取公积金业务“双零”(跑零次、零材料)。12月3日,安吉县被确定为浙江省人力社保系统“最多跑一次”改革试点县。

【公共资源交易中心】 2018年,县政务办实行“互联网+招标采购”深度融合,推进公共资源交易全流程电子化。完善交易电子平台建设,推行招标文件网上下载、企业入库在线备案,推进公共资源交易全程电子化。完善“政采云”平台系统,实行评审专家网上“三位一体”综合评价。增加三项交易内容:大型户外广告、排污权、用能权;将政府采购各项行政权力返回财政部门并实行集中办公,联合国土局开展

5月17日,全县“最多跑一次”改革乡镇“无差别全科受理(一窗通办)”工作现场推进会在天荒坪镇举行

土地使用权网上竞价，联合环保局开展排污权电子竞价。2018年，县交易中心完成交易项目522批次，涉及交易金额111.12亿元，节约(增值)资金7.94亿元，节资率达7.15%。规范交易服务收费，取消建设项目信息服务费、场地租赁费和席位费等三项费用。提升公共资源交易监管工作社会贡献率。开展扫黑除恶专项斗争，在"打击围串标保公平"集中行动中，19名犯罪嫌疑人因涉嫌串通投标罪被采取刑事强制措施并移交检察机关，对企业法人或实际控制人被采取刑事强制措施的，限制其参与必须招标项目的投标资格。全力助推全国文明城市创建，修订《安吉县工程建设项目施工招标投标评标办法》首次将文明标化工地创建和工程运输车"三化"管理纳入奖惩加分项，全市各县区率先启用工程建设领域信用信息查询系统，将企业不良行为查处由事后被动处理变为事前主动排除。促进安吉县公共资源交易领域市场良性发展，以"制度建设和规范管理加强年"活动为引领，全面清理规范各项制度规则，建立六大规范性文件体系。调整必须进县中心工程招标范围，建立"6图3告2报告"制度，取消工程建设项目直接发包备案，优化招投标流程。加强招标代理机构监管力度，出台《安吉县国有投资工程建设项目招标代理机构选择办法》《安吉县国有投资工程建设招标代理机构"5+X"日常检查管理办法》，建立招标代理机构人员业绩簿制度，对2家代理机构进行不良行为公示并暂停业务。增强公共资源交易监管部门间协同联动。县公管委增设专业技术和综合执法两个专委会，招投标工作首次纳入乡镇部门年度综合考核赋分。对县委巡察办反馈线索进行跟踪督查。出台《政府投资项目履约评价管理办法》《公共资源交易监管执法联动管理办法》，建立联通共享、联动管理、联合惩处的新机制。牵头各行业主管部门开展标后联合执法检查，累计对12家企业的不良行为进行联合通报，对22家企业进行书面约谈告诫。

【启用办公新址】　1月2日，安吉县公共资源交易管理办公室搬迁至商会大厦D座4楼，安吉县公共资源交易中心搬迁至商会大厦A座8楼。

【市人大代表开展"最多跑一次"改革"大数据"工作调研】　1月24日，市人大代表安吉二组一行到县行政服务中心进行2018年会前视察活动，开展"最多跑一次"改革"大数据"工作调研。

【安吉县房屋交易与不动产登记公积金受理点挂牌成立】　4月2日，安吉县房屋交易与不动产登记公积金受理点挂牌成立。这意味着，二手房交易过户网点进一步延伸。

【安吉县企业投资项目代办服务中心揭牌成立】　5月14日，县企业投资项目代办服务中心在行政服务中心揭牌成立。该中心的成立是安吉县深化企业投资项目领域"最多跑一次"改革的又一新举措，对于进一步优化投资营商环境，提升项目服务水平具有重要现实意义。该中心是全县企业投资项目的综合服务窗口，将按照"企业自愿委托、政府免费代办、方案灵活定制、政企协同联动、流程依法合规、便捷高效精准"的原则，形成"一窗简办、专业代办、在线通办"的项目服务工作模式。

5月14日，安吉县企业投资项目代办服务中心在行政服务中心四楼揭牌成立

【电子卖场征集】 7月11日，县公共资源交易中心完成2018年度(网上超市)电子卖场征集入围工作。随着第三期网超供应商的正式征集完成，安吉县网上超市的供应商数量已经达到136家。本次网超征集项目的入围率达95.6%。

【国务院办公厅一行到安吉县调研“最多跑一次”改革工作】 7月13日，国务院办公厅秘书一局文电处副处长李云鹤等一行来中心调研安吉县“最多跑一次”改革工作。省政府办公厅秘书处处长李海洋、省政府办公厅秘书处副处长马辉、市政府副秘书长何元庆等陪同。

【“二手房多点交易，30分钟办结”案例被评为“浙江省民生获得感示范工程”】 12月26日，安吉县“二手房多点交易，30分钟办结”案例被评为“浙江省民生获得感示范工程”。

(金　琳)

安吉县机关事务管理局

【概况】 2018年，县机关事务管理工作围绕县第十四次党代会确定的目标任务，坚持“养眼大楼·美丽事业”主线不动摇，以“标准化、智能化、温馨化”为重点，以构建机关事务的“党建品牌”和“绿色品牌”为抓手，推进“最多跑一次”改革，开展“不忘初心、牢记使命”主题教育活动，履职尽责，凝神聚力，攻坚克难，狠抓落实，统筹推进机关事务工作适应新常态、把握新机遇、实现新发展，展现新作为，为建设“中国最美县域”和创建“全国文明城市”做出贡献。县机关事务管理局全年完成县委第四巡察组的巡察工作，夺得1～2月份和7月份的月度创新奖，并成为一、三季度“部门提升效能创新奖”优胜单位、二季度文明城市创建优胜单位、三季度营商环境监测优胜单位、8月份项目推进先进单位，通过国家级节约型公共机构示范单位验收，垃圾分类、会务保障等方面获省局和县委主要领导肯定性批示，优化营销环境先进案例通报3次，《精神文明报》《浙江日报》《浙江后勤》刊发4篇报道。警务站3名同志被评为湖州市公安机关“防范之星”，1名同志被评为联合国世界地理信息大会安保工作先进个人。

【推进集中统一管理】 办公用房管理不断到位。贯彻落实《党政机关办公用房管理办法》，加强党政机关办公用房清理整改，坚持合理调剂原则，完成办公用房的调配，满足县机关党工委、保密局、信访局办公用房的调配需求；2018年上半年对全县副科级以上领导干部办公用房进行实地核抽查，不存在超标现象；完成大楼办公用房、办公家具数据采集，建立办公用房、办公家具台账，建成办公家具管理平台，推进办公用房管理平台建立；完成科技楼改造后和县社会矛盾联合调处中心建成后的办公家具配备和办公室分配工作；启动机构改革后办公用房的调配管理工作；完成行政中心日常办公家具配备保障工作，全年调配各类办公家具162批次。

规范公务用车管理。贯彻《党政机关公务用车管理办法》，执行“派车十条”“六个不得”“八个不准”，健全APP约派车系统，主动融入全省公务出行“一张网”系统，严格执行“五定”制度，构建“阳光车务”和“智慧车务”；强化安全教育和队伍建设，开展交通安全警示教育培训、高速道路安全驾驶知识培训、仪表盘指示灯识别培训，举行“我是好司机”三零比拼、“我有好技

1月24日，吉利新博瑞安吉县人民政府公务车交车仪式举行

术"技能比武、"我学好交规"理论竞赛等系列比拼活动，提升司勤人员驾驶技能和安全意识；健全内部管理，完善管理制度，建立一车一档管理，完善物品申领程序，签订《司勤人员安全、文明、廉政承诺书》，实施安全检查和日常考勤；强化会务保障，提升保障能力，完成中国安吉白茶博览会、全国改善农村人居环境工作会议、县"两会"、无人机大奖赛、安洽会等近百场会务的车辆保障工作。全年总计出车近1.6万车次，保障人员超过2万人，行驶里程130多万公里。

公共机构节能管理得到完善。履行全县公共机构节能管理职责，推进公共机构节能宣传、监测、创建工作，完成公共机构能耗2017年度统计工作，下达2018年度公共机构节能计划；开展以"节能降耗，保卫蓝天"为主题的"节能宣传周"活动，完成行政中心LED灯组替换工作和12盏太阳能路灯的安装工作，每年可节电5万千瓦，增加电能智慧监测点8个，实现行政中心电能监测全覆盖；启动大楼中央空调改造工作，完成空调主机、管道清洗，降低能耗；投入资金20余万元实施行政中心垃圾分类，布设分类垃圾桶500余个，建立垃圾分类接驳站，厨余垃圾实现绿色化处理；推进示范单位创建工作，完成行政中心国家级、昌硕中学省级节约型公共机构示范单位创建，联合水利局完成13家单位创建县级节水型示范单位。

【党政事务保障】 统筹安排，维修改造工作稳步推进。梳理确定2018年9项后勤服务保障改善和提升项目，完成一楼地下车库维修改造、科技楼外立面改造、机关食堂屋面SBS防水维修处理、大楼生活水箱清洗、大楼卫生间设施更换、饮水机三级滤芯更换、南北连廊墙裙装饰、南北室外楼梯踏步封闭等工作和县联合接访中心改造工程；根据文明城市创建要求，完成行政中心标示标牌重新划设工作，增加停车位173个，停车位箭头指示标志289个，增设交通标识标牌6处，橡皮定位器32对；做好日常维修工作，开展维修月活动，全年处理水、电、空调、管道、门锁、办公家具等维修超过1200件；及时排除因暴雨影响地下车库高压配电房倒满水、东面负二楼电缆井进水等险情，做好空调3号机组故障抢修。立足本职，保障会务工作。完成506会议室、第三会议室改造提升和会务中心设施更换，运用"光媒介"对千人会议室进行空气治理，全面提升会务保障的硬件实力，完成县委十四届三次全体（扩大）暨县委经济工作会议、县"两会"、全县作风建设大会暨全国文明城市创建动员会等共计2684场会务保障工作，服务保障超过6万人；全国改善农村人居环境工作会议的保障，展现出"养兵千日，用兵一时""拉出能战，战则能胜"的后勤铁军形象，受到县主要领导的批示表扬；会务服务形成"安吉经验"，首次引入世界地理信息大会，服务员沈丹芳、吕金作为全省会务服务的标杆，为世界地理信息大会全体服务人员进行业务培训。服务大局，加深中心工作参与度。履行河长职责，落实巡河任务，组织参与"万人大巡河"活动；主动参与结对共建，配合联系社区开展"全国卫生城市"复评小区环境大整治行动，铲除芬芳小区五幢楼的墙体牛皮癣和清理楼道堆砌杂物200公斤；与结对学校天荒坪小学开展"六一"送温暖活动，购置书籍、物品、食品15000余元；发挥自身优势，为共建村白水湾村、结对社区广场社区各争取2万元建捐助资金，用于建

3月6日，县机关事务管理局志愿服务队成立

设美丽乡村、精品社区;落实营商环境优化工作,主动对接,靠前服务,开展“心连心、送清凉、促进度”活动,帮助解决领办项目——上阳汽配施工钢管紧缺难题,推进破解双停项目——杰欣家具的建设施工;参与招商引资,完成浙江德宁实业投资有限公司总部经济的转移入驻,成功使投资额达3000万元的百吉通亚(安吉)科技有限公司落户开发区,主动接洽南方锅炉超过6亿元的项目落户孝丰;开辟绿色通道,联合市场监管局和卫计局,帮助本土知名企业祖名豆制品入驻机关食堂,支持本地企业发展;开设“两山”特色农产品专柜,专卖阿克苏、抚松等对口援建地区的产品;建立本地农产品进机关食堂采购机制,增加农民收入,支持乡村振兴事业;选派3名干部参与城中村改造工作,配合开发区,解决笔架山高新区历史遗留达三年之久的拆迁难题,为整个笔架山项目推进赢得宝贵时间,完成3项拆迁领办任务,程金宝同志荣获月度先进个人。

【机关后勤服务】 建设“阳光食堂”,温馨服务餐饮体系趋于健全。完成饭卡智能化更新,升级刷卡系统,避免重复刷卡和错误刷卡,提升用卡安全;完成食堂饭卡清理,将现有的2035张饭卡清理到1530张,切实缓解就餐空间压力,规范机关食堂就餐秩序;丰富菜色品种,早餐品种增加26种,中餐大灶新增荤菜类品种38种,丰富广大干部职工的选择;实施“光盘行动”,张贴文明标语,倡导节约,反对浪费;定期走访中心农贸市场、蔬菜基地和特色农产品基地,及时掌握上市菜品,推出时令新菜,自制特色小吃,更好地服务干部职工;完成县2018年迎春团拜会、安治会餐饮服务任务;参与地方特色菜肴走进省政府机关食堂筛选活动,有2种菜品成功入选;全年用餐接待超过30万人次。紧盯“关键小事”,丰厚干部职工获得感。重新划设标识标线,增加173个停车位,完成地下车库“僵尸车”清理工作,缓解停车难问题;开展“设备设施维修保养月”活动,提供电话清洁消毒、办公家具检修等服务;组织为期一个月的“名优农产品”进行政中心展销活动,方便机关干部选购物品;增设“蔬香大地”菜苗供应,丰富职工业余生活;高温季节设置“免费六月霜”供应点,为机关干部和办事群众送去清凉;联合卫计局,开展端午节中医保健宣传活动和冬季膏方节,浓厚大楼节日氛围,提供细致人文关怀;加强行政中心北门e邮站日常管理,服务机关干部。全局上下紧盯“关键小事”,优化服务品质,使机关干部的满意度和获得感得到提升。构建“养眼大楼”,浓厚机关氛围。建成行政中心观光花圃,开展“创文明城市,建美丽机关”植树活动,调整绿化布局,丰富色块、融入文化元素,打造独具特色的休闲区域;开展“平安创建”,落实对外来人员“询问、登记、检查、联系”的制度,把好进门关,全年维护信访秩序299批742人次,其中集体访23批330人次;完成“雪亮”工程,启用车辆识别系统,提升大院安保系数;按照“入位、顺向、头齐”的要求,管理行政中心内部静态停车秩序,划分管理区块,责任到人,共纠正违章328车次;制定《行政中心项目施工期间治安管理办法》,保障项目施工期间正常办公秩序;营造文明城市创建氛围,布设禁烟标志238处,各类宣传标语288处。

【“不忘初心、牢记使命”主题教育】 2018年,举行“主题党日”活动12次,开设“学习十九大”和“八八战略15周年”党课2次,深化服务型党组织建设,增强党员服务能力,提升服务质量,建立一支素质优良、作风过硬、效能提升、从政清廉的队伍,2位党员在县第11届职工文化艺术周活动上荣获优秀奖。组织“志愿”活动。安排4名党员参加县级机关优化营商环境党员专业志愿队,开展文明城市创建宣传、文明劝导和助残扶残活动,购置学习用品送给康复中心的残障幼儿,帮助育星培智学校的学生实现“微心愿”;参加红十字爱心活动,组织党员干部义务献血1400毫升,为贫困地区捐款3800元;开展全国卫生城市创建复评环境整治活动,参与社区共建。全年开展志愿活动21次,参与人数648人次。稳步推进“党建示范点”创建。布置党员活动室,设置“智慧”“动力”“健康”3个党建加油站,做好阵地建设工作,布置红色阅读角,落实“一支部一品牌”建设,开展“缅怀革命先烈、不忘入党初心”清明祭扫、“创文明城市、建美丽机关”、“诵读红色经典”、“传承孝义家风”等活动,丰富活动形式,增强活动效果,凝聚党员心力,

2 月 11 日，安吉县机关事务管理局总结部署暨作风建设大会召开

完成示范点创建。规范管理，健全廉政建设。落实党风廉政建设主体责任和“一岗双责”，制定《党风廉政建设与反腐败工作组织领导与责任分工》，细化廉政建设责任分工，层层签订《党风廉政建设责任书》；配合县委第四巡察组的巡察工作，完成 5 个方面 16 个问题的整改；规范内部管理，修订《安吉县公务用车服务中心综合管理制度》和《机关食堂物料采购制度》，加强政采云平台采购管理，按照政府采购程序，规范物资采购和招投标程序，做到程序到位、监督到位，2018 年度依照程序完成采购 45 批次，采购金额近 820 万元；常态化开展正风肃纪检查 48 次，诫勉谈话 15 人次，辞退 1 人。加强监督，夯实风险防控。进行“党纪教育一刻钟”45 次，完善内部监督，梳理单位廉政风险点 15 个，制定防控措施，推进廉政风险防控机制建设；开展内部审计工作，建立党员干部《廉政档案》，做好个人有关事项报告工作，开展廉政承诺活动，抓好干部职工管理监督工作；联合县纪检监察部门，组织开展公务用车、办公用房清理整改专项督查和“回头看”检查；用好监督执纪“四种形态”，全面落实廉政谈话制度，局党组成员开展分管条线谈心谈话 255 人次，实现全覆盖。优化举措，强化队伍。加强领导班子建设，召开班子会 18 次，严格落实“三重一大”和民主集中制，班子成员团结一致，履行职责，抓好分管工作；加强中层干部力量，完成干部选拔任用和调整交流，优化干部队伍结构；抓好党员队伍建设，将干部培训与党员教育相结合，开展党性教育，举行入党誓词宣誓和过政治生日等活动，提高干部党员政治素养；加强支部建设，完成支部书记调整改选和“一支部一品牌”创建工作。

（黄久鼎）

政协安吉县委员会

【县政协九届二次会议】 2018年2月4—6日,中国人民政治协商会议第九届安吉县委员会第二次会议在递铺召开,到会委员217名,应邀列席250人。县委、县人大、县政府领导沈铭权、陈永华、陆为民、赵德清、杨新初、乐叶俊、吕立、任烽、陆建卫、陈旭华、赵怀君、谷炳方、王海稳、吴佩勋、王爱民、孙松、黄先国、俞立安、梁蕴伟、任贵明、何承明、杨建新、王捷、陈瑶、黄根凤,县人民法院院长沈芳君、县人民检察院检察长陈章等到会祝贺。会议审议并通过九届县政协常委会工作报告和提案工作报告。报告指出,在中共安吉县委的坚强领导下,县政协常委会始终不忘初心、时刻牢记使命,牢固树立"四个意识",紧紧围绕"两大主题",积极履行"三项职能",为助推"中国最美县域"精彩开局贡献智慧和力量。22名委员代表各自委组、党派和团体,分别围绕放大"两山"效应、发展会展经济、激活农村低效闲置集体建设用地资源、助力安吉乡村振兴战略、以"毛竹收购价格指数保险"试点工作推进安吉竹产业健康发展、改革现行公务接待模式等作主题发言。会议对县政协提案委提案组等8个政协工作先进集体、朱海燕等10名政协工作先进个人、于淑芳等20名优秀委员、金则英等6名优秀信息员、《关于强力推进招商引资"一号工程"的建议》等10件优秀提案进行表彰。闭幕会上县委书记沈铭权作重要讲话。

2月4~6日,中国人民政治协商会议第九届安吉县委员会第二次会议召开

【县政协第九届常委会第四至九次会议】 2018年1月13日,县政协召开第九届委员会常务委员会第四次会议。会议听取县纪委、县监委关于2017年全县党风廉政建设和反腐败工作暨深化监察体制改革试点工作情况的通报;审议有关人事安排和委员调整名单;审议九届二次会议有关材料;通报《安吉县政协2018年度工作要点》。

2月5日,县政协召开第九届委员会常务委员会第五次会议。会议对政府工作报告、政协常委会报告、提案报告进行讨论。

3月22日上午,县政协召开第九届委员会常务委员会第六次会议。会议听取视察情况汇报;听取并审议《中共安吉县委关于加强和改进人民政协民主监督工作的实施意见》《县政协年度协商计划制定办法》《关于加强政协界别工作的意见》;会议听取并通过有关委员调整安排;书面审议《县政协2018年工作要点和任务分解》《2018年度重点提案目录》。

6月7日,县政协召开第九届委员会常务委员会第七次会议。会前分组开展视察工作,会中听取各组组长有关视察情况汇报;会议听取全国文明城市创建有关工作情况通报;听取、审议"美丽文化建设若干思考"重点课题调研报告;书面审议2018年县政协委员"六下乡"活动情况。

10月26日,县政协召开第九届委员会常务委员会第八次会议。会议听取县长陈永华全县经济社会法制情况通报；听取、审议重点课题报告《乡村振兴战略的安吉思考》及有关人事事项；听取提案办理民主评议汇报。

12月28日，县政协召开第九届委员会常务委员会第九次会议。会议听取县政府关于九届二次会议重点提案办理情况的通报；审议县政协九届三次会议有关材料；会议审议委员调整名单。各组进行讨论并作汇报。

【课题调研】　中国最美县域建设，离不开文化的引领与支撑。文化是根、文化是魂，没有文化的“最浓”，就没有县域的“最美”。县政协选择“美丽文化建设的若干建议”作为2018年上半年的重点课题，开展调研。报告指出实施“文化重县”战略，以“新时代美文化”为文化品牌，以“绿水青山就是金山银山”理念为文化核心，以“战略性支柱产业、双百亿主导产业”为发展目标，以“文化之旅”和“产业提升”为发展路径，以“九个一”为发展举措，打造“两山·安吉论坛”“绿色会展之都”和“美丽中国”展示厅，争创国家生态文化产业创新实验区。2018年下半年围绕“乡村振兴的安吉思考”展开调研，是县委理论中心组交由政协撰写的课题任务。由政协领导牵头，成立专题调研组，分别召开有关部门和示范村座谈会，外出考察乡村治理方面的实践和经验，结合安吉实际，提出制定振兴规划、强化顶层设计，加强政策研究、用好政策红利，补短板扬优势、培育一批特色产业，创建共享机制、实现民富村强等建议。

【协商议政】　2018年，县政协紧扣党政所思，当好“两山”实践的“智囊团”。因地制宜开展高端议政。围绕“实体经济与安吉发展”主题，开展县委书记与政协委员面对面协商建言；围绕“优化营商环境”主题，开展县长与政协委员面对面协商议政。两次活动中，各位委员提出意见建议76条，为安吉县实体经济发展和营商环境改善提供决策参考。县委书记沈铭权和县长陈永华现场点评，充分肯定委员发言质量，对委员们提出的意见建议逐条回应并要求相关部门抓好落实，激发政协委员的履职热情。在县委书记与政协委员面对面活动中，首次以融媒体直播的形式开放式议政，网民浏览量93518人次，参与互动976人次。选题开展双月协商。发挥专委会和部门对口协商作用，围绕“集中式饮用水水源地调整”“智慧医疗建设”“社区养老服务体系建设”等议题，同部门开展互动协商，提交调研建议书六期，以政协信息的形式向县委、县政府和相关部门报送落实。创新开展“请你来协商”。7月，省政协确定安吉县为“请你来协商”平台建设试点县。县政协出台《安吉县政协“请你来协商”平台建设实施意见》，制定全国首个《政协协商工作规范》，共分九节，分别涵盖政协协商的范围、工作依据、总则、协商主体、协商内容、协商机制、协商场所、协商形式、评价体系等内容。将标准化引入政协工作中，将特色协商融入协商体系中，将“推进建言资政和凝聚共识双向发力”纳入评价体系中，将品牌概念注入协商平台建设中。

【民主监督】　县政协围绕民生实事强监督。紧盯“关键小事”开展大监督。以城乡生活垃圾

安吉县开展优化营商环境——2018年县长与政协委员“面对面”活动现场

分类处理三级政协联动专项集体民主监督活动为主题，将政协委员编成17个小组，累计查看村(社区)58个、监督点227个，发现问题提出建议316条次，向省、市政协和党委政府提交相关信息专报12篇，推进安吉县城镇生活垃圾分类工作的开展。紧盯服务民生委派民主监督小组。围绕“最多跑一次改革”“基层专业技术人才引育”“垃圾分类处理”“全国文明城市创建”等议题，向政务办、人力社保局、综合执法局、创建办4个部门委派民主监督小组，形成4份《民主监督建议书》及时报送县委、县政府及受派单位，推动部门相关工作落实。

【提案工作】　九届二次会议以来，县政协收到以提案形式提出的意见、建议172件，经审查立案168件，其中委员联名提案34件，集体提案41件。根据职责分工和归口办理原则，168件提案涉及53个承办单位，已全部办复，办复率为100%。提案所提问题已解决或正在解决的72件，占42.8%；被有关部门纳入计划逐步解决的91件，占54.2%；留作参考的5件，占3%。提案通过办理落实，许多好的建议被采纳，并落实或体现到县委、县政府相关政策、发展规划和部门工作中。对办理结果表示满意和基本满意的达100%。2018年1月18日，印发《政协安吉县委员会常务委员会民主评议提案办理工作办法》，即常委会评议提案办理。按照文件要求，每年着重选择提案件数在前十、提案内容事关全局、群众关注度高的2个单位，选择提案件数在中等且关注度高的1个单位，作为政协常委会民主评议提案办理单位。10月26日，完成对县综合执法局、公安局、民政局的民主评议。在评议前，要求主办单位分别选取2～3件个案作为常委评议的重要参考，要求主办单位逐条列出委员建议，逐条列出办理结果，提高参考性。开设《提案追踪》专栏。10月中旬，在安吉电视台、《安吉新闻》开设《提案追踪》专栏。列入宣传报道的提案，由提案委筛选提出初步名单，经主席会研究确定。由县卫计局等部门主办的《降低就医时间成本》等7件提案的办理成果、做法被列入宣传。

【社情民意】　县政协强化信息员队伍的培训和管理，发挥乡镇(街道)政协委员作用，增加信息的源头活水，推动县政协信息工作保持前列。全年累计报送信息203条次，其中省政协录用《通用机场管制员遭遇“年轻的招不进、军航的不能转”建议“增、减、活”三选一激活军民转换渠道》等10篇，省委办录用《“不含中国成分”成买点引发民众对海外视频企业污名化中国制造的强烈不满》等3篇，市政协录用《基层企业反映统计报表已成“不能承受之重”，建议让基层企业数据最多报一次》等33篇，市委办录用《基层反映需警惕“凑数式问责”助长官僚主义侵蚀基层工作热情》等48篇。安吉县政协成为湖州市省政协社情民意信息直报点，再次荣获全市反映社情民意考核一等奖。

【惠民服务】　深化政协委员“六下乡”为重点的系列民生服务活动，县宣传部、妇联、科协、农业、林业、教育、司法、体育等部门协同服务，赢得广泛好评。组织委员广泛参与“山青水净·植树造林”“慈善一日捐”等公益活动，在杭垓小学、文昌小学、梅园学校等开展微心愿认领和爱心助学等活动。

【文史宣传】　县政协组织征集编撰《安吉文史记忆》，对接省文史研究馆专家，通过召开座谈会、听取专家意见，7月份确定该书框架，拜访县内15位地方文化工作者，约稿50篇。围绕省、市政协提出的《纪念改革开放40周年》《浙江文化记忆》等文史资料的组编工作要求，通过发函、电话约稿、座谈等形式，组织稿件16篇，5万余字，其中余村原村支书鲍新民口述、朱敏委员整理的《我见证了“两山”理念诞生》被选入省政协《纪念改革开放40周年》，并成为湖州市政协《纪念改革开放40周年》首篇之作，3篇稿件入选《浙江文化记忆》一书。

（施季芳）

民主党派　工商联

民主党派

【概况】 2018年，安吉县有6个民主党派建有基层委员会或支部，党派成员共234名。分别是民革安吉支部，主委胡可易，党员24名；民盟安吉支部，主委任建灵，盟员17名；民建安吉支部，主委程益欢，会员23名；民进安吉基层委，主委陈卫卫，会员63名；农工党安吉基层委，副主委曹建民，党员59名；九三学社安吉基层委，主委王捷，社员48名。全县各民主党派成员担任新一届市人大代表10名，县人大代表7名，省政协委员1名，市政协委员5名，县政协委员46名。

【民革安吉支部】 2018年，支部班子成员参加各类学习培训会、协商会、座谈会、通报会等33次，组织召开党员大会8次。12月7日，民革安吉支部召开第二次党员大会，完成换届选举工作，产生新一届民革安吉支部委员会委员：主委胡可易，副主委杨鹤云，委员马双双、黄珺。10月，民革安吉支部组织全体党员前往陕西开展“观故居·走多党合作之路”活动，通过学习实践，提高思想认识。新发展7名年轻党员，建立健全7项规章制度，不断加强自身建设。认真履职，积极参政议政，报选九届政协二次会议提案二件被选定为会议发言提案，报送金点子、社情民意、党派工作信息等，多个平台录用发布。持续做强做优社会服务品牌，连续第五年到梅溪镇上舍村开展“博爱·牵手”活动，上舍村已被县委统战部命名为“党外代表人士教育实践基地”。与外地支部广泛交流，与兄弟党派、兄弟支部，开展交流、学习、联谊活动15次。

【民盟安吉支部】 2018年，民盟安吉支部围绕强基础、凝智慧、献良策总体要求，完成各项工作。全年采写社情民意7篇，被录用3篇；组织撰写《整合生物质锅炉和工业固废资源，保持企业成本竞争力，促进传统产业健康持续发展》提案，被列为重点提案交流发言；参与县委书记、县长与政协委员面对面活动3人次；参加县委扩大会议3人次，并作交流发言；在政协九届二次会议上，提交委员提案5篇，其中，大会发言1篇；在市、县人代会上，提交人大议案2篇。在浙江省“盟声·议政”征文中，盟员汪珠文获湖州市一等奖。与市内外兄弟民盟组织进行16次交流。新发展盟员3名，预备盟员6名，年龄分布、性别比例、知识结构更优化，为支部后续发展储备新鲜血液。

【民建安吉支部】 2018年，民建安吉支部以建设高素质参政党为目标，充分发挥经济界别的特点和优势，为助推安吉社会经济发展发挥作用。组织会员参加民建成立73周年活动、“不忘合作初心、继续携手前进”学习教育活动、“五一口号”学习座谈会等，通过集中学习、座谈会等形

4月28日，安吉县各民主党派举办纪念“五一口号”发布70周年系列活动

式提高会员的思想理论素质。在全市首创“半月沙龙”座谈会,每个月中旬举办一次座谈会,每次会前提早确定主题,会员各抒己见,为支部的工作建言献策。协助市委会打造安吉“两山”教育实践基地工作,开展实地调研、座谈、规划,完成教育培训基地建设方案及概念性布局图;发挥界别优势面向全省、全国民建开展宣传与招商引资,与省、市级民建企业家会员对接合作,探索打造民建科创园。在县“两会”上,安吉支部的人大代表和政协委员提交5份集体提案和4份个人提案,其中会员许英豪撰写的《关于打通部门“信息孤岛”加快推进“最多跑一次”改革的建议》作为本次政协会议大会发言,赵磊《关于做好人才引进培育工作的建议》被市政协列为重点提案。叶春伟撰写的关于安吉白茶的一篇社情民意被县委书记沈铭权、县长陈永华和县政协主席叶海珍批示,彭卫娟、许英豪、赵磊的《打破部门信息壁垒,减轻基层企业报表负担》被民建中央单篇采用。在社会回馈服务活动中,注重与民建中央“思源”工程相结合,积极响应民建湖州市委会的“民建助你上大学”活动,会员筹集资金5000元并结对帮扶2名贫困大学生。

【民进安吉基层委】 2018年,民进安吉基层委在组织建设、参政议政、社会服务等各项工作中发挥作用。参加民进省、市相关会议,组织参加各级党委政府的精神学习贯彻会议,思想行动始终与中央保持一致。全年先后召开县委十四届三次、四次全会精神专题学习会、半年度工作总结大会、季度工作例会、民主生活会等。会员沈洁工作室得到所在街道和县人大高度认可;“民进之友”张伟的社情民意《烟花爆竹“双禁”的零星留存“留之无用,弃之危险”,建议在村、社区推广物品换烟花爆竹》获市委马晓晖批示。2018年,参加县“两会”提交提案、议案共13件;参加市“两会”提交提案和议案共7件;省提案1件;上交社情民意58篇。“民进安吉健康教育大讲堂”品牌持续打响,赴安吉余村、安城村等地为群众作“老年健康与保健”、溺水救护知识讲座。会员汤有祥被中共浙江省委、省政府推荐为浙江改革开放40年“浙江最具影响的事和人”。4月19日,民进中央高友东副主席兼秘书长一行来安吉基层委进行调研交流。9月2日,朱永新副主席和王佐书副主席到安吉调研基层文化建设。9月6日,召开民进九届十一次全体委员扩大会议,增补副主委1名、委员2名。

【农工党安吉基层委】 2018年,农工党安吉基层委召开4次专题学习会议。由党员崔世豪捐助,在中南百草园建立农工党“党员之家”。接待包括农工党中央王素芳书记带队来安吉县考察学习的领导同志共200多人次。3月5日,安吉县农工党基层委和安吉县章村镇朗村村签订少数民族帮扶结对协议,全年规划种植芍药145亩,争取项目资金补助50万元。4月以来,农工党安吉基层委曹建民副主委依靠自身技术特长为“两山”发源地余村设计农业景观规划和种植,引种十籽莲、睡莲及水草等1万株,向日葵115亩。5月16日,农工党安吉基层委在双一村开展送医疗服务下乡的义诊活动,并邀请10多名专家参加活动。在广泛征求新老党员的基础上,参与和筹划农工党省委会、市委会、安吉县基层委与安吉县统战部、递铺街道、鲁家村共同建立乡村振兴共建示范基地,罗建红等主要领导为基地揭牌,湖州职院支部党员为“两山”学院编著教材。全年提交4件集体提案、3件个人提案、2次大会发言。上报社情民意21条,其中孙亮撰写的《家装型建筑垃圾、双废需分类规范管理》被农工党省委会《信息专报》采用;农工党安吉基层委的《携手共建乡村振兴示范基地》被中央团结报录用并在10月23日刊登。在8月7日优化营商环境、县长与政协委员面对面发言中,农工党员董佳妮《加强诚信体系建设》的发言得到县长肯定;9月7日,实体经济与安吉发展——县委书记与政协委员面对面活动中,胡亮、王培舜《关于推进两山总部经济的思考和建设》和《加快科技成果转化、推动我县企业创新驱动》的发言得到县委书记的重点点评。

【九三学社安吉基层委】 2018年,九三学社安吉县基层委继承和发扬九三学社“爱国、民主、科学”的光荣传统,主动适应新常态,抢抓新机遇,展现新作为,为推动安吉践行“两山”理论发挥作用。全年提交社情民意37篇、信息宣传35篇、提案议案20篇,社员潘莉莉执笔的提案作为县政协会议的大会发言。春节期间组织杜启汉、操声国等书法家赴乡镇书写春联并送春联到家。组织以县人民医院、中医院、妇幼保健院等专家赴康复中心开展义诊活动，发放健康指导手册。组织中学生生理卫生讲座3次。8月，社员们赴鄣吴镇上堡村看望九三学社一直资助和关爱的郭敬同学，送上资助资金和关切问候。在全市创新召开民主生活会，围绕习近平总书记加强党派工作“四个建设”和提高“五个能力”的主题，各班子成员从各自实际出发，剖析自身的不足之处，又实事求是地指出他人的短板，起到红红脸、出出汗的效果，增进班子成员的理解和团结，加强党派的自身建设。社员潘莉莉、康勇在省委会组织的“不忘合作初心，继续携手前进”主题微视频演讲比赛中获一等奖和三等奖。年内组织社员赴安徽调研考察马鞍山博物馆、朱然家族墓地博物馆和巢湖三瓜公社，对城市文化建设和农村发展模式进行调研取经；赴杭州大华公司考察大数字智慧城市建设，安排好外地来调研考察的九三学社考察团。接待社中央、社省委以及省工商大学、省生态环境厅、长兴、广东、江苏、江西、安徽、贵州等外地九三学社考察交流10余批次。

（王章锦）

6月26日，九三学社安吉基层委在湖州市率先召开班子民主生活会

工　商　联

【概况】 2018年，县工商联会员企业2586家，乡镇（街道）商会15个，异地商会10个，行业商会3个，2018年签订友好工商联2个，总计4个。

开展理想信念教育实践活动。贯彻学习习近平总书记重要讲话精神和十九大精神，坚定理想信念，坚持提升效能，做好结合文章。营造企业健康发展良好氛围。重视新生代企业家教育培养。举办安商创业培训班组织35名新时代企业家，赴人民大学深入学习党的十九大精神，领会习近平新时代中国特色社会主义思想。举办“传承大讲堂”以中源家居的创业理念、艰辛历程、管理经验、成功实践等，激发新生代创业激情。开展“红色之旅”活动，赴延安接受革命传统和爱国主义教育。率先发布全面蕴涵安商精神的《安商宣言》，引导非公经济企业家更好承担社会责任。投身光彩事业和社会公益事业。上海安吉商会连续第四年开展“圆梦助学”，并通过“励志讲堂”以安商创业故事激励贫困学生；苏州安吉商会为安吉“心之梦”儿童康复中心捐赠急需教学用品，向全体安商发出“光彩事业奉献爱心倡议书”，倡议全体企业家做大做强，回报家乡。嘉兴安吉商会积极响应，结对5名重度残障儿童，建立长期帮扶关系。恒林椅业持续开展“爱心助学、放飞梦想”活动，帮扶18名本专科大学生、研究生；安吉县良朋文体用品厂每年向多所学校捐赠大量文体用品；安吉农商银行继续支持安吉教育事业，9月10日教师节决定从2019～2023分五年捐赠1000万元投入教育。

发挥桥梁作用，优化企业服务。走访调研，服务企业困难。协调县农商银行为执委企业授信10亿元，明确费用免收、存款增益、信贷扶持等优惠条件，解决企业融资难问题。帮助湖州炜业锅炉容器制造有限公司盘活安商大厦价值771万元僵死资产，帮助中力机械完成企业名称“安吉中力恒之控股有限公司”注册问题。

举办2018年绿色家居产业对接会，县内外近120家家居企

4月8日,2018安吉绿色家居产业对接会举办

业和经销商代表参加,为安吉县10多家旅游产品企业现场开设展柜。充分利用和发挥绿色家居产业对接会平台,促成多家企业与异地安吉商会建立合作关系,帮助开拓国内、外市场。联合县组织部人才办、投资促进局出台《"一会两站"实施办法》,为招商引资、招才引智提供保障。开展"百亿企业行"活动,参观考察吉利集团、传化集团、光明乳业集团、复星集团,学习重点企业先进的管理经验、创新创业精神。

推进浙(安)商回归。推进友好商会建立,先后与吉林抚松、山西榆次商会等2商会建立友好商会,促进商务合作与招商信息互通。依托异地商会平台,协助上海总部经济推介会,牵头在上海、郑州、苏州等地举办投资环境推介会10场,牵头广东安吉商会成立大会,成立经济联络站、人才工作站;"以商引商"成效初显,通过商会和企业获得项目线索18余条,接待考察200多人次,协助投资方有序推进金银岛国际旅游度假项目、安吉海游项目实施。工商联界别政协委员积极行动,参与造林护水、垃圾分类等生态建设;县政治协商第九届安吉县委员会第二次会议上,工商联界别17名政协委员上交提案15件,其中《关于助推家居外贸企业开拓国内市场的建议》作大会发言,被评为2017年度政协工作先进集体。开展文明创建活动。会同县委宣传部等相关单位出台企业创建全国文明城市"六个一"文件,印发倡议书,明确创建要求;开展"双禁"宣传、扫雪除冰、文明劝导活动。

强化驻会机关队伍建设。强化政治思想教育,通过"一把手上党课"、集中学习、重点学习等措施,加强习近平新时代中国特色社会主义思想的学习领会,用新思想武装头脑指导实践、引领方向。通过"党纪教育一刻钟"、正风肃纪检查等,加强党风廉政建设。全力创优争先,县工商联机关获评攻坚清零月度先进个人1人,获评月度创新服务先进单位1次,获评县季度考核优胜单位1次。更好发挥安商大厦作用。牵头召开第一、二届安吉商会大厦业主委员会,制定业主委员会管理制度,攻坚破难,推动安商大厦平稳运行,商会大厦作为安吉地标性建筑作用日益突出。筹划党群服务中心建设,赴绍兴、宁波、深圳南山区高新区党群服务中心、深圳湾创业广场党群服务中心等当地具有代表性的党群服务中心实地考察学习,制定初步方案,推动党群服务中心建设。全力推动安商大厦遗留问题解决。牵头成立安商大厦业主委员会,制定《安吉商会大厦业主委员会管理规约和意识规则》,明确职责,招聘专门工作人员,完善系列管理制度。县文化产业发展中心在商会大厦正式开园。

【开展"检商助企服务、优化营商环境"系列主题活动】 3月8日,县工商联开展"检商助企服务、优化营商环境"系列主题活动,由12名执业律师形成的公益律师团,在安吉新生代企业家联谊会一届三次会员大会上,县检察院党组书记、检察长陈章专门为公益律师团的热心律师们发放聘书。参与检商助企服务站组织的相关普法活动,为全县非公企业提供法律咨询、讲座等法律服务。公益律师团成立后第一讲,也是安吉检商助企服务站开年第一讲,由浙江学志律所主任王学志律师主讲,为安吉新生代企业家开展一场主题为"让规则助力企业发展"的授课,以案例结合法律的形式,丰富了企业家的法律知识。

【安吉县新生代企业家联谊会天子湖分会成立】 4月4日，安吉县新生代企业家联谊会天子湖分会成立大会在天子湖镇党群服务中心召开。20名新生代企业家联谊会天子湖分会第一届会员出席会议。会议通过《安吉新生代企业家联谊会天子湖分会章程》和选举办法。经过无记名投票，矫坤远当选为安吉县新生代企业家联谊会天子湖分会会长，马荣、牛成智、李卫国当选为副会长，汪珊当选为秘书长，并聘请安吉县新生代企业家联谊会会长、良朋文体用品厂汪华银为荣誉会长。

【举办2018年安吉绿色家居产业对接会】 4月8日，县工商联举办2018年安吉绿色家居产业对接会，安吉家居企业、在外经销商、安吉旅游产品企业、异地安吉商会和安吉乡镇(街道)商会共180多人，齐聚安吉美林度假村，县委常委、统战部部长任烽，县人大副主任王爱民，副县长陈瑶，县政协副主席、工商联主席梁霜等县领导，县工商联、经信委，旅委、示范区等部门相关负责人参加。2017年的家居产业对接会已取得实效，11家在外经销商代理安吉企业的家居销售，贸易额达1.2亿元。在本次对接会上，有4家企业作为代表进行签约。还安排实地参观考察企业，参观安吉丽娜、和也2家企业。

【安吉县新企联传承大讲堂第三讲开讲】 4月19日，新企联传承大讲堂第三课在中源家居股份有限公司开讲，以中源家居的创业理念、艰辛历程、管理经验、成功实践等，激发新生代创业激情。

【全国工商联副主席谢经荣一行到安吉县调研乡村振兴战略工作】 4月20日，全国工商联副主席谢经荣一行赴浙江就乡村振兴战略工作进行专题调研，先后到安吉县余村村、鲁家村、中南百草原有限公司和佐力百草中药饮片有限公司实地调研，详细了解企业在参与乡村建设方面开展的具体举措、成功模式和取得的成效，听取企业参与乡村振兴战略的意愿、遇到的困难和意见建议。邀请县农办、发改委、国税局、财政局、旅委、金融办、供销联社、农商行、横溪坞村等部门、行政村以及县新企联、灵猫有数等企业代表召开民营企业参与乡村振兴战略专题座谈会。与会代表就各自领域参与乡村振兴战略踊跃发言。

【安吉县新企联传承大讲堂第四讲开讲】 5月23日，安吉新生代企业家联谊会举办的第四期传承大讲堂，邀请到市哲学学会副会长、人文院所特约研究员胡杰，围绕“承吴续越之融轭——湖州地域文化的历史变迁”主题，通过翔实的文献资料，梳理湖州地域文化脉络，讲述吴越大地深厚的历史文化、精彩的人文故事、久远的历史影响、美好的未来展望，并安排时间与听众开展交流互动，更深层次地剖析历史文化基因。

【安吉县、遂昌县村企结对帮扶正式签约】 6月11～12日，安吉县组织9家非公企业赴丽水市遂昌县开展结对帮扶专项行动。安吉县委统战部副部长、县工商联党组书记陈文渊，县委两新工委、县农办、农业局等部门相关人员，安吉县9家非公企业代表，以及遂昌县的相关人员参加活动。6月11日下午，安吉县、遂昌县“千企结千村、消灭薄弱村”专项行动村企结对帮扶座谈会暨村企结对签约仪式举行。9家非公企业代表与遂昌县9个结对村一一对接，并签订结对帮扶协议。双方围绕乡村振兴和结对事宜作充分的交流，安吉县正新牧业有限公司董事长沈顺新作表态发言。6月12日，参加活动的9家非公企业代表分别前往结对帮扶的集体经济薄弱村进行实地考察、入户走访，对各村具体情况进行详细了解，为“消薄”工作把脉开方，以实际行动助力乡村振兴，贡献乡村振兴的安吉非公企业力量。

【上海安吉商会“圆梦助学”活动】 7月8日上午，2018新生代安商培训班在中国人民大学开班。县政协副主席、工商联主席梁霜，中国人民大学中国经济改革与发展研究院培训部主任付申参加开班仪式，安吉县35位新生代企业家参加培训。通过对党的十九大提出的重大方针政策、当前经济形势的学习和研讨，提升对中央和省、市、县委重要部署和当前经济形势的认识，增进对中国特色社会主义的道路自信、理论自信、制度自信和文化自信，提高新生代企业家政治思想素质和经营管理水平。

7月25日,浙江省工商联十一届二次常委会议在安吉召开,并举行“浙商头条”上线仪式

【浙江省工商联十一届二次常委会议在安吉召开】 7月25日,争取到省工商联十一届二次常委会议来安吉召开,县委书记沈铭权等县领导与重点参会对象交流,县长陈永华作安吉专题推介,县委常委统战部部长任烽等县领导陪同考察,永裕公司董事长陈永兴作交流发言。20家安吉企业现场观摩学习,听取传化董事长徐冠巨、万向集团董事长鲁伟鼎等知名企业家交流发言。会议审议通过有关人事事项,并举行“浙商头条”上线仪式。

【上海安吉商会第五届“圆梦助学”活动】 8月11日,由上海安吉商会发起,安吉县工商联牵头组织的2018年上海安吉商会“圆梦助学”活动在安吉生态博物馆举办。该项活动已连续举办5年,为近50名贫困大学生提供助学金50余万元,2018年还首次开展“圆梦助学励志讲堂”活动分享成长、创业经历。

【安吉新生代企业家开展“探寻红色足迹,坚定理想信念”教育活动】 11月14~18日,安吉县工商联组织新生代企业家代表来到红色革命圣地延安,开展为期五天的红色之旅,旨在加强青年一代企业家队伍建设,开展“不忘创业初心·接力改革伟业”主题教育,坚定传承历史使命、矢志创业创新信心。

【组织开展2018年“百亿企业行”活动】 12月3~4日,县工商联组织企业家开展“百亿企业行”活动,代表团一行16人先后考察传化集团有限公司、浙江吉利控股集团有限公司、上海光明乳业股份有限公司、上海复星高科技(集团)有限公司。

【粤港澳大湾区安吉商会成立】 12月16日,粤港澳大湾区安吉商会成立大会在深圳前岸国际酒店召开。200位安吉创业者参加,会议通过粤港澳大湾区安吉商会章程,选举唐家明为粤港澳大湾区安吉商会会长,傅水明为会长兼总执行会长,粤港澳大湾区安吉商会人才服务站和经济联络站同时挂牌成立。

(张志远)

12月16日,粤港澳大湾区安吉商会成立大会授牌、授旗仪式举行

群　众　团　体

安吉县总工会

【概况】 2018年，县总工会贯彻党的十九大及十九届二中、三中全会精神，开展“两学一做”，推进“四新”主题实践和“拼、比、争”主题活动，助推“两聚一美”，继续深入推进工会改革，各项工作取得新进展，完成年初各项目标任务。

【工会改革】 2018年，县总工会推动改革深入基层一线。加强对天荒坪镇、孝丰竹产业园和昌硕街道三个基层群团改革试点的工会改革工作指导力度，确保按要求完成工会改革试点任务，并将昌硕街道向省总工会推荐作为重点选树和宣传对象。“网上工会”建设初见成效。配合市总工会完成“湖州市网上职工之家”门户网站建设。建立乡镇（街道）微信公众号并加入湖州工会微信矩阵。完成视联网会议室和办公自动化（OA）系统升级改造建设项目，提高日常工作效率，顺应时代发展。首创借助社保平台开展会员实名制登记。2018年3月，县总工会通过与县人力社保局合作，借助社保职工数据库平台开展工会会员实名制登记，为全市首创，仅一月就录入8万多会员信息，完成率80%以上。省总工会“两山”理念教学基地落户安吉。2018年年初举行省总工会干部学校践行习近平新时代中国特色社会主义思想“两山”理念教学基地授牌仪式。安吉县成为省总工会唯一“两山”理念教学基地。该基地以安吉县总工会教育基地为依托，延伸出天荒坪余村等8个教学点。“1＋8”的配套体系，由点向面地展现安吉践行“两山”理念所取得的成果，全年组织全省工会干部培训44批次7046人次。

1月31日，浙江省总工会干部学校践行习近平新时代中国特色社会主义思想“两山”理念教学基地授牌仪式在安吉举行

【组织建设】 2018年，县总工会以建会为重点，实现工会组织全覆盖。开展工会组建专项行动，以乡镇（街道）、产业（系统）工会为主体，做到“三个全面”，即：全面整理登记25－99人以上职工企业单独建会282家；全面整理登记百人以上职工企业单独建会178家；全面排查摸清安吉县百人以上职工的未建会企业20家。全年组建工会任务完成，吸引货车司机、快递员、民宿行业从业人员等新群体人员加入工会，取得新突破。抓点带面，加强基层工会规范化建设。根据市总“双争”活动统一安排，5月，县总下发《关于在全县工会系统开展“争创先进职工之家、争做优秀工会干部”活动的通知》文件，2018年验收合格的单位有103家，全县参与面75%以上。同时按照“双争”活动五年规划“建立动态复议机制”的工作要求，对2015年以来（含2015年）创建的5家市级先进职工之家和6家市级示范乡镇（街道）总工会，在各单位自查自评基础上，县总工会进行复查验收，并给出复查评分和复查验收意见，市总工会也组织考评专员“看、

清、评”,各单位均通过市总验收。健全企事业单位民主管理,建立职工代表大会预审、备案制度,规范操作流程并要求严格落实。根据职工(代表)大会基本操作规范(简化版),乡镇(街道)、产业(系统)选取97家基层工会的职代会典型材料报送县总工会。加强职工服务阵地建设,增强基层工会活力。围绕“一中心五区域”的布局,落实好近三年安吉县职工服务阵地的建设蓝图,充分发挥职工阵地作用,更好地服务群众,满足群众日益增长的美好生活需要。递铺职工综合服务中心年底完工,孝丰竹产业创新园区职工综合服务中心土建已结束,昌硕街道双溪口职工综合活动中心改造完成,灵峰街道职工文体中心和安乐片区区域职工之家已完工。

【劳模管理】 2018年,安吉县总工会选树典型,传承“三种”精神。按照程序评选2015～2017年安吉县劳动模范30名和安吉县模范集体15个,举办庆“五一”暨劳模颁奖典礼,编撰《2015～2017年安吉县劳模风采录》;成立安吉“劳模之家”,同时成立文教卫、农林水、政策、技能、民生5个劳模(工匠)志愿服务队,以实际行动充分发挥劳模(工匠)的示范引领作用;相继开展“劳模精神进校园、劳模品牌进社区、劳模技能进企业”活动10余场;县劳模协会赴桐庐与该市劳模(工匠)协会“三结对”缔结为友好单位,加强双方劳模工匠间的学习交流提升,共促两地工会工作取得新成绩。推荐获省工人先锋号1个,“浙江工匠”1名,市五一劳动奖章2名,市五一劳动奖状2个,市工人先锋号2个,“南太湖工匠”4名。创新开播《劳动者》栏目,成为安吉首个展示“劳动者”风采的专属平台,为全市首创,此举获县委书记沈铭权批示。联合县人力社保局启动第二届安吉“两山”工匠评选活动;举办2018年安吉县“师带徒”结对活动启动暨“两山”劳模工匠宣讲团成立仪式,邀请省总工会张卫华副主席和市总、县领导出席,现场组织50对师徒举行签约仪式,全年完成250对师徒结对,营造崇尚劳动、尊重工匠和创新创业、精益求精的社会风尚。

4月28日晚,安吉县庆“五一”暨劳模颁奖典礼在安吉梅地亚演播大厅举行

【劳动竞赛】 2018年,安吉县总工会深化重点,抓好立功竞赛。继续联合发改委开展重点项目建设立功竞赛活动,以“五比五赛”为内容,要求并激励建设单位、建设一线团队及一线建设者关注安全、钻研技术、创新管理、提高效益。着重在市立功竞赛标杆项目三小迁建工程、安吉高铁大道和天使小镇项目中开展多形式、多层次的立功竞赛活动,为全县重点建设工程和特色小镇创建建功立业。围绕县委、县政府中心工作,配合县攻坚清零领导小组开展“城中村改造攻坚”专项行动立功竞赛活动和“共绘同心圆”助推“最多跑一次”改革立功竞赛活动,最大限度激发工作人员的积极性,受到县委、县政府主要领导的充分肯定。创新载体,提升劳动者素质。联合县人社局、安徽省宁国市就业工作领导小组举办数控车工、工具钳工、电焊工省际职工技能大赛。会同县城投集团、供电公司、教育局、卫计局等部门先后举办水表安装和管道安装、装表接电技能比武、教师朗诵比赛、教师微课大赛、临床护理等一系列技能竞赛。承办湖州市茶艺技能大赛;组队参加全市工具钳工、加工中心和电焊工精英赛,获2个第一名、1个第三名的好成绩,并代表湖州市参加

省级工具钳工和焊工技能比武。指导全县各乡镇(街道)、产业(系统)工会和县直属工会结合本地区、本行业、本单位实际，开展形式多样、行之有效的技能比武70余场(次)，涵盖15个工种，参赛职工达1万多人次，一批职工技术人才脱颖而出。为推动各级工会广泛开展技能比武，鼓励支持职业技能有序开展，推进高技能人才队伍建设，根据《安吉县职工劳动技能大赛经费补助管理办法》，发放补助经费50余万元。联合县人社局下发《关于开展2018年高级技师、技师直接认定推荐工作的通知》，通过自主申报，全年直接认定技师126人、高级工79人。

【职工维权】 2018年，县总工会建立健全职工维权机制。深化劳动关系预警调处机制建设，全年全县各级工会参与协调劳动争议313件，涉及企业276家、职工988人，涉及金额882万余元。加大工会法律服务力度，联合县司法局成立工会志愿者法律服务队，16名资深律师成为工会法律服务队志愿者，与15个乡镇(街道)工会结对，为各自区域的建会企业和职工提供法律服务。依托工会法律服务队律师，启动送法入企——“法律体检”活动，全年为全县32家企业开展免费“法律体检”，出具企业劳动用工管理法律体检报告，从源头上防止和减少劳动争议案件的发生，优化营商环境，推动企业依法经营管理。充分发挥法律援助在维护职工权益的重要作用，全年受理法律援助案件8件，为职工追回经济赔偿20万余元。畅通职工信访维权渠道，固定每周五开展律师接访日活动，接待来信来访来电26起35人次，做到件件有答复、事事有落实。深化和谐劳动关系构建。继续开展工资集体协商“要约行动”，以企业工资集体协商为主导，同步推进区域性、行业性工资集体协商工作，2018年，完成单签企业547家，区域性(行业性)协议166份，实现建会企业工资集体协商普遍建制。确定以规范程序、树点立样为重点，加大对洁美、恒林、永艺等省级劳动关系和谐企业工资集体协商规范化指导。3月26日，全市工资集体协商现场会在安吉县召开。县总工会、昌硕街道总工会、洁美科技工会分别作交流发言。加强工会劳动法律监督。切实加强基层工会劳动法律监督组织建设，确保组建率达85%以上。组织开展工会劳动法律监督培训，提高监督员的业务水平。针对劳动关系领域中存在的突出问题，县总工会联合劳动监察大队、律师，组织开展在建工程项目落实治欠保支长效机制、防暑降温措施落实情况等专项监督。

【困难帮扶】 2018年春节期间，县总工会筹集资金58.3万元对259名困难职工家庭进行救助；由县主要领导带队，走访慰问恒林等企业过年期间留守工作岗位的一线职工，给他们送上“年货礼包”。“三八”“六一”期间全县慰问困难对象230名，慰问金约16万元；由县总出资约5万元对全县近200余名建档困难女职工开展“两癌”筛查活动；为15名遭遇突发性困难的职工发放救助款3万元。开展“夏送清凉”活动，全县各级工会慰问企业和工地528个，慰问职工25621人，慰问品金额154.27万元。召开“金秋助学”座谈会，为困难职工子女发放助学金，圆梦未来。整合社会资源，与滴水公益服务中心合作，全市率先成立困难职工帮扶志愿者队伍，对建档省级以上困难职工家庭入户回访，履行走访慰问、政策宣传、

8月29日，安吉县总工会召开2018年度“金秋助学”座谈会

帮扶救助等工作职责,动态掌握困难职工家庭情况,提出精准帮扶措施。

【职工服务】 2018年,安吉县总工会拓展普惠职工服务项目。持续完善职工医疗互助与医保同网运行系统,加大"主动服务"工作力度,第三期职工医疗互助参加人数43527人,申请职工医疗补助4427人次,发放补助金266.4万多元。6月,召开保障会第四次理事会,启动新一轮在职职工医疗互助活动,第四期职工医疗互助参加人数突破5万人。以"春风行动"为抓手,加强部门配合,协办安吉县春季人力资源交流大会,吸引330家企业报名参加,提供岗位12160个。同年3月4日,县总工会联合"今日安吉"在九州大舞台举行"春送岗位"首场春季大型公益招聘会,有近百家企业参加,提供就业岗位1000多个。调整完善职工疗休养政策,启动对口支援地区疗休养工作,已组织五批次疗休养团赴青海乌兰、吉林白山疗休养。加强对职工疗休养基地指导,改善基础设施,提升服务品质,会同旅委择优推荐市第四批职工疗休养基地6家。继续实施非公企业职工疗休养本地行补助政策,共有15家企业组织了2245名职工开展疗休养本地行活动,发放专项奖励资金94798.7元。筹资25万元启动开展非公企业职工疗休养本地行体验活动。加强职工疗休养跨区域合作,赴桐庐精准推介,签订战略合作协议,提升两地旅游资源的知名度和美誉度。深化工会特色服务品牌。落实女职工劳动保护特别规定,继续开展"妈咪暖心小屋"宣传创建工作,为职场备孕、怀孕和哺乳期以及特殊生理期女职工提供人性化的温馨服务,全年申报19家。以"安全健康、快乐度假"为主题,联合县妇联等部门,为县内开设"小候鸟班"的企业和乡镇(街道)开展"小候鸟"关爱活动。活动赠送绘本、百科全书、经典文学作品160余册,益智玩具、文具100余套,开设夏令营一期,400余名"小候鸟"享受到这次暑期大餐。迎合新时代青年职工新需求、结合新时代发展新主题,创新模式拓展青年交流平台,全年举办5期交友联谊活动,约500人参加活动。

【工会活动】 2018年,安吉县总工会激发职工激情,丰富职工文体生活。举办安吉县第11届职工文化艺术周暨湖州市"践行'两山'理论,为美丽湖州立新功"系列活动。本次活动不同于以往,设书法、美术、摄影、写作、演讲、企事业报刊5个大项,征集书法作品163件、美术作品98件、摄影作品384件、征文作品112篇、优秀报刊12份。组织"纪念改革开放40周年暨不忘初心跟党走牢记使命建新功"职工演讲比赛安吉选拔赛,选送彭薇、程君两名优秀选手参加市总比赛。举办庆"五一"暨劳模颁奖典礼。组建职工文体协会并纳入全市联盟管理,根据全年活动计划,发展和培育213个职工文化自组织。承办并组队参加市第二届职工羽毛球混合团体赛,来自全市各企事业单位的27支队伍参加比赛。组织开展生态绿色宣传,结合安吉县全国文明城市创建行动,联合综合行政执法系统工会在浙江洁美电子科技股份有限公司召开安吉县垃圾分类宣传现场会。加强企业文化建设,提升企业软实力。2018年初,县总工会组织为期三天的"送书画、春联进企业"活动,聘请县内知名书画家,每天组织书法家、国画家各10名为企业现场创作书画作品,并为企业职工书写春联,受到当地基层企业职工的热烈欢迎,增加基层企业职工的文化氛围。举办"争创全国文明城市,增强职工身体素质"第二届企业职工运动会,全县百余家非公企业的1013名职工参加运动会,27支代表团在4个分赛场同时参加田径、篮球、拔河、象棋等8个大项的比赛。开展送文艺进企业活动,全年完成15场。

【干部队伍建设】 2018年,县总工会按照年初制定的2018年安吉县工会干部培训计划,全年组织培训881人次,各乡镇(街道)、产业(系统)工会组织培训240人次,覆盖基层优秀工会干部、企业班组长、女职委干部、特邀经审员、经审协管员等各类人员。履行党风廉政建设主体责任。按照年初制定的工作计划,明确班子成员"一岗双责"目标任务,层层签订责任状。坚持每月2次正风肃纪督查,落实廉政约谈,实行每月1次"党纪一刻钟教育",按时召开季度廉政专题分析会。组织全体机关干部排查廉政风险点55个并制定相应防范措施,出台党员干部21条"微约束"清单,抓早抓小、从严从实规范约束全体党员干部的言行作为。

【财务经审】 2018年，县总工会做好工会经费的收、管、用和工会资产的保值增值工作。不断强化预算管理，健全工会财务制度，理顺和畅通各种渠道，确保工会经费收入持续稳定增长，对下一级的15个乡镇（街道）、17个产业（系统）工会和县直工会全部进行走访检查，规范工会经费财务管理工作。开展公款竞争性存放。在全县范围内大力推广应用网上云财务，全年安吉县有712家基层工会开通网上云财务账号，建账率达99.26%。提升工会财会理论研究水平，《借助互联网＋破解基层工会经费管理三大难题》《运用云财务、云经审，打通基层财务监管任督二脉》两篇论文被浙江省工会会计学会评为二等奖。经审工作方面，建立健全工会经审制度，以实现下审一级全覆盖为目标，加强组织队伍，构建“四位一体”立体经审监督体系。2018年，县总工会对下一级工会共完成59个项目的审计工作，并在各乡镇推广绩效审计和开展优秀审计项目评选，完善优秀审计项目选评机制，拓展审查审计覆盖面。同时，依托网上平台，开通网上云审计工作，推进经审“网格化管理”工作再上新台阶。2018年，县总工会经审工作成绩显著，县总工会经审会对安吉县昌硕街道总工会2017年度工会经费收支情况审计项目获2018年度全国工会优秀审计项目，为全省唯一一家获此奖项的县级工会。县总工会经审会对县公安系统2015～2016年度工会经费收支情况审计获省级优秀审计项目一等级。

【开展安吉、宁国省际职工职业技能大赛】 2018年6月15日，安吉、宁国省际职工职业技能大赛在安吉县职教中心举行。湖州市、两县领导以及各主办单位领导，各乡镇（街道）工会主席、人力社保所所长，职工代表，学生代表，参赛选手和裁判共计三百余人参加启动仪式。

6月15日，安吉—宁国省际职工职业技能大赛在安吉县职教中心举行

【湖州市首届职工茶艺技能大赛在安吉举行】 6月20日，市首届职工茶艺大赛暨安吉“技展两山”技能比武在溪龙乡举行。来自全市各县区总工会领导、安吉县各乡镇街道工会主席、人力社保所所长，劳模工匠代表、大赛参赛选手、溪龙乡部分干部群众四百余人参加活动。

【安吉县成为省总工会“两山”理论教学基地】 1月31日，省总工会干部学校践行习近平新时代中国特色社会主义思想“两山”理念教学基地授牌仪式在安吉隆重举行。省、市、县工会领导及省总工会干部学校全体教职工，安吉县各乡镇（街道）、产业系统、直属工会主席参加此次授牌仪式。

【2018年安吉县“师带徒”结对活动启动暨“两山”劳模工匠宣讲团成立仪式举行】 10月19日下午，2018年安吉县“师带徒”结对活动启动暨“两山”劳模工匠宣讲团成立仪式在新闻集团梅地亚演播大厅举行。省、市、县领导和市总工会、县总工会、县人社局，以及来自各乡镇（街道）、工会主席、人力社保所所长，50对师徒代表，创新创业基地代表，“两山”劳模工匠宣讲团代表等200余人参加活动。

【举办第二届企业职工运动会】 6月10日上午，由县总工会、体育局主办的“争创全国文明城市，增强职工身体素质”——第二届企业职工运动会，在县体育场隆重开幕，县非公企业的近百家企业千余名职工参加开幕式。

【举行《劳动者》栏目开播仪式】 6月14日上午，以“劳动精神可赞、劳模精神可敬、工匠精神可贵”为主题的《劳动者》栏目开播仪式在县行政中心第三会议室举行。

【县总工会“金秋助学”托起寒门学子大学梦】 8月29日，县总工会召开2018年度“金秋助学”座谈会。县总工会遵循公平、公开、公正的原则，确定52名同学为资助对象，发放助学金26万元，进一步提升活动的影响力。

（蒋剑敏）

中国共产主义青年团安吉县委员会

【概况】 2018年，安吉县有14至28周岁青年61170人，其中团员1.9万人。有乡镇（街道）、机关部门、企事业单位等各直属团组织61个。所属基层团支部940个，其中，村级团支部178个、社区团支部26个、学校团组织427个、机关事业单位团组织80个、企业团组织134个、新社会组织团组织16个。全年团县委围绕新时代文明实践中心试点县建设、全国文明城市创建、乡村振兴战略、“最多跑一次”改革等县委、县政府中心工作，加强青少年思想政治引领，服务中心大局，深化改革攻坚，全面推进从严治团。团县委官方微信、微博，发布信息800余条，有粉丝3.5万余人。

2018年，开展“奋斗的青春最美丽”等主题团队日活动100余场，举办“青年大学习”等线上线下知识竞答活动200余场，覆盖青年少年2万余人，面向全县各行各业开展“两山”时代新人、改革开放青年先锋、“最美90后”、新时代好少年等典型选拔活动，挖掘出身边优秀青少年典型200余个。

3月21日，浙江省少工委七届二次全委（扩大）会暨少先队改革推进会在安吉县召开

全年团县委获浙江省第16届运动会志愿服务工作突出贡献集体，引进并选送南太湖精英计划人才姚国友团队创业项目《纳米级硅酸盐混凝土养护修复增强一体化技术》获2018年中国青年创新创业大赛金奖。指导国家税务总局安吉县税务局团委拍摄短片《报告领导之最多跑一次》被评为全省青年文明号助推“最多跑一次”改革微电影展播活动“十佳影片”。指导少先队湖州市安吉县第四小学大队获全国优秀少先队集体荣誉。推荐选送的实验初中学生王一清当选浙江省最美中学生。

【承办全国青少年生态环保组织培训交流活动】 2018年，为深入学习贯彻习近平新时代中国特色社会主义思想和党的十九大精神，落实全国生态环境保护大会的相关要求，共青团中央、全国保护母亲河行动领导小组于6月5日，在安吉县天荒坪镇山河村文化礼堂举办“汇聚青春力量 建设美丽中国”全国青少年生态环保组织学习贯彻习近平生态文明思想培训交流活动。团中央书记处书记徐晓出席活动并讲话。团中央社会联络部负责同志、来自全国31个省（自治区、直辖市）的青少年生态环保组织骨干和长江经济带沿线省（市）团委相关部门负责同志共120余人参加。

【承办浙江红领巾公益基金“我与名家面对面”活动】 11月12日上午，由浙江省少工委、浙江省新华书店集团、天天出版社有限责任公司主办，安吉县少工委、浙江安吉县新华书店有限公司、安吉县杭垓小学协办的浙江红领巾公益基金“我与名家面对面”活动在安吉县杭垓小学举行，《废墟上的白鸽》作者、著名儿童文学作家殷健灵走进校园，为近200名留守儿童带来精彩的讲座。

【共青团安吉县第二十一次代表大会召开】 5月3日，共青团安吉县第二十一次代表大会在县行政中心二楼报告厅盛大开幕。县委书记沈铭权，县委副书记、县长陈永华，县人大常委会主任陆为民，县政协主席叶海珍，湖州团市委副书记刘姝姗，县委副书记、政法委书记赵德清，县委常委、组织部部长吕立，县委常委、宣传部部长陈旭华，县政协副主席、总工会主席侯献荣、兄弟县区团委负责人，各群众团体代表、各乡镇（街道）联系共青团工作的党委领导、省属驻安吉单位团组织负责人、二十届团县委领导、委员以及全县各界优秀青年代表出席开幕式。大会完成换届选举工作，选举产生了由委员21人、候补委员12人组成的新一届委员会，同时选举产生新一届团县委的领导班子。华建伟同志当选共青团安吉县第二十一届委员会书记；许进京、管田甜2位同志当选为专职副书记，沈琛聪、斯康2位同志当选为兼职副书记，任元锋同志当选为挂职选副书记。

【“5·28”青年创业贷款对接咨询会】 5月28日，团县委联合县人力社保局、湖州银监分局安吉办事处、邮储银行安吉县支行共同举办安吉县“才聚两山 创享未来”创业论坛暨“5·28”青年创业贷款对接咨询会。县政协副主席、总工会主席侯献荣，湖州师范学院商学院党委副书记、副教授翟帅，县委组织部副部长、县人力社保局局长顾建强，团县委书记华建伟，中国银监会湖州监管分局安吉办事处副主任孙永安，邮储银行安吉县支行行长蒋瑞云，县机关党工委副书记程琦，县人力社保局副书记、副局长杨奎强等领导出席会议，还有来自各乡镇（街道）团委负责人、邮储银行安吉各网点负责人以及来自全县百余名创业青年代表参加本次会议。自2010年5月起，团市委、市人力社会资源保障局联合为创业青年打造信息对接和政策平台，连续七年开展青年创业贷款项目，累计为1200多名农村致富带头人、网商、小微企业主等青年创业群体提供2.7亿资金支持，带动就业6200多人。2018年也是团县委联合邮政储蓄银行安吉支行开展“5·28”青年创业贷款活动五周年。通过本次活动，线上线下共受理意向客户232笔，达成贷款意向12039.2万元。

5月28日，安吉县“才聚两山 创享未来”创业论坛暨“5·28”青年创业贷款对接咨询会举办

【共同举办第三期创业论坛】 7月26日，团县委联合县人力社保局、溪龙乡人民政府、县公共就业和人才服务局、乐客独角兽、安吉农商银行，在黄杜村白茶事业服务中心共同举办“才聚两山，创享未来”安吉县第三期创业论坛——乡村振兴篇。安吉县余十余位茶产业创业青年参加活动。活动邀请浙江大学茶叶发展研究院副院长、浙江大学茶叶研究所所长、茶学博士王岳飞，浙江省茶叶产业协会秘书长、中国茶叶流通协会常务理事、副秘书长刁学刚等参加。

【联合举办高层次单身青年大型联谊交友活动】 9月9日下午，

团县委联合县委组织部(人才办)、县总工会、县妇联、县青年联合会主办,孝丰镇团委承办的“百里挑一 幸福久久”——高层次单身青年大型联谊交友活动在安吉县龙王溪高尔夫俱乐部举行。县委组织部副部长、县委“两新”工委书记凌逸刚、县总工会常务副主席戎露波、团县委书记华建伟、县妇联主席王红缨、县委组织部部务会议成员、县人才办主任吴凯参加活动开幕仪式。活动吸引来自全县近200名单身男女青年参加。

【举办青年趣味篮球赛】 9月21日,团县委举办2018年“城投杯”“3+2”青年趣味篮球赛。团县委书记华建伟,副书记许进京、任元锋,县城投集团、体育局分管领导出席活动开幕式。本届篮球赛共有来自安吉县机关部门及“两新”组织的42支队伍参加,赛程持续一个月,最后教育系统代表队荣获冠军。

【开展“红领巾e站1013”揭幕仪式活动】 为学习宣传贯彻习近平新时代中国特色社会主义思想和党的十九大精神,庆祝中国少年先锋队建队69周年,纵深推进少先队改革,开展“红领巾e站1013”阵地创建,发挥“红领巾e站1013”阵地实践育人作用,增强少先队组织的先进性和少先队员的光荣感,团县委联合教育局、县少工委、县新华书店在县新华书店开展安吉少先队庆祝建队69周年暨“红领巾e站1013”揭幕仪式。参加活动的有团县委、教育局、新华书店领导、学区总辅副总辅以及安吉实验小学少先队员。

【安吉县第四届少先队鼓号队交流展示活动】 为庆祝中国少年先锋队建队69周年,充分展示安吉县少先队鼓号队建设成果,团县委联合县教育局、县少工委,于10月30日在安吉县第二初级中学举办安吉县第四届少先队鼓号队交流展示活动。团县委书记华建伟,县教育局党组成员、县少工委主任万宝林,团县委副书记许进京,团县委副书记、县少工委主任任元锋,县青少年活动中心主任、县少工委副主任黄显万,安吉县教科研中心副主任汤红,县少先队常务副总辅导员朱颖,浙江省打击乐学会副会长、国家二级演奏员朱国良,中国音乐家协会会员、安吉县音乐舞蹈家协会主席施一南,安吉县鼓号队名誉顾问沈玉鑫,安吉县芜园琴行打击乐老师陈泽民作为本次鼓号队大赛的领导和评委出席。县实验小学、紫梅小学和孝丰小学获大赛一等奖。

【基层团组织格局创新行动】 通过“领办项目·公开竞聘”形式,吸纳社会各界优秀青年42名担任乡镇(街道)团委副书记,引入项目服务团队75个,建立每个乡镇(街道)共青团“5+X”职责清单,纳入基层治理“四个平台”。

【“创全国文明城市 争做最美志愿者”主题活动】 围绕全国文明城市创建工作,开展志愿服务“八大行动”,举办各类志愿服务活动400多场,参与志愿者达12000余人次。安吉县注册志愿者数量从8.7万增加到9.8万,志愿服务时长超40万小时。组织招募2000余名志愿者,参与全国改善农村人居环境工作会议、全国“四好农村路”管理现场会、省运会等大型赛会活动志愿服务保障。

【“青春助力乡村振兴”专项行动】 打造“共青版”青年众创空间,合作推进笔架山青创农场、

7月26日,安吉团县委组织志愿者参与保障第16届省运会志愿者服务工作

颐居美丽乡村青创空间、灵峰街道碧门村众创空间、孝丰镇潴口溪青创空间团属众创空间4个，其中笔架山青创农场通过项目招商，吸引返乡大学生创业项目9个，颐居美丽乡村青创空间成功列入市级团属众创空间，碧门村众创空间、潴口溪青创空间完成基础设施建设。深化“团银合作”，大力推广“青年创业·丰收系列”“5·28”“浙里贷”等“青字号”青创贷款产品，累计办理600余笔，授信3亿元。举办“才聚两山·创享未来”系列创业论坛5场次，惠及各类创业人才500余人次。联合举办安吉县第二届“健恒杯”电视创客大赛。创新建立上墅乡、山川乡民宿青年创业者联盟、安吉县茶青联盟、天子湖镇新青年联盟等青年社群，联系青年400余人。号召团员青年开展与对口交流合作抚松县的交流对接，以“微心愿”认领等形式，捐助慰问物资7万余元。

（丁璐婕）

安吉县妇女联合会

【概况】 2018年，县妇联以习近平新时代中国特色社会主义思想为指导，围绕市委八届四次全会“一四六十”工作体系和目标任务，根据市妇联统一部署，突出“双争双创”主线，争做践行“两山”理念模范，实施思想领航、巾帼建功、妇女发展、组织提升“四大行动”。县妇联成为全国入围中华环境奖的妇联组织，拥有省委、省政府通报表扬的“千万工程”和美丽浙江建设突出贡献集体、浙江省先进妇女组织等重要荣誉。

联合县生态办出台《2018年安吉县“河嫂工程”助力治水“十百千”专项行动方案》，制作《安吉河嫂工程 护美绿水青山》视频。培育浙江省绿色家庭5户、2018年度湖州市绿色家庭40户、湖州市百户“我眼中的最美庭院”19户。结合生态日、环境日主题，组织女企业家协会会员、巾帼志愿者代表开展“在春天传播种子，为安吉穿上绿衣”入户宣传、“不在河边洗衣服”劝导等系列行动。2018年，县妇联持续深化“美丽家庭创建”，出台“寻找2018年度‘最美家庭’”文件，评选表彰2018年度安吉县“最美家庭”20户。安吉县陈爱兴、郑永喜2户家庭先后入选2017年第四季度、2018年第一季度浙江“最美家庭”，潘正伦家庭获第11届全国五好家庭。争取“两山”相关政策扶持，安吉妇联承办省妇女干部教育培训现场教学基地建设现场观摩会暨女性教育培训联盟会议，作《安吉县发挥基地教学功能，讲好妇联故事》发言交流。参加全国妇联“乡村振兴巾帼行动”美丽家园建设（辽宁）专题培训班，作《立足家庭小细胞，做好美丽大文章》的典型经验交流。县妇联《基层妇联组织区域化建设和能力提升》纳入省妇联培训主体班次，予以全省推广。全国、省、市各类调研工作走进安吉，接待各地考察团、培训班等69批次。

【服务文明城市创建】 2018年，县妇联多措并举服务文明城市创建。举办“好家风浇灌文明之花”暨巾帼助力全国文明城市创建主题活动，联动开展“在春天传播种子，为安吉穿上绿衣”入户宣传；广泛开展“不在河边洗衣服”劝导活动。发动县女企业家协会参与“美丽家庭示范村落创建公益事业项目”；开展“绿色中国梦 红火过新年”执委结对；实施“河嫂工程”助力治水“个十百千”专项行动。创新“2+1+1+N”模式，在责任路段开展文

3月15日，县妇联举办“好家风浇灌文明之花”助力全国文明城市创建主题活动

明劝导“五个一”活动；举办垃圾分类培训会，开展城镇社区“妇女当家、垃圾分家”入户宣传活动，传递“文明因子”，丰厚中国最美县域内涵，配合全国文明城市创建工作，两次被评为季度创建先进单位。

【美丽家庭创建】 深化美丽家庭创建，丰富创建内涵，完成“昌硕故里”“大竹海”精品观光带11个美丽家庭示范村落创建；新培育省级“最美家庭”3户，市级“最美家庭”3户、文明家庭18户、绿色家庭40户、“我眼中的最美庭院”19户，潘正伦家庭获评全国五好家庭。《美丽家庭创建和妇联工作》纳入浙江省妇干校主体培训班课程；参加全国妇联“乡村振兴巾帼行动”美丽家园建设(辽宁)专题培训班，作《立足家庭小细胞，做好美丽大文章》的典型经验交流。安吉美丽家庭创建工作迎来上级调研及世界各地考察交流不断。争取《中国妇女报》《婚姻家庭》杂志等主流媒体来安吉聚焦美丽家庭好故事，《以路为媒促转型 撬动美丽经济》《浙江安吉妇联让基层神经末梢更敏感——妇联执委主动认领村实事项目》《“两山理论”的浙江巾帼实践》《从美丽庭院到绿水青山——持续15年打造，浙江成就美丽乡村经济》《安吉：家园小细胞，美丽大文章》《“我们的盛会”特刊》《温暖往事·浙江篇》等呈现了安吉妇联的特色工作。

【“好家风”建设】 举办“2018，让‘亲子悦读’住我家”——大型亲子阅读图书漂流活动，线下常态化进学校、企业、村(社区)开展各类家庭教育讲座；线上新开辟微信平台“亲子伴读”“为你读书”音频节目，深受家长的欢迎，每期阅读量1500人以上。举办“安且吉 家学乐”家长学堂公益讲座60期，受益家长2万余人。联合县教育局启动实施安吉家庭教育导师——“安老师”种子培训工程，选送30名优秀家庭教育指导师赴北京师范大学进行为期一周的首期集中培训。首批“安老师”与30个村(社区)签订结对指导协议。成立安吉县家庭教育协会；召开安吉县深化村级家庭教育指导站(社区家长学校)工作推进会，提出乡镇(街道)建设“一地一韵”家教品牌和“村村拥有家庭教育指导站”的目标，培育“一地一韵”十大家庭教育品牌，建立示范性村级家庭教育指导站9个。安吉家庭教育建设工作经验做法先后在市家庭教育学会年会、全省妇联系统家庭和儿童工作会议上作专题交流发言。《守护安吉家庭教育的绿水青山》在《中国教育报》刊登。安吉县家庭教育工作经验形成《守护安吉家庭教育的“绿水青山”——关于全县一盘棋，区域化推进安吉家庭教育指导工作的实践与思考》获县委副书记、县政府党组书记、县长陈永华批示。

4月23日，“2018，让‘亲子悦读’住我家”——大型亲子阅读图书漂流活动举行

【平安家庭建设】 创新方法深化平安家庭建设。全省首创推出《安吉县平安家庭守则》，制定平安家庭九大标准，开启平安细胞工程地方标准的新探索。组织新春“平安大走访”“平安送下乡”等活动，召开平安创建现场推进会，树立一批“平安家庭示范户”，以身边榜样、先进典型引领农村群众投身平安家庭创建。多媒体、多形式宣传平安家庭好故事；开展“三八维权周”“零家庭暴力”“反家暴法宣传月”等活动；组织普法教育宣传咨询活动148场，发放宣传资料41081份，举办知识讲座、法律培训班等88场，培训干部群众3881人。

【女性创业创新】　全年举办公共营养师、家政服务、育婴师等各类培训班，组织8名创业女性参加市“百名女创能力开发项目”培训，联合各基层妇联开展各类创业就业培训40余期，参与人数2000余。组织创业女性参加省、市创业大赛、“美厨娘PK”等活动，安吉90后民宿女管家蓝晴霞获市创业大赛优秀奖，2名“美厨娘”入围浙江省“美厨娘”大赛决赛。开展以“凝心聚力共护绿水青山，巾帼同行共创文明家园”为主题的巾帼文明岗服务月活动，新增巾帼文明岗省级3家、市级6家、县级20家。组织31家女企协会员单位参加春秋两季女性劳动力专场招聘会，提供面向女性就业岗位763个；举办“聚识聚智谋发展、不忘初心绽芳华”县女企业家协会迎新年会，新筹集发放县“巾帼创业扶持资金”40万元；联合农商银行发放“巾帼创业创新贷款”6744万元。

【维护妇女儿童合法权益】　县妇联着力建设“美丽阿姐”志愿者队伍，助力预防、排查、化解家事纠纷。成立安吉县美丽伊家婚姻家庭工作室（女性社会组织），发挥“美丽阿姐”志愿者队伍作用。2018年，协调处理1822对离婚纠纷的夫妻，调解率100%；劝和681对，劝和率37.38%。与县法院联合成立家事审判庭，组织“美丽阿姐”志愿者参与庭前调解工作。结合平安家庭建设，将婚姻家庭矛盾纠纷的预防化解纳入乡镇（街道）大综治大调解平台，并培育孝丰“爱之屋”、昌硕街道“婆妈和事馆”、上墅“慢城阿姐说事室”等一批矛盾纠纷排查化解示范点。安吉妇联助力社会和谐的相关做法及成效在新华社《浙江领导专刊》以及《湖州政务》上刊登。安吉县婚姻家庭调解工作经验形成题为《关于我县婚姻家庭纠纷调解工作的探索和思考》的文章并获县委书记沈铭权批示。

【实施妇女儿童关爱行动】　县妇联着力汇聚多方爱心开展系列美丽行动。牵手县政协委员，以真情服务送下乡形式组织开展女性生理健康、反家暴、维权知识等培训，开展“点亮童心”系列关爱活动。与县卫计等部门联手推进公共场所母婴室建设，县内现有母婴室40个。启动村级妇联执委联系留守儿童，当好“代理妈妈”公益创投项目。争取女性社会组织力量参与，与县装饰设计协会联合启动“爱的小屋”圆梦行动，首批为8户困境儿童改造居住环境。联动“两山”公益团队开展关爱困境家庭的“衣旧情深”活动。联合县女企业家协会会员企业为新疆柯坪县湖州双语小学捐赠价值56000元的体育用品，助力东西部扶贫协作地区脱贫攻坚、合作交流。争取浙江省妇女儿童基金会“圆梦助学”项目落户安吉，为7户家庭送上13100元助学金。代表全国唯一县区妇联参加“爱与美”——爱慕“粉红馨爱”年度活动，争取爱慕公司对部分安吉乳腺癌对象免费捐赠“义乳”。县妇儿关爱基金正常运转，全年经费使用累计13.475万元。通过联动各方力量，营造全社会参与关心关爱妇女儿童的良好氛围。

【基层妇联组织建设】　2018年，县妇联响应全国妇联改革要求，创新组织建设新模式，推行妇女服务项目化工作举措。创新“1＋4＋N”试点模式，在天子湖试点探索构建在党建引领下全方位、广覆盖的“党建＋妇联”格局，以党群服务中心为核心，在新经

5月22日，县妇联党支部开展党员结对服务区域化妇建主题党日活动

济、新社会组织、机关站所中首建综合妇联，覆盖33家规模以上企业、24家联建小企业和4家女性社会组织，实现妇联组织全域化覆盖。创新成立N个细胞网格“姐妹议事站”“妇女微家”，将姐妹谈心、姐妹议事搬进家庭小单元，在企业、园区中建立N个特色执委工作室，破解企业中单建妇联组织难和“建而不活”的瓶颈压力。中国新闻网、《浙江工人日报》、浙江妇女网纷纷报道安吉区域化妇建模式。安吉区域化妇建模式形成《基层妇联组织区域化建设和能力提升》理论课件，被纳入浙江省妇女干部和苏州党校教学课程，在省内外推广。安吉成为全省妇联区域化妇建的示范点。全省百名优秀乡镇街道妇联主席培训班、市妇联基层组织建设推进会先后在安吉召开，安吉县在全市现场会上作交流发言并参加全省基层妇联组织建设研讨会。实施女性社会组织成长计划，以“项目化”工作方法提升各级妇联参与社会治理、服务妇女的能力，让更多的家庭受益。出资16万在全县开展首届妇女儿童家庭公益服务项目微创投活动，9个项目入选县级公益创投项目，其中4个项目入选市级，县妇联“好学爸妈——家长学分制实践”项目获市妇联妇女儿童家庭公益创投大赛金奖。

（黄　洁）

4月21日，2018年发展中国家女官员参与社会管理能力建设研修班走进安吉

法　　治

综　　述

【概况】 2018年，县委政法委抓住平安建设"连冠进位"目标，始终立足本职、围绕中心、争先创优，完成全国"两会"、全国人居环境现场会、联合国地理信息大会等重大维稳安保任务，逐步夯实基层治理根基，提升社会公平正义层次，为高质量谱写践行"两山"理念建设中国最美县域新篇章、打造平安中国示范区的先行区、争创全国文明城市等中心工作创造出更加安全稳定的社会环境、更加公平正义的法治环境和更加优质高效的服务环境。

立足政法职能，积极主动作为，服务和保障"两聚一美"发展大局。优化营商环境。围绕县委、县政府确定的105个重大民生项目，主动对餐厨垃圾处理项目、垃圾填埋场生态修复工程、静脉产业基地项目等52个项目开展社会稳定风险评估，规避可能产生的社会稳定风险。出台优化营商环境行动计划，指导政法各部门开展服务中小微企业行动，审结买卖、借款、租赁、建设工程等合同纠纷案件3972件，化解涉企纠纷279起，保障企业和企业家权益。推进金融风险网格化管理，清除新业态企业91家，侦破各类涉金融案件17起，挽回经济损失7800余万元。护航"攻坚清零"。积极护航城中村攻坚改造，抽调2人全职保障安吉县征地拆迁工作，牵头司法保障组开展执法联动，针对前期暴露出的抢搭、抢装、抢种、抢挖、抢建等行为，及时联合清理，累计拔除抢种苗木2万余株，叫停、复原抢装行为200余户，拆除"抢建"房屋面积约4000平方米。助力文明城市创建。在全县政法系统部署开展服务保障创建全国文明城市十大行动，得到县长陈永华的批示肯定。联合团县委在全县开展"平安大巡防"活动，近万名机关干部和平安志愿者开展夜巡，发放宣传资料10000余份，提高群众对文明城市创建的知晓度和参与度。落实"双禁"制度，实现全域全年零燃放，不断在平安建设中推进文明城市创建。

注重源头管控，突出重点管理，维护全县社会大局稳定。完成各级安保。主动作为、自我加压，围绕全国"两会"、联合国地理信息大会等重点活动向县委常委会作专题汇报，取得县领导支持。各类重大活动维稳安保期间，牵头构建战时指挥体系、成立维稳工作专班实行扁平化指挥，每天召开情报信息会商研判发送维稳情况专报36份，即时交办任务发出预警79件，各项工作指令250余条，全员放弃双休，24小时值守备勤，牵头相关部门对全县867名重点人员进行实时管控，1786家重点单位定期巡查，完成全国"两会"、全国人居环境现场会、上海进博会、联合国地理信息大会等一系列重大活维稳安保工作。源头防控风险隐患。开展影响社会稳定矛盾问题"大排查、大调研、大化解"工作，处置"上影"项目工程款及民工工资纠纷、天子湖镇梅溪镇安置房办证问题等遗

3月9日，浙江省委常委、政法委书记王昌荣（左二）在安吉视察时为安吉县平安综治工作点赞

留问题等一批重大不稳定问题和疑难积案，省、市挂牌督办重大不稳定问题10起化解8起。开展非法流动加油站点专项整治集中检查3次，出动车辆350多车次，人员1200多人次，查获涉非法车辆12辆，案件12起，涉案人员15人，燃油7吨多，消除燃油市场潜在风险隐患。

坚持一手抓夯实根基，一手抓创新驱动，平安建设稳步向前。提炼推广“余村经验”。余村经验案例入选浙江省十大公共管理案例，县政法委荣获长三角城市最佳实践案例评选优秀组织奖。配合中央政法委制作的大型政论片《坚持发展“枫桥经验”——中国基层治理现代化之路》第五集《三治融合》，在中央一套播放，全面展示安吉县基层社会治理经验。成立余村“两山”巡回法庭，为群众提供法律咨询120余次，就地化解纠纷30条件。县公安局余村“两山”理念教学点被省公安厅确定为浙江省第三批暨全市首家公安民警实战化训练教学点。制定全国首部《乡村治理地方工作规范标准》，成功开发安吉乡村治理的系统动力学模型、安吉乡村治理的静态结构模型，推动安吉乡村治理经验走向全国。多元化解矛盾纠纷。探索基层矛盾纠纷化解“线上线下”互动格局，全县注册服务机构39家，在线调解员899人，平台登记纠纷总量2100余件，民商事收案率数与诉前化解率呈现“一降一升”的良好势头。做好“平安家园卫队＋全科网格员”结合文章，505名专职网格员和家园卫队相互配合，突破基层矛盾化解难题。开展“无案件、无诉讼、无信访村（社区）”创建，基层矛盾纠纷有效化解率99.21%，群众来县上访人次同比下降55.42%，基本实现基层矛盾纠纷“零上交”，办信办访“零扩大”。健全完善基层机制。整合海量数据，推进CIG（城乡一体化信息栅格）平台建设，全市率先实现县乡两级综治工作中心标准化建设100%目标。创新平安检查“六化工作法”和平安检查交办单制度，督促各责任部门开展平安检查8000多家单位，实现所有点位全覆盖。盯牢“平安浙江指数”，组织涉及123个三级指标的26个部门开展分析，查找问题，逐条罗列解决措施。纵深推进扫黑除恶。坚持边扫、边打、边建，全力推进扫黑除恶专项斗争。牵头政法各部门妥善办理省、市督办案件2起，督促纪检组织部门处理有问题党员干部7人，牵头开展专项打击，发动人员群众参与扫黑除恶专项斗争。2018年，破获涉黑恶案件126起，依法查处287人，涉案金额700余万元。开展平安宣传。用好专职网格员队伍，走村入户进行平安宣传；运用新媒体等媒介，扩大宣传效果；联合昌硕街道投资90万元打造平安主题公园，沿黄浦江源一线打造平安建设精品观光带，“一园一带”的宣传格局逐步形成，提升县“平安三率”。

推进司法改革，强化执法司法监督，促进社会公平正义。指导县“两院”完成52名法官、检察官入额遴选及配套保障工作，确保优秀审判资源向审判一线流动集中。启动刑事案件法律援助全覆盖试点工作，法律援助刑事辩护率100%。推进律师参与行政综合执法试点工作，聘请驻队律师9人，参与一线执法115次，参与处置疑难复杂执法事项15次，督促当事人履行行政决定18次。推进公检法司“一体化”办案系统建设，侦监、起诉、审判协同、反馈四项均达100%，提前完成省、市既定目标。建成湖州市涉案财物管理中心安吉分中心，共计入库物品21584件，出库12件，涉案件765

6月14日，浙江省扫黑除恶专项督导汇报会召开

起。设立全国首个行政争议调解中心,办结行政案件192件,成功调撤72件,占同期行政案件结案数的37.5%,推进行政争议化解在萌芽、化解在基层。实时关注民声民意。探索全科网格专职网格员协助审判执行工作,综合运用多种手段织密防范规避债务法网,2018年,曝光1000余人,抓获老赖540人,执结4114件,执行到位金额4.52亿元,破解执行工作"人难找、财产难寻"等难题。梳理安吉县涉诉涉法信访积案25件,经过县政法各部门通力合作,成功化解19件,化解率75.6%,超额完成目标任务。响应群众呼吁,法检两长以员额法官、检察官名义同庭办理湖州地区首例刑事附带民事环境公益诉讼案件,率先迈出全市推行"院、庭长办案常态化"实践的第一步。开展司法救助,办结18起,发放司法救助金57.84万元,分别同比提高450%和340%。指导县法院建成以诉讼服务大厅、诉讼服务网、12368热线为一体的综合性服务平台,为当事人提供一站式、全方位诉讼服务。督促县检察院公开案件程序性信息1638条,法律文书822份,提升检察工作透明度。推进"浙江移动微法院"应用,利用微法院处理案件403件,立案150件,送达101件,缩短办案时间。落实免于经济困难审查、简化程序、快速受理、快速指派、快速办结的"一免一简三快"工作机制,累计办理农民工法律援助案件21批,涉及农民工532人次、金额513.2万元。

坚持政治建警、从严治警、素质强警、关爱励警,政法队伍建设成效显著。坚定政治信仰。坚持以党建为抓手,加强政法队伍思想政治建设,围绕党的十九大、省、市全会以及习近平新时代中国特色社会主义思想精神,委机关书记、副书记、支部书记为全体党员干部上好专题党课9次,提高委机关党员和干部的党性修养。围绕"建一流阵地、带一流队伍、树一流形象、创一流业绩"的目标,全体党员志愿者服务参与"双禁"、平安巡防、文明劝导、社区服务等各项活动500余人次,在实践中深化理论认识,坚定政治信仰。提高综合素质。组织县政法各部门及各乡镇(街道)43名学员赴厦门大学开展为期六天的政法干部培训班,参与中央政法委举办的政法干部学习讲座和"平安湖州"建设专题培训班。指导县法院深化"走出去、请进来"教育培训模式,累计培训干警280人次;督促县检察院以生态环境检察教育培训基地为依托,7个检察教研组开展各类教育培训30批48人次;建议县公安局强化新技术运用,全面运营心理测试工作室,提供心理测试服务16次。加强日常监管。修订出台委机关工作人员带薪年休假制度、夜餐费开支管理、公务接待制度,单位内部管理体系更加严格规范。组织全体机关干部层层签订个性化党风廉政建设责任状25份,做好"党建+廉政"结合文章,打造委机关廉政警示墙和学习角。班子成员带头开展廉政风险隐患点排查16条,开展正风肃纪22次,上廉政党课12次,严格规范召开"三重一大"会议8次,涉及人事3批19人次,涉及财务7次,金额633.15万元,全部规范到位。健全励警机制。联合成立全省首家县区"红十字爱警资金"项目,募集资金20余万元,用于民警、辅警、困难家庭的慰问抚恤。2018年,办理维权案件44起,慰问受伤民警53人次,发放慰问金38000元。从公检法司各抽调一名年轻干部到县委政法委挂职锻炼,凝聚政法队伍合力,优化政法委队伍年龄结构。地信大会期间,组织县领导赴驻地慰问安保维稳干警,发放慰问物资150余份。

(王志鹏)

公　安

【概况】 2018年,县公安机关围绕提升"三感三度"总目标,坚持"两防"方针,坚定"三爱"文化,牢牢把握"十个坚持",正确处理"十大关系",以地信大会安保工作为主线,打赢一场又一场硬仗,维护社会大局和谐稳定,护航县域经济社会赶超发展,实现业务队伍双丰收。全年,县公安局获全省队伍正规化建设优秀单位、全省执法质量优秀单位、全省信访工作优秀单位、全市优秀公安局、县级机关效能考核一等奖等荣誉,全局有2个集体、2名个人荣立二等功,6个单位、17名个人荣立三等功,79名个人获评全市公安机关"防范之星",40名个人荣获"家园卫士之星"称号。

2018年,安吉县刑事发案1627起,同比下降6.0%;侦破刑事案件593起,破获公安部、省公安厅督办案件5起,查破全省最大买卖国家机关证件案;摧毁恶势力集团6个,3人以上涉黑恶团伙 40 个,“五类”案件破案率 100%,刑事打处 1477 人,起诉 1258 人;交通事故、火灾三项指标零增长。完成联合国地理信息大会、全国改善农村人居环境大会、“四好农村路”全国现场会等重大安保警卫任务 56 场次,其中警卫 8 场次。

坚持发展“枫桥经验”,县公安局创新推出的“家园卫士”工程被省公安厅列为 25 项典型做法,“家园卫士”工程成为全省品牌,“平安家园卫队”全县铺开,“平安护企卫队”“平安商铺卫队”等群防群治队伍不断发展壮大。推进“雪亮工程”“村居雪亮工程”建设,建成全县 60 个物联网安防小区。实行流动人口积分制管理,推进出租房旅馆式管理,旅馆人脸识别系统安装率达 100%,治安基础工作水平提升。推进“一长四必”勘验机制,工作成绩全省领先。开展道路交通“一创一治”“百日安全行动”等专项行动,强化重点交通违法行为和重大安全隐患整治,道路交通事故死亡人数同比下降 17.5%。消防隐患整治力度持续提升,民爆物品管理继续保持零事故,看守所通过全国一级看守所复评。完成章村派出所、余村家园卫士警务站、地信大会安保检查站等基础建设,凤凰山派出所破土动工,天荒坪警务中心进入招投标程序,更新警务车辆 23 辆。

出台《优化营商环境 26 项举措》,加强柔性执法,优化对企服务。推进扫黑除恶专项斗争,破获涉黑恶案件 260 起,起诉 165 人,摧毁恶势力犯罪集团 6 个,3 人以上涉黑恶团伙 40 个。主动防范经济风险,及时堵截存在风险隐患的点对点网络借款(P2P)平台进入安吉县,查处各类经济案件 34 起、追赃挽损 8300 万元。当好“两山”守护者,创新开展“七长七员”行动,食药环打击成效位居全市第一。深化“最多跑一次”改革,推出临时身份证全县通办、“警医邮”“警保联动”等便民举措,实行户籍等综合业务“一窗式无差别全科受理”,真正实现让群众少跑腿、不跑腿。助推全国文明城市创建、烟花爆竹全域“双禁”、工程运输车“三化”整治等中心工作。

抓牢思想政治建设,推进“两学一做”学习教育常态化制度化,党委班子带头开展“周一夜学”21 次。余村“两山”理念教学点被确定为省级教学点。完成民警、辅警“双向选择”聘用工作,优化队伍结构。严格落实党风廉政建设主体责任层级管理,层层签订责任状,严格执纪问责,拍摄警示教育片《触规的代价》,组织全局观看,加强警示教育。主动防范队伍风险,创新将发现队伍隐患纳入季度考核,有效堵塞管理漏洞,对 2 个下属单位及 22 个有财务审批权的内设机构进行审计检查。落实从优待警各项举措,“五个一”活动深受好评,联合县红十字会设立“爱警资金”项目,及时查办侵害民警执法权益案件 51 起。完善“三位一体”执法管理机制,执法监督力度持续加强,暂扣款和取保候审保证金逾期未清退等执法安全隐患得到有效清除。

5 月 14 日,郭吴镇“平安家园卫队”工程启动仪式举行

【“家园卫士”工程】 2018 年,建立“家园卫士”工程工作领导小组,制定出台《安吉县公安局“家园卫士”工程实施方案》,将全局 1611 名民(辅)警按照原籍地和现住地分配到各辖区派出所,明确“家园卫士”协助履行地派出所开展纠纷调解、防范宣传、治安巡逻、法制教育等工作。实施“家园卫士”报到登记、身份公开、任务认领制度,确保群众遇到紧急救助、法律咨询等需求时可以第一时间联系本小区(村)的家园卫士帮助解决。“家园卫士”利用原籍

地、现住地“人熟、地熟、情况熟、警务知识熟，开展工作便利”的“四熟一便利”优势，根据自身优势通过钉钉群主动认领社区民警难以解决的矛盾纠纷等问题，开展矛盾纠纷调解工作。结合在职党员双报到和志愿者服务活动，确定每月第一个星期的周六为“家园卫士固定活动日”，根据近期社会治安形势确定不同主题，由社区民警牵头组织纠纷调解、联系志愿者、防范宣传、法制教育、治安巡逻等工作，组织开展“家园卫士融冰”等10次固定活动日活动。加强平安志愿者队伍建设，鼓励每名民警在原籍地和现住地各发展不少于5名平安志愿者，通过微信群传达交流信息，各家园卫士通过钉钉工作群上报线索信息，实现资源共享。各派出所积极争取党政支持，由党委政府牵头建立平安家园卫队等各类群防群治队伍，争取“两代表一委员”“能人”“乡贤”参与“家园卫士”工程，实行“家园＋医生、＋教师、＋工匠、＋技工”，组织送健康、送教育、送技能、送温暖等服务，对优秀平安志愿者团队及平安志愿者予以表彰奖励。截至2018年底，建成“平安家园卫队”队伍740支，发展队员6626人。4月14日，安吉县公安局开展2018年度第一次“家园卫士”工程固定活动日活动。县公安局各单位按照《关于开展“家园卫士”工程固定活动日的通知》的要求组织开展主题为“走进邻里，防诈提醒”的各项防范通讯网络诈骗宣传活动。

【央视《新闻联播》点赞安吉县公安民警雪夜保畅通事迹】　1月30日，央视1套《新闻联播》栏目在“寒冷天气里有你才温暖”板块点赞安吉县公安局民警雪夜托举光缆保畅通的事迹，央视13套新闻频道《共同关注》栏目较为详细地介绍了事发经过，省、市、县各级媒体多个平台也纷纷对此事进行报道宣传，引起广泛关注。

【举办2017年度安吉公安工作汇报会】　1月31日，“向党和人民报告——2017年度安吉公安工作汇报会”在安吉新闻集团举办。县委书记沈铭权，县委副书记、县长陈永华，县人大常委会主任陆为民，县政协主席叶海珍，县委副书记、政法委书记赵德清，市公安局常务副局长李泽福，市公安局政治部主任凌冬等领导出席汇报会。副县长、公安局局长杨建新在汇报会上致辞。汇报会分“对党忠诚”“服务人民”“执法公正”“纪律严明”四个篇章，以视频短片、人物访谈、文艺表演等多种形式向党和人民报告，安吉公安在2017年度努力践行“两山”理念，始终坚持“两防”方针，围绕“两聚一美”发展大局，全力锻造安吉公安铁军，提升“三感三度”所走过的不平凡历程。2017年度优秀平安志愿者代表、2017年度“家园卫士之星”、2017年度全县公安机关好警属先后上台接受表彰。县级机关各部门、乡镇（街道）、市公安局公关办主要负责人，部分两代表一委员，县城区各村（社区）书记以及安吉县公安局全体局领导，二线局领导、退休老干部，全体中层正职，部分民警、协辅警及家属代表共四百余人参加汇报会。

【举行全民禁毒宣传月主题活动】　6月26日上午，县禁毒委在生态广场举行“6·26”国际禁毒日“健步安吉”暨全民禁毒宣传月主题活动。活动仪式上禁毒志愿者代表宣读倡议书，领导为各代表队授旗，并发布“毒品预防教育示范学校”工作方案。启动仪式结束后，市民禁毒宣传

1月31日，县公安局在安吉新闻集团举办“向党和人民报告——2017年度安吉公安工作汇报会”

健步小分队健步至多个商业区、市场、居民住宅开展禁毒宣传。

【第八届东南七省森林公安区域警务合作联席会议在安吉召开】 7月4日,国家林业和草原局森林公安局副局长张萍,浙江省林业厅党组成员、副厅长杨幼平出席会议并讲话,县委副书记、政法委书记赵德清在会上致辞。福建、江西、湖北、湖南、广东、海南、浙江、吉林、江苏、安徽、河南、四川、新疆、南京森林警察学院等省(自治区)森林公安局主要领导和有关同志五十余人参加会议。会议期间,与会人员还实地考察安吉森林公安执法规范化建设和"林区警长"工作机制建设情况。

【公安部调研组一行到安吉调研工作】 7月4日下午,由公安部道路交通安全研究中心宣教室主任刘艳带班的全民交通安全教育平台调研组一行来县公安局调研工作。调研组一行走访"两山"理念发源地——余村,实地查看"两山"会址公园和"家园卫士"余村警务站,并听取县公安局的相关工作汇报。

【环太湖警务论坛第15届年会在安吉召开】 9月13～14日,环太湖警务论坛第15届年会在安吉县召开。环太湖警务论坛由湖州市、嘉兴市、苏州市、无锡市、常州市、宣城市、黄山市公安局共同发起,并作成员单位。论坛主旨为适应环太湖地区城市一体化发展进程,加强公安机关交流协作,促进社会稳定和经济发展。2018年大会主题是"践行习近平总书记生态文明思想,打造生态环境保护公安铁军"。期间,全体与会人员实地参观"两山"理念发源地——余村,"家园卫士"余村警务站,河道警长、水库警长工作站,鲁家村、目莲坞村。

【召开"惠民十大行动"新闻通报会】 10月12日下午,县公安局召开"惠民十大行动"新闻通报会。会议邀请《浙江日报》、《平安时报》、湖州电视台、《湖州日报》、《湖州晚报》、安吉电视台、《安吉新闻》、"安吉发布"等主流媒体对县公安局近年来"守青山、护绿水"专项行动、烟花爆竹"双禁"专项行动、"最多跑一次"改革深化行动、创建全国文明城市行动、"平安小区"建设行动、"侦查破案大会战"行动、"强监管、除隐患"行动、打击防范金融犯罪攻坚战行动、"家园卫士"工程、全民防毒拒毒"隔离栏"行动开展情况和取得的成效进行报道。

【参加全省见义勇为先进人物表彰工作会议】 11月22日,浙江省委、省政府在省人民大会堂表彰全省各地的见义勇为先进人物。安吉县申报的张老永被省政府记一等功,并授予"浙江省见义勇为先进分子"荣誉称号。(张老永,云南曲靖人,事发时在孝丰某公司打工,2018年4月29日上午,在孝丰镇城东社区上东山自然村116号租房火灾现场不顾个人安危冲进火场,成功救出两名被困儿童)。同时,为更好地宣传见义勇为行为,11月22日,县公安局在客运中心组织开展"见义勇为宣传日"活动,并在县城主城区城市大屏、电视新闻、新媒体客户端等投放宣传海报。

【完成第四届全国改善农村人居环境工作会议安保工作】 4月25～26日,第四届全国改善农村人居环境工作会议在安吉县举行。国务院副总理胡春华出席会议。本次活动任务重、线路跨度大,为确保会议安全,县公安局各警种研究对接、制订安保方案。安保期间,全体参战警力服

11月22日,全省见义勇为先进人物表彰暨见义勇为工作会议召开。安吉县申报的张老永被授予"浙江省见义勇为先进分子"荣誉称号。图为张老永在会上领奖

从指挥、认真履职，完成此次安保任务。

【完成2018首届“中国农民丰收节”活动安保工作】　9月23日，经党中央批准、国务院批复，自2018年起，将每年农历秋分设立为“中国农民丰收节”。2018年，农业农村部决定将安吉余村设为节日活动的全国六个分会场之一，活动于9月23日上午在安吉县余村举行。为确保活动期间安吉县社会面安全有序，县公安局精心组织，周密安排，抽调天荒坪派出所、巡特警大队、交警大队、城警大队、消防大队、治安大队精干警力，全力做好活动期间各项安保工作，完成安保任务。

【举行禁售禁放烟花爆竹万人大巡防启动仪式】　2月12日，为提高人民群众对禁售禁放烟花爆竹的知晓率、支持率、参与率，打好“双禁”决胜阶段攻坚战，确保春节期间县城区禁售禁放烟花爆竹工作落到实处，安吉县举行禁售禁放烟花爆竹万人大巡防启动仪式。

（夏珠连）

检　　察

【概况】　2018年，县检察院有内设机构8个(5个业务、3个综合)、派驻基层检察室2个、下辖事业单位检察事务管理中心，政法专项编制数62人。有在编人员69人(政法编61人、工勤编4人、事业编4人)，检察官32人(检察员27人、助理检察员5人)，遴选产生25名员额检察官(不含转隶3名员额检察官)，另有编外干警24人(司法雇员17人)。被省委政法委、省人力资源与社会保障厅评为2017～2018年度“全省政法系统先进集体”。2018年度全省检察机关先进基层院。

【维护社会公平正义】　依法履行批捕起诉职能。2018年，依法受理审查逮捕案件359件516人，批准逮捕281件397人；受理移送审查起诉案件914件1326人，其中职务犯罪案件3件15人，提起公诉647件947人。严惩侵犯公民人身和财产权利的犯罪，对涉嫌故意杀人、故意伤害、强奸等严重暴力犯罪，提起公诉18件19人。坚决打击群众反映强烈的电信诈骗、集资诈骗和非法吸收公众存款等涉众类经济犯罪，提起公诉14件21人；依法办理由公安部督办的销售金额高达1.5亿元的童某等11人销售假药案，维护人民群众生命健康安全；投入检力积极办理各类新型网络犯罪案件9件27人，其中胡某等提供侵入、非法控制计算机信息系统程序、工具案被评为“全省检察机关互联网检察专题优秀案例”。严把批捕起诉关，对事实不清、证据不足的案件，不批捕23件38人，不起诉6件10人；贯彻宽严相济的政策，对犯罪情节轻微的案件，不批捕57件84人，不起诉191件209人。

依法履行刑事检察监督职能。强化立案和侦查活动监督，引导侦查活动合法规范。监督公安机关立案27件，撤案17件，纠正漏捕4件，追诉漏犯6人，发出纠正违法通知书8份。探索建立《刑事侦查问题通报机制》《关于刑事工作“两长”联席会议机制暂行办法》，检警协同筑牢案件质量生命线，相关经验成效在全省检察机关侦监座谈会上交流。把抗诉作为强化审判监督的重要手段，5件案件获湖州市中级人民法院改判，1件发回重审，其中王某等人介绍卖淫案获评“全省检察机关诉讼监督精品案件”。强化刑事执行监督，保障刑罚准确执行。办理羁押必要性审查案件16

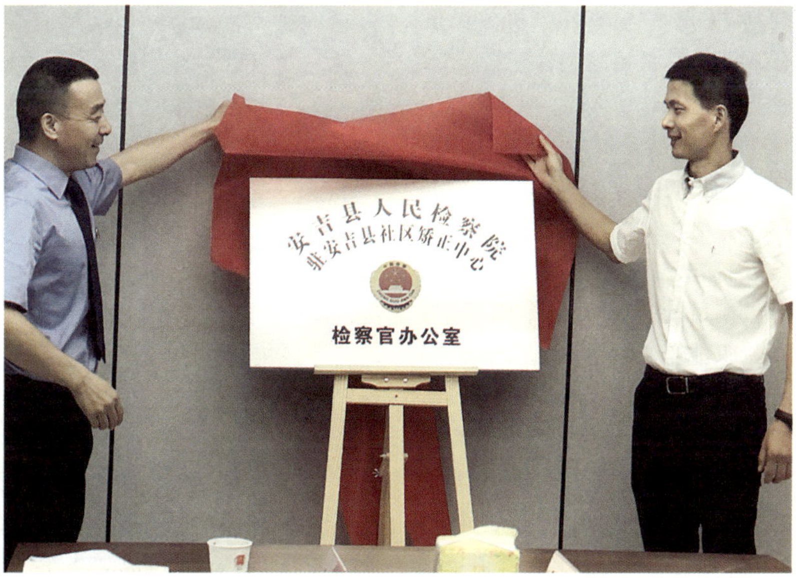

9月30日，安吉县人民检察院派驻社区矫正中心检察官办公室设立

件，其中2件分别获评全省精品案件、优秀案件；办理收监审查案件11件，监督收监缓刑罪犯8人；办理交付执行检察案件3件；依法对南湖监狱脱逃近20年的身份不明罪犯周某某提起公诉，维护刑罚执行的权威。

依法履行民行检察监督职能。坚持维护司法公正，树立司法权威，全面加强对民事行政申诉案件的法律监督。先后受理民事行政申诉案件8件，对裁判正确的案件，耐心释法说理，引导当事人服判息诉6件；发出再审检察建议2份，督促纠偏促进严格公正司法。结合办案成效，撰写的调研文章《论第三者侵犯配偶权的民事责任》，获全省民事行政检察优秀调研成果三等奖。依托驻县环保局、林业局、市场监管局检察官办公室履职，拓展监督触角，获取监督线索6件，分别通过行政执法检察建议和公益诉讼诉前检察建议方式督促相关部门及时整改。聚力查办虚假诉讼，其中姜某追偿权虚假诉讼案获法院改判，并获评"全省检察机关民事行政诉讼监督精品案件"。

【护航经济社会发展】 贯彻落实《中共中央、国务院关于开展扫黑除恶专项斗争的通知》精神，依法严厉打击各类涉黑涉恶违法犯罪。立足检察机关工作职能，与有关职能部门密切配合，形成打击黑恶势力犯罪的合力。2018年，批捕涉及"套路贷"以及工程建设领域敲诈勒索等涉黑涉恶案件8件31人，提起公诉28件96人，立案监督10件10人，追捕1件1人。针对"套路贷"案件多发趋势，制定《"套路贷"办案指引》，规范案件办理，钱某某等人"套路贷"系列案获评"全省检察机关审查逮捕精品案例"。受市检察院指定管辖，依法办理金某等七人组织、领导、参加黑社会性质组织罪一案，一审判决被告人金某有期徒刑18年，剥夺政治权利2年，并处没收个人全部财产，罚金人民币61万元。该案系扫黑除恶专项斗争开展以来，湖州地区宣判的首例组织、领导、参加黑社会性质组织的犯罪集团案件。

持续服务非公经济发展，5件案例获评"全市检察机关服务非公经济精品案例"。其中，提前介入郑某某等假冒注册商标案，协同公安机关全力追赃300余万元，保障76家受损企业安心谋发展。聚焦中美贸易战大背景，妥善办理企业涉税类案件10件17人，涉案税款达上千万，在统一执法标准下，依法对补缴税款的4家涉案企业负责人作出相对不起诉处理，并对另外4名犯罪嫌疑人分别作法定不起诉或建议侦查机关撤案处理，实现法律、政治、社会效果的有机统一。结合办案开展服务非公"五个一"系列活动，依托"检商助企服务站"，联合县工商联，与12名执业律师组成公益律师团，积极"走出去"，提供风险防范、法律宣传等针对性服务；注重"请进来"，廉政教育基地接待320余名企业代表和职工参观学习。

贯彻"枫桥经验"，加强检察环节预防和化解社会矛盾机制建设。2018年，办理刑事申诉案件8件、司法救助案件8件，对191件209人轻微刑事案件作出相对不起诉处理。沈某某司法救助案获评"全省控告申诉检察精品案件"。深化未成年人刑事检察履职，主动破解夏某某11年监护缺失所导致的抚养困境，促成未执行抚养费和赔偿款落实到位，当事人向县检察院致送锦旗表示感谢。该案获评"全省检察机关践行'枫桥经验'优秀案例"。推进法治进校园，检察长兼任天略外国语学校法治副校长，讲授开学法治课。成立检

9月4日，安吉县检察院党组书记、检察长陈章(左)赴天略外国语学校法治宣讲，并受聘为该校法治副校长

心关爱小组，先后赴10所学校开展普法宣讲，覆盖2000余名师生。依托检察室履职，先后在余村村、鲁家村成立检察工作站，并以天子湖高庄村为试点开展“法润乡村”活动，以“三村驻点”新形式，服务乡村振兴战略。“‘法润乡村’普法体系”被列为“全省检察机关践行枫桥经验示范基地”。

【突出生态检察品牌】 县检察院针对生态资源破坏的不可逆性，建立健全“打击犯罪＋源头预防＋生态修复”的立体化工作模式。就犯罪情节严重、公众关注度高、反映强烈的生态环保案件加大打击力度，对12件21人提起公诉。关注民生舆情，及时跟进“安吉吧”热议的邢某某等5人非法猎捕事件，依法提起公诉，该案获中央电视台报道。践行恢复性司法理念，办案中将补植复绿、污染防治等情况作为起诉裁量依据，推进修复化监督，已协同法院督促24名被告人签订补植令，督促涉案企业及时处置危险固废。通过惩防并重的工作措施，检察环节受理的滥伐、盗伐林木和环境污染犯罪案件数量呈现明显下降趋势，较2017年同期减少67%。2018年，县委、县政府高度重视公益诉讼工作，联合下发《关于加强检察机关开展公益诉讼工作的若干意见》，为公益诉讼工作的推进建立制度保障。全年办结刑事附带民事公益诉讼案件4件，在办2件，向行政部门发出行政公益诉讼诉前检察建议7份，已全部获得回复。其中，提起公益诉讼的全市首例滥伐林木案获浙江卫视报道，并获评“全省生态保护检察专题公诉精品案件”。结合办案制定《办理破坏森林资源类刑事附带民事公益诉讼案件工作细则》，规范办案流程，根据上级院统一部署，成立公益损害与诉讼违法举报中心。2018年，县检察院的公益诉讼工作成效显著，被评为全省检察机关“全面开展公益诉讼工作一周年成绩突出集体”。根据全省生态环境检察教学基地建设的实践需要，依托“两山”理论发源地的资源优势，筹备建立生态环境检察教育展示厅，将立体展示生态检察工作成效以及安吉县生态文明建设成果。借力基地建设所提供的资源共享、经验交流等多元化平台，县检察院派出业务骨干与环保、林业部门交流授课，交流业务所长，扩大生态检察影响力。为延伸基地辐射效应，坚持办案结合预防、惩治结合教育、个案结合片区的模式，在毁林、毁竹等破坏环境的现场教学展示点全面做好普法工作，依托“两微一端”等新媒体矩阵的辐射，通报典型案例，提升全社会生态环境和资源保护意识。2018年5月、12月，《检察日报》头版、《浙江日报》分别报道安吉县检察院生态检察工作。

【筑牢检察铁军建设】 强化“四个意识”，坚定“四个自信”，坚决维护以习近平同志为核心的党中央权威和集中统一领导，把讲政治贯穿落实到职能履行、队伍建设各环节。建成党建文化长廊，完善党员活动室和党建园地建设，组织开展“重走‘一大’路”“凝检心 强体质”素质拓展等系列活动十余次，实现以党建带队建，以队建促发展。坚持全面从严治检，制定《贯彻落实中央八项规定实施细则的办法》，完善《安吉县人民检察院编外人员管理考核办法》，接受市检察院党组的巡察，全面推进队伍作风持续向好，连续两年获评“全市检察机关党风廉政建设先进集体”。注重“全国检察文化建设示范院”的拓容升级，发挥示范引领作用，先后有十余家省内外兄弟院前来考察交流。突出员额检察官的办案主体地位，实现在一线办案部门的配置比例为84%；深化内设机构改革，将内设机构调整设置与办案组织建设紧密结合，推进司法责任制落实。深化以审判为中心的诉讼制度改革，召开庭前会议40次，并会同法院积极推进四类人员出庭38人次。推进检察长列席审委会、检察长带头办理疑难复杂案件及出庭支持公诉等工作的制度化、常态化，落实刑事诉讼制度改革。持续推进检察服务改革提档，建成12309检察服务中心，明确11个“最多跑一次”或“一次不用跑”事项，办理相关事项1100余件次。有序推进一体化办案系统建设，实现逮捕、起诉协同率均达100%。开展业务培训、岗位练兵等活动，组织干警参加高层次人才、业务骨干、年轻干部等专题研修活动，完善检校合作、赛训结合、“微课堂”补充等多元培育机制。推出“竹径茶语”检察讲坛，构建教、学、练、战一体化教育培训平台。2018年，队伍专业化建设取得良好成效，在上级检察机关举办的各类业务竞赛中,1名干警获“全省未检业务标兵”称号;2名干警在全市提前介入引导侦查实案竞赛中获“办案能手”称号;12件案例获选省级精品案例;5份起诉书获评全市优秀起诉文书;7篇实务调研论文获得省、市级奖励。

【全市首例刑事附带民事公益诉讼】 4月24日,安吉县人民检察院就夏某2人滥伐林木行为向县法院提起刑事附带民事公益诉讼。5月29日,该案开庭审理并宣判,县法院支持检察院全部的公益诉讼请求。

【县人民检察院公益损害与诉讼违法举报中心成立】 6月29日,安吉县人民检察院公益损害与诉讼违法举报中心成立。县人大常委会党组副书记、副主任吴佩勋,副县长王捷等领导出席成立仪式。举报中心依法受理属于人民检察院提起公益诉讼的公益损害事项的举报以及对司法机关及工作人员诉讼违法行为的控告。

【县公安局检察官办公室相继成立】 8月24日、9月30日,相继成立县公安局检察官办公室,派驻社区矫正中心检察官办公室。设立各类检察官办公室,优化各部门之间的沟通协作方式,促进监督与配合的融合,实现各部门之间的双赢、共赢、多赢。

(徐 晋)

法 院

【概况】 2018年,县法院收到各类案件14305件,结案14228件,一线法官人均结案293.66件,诉讼标的金额20.05亿元,扭转了连续四年湖州市收结案第一局面,整体呈现“诉前化解率大幅跃升,收案数明显下降”的“一升一降”良好态势,主要办案质量、效率、效果指标继续保持在浙江省法院前列。被最高人民法院评为全国优秀法院、全国法院审判管理优秀业务单位,在人民法院庭审公开第三方评估中位居全国基层法院前十。

6月29日,安吉县人民检察院公益损害与诉讼违法举报中心成立

服务县域经济社会发展。打造与全县“两聚一美”发展大局相适应、与推动中国最美县域高质量发展同频共振的高水平司法,助推县域经济社会取得更大进展。出台《关于高质量谱写践行“两山”理念建设中国最美县域新篇章提供有力司法保障的十八条意见》。出台《关于依法服务和保障民营经济发展的实施意见》,依法平等保护民营企业和民营企业家的合法权益,促进民营经济健康稳定发展。服务供给侧结构性改革,加强破产审判工作,做强破产审判品牌,依法妥善处置“僵尸企业”,推动危困企业进行重整。2018年,办结破产案件12件,化解银行不良资产1.25亿元,盘活企业存量资产1.16亿元,释放土地282.71亩、厂房16.10万平方米。其中,安立化工破产清算案入选“浙江法院十大破产审判典型案例”。参与社会综合治理。坚持“社会调解优先,法院诉讼断后”理念,构建递进式矛盾纠纷分层过滤体系。推动县委政法委出台《无案件、无诉讼、无信访村(社区)创建活动实施方案》,在全县188个行政村(社区)开展“三无”创建活动,力争从源头上预防和化解矛盾纠纷。联合县司法局、法制办出台《关于建立三调联动巡诊制的通知》,推动各派出法庭参与辖区乡镇重大案件协调化解。拓展多元化纠纷解决渠道,与县卫生局、社保局、医调委、仲裁委、消费者权益保护协会等部门和行

业组织建立诉调衔接机制，通过诉前引导委派调解2007件，司法确认调解协议1515件。加强人民法庭建设，推动法庭建设与基层社会治理的紧密衔接，开展巡回审判、送法进村(社区)、法律咨询80余次，推动矛盾化解关口前移。递铺人民法庭被省高院授予“浙江省星级法庭”称号。相关经验做法被最高法院、省高院在《工作简报》中予以刊登。司法审判护航绿水青山。践行绿色发展理念，全面加强环境资源审判工作，依法严惩污染环境、破坏资源等环境资源案件21件，判处罪犯31人，审结环境资源民事、行政案件188件。贯彻恢复性司法理念，探索限期履行、劳务代偿、第三方治理等责任承担方式，对19起涉林刑事案件发出24份补植令，修复林地176亩。建立环境资源审判咨询专家库，首批吸纳12名法学类和技术类专家入库。在安吉龙山林场设立全省首个县级“补植复绿警示教育基地”，由被责令补植人员在基地进行异地补植复绿。推进环境公益诉讼审判工作，联合县检察院等部门出台《关于办理破坏森林资源刑事附带民事公益诉讼案件工作细则》，明确各协作单位的分工、公益诉讼的范围等事项，县法检“两长”同台出庭履职，审结全市首例刑事附带民事环境公益诉讼案件。加强跨区域环境保护司法协作，与苏浙沪11家法院共同签署《长三角环境资源司法保护协作备忘录》，形成保护合力。

依法惩治刑事犯罪。2018年，受理刑事案件700件，办结699件，判处罪犯940人，同比分别上升3.55%、4.33%和9.05%。严惩危害群众生命财产安全犯罪，审结故意伤害、寻衅滋事、“两抢一盗”等案件215件，判处253人。加大对危害市场经济秩序犯罪打击力度，审结非法吸收公众存款、集资诈骗、非法经营等犯罪案件6件8人，涉案金额1.30亿元。推进扫黑除恶专项斗争，贯彻依法严惩方针，坚决打掉黑恶势力嚣张气焰。妥善审结扫黑除恶专项斗争开展以来全市首例重大涉黑案件，历经2次庭前会议、4天连续庭审，对金某等7名被告人分别依法判处相应刑罚，受到社会各界好评。与县检察院出台《轻微刑事案件快速办理实施细则》，试用快速办理机制审结案件76件，平均审限缩短至11天，避免诉讼拖延，促进程序正义。贯彻宽严相济刑事政策，对478名被告人依法宣告缓刑。妥善化解民商纠纷。2018年，受理各类民商事案件7355件，审结7291件，同比分别下降24.34%和26.19%，民事调撤率及民事可调撤率达68.26%和85.44%。保障基本民生权益，审结婚姻家庭、相邻纠纷、道路交通等领域的民生案件1168件。保护劳动者合法权益和企业用工权益，审结劳动争议案件20件。维护诚实守信市场交易规则，审结买卖、租赁、借贷等合同纠纷案件2821件。优化金融生态环境，审结金融借款、信用卡等金融类纠纷案件234件。推行诚信诉讼告知书制度，从源头防范恶意诉讼、虚假诉讼等不诚信诉讼行为，有效保障当事人正确行使诉讼权利。妥善处理行政争议。做优行政诉讼集中管辖，全年受理南浔、吴兴以及市级机关等辖区的行政诉讼案件266件，审结263件，同比分别上升17.18%和27.05%。审查行政非诉执行案件165件，裁定准予执行161件。推进司法与行政的良性互动，连续四年与县政府召开府院联席会议，召开2017年度行政

1月9日，安吉县法院在安吉龙山林场举行“补植复绿警示教育基地”揭牌仪式

审判白皮书新闻发布会,推动行政机关不断改进行政管理和执法工作,促进依法行政。推动行政机关负责人出庭应诉制度,解决行政诉讼"告官不见官"问题,出庭应诉率达 96.8%。在保护公民合法权益的同时,依法规制滥诉行为,出具湖州市首份认定滥诉裁定书。完善预防和化解行政争议机制,依托全国首个行政争议调解中心专业平台,推进行政争议化解在萌芽、化解在基层、化解在行政程序中,协调成功案件 53 件,占同期行政案件结案数的 34%。

深化便民利民举措。完成诉讼服务中心升级改造,建成以诉讼服务大厅、诉讼服务网、12368 热线为一体的综合性服务平台,为当事人提供一站式、综合性、全方位的诉讼服务。落实立案登记制,当场立案率超过 99%。大力推行网上立案、跨域立案、微信立案,共立案 7451 件,促使立案难问题基本解决。落实院庭长接访制度,加大对涉诉信访积案"清仓见底"化解力度。推进智能化建设。坚持让"数据多跑路,当事人少跑腿"目标,推动智能化建设工作提档升级,着力构建现代科技与法院工作深度融合的司法运行新模式。以在线矛盾纠纷多元化解平台在安吉试点为契机,探索"线下矛盾线上解,网上纠纷网上解"新型解纷模式,拓宽化解矛盾纠纷的途径,2018 年,调解案件 3178 件,成功 2905 件。推进"浙江移动微法院"应用,着力打造掌上智慧法院,成功办理各类案件 2283 件,立案 1518 件,送达 635 件。打造阳光司法工程。深化"互联网+司法公开"新模式,健全审判流程、庭审活动、裁判文书、执行信息四大公开平台建设,拓宽司法公开的深度和广度,累计上网公布裁判文书 10637 份,开展网上庭审直播 2256 次,累计在线观看人次 106 万。深化网络司法拍卖机制,司法网拍率保持在 100%,成交金额 1.82 亿元,平均溢价率 34.98%,累计为当事人节省佣金 432.35 万元。全面提升执行力度。全年受理执行案件 5692 件,执结 5692 件,同期执结率 100%,执行到位金额 7.25 亿元,基本解决执行难,四项核心指标和主要执行质效数据位居全省前列,作为全省首批接受第三方评估法院之一接受评估。在中国社科院开展的全国法院庭审公开工作第三方评估中,位居全国基层法院前十名。推动县委、县政府出台《关于支持人民法院 2018 年决胜基本解决执行难的实施意见》,在机构、人员、经费等方面加大对法院执行工作的保障力度。强力打击拒执犯罪,移送拒执类犯罪案件 26 件 27 人,已判决 8 件 8 人,其中判处实刑 5 人、缓刑 3 人。综合运用罚款、拘留、限制出境、信用惩戒等强制手段,对拒不申报、规避执行、抗拒执行等行为依法严厉打击,发布失信被执行人名单信息 2329 余人,曝光 1800 余人,限制高消费 6982 人,布控抓获被执行人 179 人,司法拘留 262 人。加强审判管理。出台《关于院庭长审判管理监督职责的规定》,制定院庭长权力清单和责任清单,强化法院内部制约机制。被最高法院评为第一届全国法院审判管理优秀业务单位。探索实践简案快审、繁案精审的审判方式改革,科学调配和高效运用审判资源,规范组织架构和流转程序,借助信息化和智能化手段,不断提升审判效率,适用简易程序快速审结案件 5535 件,适用率 85.09%。

加强思想政治建设。把党的政治建设摆在首位,讲政治、

11 月 8 日,全省法院行政争议调解中心推进工作现场会在安吉召开

高站位，深入学习党的十九大精神和习近平新时代中国特色社会主义思想。推进“两学一做”学习教育常态化制度化，引导干警牢固树立“四个意识”，坚定“四个自信”。开展“践行两山路，奋发新征程”主题实践活动，组织开展专题学习、集中教育、座谈会等活动，做到将思想政治工作贯穿于执法办案全过程。推进司法能力建设。抓住“关键少数”，强化班子建设，促使班子凝聚力、战斗力提升。注重青年干警培养，通过司法实务培训、法官挂职锻炼、鼓励在职读研等举措，为干警成长成才搭建平台。深化“走出去、请进来”教育培训模式，累计培训干警200人次。召开员额法官、法官助理、司法雇员等六个不同层面的干警座谈会，掌握干警思想动态，帮助解决实际问题。加强党风廉政建设。落实全面从严治党主体责任，强化领导干部“一岗双责”意识，坚持抓早抓小、挺纪在前，构建齐抓共管的有利局面。运用监督执纪“四种形态”，严管厚爱干警，查处干警违法违纪行为。积极应对审判权下放后可能出现的廉政风险，对重点案件开展评查，严防人情案、关系案、金钱案。开展夜访、家访活动，努力帮助解决干警思想、工作、生活和家庭情况，向干警家属赠送《致安吉县人民法院干警家属的一封信》，关注干警家庭廉政建设。主动接受各界监督。坚决贯彻县人大及其常委会决议决定，办理人大代表意见建议。畅通代表委员联络工作制度，主动邀请人大代表、政协委员视察法院、旁听庭审、见证执行，全方位加强沟通、接受监督。支持配合检察机关依法履行法律监督职责，健全检察长列席审委会机制。规范检察建议办理工作，办理检察建议2件，维护司法公正和司法权威。组织开展不同类型的“公众开放日”活动35次，邀请800余名社会各界人士走进法院，亲身体验审判工作。健全人民陪审员参审机制，加强业务培训，提高履职能力，一审普通程序陪审率达99.27%。

【出台《关于高质量谱写践行“两山”理念建设中国最美县域新篇章提供有力司法保障的十八条意见》】 为充分发挥法院审判职能，安吉法院出台“十八条意见”，从强化政治引领、优化营商环境、保护青山绿水、践行司法为民等方面提出18条司法保障意见，全面助推安吉县争当践行“两山”理念“样板地、模范生”，为高质量谱写践行“两山”理论建设中国最美县域新篇章提供有力司法保障。

【联合县林业局、森林公安在安吉龙山林场设立全省首个县级“补植复绿警示教育基地”】 1月9日上午，县法院在安吉龙山林场举行“补植复绿警示教育基地”揭牌仪式。该基地系全省首个县级补植复绿警示教育基地，是县法院继发出全省首份“补植令”后，又一创新举措，既加大对破坏生态环境犯罪的惩治力度，又确保受损生态得到及时补偿，落实宽严相济的刑事司法政策，实现社会效果与法律效果的统一。

【最高院第三巡回法庭巡回区环境资源审判工作会议在安吉举行】 4月18日上午，最高法院第三巡回法庭巡回区环境资源审判工作会议在安吉举行。会上通报最高人民法院第三巡回法庭成立以来环境资源审判工作开展情况，并发布十起由第三巡回法庭和巡回区法院审理的环境资源刑事、民事、行政典型案例。

4月18日，最高法院党组副书记、副院长、第三巡回法庭庭长江必新（前右二）一行到安吉法院调研指导工作

【“院府”共建行政争议调解中心运作模式在全省推广】 11月8日,全省法院行政争议调解中心推进工作现场会在安吉召开。县法院就行政争议调解中心运行情况作重点交流。县法院与市政府法制办联合设立全国首个行政争议调解中心,探索化解行政争议新途径,推进行政争议化解在萌芽、化解在基层、化解在行政程序中。自中心成立以来,办结行政案件192件,成功调撤72件,占同期行政案件结案数的37.5%,为服务保障重大项目顺利推进,营造良好营商环境提供有力保障。相关工作经验被最高院在《工作简报》中予以刊登,被《人民法院报》《钱江晚报》等媒体予以重点报道。

【依法审结金某等7名被告人重大涉黑案件】 12月19日,安吉县法院对金某等7名被告人组织、领导、参加黑社会性质组织案及张某某犯强迫交易罪、虚假诉讼罪案作出一审判决,以组织、领导、参加黑社会性质组织罪、寻衅滋事罪、故意伤害罪、强迫交易罪、虚假诉讼罪等9项罪名,数罪并罚,判处金某等被告人有期徒刑18年至3年6个月不等刑罚。根据湖州中院指定管辖,该案由县法院依法审理。该案同时也是扫黑除恶专项斗争开展以来,湖州地区宣判的首例重大涉黑案件。

【出台《关于建立协同打击非法民间借贷工作机制的若干意见》】 4月20日,为加大对非法民间借贷打击力度,县法院协同县检察院、公安局出台《关于建立协同打击非法民间借贷工作机制的若干意见》,认定虚假诉讼、恶意诉讼案件12件13人,罚款、拘留8件9人,移送公安机关侦查4件4人,有效遏制非法民间借贷恶性发展势头。2018年,审结民间借贷案件1994件,较2017年同期下降34.86%。

【召开2017年度行政审判白皮书新闻发布会】 5月23日,县法院召开行政审判工作新闻发布会,发布2017行政审判白皮书,通报行政案件集中管辖审理情况以及五起典型案例。推进行政与司法良性互动,构建多方参与、力量融合的多元解纷新机制,初步形成“专业调解、实质解纷、源头预防”实质性化解行政争议的“安吉模式”。2017年,县法院依法受理行政诉讼、赔偿案件190件,审结171件,分别同比增长10.46%和106.02%,结案率大幅上升;行政机关负责人出庭应诉率68.3%;行政机关败诉案件数为18件,败诉率10.5%;审查行政机关申请法院强制执行案件223件,准许执行220件,其中国土资源行政处罚178件,环境保护行政处罚11件。

【庭审公开第三方评估荣列全国基层法院前十名】 自人民法院推行司法公开以来,县法院从满足人民日益增长的司法新需求和积极回应社会关切的高度,紧盯庭审公开这一核心环节,推进庭审网络直播,实现庭审公开常态化、网络直播全覆盖。2017年,庭审直播716次,完成任务比例358%,总观看次数523681。县法院在2017年人民法院庭审公开第三方评估研究结果中取得全国基层法院前十的优异成绩。

【县法院荣获“全国法院审判管理优秀业务单位”称号】 县法院围绕“努力让人民群众在每一个司法案件中感受到公平正义”的目标要求,坚决贯彻上级法院决策部署,突出执法办案第一要务,建立科学化、专业化、规范化的审判管理运行机制,推动审判执行工作良性发展。2018年初,在省高院组织开展的审判管理优秀业务成果评选活动中,县法院被省高院推荐参加全国法院审判管理优秀业务评选。8月22日,最高院派出考察调研组到县法院考察调研,后经最高院组织评定为全国法院审判管理优秀业务单位。

(潘司乐)

司法行政

【概况】 2018年,安吉县司法工作围绕省、市司法行政工作部署,积极发挥职能作用,对照市局考核要求,完成各项任务目标,为全县经济社会的发展和“最美县域建设”提供优质的法律服务和有力的法治保障。2018年,被省厅荣记二等功,安吉县入选全国法治县(市、区)创建活动先进单位。余村被评为全国法制宣传教育基地,“余村经验”打响安吉基层民主法治建设的品牌,更确立了安吉乡村治理的全国标杆,洛四房村被评为全国民主法治村,法律援助工作影响力不断扩大，央视《社会与法》栏目来安吉专题拍摄法援工作等等。

【服务中心工作】 优化营商环境。加强平台建设，先后建立天使小镇法律服务站等4家服务企业快速反应平台；借助外地律所优质资源，建立全市首家县级"一带一路"法律服务中心。开展"送法入企"活动及"快餐式"法律定制服务，通过举办走访宣传、法治讲座等形式，走访企业35家，举办现场活动14场，发放宣传资料10000余册。联合县总工会成立安吉县工会志愿者法律服务队，组织志愿律师开展法律服务企业活动，2018年，回访企业57家，完善法律体检报告80份。按照省、市要求，研究制定《关于开展涉企矛盾纠纷集中排查化解专项活动实施方案》，发挥人民调解优势作用排查化解涉企纠纷，为企业经营发展营造良好的环境，全年各级人民调解组织化解涉企纠纷305起，其中涉及非正常死亡纠纷23起。开展扫黑除恶专项活动。开展大走访、大排查、大整治活动，实行日巡查、日通报、日处置制度，做好社区服刑人员风险排摸。落实重点人员一人一案监管措施。对重点人员开展走访调查，有针对性地做好监管、帮教方案，落实帮教措施。组织全县律师开展扫黑除恶专题学习，及时沟通交流代理涉黑涉恶案件的经验做法，建立问题报告制度，各律师事务所受理涉黑涉恶案件后，要及时向县司法局报告。开展扫黑除恶专项法治宣传活动，对企业、基层群体开展宣传教育，在全县营造和谐安宁的法治氛围。助力全国文明城市创建。利用微信微博、报纸电视等平台，推送相关法治宣传讯息，结合"文明劝导""送法下乡"等活动载体，发放宣传资料10000余份，不断提高群众对文明城市创建的知晓度和参与度。配合县创建办，参与文明劝导、责任路段巡查、地理信息大会志愿等活动，累计出动270人次。配合"无欠薪"县创建。充分发挥县、乡、村三级法律服务平台作用，强化群体性农民工讨薪信息的收集和掌握；设立农民工讨薪服务窗口，对农民工讨薪时，落实免于经济困难审查、简化程序、快速受理、快速指派、快速办结的"一免一简三快"工作机制。全年累计办理农民工法律援助案件617件，涉及农民工709人次，金额627.8万元。

10月31日，安吉县"一带一路"法律服务中心成立仪式暨首场企业涉外法律知识讲座举行

【推进法治安吉建设】 加强法治宣传。完成"七五"普法中期验收工作。及时总结安吉县"七五"普法工作成效，展示工作亮点，会同相关部门对全县各乡镇（街道）和各成员单位普法工作进行抽查，做好中期验收准备工作，通过市里对全县的督查验收。组织开展《中华人民共和国宪法修正案》专题宣传活动，共组织宣传活动48场次，发放宪法文本、宣传资料5000余册。拍摄《宪法的声音》专题宣传片；县司法局青年干部自演的宪法主题节目《普法自有后来人》，被选送参加浙江省法治文艺汇演，这也是全省县区司法局唯一选送的节目（包括2017年全省政法系统文艺汇演）。抓好重点对象法治宣传教育。常规化开展领导任前学法考试，组织15名县管领导干部进行任前考试，联合人力社保局、党校举办公务员三年学法轮训。优化普法宣传平台。强化安吉普法微信微博、报纸、电视等平台的宣传功能，优化运作机制。开发"安吉微司

11月27日，安吉司法局自编法治节目《普法自有后来人》在全省“第五个国家宪法日暨首个宪法宣传周法治文艺汇演”上表演

法”微信服务平台，打造集宣传、服务和管理等功能于一体的司法行政掌上服务系统。开辟普法新阵地，在《行者》杂志增设《以案释法》专栏，由县内律师对近期发生在安吉县的案例进行法理点评，凸显普法实效，已刊发18期。加强“之江法云”微信塔群建设，出台《安吉县司法行政“之江法云”工作考核办法》，强化考核监督，充分发挥微信塔群的宣传教育功能。全年“之江法云”三级微信塔群已发布法治资讯1300余条。以民主法治建设为抓手，促进基层治理。继续推进《美丽乡村民主法治建设规范》的落实，对申报创建的村(社区)进行集中培训和日常指导。在市局关心下，共申报省级民主法治村12个。出台《“三治融合”基层治理推广工程实施办法》，对余村、双一等重点村法治文化建设进行提升，对治理经验进行提炼。会同相关部门做好全国乡村治理现场会筹备工作，参与全国首个乡村治理工作地方标准规范的起草，提炼基层治理经验，提升基层治理水平。2018年5月，“余村经验”得到习总书记指示。维护社会和谐，探索人民调解新路子。作为全省人民调解参与信访矛盾化解试点县，开展访调对接，推进人民调解参与信访矛盾纠纷化解，建立县、乡、村三级访调对接工作网络。试点以来，全县各级人民调解组织调解信访纠纷103起，成功64起，其中第一批信访积案7起，成功化解5起。开展律师参与法院调解试点工作。确定驻法院的律师调解工作室由县内7家律师事务所轮流进驻，落实调解案件登记制度、调解案件移交制度，形成规范化运行模式。开展“大数据＋人民调解”工作，普及全省人民调解工作管理平台、在线矛盾纠纷多元化解平台、“安吉微司法”人民调解板块操作知识。从法官、律师等队伍中遴选22名人民调解指导员，建立安吉县人民调解指导员名库，为全县乡镇(街道)调委会进行专业性指导；继续深化三调联动巡诊制运行，通过巡诊会商，下发会议纪要的形式，提供具体案例指导，提高人民调解质效。会同相关部门扩大安吉县物业管理纠纷多元化解中心，昌硕街道建立辖区内物业调解中心，更好实现人民调解、司法调解和行政调解协调联动，得到中央办公厅老干部局领导肯定。实行绿色矫正。开展“春风又绿苕溪岸”主题修心教育活动，以多元化的帮教、帮困、模式，帮助社区服刑人员改造。分别与人力社保部门开展对特殊人群就业技能培训和就业岗位信息推介，为社区服刑人员打通就业创业绿色通道；与民政部门协作，解决困难社区服刑人员的基本生活问题，帮助10名社区服刑人员获得低保。开展补植复绿行动。与县法院、检察院、公安局等部门出台《涉林案件补植复绿实施细则》，在余村和龙山林场设立绿色教育基地，建立生态修复协作机制，监督滥伐、盗窃林木等社区服刑人员履行补植复绿义务。通过提升社区服刑人员档案管理水平，开展执法案件评查的方式，实现社区矫正规范化执法。落实常态化矫正研判分析机制。利用社区矫正平台，加强信息核查，监督矫正日常管理。设立检察官办公室，加强规范化监督指导。健全公共法律服务体系。围绕“努力为群众提供普惠性、公益性、便利性的公共法律服务”宗旨，建强县

级平台。2018年，投入260余万元，扩建老的公共法律服务中心。扩建后的新中心，集法律咨询、法律援助、人民调解、司法鉴定等服务内容于一体，相关功能要求按照省级规范化要求落实到位。规范各乡镇（街道）公共法律服务站点建设，组织对全县公共法律服务站点建设督查工作，对各乡镇（街道）排名进行晾晒，按照规范化要求及时落实整改措施。其中递铺司法所软硬件提升，成效明显，昌硕司法所正在装修，该所办公面积800平方米。打造“最美法援”。以落实总书记嘱托为宗旨，实施法律援助民生工程，法律援助案件同比增长23.9%。2018年4月，全面启动刑事案件法律援助全覆盖试点工作，受理刑事援助案件397件，同比增长60%，法律援助刑事辩护率100%。创新推行法律援助案件首办责任制，实行审核、批准和法律援助人员指派合一，该制度使得审核的时间缩短至20分钟，是制度推行前的十分之一。常规开展“8·15”法律援助系列活动，提升法律援助在群众中的知晓度。与中国政法大学国家法律援助研究院建立战略合作协议，8月9日，与之联合举办“法律援助在社会治理中的地位和作用”专题学术研讨会。在安吉设立“法援大讲堂”，研究院定期在安吉县举办法律理论及实务培训，为安吉乃至全国培养更多的法律援助人才。9月，央视《社会与法》栏目来安吉专题拍摄法援工作。提高法律服务水平。全面推进律师参与行政综合执法试点工作，采取聘请“律师驻队”模式，推进律师参与行政综合执法试点工作。通过公开招投标，公开选聘1家律所（振源所）承担试点期间的相关法律服务工作。2018年，安吉县共聘请驻队律师9人，律师参与一线执法115次，参与处置疑难复杂执法事项32次，督促当事人履行行政决定20次，受到住建部副部长充分肯定。完成2018年度法律服务行业从业人员及法律服务机构的年度考核工作，2018年3月，浙江振源律师事务所获评浙江著名律师事务所（全市唯一）。对县域范围的律所、公证处和法律服务所常规开展“双随机一公开”检查，并抓好落实整改。

8月10日，联合中国政法大学在安吉举办“法律援助在新时代基层社会治理中的地位与作用”学术研讨会

【队伍建设】　以党建为引领。开展“两学一做”学习教育，组织开展“学习十九大精神，不忘初心跟党走”等主题实践活动；加强党组织建设，抓好县司法局各支部换届选举，邀请组织部同志对新支委会进行专项培训，提高基层党支部的凝聚力和业务能力。争创党建示范点，加强党建规范化和党建文化阵地建设。建立律师行业党建支部，完善律师党组织参与律师事务所建设和管理工作机制，增强广大律师服务大局意识。2018年7月，黄立科律师荣获“全国律师行业优秀党员律师”称号，成为全省10名入选律师之一。以作风为抓手。落实领导干部“一岗双责”，出台清单细化党风廉政建设工作要求；系统整理汇编各项规章制度，做到有章可循；严格执行“三重一大”事项集体决策及事项报告制度，凡涉及资金较大、人事等决策事项，一律经过班子会讨论民主决策。全年共向纪检组报送“三重一大”事项报告33项。继续开展每月不少于2次的“正风肃纪”专项行动。2018年6月，县委巡察组对县司法局开展为期一个月的政治巡查，根据巡察组反馈的意见和提出的要求，逐个细化整改方案，并以此次巡查反馈为契机，加强

党性锻炼,改进工作作风。以能力为基础。注重对干部能力的培养和锻炼,选派干部参加各类培训学习;创新重点工作的推进模式、议事决策的方式等,提高干部的应变、表达和解决问题能力;组织信息写作培训,提高文字综合能力。年初,开展新一轮中层岗位选任工作,优化人力资源结构,激发干部队伍活力。以文化为纽带。以新公共法律服务中心搬迁为契机,加强单位文化建设,包括公共法律服务中心、“牢记嘱托、不辱使命”展示馆和党建文化三大板块。申报党建示范点、新时代文明中心实践点以及“两山”讲习所现场教学点。通过文化建设,更好鞭策全体干部承诺践诺、凝聚合力,营造创新实践、争先争优干事氛围。

【浙江振源律师事务所获“浙江省著名律师事务所”称号】 3月5日,省律师协会印发《关于表彰第二批浙江著名律师事务所的决定》,浙江振源律师事务所成为湖州市唯一获此殊荣的单位。近年来,县司法局精心实施“名所名品名律师”培育计划,找准律所发展优势,开展分类培养,打造一批综合业务能力强的规模所和业务特色鲜明的专业所;研发和提炼一批适应社会全面发展的法律服务产品;搭建本地律所与其他地区优秀律所的沟通交流平台,增强律所领军人才的管理意识、大局意识和发展意识。2018年,县司法局提高标准和要求,引导各律所推进业务专业化、服务品牌化、研究常态化建设,为全县各个领域提供更优质、更高效的法律服务。

【安吉县入选“全国法治县(市、区)创建活动先进单位”】 6月11日,第四批“全国法治县(市、区)创建活动先进单位”名单公布,安吉县成为湖州市唯一获此殊荣的县(区)。近年来,安吉县不断提升领导干部学法用法水平,组建县政府法律顾问团,开展领导干部任前法律考试、公务员三年学法轮训等活动。强化县法院、法制办、司法局、律所等部门间的配合,建立司法调解、人民调解和行政调解的联动巡诊制。发布全国首个基层民主法治建设地方标准,推进公共法律服务平台规范化建设。2018年,全县成功创建国家级民主法治示范村3个,建立规范化公共法律服务平台15个,矛盾纠纷调解成功率99.3%。

【县司法局首次开展企业法务讲堂】 2018年,县司法局在“两山”创客小镇首次开设企业法务讲堂,帮助企业提升依法经营能力。委托浙江浦源律师事务所,设计企业法律风险防范课程,课程涉及企业合同、劳动用工等基本法律知识和产权知识,重点为企业提供专利与品牌战略、知识产权代理与保护、科技合作与融资等方面的法律服务,帮助企业提高法律风险防范能力。全年完成企业合同管理、员工股权激励等企业法律风险防范课程2期,培训企业法务人员120人次,提供知识产权保护意见37条。

【安吉县全市率先实行法律援助“首办责任制”】 自2018年4月起,安吉县深化司法领域“最多跑一次”改革,在全市率先推行法律援助“首办责任制”模式。此模式是指申请人在乡镇(街道)法律援助站申请法律援助时,首位接待申请人的工作人员自动成为该案件的首办人,需负责此案法律援助申请的材料审核、案件批准和律师指派等工作。该模式改变以往法律援助须通过乡镇(街道)上报至县援助中心、再由援助中心指派援助律师的程序,办理时间由3个小时压缩至20分钟以内。2018年,安吉县已通过该制度办理法律援助案件242件,占全县法律援助案件的96.8%。

【安吉县被列为“律师参与综合行政执法模式”省级试点】 1月17日,省级“律师参与综合行政执法模式”试点单位名单公布,安吉县成功入选,是湖州市唯一入选的县(区)。该模式是指综合执法部门通过购买服务的方式聘请专业律师,再将律师派驻至各乡镇(街道)综合执法中队参与一线执法。驻队律师不仅可督促执法队员履行职责,确保执法程序准确;还可在当事人不自觉履行处罚决定时,依法向当事人出具律师告知函催告其履行法律义务。2018年,安吉县共聘请驻队律师9人,律师参与一线执法115次,督促当事人履行行政决定10次。

【安吉县建立湖州市首个物业管理矛盾纠纷调解中心】 针对近年来物业管理矛盾纠纷数量不断增加的情况,10月19日,司法局联合住建(规划)局、法院等部门,成立湖州市首个物业管理矛盾纠纷调解中心。调解中心设主任1名，专职调解员5名，律师工作室和法官工作室各1个；同时，聘请法律专业人士、各行业及物业管理专家组成专家顾问团，为调解提供法律、政策和专业指导，初步形成县、乡、村三级物业管理矛盾纠纷多元化解体系。全年成功调处物业纠纷3起。

【安吉县设立湖州市首家县级“一带一路”法律服务中心】 11月2日，县司法局、商务局联合设立湖州市首家县级“一带一路”法律服务中心。中心与浙江金道律师事务所合作，设置专职涉外业务律师岗位8个，采用“互联网＋法律服务”模式，为全县涉及“一带一路”和出口外向型企业提供全方位、跨区域、跨法系、多语种的一站式法律服务，服务内容涵盖投资、贸易、劳动、环境保护、知识产权及争议解决六大领域。

【安吉县天荒坪镇成立浙江省首家社区矫正绿色教育基地】 据统计，安吉县目前有社区服刑人员511名，其中因滥伐林木、污染环境等破坏生态行为而服刑的人员83人，占比16.5%。针对破坏生态类犯罪服刑人员占比较高的情况，10月26日，天荒坪镇余村正式揭牌成立全省首家社区矫正绿色教育基地。该基地以公检法司等部门开展训诫教育为载体，以不定期开展片区联合点验活动为抓手，通过每月8日、21日在余村集中开展补植复绿等公益行动的方式，不断增强社区服刑人员社会责任感，达到以劳带训、以劳代管、教育改造的目的。2018年，组织83名社区服刑人员参加补植复绿活动2次，共计补植绿化20亩。

（江　涛）

10月26日，全国首个矫正人员绿色教育基地在安吉县天荒坪余村建立

人　民　武　装

【概况】　2018年，县人武部按照"三个一线"抓建标准，围绕抓好国防动员主责主业和服务安吉经济社会发展两个大局，以"适应新形势、履行新职能、创好新事业"为基本工作思路，以整装待发的姿态、昂扬饱满的状态、力求一流的标准抓好各项工作落实，促进"国动"事业和人武部建设深入发展，县人武部被省军区表彰为先进团单位。

【战备训练】　抓好方案计划修订、侦察情报建设、作战值班规范、战备拉动检验和应急能力建设等，及时升级改造信息系统和通信设备，加强作战室、作战值班室、兵器室等基础设施建设，提升战备水平。协调县政府应急办、公安110指挥中心等部门，完善建立军地情报信息互通协作机制，常态运行民兵情报报知系统，及时收集辖区各类情报信息。9月，按照军分区关于抓好日常战备秩序会议要求，认真查纠问题，抓好整治规范。

【后备力量建设】　完成民兵整组工作。2月份，根据省、市民兵调整改革任务部署会及《湖州市后备力量建设"十三五"规划》要求，及时拟制下发《关于做好安吉县2018年度基干民兵调整编组工作的预先通知》及《安吉县后备力量调整改革方案》，并召开全县民兵调整改革任务部署会，搞好工作动员、部署具体任务，督导末端抓好科学编组。3月，如期完成基干民兵调整编组任务。4月19日，召开全县基干民兵整组点验大会，接受军分区首长和县委主要领导的检查验收，点到率达90%以上。

4月19日，安吉县2018年民兵整组点验大会举行

【国防动员】　高标准抓好征兵工作落实。按照"一季征兵、全年准备"的要求，坚持早筹划早启动，剖析总结2017年度征兵工作特点规律，安吉县人武部部长谷炳方还带队深入乡镇(街道)调研新时代征兵工作困难矛盾，督导推进工作落实，并结合实际开展征兵宣传。7月起，抓了目测初检、上站体检、复检联审、定兵送兵等规定动作。8月底，在走访调查的基础上组织全县177名双合格青年役前集训，完成全县新兵(含3名女兵、1名直招士官)的征集任务，男兵大学生比例为78.3%。探索抓好学生军训工作。2018年是县人武部首次组织学生军训，根据省军区战建局与省教育厅联合文件的指示精神，瞄准高起点、高标准、高质量的总目标，先后五次协调县教育局召集相关学校召开部署会，研究制订军训工作推进时间表，明确责任分工。特别是针对本次由民兵担任教官的新情况新特点，部里组织全县教官候选人进行"过四关"考核海选(军事关、教学关、政审关、健康关)，组织对准教官进行集中教育培训，9月15日前，完成全县130个班5000余名学生的军训任务。

【国防教育】　县人武部按照习主席"让军人成为全社会尊崇的职业"和浓厚"爱我国防爱我军"社会氛围的指示要求，围绕"传承红色基因、汇聚强军力量”主题，坚持常态国防教育工作落实，推进安吉县国防教育工作普及深入。4月，组织开展全县中小学生主题书画展，强化中小学生的国防意识。5月，组织召开全县国防教育例会，部署年度重点国防教育工作，明确要探索运用“安吉发布”和“安吉国防教育”两个微信公众号的作用发挥，扩大国防教育普及面影响面；启动展开孝丰革命烈士陵园提升改造工程，拓展国防教育基地国防教育功能；指导报福镇乡镇国防教育公园建设，探索铺开乡镇国防教育场所建设路子；加快军人荣誉墙进乡村文化礼堂工作进程。6月上旬，开展“强国梦 强军梦”专题文艺演出。围绕广泛宣扬改革开放40年来县人武部取得的成就，开展纪念改革开放40周年活动，到12个中小学和8个乡镇、机关单位进行巡回展出。7月下旬，组织县四副班子领导、国教委、国动委主要领导到安徽芜湖空九旅集体过“军事日”活动。9月，指导各级结合实际开展国防教育主题周(日)宣传活动。10月，安排讲师团成员到县新招录公务员队伍培训班上作国防教育知识宣讲。

【政治工作】　县人武部坚持把开展主题教育作为年度重点政治工作摆上位置，按照上级统一部署要求，科学制定学习方案和实施计划，抓好各环节教育内容的有效落实，重点围绕“和平积弊大起底大扫除”活动安排，通过召开党小组会、党委会等形式引导大家深入思想和工作实际，认真搞好对照、查摆存在问题，起到强化忧患意识、立起使命担当、树立备战导向等作用，并结合实际研究制订改进措施。落实上级“两卡一表”要求，抓好教育人员、时间、效果、内容落实。教育过程中，对于值班、休假的同志组织补课，把主题教育四课内容下发乡镇(街道)武装部，督导将主题教育向民兵队伍延伸拓展。3月，对营院政治氛围进行完善，在办公楼顶竖立强军目标的大型标牌，更新灯箱宣传内容等；4月，结合党日活动时机，组织到天荒坪余村学习参观，深化对“两山”理念的学习理解；5月，利用习主席给溪龙乡黄杜村20名党员回信这个契机，组织学习习主席关于扶贫攻坚相关论述，并结合实际就组织民兵参与扶贫攻坚进行研究部署；6月，统一购置《习近平新时代中国特色社会主义思想三十讲》《习近平的七年知青岁月》等书籍，并以党课教育的形式组织学习《军委主席负责制学习读本》；9－10月，重点学习全军党建会议精神。

【“双拥”工作】　以安吉县创建全省双拥模范县“两连冠”为契机，发挥桥梁纽带和牵头协调作用，督导落实拥军优属各项政策。1～2月，组织开展慰问军属大走访活动，及时把党委政府和军事机关的关心关爱传达给广大军属；3月，连续第五年开展退伍士兵免费技能培训、专场招聘和返乡欢迎仪式，与退役士兵达成就业意向；5月，搞好在辖区驻训部队的协调保障工作，主动协调县党委政府主要领导相继慰问支援保障旅和武警部队官兵，赢得驻训官兵的广泛好评；6月，与驻军单位进行协调对接，听取意见建议，加强工作沟通；8月，重点配合民政部门做好退役军人信息采集工作。

【军事训练工作】　县人武部大力掀起民兵训练热潮。4月下旬，组织民兵干部骨干9个专业共10人，参加全省民兵干部骨干跨区联训；5～6月，组织基干民兵防空分队、道桥保障分队、防化救援分队、交通运输分队及民兵信息网民兵骨干参加全市跨区联训，并承训全市道桥保障分队的专业训练；5月，以备战全省首届民兵岗位练兵比武为主要抓手，集中三天时间组织专武干部、民兵连长及基干民兵训练，并采取各单位摸排推荐、集中强化训练、考核排名选拔等方式，遴选出3类8项48名训练尖子参加全市选拔；6月，安吉县的民兵尖子(2名专武干部)入选湖州市代表队，其中1人夺得民兵应急专业个人第一和团体第二，3人获得团体第二，1人获得个人第四。

(王　翔)

基础设施

水　利

【概况】 2018年，县水利工作围绕安吉县“两聚一美”发展大局，团结拼搏、共同努力，全年完成水利投资2.2亿元，完成年度水利建设目标任务，在省厅年度考核中被评为优秀，为安吉建设“最美县域”、全国文明城市创建提供强有力的支撑。

【工程建设】 2018年，苕溪清水入湖河道整治项目完成年度投资4977万元，累计完成投资17.45亿元，占总投资的100%。全年完成新建护岸8.72千米、堤防加高加固15.4千米、退建堤防0.9千米、新建防汛道路20.1千米，完成土地征用260亩，拆迁安置12户，砂场、砂点整治5家，主体工程全线完工。赋石水库加固改造主体工程基本完成。农田水利不断深入。完成5个农村饮水提升项目建设内容，新增受益人口9421人，提高农村饮水项目覆盖率、提升农村供水可靠性、保障群众饮水安全性；完成石门坎、大坞等5座小型水库除险加固工程；完成浒溪流域综合治理天荒坪集镇段以及余村溪治理工程；完成荆湾联合斗、溪龙联合斗围区整治4.66万亩；完成河湖库塘清淤30万立方米；完成2017年小型农田水利项目县项目（2017～2018跨年度），整治山塘36座、改造灌区5座，高效节水2处；完成2018年小农水项目县项目，整治山塘14座、改造灌区3座、高效节水12处。统筹规划、整体部署，完成杭嘉湖地区防洪能力调查编制工作、县域美丽河道综合治理规划，加速推动苕溪清水入湖河道整治后续工程可研批复，谋划县城防洪规划编制工作；总结“十三五”规划执行情况，并形成中期评价报告，为滚动编制“十四五”奠定基础。

【防汛抗灾】 2018年，全县平均降雨量1693.8毫米，比常年平均值1543.4毫米偏多9.7%，呈现梅雨过程非典型、局部极端天气频发、台风影响异常密集等特点，汛情总体平稳，未出现大的灾情、险情。汛前及时开展检查，排查整改到位隐患19处，建立乡镇（街道）防汛防旱指挥部15个，成立村级（社区）防汛工作

苕溪荆湾下赵段

组209个，落实乡级责任人279人，村级责任人2209人，所有责任人信息全部录入省基层体系信息管理系统并实时更新；落实全县入库贮备的防洪抢险物资器材有桩木327.04立方米、麻袋15.8万只、编织袋9.1万只、草袋10.56万只，县级防汛物资供销社储备麻袋7.2万只、编织袋1万只。采用提升技术手段、增强群众防范能力、落实有关方面责任人相结合的方式，强化建设基层防汛防台风体系，提高防治区内群众主动防灾避险意识和基层防汛组织的自防自救能力，在全省率先完成乡镇（街道）、村（社区）两级防汛防台行政责任人和各类网格责任人的防汛管理APP安装注册工作，实现基层防汛责任人履职痕迹化管理，被《中国水利报》、“浙江之声”等主流媒体报道宣传，安吉县获省防指通报表扬(浙防指〔2018〕2号)。以乡镇“七个有”、行政村“八个一”为主要建设内容，构建完成“横向到边、纵向到底”的山洪灾害防御和基层防汛防台体系，在全省18个群测群防建设县市中率先完成项目建设。开展防汛培训与模拟演练，分别对全县15个乡镇(街道)逐次逐场进行培训与演练，培训人次达1300余人，组织开展全县防汛APP演练，所有防汛责任人约2500人参与演练。严格执行24小时防汛值班制度，确保汛情第一时间上传下达，在上级部门值班抽查中未发现人员脱岗等责任事故。入汛后，加强与气象部门的会商与研判，密切关注水雨情变化，及时发布预警信息，全年发布预警单136份，发送预警短信1万余条。根据汛情发展趋势，分别在2018年防御第10号台风“安比”、12号台风“云雀”、14号台风“摩羯”及18号台风“温比亚”期间4次启动防台四级应急响应，在防台应急响应期间，始终保持高度的责任感，做好各项防范工作。

【水环境、水生态治理】　“水环境优美村”作为亮点工作持续开展创建。完成碧门、长潭、高禹、荆湾、银坑5个2017年度“水环境优美村”的验收工作，完成鹤鹿溪、洛四房、桐坑、中张、山川5个村的创建验收，完成玉华、潴口溪、新丰3个“水环境优美村”创建验收。纳入2018年度“水环境优美创建村”的大竹园、船村、统里、施阮、红庙、城东郎村等7个村完成规划布置并启动创建，全年完成工程量的75%。“美丽河湖建设”。通过实施平原骨干防洪排涝工程、中小流域河道治理、河(湖)长制管理制度建设、河湖标准化建设、“智慧水利”管理建设等措施，推进河湖美化亮化，完成200处“美丽河湖”建设并通过验收。启动西苕溪生态滨水廊道项目前期工作。节水型社会建设。完成鲁家灌区、黄杜灌区省级节水型灌区创建；全县万立方米以上自备取水户取水计量监控实现全覆盖；开展全县域用水总量统计，优化水资源配置；完成13家节水型公共机构和10家节水型企业的创建任务，并提前启动2019年节水型载体创建工作。推进集中水源地保护工作，结合各集中饮用水源地水库实际，继续推进视频监控系统四期项目，新增视频监控点16个(老石坎6个、赋石6个、凤凰3个、天子岗2个)。水土保持工作。开展生产建设项目“天地一体化”管理试点工作；完成和村等5条小流域、皈山等3条小流域水土流失综合治理项目建设，永和、尚梅小流域水土流失综合治理项目全面进场施工，全年完成工程总量的70%；提前启动2019年溪龙乡白茶园水土流失综合治理项目前期工作；强化科研监测，持续

凤凰水库

推进水土保持科技示范园区提升、山湖塘水土保持综合观测场标准化创建项目,安吉县生产建设项目水土保持"天地一体化"监管示范、安吉县和村等5条小流域水土流失综合治理项目实施方案、凤凰水库双二库尾小流域水土流失综合治理项目实施方案获浙江省水土保持学会第一届优秀设计二等奖,安吉县水土保持规划获浙江省水土保持学会第一届优秀设计三等奖。小水电转型升级。对全县86座水电站进行安全生产大检查抽检,对检查中发现的问题及时责令整改。继续坚持县委、县政府提出的小水电"三个一批"的总体思路,正确引导、积极协调符合报废条件的电站启动报废程序,完成潘村电站报废完结认定以及76座电站流量监测设施的安装工作,推进银坑4座水电站关停退出工作。该项做法被省府办录用并获副省长彭佳学批示。

【行业管理】 根据省委、省政府推进"最多跑一次"改革的重大决策部署,创新完成安吉经济开发区、天子湖示范区、天使小镇三个片区的区域洪水评价工作,建立"三合一"、区域性、承诺报备审批体系,精简审批环节,缩短审批周期,大幅降低项目业主审批成本,为服务企业、优化营商环境提供支撑。开展农业水价综合改革,完成递铺街道古城村、兰田村等7个村(社区)共计1.455万亩农田水价综合改革任务,完成梅溪镇荆湾村水价改革示范点建设项目。提高水政执法巡查频次,严厉打击水事违法行为,全年组织巡查人员453人次,巡查153次,总计巡查河道1000余千米,巡查水库83座,查处水事违法行为为42件,立案、结案5件,清理违法种植作物堤防7处,清除河道障碍物3处。创建递铺溪、浒溪与大溪3条无违建河道,通过违法建筑现场摸排工作、无人机航拍、涉违建筑现场测量核定,拆除违建7处共2000余平方米。依法依规足额征收水资源费1050余万元。强化水土保持的监管力度,完成生产建设项目水土保持方案审批(备案)61件,完成135个项目水保方案实施情况的技术评估,征收水保补偿费580余万元。工程建设管理。将全县水利工程建设项目均纳入省水利工程质量监督管理平台,同时安排监督检测7个批次取样抽检64组,基本做到主要在建项目质量抽检全覆盖。对2家施工企业、4家监理单位及相关责任人进行不良行为处理公告,对质量问题突出的工程施工、监理单位进行质量违约经济处理,强化质量监督执法力度。完成12项水利工程标化创建任务,坚持标准落地,严格按照标准对水利工程实施长效管理。

【廉政建设】 夯实党风廉政基础。年初及时部署年度党风廉政建设工作的目标任务,制定印发《中共安吉县水利局党委关于"一岗双责"责任分工的通知》,明确局领导班子成员分工和职责落实。执行民主集中制,突出全面从严治党主线,落实"一岗双责",运用监督执纪"四种形态",提醒谈话1人次,批评教育4人次。打造"善水惠民"党建优质服务品牌,开展"不忘初心使命、牢记嘱托奋进"主题教育,开展老石坎水库基层党建示范点建设,选优育强基层带头人队伍,强化基层党组织专业服务意识。强化内部规范纪律。建立工作督查制,以抓制度落实、工作绩效和矛盾问题为突破口,提高督查的时效性和精准性,确保水利系统重点工作、作风效能和廉政防控目标落到实处,开展9次专项督查活动,并通报督查结果,督促落实整改。强化干部队伍建设。执行中层干部选用聘任程序,通过民主推荐、组织考核、党委商议及结果公示等程序,全年调整使用系统中层干部3人次。优化培养年轻专业技术人才,招聘3名专业技术人员进岗到位。建立导师帮带制,制定出台《安吉县水利系统干部"导师帮带制"实施意见》,帮助年轻干部尽快熟悉水利工作,提升专业技术能力,近三年新进年轻干部结对帮扶实现全覆盖。

【创新服务中心工作】 助推赶超发展。为服务县委、县政府中心工作,全方位锻炼干部工作能力,选派2名干部参与"攻坚清零"行动,3名干部参加县520办工作,1名干部对口帮扶支援四川木里。服务联系乡镇、村,将梅溪镇荆湾村打造为省级"美丽河湖",并通过市级评定。配合全县用地指标储备,全年累计批复旱改水项目9.6公顷。践行"两山"理念。按照"生态立县"的战略部署,稳步推进生态水利建设工作,在余村"两山"示范区建设工作指挥部的统一领导下,全力支持示范区建设各项工作推进，安排700余万元资金实施余村溪综合治理，余村水塘景观提升等工程。推进“五水共治”。开展递铺溪、浒溪、大溪3条“无违建河道”创建工作，结合河湖“清四乱”专项行动，全年拆除各项涉河建筑1.3万平方米。助推文明城市创建。专门成立创建工作领导小组，结合实际制定出台创城工作实施方案，开展各项创建工作。

（丁　盛）

浒溪

交　通

【交通项目】　2018年，全县交通投资计划完成投资29亿元，实施项目24个。其中，续建项目7个、新建项目12个、前期项目5个。申嘉湖高速公路孝源至唐舍段、杭长高速公路南北庄互通工程、304省道矮部里至南北庄段工程、笔架山园区中环道路工程、智慧交通三期建设工程、306省道超限检测站工程、干线公路大中修、农村公路改造提升工程、农村公路大中修工程、危桥改造工程、农村公路安保工程、农村联网公路工程12个新建项目全部按照计划节点按时开工。“十三五”期间的重点交通项目全部实现开工。续建项目推进：申嘉湖高速公路鹿山至孝源段全面实现路基贯通、303省道钱坑桥至长思岭段工程提前一个月完成年度目标任务。306省道椅子塔至王家庄段整治工程、高铁大道工程、高铁场站配套工程、长湖申航道西延工程等一批项目加速推进。县道鄣北线提升工程，完成总工程量的25%。前期项目：235国道安吉段改建工程完成工程可行性编制；规划省道上堡至净土段改建工程完成初步设计编制；306省道梅溪至马家渡段改建工程完成工程可行性审查；高铁大道绿化工程启动方案编制单位招投标；235国道马家渡至横塘段整治工程完成方案，并上报省交通厅。

【农村公路】　制定出台《安吉县“四好农村路”十三五发展规划》，2018年累计新改建农村公路107.9公里，实施农村公路大中修80千米，改造危桥10座。其中，重点强化平原区农村公路建设，完成平原区农村公路改造提升43.6千米。改善平原区群众出行条件。在全国“四好农村路”管理现场会上获交通运输部高度评价，并向全国多地输出建设经验。

5月25日，“5·26爱路日”暨“我爱路 我文明 我行动”主题党日活动启动仪式举行

【绿色交通】　全县在2015年启动了全国绿色交通试点县创建工作，围绕新能源、慢行系统、公共交通、绿色枢纽、绿色港口、绿色运输、交通管理和交通服务八大方面，以38个子项目为载体，着力构建便捷畅通的综合运输网络、建设绿色低碳的交通基础设施、推广节能环保的绿色运输装备、发展集约高效的运输组织模式、提升绿色交通科技与管理能力。2018年，累计投资33亿元，子项目完成率90%，累计节约标准煤3.74万吨，标准油替代量2.21万吨，二氧化碳减排量10.5万吨，基本实现创建期目标任务。

【公共交通】　建设高品质公交出行服务体系，优先发展公共交通，加快公交基础设施建设，建设停靠站50座；优化公交班线7条，开通首条夜间城乡公交线。更新纯电动城市公交车132辆，主城区城市公交实现100%纯电化。设置公交专用道5.2千米。全年建成智能公交电子站牌142个，智能化公交运营调度系统及多功能城市交通公共出行服务查询系统已投入使用，公交车实现移动支付覆盖率100%。

【公路客运】　2018年，全县公路客运量1199万，同比增长3.05%，公路客运周转量39241万人千米，同比增长9.77%。

【货物运输】 2018年，全县完成公路货运量和货物周转量分别为2026万吨和12.5亿吨公里，同比分别增长27.09%和7.59%；完成水路货运量和货物周转量分别为1468万吨和25.6亿吨公里，同比下降1.16%和增长0.26%。总体运力水平在国际形势和国内经济运行新变化、新情况下，保持平稳发展。安吉上港实现全年集装箱吞吐量26.2万标箱，同比增长8.06%，其中进港12.91万标箱，出港13.25万标箱，进出港箱量基本持平。集装箱运输呈良性发展，重箱率达71.6%，运输效率不断提升。

【运力结构】 2018年，全县有普通货运车辆总数3324辆，核载吨位数26733吨，车辆数同比增加7%，单位荷载吨位数上浮11%；拥有运输船舶634艘、392168载重吨，与2017年同期相比船舶数减少0.08%，平均吨位数618.6吨，同比增加0.16%。公路、水路单位荷载吨位数均有所提升，运力结构调整略显成效。

【行政审批】 推进"最多跑一次"改革，深化交通行业"放管服"改革。在水上运输行政许可中，创新"3+1"模式，推出船舶电子签证，实现从现场办理到"云端"办理的转变。对新过户船舶实行上门检验、即时发证。在道路运输业务办理中，网上年审、异地签注，变"人跑"为"数据跑"，新举措实施后，道路运输业务网上办理仅需两个工作日，减轻企业和群众办事负担。在项目建设方面，尽可能地缩短工期，抓实重点路段集中力量抓好攻坚。

【城市治堵】 2018年，全县打通断头路2条(玉磬路、穆王路)，新改建道路4条(齐云路、拥军路、浮玉路、闻韵路)；公交线路提速5条；中心城区新增公共停车位3446个；"智慧停车"系统启用，主干道路口交通信号灯智能控制、电子警察和视频监控覆盖率均达90%。

【文明创建】 成立创建工作领导小组，建立责任机制，实行定部门、定领导、定任务、定进度、定责任。结合重点环节、重点领域、重点时段开展交通行业文明创建活动。公益广告、文明标语、核心价值观等宣传内容实现公交车、出租车、场站、机关全覆盖，全年开展交通文明宣传24次。重点场站保洁频率提升40%。通过规范服务、文明劝导、评先评优等活动的开展，公共交通服务投诉率下降37%，为建立良好的文明窗口树立标杆。

【制度建设】 印发县交通运输局《党风廉政建设和反腐败工作要点》《党风廉政建设和反腐败工作的责任范围及分工》等7项制度。建立专门的督查机制，成立督察小组，统筹结合日常督查与专项督查。2018年，开展项目督查14次、廉政督查7次，每月实现督查100%全覆盖，确保权力在阳光下运行。

【党建工作】 创新构建"创美交通"党建体系，强化系统党风廉政文化阵地培育，突出"一路清风"廉政品牌，全面实施"1114"工程：打造一条"红色之旅"党风廉政文化建设精品参观线路；申报建设一个廉政文化学习教育基地；开辟廉政学习教育基地，建设一个廉政文化走廊；全面开展廉政文化进单位、进工地、进车站、进码头。开展美丽党建工作示范点建设，提升系统党建工作整体水平。

【内河集装箱吞吐量首次突破20万标箱】 1～11月，全县完成内河集装箱吞吐量21.7万标箱，首次突破20万标箱的历史性关口，同比增长55.5%，占全市内

2018年度安吉上港集装箱吞吐量居浙江省内河港口第一位

河集装箱吞吐量的68.8%,排位第一。其中,进港11.2万标箱、出港10.5万标箱,分别同比增长64.3%和47.2%,内河水运转型升级成效显著。

【驾校培训行业全市率先试水"共享驾校"模式】 2018年,全县驾校培训行业创新探索"共享驾校"发展模式。县内5家驾校共同发起"驾校联盟",实现教练、生源、硬件资源等方面的共享共用,进而统一服务标准、统一企业承诺、统一教学质量、统一企业自律体系,强化抱团竞争力。该种模式在全市尚属于首度试水。

【全国首家县级云仓落户安吉物流园】 6月28日,京东云仓正式入驻中国物流浙江(安吉)现代物流园,并设立京东安吉云仓,作为京东物流配送的重要组成部分。这是目前全国唯一一家在县城挂牌的云仓,项目的挂牌运营为中小型物流企业和电商企业提供发展空间,带来更多、更前沿的物流管理模式和运营理念,助力全县物流行业向现代化、数字化、科技化转型升级。

【申嘉湖高速公路孝源至唐舍段获批开展落地实施】 8月6日,申嘉湖高速公路孝源至唐舍段工程施工图设计获省级批准,标志着该项目已完成前期工作,可组织项目落地实施。该项目全长约33.7千米,概算投资61.2亿元,涉及递铺、孝源、孝丰、杭垓4个乡镇(街道),同年10月启动建设,批准工期36个月。目前该项目已全线启动政策处理工作。

【安吉公路文化馆被省公路局授予"党风廉政文化教育基地"称号】 5月20日,安吉公路文化馆被省公路局授予"党风廉政文化教育基地"荣誉称号,并成为全省唯一获得该称号的场馆。安吉公路文化馆自2015年开馆以来,先后被授予"全国公路科普教育基地"、市"爱国主义教育基地"等称号,成为"5·26爱路日"交通文化重要支撑性内容,现已成为集历史、文化、教育为一体的多功能文化展示场所,累计接待国内外参观者2万余人。

【安吉县两大年度重点交通基础设施项目双双开工】 9月28日,杭长高速公路南北庄互通和304省道矮部里至南北庄段两个项目全面启动建设。杭长高速公路南北庄互通,位于杭长高速公路安吉服务区处,总投资1.8亿元,建设工期24个月;304省道矮部里至南北庄段工程主线起于安吉、德清两县交界的矮部里,终于递铺街道南北庄,是安吉、德清两地间的首条高等级公路,主线全长8.6千米,总投资10.4亿元,建设工期36个月。

【城市公交实现100%电动化】 11月底,100辆新能源公交陆续抵达安吉县,在客运中心广场接受检验、上牌,等待交付运营。这些车辆上路运营后,安吉县130辆城市公交就全部实现纯电动化,这在全市尚属首次。

【全国"四好农村路"管理现场会在安吉县召开】 9月6~7日,全国"四好农村路"管理现场会在安吉县召开,交通运输部部长李小鹏、农业农村部党组成员宋建朝、国务院扶贫办副主任欧青平、浙江省副省长高兴夫等领导出席,会议代表五百余人。会议期间,与会代表现场考察安吉余村、鲁家村、目莲坞村、蔓塘里村、公路文化馆和上墅乡交通运输服务站等示范点,会议充分反映安吉县"四好农村路"的建设成果和特色亮点。

(张　盈)

11月,安吉县100辆红色新能源公交车投入运营

邮政·通信

邮政管理

【概况】 2018 年，县邮政管理局以“保安全、促发展、惠民生、强队伍”为目标，坚持问题导向，开展“四大行动”，打好“三大攻坚战”，保障寄递行业持续健康发展。全年快递业务量 2791.0 万件，同比增长 18.5%；累计快递业务收入 31735.9 万元，同比增长 11.7%。

2018 年，联合县商务局、农办、报福镇政府启动“万斤农产品进城”项目，使冬笋销量增加 1 万多斤，物流费用节省近万元，每斤冬笋价格 15 元，比线下销售增加近三分之一。通过“邮乐购”平台销售水蜜桃近 1700 斤，销售额达 22500 元；猕猴桃总销量 2000 箱，销售近万斤，为农户创收 20 万元以上。完善快递服务模式，白茶旺季期间，增设 18 处临时收寄点，联合县农业局促成县白茶协会和顺丰快递达成合作协议，使顺丰快递公司成为协会推荐的物流供应商。3—4 月，全县寄递企业日均收件 8700 多件，白茶销量近 3000 吨，同比增长 60%。推进政企合作，共谋乡村振兴。

创全国文明城市，推进规范化创建。固化 2017 年快递企业、网点规范化建设的成果，全面推进“美丽快递”创建，确保 2018 年底前验收合格率达 100%；指导邮政公司在全县 17 家邮政网点开展规范化创建，改善和提升普遍服务窗口的精神面貌、服务水平和服务质量；会同县农办、发改委、财政局、邮政公司等部门，对全县 179 个村邮站的运行情况进行抽样考核。

3 月 21 日，安吉白茶协会授予嘉兴顺丰运输有限公司为推荐物流供应商—授牌仪式举行

强化企业主体责任，落实“三项制度”（实名收寄、开箱验视、过机安检）。修订《安吉县寄递企业 2018 安全管理责任制年度考核办法》，明确从企业负责人到员工的安全责任，每季一检查一通报，落实奖惩制度；从 5 月开始，集中组织开展为期三个月的全县寄递企业落实“三项制度”专项整治行动，先后组织培训快递员 6 期 500 余人、安检机操作人员 2 期 20 余人；制定出台《安吉县寄递行业收寄验视人员管理办法》，实行收寄验视人员动态备案管理；在寄递企业推广使用“人证识别系统”77 台，实现网点全覆盖，解决人证比对的难题；完善视频监控系统，改进视频巡查方法，从制度、机制、技术上保证“三项制度”的落实；委托第三方机构对全行业开展“安全体检”，形成问题隐患清单下发到各企业，并完成闭环复查“回头看”，发现并整改隐患 186 处。探索规范执法办案，提升监管实效。出台县邮政管理局行政执法内部流程，规范执法程序，确保依法行政，完成三县首例行政执法案件。全年独立行政办案 5 起；发挥好寄递渠道安全管理领导小组牵头人作用，发挥部门、乡镇合力，形成“密切联系、齐抓共管、综合治理”的协同工作格局，筑牢行业安全监管防线。配合县烟草专卖局和公安局，出动 600 余人次，严厉打击利用寄递渠道的违法涉烟犯罪专项行动，

查获违法案件35起,截获假烟2082.2条;重点做好全国“两会”、上合峰会、进博会、业务旺季等重要时期的执法检查。全年检查单位850家次,出动人员2320人次,发现并整改问题隐患186处,约谈23家次,停业整顿2家,备案核查8家。2018年“双十一”“双十二”业务旺季期间全县快递揽投量分别达230万件和89万件,其中11月15日和12月14日,日揽投量达24万件和22万件,为平时的2倍以上,未发生快件积压、爆仓情况,行业运行安全有序。

强化教育学习,发挥党建引领作用。把思想政治建设放在队伍建设的首位,以“抓好党建作为最大政绩”为理念,制订党建学习计划,通过班子学习、党员教育、全员培训的形式,提高业务水平提升政治素养。全年召开2次党员大会、12次支部会议,开展12次主题党日活动。其中党员志愿者“文明劝导”和“文明寄递你我同行”宣誓活动为全行业助力“全国文明城市”创建起了先锋模范作用。突出党要管党,落实从严治党责任。落实“一岗双责”要求。局主要领导与分管领导、科室责任人及各科室工作人员层层签订党风廉政建设责任书19份,明确各自的责任。组织观看电影《厉害了,我的国》和《邹碧华》,提高使命意识和责任意识,学习习总书记系列讲话精神,化身“朗读者”朗诵红色经典,参观长湖监狱接受廉政警示教育,重温入党誓言,提升廉洁自律意识。加强制度建设。修订完善《局机关内部管理制度》,加强制度落实的监督检查,坚持用制度管人、管事、管权。树立党员形象,加强精神文明建设。启动“文明机关”创建工作,组织全体党员参与全国文明城市的创建。与结对学校、村、社区进行帮扶共建推进精准扶贫,与县消防大队开展“双拥”共建活动,签订共建协议,并组织快递企业为消防官兵进行全年免费寄递。联合团县委开展“衣暖身心,爱传西北”的志愿者活动,全体干部职工向甘肃、吉林等贫困山区募捐衣物两百余件,并鼓励快递企业免费寄递两千多件衣物。重视快递行业精神文明建设,培树挖掘和宣传典型事例,中通快递小哥贾伟扶老人过马路、申通快递小哥黄加存救助被困车厢的老人的优秀事例,先后被全国二十余家主流媒体争相报道。贾伟成为第四季度“湖州好人”。

6月6日,组织全县“快递小哥”志愿者开展“文明寄递你我同行”宣誓活动

【国家邮政局相关部门负责人到安吉调研】 1月26日,国家邮政局邮政业安全中心主任江明发一行赴安吉县就邮政业安全中心体系建设、职责明确、信息化综合监管平台建设等多方面开展专项调研。江明发主任实地查看县邮管局与县邮政业安全中心的办公场地、设施配备等情况,参观“两山”理念发源地余村。

【“快递+白茶”模式服务茶农企业】 3月21日,县邮管局、农业局共同牵头,促使顺丰快递公司成为县白茶协会推荐的物流供应商,建立政府、协会、企业三维度“快递+白茶”模式共同服务县茶农企业,力促县白茶取得良好的经济效益。

【“人证识别”实名收寄】 4月4日,为督促企业落实好实名收寄工作,县邮管局率先在安吉申通快递公司安装人证识别系统,进行试用。该系统可以对身份证和寄件人进行智能识别,对于假身份证和非本人身份证可以发出语音提示,降低非本人寄递的概率。至当年6月共装77台,实现全县寄递网点人证识别系统安装全覆盖。

【国家邮政局杨春光到安吉调研】 5月15日，国家邮政局党组成员、副局长杨春光一行赴安吉县调研邮政业发展和县级邮政管理建设情况。调研组一行先后实地察看安吉无人机邮路，安吉余村村邮站建设，了解行业在科技创新、助农扶贫、提质增效等方面开展的工作。在听取县邮管局关于无人机送包裹、村邮站通过“村邮乐购”等平台助推“农产品进城、工业品下乡”等方面工作汇报后，杨春光予以充分肯定。

【县人民政府和浙江邮政公司签订战略合作协议】 9月23日，全国首届中国农民丰收节召开。安吉余村是全国六个分会场之一。会上，中国邮政集团公司专门发行全国首套纪念邮票。一套是23号，寓意“两山”理念，赠送给余村保存；另一套是63号，寓意“绿水青山”，赠送给安吉县政府保存。抓住首届中国农民丰收节分会场在安吉举行的契机，牵头促成县人民政府与中国邮政集团公司浙江省分公司签订《浙江邮政全力支持安吉县实施乡村振兴战略合作协议》。助推农村物流升级，深化“四好农村路”建设，助力政府构建安吉农村智慧物流体系，完成45个村级农村物流服务点的提升改造；扶持跨境物流发展，与县商务局合作，为安吉跨境电商企业提供海外仓服务，践行“普惠金融”，为海外仓客户提供供应链金融服务，助力跨境电商企业做大做强。签约5户，4家已发货15个集装箱(40HQ)，助推企业销售700万元；定制涉农惠民保险，协同中邮保险浙江分公司为安吉特色涉农项目量身定制特色产品，为贫困户提供保险保障。针对白茶采摘工人设计采茶意外保险，为安吉家具协会内近十余家企业提供团险咨询及团险保障服务。

【召开县邮政普遍服务网点规范化建设现场推进会】 10月12日，县邮政普遍服务网点规范化建设现场推进会在胜利西路邮政网点召开。县邮管局以争创全国文明城市为契机，在全县11家快递企业60个网点推进“美丽快递”建设，同时在全县17家邮政网点开展规范化创建，改善和提升全县邮政业服务窗口的精神面貌、服务水平和服务质量。

【国家邮政局戴应军调研安吉县邮政业科技发展】 11月9日，国家邮政局党组成员、副局长戴应军带队到安吉调研邮政业相关科技发展情况。调研组实地察看安吉邮政无人机配送情况，在听取邮管局工作情况汇报后，戴应军对安吉县邮政管理部门在推动行业创新发展、提高监管能力水平、服务人民生产生活等方面予以充分肯定。

（韩　英）

9月23日，安吉县人民政府和浙江邮政公司签订战略合作协议

中国邮政集团公司浙江省安吉县分公司

【概况】 2018年，县邮政实现收入5493万元；累计收入同比增长2.45%；完成下达全年收入目标的91.4%。在构建和谐劳动关系先进企业暨“双爱”示范企业的争创中，安吉邮政分公司被评2017年度县构建和谐劳动关系先进企业。

【首次出动无人机送药】 1月29日上午，一架邮政无人机装载六盒降压起飞。家住海拔820米的山川九亩85岁的老人陈老太降压药用完了，正值大雪封山无法通车，无奈之下老人的女儿向当地政府工作人员求助。安吉分公司立即行动,大约30分钟后,无人机降落在老人所在的村子,村干部迅速把药送到老人家中。至此,安吉已开通4条无人机邮路,涉及3个乡镇8个行政村11个无人机降落点,运用科技含量高、现代感十足的物流无人机承担报刊、信件和包裹投递。

【邮政“简易险”进村项目启动】 2月3日下午,安吉邮政·万斤农产品(冬笋)进城暨邮政“简易险”进村项目启动仪式在报福镇统里村隆重举行。该项目由县邮政管理局、县邮政分公司与报福镇政府通力合作,通过邮乐网发售,邮政物流配送,实现农产品线上线下一体化销售模式,将新鲜冬笋直接送至城镇千家万户中。充分发挥邮政网络渠道覆盖城乡、物流体系和金融体系健全以及邮政品牌优势,将安吉的农产品和自身的寄递服务相结合,以中国邮政集团公司开发的邮乐网线上平台为依托,打造集“网络代购+平台批销+农产品返城+公共服务+普惠金融+物流配送”为一体的邮政农村电子商务服务体系,拓宽农产品销售渠道,助力安吉地方土特产品走俏全国。全年邮乐网上的安吉馆网上平台已上线安吉地方农产品36个单品,实现线上销售3000多单。

【中国·安吉白茶小镇(溪龙)邮局揭牌仪式举行】 3月23日,中国·安吉白茶小镇(溪龙)邮局揭牌仪式在白茶故里溪龙乡举行。该活动为2018中国·安吉白茶小镇(溪龙)嘉年华系列活动之一,把主题邮局列入白茶文化内容得到乡政府认可。特邀嘉宾们体验明信片书写寄递的乐趣,感受到中国传统文化的回归。该活动前期开发定制型明信片5000枚。县邮政分公司根据主题邮局设计理念和白茶文创产品定制做好跟进工作,确保安吉白茶小镇(溪龙)邮局在溪龙落地生根,服务地方经济,发扬白茶文化。

3月23日,中国·安吉白茶小镇(溪龙)邮局揭牌仪式举行

【国家邮政局杨春光视察安吉无人机邮路、邮乐购站点】 5月15日,国家邮政局副局长杨春光在省邮政管理局副局长黄立群陪同下,视察安吉天荒坪无人机邮路、余村邮乐慈善超市。在无人机邮路调研点,杨春风现场观摩无人机起降运行过程,详细了解无人机邮路运营情况,并希望安吉分公司在邮路创新方面多做探索和尝试。在余村邮乐购慈善超市站点,杨春光与邮掌柜亲切交谈,了解邮掌柜进货批销等功能的运用,当得知余村老百姓可以通过邮善邮乐平台捐赠帮助其他地方贫困百姓时,杨春光给予肯定,并对余村邮乐购慈善超市给予肯定,希望通过此举让更多贫困百姓得到帮助。

【自营邮乐购慈善超市揭牌运营】 5月18日上午,县首家邮乐购慈善超市在安城邮政所门店揭牌运营。超市的建设开业得到县民政局的全力支持,邮政、民政双方紧密合作,结合浙江省民政厅、中国邮政集团公司浙江省分公司联合推出的“邮善邮乐”项目,共同组建“线上慈善超市+线下邮乐服务点”相结合的网络慈善服务平台。为贫困群众和爱心人士搭建双向互通、高效透明的网络慈善捐赠平台。

【交通运输部部长李小鹏考察调研安吉“两山”主题邮局】 9月6～7日，全国“四好农村路”现场会在安吉县召开。交通运输部部长李小鹏、交通运输部副部长戴东昌、浙江省人民政府副省长高兴夫、农业农村部党组成员宋建朝、国务院扶贫办副主任欧青平等领导参加会议。会议期间，李小鹏、高兴夫等与会领导，考察调研安吉余村“两山”主题邮局。李小鹏察看了陈列着党的十九大纪念邮册、“四好农村路”个性化邮册，以及“两山”明信片、邮资封的展架，询问并听取“两山”主题邮局营业员介绍。在现场，浙江省分公司党组书记、总经理陈清向李小鹏汇报邮政服务农村绿色发展情况，介绍在浙江安吉开通中国邮政第一条无人机邮路，建设邮乐购站点助力“农产品进城”等邮政创新服务举措。作为本次现场会的参与单位和服务保障单位之一，安吉县分公司服务全国“四好农村路”现场会，展现中国邮政“人民邮政为人民”忠实履行普遍服务义务和特殊服务职责使命，以及邮政服务绿色发展众多创新举措。在安吉余村主会场设立“流动邮局”，为与会代表提供“两山”邮资明信片和余村“两山”邮局纪念邮戳盖戳以及寄递资料、物品等寄递服务。会议期间，与会代表还参观考察设在安吉县上墅乡交通运输服务站内的安吉邮乐农品馆和“四好农村路”建设过程中的新生力量——无人机邮路。

【乡村振兴战略合作协议签约仪式举行】 9月25日，浙江邮政分公司与“两山”理论发源地——安吉县政府签订《浙江邮政全力支持安吉县实施乡村振兴战略合作协议》。在金融业务方面，浙江邮政协同中国邮政储蓄银行浙江省分行，加大“三农”金融服务力度，创新邮政金融支持乡村振兴的理念和方法，满足乡村振兴多样化金融需求。在农村电商方面，浙江邮政依托邮乐网、邮掌柜、邮乐小店、极速鲜等平台系统，助力“乡村振兴”“四好农村路”等战略实施。在寄递业务服务方面，浙江邮政依托寄递网络资源，以及仓储、运输、配送等综合服务能力，发挥供应链物流行业经验，助力安吉农业、农村工作发展。在文化传媒业务方面，浙江邮政通过发挥邮资票品、报刊、新媒体等资源优势，筹建安吉余村“两山”特色主题邮局，扩大安吉文化品牌的打造和宣传。在保险业务方面，浙江邮政协同中邮保险浙江分公司为安吉特色涉农项目量身定制特色产品，为贫困户提供保险保障。在证券服务方面，浙江邮政协同中邮证券浙江分公司为县政府推动政府项目融资。同时，县政府在邮政基础设施建设、邮政城乡末端网点和服务点建设上为邮政提供支持。双方共同推进建立邮政与农业协会合作机制、建立村级惠民公共服务平台。

9月6～7日，交通运输部部长李小鹏考察调研安吉“两山”主题邮局

【《中国农民丰收节》邮票首发揭幕】 9月25日，首届中国农民丰收节在安吉县余村村拉开大幕。安吉余村是习近平总书记“绿水青山就是金山银山”发展理念的发源地，也是2018首届中国农民丰收节全国六个庆丰收分会场之一。在余村分会场的开幕式上，浙江省邮政分公司

党组成员、副总经理杨嘉树和浙江省农业厅副厅长王建跃共同为《中国农民丰收节》邮票首发揭幕。浙江省邮政公司分别向安吉县人民政府、安吉余村赠送编号为“23”“63”版票，寓意“两山”和“绿水青山”。在现场，作为参与方的安吉县邮政分公司设立邮票临时销售点和邮乐农产品展台。

【国家邮政局戴应军调研无人机运行情况】 11月9日，国家邮政局副局长戴应军实地察看安吉邮政分公司无人机运行情况，市邮政分公司总经理陪同调研。在调研时戴应军指出，邮政企业要致力绿色发展、安全发展、高质量发展。绿色发展是党中央、国务院对邮政业提出的要求，也是邮政业高质量发展的必由之路。同时要求做好邮政普遍服务工作，提升服务质效。

【《中国影像方志》看安吉】 12月13日，浙江省邮政管理局网站发布《〈中国影像方志〉看安吉，邮政能为“精准脱贫”做些什么》报道中国邮政集团公司浙江省安吉县分公司“十三五”以来全面落实产、销、运一体化模式，适应经济新常态、探索助农新思路，攻坚克难、突破创新，走出一条以区域农特经济为市场主体的“物流＋农村”的合作新模式。邮政依托品牌价值链，不断固化优势产品渠道通路，形成一套针对性强、可行性高、覆盖面广的完整产业模型，诠释向“精准脱贫”攻坚战输出邮政动力的价值导向和坚定信心。

（周　燕）

中国电信股份有限公司安吉分公司

【概况】 2018年，安吉电信服务全县8.53万固定电话用户、10.1万移动用户、10.2万宽带用户（其中光用户占比达94.42%，100兆以上光用户占比超41.92%），宽带数字电视（ITV）用户达6.8万（县域内第二大数字电视平台提供商）。项目投资总额8770万元，全年完成投资8210万，主营业务收入1.44亿元，业务收入总量、区域市场份额均列三县（长兴、德清、安吉）首位。中国电信安吉分公司党委书记、总经理获评安吉县2015—2017年度安吉县劳动模范称号。中国电信安吉分公司党委书记、总经理获评湖州市国资委系统国企党建“十佳先锋”称号。

【移动网络与光网建设】 4G网络建设：新安装LTE基站共计82处，累计LTE网站点592处。调整、安装C网（3G＋语言）直放站、RRU共计21处。安吉现有C网站点417处。光网建设：2018年重点对杭垓、高禹、孝丰支局光网未覆盖区域进行光网建设，安吉县光网覆盖全部完成。完成47个新建小区（含农村安置区）的光纤直到家庭（FTTH）建设。完成安吉递铺老大楼二楼云机房建设工作。

【渠道建设】 开展强渠计划，安吉分公司在渠道建设、渠道销售能力、客户满意度、代理商支撑服务方面取得成效。2018年，核心网点47家、中小门店20家。社会渠道在用网点109家（其中核心网点56家、泛渠道53家）。全年安吉社会渠道新增移动6.8万户，同比提升75%；宽带发展2.6万户，同比提升139%；ITV发展2.4万户，同比提升41%。

【大型云数据中心项目签约】 11月3日，在2018第11届中国美丽乡村·安吉投资贸易人才

11月3日，中国电信和安吉县人民政府签署240亿元的长三角地区大型云数据中心建设战略合作协议

洽谈会上，中国电信和安吉县人民政府签署240亿元的长三角地区大型云数据中心建设战略合作协议。从区位条件看，安吉地处长三角腹地，与上海、杭州、南京等IDC市场需求大的热点城市直线距离均在200千米之内；从能源供给看，拥有浙北唯一的1000千伏变电站，全国少见的四回路500千伏输送线路到达同一终端地点，具备“黑启动”能力的全球最大功率抽水蓄能电站群，供电负荷充裕，电力保障稳定可靠。从自然环境看，安吉远离地震带，气候环境优良，且有充足的冷却水源。2018年，在省级层面成立专项工作评估组综合评定，明确将安吉作为全省大型云数据中心集聚区，新建大型云数据中心优先在安吉布局，并签署战略合作协议。

【余村信息化示范点开馆】 11月8日上午10时18分，中国电信新农村综合智慧服务中心余村示范点正式开馆。中国电信新农村综合智慧服务中心余村示范点位于安吉“两山”理念发源地余村标志性大石笋沿街，场馆分两层，总面积为260平方米。场馆功能集智慧助老、智慧党建、智慧旅游于一体，内设有智慧食堂（线上点餐）、天猫小铺、业务办理、余村电视台（党员远教体验）、智慧医疗、休闲阳台等多元素服务，为当地村民和游客提供一个舒适、安逸的小歇之所，故又取名“美丽乡村·幸福驿站”。中国电信旨在以互联网思维，构建乡村智慧助老生态体系，通过余村示范点打造样板工程。该项目一期工程投资240余万元，设内功能投入运行。从民生、医疗、家庭、环保等方方面面注入智慧元素，点滴处打造余村百姓幸福生活。

（郭　慧）

中国移动通信集团浙江有限公司安吉分公司

【概况】 中国移动安吉分公司（简称“安吉分公司”）隶属中国移动通信集团浙江有限公司，成立于1997年7月，下设综合部、市场部、网络部、政企客户部和递铺、孝丰、高禹、梅溪、天荒坪5个区域营销部。设人民路、递铺、孝丰、报福、杭垓、晓墅、溪龙、昆铜、高禹、良朋、天荒坪11家营业厅；在递铺中路、浦源大道、安城、塘浦、孝源街道、梅溪镇等地建7家加盟厅，有大金、金翔、远翔、百汇、金美、佰通、易通、蓝天、双瑞、文亮等手机卖场41家，营业服务网点162家。2018年，移动安吉分公司运营收入3.91亿元，通话用户45.5万，4G终端用户37.8万，宽带用户9.16万，服务6000余家集团客户。年末，公司有员工103人。是年，安吉分公司省级全国文明单位复评成功。

【网络建设】 2018年，安吉分公司在工程方面建设宏基站480个（含容量保障及扩容），建设室内分布系统46个，建设小微站92个，新增驻地网覆盖户数32730。为了增强网络基础能力，开始节点机房建设工作，完成节点机房购置3处，启动购置8处，开始土建节点机房5处。无线、传输维护方面，除做好基础维护工作外，完成11个村镇的小城镇改造，配合县政府做好全国美丽乡村工作会议、全国四好农村路会议、浙江省省运会、浙江省自然博物馆启用式等一系列大型活动的通信保障工作，同时做好台风、冰雪等灾害性天气的通信保畅通工作，全年未发生较大通信故障。

1月4日，中国移动安吉分公司四届二次职工代表大会召开

【发展集团业务】 全年完成ICT项目建设17个，政企专线新增接入175家。为全县1176家企事业单位提供固话、宽带、电路等基础有线通信业务；为全县约1784家企事业单位提供集团彩铃、集团彩云、短信平台等各类信息化产品服务，共计服务3200余家集团，涵盖政企和企业类；创新型产品——城乡天眼，2018年已涵盖递铺、孝丰、梅溪、高禹、天荒坪等乡镇，实现乡镇全覆盖，项目共计174个点位，提升各乡镇农业、治安的智能化管理与工作效率；创新型产品——移动云，2018年，安吉企业上云236家，其中"智能城管""智慧公交"项目均已上云，协助安吉创建绿色、文明、创新的美好城市。

【助推"无线城市"建设】 全年围绕打造"无线城市"，加快部署移动传输、信息化网络及无线宽带城域网建设。全年共安装开通家庭宽带38003户，移机8569户。无线网络建设进度居全市前列，截至12月底，安吉网络部共新建及扩容无线基站480个，利用路灯与自建小微站92个，建设覆盖延伸系统46个，安吉完成所有容量保障站点的开通工作，新增批复16个节点机房。

(何　燕)

中国联合网络通信有限公司安吉县分公司

【概况】 2018年，中国联合网络通信有限公司安吉县分公司(以下简称"安吉联通")主营业务收入同比增长10.2%；通服收入同比增长6.1%；移动业务、固网通服同比分别增长6.9%和4.0%，超本单位全市平均增速。全年新增移网用户37671户，同比增长10.59%；与腾讯等互联网公司合作的2I2C业务成为拉动产能增长的主要来源，基础移网用户跨越式发展。安吉联通荣评2018年湖州联通优秀团队，1个经营团队荣评市级优秀班组，14名员工荣评省、市级各项先进个人。

2018年，安吉联通坚持党建引领，发挥安吉为习总书记"两山"理论发源地的政治优势，打造"两山先锋，联通头雁"的支部品牌。落实"三会一课"制度，从严对照主题党日"四个统一"的要求开展各项学习，在保证数量的同时保证学习质量，开展现场教学、微党课等形式推进"两学一做"学习教育常态化、制度化；党建结对共建，全年同省产业互联网公司党支部、湖州联通第一党支部、中共天子湖镇溪港村党支部分别完成结对，在大数据、云计算、全域旅游项目以及党建园地建设等方面进行交流学习；党建工作融入中心工作，全年以"党员带头、全员参与、助力一线"为主题，在公司经营中做好头雁标杆。

开展劳动竞赛，获26个奖项，为公司整体业务做开局贡献。二季度、三季度劳动竞赛中全员参与，轮番出手，二季度荣获2G终端突破奖，三度荣获"冰激凌"专项突破奖，教育行业手机用户发展专项奖。全年组织地推3600余场，参与人员8700余人次，自有员工新增发展12124户，特投派单11417单。推进营销活动，开展渠道内购会、超市异业联盟活动；自有员工创新开展"维老带新"活动，激活2I触点。提升存量维系，1～6月全市劳动竞赛中，存量维系指标均超额完成，居全市排名前列并拿到竞赛奖励；下半年总体指标均衡发展，四季度副卡和存量"冰激凌化"全市排名第二；集团线年锁用户收入保有率105.36%；集客宽带续费率64.88%，居全市前列。

提升校园市场，中标安吉县教育保障中心校园监控平台升级改造与维护服务项目，实现联通光纤全县101所学校的全覆盖；与教育局合作，采用教育局教师话费团购项目，对在编教师进行"冰激凌"套餐的推广；引进插卡电话，新签2所院校电话项目。紧盯娱乐项目，在2017年的基础上增加乡镇12家场所以及县城3家新开场所的安装建档工作，将娱乐场所人员匹配工作统一安排受理，累计发展用户2600余户。做大长效项目，先后中标县公安局"雪亮工程"一标段的项目建设、社会治安视频监控系统建设政府采购项目三标段项目、巡特警警务通项目，公安智能终端市场份额快速提升。安吉联通与县公安局深度合作，通过通信技术，将治安防范延伸到群众身边，共同参与治安防范，共同提升县公安信息化水平，服务全县科技强警现代化建设。通过"雪亮工程"建设契机，完成孝源街道21条"雪亮"监控专线业务的项目建设；全年新增电力抄表卡及PAD项目1749户；新增环保农污项目，同时通过异业合作拓展环保移动执法项目。

提升网络价值，全年根据业务市场的需求以及客户诉求，继续完善县城深度覆盖，加强住宅小区和2I弱覆盖区域建设，建设开通14个4G站点，10个3G站点；完成投诉问题小区处理调整站点37个，配合区域投诉处理工单现场实地测试116次。完成全国改善农村人居环境工作会议、省公司十九大精神培训、16届省运会保障等各类通信保障6起。增强网络承载，完成光纤改造后退铜机房6个、室外柜4个，总退铜率90%以上；递铺村机房光纤施工接近尾声，宝云机房、穆皇机房、芬芳小区机房完成改造申请；接入20个联建办小区。地方迁改响应及时，制定申嘉湖高速、孝丰镇下汤村等40余处线路需迁改或线路隐患处进行现场勘查和搬迁方案，签约昌硕街道范潭社区安置房建设线路搬迁下地等迁改项目6个。

细化营业服务，迎宾大道营业厅设置引导岗，将进厅用户分类引导，对应及时解决用户疑难；专门制作"百分百推荐"小卡片，提升客户感知。通过宽带攻坚、大服务体系、申投诉、客户日运营、高价值运营、种子用户运营等一系列标准动作，提升全公司员工的服务意识；建立服务联席会议制度、NPS工作周报制度，不断总结经验，深入推进。投诉响应更加及时，全年处理各类工单6844起，人员服务投诉率控制在市公司规定的范围内并一直在全市前列，申诉管控每月KPI考核中均满分并排名前三。自有资源的装维考核指标在全市排名均靠前。

推进党风廉政建设。公司领导班子把严守党的政治纪律和政治规矩放在首位，强化"四个意识"，带头学纪律、懂规矩，筑牢思想防线；党风廉政教育常态化，将党风廉政与党支部作风教育活动相结合，与中层管理人员例会相结合，营造廉政宣传氛围，廉政从业教育向全员延伸；始终把贯彻执行民主集中制作为头等大事，通过召开组织生活会、总经理员工沟通会，日常业务交流、谈心、实地调研、班子成员内部谈心、班子成员批评和自我批评等形式强化团结意识，广泛收集听取员工的意见和建议；规范县分总经理办公会议议程、议事项目，贯彻落实执行"三重一大"事项决策制度，加强对权力的民主监督与制约。发挥安吉联通作为市级文明单位在文明创建工作中的示范引领作用，通过LED屏、墙面、电视屏主要阵地，设计不同形态的《社会主义核心价值观》进行悬挂、张贴，让24字的《社会主义核心价值观》内容布满整个公司，时刻引导全体员工做好文明使者。从2018年6月1日起，组织领导班子、党员干部的志愿服务团队到主要交通路口开展"文明出行、我示范、我劝导"文明劝导活动，全年有100余人次参与。

【承办首届腾讯王卡杯"吃鸡大赛"】 12月8日，为强化公司2I产品的营销节奏，以规模发展为核心，持续探索模式创新，安吉联通联手本地最热商圈万象世界，承办安吉县首届腾讯王卡杯"吃鸡大赛"。活动精选热门"吃鸡"游戏，30支队伍，百人竞技，所有选手使用安吉联通赞助的"腾讯王卡"，一场声势浩大的比赛盛宴上演。

【会议通讯保障】 4月26日，全国改善农村人居环境工作会议在安吉"大年初一"风情小镇召

4月26日，全国改善农村人居环境工作会议通讯保障完成

开。会议通讯保障工作涉及区域广、保障要求高、时间要求紧，安吉联通在会议期间完成会场300余人的通讯保障、所有参会人员入住房间的沃视频电视、所有场馆的无线WiFi以及16部保密电话、直播接线电话的设备维护和技术支撑工作。保障期间，各类信息传递畅通、网络安全稳定、服务优质高效。

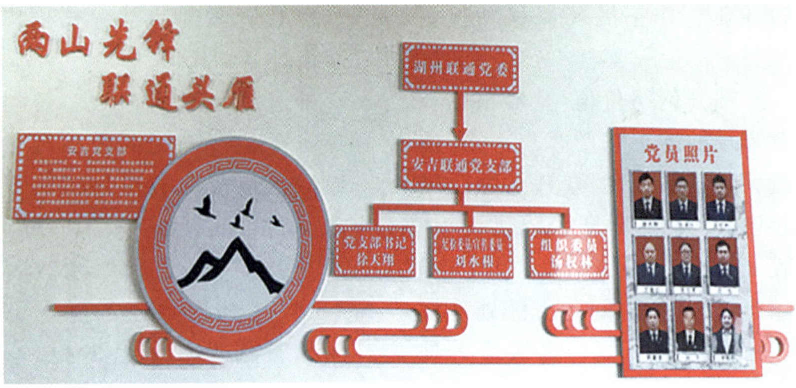

7月6日，安吉联通党支部发布支部品牌

【发布支部品牌】 7月6日，安吉联通党支部坚持党建引领，发挥安吉为习总书记“两山”理论发源地的政治优势，打造“两山先锋，联通头雁”的支部品牌，支部全体党员在“两山”精神的引领下，做好“美丽党建”的先锋排头兵，提升支部党建工作实操化水平。联通头雁领群雁，走稳安吉“美丽党建”之路，以“五新”联通为目标，让“美丽党建”之花在安吉联通生根怒放，并为安吉“建设中国最美县域新篇章”提供坚强的联通力量。

（王　慰）

电　　力

供　　电

【概况】 2018年，县供电公司担当履责，全力服务民生，保障全县经济社会发展可靠用电。全年全社会用电量33.56亿千瓦时，历史首次突破30亿千瓦时大关，同比增长14.85%，增幅列全市第二，全县用电呈现快速增长态势。全年完成电网建设投资1.62亿元，电网最高负荷达59.01万千瓦，创历史新高。

2018年，县供电公司完成“两个安全职责清单”梳理，制定机构岗位职责清单173条。推动政府成立电力专业安全生产委员会，组建警电联络室。开展“六查六防”专项行动，实施降违章攻坚战，整治违章65个，考核72人次。健全员工安全积分体系，营造责任心安全文化，评比“无违章班组”“无违章现场”。开展应急能力评估，通过省公司检查。加强集体企业安全管理，规范分包队伍人员建档326册。开展频繁停电专项治理，重复停电率下降15%，故障工单下降12%。拓展不停电作业范围，开展带电作业434次，首次实施复杂作业项目。加快配电自动化建设，安装自动化装置956套。

编制县主网发展规划，完成电力专项规划4项。推进长龙山抽水蓄能电站500千伏送出工程、商合杭高铁牵引站220千伏线路工程，开工110千伏剑山输变电工程，完成英溪—吉安Ⅱ回220千伏线路工程，投运全国首座110千伏就地化保护投跳闸变电站丰城变。加强项目全过程管控，推进配改办实体化运作。投产10千伏及以下线路568.3千米，新增配电台区204个，改造配变容量7.9万千伏安。

规划余村“两山”示范区生态电网，综合供能站列入省公司新一代电力系统示范项目。建设生态配电网，鲁家村获评省公司精品台区带示范区，余村获评省公司十佳工程，入围国网公司百佳工程，高禹村获评省公司“五好”配电网格。实施电能替代项目48个，建成江南天池“全电景区”，投运余村电动汽车快充站，替代电量7173万千瓦时。推动光伏产业健康发展，并网光伏项目486个，容量1.5万千伏安。拓展综合能源业务，营收523万元。

全力服务“六重”项目，助推“亩均论英雄”改革，率先执行差别电价，清理转供电不合理加价。落实电价调整政策，扩大电力直接交易覆盖面，交易电量6.37亿千瓦时，为企业减少成本6954万元。实施服务最美县域七项行动，深化办电“最多跑一次”，推广“臻享+”“能量豆”增值服务，业扩全流程时长减少37.58天。推进乡村电气化，《中国电力报》头版头条报道公司保障白茶扶贫经验做法。完成45项重要保电任务。

深化“三全五依”法治企业建设，强化制度刚性执行。配合完成市公司巡察，通过省公司巡察“回头看”，整改省公司审计检查问题。实施内部专项审计，开展资金安全检查，整改重点问题77项。加快用户资产接收，有效资产增加9156万元。深化“强前端、大后台”建设，组建供电服务指挥分中心，建成“三型一化”营业厅4个，实现全能型供电所全覆盖。深化班组定级考评，打造智能班组，创建国网公司先进班组1个、省公司五星级班组2个。推进集体企业“瘦身健体”，获泰仑集团公司通报嘉奖。

召开县供电公司第四次党代会。践行“红船精神·电力传承”，成立红船党员服务队11支。拓展“党建+”，开展“三争三无”主题实践。落实“两个责任”，履行“一岗双责”，执行党风廉政建设约谈报告制度。评聘职员职级，选拔后备干部，1名优秀干部进藏帮扶，16个员工和集体获市级以上荣誉。创成省公司企业文化示范点2个，发布全省首个县级专项履责报告，建成生产中心“智慧食堂”。公司连续11年获得全国“安康杯”竞赛优胜单位，保持27年省级文明单位，先后获中国电力行业“责任沟通创新卓越企业”、安吉县新闻宣传工作优秀单位等荣誉称号。

（张文彬）

天荒坪蓄能电站

【概况】 2018年,华东天荒坪抽水蓄能有限责任公司贯彻习近平新时代中国特色社会主义思想和党的十九大精神,坚决落实上级党组织的决策部署,完成安全生产目标。全年公司完成发电量26.01亿千瓦时,抽水电量32.45亿千瓦时,综合效率79.06%。全年实现销售总收入21.38亿元,利润总额6.19亿元,其中净利润4.63亿元,净资产收益率28.22%,经营效益再创新高。全年设备检修工期控制良好,机组启动成功率100%,全厂机组等效可用系数89.27%。2018年,公司获全国安全文化建设示范企业、全国"安康杯"竞赛优胜单位、全国大型水电厂劳动竞赛连续三年优胜单位、中华全国总工会职工示范书屋、浙江省绿化模范单位等荣誉称号;1名同志获"新源工匠"荣誉称号。

2018年,天荒坪公司完成1台机组A修、2台机组B修、3台机组C修、6台机组D修;完成500千伏三单元保护、水淹厂房保护改造;完成迎峰度夏、进博会及节假日保电任务。年内成功抗击2次台风袭击。年内推进安全生产问题清单专项梳理整治,持续完善隐患排查治理,全年累计处理缺陷295项,大幅提高设备健康水平。

全年参与国网新源公司1项国家标准和行业标准编制,取得2项发明授权、6项实用新型授权。1个项目获全国电力职工技术成果二等奖,2个项目获国网新源公司科技进步二等奖,1个项目获国网新源公司专利奖二等奖、1个项目获三等奖,1个项目获国网新源公司QC成果(质量控制)二等奖。

全年有9人在外长期支援,累计提供人才支援2000余人·天。承担10家兄弟单位103名生产人员长期现场培训,充分发挥培训基地专家作用。全年编辑出版《抽水蓄能典型故障处理点评》等技术书籍6部,编辑印刷"战天斗地"回忆录等文化丛书5种。

10月19日,华东天荒坪抽水蓄能有限责任公司3号机组监控系统改造顺利推进

截至2018年8月3日,天荒坪电站已实现连续安全生产3000天,"百安"连续八年无事故。天荒坪公司始终坚持"安全第一、预防为主、综合治理"的方针,牢固树立责任意识,夯实安全生产基础,建立安全生产保证体系,健全各项安全生产规章制度,完善各类应急处置预案,加强特殊巡视,深抓隐患排查和风险管控,强化安全工作的检查和考核,将安全责任目标层层分解,安全生产层层承诺,落实到各职能部门、班组和个人,做到指标到位、责任到位、考核到位。公司先后获评全国"安全文化建设示范企业""电力安全生产标准化一级企业"等。

【荣获"省绿化模范单位"称号】 1月19日,从浙江省绿化与湿地保护委员会处传来捷报,天荒坪公司荣获2017年度"省绿化模范单位"荣誉称号。

【召开习近平总书记视察电站15周年纪念日座谈会】 4月9日,天荒坪公司组织召开习总书记视察电站15周年纪念日座谈会,重温习近平总书记2003年4月9日时任浙江省委书记时视察电站作出的重要指示,学习和贯彻习近平新时代中国特色社会主义思想和"两山"理论。会议邀请陪同习总书记视察电站的时任中共安吉县委书记钱坤方同志、时任华东电网公司副总经理徐航同志以及公司有关退休同志和外调同志参加。

【天荒坪电站"两山"讲习点授牌】 6月12日,县委党校("两山"

讲习所)代表安吉县委到天荒坪公司,将“两山”讲习点牌额授予该公司。天荒坪蓄能电站以其清洁能源禀性、领先的生态环保理念和实践成果被安吉县委选定为“两山”讲习点,成为安吉县立足工业文明传播“两山”理论的现场教学点。天荒坪蓄能电站“两山”讲习点现场教学定位为“绿水青山中的生态工业发展”,其特色与亮点为生态工业、“蓄能明珠”、“科技高地”、“人才摇篮”与文明标杆。

【举办“迎国庆暨庆祝发电二十周年”合唱比赛】 9月28日,天荒坪公司举办“迎国庆暨庆祝发电二十周年”合唱比赛。参赛选手有天荒坪公司员工、中聘公司员工以及各培训学员。比赛内容包括手语舞、独唱、合唱、乐器演奏等多种形式。

【国务院发展研究中心副主任王安顺到天荒坪电站考察】 10月9日,国务院发展研究中心副主任王安顺到天荒坪电站考察,浙江省委政研室、湖州市委、安吉县委相关领导陪同考察。王安顺考察电站上水库区域,听取电站投资建设、生产经营、水库管理等情况。他对电站促进电网安全稳定和地方经济发展的作用表示肯定,对国家电网公司大力发展绿色能源促进经济转型升级,蓄能电站项目带动地方经济发展的成绩表示赞赏。王安顺指出,抽水蓄能是清洁能源,天荒坪电站和地方政府要密切配合,以党的十九大精神为统领,做好电站的生产经营各项工作,为地方经济社会的发展作出更大贡献。

(李长健)

6月28日,国网新源公司董事长、党委书记林铭山(中)为天蓄两山共产党员服务队授旗

规 划 与 建 设

综　　述

2018年,县住房和城乡建设局围绕安吉"两聚一美"发展大局,贯彻落实县委"拼、比、争"主题活动要求,上下齐心、奋发有为,全力推进县城乡建设领域各项工作。城中村改造"攻坚清零"。再次牵头中心城区城中村攻坚专项行动,全年完成拆迁1454户,实现征地1.15万亩,山头区块、余墩区块、天荒坪南路西侧区块、城投区块、教科文新区区块、高新技术产业园区块、绿色家居产业园区块、灵峰区块8个多年遗留区块得到清零,提前实现"三年计划两年完成"目标任务。棚户区改造2018年初上报3185套,实际完成7386套,完成率193.6%,超额完成任务,累计争取到上级补助资金1.16亿元。紧抓棚户区改造支持政策,为各类平台融资58亿元,有力推进城乡基础设施建设。小城镇环境综合整治。全年纳入省级考核的小城镇15个,整治数量居全省第二,全部通过省级验收,安吉县荣获2018年度全省小城镇环境综合整治工作优秀单位;其中山川乡、天荒坪镇、报福镇、杭垓镇缫舍集镇、递铺街道康山集镇5个整治点获得省级样板,实现"花小钱办大事"目标。

《山川四季》彩绘获省级小城镇环境综合整治样板

规　　划

【总体规划和县域规划修编】 2018年,围绕打造"中国最美县域"总体要求,启动县域总体规划评估修编,完成总体规划评估报告,完成《安吉县龙山森林体育公园控制性详细规划局部调整》等8项控制性详规调整审查。结合县城总体规划及中心城区总体城市设计,完成王母山—中心湖及灵峰度假区东片区城市设计。

【规划管理】 落实"最多跑一次"行政审批,审批办理规划"一书三证"532件,出具土地规划红线图和设计条件153件,规划竣工验收核准项目22个,以规划手续支持全县各平台融资52.45亿元。强化方案审查,召开县城乡规划委员会例会4次,累计审议102个项目(议题),全年完成批前公告225项,批后公示120项。出台城东山地片区建设项目规划规范管理实施方案,解决城东山地片区建设项目在建设过程中出现的开挖山体、影响视线景观的问题。

【测绘与地信数据】 省、市、县基础地理信息数据联动更新市级试点完成,项目成果国内领先,为全省基础测绘省、市、县联动更新推广奠定基础。完成80平方千米乡镇1∶500数据的入库,中心城区所有改造、新建道路地形数据及全县域0.2米航空影像的更新,测绘数据无偿为项目规划设计和信息系统建设提供服务134次,节省财政资金8982万元。

住　　建

【概况】 2018年，成功争取到孝丰镇获评全国特色小镇、灵峰街道剑山村蔓塘里自然村建设项目被授予中国人居环境范例奖，成功争创全国农村生活垃圾分类和资源化利用示范县，在第三次全国改善农村人居环境工作会议和全国农村危房改造质量安全管理会议上作经验交流。

【优雅竹城提档升级】 推进"优雅竹城、风情小镇、美丽乡村"三级联动建设。全年完成优雅竹城提升整治项目56个，穆王路、石佛路、塘浦大道全部改造完成，齐云路、玉磬路、灵峰北路、禹山坞路实现全程贯通；灵峰中心湖、浒溪景观带工程规模初具；石马港、递铺港等景观提升工程雏形已现，优雅竹城彰显新气象、新风貌。全年累计完成绿道网建设11千米，超额完成市、县8千米年度任务。海绵城市典型案例入选省级海绵城市建设典型案例，发挥着标准示范作用。

10月10日，县委书记沈铭权（右四）带队在梅溪镇泗洲山小区检查生活小区污水零直排创建情况

【民生工程】 牵头"污水零直排"生活小区创建工作，2018年初市下达创建指标8个，县住建部门通过自我加压、提前谋划、不懈努力，完成生活小区"污水零直排"创建32个，该项目作为安吉县"美丽湖州"建设典型案例，得到市验收组重点表扬。完成9条背街小巷整治，芝里四区、银景花园2个老小区雨污分流改造。完成农村公厕改造406座，超额完成市定396座任务。

【美丽宜居示范村建设】 全年完成各类项目300余项，如期实现垃圾分类、垃圾不落地、减量化循环处理，长潭村、中张村、大里村、大竹园村4个省级美丽宜居示范村建设全部通过省考核验收，余村通过国家级美丽宜居示范村验收。牵头全面加快推进余村"两山"示范区建设，完成"两山"示范区总体规划和7个专项设计，持续推进完成沿线绿化提升、浮玉桥改造、停车场新建、"两山"大道及村口改造提升等市政配套工程。全国第四次改善农村人居环境会议在安吉县召开，县住房和城乡建设局是主要承办单位之一，顺利完成任务。

【建筑行业管理】 建筑业产值稳步发展。瞄准建筑业培大育强，推进全县建筑业稳步绿色发展。全年完成装配式建筑65.31万立方米，住宅全装修25.26万方，完成省级任务。审查民用建筑节能项目127个，民用绿色建筑面积超280万平方米，创省级绿色建筑二星设计标识2项，超额完成市定1项的任务；绿色建筑规模初具成效。组建联合检查指导队伍，采取项目开工提前服务，确保工地7个100%落实到位，完成"智慧工地"建设。"创优创杯"能力增强。开展安全网、临时用电、塔吊等重点领域安全专项检查，开展较好、较差工地和优质工程奖评选，创建县级标化工地15个、市级6个，市绿色施工工地7个，申报省级标化工地4个，创建云鸿杯12个，申报市飞英杯6个、省钱江杯2个、市政金奖1个。建筑绿色节能发展。2018年，完成中心工作既有建筑（公共建筑）节能改造2万余平方米。实施太阳能等可再生能源建筑应用面积超226万平方米，完成节能审查项目102个，总建筑面积253万平方米。完成民用建筑竣工验收备案52项。总建筑面积105万平方米，太阳能等可再生能源应用建筑面积超91万平方米。新建民用建筑已安装太阳能光伏装置958户。审查拟安装太阳能光伏装置2300余户。全县新建民用建筑绿色建筑一星级设计全覆盖,新建建筑绿色建筑比例超过94.6%,安吉创客小镇及省自然博物院项目获绿色建筑二星级设计评价标识工程。

【房地产市场发展】 房地产行业产量。坚持"房住不炒"定位,深刻把握房地产的民生属性、经济属性、城市竞争力属性,房地产市场总体保持平稳。2018年全年,销售商品房162.45万平方米,同比增长20.04%;销售金额184.05亿元,同比增长48.82%;完成房地产投资69.12亿元,实现税收14.44亿元,同比增长73.38%;二手房交易147.11万平方米,同比增长44.21%,销售金额49.53亿元,同比增长36.11%;连续三年创新高。房产中介监管。全市率先推动"透明售房网·安吉站"上线,最大限度保障买卖双方的合法权益,推动房地产市场健康发展。开展全县整顿规范房地产开发销售中介行为专项行动。完成全县房产企业和中介机构自查自纠工作。检查在售楼盘80余次,发现问题后能立即整改的立即整改,不能立即整改的限期整改,下发整改通知书14份,经回访均整改到位。

【物业管理】 加强物业监管。出台《安吉县关于健全完善物业管理矛盾纠纷多元化解机制的实施意见》,构建物业管理纠纷多元化解机制,配备专业调解人员,完成物调中心挂牌办公和物调中心人员业务培训,提升物业纠纷调解时效。通过政府购买服务,结合文明城市创建,对全县118个物业小区开展物业专业检查,促进物业企业提升管理质量和水平,新增市优小区1个。开展物业培训及专业检查,6、7月份轮流对昌硕街道6个社区的社区物业工作人员和业委会成员开展面对面的业务轮训。开展专业性检查,利用县物业专家委员会的专业力量,上下半年对全县60个大中型小区开展物业专业性检查。解决民意诉求。矛盾调处持续推进,全年科室处理投诉1216起(其中物业投诉954起、房产投诉362起),处理大型群访龙山玺园施工起火群访、上影退房群访、林语香溪房屋质量群访、湖畔居东区业主群访等投诉,化解社会矛盾。

【住房保障工作】 创新一线受理。创新实施一线报名审核,保障494名(其中经济适用房62名、公共租赁住房432名),提前2个月完成县定保障300户的年度任务。助力棚户区融资。配合城投、递铺镇(开发区)、灵峰街道、梅溪、天子湖等部门融资,合计上报融资金额48.0488亿元,实际到位44.5亿元(县财政10亿元、城投21.8亿元、天子湖2.1亿元、递铺镇8亿元、城投2.6亿元)。危旧房治理。农村困难群众危房改造145户,超额完成县定130户任务;农房调查登记信息录入88290户,第二次城镇房屋调查登记录入8876户;组织全县886名农村建筑工匠进行继续教育培训。直管公房管理。加大直管公房安全管理,落实直管公房动态化检测、常态化巡查,全年完成大修12处、拆除13处,确保直管公房安全使用。

【行政审批】 工程项目审批有新进展。坚持以"最多跑一次"改革撬动"放管服"全面深化。工程建设项目审批制度改革取得突破性进展,工程建设项目审批管理系统于11月上线,实现工程建设项目审批从策划生成到立项、竣工验收全过程管理,全流程审批时间从原来的200多个工作日压缩至100个工作日以内,项目报批全流程提交材料从原来的240多件减少至80件以内。实现施工图联合审查。"多规合一"系统完成城市规划6个、土地规划5个、环保规划3个数据整理。将安全监督备案资料由45项精简至25项,质量监督材料由10项精简到4项,全年审批660万份。全年网上施工图联合审查受理308个。上门服务实现"零次跑"。住房保障实行常态申请。测绘审批事项实现跑零次。在全省率先实现驻镇规划师全覆盖基础上,创新实施"园区服务小分队",要求每周现场办公不少于一天,当好决策参谋员、项目把关员、安全监督员,全面提升服务水平。

【全国文明城市创建】 牵头实施街道(社区)综合治理专项组工作,制定创建方案,细化任务,明确责任。成立20个物业督查小组,对县城区30家物业企业、106个物业小区进行全方位督查。牵头举办"全国文明城市创建暨建筑安全文明施工管理"培训班3期,组成12支服务小分队，每天12小时驻工地指导创建整改，全市率先制定“文明城市创建标化工地图文集”，强化文明工地建设。组织志愿者服务900余人次，小区、建筑工地、室外草坪设置各类公益宣传牌3870余块，为安吉县文明城市创建贡献力量。

（李　颖）

人民防空

【概况】 2018年，县人防办落实全市人防工作目标任务，服务县级中心工作，抢抓机遇、开拓创新、真抓实干，各项工作取得进展。2月，县级人防基本指挥所“1403”工程口部房建设完成，县人防办进入办公。3月21日，县委书记沈铭权等县领导前来视察，充分肯定安吉人防工作成效，高度评价“1403”工程项目建设成果。8月，“1403”工程坑道部分完工，完成竣工验收和口部房产权登记，项目进入决算审计阶段。9月19日，在全省人防指挥长工作会议上，分管副县长、县人防指挥部指挥长何承明发言，介绍安吉人防指挥部常态化建设工作的经验。10月，开展人防指挥部系列活动，省、市人防办领导及县领导前来参加“1403”工程启用仪式；全县人防重点镇、街道、重要经济目标单位以及人防专业队、民防救援队近百人参加指挥部训练和演习活动。人防年度目标任务考核获得全市第一名。

营商政策落到实处。2018年，县人防办出台一批人防审批服务项目的工作措施。《预测绘报告》实行容缺审批，取消2万平方米以下的工业项目人防审批，项目靠前服务和上门跟踪服务，全年减免工业项目人防工程易地建设费898.48万元。人防行政审批窗口工作人员热心服务办事企业和个人，被评为“美丽窗口”工作人员。

防护工程建设得到提高。全年通过狠抓结建政策的贯彻执行和地下空间的综合开发利用，突出“调结构、强管理、重质量、增效益”，人防工程建设规划通过抓编制、抓结构调整、抓民生效益，实现防护工程又好又快发展。从开工项目、竣工项目、新增停车位等各项指标都超额完成年度任务，全年人防工程竣工面积同比增长109.45%。

10月16日，“1403”工程全面竣工，指挥部进驻运行

行政执法不断突破。强化人防工程执法检查，重点检查安全生产责任制落实情况、人防设施设备运行和维护管理工作台账以及人防工程隐患排查整治情况，全年向县综合执法局移交3起违法案件。

组织指挥业务工作。全年新增电声警报和多媒体警报各1台、储能电池3套，组织警报试鸣活动2次。新建杭垓镇民防综合应急指挥中心，至年底基本建设完成。全年组织人防专业队、民防应急队、民防志愿者100余人，开展3个批次总共10天的训练。“5·12”当天指导昌硕街道130余人开展人员紧急疏散演练，同时参加减灾委防灾减灾主题宣传活动。

人防宣传教育。孝丰人防主题公园和石马国防教育公园于年内分别建成，为普及人防知识提供良好平台。“安吉人防”官方微博已有粉丝7.6万人，发布微博3306条；“安吉人防”官方微信有粉丝500余人，发布高质量微信290期350篇。全年重要时间节点开展防空防灾教育，发放宣传资料2200余份，展出宣传展板80余块。10月24日，召开全省人防宣传教育骨干培训会，在会上安吉县宣传的“新三版”（工程结合、公园融合、基地联合）工作作了大会交流和全省推广。

（缪一江）

城投集团

【概况】 2018年,县城投集团始终坚持围绕建设“中国最美县域”目标,持续深化国企改革、致力经营发展、提升品质品牌三项举措,不断强化各项保障,中心工作扎实推进,全年实现营业收入14亿元,实现税收4155万元,完成年度目标任务。1月19日,城投集团水务板块思源供水孝丰营业厅获湖州市“最美窗口”;1月23日,国源水务工会被评为“安吉县先进职工之家”;2月1日,城投集团建设板块安吉广和建设有限公司被评为“湖州市城市管理先进集体”;4月2日,“两山”创客小镇获评省级创业孵化示范基地;5月3日,城投集团白茶板块下属子公司安吉尚丰茶叶有限公司获“2017年度湖州市小微企业成长之星”称号。

2018年,县城投集团整合多元产业,推进城市建设、水务民生、资产经营三大核心主业,实现由多元化发展向专业化经营转型,由横向拓展向纵向延伸转变,由管资产向管资本转变。实施创客小镇管理权移交、畅游股权减持、白茶股权转让,非核心业务的剥离基本完成,并接收燃气公司股权,资源力量向三大板块集中。同时整合三大板块内部业务,剔除风险较大且不具备竞争力的非核心业务,板块业务更加凝练,核心业务更加突出。提升企业管理。分级管理体系落地执行,子集团管理边界更趋清晰一致。推进管理扁平化,对下属子公司进行压缩调整,管理层级有效缩减。以信息化、制度化、标准化三化管理模式推进管理规范化、精细化,建成集团业财一体化和水务智慧化管理体系,实施制度废改立40余项。组建会计核算中心,实行资金全面预算管理,实施合同标准化建设,规范设置工作流和审批流,工作标准进一步统一。创新工作体制。建立与街道联合征迁工作机制,提高征迁工作效率,并逐步将征迁职能移交给昌硕街道,全力负责资金保障和拆后利用。建立与央企、大型国企合作,探索核心主业延伸发展模式,形成产业链,增强企业自身竞争力。

“两山”创客小镇二期完工

经营收入增长。玉园项目实现清盘并提前交付,回款达90%;加油站全年实现营收超9000万元,同比增长84%;固定资产及经营项目租金收入同比增长20%。供水产销差同比降低6个百分点,售水回收率提升1个百分点,实现售水收入同比增长10%,污水和安装收入同比分别增长13%和10%;销售、排水收入增长强劲,同比分别增长280%和300%。集团整体经营性收入超过5亿元。服务品质提升。全年阳光热线处理率、反馈率,“数字城管”结案率均达100%,群众满意率达94%,同比上升1.7个百分点。建设工程项目创杯夺鼎,获省级质量奖3个、市级质量奖8个,精品意识逐步增强。“经典1958”、花木市场等经营项目商业管理和物业管理更加优质,招商率和开业率始终保持在90%以上,品牌商家不断入驻,物业满意率达97%。水务投诉类热线同比下降48%,第三方满意率逐年提升,达91.08%,天子湖营业厅被命名为“湖州市青年文明号”。开拓新增长点。谋划并推进商品混凝土搅拌站、静脉产业园等城建类产业项目。争取新加油站点指标,达成合作意向。加快房产项目拓展,新增凤凰中心广场、孝丰南门广场等项目,同步推进四个房产项目开发,提升数量和规模。实施区域管网建设扩大覆盖区域,服务用户不断增加,接手县域污水终端运维,排水业务加快拓展,发展后劲持续增强。遗留问题得到解决。排查并化解积案10件,解决历时多年的信访历史遗留问题。办结诉讼案件14件，平息紫金花园集体诉讼矛盾纠纷，未结案件同比下降40%，去存量成效显著。完成凤凰阁移交、朗里花园二期办证，解决龙山安置小区安置户办证需求。原物产公司地块办理土地证并移交，盘活朗里花园闲置车库并完成销售，解决企业后顾之忧，发展的资源和精力均得到释放。

城中村改造。灵芝路北侧等4个新启动区块、石佛路北侧等5个遗留区块全部清零，实现征地2857亩、拆迁签约114户。全力配合昌硕街道实施山头等区块城中村改造，征迁投入28.7亿元，实现三年任务两年完成的目标，超额超前完成县定任务。十字路等安置区建设完成，拆后安置功能得到落实。城市建设。石佛东路、递铺北路等5条断头路先后打通，实施安吉大道与绕城线交叉口、石马港和递铺港等一批景观提升，呈现出更加便捷、美观的城市形象。创客小镇二期完工，新三小等民生工程加速实施，凤凰中心广场、花木市场二期等新的城市功能载体推进，引进美颂广场落户城东，按期完成“两山”讲习所改造，文化教育、创业平台、商业综合体等城市功能更加齐全。供水治污。城北污水厂三期、赋石和老石坎水厂等一批重大民生工程开工并已建设过半。孝丰、天子湖等区域管网逐步健全，实施天荒坪、鄣吴等7个片区老旧管网改造，新增供水管网236千米，污水管网198千米，水质水量得到保障。实施污水厂提标改造，排放标准得到提升，推进零直排区建设，城乡环境明显改善。

基层党建。将党建工作写入集团及下属公司章程，完善党委集体议事规则，坚持重大事项党委先行研究。开展基层党建工作探索与创新，先后建立余村“两山”示范区等6个项目党小组，发挥党小组集聚力量和协调问题的作用。以党建促创建，参与创建全国文明城市，开展专项特色志愿服务活动，建成新时代文明实践站1个。监督执纪。组织集团中层干部赴长湖监狱开展廉政教育，设立《清廉城投》微信专栏，员工自觉自律意识提高。完善纪检体系，组建纪委班子和纪检队伍，抽调党的优秀分子充实纪检力量。完善纪检工作机制，出台《过错责任追究办法》和《廉政约谈》等制度，使纪检工作有据可循。进行作风效能集中整治，开展“三公”经费和作风效能常态化督查检查，加强对《过错责任追究办法》和“四种形态”的运用，监督执纪力度增强。队伍建设。开展师徒传帮带、技能比武、职工培训等活动，形成学技术、钻业务、提技能的工作氛围，加速各岗位骨干队伍的成长壮大。出台《聘任管理制度》，启动并实施聘任制改革，引入竞争机制，推行中层干部竞争上岗和职务任期制度，形成人员能进能出、职务能上能下、待遇能升能降的用人机制。

【道路通车】 2月10日，城投集团建设项目穆王路（天荒坪路—玉磬路）正式通车。5月26日，城投集团建设项目石佛路（石佛桥）正式通车。6月4日，递筏线（绕城南线至递洪线）正式通车。

【两项工程喜获“飞英杯”】 2月12日，城投集团建设项目天荒坪路（胜利路—绕城南线）道路改造工程和齐云路（齐云桥—胜利东路）市政及景观工程双双获2018年度湖州市飞英杯市政工程质量奖。

【凤凰中心广场项目举行开工】 3月8日，凤凰中心广场项目举行开工仪式。

正在建设的凤凰中心广场

【杭长高速入城口获全省首批省级精品示范入城口称号】 8月1日,由城投集团代建的S14杭长高速入城口获全省首批省级精品示范入城口称号。12月18日,安吉杭长高速入口景观提升工程获2018年度浙江省优秀园林工程铜奖。

【两项目获2018年度安吉县建筑安全文明施工标化工地称号】 10月31日,城投集团两项目荣获2018年度安吉县建筑安全文明施工标化工地称号,获奖的工程项目分别是:县城胜利路(天荒坪路—浮玉路、胜利桥—齐云路)道路综合改造工程、经典置业玉园项目。

【国源水务联合高禹小学开展环保宣传月系列活动】 11月1日,国源水务联合安吉县高禹小学持续开展环保宣传月系列活动,此次活动以"创建文明城市、投身环境保护、守护绿水青山"为主题,通过开展"我为生态环保添光彩"征文比赛、"走进污水处理厂"实地参观、"水处理知识进课堂"宣传活动、发放治水倡议书及"环境保护实践基地"挂牌等一系列活动,让孩子们认识到水资源短缺的现状以及因各种水问题所面临的严峻形势,鼓励大家争当守护绿水青山的响应者、宣传者、实践者。

【胜利路道路综合改造工程获三项荣誉】 11月28日,城投集团建设项目胜利路(天荒坪路—浮玉路、胜利桥—齐云路)道路综合改造工程获2018年度"湖州市建筑安全文明施工优胜标化""湖州市绿色施工工地""湖州市政工程建设优秀质量管理小组二等奖"三项荣誉。

【国源水务智慧水务平台投入使用】 12月13日,国源水务智慧水务平台投入使用,为安吉县水务一体化建设后的运营管理提供坚强保障,真正让民生实事工程为民、便民、利民。

【完成"准Ⅳ类水"提标改造试点】 12月29日,城投集团在全省范围内率先完成准Ⅳ类水非工程原位提标扩容改造示范工程试点。

(谢传卓)

综合改造完成后的胜利路道路

城　市　管　理

【概况】 2017年1月，县综合行政执法局（城市管理局）正式挂牌，“一套班子、两块牌子”合署办公模式。同时，实现乡镇（街道）综合执法所（中队）县域全覆盖。2018年，安吉县综合行政执法局（城市管理局）有执法所（中队）14个（递铺执法所和孝源执法所于2017年8月合并成开发区执法所）和1个城警大队、内设科室9个、管理单位5个（园林绿化管理处、环境卫生管理处、城市照明管理处、市政公用管理处、公共资源中心）。2018年，住建部以《安吉县开展城管综合执法工作的经验做法》为题印发《建设工作简报》，这是住建部首次将县级层面的城管综合执法工作经验向全国推广。县综合行政执法局（城市管理局）获全省建设系统2018年度信息宣传工作先进集体，县提升效能创新奖一季度和三季度优胜单位，县项目推进二季度流动红旗，县全国文明城市创建一季度流动红旗、二季度和三季度先进单位，县民情在线考核连续12个月优秀单位。昌硕执法所女子中队创建省级巾帼文明岗，天荒坪路改造工程获湖州市飞英杯市政工程质量奖等等。

2018年，县综合行政执法局（城市管理局）坚持全面深化改革，用改革解决问题，让改革引领发展，确保全局体制机制和各项工作符合时代发展要求。巩固并深化综合行政执法体制改革，在全市率先实现派驻机构全域覆盖，加快推进案件类型拓展，实现改革划转的12个领域执法履职全覆盖。推进“律师驻队”工作，被省建设厅、省司法厅确定为全省首批律师参与综合执法工作的唯一试点县。全面实施勤务机制改革，推行“一名协管员负责一个责任区”的责任区化管理机制、24小时接处勤机制、层级考核机制等一系列改革举措，责任能落实到人、群众需求能及时响应的工作体系基本形成。推进“最多跑一次”改革，开展“优化营商环境年”活动，出台“八要八不准”行为准则和“十条举措”。47项审批事项全部实现“最多跑一次”，28项实现“跑零次”。全年办理行政审批1281起，其中临时占道审批560起、临时促销审批250起、门头装修审批220起、道路挖掘审批88起。

县综合行政执法局（城市管理局）牵头实施重点项目24个，其中列为县委、县政府重点工作的项目12个。截至2018年12月底，有10个项目提前或超额完成，有9个项目按期完成。烟花爆竹“双禁”工作举措实、见效快、反响好，得到县领导肯定和群众支持。2018年春节期间，禁放区内仅发生3起违规燃放案件，空气质量优良率同比上升14.7%，高达100%；城区生活垃圾分类一期工程高起点谋划、高标准实施，全省首创城镇生活垃圾分类“二级四分”模式，引进国内领先的分类专家虎哥公司，推进小区“三站”建设；示范街创建工作推进，提前4个月完成年度目标，创成示范街15条，超额完成200%；停车位新增项目计划300个，完成3600个，实现超额1100%，同时施划非机动车位

9月，县综合执法局组织人员对九州区域开展市容秩序整治

2400余处、停车方向标识6800余个。

县综合行政执法局(城市管理局)坚持以民生为本、以民意为令,围绕全国文明城市创建、国家卫生县城复评等重点任务,及全国改善农村人居环境工作会议、全国"四好农村路"管理现场会等一批重要会议保障任务,做好城市管理。市政方面,累计修复人行道板1万余平方米,修复沥青路面6万余平方米,完成管网清淤5万余米,更新窨井盖550余套。环卫方面,增加保洁区域5万余平方米,清运并无害化处置生活垃圾21万吨,打造市级美丽公厕10座。园林方面,开展公园设施改造和行道树提升,首次打造城区四季花展,轮植郁金香、芍药、菊花等42万余株。照明方面,及时解决损坏、老化等亮化问题6000余起,主干道亮灯率99%以上,次干道亮灯率98%以上。公共资源方面,建成城区智慧停车系统并投入运行,覆盖16条路段、3个停车场共3000余个停车位,停车位周转率提升30%。新增15个公共自行车站点和1300辆公共自行车,群众出行越来越便利。"智慧城管"方面,全年派发有效案卷65580件,结案65365件,按期结案65137件,结案率99.67%,按期结案率99.32%,回复满意率97%。行业管理方面,推进赋石、老石坎两家水厂新建及城北污水处理厂三期扩建,完成首批乡镇"污水零直排区"创建。实行瓶装燃气销售实名制,实现全县钢瓶电子标签100%覆盖。实施"燃气安全最后一米保障工程",解决燃气用户因使用劣质软管或减压阀而导致的安全问题。

县综合行政执法局(城市管理局)秉持依法行政、为民执法的理念,完善执法机制,规范执法程序,改进执法方式,树立执法权威。全年办理一般程序行政处罚案件1960件(全市第二),办理简易程序案件88322件(全市第一),案件优良率98.1%。全年受理行政复议9件、行政诉讼17件,无一起被撤销或败诉。常态化开展市容环境整治,整治乱堆放、乱晾晒、乱设广告、卫生死角等问题3万余件,清除"牛皮癣"、小广告2万余处,整治毁绿种菜2万余平方米。推进"三改一拆",开展违建整治"利剑"行动,实行违建管控责任人制度,全年自行拆除违法建筑1.66万平方米,强制拆除违法建筑5.32万平方米。推进小城镇环境综合整治,开展"道乱占"专项治理,完成点位治理7052个、道路整治108条。其中,纳入年度考核的集镇范围内完成点位治理2872个、道路整治57条,完成率100%。开展工程运输车"三化"管理联合整治,办理工程运输类案件5257件,查处超载超限1308辆次、闯禁1007辆次、未采取密闭措施474辆次,恢复非法改装加装车辆396辆,报废假牌、假证拖拉机149辆(以上"三化"整治数据含公安、交通部门办理的案件)。全面推进犬类规范管理专项整治行动,全市率先采用二维码犬牌,建成全市首个县级规范化犬类收容所。设置接种免疫点24个、犬只信息登记点209个,完成犬只免疫27512条、犬只信息登记27126条。推进静态交通整治,查处机动车违停7万余辆次,教育劝离5万余辆次,规范"三小车"停放4万余辆次,拖离"三小车"6000余辆次。

8月10日,工作人员对各大公园照明灯具设备进行巡查维护

县综合行政执法局(城市管理局)上下树牢"四个意识",坚定"四个自信",做到"两个维护",打造一支有担当、有本领、能干事、能奉献的"铁军"队伍。

始终坚持把政治建设摆在首位，严格党的政治纪律和政治规矩，坚决贯彻上级决策指示。抓好巡察整改，把全力配合县委巡察和抓好问题整改作为全面加强党的领导的重要抓手，举一反三，真抓实改。创新推进系统党建工作，创立以“先锋城管、锦绣竹乡”为主题的“红培”党建品牌，开展“忆初心、话使命、争先锋”系列活动，获全县二季度“美丽党建”强基行动一等奖。开展教育培训工作，构建导师帮带、常态教育、集中学习、全员整训的教育培训工作体系。联合苏州大学举办综合执法与城市管理培训班，举办“大练兵大比武”活动，拍摄全省首部综合执法演示教学片。严抓党风廉政建设和反腐败工作，严守中央八项规定，严防“四风”反弹，履行“一岗双责”，开展正风肃纪行动62次，签订《党风廉政建设责任书》145份。做好信访与热线办理工作，全年接待群众来访200余人次，做到事必有回应。办理阳光热线2300余件，按时办结率100%、满意率98.1%。做好信息宣传工作，“安吉城管发布”公众号等“一网两号”办得有声有色，文明创建、“双禁”、垃圾分类、犬类管理等专项宣传成效显著。全年被各级“两办”和主管部门录用信息130余篇，被各级媒体报道720余次。

【第15个“3·25”生态日仪式启动】 3月25日上午，安吉县第15个“3·25”生态日仪式在生态广场启动。为呼吁广大市民共建绿色美丽生态县域，助力全国文明城市创建工作，县综合行政执法局（城市管理局）在生态广场开展“绿种子”赠送、垃圾分类宣传、低碳出行活动，向广大市民免费发放花卉种子及苗木和“垃圾分类 你我共参与”有奖问答活动，活动现场得到广大市民的热情参与。

【“红培”品牌发布】 7月1日上午，县综合行政执法局（城市管理局）在凤凰山公园启动“红培”品牌发布暨党建活动月仪式。

【县城区10座公厕通过市美丽公厕考核验收】 县城区公厕提升改造项目被纳入2018年度十大民生实事项目之一。县综合行政执法局（城市管理局）紧扣民生实事目标要求，精心谋划组织，推进公厕改造工程。经过两个月的建设，10座公厕全部完工，提前完成年度任务，并通过市“美丽公厕”考核验收。10座“美丽公厕”除外观上的变化，重点在便民、文化、科技上的改变：注重便民服务。推进服务母婴、儿童、老年人等特殊人群的设施建设，升级无障碍设施，对无障碍扶手高度、便器等进行改良，满足特殊人群需求。注重文化植入。在完善使用功能的基础上，每个公厕都因地制宜，融入安吉特色文化，在公厕建筑外墙或内饰上展示体现文化的元素，提升公厕内外品质，使市民游客在如厕的同时能了解安吉的文化内涵。注重科技运用。部分科技类公厕引进科技智能化设施设备，安装刷脸取纸机、智能马桶、无线网等，提升公厕智能化服务水平。

【首批3家垃圾分类服务站投入运营】 12月26日，县首批3家垃圾分类服务站投入运营，3家服务站分别位于龙山玺园、天目新村、美颂广场，虎哥公司将以这3家服务站为基础为13个居民小区提供上门回收干垃圾服务。居民粗分、企业细分的模式让居民更容易接受、更愿意参与，也让更多垃圾进入干垃圾范畴，大幅提高资源回收率利用率，取得显著的资源化、减量化效果。

（孙鹏伟　王雅君）

郭吴镇公厕

环 境 保 护

【概况】 2018年，县环境保护工作践行"两山"理念，持续打好治水、治气、治土、治废污染攻坚战，推动环境质量不断改善，共建"中国最美县域"。截至12月底，县控以上断面、饮用水源地水质、交接断面水质达标率均100%，全县PM2.5浓度33微克/立方米，空气质量优良天数比例83.3%，均位列全市第一。2月，县环保局被授予"全国环境保护系统先进集体"荣誉称号。6月初，被授予2017年度"美丽浙江"建设工作考核优秀单位。9月，县环保局推荐的村民代表裘丽琴代表省委、省政府赴美国纽约领取"地球卫士奖"。11月，县环保局获全省"千万工程"和"美丽浙江"建设先进集体荣誉称号。12月，安吉县成功荣获国家生态文明建设示范市县称号。

【全国生态文明建设示范县】 2018年，县环保局坚决贯彻落实省、市委赋予安吉"当好践行'两山'理念样板地、模范生"的要求。创建"两山"示范基地，开展好第一批"两山"实践创新基地建设工作，编制并组织实施《安吉县生态文明示范创建行动计划》，与县生态文明先行示范区建设、"五水共治"、大气污染防治、土壤污染防治等方案要求相结合，确保工作的协调性和延续性。严格按照国家生态文明建设示范县创建考核指标做好各项创建工作，6月，通过创建考核验收；12月15日，在南宁中国生态文明论坛上，安吉县被授予第二批国家生态文明建设示范市县称号。创建市级"两山"实践创新村3个(刘家塘村、鲁家村、余村村)、市级"两山"转化示范点3个(大康控股、生态博物馆、农村生活污水展示馆)、市级生态文明建设示范乡镇3个(灵峰街道、山川乡、天荒坪镇)。做好生态文明示范工程，牵头开展2018年度BC类乡镇生态文明示范项目建设，主要包括溪龙乡污水处理厂整治提升、鄣吴镇镇域环境综合整治、山川乡鸬鸟溪(盛家堂—赵家堂)水环境综合治理工程、溪龙乡交接断面水质提升配套项目等12个项目，完成工作验收，总投资4020余万元。申报以余村为中心辐射全县的全国生态文明宣传教育基地，创建省级生态文明教育基地1家、省级绿色学校2家。抓好"两山"对外宣传，牵头做好联合国新闻署对县委书记沈铭权关于河长制和村庄治理电话的采访稿件及采访接待工作。做好接待联合国环境署"千万工程"获奖采编到安吉拍摄，以及裘丽琴赴纽约领取"地球卫士奖"的准备工作。推荐安吉黄浦源生态民居推广中心项目获得中华环保基金100万元资助。做好美丽浙江十大特色体验地材料上报和投票宣传工作，安吉县入选美丽浙江十大特色体验地(县、市、区)初选名单。组织实施第15个"3·25"生态日主题活动，以"6·5"世界环境日、"6·30"浙江生态日、"8·15"生态文明日为契机，组织开展主题宣传月活动，与省环保厅合作开展"全省生态文明建设典型经验宣传报道"大型采风活动。

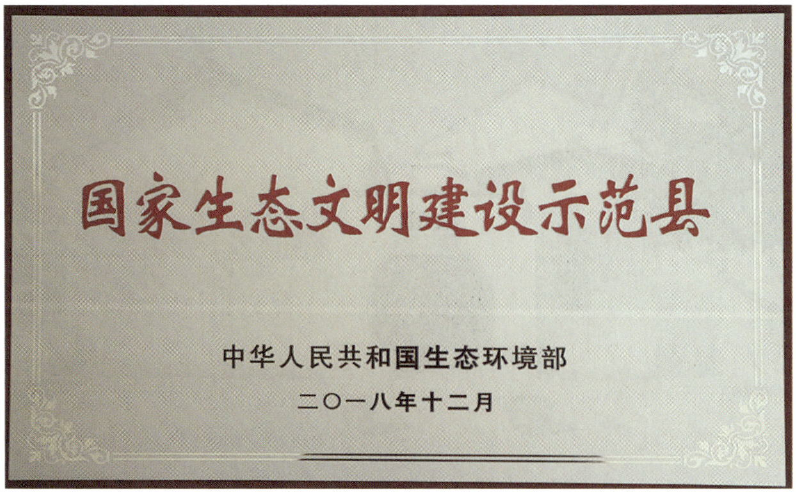

12月15日，安吉县被授予第二批"国家生态文明建设示范县"称号

【绿色发展】 辩证认识和处理好发展与保护的关系，以环保工作创新践行绿色发展理念。开

展“优化营商环境年”活动，年初制定实施“提前、精简、容缺、提速、规范、宣传”六个方面的优化营商环境措施，多角度提升服务。着重参与“6＋1”预评审，参与安吉县“标准地”环境准入条件量化，为36个项目出具预评审意见。指导280余家企业完善环保审批、验收等相关手续。完成124个建设项目审批污染物总量调配。推动“区域环评＋环境标准”改革，建立健全环境空间管制制度，划定并严守资源消耗上限、环境质量底线和生态保护红线，严把空间、总量、项目“三位一体”准入关，推动规划环评落地，加快重点产业园区规划环评全覆盖。编制改革区域环评审批负面清单，严格重污染项目环境准入，目前安吉经济开发区核心区控制性详细规划环评和安吉县天使小镇发展规划环评已发文组织实施。“最多跑一次”改革工作全面铺开，确定事项16项，其中行政许可8项，确认事项1项，其他事项7项。全部事项实现“最多跑一次”，其中，环境影响登记表备案事项实现当天即办。全年通过网上办理完成环评审批238个，其中报告书21个、报告表217个。全年累计审批工业项目192个，项目总投资205.66亿元，环保投资39.67亿元。

6月7日，国家水专项课题暨农村农业面源污染防治技术及生活污水治理设施管理培训在安吉进行

【污染防治】 以市生态环保重点任务清单为重点，推动水、气、固废污染防治攻坚战。标本兼治推进“五水共治”，推进省、市下达的“污水零直排区”建设任务，完成投资3530余万元。完成64家加油站（共206个油罐）地下油罐改造，完成金属表面处理行业企业18家。联合国家水专项课题组组织开展农业面源污染防止技术及生活污水治理设施管理培训。根据河长制和乡镇交接断面考核办法，开展乡镇交接断面及河长制断面水质监测工作，指导基层根据监测情况治水。完成国家地表水自动站建设工作和国家地表水监测数据联网；完成赋石水库、凤凰水库水源地整改，通过生态环境部督查工作组核查工作。两个国控断面均达到“水十条”考核要求，断面监测持续达标。多措并举防治大气污染，全力做好上海进口国际博览会、德清世界地理大会、乌镇互联网大会环境质量保障工作。强化工业化学需氧量源头控制，累计否决、劝退不符合准入条件、化学需氧量管控要求的项目32个，预计减少化学需氧量排放约85吨。完成3家化学需氧量示范企业进行规范提升，和60家化学需氧量重点企业减排和80家涉化学需氧量“散乱污”企业清理整顿，完成天子湖热电清洁化改造，实现超低排放。做好重污染应急预案编制工作，完成应急减排清单编制工作，做好516家清单企业963条生产线的填报工作。全县14个乡镇空气自动监测站提前半年完成建设，并投入运行。完成50家重点监控企业的监督性监测和28家企业在线监控设施的比对工作，以及7家固定污染源废气挥发性有机物排污单位的监督监测。创新开展净土清废行动，出台《2018年安吉县土壤污染防治工作方案》和2018年安吉县土壤污染防治自查报告。做好重点企业土壤详查工作，完成78家重点行业企业调查信息采集工作。开展长江经济带固废大排查，完成225家危废企业及217家重点固废企业的培训及排查工作。完成天子湖铭翔电瓶厂原址地块场地调查及修复、天荒坪邦化化工原址

地块场地详查工作等。经专家评审意见决定上述地块均不再属于污染地块,可以作为工业土地使用。出台安吉县提升危险废物管理水平实施方案、危险废物规范化管理督查考核工作方案、清废行动方案及举报奖励暂行办法等相关文件政策,提高全县固废(危废)管理水平。启动第二次全国污染源普查工作,编制实施方案,6月底,完成安吉县第二次全国污染源普查清查入户工作,确定安吉县各类污染源普查名录库。12月底,完成安吉县第二次全国污染源普查入户调查工作,完成工业源5064家、集中式污染治理设施848家、农业源31家、生活源锅炉24台,入河排污口6个,移动源52家,总计6025家普查对象的普查工作。推动主要污染物减排工作,完成安吉金山污水处理厂的扩建、安吉天子湖热电超低改造项目投入运行,浙江吉达生物科技有限公司、安吉县大鹏钢管有限公司、浙江禾诚生物科技有限公司集中供热改造,安吉明远锻造有限公司、安吉县龙鑫印染有限公司完成煤改气改造等工程,削减化学需氧量309吨、氨氮13吨、二氧化硫549吨、氮氧化物123吨。加强刷卡排污管理,全县36家企业安装刷卡排污系统,充值率、数据传输率、故障率三率达95%,为总量管理打下基础。

【环境执法】 坚持环境违法行为"零容忍",加大污染源随机抽查工作,全年开展污染源随机抽查4次,联合县综合执法局、水利局、农业局、卫计局开展跨部门"双随机"抽查5次,共抽查企业282家,其中包括重点排污企业19家、一般排污企业211家、特殊监管对象32家。结合"蓝天保卫"、"2018清废行动"、固废交叉执法、饮用水水源地督察等专项行动,开展全县环境安全专项执法检查行动,全局出动执法人员10162人次,检查企业4510家次,依法下发各类监察意见书490余份,依法立案查处各类环境违法案件75件,移送公安机关行政拘留案件5件、刑事案件2件。支持公众参与环境监管,拓宽社会公众参与环境监督管理方式途径,拓宽微信、微博、网络等公众受体,办理每起环境初信访。及时处置安吉吧、安吉环保吧、官方微博、民情在线等多处网络舆情30余起。提升双微工作,及时有效向公众推送生态环保信息、相关法律知识、环保的工作成果、环境污染问题。新浪微博累计发布1076条,腾讯微信发布196条。2018年,处理各类信访投诉1104件。其中,其中省、市转办件195件,政府阳光热线893件,12369微信平台54件,110应急联动30件,电话接听127件,处理率、按时办结率100%。

4月25日,县环保局监测站老师为县内污水处理厂技术员指导实验技能

【环保改革】 创新环保机制体制作为探索环境保护新道路的重要内容。探索生态红线勘界定标试点工作,安吉县生态保护红线监测预警与智能监管系统项目入选生态环保领域省级改革试点。安吉县生态红线勘界定标工作也列入全省试点之一,在赋石水库红线勘界定标尝试取得初步成效。完成150个界桩安装,在一级保护区边界局部区域设置界桩和镀锌护栏,关键节点和人流密集的红线边界设置红外线预警,实现赋石水库一级保护区无人机航拍监控,保护赋石水库生态环境安全。完善水资源生态补偿机制,牵头组织安吉、长兴西苕溪跨流域横向生态补偿工作,2019～2021年安吉县、长兴县每年各出资金共同设

立西苕溪流域上下游横向生态补偿资金，两县协议已沟通完成并签字盖章。牵头建立跨县区饮用水源生态环境补偿机制，由安吉县承担对河口水库生态环境保护的责任，由德清县对安吉县石鹰村等作出相应的补偿，同时享有水质恶化的受偿权利。饮用水源生态环境补偿合同已协商签字。创新环保监管模式，完成县基层“四个平台”工作人员派驻工作，设立15个环境监察中队，其中递铺、孝源、梅溪、天子湖、孝丰、天荒坪6个片区监察中队按正股级配备，其他9个乡镇监察中队按副股级配备。全年向15个乡镇派驻人员38人，其中公务员（含参公）9人、事业11人、编外18人。另外与各乡镇（街道）做好衔接，落实好派驻人员的办公条件和待遇发放问题。并为每个片中队租赁2辆执法用车，保障各个片区乡镇执法用车需求。

【队伍建设】 贯彻落实习近平总书记提出的打造一支政治强、本领高、作风硬、敢担当，特别能吃苦、特别能战斗、特别能奉献的生态环境保护“铁军”的政治要求。争当生态环保铁军排头兵，采取党组理论中心组学习、党课教育、党日活动、现场教育等形式教育，引导党员干部切实牢记党的嘱托，听党话跟党走，做政治上合格的光荣战士；开展“四新”主题和“拼、比、争”主题活动，推动全局重点工作有效落实；建立生态环境保护志愿服务队投入服务第一批“绿水青山就是金山银山”实践创新基地建设工作，以及“走访服务企业”专项活动、“凤凰计划”拟上市企业服务行动、“优化营商环境年”活动，发动党员在推进“两山”实践和服务“两聚一美”过程中，敢于担当，勇于破难；抓好机关党组织与结对村（高禹村）、结对学校（高禹中学）、结对社区（白云社区）结对共建，在结对共建一线主战场助推基层发展，全县累计进企业送服务六百多家次。提高环境执法业务水平。找准环境执法队伍在政治、业务等方面的薄弱环节，开展全局干部职工执法大练兵和法制培训，组织开展第二次环保法律知识考试，通过以考带学的方式促进执法人员提高业务知识水平。将“大练兵”和实际工作结合起来，开展现场勘查、调查走访等方面的实战练兵，针对违法建设项目、环保设施运行等进行现场实战练习锻炼，通过全市交叉执法，环境保护部蓝天保卫战重点区域督查实战中提高现场处置能力。通过组织专业律师团队开展案卷评查，邀请浙江京衡律师事务所等专业律师团队对县环保局开展案卷评查工作，提升执法业务能力。提升环保服务能力，借力省环科院和浙江大学等单位，在7月份联合成立浙江省环保公共科技创新服务平台安吉工作站，为安吉县治水治气、企业环境问题提供服务平台。出台《安吉县环境污染责任保险工作的实施意见》，全县26家被确定为环境污染责任保险的重点投保企业全部完成“环境体检”风险评估与投保工作。探索实施“环保管家”制度，指导示范区聘请环保废气治理专业团队入驻天子湖园区开展臭气异味治理工作。全年完成27家企业的现场调查、24家企业的现场监测、20家企业的提升整治方案，祖名等5家企业完成整治。

【第15个“3·25”生态日】 3月25日，安吉县隆重举行第15个“3·25”生态日主题活动，得到浙江省委、省政府美丽办高度肯定。“3·25”生态日作为全国首创，是安吉生态县建设的一个优良载体，15年来持续发挥着它重

3月25日，安吉县举行第15个“3·25”生态日主题活动

要的生态传播效应。开展表彰先进、为共创"两聚一美"行动代表队授旗、增值放流、植绿护绿、垃圾分类、低碳出行等一系列丰富多彩的活动。此外,县城市民还纷纷参与到生态文明活动的实践与宣传中,为提高公众的生态文明意识贡献力量。围绕"3·25"生态日,全县各乡镇、部门共18个分会场开展活动,其中安吉县鄣吴镇在生态日当天发动近千名党员、志愿者走村入户进行生态文明的宣传活动,为村民带去全国文明城市创建的宣传单、花籽以及实用的围裙、环保袋等物品1000份。

9月27日,联合国最高环境荣誉——地球卫士奖颁奖典礼在美国纽约举行。安吉县鲁家村村委会主任裘丽琴作为浙江省农民代表上台领奖并发表获奖感言

【环保费改税】 4月1日,浙江省进入环境保护税首个征期,安吉县开出全省首张环境保护税完税证,标志着环境保护税在浙江省实施。此次费改税政策落实,需要排污费收费系统与税务系统全面深入对接,为提供科学真实的数据库,安吉县环保局对全县211户企事业单位和个体工商户进行摸底排查,完成税务部门要求的10套数据准确录入,最终确定此次环保税涉及安吉县150多户纳税人。

【"6·5"世界环境日】 6月5日,是第47个世界环境日,世界以"塑战速决"为主题、中国以"美丽中国,我是行动者"为主题,倡导更多人行动起来,保护环境。县环保局开展环保公众开放日活动,组织学生前往空气质量监测站及污水处理厂参观,通过环保知识普及,增强学生们的环保观念,让他们成为"美丽"的践行者。

【地球卫士奖】 纽约时间2018年9月26日晚(北京时间9月27日9时许),联合国最高环境荣誉——地球卫士奖颁奖典礼在美国纽约举行。浙江省"千村示范万村整治"工程(简称"千万工程")荣获联合国地球卫士奖中的"激励与行动奖",鲁家村村委会主任裘丽琴作为浙江省农民代表上台领奖,并发表获奖感言。

【成为国家生态文明建设示范市县】 12月15日,以"生态文明 绿色发展"为主题的中国生态文明论坛在南宁国际会展中心开幕,会上包括安吉县在内的45个市、县被授予第二批国家生态文明建设示范市县称号。副县长王捷代表安吉参加此次论坛,并现场领取这一殊荣。

(胡红斌)

经 济 管 理

发展改革

·发展计划·

【概况】 2018年，安吉县发展和改革局起草完成《2017年国民经济和社会发展计划执行情况及2018年计划草案报告》《近年来(2015～2017年)安吉县经济社会发展情况分析》《2018年上半年国民经济和社会发展计划执行情况报告》及《国民经济和社会发展第十三个五年规划纲要实施中期评估报告》，持续做好经济监测分析，每季度发布经济运行情况报告，及时为经济发展把脉。1～12月，安吉县主要经济指标保持平稳增长，地区生产总值完成404.32亿元，同比增长8.3%，快于全市平均0.2个百分点，排名全市第二；1～12月，服务业增加值完成199.6亿元，同比增长10.4%，全市第一。

推进中国最美县域建设。牵头制定《建设中国最美县域2018年度推进计划》和《安吉县创建美丽乡镇(街道)创建办法》，在全国创新启动美丽乡镇(街道)创建。完成长三角一体化发展三年行动计划编制，配合省政府研究编制"两山"转化综合改革试验区方案，超前谋划抽三项目前期研究，完成选点规划编制并召开专家评审会，列入浙江省抽水蓄能选点规划比选站点。开展《杭州一安吉轨道交通(铁路)专项规划》编制，加快推动安吉至杭州轨道交通前期工作。推进云计算大数据中心项目调研和前期工作，推动大数据中心概念规划完成。科学编制政府投资项目计划，加大管理力度，确保从源头上有效杜绝新增债务。做好企业债券发行材料申报和向上对接，债券申请发行总额12亿元，配合做好城投集团海绵城市绿色专项债第一期发行。

8月，美丽乡镇街道创建验收现场

推进项目建设。从项目推进情况看，截至2018年12月底，安吉县105个重点项目中，58个项目完成年度目标，占项目总数的55.2%；24个项目基本完成年度目标，占22.9%；10个项目接近完成年度目标，占9.5%。从项目投资情况看，重点建设项目实现年度投资143.4亿元，完成年度计划的106.2%。其中工业项目实现年度投资51.4亿元,完成年度计划的104.8%;服务业项目实现年度投资31.3亿元,完成年度计划的104.6%;基础设施及社会类项目实现年度投资60.7亿元,完成年度计划的107.8%。加大协调推进力度。成立重点项目联推办,整合发改、经信、督查办等项目管理职能,形成联推合力。先后梳理13个需县级层面协调解决的问题,通过实行交办制度、提请县重点项目推进办协调、召开专题协调会等方式,协调解决8个问题事项。优化项目审批服务。在线平台2.0版成功实现4个100%,以投资项目审批手续简化、优化、标准化为方向,加强与财政等部门对接,做好审批管理工作。1~12月,完成企业投资项目备案414项,核准5项,政府投资项目立项123项。落实企业投资项目开工前审批"最多100天"工作目标,加强部门协同,发挥发改委代办中心职能,实现6—8月企业投资项目开工前"最多100天"完成率100%。加强项目监管水平。开展重点项目联合走访25批次,发布督查通报、专报9期。重点抓好中央资金项目稽查,滚动建立共建共享的年度重大建设项目库,累计18个项目纳入管理,涉及中央资金2.5亿元。对近三年国家重大建设项目库中13个中央预算内投资项目建设情况开展全面翔实的数据自查和实地核查。

全面推进改革。深化"最多跑一次"改革。制定出台《企业投资项目承诺报备制》《发改委"一窗服务"》《"标准地"模式改革》三大改革实施方案,组建安吉县企业投资项目代办服务中心,累计为全县72个项目提供代办服务,代办各类审批事项300余件,办理2018年新备案项目施工许可证21件,平均审批用时63天。成立承诺制改革工作领导小组,完成承诺制项目21个,占年度新备案一般工业项目的60%。试行推进"标准地"出让模式,全年成交工业标准地51宗1209.7亩,宗数占比72.9%、面积占比77.6%;开发区、示范区累计成交标准地40宗1125.6亩,宗数占比97.6%、面积占比99.8%。推进国家省改革试点工作。"田园鲁家"入选首批国家农村产业融合发展示范园创建名单,获省级验收通过并作为择优推荐单位上报国家发改委。制定《安吉县服务业强县三年行动方案(2017~2019)》,做好发展绩效和考核细则修订。开展2018年浙江省服务业强县(市、区)培育综合评价工作,获三类地区评价第一名。科学安排2017年度省级服务业强县试点专项资金360万元。创新开展融杭接沪工作。实施"开放兴县"战略,制定《安吉县"融杭接沪"三年行动计划(2017~2019)》创新提出建设安吉沪杭经济圈,打造安吉产业经济新引擎。与上海紫竹新兴产业研究院签署"安吉—上海两山双创园"飞地项目运营合同,11月挂牌成立,全年完成签约项目6家。

助推社会发展。统筹东西部扶贫协作工作。印发《关于安吉县对口与合作交流工作的实施意见》,制定《安吉与抚松"一对一"对口合作工作实施方案》。强化党政领导带动作用,县委书记及县长分别多次带队赴对口支援地区开展扶贫协作。强化产业拉动,结合对口地区旅游特色、农牧产品特色等,先后协助乌兰县等做好"十三五"旅游发展规划,指导抚松等地区制定农村电子商务发展规划。充分调动社会力量参与。溪龙乡黄杜村20名党员带头请愿捐赠1500万株茶苗事迹获得习近平总书记批示,10月底,1500万株茶苗

"田园鲁家"小火车

送达青川、古丈、沿河、普安四地。先后组织上市企业及龙头企业共30多家赴帮扶地区考察，永艺股份、恒林椅业分别与抚松县金隆木业、人参肽公司，天草生物与木里县农投集团等签订协议。加强完善涉农保险。完成白茶低温气象保险条款修订，延迟保险期限，拓宽保险区间，持续做好2018年白茶低温保险参保工作，全年承保面积4.68万亩，参保3389户，累计获赔300万。首次出台政策性农机综合保险，在县内全面推广，年内完成参保额180万。积极探索毛竹收购价格指数保险工作，配合完成实施方案专家评审，并正式开保，参保面积13688亩。出台《安吉县毛竹收购价格指数保险试点方案》，成为国内首创的同类型政策性农业保险地方特色险种，试点时间4年，试点第一年面积为5万亩，由人保财险安吉支公司牵头实行共保体经营。加强社会信用体系建设。夯实信用数据和制度基础，强化信用信息运用，稳步建立诚信宜商的良好环境。牵头拟定《安吉县2018年社会信用体系建设工作要点》，调整区信用体系建设工作领导小组并建立联络员制度。策划2018年区信用主题宣传活动。首次建设开通“信用安吉”公共信息平台。做好价格监测。创新做好民生商品市场价格监测服务工作，每月5日、15日、25日依法对55种重要民生商品价格进行市场价格监测，并将监测情况在安吉新闻上公告。落实非洲猪瘟疫情期间主要产业价格监测报告制度，维护市场价格稳定。

4月26日，县企业投资项目代办服务中心揭牌仪式暨首批代办项目签约活动举行

【争取重点流域水环境综合治理中央预算内资金670万元】 2月1日，省发改委下达省2018年重点流域水环境综合治理中央预算内投资计划，安吉县孝丰区域给排水基础设施完善工程和县城西北塘浦一期雨污水管网改造工程两个项目列入其中，合计获中央资金补助670万元。

【商合杭铁路安吉站增加到发线方案获批】 2月28日，中国铁路总公司批复同意商丘至合肥至杭州铁路安吉站增加到发线及站台、雨棚、地道等相关措施，该方案在原设计四条股道线的基础上增设到发线一条，增设的到发线位于站房对侧，原侧式站台调整为中间站台。到发线增加后，安吉站将具备始发站功能，日均发送旅客量在原方案基础上可增加两万人次，为安吉及早融入杭州大湾区提供保障。

【企业投资项目代办服务中心成立】 4月26日，编委办印发关于设立安吉县企业投资项目代办服务中心的通知，县发改局推进“最多跑一次”改革、持续优化营商环境职能凸显。该中心为县级权限内企业投资项目提供一窗咨询、招商签约、代跑代办等综合性服务。帮助企业对接审批部门，为企业提供投资项目筹备和建设阶段材料编报、在线申报等各类服务工作。参与项目竣工验收，协助企业开展联合测绘、联合踏勘、联合验收并提供事后配套服务。

【开展政策性农机综合保险】 5月14日，联合县农业局、财政局着手制定的《关于开展安吉县政策性农机综合保险工作的通知》发文。政策性农机综合保险是推动农业“机器换人”的典型惠农保险，在安吉县开展尚属首次，填补安吉县没有对应保险的空白,保险按保费的50%进行财政补贴。按照全县1000多台可纳入保险范围的农机计算,全年财政需补贴30万元。该项保险由有机损险、意外险和第三者责任险组成,根据农户保额需求不同,制定两套参保方案,同类机械根据产品马力、运作模式不同,对保费和保额也作出针对性设置。

【打好"最多跑一次"改革组合拳】 5月25日,牵头出台企业投资项目承诺报备制、发改委"一窗服务""标准地"模式改革三大方案,旨在推动企业投资项目管理重心由事前审批向全过程监管服务转变,破除行政审批藩篱,构建"亲""清"新型政商关系,落实企业投资项目自主权和主体责任,激发民间投资活力和潜力;全面推进区域评价试行标准地出让模式。

【启动美丽乡镇(街道)创建】 8月8日,《安吉县美丽乡镇(街道)创建办法(试行)》发文,这标志着从2018年起,安吉县将启动为期四年的美丽乡镇(街道)创建活动。该项创建按照美丽经济、美丽环境、美丽文化、美丽民生、美丽党建"五位一体"协同发展的要求,将全县15个乡镇(街道)根据基础条件分成若干批逐渐启动创建,并结合小城镇环境综合整治、风情小镇建设,推动乡镇(街道)加快"两山"转化,提升美丽品质,打造产业绿、环境美、社会和、百姓富、党建强的基层样板。

【"田园鲁家"综合体项目列入2018年省级标准化试点项目】 8月13日,省质量技术监督局下达2018年标准化战略重大项目和省级标准化试点项目,"田园鲁家"综合体项目被列入,提升鲁家田园旅游项目的形象,扩大安吉知名度,为把鲁家建设成国家级标准化试点奠定基础。

【安吉县财政支持农民合作社发展新模式入选全省26条改革典型经验】 8月16日,省经济体制改革工作领导小组办公室总结提炼的26条经济体制重点领域改革典型经验报省政府同意后予以在全省复制推广,安吉县选送的财政支持农民合作社发展新模式入选。这种新模式改变传统财政资金直补形式,以中央财政1000万元撬动联合社出资2000万元,共同组建农业信贷补偿基金。创新推出"贷款贴息+资本合作+银行信贷"新型农业信贷担保补偿模式,财政、农民专业合作社和金融三方用力,引导信贷资金更多流向"三农"领域。安吉县利用财政资金以基准利率的40%为贷款贴息,撬动银行以农业信贷补偿基金规模的10倍杠杆配提供低息信贷资金,有效解决农业生产主体融资难、融资贵问题,探索出中央财政资金支持农民合作社发展新途径。

【省发改委将安吉—德清—建德列为低空天网建站组网试点】 9月3日,省发改委批复同意,将安吉—德清—建德低空飞行走廊纳入到低空天网建站组网试点。该试点线路直线距离约215公里,线路连通安吉县天子湖机场、德清莫干山机场和建德千岛湖机场,建设内容包括机载通信网关建设、低空雷达网建设以及通用航空管理服务平台建设等。

【做好"携手奔小康"对口支援行动】 9月12日,制定安吉与抚松"一对一"对口合作工作实施方案。9月14日,在全市率先出台《关于安吉县对口与合作交流工作的实施意见》,文件明确安吉县东西部协作、对口支援、山海协作、与抚松县产业合作等各项结对帮扶工作目标任务与部门工作职责,提出产业帮扶作为精准扶贫的工作思路,并将对口支援与合作交流工作纳入部门、乡镇(街道)中心工作考核。

【安吉县获2018年度省服务业强县Ⅲ类地区综合评价第一】 11月7日,浙江省发改委服务业处公布2018年度浙江省服务业强县(市、区)培育综合评价结果,安吉县斩获2018年度浙江省服务业强县(市、区)培育综合评价Ⅲ类地区头名。近年来,安吉县积极打好产业转型升级组合拳,聚力服务业的平台建设、项目双进、融合发展,推动服务业结构更优、能级更强。

【举行第11届安吉投资贸易人才洽谈会】 11月3日,2018第11届中国美丽乡村·安吉投资贸易人才洽谈会——安吉上海"两山"双创园开园仪式在上海举行。湖州市委书记马晓晖宣布开幕,副市长项乐民致辞。本次安洽会以"创新融合,绿色发展"为主题,由开幕式暨集中签约、嘉宾主旨演讲、安吉上海"两

10 月，第 11 届安洽会重点项目集中开竣工仪式举行

山”双创园揭牌仪式暨招才引智活动、重点项目集中开竣工、第六届国际无人飞行器创新大奖赛暨 2018 安吉航空嘉年华等活动组成。当天，上海连翼信息科技有限公司、云迹创意设计（上海）有限公司等六家科技型企业集中签约，开创安吉上海两地合作新模。

（夏　雷）

· 价格管理 ·

【价格检查】　2018 年，县物价管理部门不断优化营商环境，清费减负，开展涉企收费检查。1 月份，针对审计部门在专项审计过程中发现部门单位仍在涉企违规收费行为，根据省物价局涉企收费行动方案，快速行动，联合市价格监督检查分局，对县国土、住建、环保、林业等 19 涉企收费执收部门进行专项检查。1 月 11 日，统一组织全县 19 个部门涉企收费检查情况反馈，对相关收费行为责令改正。为促进公用事业单位提高服务水平和服务质量效率。4 月下旬开始，开展供气、供水价格领域专项检查，检查发现县管道燃气公司存在扩大范围收取 850 元/户开户费、自立项目收取 3800 元/户地暖配套费（安装费、接口费）等问题。供水公司初步发现存在变相提高标准收取住宅小区供水配套设施建设费、利用支配地位限定交易相对人只能与其指定的经营者进行交易、自立项目向装表用户收取 15 元的水表检定费等问题。为规范殡葬服务收费行为，以“双随机一公开”方式开展殡葬服务收费专项检查，主要检查安吉县殡仪馆、青山公墓、晓墅东山公墓三家殡葬服务单位，从检查的情况看，安吉县殡仪馆、青山公墓能按规定的内容和形式明码标价、能执行政府定价、按规定实施惠民殡葬有关收费减免、优惠措施，执行价格政策较好。

【公平竞争审查制度】　2018 年，开展清理现行排除限制竞争政策措施，实施公平竞争审查制度。建立 19 个部门单位组成的公平竞争审查工作联席会议制度联席会议办公室设在县发改委（物价局）；制定开展清理现行排除限制竞争政策措施 2018 年工作方案，规范指导安吉县 2018 年清理现行排除限制竞争政策措施；建立发改委公平竞争内部审查机制，并推动各联席会议成员单位建立内部审查机制。分别于 3 月和 9 月两次组织联席会议联络员会议，交流总结各部门公平部门审查工作开展情况、学习公平竞争审查工作相关政策、传达省公平竞争审查工作相关精神、研究部署成员单位公平竞争审查下一步工作。采取建立公平竞争审查工作 QQ 群、印制公平竞争审查工作政策文件、政策解读学习材料、分类指导等方式，指导联席会议成员单位开展公平竞争审查工作。推动各成员单位开展增量和存量政策措施的清理。从半年统计情况来看，安吉县清理审查文件 186 件，其中政府发文 6 件，部门发文 180 件，需废止及修改文件 4 件，已废止及修改文件 3 件。做好情况汇报，于 2018 年 7 月将公平竞争审查工作情况向市联席会议汇报。安吉县未有被相关部门查处违反公平竞争审查标准出台相关政策措施，或因清理存量政策措施不彻底被相关部门查处的行政垄断案件。

【重点时段市场价格监管】　应对冰雪严寒天气，开展县城主要农贸市场、大型超市居民生活必需品、居民节日消费特色商品价格市场巡查，保障市场价格稳定，出动检查 30 人次。开展春节市场及节前烟酒市场价格专项检查,检查较大的烟酒批发商行7家,并通过食品流通专业委员会工作群发布春节期间价格行为告诫书,督促烟酒行业做好明码标价、规范价格行为、加强行业自律,禁止捏造、散布涨价信息,囤积货源、哄抬价格,扰乱市场秩序,推动烟酒价格过高过快上涨的行为。开展中秋、国庆期间市场价格巡查,着力规范大型超市、农贸市场等价格行为。国庆期间检查单位14家,处理投诉举报24起。

【信访、投诉举报处理】 充分发挥价格部门协调作用,化解价格纠纷,缓解价格矛盾,稳定市场价格秩序。做好投诉举报调查处理工作,保证价格投诉举报工作质量和效率,及时妥善处理群众价格投诉举报,维护群众生活和谐安定。2018年,接办各类来电、来人、上级转办投诉举报件400件,其中12345县长热线办件(省信访局投诉举报系统投诉举报件)370件,12358价格举报系统专业举报21件,直接来电8件,来访1件。397件办理完毕,3件还在办理中。与2017年同期相比,除职业举报外的投诉举报总量上升27.5%。职业举报相比2017年同期下降78.7%。均能做到按期处理率、有效办结率、即时响应率100%。2018年,实施行政处罚7件850元,协调、退赔、免收消费者各项费用21500余元。做好信访积案清理、广播实时投诉举报接听等各项维稳工作。

【联合开展专项整治】 联合县住建局、县市场监管局开展房地产销售行为检查,检查商品房开发销售楼盘27家;为加强医保基金监管,规范医疗机构和医保医师诊疗行为、收费行为,有效遏制违规医疗费用支出,与县社保、市场监管、卫生、财政联合开展医疗保险季度专项检查,以民营医疗机构医疗行为、价格行为、医疗费用支出行为等为重点,检查民营医疗机构8家。

【应对非洲猪瘟疫情期间的市场监管】 2018年,为应对非洲猪瘟紧急疫情,防止猪肉价格异常上涨,县价格部门采取相关措施加强市场监管:启动价格监测Ⅰ级响应机制,实行猪肉价格“一日一监测制度”;实行节假日值班制度,加强市场价格巡查;建立信息反馈和重大异常情况报告制度;建立部门联动机制。期间县内猪肉价格涨幅控制在全市平均水平以内。

【开展2017年度全县行政事业性收费调查统计】 全面开展2017年度全县行政事业性收费调查统计工作,督促各行政事业性单位贯彻落实国家、省关于行政事业性收费项目取消、收费标准降低等政策。据调查统计,从2014年到2017年,安吉县行政事业性收费项目由342项减少至48项,收费金额由27604.3192万元减少至14387.6585万元,企业负担明显减轻,营商环境进一步优化。

【城乡供水价格实行同网同价】 通过前期充分调研、认真分析、围绕价格指数变动情况适时调整,实现平稳调价,推进天荒坪镇、上墅乡等乡镇城乡供水价格实行同网同价,将安吉县实行居民用水阶梯水价的乡镇(街道)拓展到10个,在确保未因民生产品价格调整引起社会不稳定事件发生情况下实现平稳调价,提高广大城乡居民节水用水意识,促进居民消费绿色化。

【出台《安吉县毛竹收购价格监测工作办法(试行)》】 在县林业部门和各乡镇(街道)的积极配合下,制定实施《安吉县毛竹

11月27日,安吉县毛竹价格指数保险监测培训会召开

收购价格监测工作办法(试行)》,科学建立价格发现机制,确保毛竹收购价格指数确认的公平公正,加快推进竹林集中流转成规模化生产经营,完成毛竹收购价格保险这项惠农、惠民的民生工程。

【出台差别化水价、电价政策】2018年,出台差别化水价、电价政策,对安吉县综合评价为D类的74家企业用水、用电价格分别加价0.3元/立方米和0.3元/千瓦时,充分发挥价格杠杆作用,淘汰落后产能,倒逼企业转型升级,促进经济高质量发展。

【制定并执行《安吉县县级公立医院先行先试首轮医疗服务价格调整方案》】 制定《安吉县县级公立医院先行先试首轮医疗服务价格调整方案》并报市发改委批复执行。通过二次议价,降低采购环节价格虚高2276.51万元,在不增加病人和医保负担的前提下,提高部门门诊、住院服务费用,共计增加县级医疗服务收入2217.45万元/年,充分体现医务工作者的劳动价值,同时为下一步降低大型医疗仪器检查收费腾出空间。

(胡敏强 肖 彦)

·统计工作·

【农业统计】 2018年,建立粮食监测考核制度,对全年粮食播种面积和产量完成责任制考核任务。低收入户监测点换户工作平稳过渡。三季度根据省、市要求低收入户进行换点,抽中点经过培训和辅导,已平稳进行记账工作。新监测点为安吉县低收入户监测担任5年监测记账工作。压实统计数据。在完成全县工业企业全面数据修订的基础上,开展产值和国税数对比,严格控制数据质量,避免新的水分注入。上半年完成500万至5000万项目财务法和形象进度法的衔接;5000万以上项目摸底、申报修订,自我修订项目分月调整申请。贯彻落实省局关于“举一反三、建立防范和惩治统计造假弄虚作假长效机制”专项整治活动的会议精神,重点强调统计数据质量要求,对工业、科技、能源、投资等各专业进行数据核查,通过大量的数据质量核查,确保各专业数据真实性,巩固前期压实数据的成果。强化部门对接。在下半年市里下发“4+1”目录后,针对在库的项目和“4+1”的预定目标,强化部门对接,积极、主动为部门出谋划策,产业结构得到优化。

【服务业统计】 重点监测大规模企业,预防个别企业数据波动影响全县数据情况;同时加强自查工作,对所有在报表上报期间出现指标修改痕迹的企业都重点查询,要求相关企业提供当月的利润表或纳税表,以确保数出有据。通过连续几个月的监测及自查,报表修改痕迹明显减少,数据质量有所提高。与国调队主动对接规下服务业、规下批零住餐业抽样调查工作。做好全县非公有制领域人才资源调查工作,对全县非公有制经济法人单位、个体户进行相关统计调查。做好5‰人口抽样暨平安抽样调查。对村、社区进行培训、指导PDA操作、密切关注抽查调查进度等,完成调查工作。

【“四经普”推开】 年内加强宣传,利用安吉新闻、报纸专版以及“安吉发布”“安吉统计”等微信公众号集中宣传经济普查工作,在天气预报短信中加入经济普查标语;并制作《致全县学生家长的一封信》,通过学生向广大家长宣传“四经普”内容。办好“两员”培训,安吉县17个乡镇、街道共500多名普查指导员、普查员及乡镇

9月,安吉县第四次经济普查单位清查培训班开班

经普办业务骨干参加培训。进行“清查实战演练”,学习入户调查要领及PAD操作,组织骨干现场答疑团队。认真做好清查。做好与部门数据、经常性统计报表等数据比对,全面梳理易遗漏行业,重点加大白茶个体户、电商行业、个体运输户查遗补漏力度,确保单位清查不重不漏,审核清单,逐条核实,规范修改。1万家法人单位及3万家个体户完成主要业务活动核实及行业赋码工作。

【专项整治工作】 为深入学习贯彻习近平总书记关于全面从严治党、加强党风廉政建设和提高统计数据质量、遏制“数字上的腐败”的指示精神,部署开展“举一反三、建立防范和惩治统计造假弄虚作假”专项整治行动。成立领导小组,明确责任分工、整治重点,以条线分专业组织基层全面开展自查自纠工作。一产走访乡镇(街道)全覆盖,抽查农业规模户和白茶企业12家、低收入调查样本村10个、粮食生产监测点16个,未发现统计违法现象。在库412家规上工业发现有修改痕迹的企业83家,纠正1～3月错报数296万元。对安吉县在库210个项目按10%比例抽取21个项目进行核查,纠正核减投资数据1.02亿元;乡镇(街道)、区对剩余的189个项目开展同期自查,纠正核减投资数据3.21亿元。对在库的235家规上服务业(含批零住餐业)进行自查,11家纠正核减2018年1～3月数据1319万元,8家纠正核减2017年基数18600万元。

(黄　欣)

国家统计局安吉调查队

【概况】 2018年,安吉调查队以党的十九大精神和习近平新时代中国特色社会主义思想为指引,认真贯彻落实国家统计局、国家统计局浙江调查总队和县“两会”会议精神,坚决执行上级统计部门和县委、县政府关于统计改革的决策部署,不忘初心、牢记使命,按照从严治党、从严治队、从严治数的总要求,全面强化从严治党,扎实开展统计调查,努力提升服务能力,完成各项统计调查工作。

从严治党,发挥党建统领作用。严抓意识形态。2018年,通过中心组学习等形式,重点学习贯彻习近平新时代中国特色社会主义思想、党的十九大精神和全国“两会”主要精神等。赴红色教育基地开展支部联动,组织全队干部职工观看《厉害了,我的国》,激发大家的使命感和责任担当。严格组织生活。年初制定年度党建工作要点和计划,加强对党建工作的统领。规范“三会一课”,不断强化党员干部的凝聚力、战斗力。及时开展领导班子民主生活会、党性体检,查摆问题,提出建议。每月结合总队和地方工作中心工作问题,开展“双禁”攻坚、文明城市创建、支部联动、廉政教育等各种主题党日活动。严管党风廉政。推进“两个责任”落实。党组定期研究党风廉政建设工作,分析研判党风廉政建设形势和工作进展情况。聚焦主责主业,通过专项督查、定期自查等形式,强化对人、财、物、数的监督检查。开展廉政学习教育。通过主题党日、专题活动、专题学习等形式,认真学习贯彻落实《关于深化统计管理体制改革 提高统计数据真实性的意见》《统计违法违纪责任人处分处理建议办法》和各种警示教育案例通报,不断提升廉政意识。严肃巡视整改。根据国家统计局巡视整改工作相关要求,制定安吉队巡视整改“三清单”,聚焦问题,细化措施,逐一就党建、纪检、人事、财务、统计数据

5月,国家统计局安吉调查队开展低收入记账户走访,了解低收入户增收瓶颈

等方面梳理，全年查摆问题14项，制定整改措施20项。

夯实基础，提升调查数据质量。强调基层走访，继续坚持“走百企访百户”活动不放松。按“专业走访＋专题调研”的方式，全年走村进企访户二百余人次，为夯实专业基础、最终形成调研报告奠定扎实基础。注重业务培训。通过以老带新、参加上级和地方各类培训等形式提升履职能力。通过住户利用晚上和周末时间对辅调员、记账户进行集中培训；消价在实地对采价员开展操作培训等创新，提升培训成效。完善规章制度。在执行原有制度基础上，对统计资料管理、数据质量管理等十项制度进行修订。制定《2018年安吉县城乡住户一体化调查工作评价办法》，提升住户调查工作质量。制定《中共国家统计局安吉调查队党组关于深入贯彻执行中央八项规定实施细则的实施办法》《中共国家统计局安吉调查队党组理论学习中心组学习制度》，落实党建责任。规范工作交接。根据国家、总队关于局队业务分工调整的整体部署，按照平稳交接原则，主动对接，与统计局业务人员共同召开三次会议，同时扎实做好交接前的培训、走访、质量检查等各项业务工作，保证过渡期间统计调查工作不打折扣，数据质量不受影响。

提质增效，增强调查服务能力。重要信息及时报。把对居民收入等重要民生指标，在数据定期发布后，以短信形式第一时间报送党政主要领导，确保形成第一手信息。关键信息正式报。年初，对调查队全年主要调查指标开展综合性分析，形成《2017年安吉县重要经济指标分析》报送县四套班子领导和相关部门。年中，根据住户调查中存在的问题，及时撰写《上半年居民收入增速稳定，问题不容忽视》的专报报送党政主要领导，获县委书记批示，并通过对批示的落实，强化乡镇（街道）对住户调查工作的管理。专题信息针对报。全年以月度信息约稿、地方中心工作等为重点，开展针对性专题调研。如追踪中美贸易摩擦的热点形成调研信息迅速上报县委、县政府，根据党校委托快速开展生态文明和乡村治理情况调研并形成报告供决策咨询等等。全年撰写分析18篇、信息77篇，领导批示1篇。

健全队伍，完善调查网络体系。健全队领导班子。在2017年队长、副队长配备到位的基础上，2018年配合总队考察任命纪检组长。不断夯实队内人员力量。2018年招录参公人员2名，通过劳务派遣公司发布公告公开招聘的方式招录编外人员1名。优化调查员队伍管理。强化对乡镇统计人员队伍管理。通过发文进一步明确乡镇在调查工作上的分管领导和统计员，定期召开乡镇统计员会议，学习宣传统计法治精神，沟通交流住户调查等业务工作。年内出台《2018年安吉县城乡住户一体化调查工作评价办法》等，规范辅助调查员工作流程，提升工作积极性。

多措并举，提高统计法治水平。依法治统得到强化。年初制定下发《2018年法制工作要点》，对全年工作进行规划部署。严格开展地方调查项目，全年接受委托调查二项，为生态文明建设和乡村治理情况调查、美丽乡村精品示范村创建居民满意度调查。坚持从严治队的要求，强化样本库、调查员、执法证等方面的管理和维护。普法宣传持续推进。岁末年初，利用各专业年报会的机会，对乡镇（村）统计人员、调查对象开展普法宣传，累计220余人次。日常工作中，利用调研走访、质量检查、专项调查等契机开展法治宣传，全年发放各类宣传纪念品2100余份。利用季度例会、主题党日等平台开展干部职工学法活动，全年累计开展《防范和惩治统计造假、弄虚作假督查工作规定》《中国共产党纪律处分条例》等四次学法用法活动。执法和检查并重。全年执法检查畜禽企业四家。认真落实数据采集、审核、修改、评估和数据质量监督检查等各个环节工作留痕制度，全面防范统计造假、弄虚作假。年内两次对住户调查的辅助调查员台账登记工作进行检查，对登记不及时的调查点提出整改意见；消价、工价、劳动力等专业也都开展质量自查工作。

（程　炬）

市场监督管理

【概况】　2018年，县市场监督管理工作围绕县委、县政府打造“中国最美县域”的任务要求，以党委政府中心工作为重点，以自身建设为目标，全面推进系统“14417”工程，不断提升服务和监管水平，在各条战线齐头并进。全年获得各级领导批示31项，在全市市场监管系统及质监系统考核中均获第一名，并获得县级机关部门争创“效能机关”考核A类一等奖。

7月10日，涉企证照由市场监管通办改革，图为相关部门向商户颁发首张执照

助推创业创新。出台12项便利化举措，县局全部办事事项实现"最多跑一次"，湖州市率先推行注册登记"局所一体、全域通办""审核合一、一人通办"审批模式，率先上线"涉企证照市场监管通办"事项，实现准入准营同步。2018年，县内商事登记零上门实现率全省第二、全市第一，相关做法得到市政府领导的批示肯定，并在省政府专报信息推广。截至12月底，安吉县各类经营主体保有量70894户，较2017年同期增长18.27%。

优化营商环境。建立重点企业联系服务机制，出台规范执法助力企业发展工作实施方案，编制《服务重点企业工作手册》，组织百名市监干部进百强企业服务，在注册审批、商标品牌、安全监管等方面为企业提供优质服务，开展营商环境"大走访、大服务、大宣传"，帮助企业解决各类难题300余个。率先挂牌成立考培一体的特种设备考点，每年惠及企业500余家，减少企业跑路10万公里，为企业节约成本50余万元。加强国际检测机构交流合作，与中国计量大学签订战略合作协议，并先后与上海必维集团、德国莱茵集团建立合作关系，成立合作友好实验室，开展产品检测1800批次，共为企业节省530余万元。

助力企业提质增效。出台十项举措，全力支持民营(小微)企业高质量发展。全面开启小微企业新三年成长计划，截至12月底，全县增加小微企业2445家，同比增长24.62%，完成110%；增加个转企439家，同比增长41.61%，完成105%；增加八大产业小微企业1102家，同比增长61.11%，完成212%。持续完善质量强县创建工作格局，增加2家企业产品通过"浙江制造"认证，发布"浙江制造"标准11个，增加"品字标"企业7家，指导4家企业拿到全国首批绿色产品认证证书，增加省名牌产品6个。商标品牌战略不断深化。完成2家省级商标品牌示范企业创建申报，完成注册商标申请3383件，注册商标2281件，商标申请和注册同比增长17%、90%，两项指标增幅均位列全市第一。做大做强生物医药产业，全县规上生物医药工业企业36家，销售收入超30亿元，新增完成投资21.05亿元，生物医药产业增加值达35%，领跑湖州三县两区。

推深做实创建首战。加强农贸市场和小餐饮规范整治，积极打造农贸市场文明城市创建样板示范，建设"5+2"文明示范街2条，发放文明餐饮、绿色消费倡议书。成立由市场举办方管理人员、党员经营户、各注册窗口党员干部、县局党员干部、放心消费义工和县局志愿者组成的5支志愿小分队，并抽调100余名干部主动参与市场巡查劝导。全力推进中心农贸市场整治，推动市场内部及周边环境质量整体提升。申报创建省新一轮放心市场3家、乡村星级农贸市场创建2家，均已完成省考核验收，并完成天荒坪农贸市场改造提升工程。

提升安全指数。农村集体聚餐点规范化建设全省领先，得到省政府陈伟俊副省长的批示肯定；名特优作坊创建经验在全市推广，截至12月底，全县已登记食品小作坊68家，创建"名特优"食品作坊6家；在全市率先启动"厨房革命"，全县300人以上学校食堂中A、B级总数63家，全部完成阳光厨房建设，阳光厨房比例达100%；全省率先实现GSP计算机系统和医保系统"两网合一"，推行网络问诊电子处方服务。全市率先完成特种设备超期未检动态清零，启动智慧电梯建设，推行气瓶信息化建设，积极探索市场反溯引路、重点行业带动等监管方式，建立电子商务平台产品质量监管机制。全年全县没有发生重大食品药品、产品质量和特种设备安全风险事故。

推进放心消费。“放心消费”写入乡村游导游词。提前一年超额完成示范主体创建任务，全年新增申报各类示范创建主体376家，总计申报量位居全市首位。举办全县首届“3·15”主题晚会，现场发布维权案例，观看受众20余万人次。全年受理承办各类咨询、投诉举报3713件，其中12345政府阳光热线2073件，110应急联动转办件338件，全国12315互联网平台1140件，来人、来电、来函162件，即时响应率、按期处理率、有效办结率均达100%，全年未发生过因消费投诉举报处置不当而激化社会矛盾的案件和群体性投诉举报事件。

稽查合力发挥效应。全面落实“双随机一公开”抽查工作，抽查各类企业372家次。以“三会”“三要”“三规”为抓手，深入推行法制员工作制度，得到市局领导的批示肯定。完成执法办案区建设，始终保持稽查执法高压态势，全年立案查处各类案件724件，罚没款567万元，省、市局督办案件4件，上报国家局督办1件，移送追究刑事责任31人。

【全国“品质消费教育乡村行”启动仪式暨放心消费进农村现场推进会在安吉召开】 5月23日，全国“品质消费教育乡村行”启动仪式暨放心消费进农村现场推进会在安吉召开，中消协秘书长朱剑桥、全国各消协及全省各地市县消协共一百多人参加会议。会议总结和推广安吉县高位驱动、标准引领、宣传开路、主体自律、以点带面的乡村放心消费示范“安吉模式”经验做法。

【余村获评“全省放心消费建设示范样板单位”】 10月9日，省政府召开放心消费在浙江推进会。会上，公布“放心消费在浙江”行动启动以来13家消费者满意、社会认可的示范样板单位，安吉县天荒坪镇余村村被授予“全省放心消费建设示范样板单位”，成为全省唯一获此殊荣的村级单位。余村村以村民契约的形式，将诚实守信、依法经营、货真源清、公平竞争、明码标价、价质相符等放心消费诚信承诺纳入村规民约，提高村民科学消费技能和认知能力，约束村民从自身做起，自觉抵制不正当竞争，制售假冒伪劣商品、消费欺诈等违法违规行为。

【《美丽乡村建设指南》国家标准获省创新贡献奖】 10月22日，2018年省标准创新贡献奖颁奖活动在杭州举行，安吉县《美丽乡村建设指南》国家标准荣获2018年浙江省标准创新重大贡献奖，并获得奖励100万元，全省仅3家；县委书记沈铭权出席颁奖活动并上台领奖。《美丽乡村建设指南》国家标准的制定有多个重大创新突破。自从该国标推出后，十余个省和百余地市制定美丽乡村建设相关领域标准，并带动城乡统筹领域内千余项标准的制定和申报，引领全国各地开展美丽乡村及城乡统筹标准化工作。

【安吉被命名为浙江省食品安全县】 10月24日，浙江省食品安全委员会发文命名44个县(市、区)为“浙江省食品安全县(市、区)”，安吉县成功人选，命名有效期四年。食品安全县的成功创建，有效提升区域食品安全整体水平，营造社会共治、全民共享的良好氛围。

3月14日，安吉县首届3·15品质消费 美好生活——放心消费在安吉暨创建省食品安全县主题晚会举行

12月14日,县政府召开《放心消费示范村建设与管理规范》新闻发布会

【安吉发布全国首个《放心消费示范村建设与管理规范》】 12月14日,全国首个《放心消费示范村建设与管理规范》地方标准规范在安吉县发布,该标准由县市场监督管理局提出并与中国计量大学共同起草编制。《规范》包括消费环境建设、消费文化建设、诚信体系建设、投诉与监督管理等15个方面的内容,并具备注重将放心消费与美丽乡村建设紧密结合、注重将放心消费与美丽乡村治理紧密结合、注重将放心消费与长效机制紧密结合三大特点。

(潘柏林)

国土资源管理

【概况】 2018年,国土资源工作践行"两山"理念,围绕"坚定'两山'路 奋进新时代"主题活动要求,落实各项年度目标任务。组织开展"4·22"世界地球日,"6·25"全国土地日。

坚持改革创新,激发国土资源发展内生动力。纵深推进"最多跑一次"改革,不断精简不动产登记窗口办事流程,实现不动产交易登记全流程业务60分钟办结,预告登记、抵押登记、注销登记等业务立等可取。推广"一次也不跑"模式,农房宅基地发证在乡镇延伸,在五个中心所(杭垓、孝丰、天荒坪、梅溪、天子湖)开展全县不动产登记业务。全市首创在银行开展不动产登记抵押业务,实现不动产抵押登记不见面审批和最短时间放款,避免项目业主和群众来回跑,防范金融机构借贷风险。稳步实施全域土地综合整治与生态修复工程,根据省、市要求,与相关乡镇(街道)对接,综合考虑乡镇(街道)、行政村工作积极性及行政村特色产业等,确定上报3个全域土地综合整治与生态修复工程项目,涉及天子湖镇、梅溪镇和孝丰镇3个乡镇5个行政村,整治区域总面积约7.3万亩,整治内容基本涵盖建设用地复垦、废弃矿山综合治理、农用地整理、高标准农田建设、村庄整治等。全年5个村规划成果均完成,并通过县级论证审查。开展自然生态空间用途管制试点,安吉县通过自然资源部对该项试点工作成果验收,试点落位三条红线(生态红线、永农红线、城市开发边界线),划定三个空间(生态空间124913.59公顷,占总面积的66.23%;农业空间50027.11公顷,占总面积的26.52%;城镇空间13671.01公顷,占总面积的7.25%);分区分级分类,确定管控模式;设立正负面清单,制定转用规则以及评估自然生态资源资产价值,结合自然资源负债表编制探索自然生态资源外部性补偿等创新探索工作。安吉县自然生态空间用途管制试点工作,获自然资源部认可。创新实施农村宅基地退出机制,全市率先出台《创新农村宅基地退出机制振兴乡村新产业新业态的实施意见》,鼓励和动员农民退出闲置宅基地,采取引进工商资本、合作租赁和分红入股等方式盘活闲置宅基地,促进全县村集体经济收入平均年增长率30.5%,其中经营性收入增长率8.1%,助推乡村经济发展。全年县内确定章村镇高山村和上墅乡龙王村为首批宅基地退出试点村,在抓紧起草出台宅基地三权分置试点工作配套实施细则。推进新一轮土地利用总体规划编制试点,安吉县试点工作于2月份启动,本轮规划规划期限至2035年。6月份,全县结合自然生态空间用途管制工作和"三调"工作,完成全县各乡镇、相关部门的动员推进,并成立工作领导小组,建立部门联席会议机制，印发试点工作方案。

紧扣发展大局，突出土地资源要素保障作用。全力保障重点建设项目，完成2018年度土地规划局部调整工作，调整方案29个，面积6750亩，涉及项目765个，保障永艺家具、养生堂、高铁配套工程、高铁新城等一批重大建设项目和县急需做地出地项目规划空间。精准配置土地要素指标，落实《安吉县新增建设用地和耕地占补平衡指标管理办法（试行）》，把耕地占补平衡工作纳入指标管理体系，在政府层面最大尺度地发挥土地资源的有效配置，加强计划调控引导作用。同时，结合各乡镇（街道）上一年度存量建设用地盘活、城镇低效用地再开发和农整复垦情况，将2018年节约集约挂钩计划指标按县乡两级3∶7比例分层下拨，增加基层乡镇自主权，实现土地要素精准配置。有序把控土地出让节奏，落实土地市场调控手段，合理把握土地供应总量、结构、布局和节奏，安吉县供应土地310宗7459亩，出让金99.9307亿元，其中经营性用地137宗3751亩，出让金89.72亿元；工业用地100宗2476亩，出让金8.4亿元；乡村振兴相关的公共设施及民生项目等73宗1232亩。

坚守生态红线，提升耕地保护和矿政管理水平。严格保护资源，层层压实乡镇（街道）党委政府保护耕地特别是永久基本农田的主体责任，对耕地资源实行网格化、责任化管理。落实《安吉县基本农田保护补偿资金使用管理办法》，启用耕保补偿资金拨付新标准，将资金发放与违法用地、卫片执法检查相挂钩，充分调动村集体经济组织、农户保护耕地的积极性和主动性，全年拨付全县171个行政村2017年度耕地保护补偿资金2381万元（其中有15个村因违法占用耕地行为被部分扣发补助资金）。年末耕地保有量48.26万亩，基本农田保护面积38.0038万亩，标准农田保有面积27.3692万亩，均超额完成年初市政府下达任务。优化项目建设，推进垦造耕地、旱改水、农整等工作，安吉县完成农整新增立项1320亩，竣工920亩，垦造耕地竣工1407亩，旱地改水田竣工2531亩，高标准农田建设竣工4.2万亩（其中耕地等别质量提升1828亩），有效缓解全县建设用地和耕地占补平衡需求，保障全县重点项目落地。撰写的《安吉县反映耕地占补平衡存在困境需关注》获副省长冯飞批示肯定。规范矿政管理，严控开采总量，全县采矿权控制在7家。加强废弃矿山治理，完成废弃矿山重点治理项目3个，“两路两侧”可视范围内边坡治理矿山1家，累计投入治理资金503万元。将矿山复绿工作纳入乡镇（街道）年度综合考核，全力推进矿山复绿专项行动，年内全县实现绿色矿山全覆盖（国家级1家、省级2家、市级3家、县级2家）。

统筹提高效能，全面促进资源节约集约利用。举全局之力督查推进批而未供和闲置土地大清查大处置工作，9月份以来坚持每半个月召开一次专题会议，主要领导亲自抓、分管领导具体抓、职能科室和基层所协同配合，逐一清理全县历史遗留闲置地块，分析其使用现状及闲置原因，截至12月底，全县消化批而未供5358亩，完成闲置土地处置1800亩。严格建设用地开竣工管理，根据《安吉县人民政府办公室关于严格建设项目用地开（竣）工延期管理若干意见的通知》相关规定，科学合理设置开竣工期限，严格开竣工管理程序，结合实地踏勘，认真审核办理开竣工延期的项目，确认项目延期的真实原因，明确责任主体，督促用地单位按合同约定开工建设，提高土地开发利用效率。全面启动“三调”工作，提请县政府印发《安吉县人民政府关于开展第三次全县土地调查的通知》，出台第三次全县土地调查实施方案，落实工作经费330万元。县政府召开动员大会，全面启动第三次土地调查专项行动。2018年，安吉县已全面开展内业数据处理和外业实地调查各项工作。开展“百日大清查”专项行动，县国土局于9月21日召开专题会议，启动部署“百日大清查”专项行动，至10月底全面核实查清全县近三年来耕地保护、土地利用、执法监察等方面存在的问题78个，并根据问题清单台账逐项整改。

狠抓执法落实，加大法治国土建设力度。开展“两治一打”亮剑行动，提请县政府印发《安吉县2018年度亮剑行动实施方案》，统筹开展国土资源领域扫黑除恶专项斗争和打击土地矿产违法违规行为专项行动，全县列入2018年度亮剑行动集中整治的违法用地共78宗（包括重点案件8宗),总面积93.39亩,违法占用耕地35.17亩,占用永久性基本农田5.66亩,年内土地违法案件完成整治78宗,完成率100%。开展2017年度卫片执法检查,2017年度上级下发安吉县卫片遥感监测图斑1660个,涉及土地总面积13568.2亩,其中占耕地6233.47亩。提请县政府下发《安吉县2017年度土地矿产卫片执法监督检查实施方案》,排定拆除复垦整改项目222个,由县政府成立两个督导组进行督查。全年222个项目完成拆除复垦187个,完成率84.23%。排定查处类图斑68个(包括申嘉湖的47个图斑),由局监察大队牵头,各乡镇(街道)国土所为责任单位进行立案查处。3月份,安吉县通过由厅执法局卫片实地督导。稳步推进上海督察局例行督察整改,年内上海督察局例行督察共下发安吉县问题清单6大类342个问题,总面积8608.54亩,其中永久基本农田面积1034亩。县委、县政府高度重视问题整改,专题召开整改部署会议,明确整改目标、期限和标准,县国土局联合县督导组对各乡镇的整改情况进行实地督导和通报,实时掌握整改状况。截至11月初,已完成整改299宗,完成率87%。

聚焦群众关切,全力做好服务民生工作。地灾治理全面提速,强化村、镇、部门联动防范预警机制,组织开展地灾演练,强化落实防灾责任,不断提高应急处置能力。克服全年地灾频发压力,系统基层站所及局干部职工坚守一线,加强地灾隐患排查,及时处置地灾险情,全年未发生因地灾造成的人员伤亡事故。同时,突出防治重点,加快项目治理进度,全县完成地灾年度治理63户、搬迁16户、工程监测24户,超额完成全年任务,全面实现地质灾害隐患综合治理两年行动清零。畅通群众诉求渠道,做好重大节日、活动期间的维稳工作,化解国土资源领域信访突出问题,维护群众权益,从源头上预防和减少信访突出问题的发生。2018年,承办上级转办和接待群众来电来信来访381件,全部办结,办结率、群众满意率均100%;办理行政复议12件、行政诉讼35件,落实行政负责人出庭进行应诉22次,行政负责人出庭进行应诉率100%。民生工程加快落实,提前完成市定农村无房户、危房户建设用地保障三年阶段任务,累计化解无房户523户、危房户1294户(2018年完成250户),涉及用地218.7亩。持续深化征地拆迁阳光工程建设,落实被征地农民安置保障,提速推进安吉县长龙山抽水蓄能电站、商合杭高铁、申嘉湖高速等一批重点项目建设。完成征收集体土地总面积327.28公顷,拨付各类征地补偿款2.04亿元。牵头规范完善被征地农民参保"人地对应"新政策,核拨被征地农民参保指标2540人。

5月31日,地质灾害应急和防御小流域山洪演练在报福镇洪家村开展

落实主体责任,着力加强系统干部队伍能力建设。开展党风廉政主题年活动,出台《关于开展"不忘初心,守土有责"廉政主题教育年活动的通知》,开展"六个一"活动(固定一个廉政警示日、编一本《廉政手册》、建一面廉政誓言墙、开展一次述责述廉活动、进行一次党风廉政全面巡查、组织一次重点领域专项督查)。局党委坚持每月一次专题听取2~3个科室和国土资源所的党风廉政建设工作落实情况汇报,及时了解掌握基层干部思想动态和工作推进情况,压实党风廉政建设主体责任。继续抓好党风廉政巡查工作,完成11

个基层所和县不动产登记中心党风廉政建设巡查、反馈。严肃监督执纪工作，修改出台《2018年党风廉政暨作风效能考核细则》，建立作风效能"周自查、月互查"制度，持续加大对贯彻落实中央八项规定精神执行情况的监督检查。全年开展各类正风肃纪检查41次，开展财经纪律检查和"三公"经费自查12次，开展"党纪教育一刻钟"活动24次，开展警示日教育10次，通报学习案例90多个。全年保持上级效能检查零通报。狠抓干部队伍建设，以"土地守护日"活动为主抓手，组织开展两年大学习、大调研活动，由局班子成员带队，每月确定突出一个主题，到乡镇、村开展巡查与走访，协助乡镇、村解决在土地整治、旱改水、项目服务等工作中存在的诸多困难。截至2018年底，走访15个乡镇、街道(全覆盖)，累计巡查70个点，排查困难46个，落实解决对策37条。举办"这方土地——县国土局成立三十周年主题汇报会"，回顾总结县国土局成立30周年发展成就，要求与会人员不忘初心、砥砺奋进。组织全局中层以上干部、乡镇街道分管领导和相关部门负责人参加各类国土政策研讨班，围绕土地利用总体规划、全域土地整治、农房发证和不动产登记组织专题业务培训5场550余人次参加。

1月3～4日，安吉县承办的全省国土资源政务公开新闻宣传干部培训工作部署会召开。图为浙江省国土资源厅副厅长张国斌在会上讲话

【承办全省国土资源政务公开新闻宣传干部培训工作部署会】 1月3～4日，省国土资源厅在安吉县召开全省国土资源政务公开新闻宣传干部培训工作部署会，贯彻落实党的十九大和省第十四次党代会精神，以及全国国土资源政务公开与新闻宣传工作研讨会精神，总结近年来浙江省国土资源政务公开、新闻宣传、干部培训工作经验，部署当前和今后一个时期的工作。副厅长张国斌出席会议并讲话。全省11个市以及安吉县汇报2017年度政务公开、新闻宣传、干部培训三方面的工作情况。

【首次争取到省级双追加指标】 安吉高铁大道建设项目是安吉"十三五"综合交通发展规划南北方向主要通道，属于商合杭高铁、申嘉湖高速、杭长高速、天子湖通航机场等铁路、公路、航空"三位一体"综合运输体系的重要配套项目。针对安吉高铁大道频受土地要素制约影响进度问题，经县国土局积极争取，省自然资源厅于11月初同意下拨安吉关于平湖至安吉公路安吉吴址至乌泥坑段工程(安吉高铁大道)项目省级规划预留空间和省预留计划指标各1064亩，标志着安吉首次在不影响原指标的情况下争取到省级双追加指标保障县级重大交通建设项目。

【推进"五未"土地处置专项行动】 提升土地利用效率，强力推进全县"五未"土地处置专项行动，将"五未"推进情况作为每月县政府"一把手工程例会"必报材料，联合县政府办、考核办建立定期督查考核机制，倒逼乡镇(街道)全力推进。自2017年11月专项行动开展以来，全县累计消化批而未供土地7798亩，完成率118%；累计消化供而未用土地1800亩，完成率99.56%；处置用而未尽土地616亩，完成率100%；处置建而未投土地2493亩，完成率100%；处置投而未达标土地1401亩，完成率100%。

【举办"这方土地——安吉县国土资源局成立三十周年主题汇报会"】 1988年3月29日，安吉

10月20日，“这方土地——安吉县国土资源局成立三十周年主题汇报会”在安吉新闻集团梅地亚演艺中心举行

县土地管理局成立，2018年是安吉县国土资源局成立30周年。10月20日下午，“这方土地——安吉县国土资源局成立三十周年主题汇报会”在安吉新闻集团梅地亚演艺中心举行。整场汇报会分成三大篇章，第一篇章“忆往昔，沧海桑田展旌旗”；第二篇章“看今朝，乘风破浪竞风流”；第三篇章“逐梦想，而今迈步从头越”。

【举办安吉县第三届观赏石展】 9月18日，由县国土资源局、县文广新局主办，县文物局(博物馆)、县观赏石协会承办的“大地文章——安吉县地质自然资源保护与利用暨第三届县观赏石展”在安吉生态博物馆开展。安吉县范围内已发现地质剖面、矿物与矿床、地貌景观、水体景观和环境地质遗迹景观5大类10类15亚类51处地质遗迹点，矿产资源42种，矿产地158处。同时，安吉县发现一批具有独特和观赏价值的石种。此次共展出140多件观赏石。展览分地质环境背景、地质遗迹、矿产资源、生态保护、艺术观赏石5个篇章进行介绍，旨在希望市民珍惜资源、爱护资源、合理利用矿产资源。评选出金奖藏品5件、银奖藏品10件、铜奖藏品30件。

【安吉县“坡地村镇”试点工作通过省级督查】 5月11日，省国土资源厅土地利用规划处副调研员鲁建平率相关部门组成的省级“坡地村镇”试点工作督查小组对安吉县“坡地村镇”建设用地试点项目进行专项督查。安吉县自2015年纳入浙江省“坡地村镇”建设试点以来，争取到坡地村镇试点项目11个，争取到用地专项计划指标909亩(其中既征又转414亩、只征不转面积495亩)。督查组一行首先实地踏勘安吉县已完成供地并已开工建设的五个“坡地村镇”项目，分别是天子湖镇余石村农民安置项目、安吉山川赤豆洋高山生态旅游度假项目、递铺街道印象老庄生态度假区项目、灵峰街道绿城桃花源项目和港中旅Club Med度假酒店项目。

【安吉县耕地保护补偿资金发放创新高】 3月，安吉县下拨2017年度耕地保护补偿资金2381万元，创该奖励制度实施以来新高。2018年是安吉县拨付耕地保护补偿资金的第三年，也是该县启用新一轮补偿标准的第一年。2017年初，安吉县出台《安吉县基本农田保护补偿资金使用管理办法》，将永久基本农田、保有耕地纳入补偿范围内，总体面积达40万亩较此前奖励范围有所增加。此外，安吉县确定永久基本农田每年每亩60元，粮食功能范围内耕地每年每亩80元，其他耕地保有量落实的每年每亩30元的分层次补助标准，比之过去统一每年每亩50元的补助标准，总体补助更高，也更为科学。

【组织开展全县地质灾害应急演练】 5月31日，安吉县在报福镇洪家村开展地质灾害应急和防御小流域山洪演练。报福镇洪家村泥石流地质灾害隐患点查明于2016年，隐患体方量3.9万立方米，总威胁人口33户129人，经过两年时间“避让搬迁+工程治理”，隐患得到解决。本次演练模拟安吉县遭遇连续强降雨，山体土壤水分饱和，报福镇洪家村突发泥石流，道路、电力、通信设施损毁，人员受困受伤。随即，全县启动应急响应，成立现场指挥部，指挥紧急抢险组、治安保卫组、医疗卫生组等分工合作，保证受灾群众全部撤离到避灾安置点。

（李明翰）

·安吉县矿山综合治理工作·

【矿山复绿】　2018年，安吉县“两路两侧”需重点治理的废弃矿山有四座，分别是天子湖青山矿区（永昌石矿、荣恒石矿、青石山石矿）和吟诗矿区，四座矿山均被列为《浙江省矿山生态环境保护与治理规划（2016～2020年）》重点治理序列，市、县委主要领导、市矿治办领导也对安吉县废弃矿山治理工作多次调研并提出要求。天子湖青山废弃矿区治理总面积463亩，投入治理资金384万元，5月20日进场施工，9月30日通过部门联合验收；吟诗废弃矿区治理总面积116亩，投入治理资金361.05万元，7月10日进场施工，11月30日完成治理任务。同时通过巡查、“回头看”等方式，全面排查全县矿山治理盲点，发现差点，年内两路两侧可视范围内已无裸露山体，自然环境得到保护。

9月5日，治理修复后的青山矿区

【做好矿产资源总量控制】　按照近期减点控量、远期全面关停的目标，执行“四控双停”措施，落实“一矿一责任人、两月一监测、半年一报告”制度和矿产资源六项监管制度，对矿山企业和工程项目开采情况进行定期监测和动态实测，截至2018年10月底，全县矿山开采总量340.12万吨（限定402万吨），其中建筑用石128.6万吨（限定192万吨），全县开采总量未超过市限定规模。

【涉矿领域监督管理】　加强机制砂企业管理。出台《2018安吉县机制砂企业整治再提升方案》，改善“低、小、脏”机制砂加工企业生产模式，全年开展各项专项检查、巡查70批次，召开专题会议4次，发现问题40余个，对违反监控管理制度、淤泥去向报备制度、五联单使用制度等8家企业进行停业整顿和警告处理。对所有企业建立并完善“一企一档”，约谈机制砂加工企业主，《机制砂加工企业恢复生态治理承诺书》签订率达100%；完善“五联单”监管制度。对县内所有经审批的涉矿工程项目推出资源外运“五联单”票据，装载运输及码头中转矿产品必须持有“五联单”方可上路通行，彻底截断偷挖盗采矿产资源路径，对资源来源去向做到全过程监管，确保来路合法、去向清晰；严管涉矿码头秩序。坚持“总量控制、有序中转”的原则，出台《安吉县涉矿码头管理制度》，规范作息时间和运营要求，通过严控中转量，严格现场管理，落实扬尘治理等措施，实现安吉县码头矿产品中转总量得到有效控制，保证西苕溪航道安全运输。

【服务全县重点项目建设】　主动对接余村“两山”示范区、笔架山农业园区、“云上草原”、申嘉湖高速西延、303省道等重大项目，保证项目推进，为企业降低成本约1000万元；针对南方水泥集团急需后备矿区情况，形成专题报告向县政府汇报，争取市政府支持将青山矿区作为南方水泥后备矿区；争取将安吉县经济开发区鞍山村建筑用砂岩矿作为矿地利用采矿权试点项目，年内完成征地拆迁、规划调整、新设采矿权论证会、地质勘查、部门联合踏勘、矿地利用复核等工作。

【遏制涉矿违法违规行为】　开创涉矿案件执法新模式。以县政府会议纪要的形式明确,将全县涉矿案件由县矿资办统一先行受理查处,够处罚条件的及时移交职能部门,各类案件均在较短时间内迅速办结,提高矿产资源案件综合执法效率;保持“打非治违”高压态势。严厉打击偷挖盗采、私设无矿山加工机组、非法销售矿产资源及破坏资源环境等违法行为,做到涉矿案件有案必查,全年累计开展巡查5017人次,立案69件,暂扣挖机和铲车等设备30台,强制上锁各类加工机组和挖机等65台套,收缴罚没款22万元,移送公安机关刑事立案3起,采取刑事强制措施12人,办案数占全市总数的85%。全县190个涉矿工程监管点做到开采运输规范,项目业主生态资源保护的意识不断加强。开展涉矿工程领域扫黑除恶行动。与县公安局、综合行政执法局联合下发《安吉县重点工程领域涉矿资源专项整治行动方案》,深入排摸涉矿工程领域扫黑除恶线索,查处申嘉湖高速和长龙山盗挖矿产资源案件,挽回经济损失30余万元。

【开拓创新】 狠抓调查研究,矿产资源管理理出新思路。多形式、多渠道宣传矿产资源管理工作,营造良好的舆论氛围。2018年,上报市矿治办、县两办各类动态类信息60篇、经验总结类信息5篇、专题调研报告2篇,特别是针对安吉县矿产资源管理过程中遇到的新问题、新现象、新矛盾,形成《应对新现象 警惕新风险——关于新形势下全县矿产资源管理难点的调查》,梳理资源管理、工程管理、执法管理以及村级监管四个方面的问题,并提出相关解决对策。针对安吉县农村农民建房超量超挖矿产资源现象,与国土部门联合出台《安吉县农村农民建房管理规范》,规范农民建房开采矿产资源行为。完善税收监管,资源税费征收全年突破1亿元。修订完善《安吉县涉矿工程矿产资源管理办法》,主动对接财税部门,对市政道路、河道清淤、农整和房地产等项目,凡涉及矿产资源开采利用的项目全部纳入资源税费征收;主动调研,摸清实情,及时调整矿产资源出让金征收标准,实行阶梯价征收资源出让金,提高矿产资源征收出让金及资源税,堵塞资源税费流失漏洞。为避免人为因素的影响,对涉矿项目开挖矿产资源外运或进入市场总量超10万吨(含)的工程项目,率先构建由县矿资办、发改委、交通局等部门组成的价格会审小组对中介机构出具的评估价格进行审核,确定涉矿工程资源出让价格,按照审定价格进行出让;拓宽征收渠道,创新县外矿产品经安吉中转外运的征税办法,全年增加资源税800余万元,是2017年同期的10倍。2018年,在没有一座矿山出让的情况下(自2015年以来安吉县未新增矿山出让),经矿资办严格会审、监管的190个零星涉矿工程资源税费征收已接近9000万元,与2017年同期相比增长175%,全年资源税费征收将突破1亿元。强化队伍建设,对抽调县矿资办一线工作人员进行有序轮换,分别从国土、环保、林业、综合执法、交通等部门新抽调(轮换)人员8名,年龄结构层次得到优化,提升全办队伍士气,涌现出一批以执法大队教导员江海霞为代表的敢于担当、无私奉献典型,在全县矿产资源的保护开发利用中发挥作用。

【安全稳定工作】 将社会稳定作为头等大事来抓,把平安安全工作列入重要议事日程,把平安

11月20日,安吉县副县长杨绍军(右三)到现场督导矿山复绿工作

安全工作管理落到实处。2018年，全县涉矿企业未出现各类重大突发性事故、重大影响案件和集体上访事件。高度重视企业安全生产工作。健全安全管理制度。办领导班子对平安安全稳定工作做到“思想上有位置、组织上有班子、工作上有布置”，按照“管行业必须管安全、管业务必须管安全、管生产经营必须管安全”的要求，做到安全生产责任层层落实，确保安全生产工作时刻有人抓、时时有人管。将每月15号设定为涉矿企业安全生产日，做到职责明确，责任到人。强化安全责任落实。针对岁末年初、国庆、进出口博览会、互联网大会、地信大会等重要时节，开展专项排查，及时消除安全隐患，推进企业安全生产制度化、日常化管理，全年矿山企业未发生安全生产事故。开展各项教育培训活动，强化对涉矿企业管理人员的安全、环保等方面的教育培训，全年开展各类培训教育4次160余人次。加强全办人员业务素质的培训，邀请相关法律专业人士为全办一线执法管理队伍授课，外出培训2批16人次。做好涉矿政策咨询、来信来访工作。做好依法被取缔、关闭、停产整顿矿山业主的信访工作，从源头上减少和化解矛盾。2018年，受理12345政府阳光热线投诉单99起，来信来访3件，接群众举报及110转警85起，均已妥善处理，没有因处理答复不满意到上级部门信访事件发生，全年亦未发生集体到市级以上（含市级）政府或者部门集体恶性上访行为。落实监督机制，杜绝违纪违规行为发生。加强全办党风廉政制度建设，“一岗双责”落实到人，主要领导与分管领导、分管领导与科室负责人全部签订个性化党风廉政责任书。完善党风廉政风险防控机制，全办建立廉政档案16份。开展党风廉政风险点专项督查，围绕砂石审批、案件查处、财务管理、公务接待、食堂采购等开展专项检查，全年开展专项督查4次。完善“三重一大”集体会商制度，细化会前商议、会中讨论、会后上报等流程环节管理，形成透明公开的集体会商机制，全年召开“三重一大”事项集体决策15次，讨论研究55个重大事项。加强廉政教育，全年开展党风廉政专题教育6次，年内全办人员未发生涉矿腐败案件和违反八项规定的行为。

（胡耀华）

安全生产监督管理

【概况】　2018年，县安监工作不断强化安全生产红线意识和底线思维，狠抓“三大体系”建设，联合推进各领域安全生产治理，坚决遏制较大以上事故发生，控制和减少一般事故发生，全力确保安全生产形势持续稳定好转。除火灾事故外，2018年共发生各类生产安全事故47起，死亡30人，受伤30人（其中：工矿商贸7起，死亡7人；道路交通40起，死亡23人，受伤30人）。事故总数同比下降7.84%，死亡人数同比下降21.05%。其中，工矿商贸起数同比分别下降22.22%，道路交通总数同比下降4.76%，死亡人数同比下降20.69%，受伤人数与2017年持平。没有发生特种设备、农业机械、水上交通领域事故。

【安全生产责任体系建设】　强化地方党政领导干部安全生产责任制。2018年，县安监工作贯彻落实《地方党政领导干部安全生产责任制规定》，加强各级党委和政府对安全生产工作的领导，健全落实安全生产责任制。发布《安全生产委员会成员单位工作职责》的通知，完善县委、县

2月11日，安吉县委书记沈铭权（中）听取安全生产工作汇报

政府总负责、属地管理、主体负责、7位县级领导综合督导的工作机制。县、乡两级安全生产分管领导调整到位率达100%;全面实现安全生产目标管理责任书的逐级签订。督促企业落实安全生产主体责任。出台《企业安全生产主体责任实施细则》,发放宣传挂图2万份,指导2400家企业开展主体责任承诺,开展企业主体责任履行情况专项检查,开展企业主体责任自查4980家次,发现并整改问题5190项。强化责任考核和追究机制。不断加大安全生产在经济社会发展、社会治安综合治理考核中的权重(2018年开发区范围递铺街道、孝源街道占5分,示范区范围天子湖镇、梅溪镇占3分,其他11个单位占1.5分,分值占比同比上升50%),全年平安考核中涉及安全生产相关分值259.33分。加强对平安乡镇的过程性考核力度。出台《2018年度安全生产目标管理责任制考核办法》,调整考核方式和内容,突出过程性考核,提升考核的科学性和有效性。加大对基层基础建设及"1+X"责任体系有效运行的考核力度。

【安全生产治理体系建设】 融合推进标准化建设工作。全市率先将企业可持续发展(SCORE)项目深度融入安全生产标准化建设,出台《工贸企业安全生产标准化达标管理规定(试行)》,实现"一次创建、多项结果认证",召开服务机构、监管人员培训部署会议5次,组织企业培训6场,实施项目化管理企业68家,专家现场咨询服务173家次,培训从业人员1420人次。深化安全生产事故防控。结合县情出台《安全风险辨识与管控工作指南》,梳理29项辨识标准,完善5种辨识方法,制定10大类21项辨识指标,突出预防辨识和预先管控。制定《2018年事故预防联动工作重点》,每月联合住建、公安等部门开展2次执法,联合人社局开展专项执法1次。开展安全生产集中约谈及事故警示教育,约谈近两年100余名事故多发企业负责人。创建安全生产警示教育室120家。发布安全生产预警信息15条。创新提升安监执法水平。开展座谈式、说理式"双随机、一公开"抽查,全年检查生产经营单位1362家次,发现并督促整改隐患1436处,暂时停产整顿72家,办理案件216起,处罚金额614.6万元,移交公安机关违法人员2名,刚柔并济送"安"上门,实现执法零投诉。组建专业化乡镇安监执法队伍,办案25件,罚款金额16.8万元,同比上升150%和115%。开展安全生产委托执法全过程监督指导,指导各乡镇(街道)办理案件63件,处罚金额39.9万元,同比分别上升31.3%和53.5%。安监执法能力和规范性明显提升,打出安监执法组合拳。大力推动科技兴"安"和技防建设。高度重视向科技要安全,提前超额完成市政府智慧用电目标,安装5654套,落实县级财政智慧用电、社会化服务补助资金320万元;推进安全生产网格化、信息化管理,推动企业自查自报自改,全县44个责任片区共检查企业12683家次,企业通过智慧安监自报检查数据5905条;自主开发涵盖3大模块15类在线服务功能的安全事务助理平台,服务企业500家次,提供服务1500余次,解决实际问题800余个。提升智慧安防能力。稳步实施智慧交通、智慧燃气、智慧消防、智慧城管等项目,智慧燃气覆盖253503只燃气瓶,覆盖率100%;通过智慧城管采集城市管理公共安全信息52813条,安装智慧消防远程监控系统81套、智能预警590套。健全推动应急救援体系建设。举行全县首次城市安全综合应急救援实战演练,探索多预案、多类型、多种专业救援力量合成的实施方案,演练模拟3个场景,响应4个应急预案,参演单位共19家,涉及2000余人。

【安全生产服务体系建设】 创新服务优化营商环境。深化"最多跑一次"改革,继续简化审批手续,提升审批速度,在非民生类办事事项部门中率先推出手机APP网络办事申报系统,实现办事事项网上申报率100%、无纸化率100%,承诺全部事项办理用时缩短68%,备案类事项即审即办,审查类事项"零上门"全程代办,12345政府阳光热线连续3个月电话抽查回访中,安监窗口满意率和回访率取得"双百分"。安全生产全程"店小二"式贴心服务安吉溪龙服务区加油站建设项目"三同时"审查、安吉亚太制动系统有限公司的标准化达标创建等工作实绩,被列为全县优化营商环境工作优秀案例。规范安全生产社会化服务。推行安全生产"健康体检"

服务，培育安全中介机构11家，增加服务人员30余人，全县签订各类安全生产社会化服务合同2500余个，涉及各类企事业单位3000余家，拓展“电E生”等服务项目4个。实行“一月一主题”专业能力培训，组织中介机构培训9次，培训人员470人次。按照市局统一部署，开展中介机构监督检查，规范从业行为，提高服务质量。全方位开展安全宣传教育。投入50万元，加强与电视、报纸、电台等传统媒体的合作，全年播放安全公益广告，曝光违法违规行为等，每周至少刊播1篇安全生产稿件；加大“安吉安监”公众号等新媒体安全宣传力度，发布文章500篇；开展安全生产“七进”活动，组织“安全生产宣传基层行”“安监干部进企业，走访谈心促安全”等活动2800场次；推动安全生产“互联网培训学院”提质扩面，培训企业负责人和安管员4000人次、特种作业人员1000人次。开展安全生产月、职业病防治法宣传周、安全生产法宣传周等普法活动，形成传统媒体新媒体，线上线下齐头并进的良好态势。

【推进安全生产治理】　按照上级部门关于安全生产大检查工作的统一部署，结合世界互联网大会、世界地理信息大会等安保行动，治理一批重大事故隐患，依法严惩一批违法违规行为。全县共出动执法检查人员3.4万人次，检查各类企业（场所）2.8万家（处），排查治理各类事故隐患2.2万余条，执法力度历年之最。消防领域，检查单位8494家次，发现火灾隐患15122处，下发处罚决定书609份，责令“三停”45家，拘留101人。危化领域，查获危化品非法经营、储存案件18起，行政处罚183万余元。交通运输领域，县交通局检查企业283家次，发现并整改隐患120处；交警大队查处现场违法行为33万多起，11月起对二、三轮电动车非法载2人以上进行全面管理，年内有2名当事人受到行政拘留处理。建筑工程领域，检查在建项目255个，下发安全隐患整改通知书325份、停工整改通知书85份，现场整改安全隐患1985处，不良行为公示2家，约谈4家，行政处罚3家，通报批评2家。油气输送管道领域，县发改委、综合执法局检查单位120家次，发现隐患142处，全部完成整改。旅游安全领域，县旅委组织开展检查485次，发现隐患228处，其中重大隐患点2处，全部完成整改。同时，深入开展租赁企业安全生产专项治理，组织宣传发动50余次，定期会商26次，排查企业777家次，确定实施集中整治企业226家，立案查处12起，停产停业整顿3家，挂牌督办4处。开展打击假冒特种作业证联合执法行动，查处案件23起，行政处罚24.8万元。开展“查违除患保安全”集中执法行动。检查重点工贸行业企业较大风险因素辨识与防范工作开展情况、“三场所两企业”重大事故隐患排查治理情况及企业主体责任履行情况，检查企业180家次，停产停业整顿5家，立案查处50家，共处罚款43万元。开展烟花爆竹“双禁”工作。全县126家零售点经营许可证全部注销，2家烟花爆竹批发企业退出市场，回收烟花爆竹1.6万余箱，销毁烟花爆竹6800余箱，督促批发企业清退烟花爆竹4万余箱。全力推进“低散乱污”企业安全生产专项整治等工作。

安吉新闻
ANJI NEWS
2018年6月6日 星期三

夯实安全之基　建设最美县域
——写在2018年全国安全生产月活动之际

突出问题导向　全力加……
陈永华在6月份全县重点项目推进例会上……

6月6日，安吉县委书记沈铭权、县长陈永华联合发表安全生产署名文章《夯实安全之基　建设最美县域》

【安全综合应急救援实战演练】
7月31日，举行2018年安吉县城市安全综合应急救援实战演练，对各职能部门及有关乡镇

7月31日,安吉县举行高层建筑消防综合应急救援联合演练

快速反应、协同作战能力进行检验。本次模拟防爆恐、地震、危化品处置三大场景,启动四个应急预案,安吉县人民政府启动应急响应程序,组织开展应急抢险救援行动。县政府办(应急办)、县委宣传部,县消防大队、教育局、科技局、公安局、交通局、卫计局、环保局、安监局、新闻集团、行政服务中心、气象局,昌硕街道等联动部门到场处置,完成应急救援工作,演练成功。此次演练参演单位共19家,涉及人员2000余人。

【为世界地理信息大会保驾护航】 为确保2018年联合国世界地理信息大会顺利召开,多举措在全县范围开展安全生产保障行动暨重点行业领域专项整治活动。分级管理、落实责任。安吉县安委会成立专项领导小组,由县领导牵头负责,各成员单位积极配合。同时15个乡镇街道也相应成立领导小组,负责推进各项安全生产监管任务的落实。重点整治、部门联动。根据《中华人民共和国安全生产法》《中华人民共和国职业病防治法》《中华人民共和国消防法》《浙江省安全生产条例》等法律法规和检查标准,重点查找企业安全生产主体责任履行时存在的问题和不足,对辖区范围内的企业进行拉网式隐患排查,主要在校外培训机构、道路交通安全、群租房消防安全、建筑施工安全等领域,涉及的部门有县公安局、教育局、住建局、民政局、交通运输局、商务局、旅委、综合执法局,市监局合理安排、逐步推进。本次专项整治活动安排明确,持续时间长,从7月初至11月末,主要分动员准备阶段、全面启动阶段、实战运行阶段、决战攻坚阶段,要求各乡镇街道和部门制定实施方案细化任务分工,逐级落实责任,确保各项工作任务和措施落实到基层和企业单位;要求辖区内企业落实安全隐患整改责任、措施、资金、时限、预案,整改隐患,做到自查自纠,立查立改;要求乡镇街道按照实施方案落实隐患排查,按照定措施、定标准、定期限、定责任人的要求,整改隐患,及时录入隐患信息并上报领导小组。信息报送、宣传推广。各乡镇街道、各有关部门从7月份开始每月25日前报送《安全生产重大风险隐患登记表》和《安全生产专项整治情况统计表》,并且严格执行领导值班制度,在实战运行阶段实行"周报告"模式,决战攻坚阶段实行"日报告、零报告"制度,强化安全生产会商研判和信息报送。同时充分利用报纸、电视、网络等新闻媒体,加大对专项整治工作的宣传报道,加大社会监督和舆论监督力度,鼓励支持群众举报安全生产事故隐患和非法违法行为。

【国家应急管理部督查组督查安吉县非煤矿山汛期安全生产工作】 6月27日,国家应急管理部督查组一行赴安吉县进行非煤矿山安全生产重点工作完成情况和汛期安全生产工作专项督查。省安监局巡视员吴更安、市安监局局长张伟林等陪同督查。督查组一行首先赴安吉南方水泥有限公司高禹石矿,对高禹石矿周边截排水沟等情况进行实地查看,随后,详细询问矿山的基本情况、汛期安全措施落实情况、安全生产责任落实情况以及安全隐患排查治理等情况。督查组具体从责任落实到位、应急管理到位、督促检查到位三方面对安吉县下一步工作提出具体要求,同时指出,全县各部门、各生产经营单位要切实加强组织领导,狠抓安全风险防控和隐患排查治理工作落实，全力防范非煤矿山企业生产安全事故发生。

（朱　敏）

人力资源和社会保障

【概况】 2018年，安吉县人力社保局坚持问题导向、精准发力、实干担当，人才聚引效应显现，就业形势稳中有进，民生保障提质增效，劳动关系和谐向好，创建全国社保标准化先行城市、浙江省首批无欠薪县，国家级技能大师工作室、省高技能人才公共实训基地实现零突破，全县人力社保事业发展再上新台阶。

【人才引育】 2018年，争取人才助力浙江安吉实施乡村振兴战略活动入选人社部专家服务基层工作项目，开展省专家助力安吉乡村振兴战略活动，成立全市首个乡村振兴学堂和乡村振兴人才服务专家联盟，为打造国家“乡村振兴示范县”提供有力的人才支撑；会同县委组织部、科技局举办安吉县第三届“两山杯”创新创业大赛，全年入选省级海外工程师计划4人，南太湖精英计划领军型创业团队26个，新建省级博士后工作站4家，博士后工作站新进博士2人。新建国家级技能大师工作室1家，省级高技能人才实训基地实现零突破，相关工作获钱三雄市长批示表扬；指导推荐安吉高级技工学校入选45届世界技能大赛管道与制暖项目中国集训基地，该校2名选手代表浙江省荣获国家技能大赛管道与制暖项目第二、三名，顺利进入国家集训队；指导推荐技能人才叶锎获评“浙江省首席技师”、陈达有获评“浙江工匠”。着力中青年高技能人才梯度培养，开展“师带徒”结对活动，全年开展技能人才自主评价和直接认定企业115家，创建市级自主评价引领企业4家，评价技师126人、高级工385人；全年增加高技能人才3790名。

10月15日，第45届世界技能大赛管道与制暖项目国家集训队第一轮集训（安吉基地）启动暨省高技能人才公共实训基地授牌仪式举行

【就业创业】 出台大学生就业创业新政及实施细则，与28家高校建立急需紧缺人才引进战略合作联盟，先后组织企业赴安徽、江西、湖北、吉林、衢州、丽水等地进行针对性的招引；深化创业担保贷款发放机制，统筹开展创业论坛、“互联网＋”创业培训、创客大赛、创业典型选树等活动，全年吸引大学生及各类人才就业创业12045人，新增大学生创业主体1612人，创业担保贷款1.46亿元。深化东西部扶贫劳务协作，组织企业和人员到四川、青海、贵州等地开展劳务协助活动，吸纳贫困人口到东部地区就业人数2935人，贫困人口就业培训数290人，相关工作成果获省人社厅表扬。贯彻落实失业保险政策城乡一体化政策，实施失业保险支持技能提升“展翅行动”，全面开展援企稳岗“护航行动”，为350家企业发放稳岗补贴600万元，317人发放技能提升补贴60万元。实施困难群体精准帮扶工程，确保零就业家庭动态归零，全年增加城镇就业16507人，失业人员再就业5342人，其中困难人员就业905人，公益性岗位安置数达500个，城镇登记失业率2.39%。

【社会保障】 以优异评分创建全国社保标准化建设“先行城市”；以灵活就业人员为重点，强化精准扩面和动态管理，新增法定户籍养老保险参保人员10500人、医疗保险2600人，基本养老保险参保率、基本医疗保险参保率分别达到93.23%、99.14%。助推医改深化，出台《县域医共体基本医疗保险基金支付办法》,试行医保基金按人头总额预算支付改革,特别是创新大数据技术在医共体改革领域的应用,上线医共体数据共享平台,有效促进医疗监管前移,兼顾参保人员、医疗、医保三方利益,全年实现按病种付费试点病种118种,增加3家县内跨省异地就医直接结算医疗机构。会同税务部门制定征管职责划转过渡期方案,平稳有序推进城乡居民“两费”征管职责划转。贯彻落实《浙江省工伤保险条例》及相关配套政策,全年工伤事故发生率控制在1%以内。

【人事管理】 严把人员“进口关”,做好87名公务员和44名事业单位人员招录(聘)工作,指导教育系统自主招聘142人,指导卫生系统自主招聘183人,首次面向基层开展中医师承定向培养46人,配合县农业局、文广新局、卫计局做好17名定向培养生工作,创新面向浙江省优秀运动队退役运动员公开招聘体育教师(教练员)5名。完成职务职级并行审核87人(政府口)。制定出台《公立医院薪酬制度改革实施方案》《公立医院绩效工资总量核定办法》,继续落实员额制法官检察官工资套改和晋升工作。率先实现各级各类职称评审网上申报,发放电子职称证书,继续试行家居产业中级职称行业自主评价,为绿色家居产业转型升级提速提供人才支撑,已组织15家企业57名专技人才报名。

【劳动关系】 创建浙江省无欠薪县,健全完善覆盖城乡、协调联动的治欠保支工作格局,全年受理欠薪投诉案件45件,立案数较2017年下降48.8%,为96名劳动者追回工资68万元,劳动关系和谐指数85分以上。年初,作为全省唯一发言单位在2018年全省防欠处置欠薪工作会议上作典型交流;代表浙江、湖州接受国务院督查获得好评;依法治理欠薪工作经验以市委专报形式在全市交流。全省率先实现乡镇(街道)劳动纠纷多元化解中心全覆盖,解决基层劳动人事争议与非劳动关系所产生的劳务报酬之间的责任划定问题,实现劳动纠纷一窗受理、分类处理、联动处置、一站化解。全年劳动人事争议仲裁立案227件,结案225件,调解结案2137件,结案率99.12%,调解率94.67%。

【“最多跑一次”改革】 安吉县被列为浙江省人力社保系统深化“最多跑一次”改革试点县,年内实现147个群众和企业到人社办事事项“跑一次”100%全覆盖,率先在全县开展“无差别全科受理”改革,在2018年11月底实现所有人社办事事项“无差别全科受理”;机关事业养老保险业务经办“最多跑一次”改革工作被省机关保中心列为经验典型在全省通报表扬。争取列入全省电子社保卡试点地区,持续深化“互联网+人社”信息智能化建设,实现社保大厅、乡镇农商行网点和支付宝APP多渠道申领社保卡,率先在支付宝实现医保移动支付(无卡就医)功能和城乡居民医保参保、缴费、中断功能。

【惠企惠民服务】 组团赴卡虹新材料、富和家具等重点企业开展政策上门咨询服务,全年五个服务企业案例被列为全县优化营商环境优秀案例;确保降低失业保险费率、调整工伤保险费率、执行失业保险援企稳岗政策、免缴县内建筑企业工资保证金等减负政策落到实处,全年为企业减负1.16亿元;围绕就业创业、技能培训、社会保险、东西部劳务协作扶贫等重点,开展扶贫领域腐败和作风问题专项治理工作,突出政策落地、服务优化、举措到位,做实做深人社扶贫攻坚项目;开展加强窗口作风建设专项行动,创新第三方视频暗访等效能督查形式,高频次开展效能明察暗访,改进窗口服务方式和服务体验。

【创建全省首批“无欠薪”县】 6月4日,2017年度浙江省无欠薪县考核结果公布,安吉县成为浙江省首批创建的16个县(市、区)之一。同时文件明确,对创建达到无欠薪建设标准的县(市、区),省有关部门按规定在政策、资金上予以相应倾斜。

【安吉一项目入选人社部2018年专家服务基层工作项目】 5月8日,人社部2018年专家服务基层工作项目公布,安吉县的人才助力浙江安吉实施乡村振兴战略活动入选,并获10万元专项经费支持。9月6日,成立全市首个乡村振兴学堂和乡村振兴人才服务专家联盟,柔性引进浙江大学、浙江农林大学、杭州师范大学9位省级专家担任安吉县特聘专家,结对帮带县内企

9月6日，安吉县举办浙江省专家助力安吉乡村振兴战略活动

业、行政村、农业项目及学术技术人才，为安吉县全力打造国家"乡村振兴示范县"提供有力的人才支撑。

【荣获"国家社会保险标准化建设先行城市"称号】 11月15日，国家社会保险标准化建设先行城市评估验收专家组对安吉县创建全国社保标准化先行城市进行验收，安吉县以98.5的高分通过。首批社保标准化试点城市建设从2015年开始，旨在通过试点，健全社保标准化管理服务网络，培养标准化专业人才，打造社会保险服务标准化品牌，全国一共有35家试点城市，其中浙江3家，分别为湖州市、安吉县和义乌市。

（徐真慧）

审　　计

【概况】 2018年，安吉县审计局完成审计项目22个，查出主要问题金额259万元，其中管理不规范金额259万元。移送司法机关、纪检监察机关和有关部门处理事项5件，移送处理人员3人；审计促进整改落实有关问题金额259万元；出具审计报告和专项审计调查31篇，被批示、采用31篇；审计提出建议44条，被采纳44条。推动被审计单位制定整改措施45项；促进被审计单位制定、完善规章制度27项；提交审计信息、专报55篇，被批示、采用55篇；向社会公告审计结果22篇。

【专业审计】 2018年，开展政府预算执行和其他财政收支审计，促进资金规范高效使用。全面贯彻党的十九大精神，创新审计理念，突出审计重点，揭示部分预算单位预算执行率低，对财政管理提出进一步规范的建议。县审计局局长受县人民政府委托做2017年度审计工作报告及审计查明问题整改情况的报告。

规范政府投资项目结算审计，加强重点建设项目跟踪审计，发挥审计"免疫系统"功能。开展结算审计项目151个，完成结算审计金额21.03亿元，减少财政拨款2.58亿元，平均核减率12.3%。对省自然博物馆、清水入湖、递铺镇第三小学迁建工程等12个重点项目进行跟踪审计，涉及投资额约102.88亿元。实施安吉县PPP项目专项审计调查审计及安吉县政府投资项目建设管理情况专项审计调查。

加强内部审计指导工作，促进内审工作作用、水平提升。加强督促指导，将内审制度、机构建设和工作开展情况纳入领导干部经济责任审计内容。建立内审工作指导员制度，县审计局国家审计人员与相关单位建立对口指导关系，明确监督、指导职责，分片包干指导。加强走访调研，对天子湖镇、鄣吴镇等3家单位进行走访，举办由37家单位内审机构代表参加的内审工作座谈会，进行集中调研指导。加强安吉县内部审计协会发展建设，吸收首家民营企业会员——恒林椅业集团公司加入协会。

【经济责任审计】 强化领导干部经济责任和自然资源资产离任审计，有效监督权力运行。按照经济责任审计五年规划及2018年审计计划安排，坚持问题导向，实施报福镇、灵峰街道、上墅乡、司法局、综合执法局等八家单位领导干部经济责任审计，以关键岗位、关键环节的有效监督为经济运行保驾护航。推进领导干部自然资源资产离任审计，做好有关政策的研究和贯彻落实，立足安吉实际和被审计单

12月，副审计长秦博勇调研安吉自然资源资产离任审计工作

位特点制定审计方案，首次开展对职能部门县综合执法局(城管局)、工业平台乡镇天子湖镇领导干部的自然资源资产审计项目。7月和10月，县审计局徐焮先后两次受邀赴南京审计干部学院为审计署资环司举办的培训班作领导干部自然资源资产离任审计工作介绍及案例分享。

【政策执行审计】 深化政策落实跟踪审计和专项审计调查，优化完善体制机制。开展"最多跑一次"改革落实情况跟踪审计，发现存在"一窗通办"平台部分事项办理材料与部门实际要求材料不一致、中介服务机构入驻"中介超市"未经审核、"双随机"抽查管理系统的推广应用情况掌握不及时等问题，并提出有针对性的审计建议。开展县政府性产业基金运行情况专项审计调查，摸清县政府产业基金总体规模、投资方向和管理运行等情况，揭示政府产业基金制度不够完善、基金规模偏小、部分子基金未实际开展业务等问题并进行原因分析，提出加强政府产业基金管理和完善政策制度的意见与建议，充分发挥审计服务深化供给侧结构性改革的建设性作用。实施县社会救助政策落实情况审计，依托市社会救助大数据审计平台，获取县相关审计疑点并核实。配合实施市人才经费专项审计调查，对全县人才经费调查表进行审核分析及问题查核。

【审计管理】 抓好党的建设，发挥机关党建"龙头"作用。加强学习教育。推进"两学一做"学习教育常态化制度化，制定学习方案和学习计划，开设《学习十九大》专栏，班子成员带头开展学习、带头撰写心得体会，并为党员干部上党课。规范党内活动。认真贯彻党章、准则等系列党内法规，制定"主题党日"活动计划，先后围绕"建党97周年"等主题开展活动12次；严格落实"三会一课"、民主评议党员等制度，把规定动作做到位；经常性开展谈心谈话，了解党员干部思想动态，激发干部队伍的生机活动。严抓干部任用。严格执行干部选拔任用规定，重视审计干部能力培养，对年轻干部实行导师制，开展"一对一"的结对指导，注重业务培训，组织人员参加审计署、省厅、市局各类培训考试，着力提升专业水平，打造政治坚定、业务精通、作风优良的审计干部队伍。

【干部队伍建设】 局党组先后召开4次专题会议，研究部署机关党风廉政建设和反腐败工作，并将各项任务融入党员教育、干部管理、审计业务等方方面面工作。同时，对照年度考核标准，将责任细化、量化，并依托"两个责任"监管平台，每月向县委、县纪委动态报告完成情况，每季度向派驻纪检监察组书面汇报责任落实情况，确保履责过程可追溯、责任落实可倒查。局党组书记对班子成员、班子成员对分管审计人员进行廉政谈话30人次，开展中层干部集中约谈1次。针对排查出的10个在审计监督权力运行中可能存在的廉政风险点，局党组对症下药、立行立改，通过修订、完善制度加强风险防控，确保每个环节都讲程序、有监督，降低审计人员失职渎职的风险。组织党员干部参加审计署举办的审计整训和每期的"审计大讲堂"，同步提升政治水平和业务能力。坚持每月一次的"党纪一刻钟"学习，每季度上一次党课。从业务骨干中发展年轻新党员一名。

(曹　磊)

农 业 经 济

综　述

【概况】 2018年，全县贯彻落实中央和省、市、县农业农村工作会议精神，农业工作加速推进，农业现代化发展水平综合评价排名提升至全省第八位。2018年安吉农业总产值42.33亿元，同比增长2%；农业增加值28.36亿元，同比增长2.1%。

【农业产业】 2018年，全县农业产业茁壮成长，安吉白茶规模茶园面积17万亩，总产量1890吨，总产值25.30亿元，品牌价值达37.76亿元；粮食生产保持稳定，全县粮食生产面积33.83万亩，粮食产量13.62万吨，粮食生产功能区提标改造0.73万亩；主导产业稳步提升，蔬菜播种面积10.47万亩，产值3.6亿元；水果生产面积2.5万亩左右，产值1.46亿元；渔业生产总产量达1.768万吨，产值4.55亿元，同比分别增长9.1%、6.12%；全县生猪存栏4.677万头，同比下降2.36%，出栏7.46万头，同比下降21.14%；羊存栏2.1万只，出栏1.52万只，同比分别增长2.69%、6.09%；家禽存栏65.59万羽，出栏163.45万羽，同比分别下降12.64%、11.61%。

【休闲农业】 安吉余村入选首届“中国农民丰收节”100个特色村庄之一；安吉县山水灵峰休闲农业观光园、递铺街道田园鲁家和溪龙万亩安吉白茶园区入选全省“最美田园”评选，数量全市最多；安吉乡土农业发展有限公司通过五星级全国休闲农业与乡村旅游企业验收；安吉白茶魅力茶乡游线路入选“茶乡旅游精品线路——秋季养生到茶乡20条线路”；全县举办冰露蓝莓水果采摘节、农民丰收节等县区级农事节庆活动10个，农业休闲园区收入同比增长30%以上。

农业项目与园区建设

【平台建设】 2018年，笔架山省级现代农业园区“一心一路两园”等重点项目全面启动，实现笔架山附近区域农田环境提升600亩，完成投资2.91亿元；基本完成溪龙现代生态循环农业建设项目；灵峰果蔬特色强镇通过省级验收；孝丰竹产业特色强镇建设有序推进，累计投资额3790万元；溪龙乡入选创建国家级产业强镇（安吉白茶），已完成投资额1062万元；新引进农业“大好高”项目9个，累计完成投资额5.7亿元；大力推动现代农业园区提标升级，打造20个美丽产业园。

【生态农业】 2018年，以全国农业污染源普查试点县建设为契机，推进县农业面源污染治理，增加市级生态循环农业示范主体5家；农业投入品包装废弃物回收率100%，处置率100%；完成农作物病虫害统防统治面积15万亩，减少化肥用量208吨。渔业绿色发展有序推进，提前超

10月19日，全省茶产业“机器换人”和轨道运输机械化推进现场会在安吉县召开

额完成渔业养殖尾水治理0.85万亩,建成农业部水产健康养殖场1个(上墅富源水产合作社)、渔业示范区1个、美丽渔场6个、健康养殖示范户30户、跑道养鱼5条,推广生态综合种养0.73万亩,增殖放流各类鱼苗667万余尾;完成省级畜牧业绿色发展示范县建设,等待省级验收,新建美丽牧场2家,完成17家养殖场集粪棚改造,建设农牧对接绿色循环体2家,粪污综合利用率达97.5%以上。

农业三大安全

【强化农业生产安全】 2018年,紧抓农业安全生产责任制落实,农业生产安全事故实现零发生。加快农资监管与服务信息化建设,使用率始终保持高位,受全省表扬;在全市率先推进限制使用农药经营全面退市,开展农资打假专项行动,责令整改19起,立案查处12起,共处罚没款39.8万元(两件大案得到省执法总队发文通报表扬);严厉打击电捕鱼行为,立案查处非法捕捞案件19起,结案18起,收缴地笼网等网具2900条,全年开展渔船安全检查52次,检查渔船210艘次,责令改正8起。登记外籍拖拉机658辆,上门免费检验各类农业机械152台。

【加强动植物疫情防控】 开展重大动物疫病防控,全面开展非洲猪瘟防控工作,设立16个临时检查站(点),全年累计排查生猪养殖场(户)9490场次,排查生猪320余万头次,加大养殖污染整治力度,规范开展产地检疫工作,保障畜产品质量安全,强化"加拿大一支黄花"春秋季防控,控制各类疫情发生蔓延,保护安吉县生态环境,全年县内未发生重大动植物疫情。

【保障农产品质量安全】 安吉白茶地理标志认定为国家地理标志保护产品(农业农村部),农业品牌化建设取得实效,浙江安吉宋茗白茶有限公司认定省级名牌农产品,安吉龙王山茶叶开发有限公司生产的龙王山牌安吉白茶荣获2018年度湖州市农产品质量奖。开展食品安全专项整治行动,全年检测农产品855批次,合格率达99.8%,推进农村假冒伪劣食品整治专项行动。整县制创建全国绿色食品原料(安吉白茶)标准化生产基地,面积达17.36万亩,持续深化追溯体系建设,全县338家生产主体纳入二维码追溯体系,其中主体追溯283家、全程追溯55家。新认证无公害产品41个,新增1.45万亩;新认证绿色食品8个,新增0.62万亩,新建成县级农产品质量安全示范基地8家。有效期内无公害绿色农产品产地认证面积达34.43万亩,比2017年增加168.67%。

农业产业化

【农业主体培育和品牌建设】 2018年,新增蔓塘里家庭农场等市级示范性家庭农场12家,新增天子湖丰采家庭农场等省级家庭示范农场2家;超额完成新型职业农民培育413名,培育大学生"农创客"62名;新增市级农业龙头企业4家;新增安吉中南百草园职业技能培训有限公司为浙江省农业教育实训基地;新增安吉国强蔬菜专业合作社等3家为浙江省农民田间学校,截至2018年底共5家,覆盖茶叶、粮油、蔬菜及畜牧等农业领域;拓展农产品营销,开展电子商务及网上销售,已培育农产品电子商务经营主体15个,组织各类主体参加茶博会、省农博会等重要展会20余个。

【安吉竹林鸡】 安吉竹林鸡生长于湖州市安吉县。安吉县位于长三角腹地,地势西南高、东北低。境内气候属亚热带海洋性季风气候。独特的自然环境造就了安吉竹林鸡的特定品质,安吉竹林鸡具有红顶冠中、颈细脚小、羽色黄亮、灵活敏捷,肉质更含丰富的蛋白质、粗纤维、水解氨基酸等多种微量元素,使得鸡肉口感独特且肉质鲜美,更有利于人体吸收,安吉竹林鸡属于山间放养模式,鸡群穿梭在漫山遍野中,增加了运动量,降低脂肪含量。安吉竹林鸡在70年代初兴起,1985年后品种经过改良,现有市名牌产品2个、市著名商标1个、2017年安吉福寿农业开发有限公司的"竹海福寿"鸡获浙江名牌产品。

【科技创新服务】 与浙江省淡水水产研究所签订全面战略合作协议,共同开展科技成果推广;充分发挥产学研联盟作用,争取市级农技推广平台资助项目1个、市级创新农作制度试验示范项目4个、省级创新农作制度试验示范项目1个;加快推动农业农村"大众创业、万众创新”，认定“两山”葡萄缘众创田园等6家众创田园，其中“两山”葡萄缘众创田园获国家级众创田园荣誉（全市唯一）；开展“五联五送”科技下乡活动，全年开展各类农业技术培训班38期，培训人次达2万余人；推荐安吉县2家无人机参赛队参加市植保无人机大赛获第一、二名并代表市参加全省植保无人机大赛，分别获第四、第八名。

【首届中国农民丰收节安吉分会场活动】　9月23日上午，“两山热土·浙里丰收”——2018年首届中国农民丰收节安吉分会场活动在余村举行。省人大常委会副主任史济锡，省农业厅厅长林健东，市县领导钱三雄、陈浩、施根宝、沈铭权、陈永华、赵德清、熊义勤参加。安吉余村庆祝活动是首届中国农民丰收节全国庆祝活动的六大分会场之一、浙江庆祝活动的主会场。本次活动以“两山热土·浙里丰收”为主题，包含“农民百姓话丰收”“农业产业展丰收”“农民群众颂丰收”“城乡居民享丰收”等内容。

（蒋汉舟）

新农村建设

【概况】　2018年，全县在美丽乡村建设基础上，按照乡村振兴战略总体要求和路径图，调整和优化整体工作布局，加大乡村产业发展、乡村治理等工作力度，安吉美丽乡村发源地和乡村振兴示范地的影响力进一步扩大，实施乡村振兴战略示范区建设实现开门红。4月26日，全国改善农村人居环境工作会议在安吉县召开，李克强总理对会议作出重要批示，国务院副总理胡春华出席会议并讲话，近200位省部级官员参加会议。乡村治理的安吉模式——“余村经验”得到习近平总书记的批示和肯定，成为全国乡村治理典范。由于安吉县农办在“千万工程”和美丽浙江建设中作出的杰出贡献，省委、省政府给予农办集体二等功奖励。

9月23日，首届中国农民丰收节安吉分会场——晓云分会场活动开展现场

【乡村产业提升】　健全现代农业体系。农业现代化发展水平综合评价排名从2017年度的全省第13位提升至2018年度全省第8位。农业标准化率66.44%。新引进农业“大好高”项目9个，完成投资额5.5亿元。全年建设粮食高产示范区7个，增加高标准农田4.198万亩，完成粮食生产功能区提标改造0.73万亩，粮油工业总产值达4.01亿元。主要食用农产品三品比率达66.47%。开展整县制推进农产品追溯体系建设，被农业部授予“全国农产品质量安全全程控制体系示范县”荣誉。全年增加省、市级示范性家庭农场14个，培育市级农业龙头企业4家，建设美丽牧场2个。第三产业发展态势良好。增加电商专业村6个，乡镇（街道）电商公共服务中心实现全覆盖，农村电子商务农产品网络销售额达全市的27.2%。形成“全域旅游示范乡镇—乡村旅游示范村——民宿村落”三级乡村旅游发展格局，年内完成2个全域旅游示范乡镇、19个乡村旅游示范村和2个民宿村落的建设。全国发展乡村民宿推进全域旅游现场会在安吉县召开。全年休闲农业和乡村旅游接待人数1138万人次。激发农村产业发展活力。完善金融保障，设立乡村振兴基金，强化金融对农村产业发展的支持。全国首创毛竹收购价格指数保险试点工作。农信机构普惠金融签约率达45.68%。增加国家农业科技园区1家、省农业重

点企业研究院1家、建设市级以上众创田园(星创天地)3家。完成农村实用人才和新型职业农民培训1762人。完成承包地确权颁证,开展农村土地流转经营权抵押贷款工作,流转权证抵押贷款金额累计突破1亿元。

【美丽乡村建设】 人居环境持续改善。召开全国改善农村人居环境工作会议,安吉乡村成为全国样板。建成省级及以上美丽宜居示范村4个、美丽乡村精品村15个、乡村振兴精品村4个、A级景区村庄38个。完成平原绿化4543亩,新建彩色健康森林4.25万亩、"一村万树"示范村11个。完成25个小城镇综合整治验收,小城镇环境综合整治达标比例78.13%。长效管理进一步提升。创建省级卫生乡镇1个,增加农村生活垃圾分类处理村33个,新增农村生活污水处理设施标准运维试点4个,完成农村公厕改造406个。畜禽养殖废弃物资源化利用率达97.5%以上,新建水产养殖尾水治理示范场(点)22个。基础建设更趋完善。2018年9月,全国"四好农村路"现场会在安吉县召开,安吉县被交通运输部、农业农村部、国务院扶贫办联合授予全国"四好农村路"示范县。完成建设、改造提升农村公路96公里,完成河道综合整治2.2公里,完成18个村的电网改造,农村饮水安全巩固提升人口数达0.94万,减少地质灾害隐患点46个,完成303户农村无房户、危房户建房保障,完成417户农村危房治理改造。

【人文乡村发展】 加强文化阵地建设。乡镇(街道)综合文化站达标率100%。新建文化礼堂19家、新建(提升)农村数字影院10家、新建(提升)乡村图书馆10家、新建(提升)乡村博物馆10家,一条以报福村、下汤村、溪南村、刘家塘村、山河村、银坑村、余村村、霞泉村和大里村等影院为节点串联而成的农村影院精品观光走廊基本形成(南线),成为最美影院集群成果的示范。提升文化宣传品质。组织杭州爱乐乐团、浙江省话剧团、浙江省京剧团、浙江小百花越剧团等省级专业院团积极引送高雅艺术进安吉乡村,全年开展文化走亲活动165场,是市下达任务数的412.5%,送戏下乡、送书下乡、送展览下乡分别达345场、19.4万册、129场,分别完成市下达任务的4.6倍、13.8倍、8.6倍。2018年,全县39家农村影院列为公益电影放映服务承接主体,国家新闻出版广电总局电影局2018春节农村电影展映活动首站选择安吉余村。推进乡风文明建设。继续开展小城镇文明行动,移风易俗酒席减负行动,培育富有地方特色和时代精神的新乡贤文化。县级及以上文明村镇建成率超过市定任务。完成20个小康体育村提档升级,建成室内健身房20个。

8月31日,召开美丽乡村精品示范村创建工作例会

【善治乡村推进】 坚持党建引领。2018年获评市级示范乡镇党委1个、先锋示范村党组织12个,获评数量连续三年位居全市第一。整乡推进整县提升工作示范村率达12%。坚持"内外"互学,选派24名村(社区)党组织书记赴省内先进地区挂职学习,试点优秀村党组织书记跨村帮带、党委书记结对帮带等做法。年内整治后进村党组织8个,下派9名"第一书记"驻点帮扶。加强乡村治理。总结出以"支部带村、发展强村、民主管村、依法治村、道德润村、生态美村、平安护村、清廉正村"为主要特点的乡村治理经验,得到了习近平总书记等中央、省、市领导批示肯定,并在全国推广。制定

省级历史文化保护利用重点村落——鹤鹿溪村

并发布全国首个乡村治理地方标准。创建"三治"结合善治示范村18个，创建省级"民主法治村(社区)"12个。获评全国首批农村幸福社区建设示范县。夯实集体经济。将推动乡村经营作为发展壮大村级集体经济的重要途径，开展乡村经营试点工作，有17个村参加试点创建，建成5个乡村经营示范村。推动多村联创、"抱团飞地发展"等工作，采取租赁、受托经营、合作联营和分红入股等方式盘活农村闲置房屋，促进全县村集体经济收入平均年增长率达30.5%。集体经济经营性年收入5万元以上村占比数100%，消除年经营性收入30万元以下的薄弱村30个。

【优化民生】　生活富裕程度持续上升。扩大农民增收渠道，农村常住居民人均可支配收入达30541元，比2017年增长9.5%。健全保障体系。城乡居民基本养老保险基础养老金从每人150元/月调整到180元/月，增长幅度为20%。基层医疗机构城乡居民医保政策范围内门诊报销比达52.17%。低收入农户人均可支配收入增幅达12.5%，制定农村低保专项治理行动方案，城乡低保占比达1.7%。全县残疾人庇护机构与人寿保险公司联合开展综合保险业务，县残联给予30%～60%补助。完善农村民生服务。注重农村教育品质提升，义务教育标准化学校达标率95.5%。完善"村镇一体化"农村学前教育管理模式，县财政每年安排150万元专项经费，对通过考核的幼儿村教学点实施以奖代补，全县农村等级幼儿园比例100%。新创建残疾人庇护机构1家，新增安置精神、智力残疾人就业15人，全县残疾人庇护机构总计已达15家，辅助性就业312人。全县国家卫生乡镇达标率9.09%，省卫生乡镇达标率100%，领先全省平均水平。每万户籍人口注册全科医生数4.04人，家庭医生规范签约服务率36.38%。群众主要健康指标已经达到中高收入国家水平，人均期望寿命81.79岁，远高于全省平均水平。

【完善制度】　加强政策保障。2018年初安吉县出台乡村振兴"10＋1"政策套餐，其中《安吉县实施乡村振兴战略(美丽乡村提升)三年行动计划(2018～2020年)》为全县实施乡村振兴战略明确具体目标和步骤。另外十个政策分别从人才、土地、资金等方面为乡村振兴战略实施提供支持和保障。注重改革创新。农村宅基地制度改革取得实质性进展，在全省率先出台《创新农村宅基地退出机制振兴乡村新产业新业态的实施意见》，受邀参加全国宅基地"三权分置"大会并做经验介绍。推出国内首个毛竹收购价格指数保险的地方特色险种，全年已投保5.25万亩，惠及4200多农户。探索乡村治理新模式，总结出新时代乡村治理的"余村经验"。制定并发布全国首个乡村治理工作地方标准规范《乡村治理工作规范》。做好经验推广。《"让他们像我们一样富起来"——浙江安吉黄杜村为贫困地区捐赠1500万株茶苗》长篇通讯、《习近平叮嘱我们护好绿水青山》长篇通讯登上《人民日报》头版头条。习近平总书记带领各国政要在上海进口博览会上观看安吉的美丽乡村动态图，安吉美丽乡村照片还在国家博物馆举行的庆祝全国改革开放40周年大型展览上进行展出，在中央、省、市级主要媒体上刊发重要报道600余篇(条)。在2018年全国林业厅局长会议、全国改善农村人居环境工作会议上分别作口头交流和书面交流。

（王　桔）

林　　业

【概况】　安吉县是浙江省重点林区县之一，境内七山一水二分田，全县森林覆盖率70.2%，林业用地总面积202.7万亩，其中竹林面积100.3万亩。2018年，工作林业紧扣“聚焦‘两山’实践、聚力赶超发展、打造中国最美县域”发展大局，开拓创新，实干比拼，奋力谱写新时代“绿水青山就是金山银山”安吉林业篇章。

【绿化造林】　全面建设珍贵彩色森林。以“推进植绿护绿 共建全国文明城市”为主题，组织开展3月“植绿护绿”集中推进活动，植树节前首次公布全县28个义务植树尽责场所，完成全民义务植树10.5万余株。珍贵彩色树种增加到29个。截至2018年底，全县已完成珍贵彩色森林建设4.25万亩（其中新建1.5万亩、提升2.75万亩），新植珍贵树种76.4万株。全面实施绿化造林项目。整合美丽乡村、“五水共治”、“四边三化”、森林抚育、平原绿化等项目建设，以“一环、二路、三区、四线”为重点，全县确定灵峰街道美颂区块、梅溪镇泗州善区块、山川乡霞大线区块、孝丰镇白缸线区块等示范点建设，全面实行项目工程化管理；培育“一村万树”建设示范村20个。全年完成造林更新2348亩、平原绿化4543亩、森林抚育2.75万亩，提前超额完成茶园生态修复1.356万亩。全面推进现代林场建设。灵峰寺林场合作参与毛竹林氮沉降模拟试验国内首个基地建设，完成国有林场保护能力提升建设项目，拆除章村林区白沙坞150平方米和大王山林区630平方米危房，新建完成白沙坞新建护林房86.64平方米。实施“龙山林场省级良种基地建设项目”“珍贵、彩色树种优质苗木培育与高效造林关键技术示范与推广项目”，完成林科所林区入口道路及场地的柏油硬化提升工程，配合县法院开展补植复绿基地建设工作，合理安排毁林开垦人员异地补植任务。

【森林管理】　创新森林管护举措。完善《2018年乡镇（街道）“林长制”工作考核细则》，开展2018年林长制工作任务分解细化；建成林长制工作示范点1个（昌硕街道双一村），制作完成林长制公示牌展示廊。联合法院、检察院向15名破坏森林资源行为人发出“补植令”；制定全市首个涉案林地生态修复方案《安吉马家村“小西坞”涉案林地生态修复方案》，为全市首例刑事附带民事环境公益诉讼在安吉县宣判提供专业技术支持。“智慧林业”成效明显，建成全县智慧林业指挥中心大厅，配套智能运维、森林防火、辅助决策、应急调度四套系统。提升森林“两防”水平。加强森林消防防控能力，2018年进行森林消防工作督查和指导4轮70余次；印制发放森林消防宣传手册8200份、森林消防知识读本2300余册，在各区、景区、墓区出入口张贴禁火通告2000余份。全县累计接到森林火警21起，发生森林火情6起（均未成灾），制止野外用火81起。加强林业有害生物防治能力建设，完善安吉县网络森林医院，建成全省首个县级林业标准化实验室，提高安吉县林业有害生物防控检疫御灾能力；制定出台《安吉县松材线虫病防控方案（2018～2022年）》，预计完成松

10月15日，安吉县被授予“国家森林城市”荣誉称号，成为全国首批县级国家森林城市

材线虫病防治面积42943亩。加大林业执法力度。全年受理查处涉林案件265起，其中刑事案件27起、治安案件4起、林业行政234起，处理违法犯罪人员275人。林区禁种铲毒10处，铲除非法种植毒品原植物罂粟1022株；收缴、救助、放生野生动物1235头（只），其中国家重点保护野生动物47头（只）。全力巩固毁林毁竹种茶综合整治成果，梳理排查复种535亩、新种面积257亩，联合开展强制拔除行动46次，已拔除192户763亩违规复种及新种的茶苗。

【“两山”转化】　破解林业产业瓶颈。创建“国家安吉竹产业示范园区”牌子，为孝丰竹产业园区二期建设奠定基础；国家安吉竹产业示范园区基础设施建设项目等3个项目列入“全国林业产业投资基金库”入库项目（浙江省仅6个，湖州市仅此3个）。创新出台全省首个指导竹产业提档升级的政策性文件《安吉县推动竹产业高质量发展若干政策》；制定出台《安吉县毛竹收购价格指数保险方案（试点）》，推出毛竹收购价格指数保险新险种，编制完成毛竹价格指数保险技术指标，设置毛竹价格指数监测点63个，完成投保面积5万亩。积极引导毛竹林集约化连片经营，起草下发《关于完善我县毛竹山林流转的意见》，制定项目申报细则，指导重点乡镇（街道）毛竹林流转工作，完成毛竹林流转项目56364亩。加大林业扶持力度。完成2017年度中央财政补助林业贷款贴息项目审核工作，发放补助资金219.9325万元；完成2018年度4家企业及90人次农户贴息项目申报审核工作，发放贴息补助288.2482万元；完成2017年度林权抵押贷款贴息工作，审核确定8个林权抵押贷款贴息项目，发放贴息资金22.3625万元。积极争取政策资金，做好全县公益林区划落界完善工作，完成631753亩公益林补偿基金申报，向上争取资金1996.3万元，并对接县财政部门落实县级配套资金530.7万元。发挥科技兴林作用。荣获第九届全国梁希林业科学技术奖二等奖2项；浙江省科技兴林奖一等奖1项、二等奖2项。争取到3个中央科技推广项目、2个省级科技项目落户安吉县，涉及资金200余万元。加大地校合作，立足深化国家林下经济示范县建设，推广林下多模式融合经营，编制《2018年安吉县林下经济发展实施方案》，建成林下经济示范点2个，提升示范点3个，完成毛竹林种植七叶一枝花、三叶青、黄金、白芨、杨桐等1643亩；截至2018年底，全县推广种植日本甜柿300亩、香榧1000亩。着力提高林业一产机械化水平，主动与国家林业和草原局林机所、杭州绿友机械企业合作开发竹林采伐设备，3款竹采伐油锯在安吉县2个竹林采伐专业队测试使用。打响林业特色品牌。大力发展森林康养产业，完成13家省级森林人家申报工作，完成全县40家森林康养人家命名工作。承办省竹席产品质量比对结果新闻通报会，安吉县42家竹席企业获奖，占据全省竹席企业总数的80%以上。开展“安吉冬笋”公共区域品牌价值建设，对县内18家竹笋专业合作社（或电商企业）进行“安吉冬笋”商标授权。组织竹企参加各大展会，在上海竹博会获金奖5个、银奖2个，在义乌森博会获创意林产品银奖和优秀奖各4个。

7月24日，国家安吉竹产业示范园区成功落户

【人文林业】　加强野生动植物保护。完成国家级“浙江省大熊猫重引入试验项目”实验研究可研报告及其他前期准备工作；启动安吉小鲵基因测序工作，在保护区建成千亩田和马峰庵2处气象自动观测站；与浙江自然博物馆达成科技支撑协议，共同实施安吉小鲵保护项目；与浙江大学合作实施银缕梅保护项目，开

展银缕梅遗传多样性和濒危机制研究。做好红外相机野外监测数据采集工作,首次发现国家一级保护动物黑麂、国家二级保护动物松雀鹰、隼和省重点保护动物豹猫等物种;发现国家一级保护动物中华秋沙鸭越冬种群34只、国家二级保护动物鸳鸯越冬种群400余只。加深生态文明建设。全省首个完成森林资源资产价值量与生态服务功能评估报告;完成县树县花评选活动,金钱松和杜鹃花当选为安吉县县树、县花;举办"绿水青山不会忘——纪念陈嵘诞辰130周年"主题活动,完成安吉陈嵘省级森林公园规划并通过评审。完成全县森林古道普查工作和全县3323株古树名木挂牌;通过"安吉林业"微信公众号开辟"林业视角"专栏,制作森林古道系列、野生动物系列、森林专家有话说等主题宣传;以森博园为核心打造成生态科普教育基地,安吉二小"学林"社会实践基地挂牌。营造林业宣传氛围。专报《首破7万亿元:看林业产业如何实现转型升级》在《光明日报》刊登;专稿《安吉:既有绿水青山,也有金山银山》在《瞭望东方周刊》杂志刊登;专报《三产联动 竹林掘金 安吉县打造全国首个乡村振兴林业示范县的主要做法》获施根宝副市长批示肯定;专报《安吉县成功创建全国首批县级"国家森林城市"的主要做法》获蒋伟峰副市长批示肯定;林业工作简报《安吉县林业局全面实施服务企业服务群众十项举措》获县委书记沈铭权批示点赞。6月初,完成中央二套《走遍中国》栏目蹲点采访。全年省级以上电视报纸杂志上播出节目或刊登稿件50余篇(个)。提升竹乡国际影响力。2018年,接待国内外考察团87批次1702人,其中国家援外项目培训9批次213人;此外,协助省、市、县接待国内考察团73批次、2430人。其中争取到植物细胞与现代林业国际论坛嘉宾到安吉县考察现代林业,16名教授、研究员分别来自乐博卓大学、墨尔本大学、美国密西根州立大学等11所大学;先后争取到国际竹藤组织成员国竹业高附加值利用官员研修班、亚洲野生动植物保护管理与履约官员研修班、非洲法语国家竹子种植与加工技术培训班、"一带一路"产竹发展中国家竹业技术培训班等外宾到安吉县考察。

【创新服务】 创新优化营商环境。制定安吉县林业局优化营商环境实施方案,出台《林业局服务企业服务群众十项举措》,成立五色党员服务队;再创安吉县使用林地审批新速度,高效完成报福大场坪、306省道、上港码头配套仓储用房扩容建设等重点项目和县垃圾场三期等民生工程的公益林调整报批工作。主动为县重点项目(如申嘉湖高速西延工程项目、304省道项目、长湖申线航道西延工程项目、五峰山运动休闲度假区项目、"两山"绿色建材产业园项目、"两山讲习所"项目等)提供"绿色通道"审批服务,实行林地占用许可预约服务、全程帮办。县林业局领办的百福玛制冷电器项目率先成为2018年度安吉县首个竣工投产县重点项目。服务创优争当标杆。围绕局党委中心工作制定全年林业局30项重点项目,落实领导领衔制,每月督查,挂图作战。梳理出明确属于"最多跑一次"范畴的行政许可20项,行政确认6项,其他行政权力8项,共计事项34项。实现"最多跑一次"覆盖率100%,跑零次覆盖率67%。全年办理行政许可事项20356件,均做到最多跑一次。全省首创林木种子生产经营许可证"提醒办理"模式,打通林业窗口服务"最后一公里"。累计办理使用林地项目108个,审核审批使用林地面积约145.8944公顷,征缴森林植被恢复费6647万元。林业窗口获一、二季度行政服务中心"美丽窗口"称号。严抓党风廉政建设。深入学习党的十九大会议精神和习近平总书记系列重要讲话;围绕"四新"主题实践及"拼、比、争"主题活动要求,开展林业系统"两创两争"实践活动;开展林业系统国有林场干部职工业务培训。加强作风建设,贯彻执行中央八项规定、省委"28条办法"和"六个严禁",预防涉林职务犯罪,制定实施《安吉县林业局造林苗木采购制度》《安吉县林业局关于"三重一大"集体决策事项和明确若干操作规范要求的通知》等制度;及时登录安吉县党风廉政建设两个责任动态管理平台,报送"三重一大"集体决策会议11次,涉及"三重一大"事项近百项;全力配合开展县委巡察组对县林业局的巡察工作;建设完成林业局机关党建示范点。抓好平安维稳工作。重视议案提案及群众信访来访工作,会同有关部门做好人大建议和政协提案工作及群众来信、来访工作，全年完成4件人大建议和11件政协提案的答复工作；抓好信访工作，全年有信访38件，办结38件，信访接办率100%。发挥县农村土地承包仲裁委员会作用，调解纠纷14起，其中仲裁11起，行政诉讼3起。

【召开2018年全国林业厅局长会议】 1月4日，全国林业厅局长会议在安吉隆重召开。安吉县受邀作为浙江省代表（全国仅10个），在会上作典型交流发言。国家林业局局长张建龙等领导、国家10个部委司局级领导，各省、自治区、直辖市林业厅（局）、新疆生产建设兵团林业局、各计划单列市林业局局长等约260人参加。会议总结过去五年成就，分析当前林业形势，谋划今后一个时期总体思路。

【安吉县获评全国乡村振兴林业示范县】 1月4～5日，在全国林业厅局长会上，安吉被国家林业局授予“全国乡村振兴林业示范县”。近年来，安吉县围绕林业生态提升、产业发展、改革创新，坚持走依靠林业生态优势实现乡村振兴发展之路，形成林区发展、林业增效、林农增收的良好发展格局。

【国家安吉竹产业示范园区落户】 7月24日，国家林业和草原局公布“2018年认定命名国家林业产业示范园区”名单，全国共15家入选，安吉县申报的国家安吉竹产业示范园区获批入选。国家安吉竹产业示范园区以孝丰镇现有的竹产业科技创业园（一期）为基础，同时囊括规划建设中的竹产业科技创业园（二期）。两期项目相互呼应，集聚优势明显。

【3个项目入库全国林业产业投资基金项目库】 5月10日，安吉县3个林业产业重大项目入库全国林业产业投资基金项目库。入选项目数量全省第一，安吉县也是市唯一有项目入选的县区。安吉县上报4个项目，成功入库3个，资金申请投资额度达12.5亿元，分别是国家安吉竹产业示范园区，安吉县山川森林康养旅游发展建设工程，浙江佶竹年产6万吨竹炭、1万吨竹活性炭生产线项目。

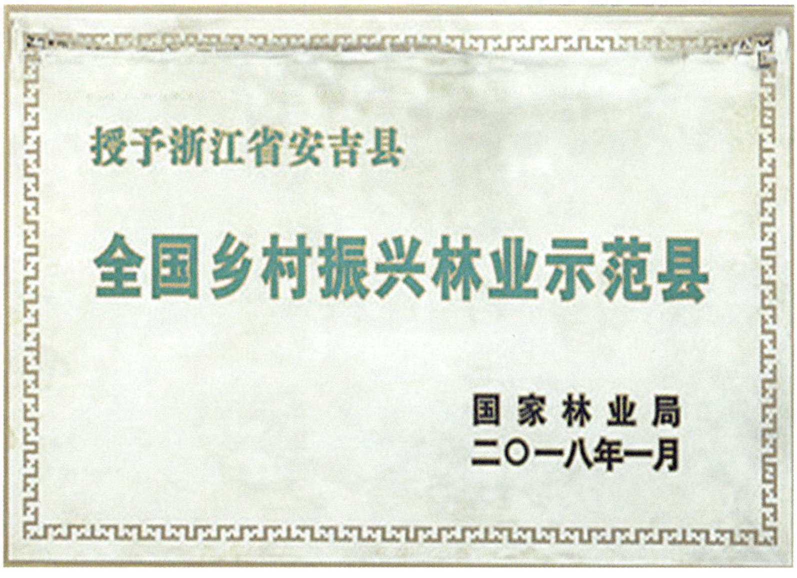

1月4～5日，全国林业厅局长会议在安吉召开，会上安吉被国家林业局授予“全国乡村振兴林业示范县”

【创建全国首批县级国家森林城市】 9月中旬，通过国家林草局拟批准名单公示。10月15日，2018森林城市建设座谈会在广东省深圳市召开。会上，安吉县被授予“国家森林城市”荣誉称号，成为全国首批县级国家森林城市。县林业局迎难而上，抽调29名林业干部集中办公，仅用10天时间就高效完成涵盖“创森”40项指标的19本佐证材料和15分钟“创森”申报片，全省首个完成创森验收材料准备工作。国家森林城市的创建为安吉县践行“两山”理念，创建全国文明城市再增新亮点。

【在2018森林城市建设座谈会上做典型发言】 10月15日，安吉县委副书记、县长陈永华代表全县在国家林草局、全国政协人口资源环境委员会、广东省人民政府、经济日报社四家联合举办的2018森林城市建设座谈会上做典型发言，为安吉县深入践行“两山”理念的实践探索搭建高层次交流渠道，进一步凸显安吉森林城市的品牌。

【在2018年生态文明贵阳国际论坛上做典型发言】 7月6日，生态文明贵阳国际论坛2018年

7 月 6 日,安吉县委副书记赵德清在 2018 年生态文明贵阳国际论坛上做典型发言

年会在贵阳国际生态会议中心举行,安吉县作为受邀发言代表参加会议。县委副书记赵德清在主题论坛上作题为《绿水青山就是金山银山——安吉实践》典型发言,全省唯一,全国仅 3 个。国务院副总理孙春兰、冰岛前总理奥拉维尔·格拉姆松等共计来自 35 个国家和地区的 2400 多名领导嘉宾参加活动,进一步扩大安吉生态文明和"两山"林业成就的美誉度和影响力。

【安吉县森林覆盖率上升 0.1%】

安吉县森林资源保护取得重大突破,已从 70.1% 提高到 70.2%,上升 0.1%。县林业局完成 2017 年度林地面积、森林面积自查工作,森林覆盖率作为涉林生态文明建设考核省级核查的主要基础数据,为安吉县当好践行"两山"理念样板地模范生,实现绿色发展、高质量发展提供有力佐证。

(杨阳阳)

工业　贸易

工业和信息化

·综述·

【概况】 2018年，全县实现工业增加值164.96亿元，同比增长8.2%，其中规模以上工业增加值137.20亿元，同比增长8.8%。规模以上工业销售产值563.70亿元，同比增长13.1%，工业产品产销率95.73%。规模以上工业企业完成出口交货值218.74亿元，同比增长12.9%；出口交货值占销售产值的比重38.8%，比2017年同期上升1.9个百分点。新产品产值207.26亿元，同比增长31.1%，新产品产值率达35.2%。

2018年，规模以上工业实现主营业务收入564.87亿元，同比增长13.7%；利税65.96亿元，其中利润40.96亿元，同比分别增长13.8%、15.5%。16个工业行业达到“主营业务收入超10亿或利税超亿元”，实现主营业务收入512.16亿元、利税总额60.74亿元，分别占全部规模以上工业的90.7%和92.1%。利税超亿元的行业中，其中家具制造业23.58亿元，同比增长11.4%；电力，热力的生产和供应业9.80亿元，同比增长4.0%；木材加工和木、竹、藤、棕、草制品业7.89亿元，同比增长23.9%；非金属矿物制品业4.54亿元，同比增长120.3%；计算机、通信和其他电子设备制造业3.57亿元，同比增长45.8%。规上企业中主营业务收入超10亿元企业有8家，5亿～10亿元企业有10家。

全年高新技术产业主营业务收入增长21.3%，比2017年同期提高2.6个百分点；利税和利润同比分别增长19.1%和18.8%。战略新兴产业主营业务收入、利税和利润同比分别增长13.8%、17.6%和20.2%。装备制造业实现主营业务收入88.18亿元，比2017年增长17.0%；实现利税8.28亿元，同比增长29.1%。

【中源家居公司入围省首批上云标杆企业】 1月9日，省经信委公布全省第一批上云标杆企业名单，安吉县中源家居股份有限公司入围。2017年，安吉县积极推进企业上云工作，制定“企业上云”奖补资金考核激励机制，出台《安吉县企业上云专项资金使用办法》，下发30万元专项资金。与云服务商联合打造云计算示范应用企业，培育一批试点、示范企业，全年完成企业上云900家，完成年度任务的150%，其中市级上云标杆企业10家。

【两个项目入选省优称号年度名单】 1月8日，省经信委会同省财政厅联合公布2017年浙江省优秀工业新产品(新技术)名单，安吉县丰虹新材料的“反应性有机黏土”、纳美新材料的“符合EN71－3要求的安全环保型乳胶着色色浆研究”两项产品获三等奖，并获得20万元省财政专项奖励，这是安吉县首次有两个项目入选省优称号年度名单。

【安吉县实现“金牛”企业零突破】 1月初，安吉县恒林椅业获“金牛”企业称号。2017年，恒林实现主营业务近20亿元，实际入库税收超过2亿元，同比增长46.9%。安吉县狠抓《安吉县企业培大育强三年行动计划》，坚持政策引导与市场运作相结合、做大规模与做强主业相结合、梯度培育与动态管理相结合，强化资源配置和政策集成，着力在重点产业领域培育一批主业突出、税收贡献大、创新能力强、带动作用明显的大企业、大集团，持续优化安吉县企业梯队结构，强化大企业对工业经济的支撑和示范。

【《竹编凉席》团体标准发布】 4月11日，《竹编凉席》团体标准(T/CTCA4－2018)在上海发布。该标准于同年5月1日起施行，由中国纺织品商业协会组织行业有关专家、国内主要竹编凉席生产企业及相关科研部门制定完成，安吉县质量技术监督检测中心作为该标准的第二起草单位，在标准制定过程中，提出许多具有建设性的意见和建议。该标准的出台，进一步规

4 月 11 日，《竹编凉席》团体标准新闻发布会在上海召开

范国内竹编凉席产品质量和市场秩序。

【举办“亩均论英雄”改革评价相关政策解读和文明创建“六个一”专题宣传培训活动】 5 月 24 日，县经信委举办“亩均论英雄”评价相关政策解读和文明创建“六个一”专题宣传培训活动。加大企业对“亩均论英雄”改革评价政策实施和“创建全国文明城市”活动的知晓度、参与度，增强对参与改革评价和创建活动的积极性和主动性，推动企业转型升级发展，助力全国文明城市创建，会上向全县规模以上工业企业、规模以下工业样本企业的相关负责人解读《关于推进工业企业分类综合评价深化‘亩均论英雄’改革工作的实施意见（试行）》政策相关内容和企业参与全国文明城市创建的“六个一”活动内容。

【安吉县实现 20 亿元工业“大好高”项目零突破】 6 月 4 日，市第二批工业“大好高”项目审核认定结果出炉，安吉县有 4 个工业项目通过认定，分别是“养生堂（安吉）智能生活产业科技园项目”“年产 2000 台套小型桌面贴片机生产线项目”“年产 500 万套网络高清摄像头成品及 40 万块锂电池充放电保护板生产线项目”和“年产 50 万套汽车电子驻车系统、1500 万件底盘冲压件、50 万件电泳建设项目”。其中，“养生堂（安吉）智能生活产业科技园项目”固定投资 23.3 亿元，实现安吉县固定投资 20 亿元以上工业“大好高”项目零突破。

【三家企业入选“国家绿色工厂”榜单】 10 月 29 日，工业和信息化部公布第三批国家绿色工厂名单，安吉县永艺家具股份有限公司、中源家居股份有限公司、大康控股集团有限公司三家企业入选。据悉，国家绿色工厂的获评需具备用地集约化、生产洁净化、废物资源化、能源低碳化等特点，是国家和社会对企业绿色发展成果的最高认可。近年来，安吉县积极构建“绿色、清洁、低碳、循环”的现代化工业制造体系，引导企业研发绿色产品、推广绿色生产工艺。并通过举办各类绿色环保培训、知识讲座等方式，强化企业职工的绿色生产意识。

【安吉县项目获“浙江好项目·2018 中小微企业创新创业大赛”一等奖】 11 月 5 日，由安吉县经信委推荐的“纳米级硅酸盐混凝土养护修复增强一体化技术”项目在“浙江好项目·2018 中业大赛”中脱颖而出，荣获省一等奖，并将参加“创客中国”全国总决赛。5 月份以来，县经信委通过广泛宣传发动、组织报名、初赛选拔等工作，最终浙江斯力柯新材料科技有限公司“纳米级硅酸盐混凝土养护修复增强一体化技术”、浙江舒友仪器设备有限公司的“全功能电外科手术工作站（能量平台）”、安吉汉洲生物科技有限公司的“新型环保高效木竹保护剂关键技术研究及系列产品开发”三个项目在市级复赛中获奖。其中“纳米级硅酸盐混凝土养护修复增强一体化技术”项目被推荐参加省级决赛。“浙江好项目·2018 中小微企业创新创业大赛”旨在发现一批制造业和信息经济领域的“浙江好项目”，培育一批“专精特新”中小微企业，为“浙江制造”注入新活力，培育浙江省经济发展新动能。浙江斯力柯新材料科技有限公司将优先获得相关专业化服务机构提供的免费创业辅导和帮助，地

11月5日，"纳米级硅酸盐混凝土养护修复增强一体化技术"项目在"浙江好项目·2018中业大赛"中脱颖而出，荣获省一等奖

方政府和部门将给予重点培育和扶持。

【安吉县竞争性获工业与信息化重点领域提升发展补助3500万元】 11月20日，浙江省2019年度工业与信息化重点领域提升发展补助名单公布，安吉县参与竞争的云计算及大数据产业培育、产品升级改造（椅业）、设计赋值能力提升、第二批传统制造业改造提升分行业省级试点4项实施内容成功入选，合计获得财政支持资金3500万元。该专项资金的实施，是实施数字经济"一号工程"的重要举措，推进安吉县实体经济转型升级，加快推进新动能培育发展和传统动能修复提升。

【工业有效投入】 2018年，实施工业项目187个，累计完成投资40.42亿元。其中5亿元以上项目9个、3亿元以上项目18个、亿元以上项目62个，5000万元以上项目89个。永艺家具股份有限公司年产240万套智能家具生产线项目、养生堂（安吉）智能生活有限公司智能生活产业科技园项目等34个亿元以上项目开工入库，浙江万方生物科技有限公司年产5万吨新型饲料添加剂生产线项目、安吉祖名豆制食品有限公司日产100吨豆芽栽培加工生产技术改造项目等27个亿元以上项目竣工投产。安吉亚太制动系统有限公司年产1600万套中高档汽车钳体总成生产项目、浙江洁美电子科技股份有限公司年产20亿米高精密载带和1.2亿米平方米胶带生产线技术改造项目等8个项目列入2018年浙江省技术改造重点项目。浙江安吉护童家具股份有限公司年产50万套绿色智能家居生产线项目、养生堂（安吉）智能生活有限公司智能生活产业科技园项目等21个项目列入市工业"大好高"项目。

【企业技术创新】 2018年，全县增加中源家居股份有限公司、英特换热设备（浙江）有限公司2家省级企业技术中心，增加安吉万方生物科技有限公司、浙江华丰纸业科技有限公司等10家市级企业技术心。全年有市级以上企业技术中心49家，其中省级企业技术中心10家、市级企业技术中心39家。全年规上企业新产品产值207.26亿元，同比增长31.1%。全年列入省级工业新产品计划187个，新产品鉴定67个。浙江中力机械有限公司、安吉正源塑木装饰材料有限公司等3家企业的3个产品列入2018浙江省重点技术创新专项计划，浙江天草生物科技股份有限公司、英特换热设备（浙江）有限公司、浙江和也健康科技有限公司等10家企业的10个产品列入2018浙江省重点高新技术产品开发项目计划。浙江永裕竹业股份有限公司余养伦、安吉国千环境科技有限公司刘军等19人认定"南太湖精英创新长短期领军人才"。

【企业培育】 2018年，全县实现规模以上工业总产值588.8亿元，同比增长13.3%；实现规模以上工业增加值137.2亿元，同比增长8.8%，比2017年同期提高0.2个百分点。其中高新技术产业、战略性新兴产业、装备制造业增加值分别为64.0亿元、21.3亿元、17.9亿元，同比分别增长10.3%、9.3%、8.6%，全年继续保持较快增长。2018年，培育新增"小升规"企业60家，有8家企业主营业务超过10亿元，分别是浙江恒林椅业股份有限公司、永艺家具股份有限公司、浙江安吉华逸化纤有限公司、浙江天振竹木开发有限公司、浙江洁美电子科技股份有限公司、浙江中力机械有限公司。中源家居股份有限公司等10家企业主营业务在5亿元到10亿元之间。主营业务超过亿元的企业有133家。全年全县规上企业419家,其中,开发区和示范区合计329家,两个区规上企业数占全县规上企业数的78.5%。2月,中源家居股份有限公司在上交所上市,成为安吉县第四家主板上市公司。截至2018年底,安吉县在主板、中小板、新三板上市的工业企业累计18家。浙江天振竹木开发有限公司获市2018年度"金牛"企业称号,成为全县第二家获此殊荣的企业。永艺家具股份有限公司、浙江恒林椅业股份有限公司、浙江天振竹木开发有限公司、安吉南方水泥有限公司4家企业获市纳税大户称号。安吉致通五金制品有限公司、浙江纳美新材料股份有限公司、浙江申吉钛业股份有限公司、浙江万方生物科技有限公司被列为省级隐形冠军培育企业;浙江舒友仪器设备有限公司获市级隐形冠军荣誉称号。浙江杭摩合成材料股份有限公司、浙江永裕竹业股份有限公司获评浙江省创新型示范中小企业。

【数字经济】 2018年,全县累计新(改)建通信铁塔基站528个,累计投入2.67亿元,偏远地区基站建设不断延伸。免费WIFI覆盖面持续扩大。累计完成无线访问接入点(AP)点位3986个,全县免费WiFi覆盖率95%以上,重点公共区域100%覆盖。网络带宽持续提升。光纤入户数逐年增加,光纤入户总量达18万户,实现光纤到行政自然村100%覆盖。新技术应用更加普及。3D-MIMO、分布式皮基站等新技术新设备应用更加普及,用户体验得到改善。全年安吉县4G网络覆盖率、用户数量持续增长,互联网普及率98%。积极做好各类贯标试点创建工作,加快推进"机器换人",实施机器换人(智能制造)重点项目30项,恒林椅业获批国家级两化融合管理体系贯标试点企业,洁美电子、腾飞电子等电子信息制造企业,推进智能制造项目,建立智能制造系统。2018年,全县10家电子信息制造规上企业实现总产值25.6亿元,比2017年同期增加41.0%,洁美电子入围浙江省最具成长性电子信息企业30强。全面落实《浙江省深化推进"企业上云"三年行动计划(2018~2020年)》,各运营商云产品适用性得到加强,全县累计实现"企业上云"1200余家,其中新增永艺、卡贝隆2家省级标杆示范企业,全县实现省级标杆示范企业3家、市级标杆示范企业18家。全力打造产业平台,安吉云数据产业园项目正在规划实施,并申请作为长三角信息基础设施集聚区,列入国家发改委《长三角地区高质量发展规划纲要(2019~2035年)》;省经信厅《全省大数据中心布局规划》也将安吉云数据中心产业园定位为全省大型云数据中心集聚区,中国电信安吉信息园项目和云泰数通安吉大数据中心项目正在编制立项资料。加快推进省级软件和信息服务业产业创业基地建设,打造以创客小镇为中心的信息产业创业平台,夯实数字产业化发展的基础,软信产业得到快速发展,2018年,主营收入2.75亿元,较2017年同期增长52.4%。

10月22~26日,安吉县经信委联合健峰企管集团举办为期五天的企业智能制造高级研修班

·主要行业·

【竹产业】 2018年,全县竹产业规上企业48家,完成工业总产值

47.99 亿元，同比增长 25.8%；实现销售收入 46.99 亿元，同比增长 23.7%；自营出口 34.62 亿元，同比增长 20.3%；入库税金 2.67 亿元。举办 2018 第一届安吉“两山杯”国际竹产品创意设计大赛，大赛由浙江省安吉县人民政府、国际竹藤中心、教育部高等学校工业设计教育指导委员会、中国工业设计协会主办，由安吉县经济和信息化委员会、安吉县竹产业发展局承办。大赛历时八个月，最终产生至尊奖 1 名、最佳产品创新奖 2 名、最佳社会价值奖 2 名、最佳商业价值奖 2 名、最佳创意设计奖 5 名、优秀设计奖 8 名。本次大赛由来自美国哈佛大学、中国台湾实践大学、荷兰爱因霍温科技大学、湖南大学、中国美术学院、福州大学等国内外众多知名高校参赛，作品充分展示了安吉竹文化，为安吉县推广竹材应用、绿色建材、竹乡旅游等打造新亮点。举办第二届国际“竹产业·竹建筑·竹文化”绿色发展高峰论坛暨 2018 第一届安吉“两山杯”国际竹产品创意设计大赛颁奖典礼。活动吸引国内外相关领域专家、学者、设计师以及知竹爱竹的专业人士共同参与。活动以“两山”理念为引领，探讨促进竹产业创新驱动、转型升级，竹材料多元应用及高技术竹产品走向国际市场。论坛坚持创新、协调、绿色、开放和共享的发展理念，全力助推绿色中国发展，并为“一带一路”发展贡献智慧和力量。

12 月 3 日，第二届国际“竹产业·竹建筑·竹文化”绿色发展高峰论坛暨 2018 年第一届安吉“两山杯”国际竹产品创意设计大赛颁奖典礼举行

【椅业】　2018 年，全县椅业规上企业 176 家，完成工业总产值 225.78 亿元，同比增长 12.9%，占全县规上工业总产值 38.3%；实现销售收入 220.27 亿元，同比增长 13.8%；自营出口 152.88 亿元，同比增长 12.4%；入库税金 10.97 亿元，同比增长 0.3%。2 月，中源家居股份有限公司正式上市，成为继永艺、恒林之后安吉第三家主板上市的椅业企业。同月，由安吉县质量技术监督检测中心牵头，永艺、恒林、博泰等 7 家企业参与的《办公椅用脚轮国家行业标准》由工信部批准发布，结束安吉县没有牵头制定国家行业标准的历史。3 月，第 41 届中国（广州）国际家具博览会在广州琶洲隆重开幕，安吉椅业有 60 余家企业组团参加本届家博会，参展总面积达 1.5 万多平方米，安吉椅业馆已连续 7 次亮相，向观众展示一批代表安吉椅业最高水平的新品。6 月，上合组织青岛峰会召开，在全国众多方案中，“大康”拔得头筹，被确认为峰会主场馆家具的唯一供应商，其中峰会元首椅、贵宾室沙发、宴会厅、新闻中心工作区和茶歇区的桌椅、青岛美术馆贵宾接待沙发全部由大康提供。9 月，在第 42 届中国（上海）国际家具博览会上，安吉椅业有 36 家企业参展，总面积达 8000 平方米。与此同时，2018 中国室内设计周暨上海国际室内设计节在上海国际会议中心隆重开幕，安吉县人民政府作为支持单位与来自日本、韩国、新加坡等亚洲各国家及中国香港、台湾、澳门地区设计协会会长、各省、市协会负责人、协会各分支机构负责人、合作单位负责人、企业代表以及媒体代表 800 余人共同见证设计周设计节的盛大举行。2018 年，安吉县家具及竹木制品制造业被列为第二批传统制造业改造提升分行业省级试点名单，争取专项资金 3500 万元。百之佳家具、龙威家具、昊国家具、大东方家具、博泰家具等 7 家企业的设计中心被认定为市级工业企业设计中心。永艺、中源、大康等企

业荣获国家级绿色工厂称号，永艺还荣获浙江省AAA级“守合同重信用”企业，中源荣获省级企业技术中心称号。

（蒋云飞）

商 务

【概况】 2018年，县商务局紧密结合“两聚一美”发展大局，主动适应经济发展新常态，克难攻坚、开拓进取，抓改革、扩开放、活流通、促消费、惠民生，商务工作取得可喜的成绩。先后荣获浙江省外贸创新发展示范单位、浙江省出口品牌建设考核一等奖两连冠、办公家具省级优秀预警点九连冠、商务运行调查监测点省级优秀监测点四连冠、办公家具行业监测点省级优秀监测点两连冠、2017年度全市外贸考核排名第一(连续四年)，安吉县家具、竹产业入选国家外贸转型升级出口基地；递铺镇入围“淘宝镇”，11个村入围“淘宝村”，3个乡镇获评“市一乡一品示范乡镇”，3人获评“市农村电子商务示范带头人”，4个站点获评“市农村电子商务示范服务站点”，3家企业分别被评为省电子商务3A级、2A级、A级企业；全市首家县级“一带一路”法律服务中心设立；农批市场招商、电商产业园一期工程、社区智慧微菜场建设等重大项目收官，特别是浙江澳门(安吉)经贸合作区获省政府批复。

2018年1～12月，全县完成自营出口总额2476277.2万元，同比增长16.0%；完成进口68128.3万元，同比增长8.71%；完成进出口总额2544405.5万元，同比增长15.8%；境外投资额1.27亿美元，同比增长1309.3%；外经营业额750万美元；服务外包执行额5740.28万美元，同比增长43.8%；离岸执行额5175.88万美元，同比增长71.5%；合同外资6.99亿美元，同比增长45.9%，实到外资2.01亿美元；实现社会消费品零售总额171.43亿元，同比增长10.2%；网络零售额117.9亿元，同比增长34.3%；完成生猪定点屠宰52044头，提供鲜猪肉4163吨，肉品质量安全合格率100%；粮食收购11629吨，储备粮轮换13202吨；供应预拌混凝土225.5万立方米，预拌砂浆25万吨，散装率达82.2%。

12月22日，湖州市首家县级社区智慧微菜场开业

【外贸出口】 抓实政策培训宣讲。举办2018年外经贸政策宣讲会、安吉县市场拓展新模式及买家数据分享会、全市涉外政策培训暨中美贸易摩擦应对措施培训会、2018年法律服务月活动暨涉外法律实务培训等各类培训20余场，培训企业500余家次。起草外贸“问难帮扶”政策，深入摸排企业境外投资意向，建立境外投资企业信息库，整理编印《安吉县境外投资政策汇编》，鼓励企业规范有序“走出去”。应对中美贸易摩擦。联合商务部研究院外贸所、省商务厅外贸中心，开展“安吉椅业创新发展路径研究”课题，部署“出口订单在线管理系统”，第一批入库企业173家。创新建立公共资信服务库，充分利用“出口信保”工具，加大涉案企业出口退税力度，优化输美企业融资环境，帮助企业规避贸易风险。2018年，全县参保企业130家，累计承保出口业务10.4亿美元，渗透率27.9%，发布预警信息500条，承保金额居全市第一。积极开拓国际市场。开拓“一带一路”新兴市场，打造自主出口品牌。全年参展德国科隆家具展、汉诺威地铺展、马来西亚国际家具展等境外展会26个，参展企业200余家次，面积12600余平

方米。与“一带一路”沿线65个国家建立经贸合作关系，出口比重达12.1%；新申报省级出口名牌14个（新增5个、复核9个）、市级20个（新增6个、复核14个），签署品牌推广战略合作协议，通过广交会中平台集中展示安吉绿色家居产业。创新发展外贸新业态。依托境外外经贸综合服务体系建设试点载体，鼓励有条件外贸企业境外营销网络体系建设，延伸销售渠道；建成安吉跨境电商孵化园，开展人才、企业、项目孵化，全县全年新增跨境电商企业数102家，累计达221家；新增跨境电商零售网店142家，累计达245家；完成跨境电商人才各类培训400余人次；新增海外商标注册48个。

【商贸流通】　推进商贸试点项目。积极推进现代商贸特色镇试点、省级实体商业转型升级与省级市场体系建设、再生资源回收利用与生活垃圾回收利用“两网”融合，完成农批市场项目招引及签约。加快推进安吉县农产品流通体系结构调整，形成以“县级农产品批发市场为中心，乡镇农贸市场为骨干，社区微菜场为补充”的农产品市场流通体系。全年举办农产品产销对接活动3次，组织参加市级以上举办的农产品产销对接活动4次，新增培育农产品流通龙头企业4家，10家社区智慧微菜场投入运营。组织企业积极参展。先后组织2家企业参展2018中国国际电商博览会，21家企业参加第20届上海地面材料及铺装技术展览会，13家转椅生产企业与电商企业参加首届杭州家具展，7家企业参加2018中国（宁波）食品博览会；依托安吉会展中心平台，举办中国夏凉用品展暨安吉席业订货会、2018春夏季家装建材博览会、安吉母婴用品展等展会9场，展会总面积28000平方米。发动县内商超、购物中心、汽车经销商等行业商家开展2018年消费促进月、金秋购物节等活动。加强成品油市场监管。完成全县77家加油站（点）成品油零售经营批准证书年检，10家加油站（点）证书变更、扩（迁）建、注销等审核转报，中石油部分加油站柴油罐改装汽油罐审批备案；推进加油站（点）地下油罐更新和防渗处理改造工作，已完成双层罐改造企业65家，实际完成率达85.5%；7个加油站建设新增迁建规划获得省商务厅批准。

【电子商务】　狠抓三级体系建设。与阿里巴巴乡村事业部正式签订战略合作协议，加快推进“村淘”项目入驻；“两山”电商产业园（一期）完成建设并开园运营；京东安吉云仓落户，构建华东区域京东云仓网络体系，入驻企业15家，日均出库近200件；支付宝安吉线下推广项目实现日均移动支付210万元，上线安吉电子社保卡，率先实现脱卡医保移动医疗支付结算，被定为市移动医疗支付标准；安吉购家居（椅业）分销平台入驻企业670家，分销商12000家，家具品类1600款，实现销售额5000余万元，获评省级“星创天地”荣誉；“游视界”平台已完成102个县市广播媒体对接，并协助贵州、抚松、内蒙古土默特右旗等贫困地区开展平台项目建设。优化政策法制环境。研究修改《安吉县促进电子商务发展若干政策》，对电商产业园、线上平台、电商企业、跨境电商、公共服务体系、电商示范等方面进行支持；落实2017年电商资金补助，实际兑现资金145万元，补助21个单位；组织县内50余家电商企业开展《中华人民共和国电子商务法》学习会；3月16日下午，安吉县商务局联合京东集团召开2018京东·安吉竹产业招商会，全县近70家竹产业企业代表参会。京东平台为安吉竹产业企业推出商家扶持计划、佣金返点、资质优化等最新招商政策，强化企业与平台的无缝对接，拓展企业销售渠道，优化营商环境。服务电商企业发展。组织企业参加湖州市第二届电子商务创业创新大赛和安吉县“健恒杯”电视创客大赛，12家单位报名县大赛电商创业创新组，4家电商企业赴南昌大学开展电子商务专场招聘活动；组织电商示范乡镇、专业村、产业基地、优秀企业开展电子商务统计调查培训会；深化商务扶贫协作，助力吉林省抚松县、湖北省咸丰县发展电商经济。抚松电视台入驻安吉县电子商务平台——游视界。金熙食品有限公司投资500万元成立唐崖茶（湖北）有限公司，拓宽当地茶企销售市场。

【供应机制】　落实安全生产职责。安全生产持续不懈纵深推进，对全县大型商场、超市、加油站点开展月度、季度、重要节假日节点安全生产、平安建设、反恐怖督查，准时上传APP，填写监督检查表，商贸行业安全形势持续保持稳定。保障市场稳定供给。提请县政府出台《安吉县重要民生物资应急保障预案》，积极应对非洲猪瘟疫情等突发情况，实行猪肉市场运行监测日报制度并落实生猪活体储备。落实粮食安全责任制，完成2018年社会粮油平衡调查统计培训、粮食收购许可证注销、“小粮仓”发放、粮食仓储设施专项资金申报、塘浦粮站拆迁配合等粮食相关工作，开展“两降低、两提高、一增效”专项行动。推进散装水泥有序发展。完成3家预拌混凝土生产企业和2家预拌砂浆生产企业清洁生产改造工作，3个非法水泥二次包装点和4个无资质混凝土搅拌站整治；组织开展行业企业及全县临时搅拌站点驾驶员上岗资格证培训考试6次、专用车辆安全道路执法检查4次；加大部门对接，召开混凝土企业和协会负责人会议，缓解混凝土供应紧张形势。

10月16日，湖州市粮食安全办公室在安吉组织召开全市粮食安全责任制考核推进会

【营商环境】 精心做好审批备案。全年受理外资企业设立、变更事项64件，其中新备案项目22个、增资项目4个、其他项目38个，完成对外贸易经营者备案登记318份，办理生产能力证明28个。充分利用“互联网＋政务服务”，实施外商投资商务备案和工商登记“一口办理”，通过远程指导以及点对点跟踪服务，在全市率先实现外资企业工商登记与商务备案“一口办理”，全年完成申报5家。加快推进“最多跑一次”改革。梳理完成办事主项12项、子项13项，其中“跑一次”比例达100％。调整维护涉及事项完成政务服务网字段，编制全面翔实、准确易懂的服务指南。加快“放管服”改革，全市率先实现外商投资企业审批事项“线下属地一窗受理、线上全程一网办理、后台纵横集成服务”。推进“双随机一公开”。积极组建全局执法队伍，开展执法证考前培训，9人取得执法证，4人完成执法证跨区换证。按照年度计划完成县商务局成品油、散装水泥及外资企业的5项检查内容154个检查对象的“双随机”检查工作，抽查计划完成率100％。不断优化政务环境。纵深推进“两学一做”学习教育，先后组织观看《厉害了，我的国》等宣传教育片，开展“走进企业政策大宣讲”“社区居民进粮库”等主题党日活动12次；全力做好信访维稳，共接待来访70余人次，接收来电来信68批次，信访信函回复3件，按期办结率100％；严格落实“一岗双责”，扎实推进党风廉政建设。

【外贸出口“连续十年”领跑全市】 2018年1～12月，全县累计完成进出口总额2544406万元，同比增长15.8％，分别高于全国、全省、全市6.1、4.4、1.2个百分点；完成自营出口2476277万元，同比增长16.0％，分别高于全国、全省、全市平均增幅8.9、7.0、2.9个百分点；完成进口68128万元，同比增长8.7％。自营出口总额和进出口总额实现十连冠。

【四家单位被列入“2017年度省电子商务产业基地名录”】 2月2日，安吉“两山”创客小镇、安吉县文创与电商社区、安吉县电商产业园、报福镇农村电商产业园4家单位被列入“2017年度省电子商务产业基地名录”。

【获“浙江省外贸创新发展示范单位”称号】 2月8日，省商务厅组织的全省外贸工作会议在杭州召开。县商务局参加会议并授领“浙江省外贸创新发展示范单位”奖牌。外贸创新发展示范单位是在浙江省“稳增长、保份额、调结构、促创新”的发展目标下，从试点示范县(市、区)、外贸综合服务平台、公共海外仓、市场采购、浙江出口名牌五大领域涌现出来，拥有先进技术和自主品牌并具有较强可持续发展能力的先进单位。

【两基地入选国家级外贸转型升级基地】　2月26日，商务部公布的255家基地为国家外贸转型升级基地，安吉县家具和竹产品两基地入选。

【县参展企业开年第一展收获订单创新高】　3月1～4日，第28届华交会于上海新国际博览中心举行，安吉县组织恒林椅业、中源家居、国泰家具等16家外贸企业参展，共获得40个展位。本届华交会采购商总体质量较好，不少采购商已经下单或者已有意向下单，现场收获意向性订单超500万美元，意向性订单数和订单额均创新高。

【养生堂(安吉)智能生活产业科技园项目签约】　6月7日，以“新时代·大开放·高质量”为主题，由省人民政府主办，省商务厅承办的第20届中国浙江投资贸易洽谈会浙江国际投资论坛系列活动在宁波开启，吸引来自世界500强及行业龙头企业、跨国公司、境外商协会、投资促进机构，省内浙商领袖等企业界代表以及省、市各级政府及相关部门、开发区，新闻媒体等近700名代表参加。会上养生堂(安吉)智能生活产业科技园项目签约。

6月7日，第20届中国浙江投资贸易洽谈会浙江国际投资论坛在宁波开启，养生堂(安吉)智能生活产业科技园项目在会上签约

【完成境外中方投资额市级年度目标任务】　8月15日，总投资300万美元的浙江华菲再生资源投资项目在泰国正式备案，标志着安吉县提前4个月完成境外中方投资额市定年度目标任务(3500万美元)。2018年，安吉县高度重视“走出去”工作，编制申报服务指南和外经贸政策汇编，并通过开展外经政策培训、组织企业参展及招商对接等活动引导企业对外投资，提高企业跨国经营能力和自主创新能力。

【组织企业参加第15届中国—东盟博览会投资促进活动】　9月12～15日，为帮助企业深入了解东盟国家基础设施发展机遇，助推企业参与东盟国家产能合作，安吉县组织长虹制链参加第15届中国—东盟博览会投资促进活动，根据企业实际需求参加东盟10国投资推介会和国际产能合作系列活动，详细了解东南亚国家省级工业园区，围绕当地投资政策、配套设施条件、资源禀赋情况、政治风险因素等进行深入对接，为下一步开展实地投资做充分准备。

【组织企业参展9月伦敦百分百设计展】　9月19日，由中国商务部主办的伦敦百分百设计展中国馆在伦敦开幕。参与此类行业顶尖水平的设计展会，有助于创意设计类企业与同行交流先进经验和知识，加深对英国及欧洲市场的了解，促进国内外同行间的合作与发展，扩大安吉设计品牌的国际影响力。

【组织企业参加跨境投资专题研讨会】　9月21日，为推动安吉县企业海外投资并购和全球化布局,做强产业链,提高核心竞争力,县商务局组织恒林椅业、永艺股份、中源家居、长虹制链等10家企业参加省国际投资服务中心在湖州举办的“跨境投资专题研讨会——安吉专场”活动。通过专题会议,有效提升安吉企业海外投资并购的意识,加快全球化布局,控制投资风险,全面提升企业的核心竞争力。

【建立公共资信服务库助力企业应对贸易摩擦战】 9月24日,县商务局创新建立公共资信服务库,助力全县外贸企业应对贸易摩擦战。该信息库不仅可为企业提供合作方征信情况、资信调查报告、行业分析报告、信用评级与风险管理资讯等服务,助力企业规避结汇、贸易风险;还可通过日常预警信息收集、发布、案件应对的方式,帮助企业做好事前风险警示与预防、事后突发事件处置,实现贸易风险情况动态监管。

【县跨境贸易协会赴亚马逊全球开店总部考察对接活动】 10月30日,为进一步拓宽视野,活跃县跨境电商氛围,加强卖家与跨境电商销售平台的交流,更深入地了解亚马逊,安吉县商务局、县跨境贸易协会组织25家会员企业赴上海亚马逊全球开店总部开展考察对接活动。通过本次考察对接活动面对面的交流,促进政府、协会、企业与亚马逊之间的沟通联系,为安吉跨境电商进一步的发展夯实基础。

【县“一带一路”法律服务中心成立】 10月31日,县商务局和司法局联合浙江振源律师事务所、浙江金道律师律师事务所成立县“一带一路”法律服务中心。

【浙江澳门(安吉)经贸合作区等重大开放经济合作平台建设】 11月28日,省政府办公厅复函同意设立浙江澳门(安吉)经贸合作区。县商务局已正式编制完成相关规划,积极探讨浙澳经贸合作机制,引进澳门包括葡语系国家资金和项目,推动澳门包括葡语系国家与浙江经贸往来。

10月31日,安吉县“一带一路”法律服务中心成立仪式暨首场企业涉外法律知识讲座举行

【组织企业参加2018年摩洛哥国际贸易展】 12月5日,为积极应对中美贸易摩擦,帮助外贸企业“拓市场、保订单”,增进对北非家具市场的了解,扩大浙江家具产业的影响力,县商务局专门组织江红椅业、万宝家具、润大柯泓家具3家企业参加2018年摩洛哥国际贸易展。

【全市首家县级社区智慧微菜场启动】 12月22日,为加快安吉县传统菜市场转型升级,推进农产品流通领域供给侧结构性改革,县商务局积极推进10家社区智慧微菜场建设,迎合县城居民对农产品质地、分拣、包装、价格等的不同需求,打造便民、惠民、利民的主副食品供应生态环境,着力解决社区居民买菜难、买菜贵问题,有效弥补大型居住小区、新建小区、老旧社区、人口规模、集聚程度较大的乡镇农村社区等薄弱区域菜市场缺口,满足市民的日常生鲜主副食品消费需求。

(宋　平)

·烟草专营·

【概况】 2018年,全县烟草专卖工作围绕省局“互联网+烟草专卖商业”实施与全市系统“精致湖烟”建设,以“高平台上高质量发展”为目标,以全国网建现场会精神为指引,奋发作为、攻坚克难，完成各项工作目标任务，实现企业持续稳定发展。全年实现税利3.1亿元，同比上升6.86%。

【专卖管理】 2018年，县烟草专卖局（分公司）坚持打出空间、管出增量，注重日常监管与打假破网并重，完善市场综合治理，确保辖区市场持续有效净化。转变打假破网思路，深化跨部门协作，破获一批本地区有影响力的互联网涉烟案件。在物流寄递环节的案件发生了质的飞跃，从2017年的0起案件增加到2018年的178起，并从中收网2个假烟网络案，其中“1·11”微信售假网络案已被确定为国标二级网案，目前“1·23”互联网售假案后续的涉案人员抓捕及取证工作还在进行中。加强涉嫌转批大户监管，依法严管违法违规经营大户，全年县内共查获各类违法案件324起，同比增长113.16%；查获卷烟数量13316.3条，同比增长0.81%；总案值达273.92万元，其中，5万元以上案件10起。深化“最多跑一次”改革，网上办证实现新突破，同时推出“送证上门”服务。加强内部监管，年内全县没有发生一起内部经营重大违法违规案件和较大数额的真烟外流案件。

【经济运行】 将完善市场基础、营销队伍转型与企业经营提升结合起来，以“互联网＋营销”为主抓手，着力调控市场状态，稳定经济运行，实现稳销量、优结构、提税利的预期目标。全年完成卷烟批发销量23213箱，占全市市场份额的17.36%；完成卷烟销售额11.25亿元，同比增长6%；实现单箱销售额4.85万元，同比增长6.3%。深入安吉天荒坪抽水蓄能电站（二期）、商合杭高铁等重大项目工地，准确掌握外来务工人员消费需求，做足大型项目的市场空间。市场状态整体保持平稳，核心品牌价格相对稳定，零售客户盈利度明显提升。2018年末社会存销比天数为22天，同比减少4天。加快推进现代终端标准化建设，在店铺门头、卷烟柜台、陈列展示背柜等方面，进行统一改造升级。全年建成现代终端1636户，占正常经营客户的47.75%。品牌培育深入推进，精心培育定制品牌，优化定点客户布局，抓好线上、线下特色营销活动，打响“乌镇之恋”“创客”的知名度。支付宝结算稳步推广，精准选择目标客户，并采取集中培训、驻店指导、发放实操手册等多种方式，确保客户熟练操作。全年推广支付宝结算486户，占总零售客户数近12%。围绕中转站标准化建设，加快硬件设施改造升级，积极整合配送资源，送货线路为7条。

【内部管理】 贯彻执行各项管理制度，提升规范化运作水平，夯实企业转型发展的根基。深化办事公开民主管理，完善OA平台企务信息公开，每月公示员工请休假、公车油耗及修理费用等信息，做到该公开的全部公开，保障员工的知情权、监督权。抓好“七五”普法宣传教育，面向干部员工、面向零售户、面向消费者开展法律法规宣传。加强行政处罚案件、企业经济合同的合法性把关，做到严格依法、及时规范审查。强化制度“立改废”的流程管理，抓好制度文件审查与清理，及时废止不合时宜制度。推进分层分类对标工作，

11月23日，安吉县烟草专卖局党总支联合县直机关党工委、三山村党支部于安吉县梅溪镇三山村文化大礼堂内共同开展“聚力乡村振兴发展”为主题的党日活动。图为安吉烟草局捐赠扶贫党费5万元

横向按条线认领指标，纵向按层级分解任务，对标压力得到传导。紧盯弱项指标，注重查找数据背后的管理漏洞，指标优化取得一定成效。巩固安全生产标准化建设，定期开展安全生产工作检查，重点排查基层办公用房、出租物业，及时消除各类安全隐患。加强计算机安全管理，提高全员网络安全意识，信息安全防护不断强化。全年未发生安全责任事故。加强队伍建设，结合各类学习培训、技能鉴定等项目实施。

【从严治党】 牢固树立主责主业意识，规范组织生活，严肃政治生态，推动全面从严治党向纵深发展。坚持党组集中统一领导，层层强化从严治党主体责任，确保“两个责任”落实到位。全力支持纪检组按照党章规定和纪检监察部门工作要求，加大执纪力度，履行监督职责。坚持学到深处、做在实处，促进“两学一做”学习教育常态化、制度化。严格落实“三会一课”等组织生活制度，认真贯彻执行约谈、党员干部直接联系群众等制度，加强党员婚丧嫁娶、出国出境相关制度的宣传贯彻与执行，完善对党员的统一教育、管理、监督和服务。围绕贯彻落实中央八项规定及其实施细则精神，抓好作风纪律建设，用好、用足执纪监督“四种形态”。党建活动有声有色，开展特色主题党日活动，如联合县机关党工委和梅溪镇三山村党委开展“三方联动聚力乡村振兴”的公益帮扶活动。重点突出对形式主义、官僚主义相关问题的集中查找，立足发挥党内民主，开展批评与自我批评，进行自查自纠，做到边查边改、即知即改。

（王　剑）

·供销·

【概况】 2018年，供销系统全面贯彻落实党的十九大精神，围绕县党代会、人代会确定的各项目标任务，实干担当、奋勇争先，以乡村振兴战略为统领，以提升为农服务水平为根本，以深化供销社综合改革为抓手，服务县域发展大局，深化“三位一体”综合改革，不断加强自身组织建设，社有经济保持平稳增长，1—12月，全系统实现销售总额9.71亿元，同比增长5.33%；实现利润3031万元，同比增长11.52%；上缴国家税费2028万元，同比增长11%。县供销社荣获“供销合作社系统百强县级社”称号，县农资公司获评“全省供销合作社系统成绩突出集体”“浙江省诚信农资示范企业”，天荒坪供销社公司总经理梁一品获评“全省供销合作社系统成绩突出个人”。笔架山农业高新区获批创建国家农业科技园区、省级现代农业园区、省级农业科技园区，争取成立浙江省农业信贷担保有限公司安吉办事处(全省仅3个)，成立全省首家土壤修护研究院。

【农业平台建设】 2018年，县供销社以“五区共创”(国家农业科技园区、国家现代生态循环农业示范园区、国家高标准农田建设示范区、省级农业科技园区、省级现代农业园区)为抓手，着力强基础、兴产业、聚要素、优环境，拉开园区框架格局，全力推进园区建设，各项重点工作扎实推进。“五区共创”成效显著。全面启动各项创建工作，积极对上争取政策、资金等保障要素。获批创建国家农业科技园区、省级现代农业园区。农业综合开发区域生态循环农业项目批复立项，争取资金1500万元。国家高标准农田项目立项，争取资金1210万元。省级农业科技园区创建工作于5月9日启动，争

6月，安吉县供销合作社联合社参加端午节湖州农展会

取资金200万元。重点项目扎实推进。“一心一路两园”等重点项目全面启动。现代农业公共服务中心、中环道路（垅坝—马村段）、新马大桥、大学生农创基地、“两山”农业种质园、国家高标准农田项目开工建设；里溪流域生态修复和治理一期工程通过省水利厅审查，报水利部争取纳入项目库，完成一期施工图设计；市政规划、露营基地、高速景观带完成规划方案；美丽田园建设完成3个试点村创建、验收工作，总面积610亩。招商引资成效初显。根据园区产业规划布局，制定招商政策，编制招商手册，坚持“走出去”战略，广泛宣传园区招商项目，吸引各类投资商前来洽谈。全面落实“优化营商环境年”活动要求，制定优化投资环境工作计划，不断增强服务意识，提高办事效率。引入安吉欣农农业公司“两山”种质园项目，总投资8000万元；江苏华群水产种源培育项目，总投资3000万元；大学生农创基地引入7个项目，总投资1600余万元。政策处理基本完成。根据园区先导区建设需要，在垅坝村开展整村土地流转，面积约7000亩。全年完成土地流转签约870户（总户数为904户），签约率97%；40个生产队全部完成青苗评估，完全青苗签约、补偿864户，完成率98%。根据项目建设需要，开展土地征用工作，现代农业公共服务中心38.3亩征地全部完成，中环道路（垅坝—马村段）征地基本完成。

【“三位一体”改革】　按照“六有”（有阵地、有人员、有制度、有经费、有活动、有服务）标准，由县农合联执委会制定统一的乡镇（街道）农合联组织规范化建设实施细则，开展乡镇（街道）农合联规范化建设，全县农合联组织规范化建设率100%。以乡镇（街道）农合联、产业农合联综合服务场所为重点，依托农合联基层供销社、农民合作社及联合社、行业协会、经营服务综合体等会员主体，开展农合联基层服务示范窗口创建工作，完成3个示范窗口建设，分别是天子湖镇农合联服务中心、杭垓镇农合联服务中心、天荒坪“二山源”竹笋产业农合联服务中心。加快推进特色产业农合联建设，新建特色产业农合联3家（共计4家），分别是安吉县笋制品产业农合联、安吉县良朋农批产业农合联、安吉县“二山源”竹笋产业农合联。开展信用服务、管理工作，以农合联会员中的农民合作社（联合社）会员为对象，按照其登记注册、规范管理、信用等级、标准化建设、盈利情况五类标准，由低到高依次设为一星级、二星级、三星级，各星级的有效期为二年。2018年，县农合联会员信用等级评定授信、合作社会员星级评定和管理会均达100%。开展农合联会员评级授信工作，以农村经济组织、农民专业合作社、农业企业等农村经济主体为主要实施对象，以信用档案和信用评价为基础，通过建立信用档案和评定信用等级（分为AAA、AA、A、B、C五级）。全年安吉县农合联会员信用等级评定覆盖率100%，授信额度达3亿元。

【发挥农合联各项职能】　成立全省首家土壤修护研究院——土壤修护研究院浙江省湖州市分院，开展白茶园的土壤修护工作，举办各种形式培训20场，免费开展土壤检测500余份，为茶农减免检测费50余万元。开展农药废弃包装物回收工作，农资公司以政府购买服务的方式进行具体运作，在服务内容上，由农资公司负责设立回收点、组建回收人员队伍、落实运输车辆、

7月，安吉县农合联举办“走进农家大讲堂”培训

管理中转仓库、集中无害化处理。2018年,在全县建立农药废弃包装物回收网点68家,全年回收农药废弃物70余吨。做好农资储备工作,2018年度储备尿素500吨、各类复合肥2500吨、救灾农药90吨。联合农产品经纪人协会组织4次农产品展示展销活动。组织各乡镇(街道)村经济组织联合社成员、农业加工企业相关人员、农村电商从业人员、大学生创业者、企业电商业务人员等共计45人,参加2018年农产品电子商务培训班。开展信用担保服务,依托县农合联副理事长单位——浙江"两山"农林合作社联合社,1～12月完成担保业务362笔,共涉资金3.08亿元。

【社有企业转型升级】 年内引入上市公司美欣达集团下属浙江创欣环境科技有限公司入股嘉鸿再生资源公司,增加认缴资本金2250万元,扩股后公司注册资本金达3450万元,同时带来固废管理、生活垃圾收集、运输、处理、再生资源利用等方面丰富经验。联盛商贸公司与浙北大厦集团有限公司合作,设立6个网点,构建乡镇、社区服务体系。引入安吉"两山"农林合作社联合社入股农信担保公司,公司注册资本金从2000万元增加到5000万元。

【重点项目建设】 坚持项目为王,推动社有经济发展壮大。重点抓好3个项目:现代农业公共服务中心项目,计划投资3000万元,建成地下室、一层建筑及部分设备、设施,完成一层建筑;三官加油站项目,项目总用地992平方米,建123平方米加油站及配套用房,计划投资700万元,基本完工;西亩农贸市场项目,将原西亩茧站改造成农村精品农贸市场,计划投资200万元,基本完成建设。

【自身建设】 抓好党风廉政建设。牢牢抓住全面从严治党主体责任"牛鼻子",落实管党治党从严的要求,严肃党内政治生活,严明党的政治纪律和政治规矩。制定下发《县供销联社党风廉政建设责任分工》《县供销联社党风廉政建设工作要点》,逐级签订个性化《党风廉政建设责任书》。根据县委,县纪委、县监委要求,每季度召开一次党风廉政建设专题例会,及时了解掌握班子成员责任落实情况。抓好规章制度执行。严格执行重大事项上报制度,做好机关领导干部个人重大事项报告工作。执行重大事项决策制度,充分发挥集体领导的核心作用,上报"三重一大"事项22项,确保"三重一大"集体决策制度落实到位。执行内部风险控制制度,县社党委班子召开专题会议,研究本系统易发生腐败环节,梳理排查廉政风险点,制定防控措施。抓好系统作风建设。领导干部、全体党员带头抓效能建设,解决在思想作风方面存在的不思进取、满足现状、得过且过的问题。开展党建示范点创建,通过创建活动,促进基层党支部组织、队伍建设。开展"季度之星"评比活动4次,营造比贡献、做表率的浓厚氛围。抓好巡察整改落实。全力配合做好巡察整改工作,制定下发《县供销联社关于落实县委第二巡察组反馈意见的整改方案》,围绕巡察组反馈意见和整改要求,将巡察反映的4个方面的问题,梳理出14个具体问题,制定50项具体整改措施。县社党委书记对巡察整改落实工作负总责,其他分管领导按照职责分工,根据整改方案要求及时组织召开专题会议,负责抓好分管科室(单位)的整改落实工作。严格按照整改方案确定的整改措施、期限,完成巡察整改工作。

(李建明)

旅　游　事　业

【概况】 2018年，全县旅游系统全力打造“中国亲子旅游第一县国际乡村生活示范县”品牌形象，立足“两山”实践转化，攻坚克难，创新创优，完成年度工作任务，全年接待国内外游客2304.5万人次，实现旅游收入324.7亿元，其中门票收入6.4亿元，同比分别增长12.1%、15.1%、13.2%。在新华网第六届旅游业融合与创新论坛上安吉县荣获“中国最佳全域旅游创建示范城市”，中国·安吉玩水节荣获“首批文旅融合十大节庆品牌”。2018年，安吉县争创省级旅游度假区1家，新增国家4A级旅游景区1家，至此，安吉县4A级景区达7家，在全省县级城市中4A级景区数量最多；争创特色文化主题酒店1家；省三星级以上品质旅行社2家，省四星级以上旅游购物示范点4家；新增精品民宿近15家。首次出现3家超亿元营收企业（中南百草原、凯蒂猫乐园、大年初一风景小镇）。

·旅游营销·

【概况】 2018年，安吉旅游举办第二届年味在安吉——走进中国最美县域活动、中国亲子旅游节、中国·安吉玩水节等系列活动。携手“浙江之声”、携程集团、江苏上游文旅集团对杭州、上海、江苏等长三角地区进行全方位营销推广。推进全面网络营销，建立与携程、美团、驴妈妈、途牛等主流旅游OTA平台合作关系。发挥自有的微博、微信、APP等新兴媒体的线上营销作用，安吉旅游微信高频度排列浙江旅游微信影响力周榜前列，2018年，刊发“20万+”报道1篇，刊发“2万+”报道3篇，刊发“1万+”报道7篇。围绕县内重大旅游节庆活动，持续推出系列主题报道，《人民日报》《新华日报》等主流媒体和《中国旅游报》等行业媒体纷纷报道旅游节情况。年内开展省级农民旅游收入调查试点工作，成为浙江省三个试点县之一，人均农村居民旅游相关收入占农村居民收入的比重达20.7%，2018年度旅游业增加值占地方国内生产总值比重达13.39%。

【“缘起源聚 美丽安吉”上海营销活动】 3月22日，安吉县人民政府、携程集团共同启动并举办2018安吉·上海旅游市场推广活动启动仪式暨新闻发布会，全面宣传安吉旅游新业态、新发展、新成就，打响安吉“中国亲子旅游第一县 国际乡村生活示范县”形象。活动以“缘起源聚 美丽安吉”为主题，在上海外滩黄浦江的游轮上举行，以模特走秀及背景视频播放湖州旅游宣传片开场。随后进行安吉旅游专场推介和超炫目的竹乐器特色表演，竹匾、竹碗、竹蒸笼等十多件普通农家竹用具，经过演员们的妙手演绎，大放异彩。本次活动以最草根、最平民的演出，生动展现竹乡安吉的自然之美、人文之美、社会之美。携程集团相关领导在活动现场发布2017年度乡村旅游大数据白皮书。携程安吉十大精品旅游线路也同

3月22日，2018安吉旅游上海市场推广活动启动仪式暨新闻发布会举办

时向公众发布，包含备受期待的安吉踏春、乡村游、亲子游精品路线。同时，携程邀请5名中外旅行家、9名热门新媒体大V，共同参加此次开幕活动，共同建立安吉旅游新媒体营销矩阵；安吉县旅委特聘他们为安吉旅游营销大使，颁发聘书，借助当下新媒体传播热度掀起安吉旅游关注热潮。2018年，安吉以上海作为主攻市场，发挥“黄浦江源”品牌效应，扩大安吉旅游在上海市场的影响力，拓展安吉旅游在华东市场份额。活动过程中，安吉旅委与携程签订长期战略合作协议，安吉县旅游协会与上海旅游协会签订游客输送协议，安吉旅行社代表与上海旅行商代表签订合作协议。上海市旅游局市场处副调研员陆江涛、湖州市旅游发展委员会副主任孙军、安吉县人民政府副县长王捷、携程华东华中区总经理张旭、安吉县旅委主任管永丰以及上海市旅游协会等相关领导出席活动。

7月6日，第二届中国·安吉玩水节启动仪式在安吉欢乐风暴景区拉开序幕

【第二届中国·安吉玩水节】 7月6日，第二届中国·安吉玩水节启动仪式在安吉欢乐风暴景区拉开序幕，本届玩水节由中国旅游报、浙江省旅游局指导，安吉县人民政府、湖州市旅发委、浙江省旅游信息中心承办。活动时间持续近一个月，呈现“规格高、形式新、内容多、阵容强、范围广”的特点，凸显“三大板块畅享、县域景区联动、全网覆盖宣传”三大亮点。启动仪式上，涉水景区代表宣读《同心共享绿水青山》、浙江旅游抖音大赛启动、“安吉旅游”微信有奖互动等形式多样、内容丰富的节目营造出浓厚的氛围。此外，为充分彰显出文旅融合发展理念，除章村木鼓舞，还有龙凤百鸟灯、竹叶龙等表演，县内十多项非遗项目也加入演出，旅游活动文化氛围浓厚。当天还在安吉君澜度假酒店举行2018中国长三角夏季水上旅游发展高峰论坛，长三角旅游行业专家、学者、主流媒体、OTA平台巨头，共话水上旅游发展，大咖团就“如何更大限度利用长三角地域、经济优势，发展水上旅游旅游经济”“湖州水上旅游未来之路”两个论题进行探讨，共谋水上旅游经济大发展。

【第二届中国亲子旅游节】 9月29日，第二届中国亲子旅游节暨

9月29日，第二届中国亲子旅游节暨第五届浙江鄣吴景坞泛长三角知青文化节在安吉鄣吴镇昌硕广场开幕

第五届浙江鄣吴景坞泛长三角知青文化节在安吉鄣吴镇昌硕广场开幕。本次活动由安吉县人民政府主办，安吉县风景与旅游管理委员会、安吉县鄣吴镇政府承办，浙江之声等协办，市、县、乡镇（街道）各级领导，长三角品质旅行社主要代表，酒店、景区代表，三县两区游客代表以及各界媒体等近千人参加。开幕式上，活动现场成立的亲子联盟中的十家机构与安吉县风景与旅游管理委员会、鄣吴镇政府两家单位签订旅行体验合作计划。

·规划建设·

【概况】　2018年，创建省级全域旅游示范县，指导完成山川省级旅游度假区创建，创建修订《旅游项目投资与建设管理意见》，从产业导向、准入标准、准入管理、建设管理、验收评价等方面对休闲旅游项目实施全流程管理，提高项目招引和推进服务质量。出台《旅游项目“三未”认定标准和处置办法》，加大对“用而未尽、建而未投、投而未达标”三类低效旅游项目用地处置力度，并设置项目推进奖，对项目推进工作成效明显的乡镇、村给予一定奖励。建立健全乡镇初审、旅委综合评估、多部门联合预评估、县长专题会议审议的多层级项目评审机制，引进井空里元气谷、凤凰小镇、金银岛、漫云谷、鄣吴山地极限漂流等一批“大好高”与“专精特”项目。全年召开项目预评估会议4次，项目推进现场会2次，有17个项目上会，通过12个，总投资79.4亿元。醉吴精品民宿、悦榕庄酒店、漫时光乡村旅店实现运营；开元竹藤酒店、省自然博物园、灵溪山景区即将实现试运营。

【项目推进】　2018年，安吉县在全省率先发布《休闲旅游产业发展导向目录》，突出发展重点，科学谋划产业布局，为今后一个时期安吉县休闲旅游项目招引指明方向。8月份出台《安吉县休闲旅游项目投资与建设管理指导意见》，实施休闲旅游项目全流程管理，提高项目招引和推进服务质量。制定《安吉县休闲旅游项目“三未”低效用地认定标准和处置办法》，加大对“用而未尽、建而未投、投而未达标”三类低效休闲旅游项目用地处置力度，提高土地节约集约利用水平。在2018年休闲经济政策中，专门设置项目推进奖，对项目推进工作成效明显的乡镇、村给予一定奖励。

【景区建管】　完成《余村村创建国家级5A景区可行性研究报告》以及总规和详规的编制，对标国家5A级景区标准完成高速出口至余村旅游交通指引标牌、旅游厕所、停车场、标识系统、“两山”绿道、乡村休憩地、休闲农业板块以及旅游商场和游客服务接待中心等的建设工作，展示馆、“两山”讲习所还在抓紧建设。全年先后完成余村4A级景区、九龙峡3A级景区创建，至此安吉县以7家国家4A级景区居全省之首，3A级景区达13家。田园鲁家景区、田园加勒比景区通过国家4A级景区景观质量评估。制定《中国大自然生态博物园国家5A级景区创建实施方案》，谋划中南百草园与浙博园联合打造为生态旅游大平台以及又一个国家5A级景区，培育辅导灵峰山、灵溪山、云上草原、黄杜村、大竹园等高等级景区创建准备工作，形成“创成一批、创建一批、储备一批”的良好格局，1月份联合相关部门完成对安吉大梅海景区的营业验收，将该景区纳入到全县景区管理的范畴。

【基础设施服务】　旅游厕所建设加速，高起点、高标准推动旅游厕所服务体系建设，全力打赢“厕所革命”这场攻坚战，年内全县新建改建旅游厕所70座，其中按照3A级标准建设25座，涌现出中南百草园过山车区域旅游厕所、统里村旅游厕所、溪龙新丰村旅游厕所等一批造型优美、整洁卫生、管理有效的3A级标杆旅游厕所，初步实现“布局全域化、建设一体化、管理常态化”的目标，并在市旅游厕所建设推进工作会议中做交流发言。“123”工程（一个数据中心、两项基础配套、三大功能平台）建设基本完成，大数据中心指明营销方向，视频监控和应急广播覆盖全县19家景区和11家漂流企业。在所有A级景区实现最大承载量实时监测。游客服务平台将微信公众号作为主入口，拥有安吉县旅游导览服务，具备线上线下投诉、意见建议等功能。道路标牌规范审批，按照“旅游交通道路指引标牌是用来指引方向，不是用来做广告”的思路，全年联合交通、综合执法部门修订完善《安吉县旅游交通指引标志规范设置管理办法》，对道路标牌的设置要求、设置资质做进一步明确。以优化营商环境为出发点，帮助企业协调办理公路、交警、高速等部门相关手续，将相关审批时间从6个月缩减到1个月，在杭长高速设置相关度假区、景区道路指引牌6块。提前谋划申嘉湖高速西延工程道路旅游标牌设置，编制相关方案，争取相关支持。

・行业管理・

【概况】 2018年，县旅游系统结合文明城市创建，开展"文明旅游提升年"活动，同时联合县妇联在全行业开展"巾帼文明岗"活动，联合旅游协会开展全行业文明旅游倡议和文明劝导工作，提升旅游发展环境。按要求完成全县旅游系统"最多跑一次"改革工作，旅行社分公司备案、旅行社网点备案实现"多证合一"办理，与市场监管局采取双推送方式，方便旅游企业办事，提高办事效率。

【行业提档升级】 创新制定地方特色标准，出台《安吉县美丽驿站特色旅游饭店评选办法》和《安吉县美丽驿站特色旅游饭店评定标准》，着力培育美林度假村、"美程竹子"、"亚朵"、"开元曼居"、"原乡里"等具有安吉鲜明地方特色的美丽乡村"精品主题"酒店，纳入旅游管理体系，规范和提升精品酒店的设施和服务。指导城堡酒店创建省金鼎级特色文化主题酒店，指导"大年初一"创建金鼎级特色文化酒店，完成"中汇""百汇""香溢""缘通"全国绿色饭店复核。指导"方舟""光大""平安"旅行社创建三星级品质旅行社，完成对贵豪旅行社三星级复核工作，指导"贵豪""金辉""平安""阳光之旅""神舟"等12家旅行社申报完成出境国际旅游资质，规范安吉出境旅游市场秩序。指导天天旅行社合作社等新经营模式。联系县财政、总工会，探索县内机关事业疗休养招标制度。

【旅游人才培育】 实施2018年人才储备培养计划，制订人才培育计划，加强交流合作，多方式多渠道引进人才。开展技能比武。开展全县"饭店技能比武"，组织安吉代表队参加市饭店技能比赛，维笙香溢酒店、君澜度假酒店均荣获团队三等奖，安吉选手梅缘、郭旭航、戴雪芬分别获下午茶创意设计、中餐宴会摆台等单项比赛二等奖、三等奖。组织安吉导游(讲解员)参加市第五届金牌导游(讲解员)大赛。组织开展安吉首届全域旅游金牌讲解员大赛，并开展讲解员素质提升培训班，特聘山东蓬莱阁讲解员范丽前来授课，全行业约100名讲解员参加培训。联合旅行社协会、烹饪分会开展"美丽乡村特色团队餐"餐馆评选。组织烹饪分会参加市"清丽湖州，湖百碗"旅游美食比赛，获优良成绩。联合导游分会开展导游带团综合技能培训和安吉白茶知识培训。

【开展旅游市场"利剑行动"】 组织开展旅游市场秩序专项整治"利剑行动"，对全县所有旅行社开展地毯式突击检查，主要针对旅行社旅游合同签约、超范围经营、包车合同等内容进行检查，检查问题125项，提出整改意见211条，约谈企业2家，查处1家黑社，该家黑社负责人涉嫌旅游诈骗行为被移交县公安局。另外，联合县公安、市场监管、交通、综合执法局等相关部门开展11次旅游综合执法专项行动，重点整治旅游景区市场环境，查处非法运营旅游包车，严厉打击强迫消费以及非法经营旅游业务活动等突出违法违规行为。其中联合县市场监管局对全县4家星级旅游购物点进行专项检查，查处4家购物点涉嫌虚假宣传、无证经营、倍卖"三无"产品等违法行为并进行处罚，处罚金额19万余元。

・乡村旅游・

【概况】 截至2018年12月，乡村旅游接待国内外游客1138万人次，直接经营收入22.44亿元，证照齐全的民宿634家，其中精品民宿100余家。11月30日，全国发展乡村民宿推进全域旅游现场会在安吉县召开，文化和旅游部部长雒树刚出席会议，来自全国各省的文旅厅厅长等150余名会议代表参观考察安吉乡村民宿，并给出"从高端民宿到大众农家，全国的乡村旅游发展都可以到安吉这粘贴复制，安吉不愧于农村发展和乡村旅游发展的全部典范"的高度评价。《人民日报》、中新网、浙江卫视等主流媒体纷纷给予关注和报道。

【农家乐(民宿)日常管理】 在2014年农家乐"五治"规范提升基础上，对县民宿(农家乐)进行新一轮的测绘和违章处置。对赋石水库、凤凰山水库等水源保护区范围内的13家农家乐开展关停整治行动，通过实地走访排摸和房产评估，对水源地全部农家乐实行关停。抓住春节前后、清明、“五一”、“十一”等节前关键节点，协调县安监局、市场监管局、消防等部门开展联合检查；在全县范围内开展乡村住宿行业平安检查，2018年，共检查农家乐（民宿）600余家。

【乡村旅游示范村提升】 2018年，安吉县争取各类省级创建51项，包括乡村旅游产业集聚区1个（山川）、休闲乡镇1个（天荒坪）、休闲村2个（长潭、龙王）、休闲旅游示范村2个（景溪、尚书圩）、3A级景区村庄8个、A级景区村庄30个、等级民宿7个，争取创建市级全域旅游示范乡镇2个（山川、报福）。通过乡村旅游示范村和景区村庄创建，乡村旅游游憩地、村级旅游环线、乡村标识标牌、乡村生活体验等设施和业态逐步完善和丰富，村民开办民宿的热情被调动，乡村旅游氛围更加浓厚。全年安吉县创建示范村19个，在创6个，培育3个。通过民宿村落创建，引导民宿集群建设，抱团经营，打造有影响力的民宿集中展示区块。如目莲坞区块，在美丽乡村建设的基础上，引进工商资本与村合作租赁闲置农房，组建民宿管理公司，统一管理经营。年内有1家餐厅和2家民宿开业经营。

11月，全国发展乡村民宿推进全域旅游现场会在安吉召开

·产业融合·

【概况】 2018年，继续推进“旅游＋”精品培育计划，推动“旅游＋文化、体育、健康、养老、工业、农业、生态、科技”等产业的深度融合和创新发展，创建省级产业融合9个项目（其中省级果蔬采摘基地3个、省级老年养生旅游示范基地3个、省级星级购物点1个、省级文化旅游示范基地1个、省级中医药文化旅游示范基地1个）。深化落实旅游商品工作，4月，组织企业参加全省旅游商品大赛；并联合安吉博物馆举办首届旅游商品展销活动；5月，完成第十届国际旅游商品博览会参展工作，组织5家企业参展；11～12月，组织开展旅游商品推广周活动，制作《安吉良品》旅游商品手册，拍摄旅游商品系列小视频，开展在网络上的系列推广活动。

【首届安吉旅游商品博览会】 12月15～16日，安吉县举办“绿水青山就是金山银山”践行“两山”理念旅游产品成果展示暨首届安吉旅游商品博览会。本次博览会有安吉县旅委主办，安吉县旅游商品协会、安吉茗片商城科技有限公司以及安吉新飞亚文化传播有限公司承办，通过线下展会与线上VR形式相结合，向整个南太湖地区，乃至长三角地区充分展示安吉丰富的民间手工艺品和各种旅游特色商品。活动现场，近百家参展商为大家带来免费品尝、免费体验的产品，另外还有浙江圣氏生物科技有限公司、安吉老奶奶食品有限公司等8家公司向安吉县福利中心、安吉残疾人康复指导中心、安吉县环卫所3家单位捐赠各类特色产品。

【打造旅游精品线路】 将景点、旅游服务中心、购物中心、酒店（民宿）等有机串联起来，打造多条市场认可的“一日游”“两日游”精品旅游线路，争取到仙龙峡运动营地、中南百草原景区为省运动休闲旅游示范基地、省运动休闲旅游精品路线1条，省运动休闲旅游优秀项目1个（山川大理）。

（李　敏）

财税·金融

财政·税务

·财政·

【概况】 2018年,全县实现地区生产总值404.32亿元,同比增长8.3%。其中第一产业实现增加值26.38亿元,同比增长2.9%;第二产业实现增加值178.30亿元,同比增长7.0%;第三产业实现增加值199.65亿元,同比增长10.4%。产业结构继续优化,三次产业结构比是6.5∶44.1∶49.4。按户籍人口算,人均生产总值86099元,城乡居民人均可支配收入分别达52617元和30541元。全年完成财政总收入80.08亿元,同比增长19.03%,其中地方财政收入46.92亿元,同比增长18.73%。公共财政预算支出74.36亿元,同比增长19.9%。全年财政收支平衡,财政运行情况良好。

【组织财政收入】 2018年,推进国、地税合并机构改革工作,“改革和税收”工作“两不误两促进”。克服减税降负、贸易战等复杂形势的持续影响,大力组织各项收入。坚持“依法治税、应收尽收、不收过头税”的原则,完善组织收入工作机制。开发应用手机APP功能,在全国率先实现社保业务“掌上办”,深化“放管服”改革,不断优化营商环境。推广电子税务局,网上办税率、自助办税率持续提升,纳税人满意度进一步提高。收入结构持续优化,一般公共预算收入占地区生产总值比重为11.6%,一般公共预算收入占财政总收入比重为58.6%,税收收入占一般公共预算收入比重为87.74%。全县非税收入完成99.77亿元,同比增长128.7%,其中纳入一般公共预算管理的非税收入5.75亿元,同比增长26%。

【支持经济发展】 促进安吉县经济结构调整优化,支持实体经济健康发展。在充分梳理总结基础上完善和优化相关扶持政策,整合现有的财政专项奖金,支持企业开拓国内外市场,支持企业做大做强,促进企业转变发展方式和转型升级,2018年,累计拨付县级涉企奖励资金31368万元,其中年度经济奖励13063万元,安排破解工业“双停”奖励资金3960万元,支持企业通过科技创新转型升级,修订完善《加快科技创新若干政策》,拨付科技专项奖励资金2060万元。鼓励企业赴多层次资本市场挂牌上市,培育和做强县域优势产业,拨付股改、挂牌、上市奖励资金1550万元;争取上级财政资金支持,争取中央和省级各类涉企扶持资金6000万元;落实减税降费政策,缓解企业资金困难,全年办理出口退税23亿元,

2月28日,安吉县财政地税工作暨全面从严治党工作会议召开

税收优惠减免14.6亿元，优先退还重点领域企业增值税留抵税额3320万元。

【集中财力办大事】 聚焦农村事业发展。推进县农业经济向“高质量、高水平”的绿色生态高效农业转变，建设现代农业强县，加大对农投入，2018年，争取各类省级以上农口奖金4.3亿元，落实县级财政支农资金1.3亿元。推动城乡建设。争取棚户区改造、小城市培育和“两山”建设专项等省级以上资金2.22亿元；加强农村交通基础设施建设，完善农村公路安全保障措施，落实公共交通财政补贴资金1200万元；持续加大生态保护资金投入力度，拨付生态文明建设资金2.7亿元，其中美丽乡村9857万元、农村生活污水治理3801万元、生态文明示范1455万元、小城镇综合整治资金8000万元、生态县建设4073万元。着力保障民生事业。完善社会保障财政管理体系，安排社保风险金62626万元，深化医药卫生体制改革，安排卫生事业发展专项资金3100万元、基本公共卫生资金2317万元；健全社会救助和社会福利体系，2018年安排医疗救助资金1380万元、最低生活保障资金4855万元、老龄事务专项资金958万元、残疾人两项补贴2347万元；加大教育经费投入，将义务段和幼教生均公用经费提高至930元/生，同时提高教师工资待遇，支持普高教育龙头引领，新设安吉高级中学发展经费和金牌教练经费，鼓励学科人才引进、名校合作，创新机制，多渠道筹措资金支持三小迁建、城北小学新建等工程，加大中小学维修改造资金投入和教育装备经费投入，提升教育硬件，完善教育基础设施建设。

【预算绩效管理】 加快全面实施预算绩效管理工作步伐，在县级部门中初步建立起包括绩效目标申报、绩效监控、绩效自评、评价结果应用在内的绩效管理框架体系。做好预算项目绩效目标申报和绩效自评工作，2018年度绩效目标申报率达100%，完成2017年度自评项目858个，涉及资金18.03亿元。加强扶贫资金绩效监管，将涉及4个部门的18个项目全部录入扶贫资金动态监控平台，完善资金监管机制。

【深化财政改革】 落实新《预算法》，稳步推进全口径预算，将全部收入、支出纳入部门预算编制，首次在县人代会上提交所有108个预算单位的预算草案供代表审查。完成国库集中支付电子化改革试点。完善财政竞争性存放制度，出台《安吉县财政资金竞争性存放招投标操作规程(修订版)》。继续完善公车制度改革，公务交通支出节支率达23.2%。规范政府采购工作，政府采购项目全部通过“政采云”平台，真正实现申请、审批、采购“零跑腿”。加强国有资产管理，组织开展行政事业单位经管资产及自然资源国有资产全面摸底工作并首次将全县行政事业单位国有资产管理情况向县人大常委会进行专项报告。加强政府投资项目监管，完成概、预算审核项目98个，送审金额21.66亿元，审定金额21.07亿元，净核减率2.73%。开展“上门至少服务一次”主题活动，到部门(单位)上门服务282次，集中辅导7次，服务2068人次。

【从严治党】 激活党建动力机制。实施“553”工作法，配套出台《财政局立体化考核办法》《支部工作考核办法》《不合格党员认定办法》。抓实主题党日活动。围绕党的十九大精神设置12个主题讨论内容，各支部按月组织开展好主题讨论，并按时报送讨论成果，机关党委开设《党员论坛》工作载体，刊登各支部党员撰写的主题文章，分享讨论内容。推进党风廉政建设。组织召开系统大会暨全面从严治党工作会议，签订三级廉政责任状，确保责任能层层传递；组织开展2018年岗位廉政风险及利益冲突“双排查”工作，梳理汇总各类廉政风险点82条；经常性开展内部正风肃纪检查，印发《局廉政谈话实施办法》，开展谈心谈话、提醒谈话、警示谈话，将问题化解于萌芽状态，防止小问题变成大问题。

【队伍建设】 优化干部队伍。根据县局“双聘回头看”工作要求，提拔中层正职干部7人、中层副职干部8人，培养一支政治强、业务精、素质好、作风正的中层干部队伍。增强上挂外派力量。落实1人在财政部政策研究室挂职锻炼半年，抽调1人参加全县城中村改造攻坚专项行动，抽调5人参加2018年县委巡察工作，11人为2018年度“服务创优先锋行动”派驻干部。强化干部教育培训，抽调原地税系统60名业务骨干赴浙江财经大学参加税收业务精英培训班；抽调财政系统45人赴苏州大学参加财政系统业务骨干培训班；协助办好乡镇(街道)财政财务人员业务培训班。完成国地税征管体制改革相关人员转隶工作。转隶76名公务员、1名参公人员、6名工勤人员、1名事业人员，68名编外人员，妥善安排原地税岗位回到财政的相关人员到新的工作岗位。

【省厅调研工作思路】 10月18日，省财政厅党组书记、厅长徐宇宁赴安吉开展财政工作思路调研，深入了解安吉县经济社会发展及财政收支运行情况，并在鲁家村开展乡村振兴专题调研，谋划当前及今后一个时期的财政工作思路。县领导沈铭权、陈永华、任贵明、熊义勤陪同。徐宇宁厅长实地考察"田园鲁家"国家田园综合体试点项目，他表示，"田园鲁家"为全省乃至全国提供很好的样板，彰显"两山"理念的实践力量，彰显"两委"班子的引领作用；彰显财政政策的积极成效。徐宇宁指出，实现乡村振兴，既要留住青山，更要留住青年，要加大政策和资金扶持力度，吸引更多的青年人才回乡创业，让乡村振兴更具活力、更富生命力。

(童琳匀)

10月18日，浙江省财政厅厅长徐宇宁(中)到安吉调研财政工作思路

·国家税务总局安吉县税务局·

【概况】 2018年，安吉县组织各类税费收入110.37亿元，同比增长16.96%。其中税收收入77.1亿元，同比增长16.34%；非税收入33.27亿元，同比增长18.43%。组织财政收入76.43亿元(全县财政总收入80.08亿元)，同比增长18.58%。其中税收收入73.95亿元，同比增长18.32%；非税收入2.48亿元，同比增长26.89%。

【释放减税降费红利】 2018年，办理出口退税23亿元，同比增加4.11亿元，增长21.73%；税收优惠减免税金14.6亿元，同比增加1.07亿元，增长7.91%；其中鼓励高新技术减免2.84亿元，促进小微企业发展1.89亿元，改善民生4.48亿元，节能环保0.9亿元。积极落实竹木制品农产品增值税进项税额核定扣除试点工作，为企业减负479万元。办理增值税留抵税额退税3320万元。

【优化税收营商环境】 深化"放管服"改革，推进"最多跑一次"改革，在县域范围内设六个全职能办税服务厅，纳税人可就近选择办理涉税业务。调整完善办税服务厅资源配置，全面提升硬件配置，升级综合管理系统，提升办税效率。持续深化"一窗通办"，实现纳税人"向一个税务机关提交一套资料，在一个办税窗口申请一次"的办税"四个一"。大力推广电子税务局，网上办税率已达90%预期目标，自助办税率接近5%预期目标。办税厅平均等候时间、平均业务办理时间均低于省、市局平均水平，纳税人获得感进一步提升。组织开展新个税政策、社保非税政策宣传培训，在办税厅设置专窗答疑解难，制作宣传手册并有重点地进行上门宣传和辅导。办税厅设置清税注销业务专窗，优化企业税务注销程序，为纳税人提供极大便利。坚持推进"亩均论英雄"改革，对地方招商项目开展案头分析及经济效益预测，预防招商引资风险，实施"亩均管税"参与项目评价管理，促进项目高质落地、优质产出。助力"凤凰计划"，实施"一对一"辅导拟上

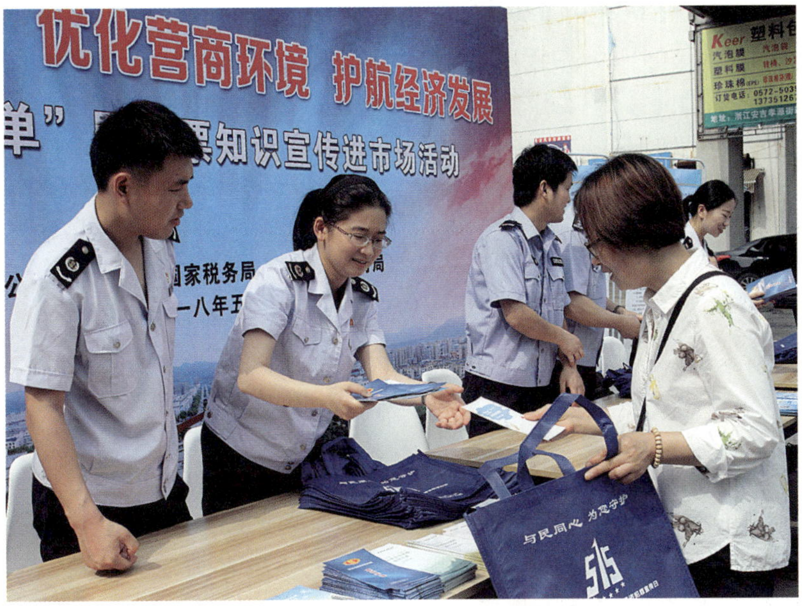

5 月 28 日，安吉县财政局开展“黑名单”进市场活动

市企业并购重组等涉税问题。大力推广网上“税易贷”，与 5 家银行合作为 38 家小微企业提供贷款 6264 万元。

【支持民营企业发展】 研究制定《进一步支持和服务民营经济高质量发展的十五条措施》，减轻税费负担、增进办税便利、完善政策执行、保障合法权益、助力纾困解难五个方面支持民营企业发展。服务企业“走出去”，实行“一户一档案”动态管理和监控，实时掌控企业对外投资情况。提请县委、县政府牵头，联合商务、海关、外汇管理等部门成立专题调研组。积极对接各产业协会、轻工商会，实地走访重点企业 20 户，电话回访 277 户，发放问卷 417 份。组建服务“走出去”企业专家团队及 12 支服务小分队，为全县 27 户重点出口企业送上国别投资税收服务指南，宣传解读“一带一路”税收优惠政策。相关工作专报获国家税务总局领导肯定性批示。

【提高依法治税水平】 围绕改革大局，坚持法治税务建设和税收执法监督两手抓。健全依法治税领导机制，根据机构改革要求，及时调整依法行政工作领导小组，全年召开四次领导小组会议。坚持领导干部带头尊法学法守法用法，实行党委理论中心组集体学法、党委书记带头讲法。加强宪法学习与宣传，提升税务干部学法用法意识，强化执法资格管理，充实内外部法律人才资源库。提高税收制度建设质量。开展规范性文件清理工作，共清理文件十件。开展重大税务案件审理，做好机构改革后重大税务案件审理收尾工作，全年审结重大税务案件十件。严格税收执法监督，接受省局的重点督察，根据督察结果逐条进行整改。全面落实内控机制建设，上线内控监督平台，科学开展内控评估与评价。积极构建税收共治格局，强化部门间横向联动，建立协税护税长效合作机制。

【国税、地税征管体制改革】 机构改革实施以来，县税务局以“四个确保”为目标，抓稳抓早，坚决打赢三场“主攻战”。机构挂牌、人员划转及安排、“三定”落实、城乡“两费”划转准备工作等各项工作均及时高效执行到位，多项工作在全市率先完成。新机构成立后，内外运行顺畅衔接，干部队伍团结稳定，征纳关系和谐融洽，税收收入稳步增长，“四合”积极效应逐步彰显，实现机构改革与税收工作“两不误、两促进”。落实责任到位。学习领会中央决策部署，紧跟国家税务总局党委顶层设计安排及省局、市局各项工作部署，将机构改革工作要求向地方党委、政府汇报。依靠地方党委政府支持，密切各级相关部门配合，解决“先分后合”的体制难题，形成改革启动早、推进质量高、衔接运行稳的生动局面。思想教育到位。分层分级分类落实谈心谈话“三个全覆盖”，把握干部“活思想”、打好改革“主动仗”，教育引导干部正确对待进退留转，促进各级税务干部队伍团结稳定。开展谈心谈话 700 余次，收集问题及建议 57 条。倡导“和合”文化，探索形成推进融合的九个做法，推进新机构工会、县妇联、共青团等组织建设，加快新税务机构文化建设。全面修订机关工作规则和规章制度，梳理并研究继承推进原国税、地税先进做法，推进业务优化整合和文化渗透融合。制度执行到位。严格落实 24 小时政务值班、领导带班和每日“零报告”制度，确保各项改革任务统一高效如期到位。建立过渡期绩效管理工作机制，建立“绩效办总账＋股室分类账＋个人明细账”三级账本，构建任务落实到岗、节点责任到人的账单化管控模式，确保责任不缺位、管理不脱节。强化舆情监测，有效防控信访舆情。排查信访舆情隐患、安全事故和网络安全风险点。严守财经纪律，制定并实施过渡期财务管理办法，做好资产清理、公务用车管理、财务报销等的管理。业务衔接到位。推进社保费和非税收入征管职责划转准备工作，强化跟班学习、宣传培训、数据共享、模拟运行，开发应用手机APP支付宝城市服务社保缴费功能，实现缴费人通过手机直接办理社保费在线参保、缴费、查询等业务的一体化，在全国率先实现社保缴费“掌上办”，为推进“最多跑一次”改革以及平稳接收城乡居民“两费”征缴夯实了信息化基础，全县受惠人群可达39万人左右。个税改革各项工作任务扎实落地，将改革工作细化为6个方面28项改革事项37条具体任务，并逐项明确路线图、时间表、责任人。通过清理数据信息，软硬件升级保障、强化培训辅导等方式，大力推广扣缴客户端，全方位落实个税改革工作任务。让纳税人、扣缴义务人和基层一线人员懂政策、会操作。开展“四大系统”上线准备工作，组织并库人海压力测试，组织干部110余人测试业务600余条。

【国家税务总局安吉县税务局挂牌】 7月20日上午，新组建的国家税务总局安吉县税务局挂牌成立，原浙江省安吉县国家税务局、浙江省安吉县地方税务局正式合并。

7月20日，安吉县委常委、常务副县长乐叶俊(右)和国家税务总局湖州市税务局总经济师、第三联络(督导)组组长袁学平(中)为国家税务总局安吉县税务局揭牌

【县开发区税务分局办税厅服务搬迁】 为进一步优化办税服务资源，提高办税效率，更好地服务纳税人，9月25日，县局开发区税务分局办税服务厅由昌硕街道胜利东路378号整体搬迁至昌硕街道天荒坪中路309号(博瑞大厦一楼)，原地税局开发区税务分局、原国税局税源管理一科办公地点一并搬迁。新办税服务厅总面积855平方米。按功能区划分为咨询辅导区、等候休息区、网上体验区、自助办税区和取表填单区。大厅设18个业务窗口，分发票实物、金税工程、通办业务等类别。新大厅硬件设施更完善，服务更加规范。自助办税区从原先的6台机器增加至17台，自助开票机增至4台，网上体验区也增加电脑设备。大厅监控设备全面升级，可以做到360度全方位监控工作环境。另外，纳税人还享受2小时免费停车服务。

【召开“走出去”企业座谈会】 11月19日，组织开展税收服务“走出去”企业座谈会，针对企业在“走出去”过程中需要关注的涉税问题进行探讨交流，15家企业代表应邀参加此次座谈。座谈会上，专家团对越南税收政策及优惠政策进行详细解读，对“走出去”企业全面辅导境外所得税收抵免的内容，对抵免方法的计算和汇缴申报等作详细讲解。同时，对在场企业代表在“走出去”过程中实际碰到的问题一一进行解答。通过“零距离”的座谈交流，县税务局对“走出去”企业进行面对面辅导，助力企业全面掌握境外税收政策，提振“走出去”信心，提升国际经济竞争力。

【召开全县税务系统警示教育大会暨作风建设推进会】 11月24日下午，召开警示教育大会暨作风建设推进会，系统全体干部职工参加会议。会议传达习近平总书记重要批示精神及中央和国家机关警示教育大会，总局、省局、市局警示教育大会精神，引导广大税务人员不断增强廉洁自律意识，遵守各项纪律，改进工作作风，更好地适应新形势下新机制、新税务的新要求。

【开展“12·4”国家宪法日宣传活动】 12月4日，县税务局联合县司法局、普法办等12个部门共同开展“全民学宪法·奋进新时代”为主题的“12·4”国家宪法日广场宣传活动。通过趣味闯关答题、现场咨询答疑等方式，宣传宪法知识及与百姓日常工作生活相关的社会保险费政策、个人所得税新税法、“最多跑一次”改革等。此次宣传活动共发放宣传资料350余份，解答群众问题47个。

【开展车辆购置税完税证明“无纸化”试点】 自2018年12月1日起，全县车辆购置税缴纳窗口采用电子方式传输完税信息，实现车辆购置税完税证明的“无纸化”操作。为了将此试点工作更好地落实到位，县税务局积极做好各项准备工作：通过税务网站、微信、微博等媒体广而告之，施巧劲，让纳税人和汽车销售4S店及时知晓新政策；及时对各个车辆购置税窗口人员进行政策和操作培训，并做好相关操作系统的升级维护，确保试点工作开展；对接车管部门，统一办理口径和业务流程，建立完善的日常沟通协调和应急机制，为试点工作平稳过渡提供保障。

（李　珺）

金　融

·县政府金融工作办公室·

【概况】 2018年，安吉县金融工作始终坚持强化金融要素保障工作的安排部署，先后开展7次政银、银企、“金融＋党建”等形式的对接会，扩大信贷投放。截至2018年12月末，安吉县各项存款余额609.34亿元，比年初增加73.6亿元，增长13.74%（市均13.44%）；各项贷款余额632.18亿元，比年初增加132.2亿元，增长26.44%（市均18.44%），占全市新增贷款总量近1/4，贷款增量与增幅均列全市第一位；余额占新增存贷比分别为103.75%、179.62%，均列全市第一位，金融工作受到市长钱三雄的批示肯定。

【信贷结构投向】 在实体经济方面：制定出台《安吉县金融支持服务实体经济的十条意见》等政策文件，从增加信贷有效投放、实施政银担合作、企业应急转贷资金使用、降低综合融资成本等多方面发力，支持实体经济发展。截至2018年12月末，全县投放实体经济贷款48.26亿元，同比增长22.68%。推动各银行机构出台多项降本减费提效新措施，全年减免各项基础金融服务费用超过3000万元，9家银行推出的“无还本续贷”产品发放贷款余额12.22亿元，受益惠及企业336户，节约企业转贷成本681.69万元。在乡村振兴方面：引导县内金融机构助力田园综合体、农业园区、家庭农场等新型农村、农业主体项目建设，为乡村振兴战略的贯彻实施注入地方金融活力。引导县内金融机构助力乡村振兴，农行、中行、农商行等对鲁家等11个家庭农场及旅游项目提供信贷支持超3.92亿元。全县农业综合产权信贷投放6.14亿元。在城中村改造方面：县农发行、农行、建行、中信等为城中村改造项目贷款授信48亿元，投放41.31亿元。

【中源家居上市】 2月8日上午，在上海市证券交易所内，中源家居股份有限公司董事长、总经理曹勇，湖州市政协主席杨建新，安吉县委书记沈铭权，安吉县委副书记、县长陈永华，湖州市人民政府副秘书长丁泉观，广发证券股份有限公司投资银行部执行董事朱东辰共同鸣锣开市，中源家居上市，成为安吉县历史上第四家上市企业，也是

2月8日，中源家居股份有限公司在上海证券交易所内上市

2018 年湖州市首家上市企业。中源家居(603709)发行价格为 19.86 元/股,网上发行数量为 2000 万股,募集资金 3.97 亿元。

【政保合作】 2018 年,县金融办推进 13 个涉及绿色发展、环境保护、民生保障的政保合作项目,深化白茶低温气象指数保险,全年推出国内首个毛竹收购价格指数保险这一地方特色险种,年内投保 5.23 万亩,惠及 4200 多农户。

【企业股改挂牌上市】 2018 年,完成 30 家企业股改,助推中源家居在上交所上市,万昌家具、黄路包装挂牌新三板,推动 18 家企业在省股交中心成长板挂牌,恒林股份以 4500 万元收购锐德海绵 80%的股权,华菲再生资源公司引进法国威立雅环境集团为战略投资者,公司重组合同金额 7 亿元,增加直接融资 142.93 亿元。

【绿色金融改革创新】 立足县情实际,充分发挥绿色金融在产业振兴、环境保护、乡村建设等绿色发展中的重要作用,推动全县绿色金融改革创新继续走在全市前列。截至 2018 年 12 月末,安吉县绿色信贷余额 175.47 亿元,增速 38.06%。推进金融领域“最多跑一次”改革,协同建设“绿贷通”小微企业融资服务平台,搭建成立浙江省首个绿色担保业务平台。通过“绿贷通”平台完成注册企业 894 家,实现融资 73.81 亿元。加快绿色金融专营机构、产品与服务、机制建设。全县设立 5 家绿色金融专营机构,占湖州市全部挂牌绿色专营机构的 62.5%,在全省率先实现绿色专营体系机构类型全覆盖,其中安吉农商银行在全国地方性小法人金融机构率先创建完整的绿色贷款评价、风控体系等绿色金融基础设施,在国内同类型机构建设中具有引领示范意义。通过发挥信贷、保险、债券等现代金融工具的功能作用,在有效推进竹产业、椅业家具等传统产业绿色化转型升级的同时,创新推出“林权贷”、“白茶贷”、白茶低温气象指数保险、毛竹收购价格指数保险、环污险、城市海绵债、青山治理绿色债等 84 个具有地方特色的绿色金融产品与服务;全面推进环污险试点,全县 26 家重点行业环污险试点企业全部完成环境体检,其中 20 家(占 80.77%)签订环污险保单。积极拓宽绿色融资渠道,推动城投集团发行 10 亿元海绵城市绿色企业债、稠州银行安吉支行发行 4 亿元绿色金融债、安吉农商行发行 3 亿元绿色金融债,实现“智慧公交”“智慧菜场”等绿色支付场景 4 个,实现经济效益、社会效益和生态效益的有机统一。扩大绿色金融改革创新的社会影响力与参与面,绿色金融改革宣传有声有影有形。先后出台《安吉县推动绿色金融改革创新的若干意见》等 4 个文件,撰写《安吉县深化绿色普惠金融 助力乡村振兴》等多篇信息专报与调研,获市级以上刊物录用与领导批示 19 篇次。通过制定出台《推进安吉县绿色金融产业集聚区建设的实施意见》《优化县域金融营商环境的举措》等文件,加快绿色金融产业布局,开展金融招商。2018 年,招引企业 91 家,注册资本 33.8 亿元。

【防范化解金融风险】 2018 年,联合辖内银行、保险及地方金融组织开展防范和化解非法集资等宣传活动 117 场,参与人数 14464 人,发放宣传资料 2 万余份,张贴宣传海报 800 余份,设

6 月 6 日,中国建设银行安吉人民路绿色专营支行揭牌仪式举行

点摆摊近100个，开设警民讲座、金融专题讲座34场，引导社会公众自觉远离非法集资等非法金融。截至12月末，全县银行机构信贷资产不良率0.42%，比年初下降0.2个百分点，处置不良贷款2.95亿元，其中司法清收11789万元、核销10677万元、其他6829万元，信贷资产质量居全市第二。

（金则青）

银行、信用社

·中国人民银行安吉县支行·

【概况】 2018年，中国人民银行安吉县支行严格执行稳健中性的货币政策，加强窗口指导，保持货币信贷和社会融资规模合理增长。发挥宏观审慎管理(MPA)的逆周期调节和引导功能，要求法人金融机构将信贷资源向制造业、小微企业等薄弱环节和重点领域倾斜。坚持金融回归本源，构建“一综合两专项”评价体系，以综合评价为核心，增设绿色金融和小微企业两项专项评估，引导银行机构加强实体经济领域的信贷支持。加大金融定向支持，发挥政策工具调控作用，全年新增再贷款资金2.2亿元，定向支持绿色小微企业。利用安吉白茶苗扶贫项目联动金融产品输出，打造“白茶＋金融”输出模式，推动安吉农商行全程帮助贵州普安县农商行定制金融产品，满足白茶扶贫项目农户及企业在茶苗种植过程中的资金需求，金融精准扶贫方式创新取得新突破。截至12月末，各项贷款余额632.2亿元，比年初增加132.2亿元，同比多增62.4亿元；贷款余额同比增长26.44%，比2017年高出10.2个百分点，较全市平均增幅高8个百分点。新增贷存比达179.7%，高出全市平均77.3个百分点；年末余额贷存比103.75%，位列全市第一，高出全市平均19个百分点，为近三年来的新突破。

【“双支柱”调控政策】 2018年，中国人民银行安吉县支行严格执行稳健中性的货币政策，加强窗口指导，保持货币信贷和社会融资规模合理增长，每季撰写经济金融形势报告，认真做好分析研判。发挥MPA的逆周期调节和引导功能，要求法人金融机构将信贷资源向制造业、小微企业等薄弱环节和重点领域倾斜。坚持金融回归本源，构建“一综合两专项”评价体系，以综合评价为核心，增设绿色金融和小微企业两项专项评估，引导银行机构加强实体经济领域的信贷支持，并联合县财政局、银监办等部门出台《安吉县金融支持服务实体经济的十条意见》，精准对接实体经济发展。2018年1～12月，全县新增贷款投放超130亿元，同比增长26.44%，增量增速均居三县首位，为实体经济发展提供有力支持。加大金融定向支持，发挥政策工具调控作用，向上争取再贷款资金3亿元，定向支持绿色小微企业。利用安吉白茶苗扶贫项目联动金融产品输出，打造“白茶＋金融”输出模式，推动安吉农商行全程帮助贵州普安县农商行定制金融产品，满足白茶扶贫项目农户及企业在茶苗种植过程中的资金需求，金融精准扶贫方式创新取得新突破。

【绿色金融改革创新】 牢固树立绿色金融发展理念，聚焦新时代“两山”实践，找准绿色金融改革创新与践行“两山”理念结合点，出台《关于践行两山理念 加快发展绿色金融 支持中国最美县域建设的指导意见》，建立“1＋2＋3＋N”工作体系，引导全县金融机构融入绿色金融发展大局。完善绿色金融工作机制，逐步建立安吉县绿色金融“产品库”“项目库”“成果库”，举办绿色金融一周年成果展活动，重点对绿色项目和绿色产品服务进行宣传。精准对接绿色产业发展，累计推出23款绿色信贷产品，发挥绿色金融支持乡村振兴作用，截至2018年12月底，绿色信贷余额175.47亿元，占各项贷款余额27.76%，绿色信贷占比在全市保持领先。推动多领域取得率先突破，成功发行全省首笔绿色企业债10亿元，搭建完成全市首个绿色担保业务平台，新增5家绿色专营支行（三县最多），辖内首笔绿色金融债3亿元获得人总行批复，探索制定绿色项目金融服务标准，推动安吉农商行绿色金融全流程管理系统上线。

【金融风险防控】 构建风范防范机制，稳步推进存款保险制度，建立工作告知书、工作约谈机制，数据报送与保费缴纳保持零差错。做好2018年央行评级工作，配合上级行完成5家法人机构央行评级工作，独立开展对交银村镇银行评级工作。加强金融监督管理，利用综合执法检查、专项检查、现场巡查、现场走访等多种形式,规范金融机构业务操作,推动金融机构合规稳健经营。配合做好互联网金融风险专项整治行动,与县银监办、金融办、公安局等部门对类金融分支机构联合开展现场检查。强化金融风险监测,对金融机构不良贷款变化和处置等信用风险状况保持关注,引导压降和化解不良贷款,截至12月末,全县不良贷款余额2.68亿元,不良贷款率0.42%,低于全市平均0.3个百分点。组织开展对金融机构的反洗钱风险评估,紧抓可疑交易的分析研判,整理并向公安部门移送重点可疑交易线索6条。

【金融服务体系建设】 优化支付结算服务,全面实施移动支付便民示范工程,“智慧菜场”“智慧公交”“智慧停车”工程扩面增量,申报7个移动支付应用示范街区(商圈),相继组织开展“移动支付—银联手机pay体验周”“一分钱坐公交”“云闪付一元换购”等活动,树立移动支付理念,改变传统支付习惯。优化征信管理服务,在县行政服务中心、银行网点增设个人信用报告自助查询机,方便个人查询者就近选择网点进行查询,完善查询点软硬件设施,争创省级征信查询服务示范点。对个人及企业征信异常查询行为进行现场核查,协调推进地方和行业信用体系建设,开展信用县创建工作。提升经理国库水平,夯实日常国库核算工作基础,加强事前、事中及事后监督,集中精力投入国库重点系统建设,实拨资金支出、集中支付清算的电子化系统于8月全面上线运行。提升人民币管理水平,建立“1元硬币预约事由追踪机制”,不断完善和落实金融机构小面额现金备付主办网点和主办银行制度,保证小面额现金供应。深化金融消保服务体系,抓住“3·15”金融消费者权益日、“金普月”等重要时点,面向社会公众普及金融知识,组织“识别非法金融广告”进校园宣传活动,辐射范围包括小学、初高中、大学,向在校学生普及宣传金融知识。妥善处理各类投诉30余起,回访满意率100%。

6月14日,安吉县税务局开展走进余村普及金融知识守住“钱袋子”金融宣传活动

【提升外汇管理与服务质效】 推进贸易投资便利化,贯彻“最多跑一次”改革要求,探索在网上办理货物贸易企业名录登记、外债登记审批业务,推进电子支付,减少业务流程,成功实现企业业务电子单证在银行和企业之间通过信息化传送,网上直接办理跨境汇款业务。防范跨境资金流动风险,以银行监管为抓手,综合运用考核、核查、约谈等手段,督促银行严格落实展业原则,加强货物贸易、个人外汇业务等交易真实性、合规性背景的审核,堵塞跨境资金异常流动渠道,对48家企业列入重点核查企业名单,并进行现场核查。积极引导市场预期和舆情信息,针对中美贸易摩擦开展专题调查,为辖内涉外企业应对贸易摩擦提供政策建议,截至12月末,全县出口总额37.23亿美元。加强外汇政策普及宣传力度,联合县商务、海关、国税等部门重点对近年来货物贸易政策、境外投资政策,以及如何规避汇率风险知识等进行讲解分析,累计举办涉外政策宣讲培训会4期。主动服务“一带一路”建设,推动企业“引进来”和“走出去”,支持实体企业境外投资融资,截至12月末,实到外资8900万美元,同比增长46%,对外投资项目4个,中方协议投资额近4.17亿美元,同比增长420%。

【党建工作】 创新开展“美丽党建”，打造基层党建品牌。出台《关于开展美丽党建品牌创建的实施意见》，从政治建设、思想建设、组织建设、队伍建设等5个方面提出15条措施，全面加强基层党建工作，以“党建＋绿色金融”为特色，引导党员干部推动绿色金融改革创新，服务“美丽经济”发展。做好党支部支委换届选举工作，由党组书记兼任支部书记。强化政治思想建设，认真学习贯彻习近平新时代中国特色社会主义思想和党的十九大精神，编发学习手册，组织参观党员使命教育馆，开展纪念建党97周年“五个一”主题党日活动。完善党组理论中心组学习、党组议事规则等机制，全年开展党组中心组学习13次，班子成员讲党课4次。搭建党建活动平台，走进“两山”理念诞生地余村开展合作共建活动，与余村党支部进行“美丽对接”，邀请余村村书记上党课，接受“两山”理念熏陶。组建以党员为主的美丽央行志愿者队伍，开展环保志愿活动、文明劝导、结对帮扶等活动。落实“两个责任”，层层传导压力。逐级压实全面从严治党责任，出台党风廉政建设党组主体责任、纪检组监督责任清单，明确具体任务，重新修订党风廉政建设责任书，党组书记与党组成员、分管行领导与分管部门层层签订责任书，一级管好一级，形成落实“两个责任”强大合力。加强监督，以风险监督管理系统为依托，按月按季做好岗位(廉政)风险防控工作，开展在职员工及退休人员参与P2P网贷平台情况、金融异常风险状况排查，实现排查对象全覆盖。规范对外执法检查行为，发出廉政监督卡6张。持续加强和改进作风建设，组织开展人人手抄《人民银行正风肃纪十条禁令》并签订承诺书活动，增强纪律意识和规矩意识，落实精文简会、调研轻车简从等工作要求，狠抓重要时间节点的作风建设，节前及时发布廉政风险提示。筑牢纪律规矩防线，深化孝廉文化建设。开展“纪律建设深化年”专项活动，利用专题党课组织学习新修订的《中国共产党纪律处分条例》，加强纪律教育和督促，把握全面从严治党的新部署新要求，深化“党性党纪教育一刻钟”机制，推动廉政教育行务会议、支部会议、股室会议全覆盖。以“筑牢纪律防线，深化孝廉文化”为主题开展廉政文化建设活动，组织开展“强化纪律、推动自律”的孝廉乡村健步走活动，聆听孝子村廉政清风，在网站上开设廉政文化专栏，在办公桌上摆设孝廉格言，让廉政文化入脑入心。坚持党组季度研究党风廉政工作机制，强化责任落实考核，主动对接地方纪委监委、公检法机关，强化员工八小时以外行为管控，做到早发现、早预防、早处理。充分运用好谈话手段，对“三新”人员(新提任干部、新入党同志、新入行员工)实现廉政谈话全覆盖。

6月28日，安吉县税务局部分人员在余村重温入党誓词

【加强“双基”建设】 优化制度体系，推进“双基建设”。整体谋划，出台《安吉县支行全面加强“双基建设”实施细则》及责任项目清单，重点抓好支行、党支部、股室3个层面15项“双基建设”措施的落实，形成以制度化建设、信息化建设、管理文化建设3项为支撑的建设体系。深化制度化建设，在前期制度梳理的基础上，做实制度基础，根据“立、改、废”要求，新建《假期管理办法》等制度6项，对《财务管理办法》等11项制度进行修订，并对2017年以来财务制度等执行情况进行地毯式自查，实行问题清单、整改清单、责任清单3张清单，从制度和执行层面，深刻反

7月16日，中国人民银行安吉县支行开展半年度乡镇经济发展情况、金融机构调研

思原因，加强督办整改，并探索建立内部审计监督的有效途径和手段。推进信息化建设，发挥信息化对基础工作的支撑作用，改版支行网页，开辟数据共享模块，每月发布信贷、外贸等各类数据资料，搭建学习平台、交流平台、食堂管理平台，实现办公室学习资料上网，在三县率先完成技防升级改造工程，稳步推进安全管理系统上线。

【管理文化建设】 多形式推动"五个习惯"养成，突出"践行习惯、培养自律、增强自觉"主题，召开管理文化专题分享会，在不同层面分享"五个习惯"践行情况，建立双向沟通交流机制，管理层与员工"一对一"交流沟通全覆盖，开展季度荐书活动，鼓励员工日读一小时、月读一本书，培养自觉读书习惯。多层面提升自觉执行能力，记录《习惯践行日志》，行领导带头严格执行，各股室负责人提倡并鼓励团队成员主动参与记录及晾晒；在支行网站打造"管理文化"动态栏，展示管理文化建设成果，向《管理文化建设》专刊报送建设动态，引导全员参与。多方位总结管理文化建设情况，全面分析存在问题，持续提升团队成员系统思考、反思学习、自律管理能力，参加中支管理文化论坛，围绕"绿色金融""双基建设"等主题，相继参加三期中支管理文化论坛，展现支行管理文化推进情况，并将与国库科共同承办一期管理文化论坛，进一步增强团队凝聚力、创造力。

【自身建设】 强化干部队伍建设，特别是加快青年员工培养，组建以青年员工为核心的编译和评论双小组，建立行领导与青年员工"1+1"调研帮带机制，提升青年员工调研分析能力，出台《加强和促进青年员工成长的八条措施》，通过干部提拔、岗位交流、"上挂外派"等培养方式，着力营造青年成长成才良好环境。新提任三名青年中层干部，对两名青年员工进行岗位交流。优化内部管理方式，建立三个工作小组，即提升履职能力的综合业务管理小组、强化调查研究的调研分析小组、加强内部监督的内控保障检查小组，全面提升综合管理能力。每周定期进行安全检查，每月随机开展文明检查，做到安全办公和文明办公。完善集中采购和固定资产管理机制，规范专项资金使用。紧守财经纪律红线，实行财权、事权分离管理，加强"三公"经费和会议费等其他一切公务活动开支管理，把好财务资金审核关口，提升财务指标使用的科学性和有效性。加强依法行政，推行法律顾问制度，实施"双随机"抽查，做好行政许可、行政处罚的公示，以及纪念币发行等信息的主动公开。

(李　青)

·湖州银监分局安吉办事处·

【概况】 中国银监会湖州监管分局安吉办事处成立于2003年12月，是湖州银监分局正科级内设机构。主要工作职责是：按照"管法人、管风险、管内控、增加透明度"的要求，突出法人银行监管，督促银行业金融机构加强内控管理，防范化解金融风险。协助和配合地方党委、政府部门整顿和规范金融秩序，维护一方金融平安。积极引导和督促辖内银行业金融机构在防范信贷风险的同时，优化信贷结构，增加有效投入，支持地方经济发展。深化金融改革，支持金融创新，促进辖内经济金融和谐发展。截至2018年底，安吉县银行业金融机构17

家，与年初持平；营业网点101个，增加4个；各项存款余额590.06亿元，比年初增加66.44亿元，增幅12.69%；各项贷款余额631.76亿元，比年初增加132.4亿元，增幅26.51%；不良贷款余额2.68亿元，比年初减少0.43亿元，不良贷款率0.42%，比年初下降0.2个百分点。

【绿色金融改革】 践行红色党建引领绿色金融发展。安吉县银行业积极探索把党建合作建立在银政、银企合作上，拓展"基层党建+绿色金融"模式，发扬好基层组织的磅礴生机，开展绿色金融帮扶支持战略合作，深化银行党组织和村级党组织之间的共建互助工作，坚持服务推动强村富民，助推绿色金融改革创新。截至2018年底，推动浙江省建行与余村、湖州银行安吉支行与黄杜村、安吉农商行与黄杜村、中行安吉支行与鲁家村分别签订党建共建协议，共创基层党建工作"理论一实践"互促银村合作新模式。率先实现绿色专营体系机构类型全覆盖。安吉办事处持续引导辖内银行机构开启绿色金融改革征程，将安吉精心打造为绿色金融机构先行示范地，除安吉农商银行全国率先成立首个小法人机构绿色金融事业部外，到2018年末，安吉县银行业挂牌的绿色专营支行5家，占市全部挂牌绿色专营机构的62.5%，其中国有银行3家、股份制银行1家、城商银行1家，初步实现辖内大型国有银行、股份制银行、城商行和农村金融机构等机构类型绿色专营体系的全覆盖。推动安吉农商银行绿色普惠银行向纵深发展。省内首个小法人机构绿色金融综合服务平台上线。该平台建立在绿色普惠银行管理项目成果的基础上依托该行大数据平台研发而成，具备两大业务功能：对绿色信贷进行标准化识别与自动化统计；对绿色信贷进行环境效益量化测算。以评估计算每一笔绿色信贷投放产生的节能量、二氧化碳减排量、节水量等环境效益。

【银行整治工作】 开展银行乱象整治工作。深化整治银行业市场乱象是2018年监管工作的重头戏，根据湖州银监分局统一安排，办事处督促辖内银行根据《银监会关于进一步深化整治银行业市场乱象的通知》（银监发〔2018〕4号）文要求和浙江银行业经营管理负面清单，开展自查自纠工作，并按照时间节点及时报告阶段性自查报告。其间，配合分局对邮储银行、浙商银行安吉支行开展深化"治乱象 维秩序"工作现场专项督导，同时对稠州银行安吉支行和安吉农商行辖属支行等机构进行飞行检查。同时，三季度对辖内4家大型银行和2家股份制银行开展专项安全检查，并向湖州银监分局报送抽查报告。重点督促法人机构开展整治工作。办事处重点督促法人机构以分局"乱象整治深化年"活动为切入点，成立领导小组，制定活动方案，确定牵头部门，开展整治工作。对重要信贷业务、关键岗位、员工行为管理等方面重点排查，2家法人机构查出违规问题95个。并给予"两处两罚"，即外部监管行政处罚、内部处罚"两罚"和违规机构处理、人员"两处理"，整治规范市场乱象。做好互联网金融专项整治工作。根据市整治办要求，成立县互联网金融整治专项领导小组和专班，由县金融办和银监办为共同牵头方，合力开展互联网金融及P2P规范整治，开展互联网金融企业现场检查和专项检查5次。同时，建

7月20日，安吉银监办组织全县银行业金融机构召开进一步深化"治乱象、维秩序"专题工作会议

立安吉县类金融企业变更联审工作机制，按照《关于进一步强化类金融机构登记注册管理的通知》(湖互金整治〔2018〕2号)文件的要求和各自工作职责，做好类金融企业变更事项审查，并加大互联网金融风险宣传，力保安吉县处于低风险县区。

【加大信贷投放】 信贷投放创历史之最。截至2018年12月底，安吉县各项存款余额609.34亿元，较年初增加73.6亿元，增长13.74%，高于全市平均0.3个百分点；各项贷款631.76亿元，比年初增加132.4亿元，新增贷款首次突破百亿，增幅26.51%，高于全市平均8个百分点，增量增幅均为湖州三县之首。全力支持民营小微企业发展。截至12月底，全县银行业各项贷款631.76亿元，比年初增加132.40亿元，增幅26.51%，同比多增63.23亿元，新增贷款超百亿，创历史之最。小微企业贷款274.53亿元，比年初增加41.81亿元，小微企业贷款户数增加5919户，申贷获得率达99.20%。不良贷款继续实现“双降”。年内要求辖内银行继续保持不良贷款处置力度不减，至12月底，不良贷款余额26808万元，比年初减少4277万元，不良率0.42%，比年初下降0.2个百分点，继续实现“双降”，不良贷款率保持低位水平。实施金融支持乡村振兴战略。办事处会同县金融办制定《安吉县金融支持服务实体经济的十条意见》，县政府制定《安吉县金融支持服务乡村振兴战略的实施意见》，鼓励银行机构支持乡村振兴和服务实体经济，引导农村中小金融机构扩大优势，主动融入乡村振兴战略，积极改变乡村金融服务方式。2018年12月，安吉农商行被县政府授予“乡村振兴主办银行”铭牌。推进债委会建设，加大困难企业帮扶。办事处继续落实有关帮扶措施，联合开发区政府、县金融办以及辖内外银行机构组织召开利豪集团、艾玛家居等企业的债权人委员会会议3次，参与政府对企业融资协调会4次，研究落实有关帮扶政策和措施。在分局的大力支持下，妥善解决安吉县最大民营企业浙江博瑞控股集团融资问题，有力支持民营企业健康发展，得到市、县政府领导的肯定。

【发行省内农信系统首单绿色金融债券】 11月15日，发行浙江省农信系统首单绿色金融债券(同时也是湖州银行业首单绿色债券)，额度为3亿元，债券期限为3年，利率执行4.6%，系省内农信系统发行额度最大的一支绿色债券。该债券受到投资者的积极认购和追捧，有18家金融机构投资者参与认购，认购需求量达32.3亿元，其中省外金融机构3家，参与认购金额6.9亿元。

(孙永安)

·中国农业发展银行安吉县支行·

【概况】 2018年，农发行安吉县支行坚持稳中求进工作总基调，牢固树立新发展理念，牢牢把握高质量发展总要求，把服务乡村振兴战略作为立足点、出发点和主攻方向，统筹做好促发展、严管理、防风险、强队伍各项工作。存款业务保持稳定：2018年末，各项存款余额85906万元，比年初增加5559万元，增幅6.92%；日均余额92099万元。贷款业务持续新高：2018年末，各项贷款余额348202万元，比年初增加99201万元，增幅39.84%；贷款日均余额292505万元，比年初增加25128万元，增幅9.4%，1～12月，累计投放各类贷款134531万元，同比多发放79081万元，增幅142%。不良贷款继续保持零余额。财务经营持续向好：2018年末，各项财务收入14749万元，各项财务支出10975万元，账面利润3774万元，人均利润251.6万元。2018年，农发行安吉县支行实现1500万元一年期定期存款的中标。

服务乡村振兴战略，促进业务发展。深刻领会乡村振兴战略的内涵和外延，结合“两山”思想，做好业务发展工作。做好粮油购销储备工作，保障粮食储备安全。坚持把支持粮棉油收储作为业务工作的重中之重。贯彻执行国家粮棉油收储政策，2018年，累计投放粮棉油贷款4530万元，支持轮换县级储备粮13202吨，支持省级代收购小麦2000吨，为县收储公司完成县政府下达的粮食安全任务提供资金保障。以土整、现代农业园区建设，棚户区改造为突破口，继续加大农业农村基础设施建设贷款支持力度。2018年，评估申报贷款22.8亿元，获批贷款14.6亿元，发放贷款13亿元，支持安吉县县城东区新型城镇化建设等7个重点项目的建设实施。主动对接，推进绿色金融发展，全年农发行安吉县支行绿色金融贷款余额4.2亿元。

强化信贷业务基础管理，做好内控管理工作。以贷后管理年活动、信贷队伍建设年活动、内控综合治理十大突出问题专项治理工作为基础，推进全面风险管理，完善安全防线提高认识，提高风险防范能力和经营管理水平。

坚持从严与务实，深化党建和队伍建设。把政治建设摆在首位。强化政治意识和政治规矩。结合规定动作，开展经常性活动，制订学习计划实施安排表，安排每月学习计划，筑牢党员的理想信念堤坝；建立党员政治生日台账，做好党员积分管理考核；结合重点时期，开展阶段性活动：如七一建党节时，党支部组织开展"重温入党誓词 召开一次党员大会"、学习十九大精神心得体会、撰写"红船精神"心得体会等活动。提升队伍建设水平。提升队伍素质，开展每周学习例会、每周晨会制度，打造一支业务能力过硬的队伍；加强企业文化建设，定期召开职工代表大会，制定实施行务公开制度，发挥工会的桥梁纽带作用，开展丰富多彩的企业文化建设活动；增强轮岗和强制休假的执行力。

（俞珊珊）

·中国工商银行股份有限公司安吉支行·

【概况】 2018年，中国工商银行股份有限公司安吉支行内设三个部门，分别是综合管理部、公司业务部、个人金融业务部；下辖五个网点，分别是营业部、孝丰支行、递铺支行、城中支行、昌硕支行；设有自助银行22个，是四大国有银行设点最多的银行，遍布递铺镇、晓墅镇、孝丰镇、天子湖镇、塘浦工业园、阳光工业园、范潭工业园。2018年，安吉支行被评为"湖州市劳动关系和谐企业"（"双爱"活动示范企业）、"湖州市治安安全单位"、"安吉县消费者信得过单位"。安吉支行营业部是总行和省行评选的优质服务五星级网点，昌硕支行及递铺支行是总行评选的优质服务四星级网点。

7月底，党支部组织开展"重温入党誓词 召开一次党员大会"座谈会

2018年，本外币存款余额58.54亿元，较年初增长7.16亿元，增长率为13.94%。其中储蓄存款时点余额33.35亿元，时点增量4.185亿元，日均增量3.15亿元，继续保持四行排名第一；贷款业务方面，贷款余额44.25亿元，较年初增长7.35亿元，增长率为19.92%。其中住房按揭贷款实现年初既定目标，实现增量四行占比第一，余额同业超农行，系统内超长兴支行，为同业第二，系统内仅次于吴兴支行；小微企业拓户方面，小微客户较年初增加46户，任务完成率135%；单户1000万元以下小微贷款净增1.22亿元，位列全市第一，任务完成率122%；不良贷款额351万元，同比减少2734.94万元，不良率为0.079%，同比下降0.757%。中间业务收入6445万元，净利润18520万元，同比增幅13.53%。

【党建工作】 关心关爱退休职工。2018年1月，安吉支行党总支制定并下发《2018年度工商银行安吉支行党总支党员联系制度》，全行党员按照支部指定和个人选择相结合的方式，联系一至两名群众，重点是入党积极分子、困难职工、离退休员和帮困对象；在建党节、重阳节、春节等时间节点组织退休职工去余村、中南百草园、目莲坞等美丽乡村参观并进行党和行内政策的宣传。党建督促指导到位。支行党总支书记负责主持研究制定支行党建工作计划和落实措施，

8月,参加中共中国工商银行湖州分行委员会举办的"双争"主题故事会汇演

督促、指导班子成员履行好工作职责,在班子内部,明确党建工作职责与分工,制定与完善总支成员党建工作联系点工作制度,落实每月基层检查指导,与党员和员工谈心谈话,了解各部门网点的业务经营和党建工作落实情况。并组织各党支部委员和班子成员召开党建工作专题会议,督导党建工作,2018年结合党建工作针对"关注支行摘帽"和"提升支行经营绩效"开展专题党建督导会议,并根据制定的目标、责任部门、责任人定期跟踪督导。

【队伍建设】 发挥正能量激励作用。2018年,安吉支行对工作开展中涌现出正能量的员工,在以物质奖励的同时也提倡精神层面的奖励,以先进典型鼓舞人,以榜样力量激励人,涌现出一批无私奉献、默默工作、"为大家舍小家"的感人事迹,如递铺支行陈宝国、昌硕支行吴卫国、营业部徐子薇、公司部曹菊菊、个金部郑志华等。队伍建设到位。支行制定和完善后备库人员竞升和管理办法,通过公开遴选先后将5名后支行后备库优秀人才充实到客户经理岗位上;同时对10名中后台人员进行双聘,优化支行人员结构,其中8人成立放贷中心,精减2人充实到网点部门前台岗位。动员组织员工参加各类培训、考证、考级、知识竞赛和继续教育,对于考取行外资格证书的给予适当奖励。推进"职工之家"建设,通过劳逸结合缓解员工压力。支行通过党总支、工会、团委三级联动,开展"青年说"员工座谈会、员工徒步活动,邀请私银客户参加支行瑜伽班,组建篮球队组织与客户的篮球比赛、羽毛球比赛,开展员工生日活动、旺季为一线员工提供牛奶水果、高温季节向员工提供解暑冷饮等一系列的关爱员工工作;同时支行还从关爱员工的角度入手,充分了解员工的思想动态和工作状态,对于工作中取得的成绩及时表扬,遇到的挫折和困难给予关心和帮助解决,对于犯错的及时指出并纠错。

【内部控制】 优化内控环境建设,健全本行的内控管理与监督机制,落实党风廉政和案件防范责任制。通过各类警示教育、"以案说案"宣讲活动、合规制度的学习、上级行布置的各项自查工作、县人行对安吉支行的综合执法检查等工作的开展,增强广大员工的合规意识。开展自查自纠保障全行安全经营。支行自查计划方案以内控评价提纲为基础,将内控评价指标逐一进行分解到自查工作中,年内陆续开展岗位职责梳理,智能设备管理情况、人民币结算账户管理情况、个人理财业务合规销售等方面的检查,按季开展案件风险排查、上级行布置的专项排查等。针对2018年6月19日至29日安吉县人民银行对工行安吉支行开展综合执法检查的情况,安吉支行丁4月起,以专业条线为主开展征信管理业务、支付结算业务、国库业务、外汇业务、金融消保权益保护等自查工作,对自查出的问题立即落实整改。其次,支行增加现场经理、优秀员工、屡查屡犯员工参与各类检查,通过树立榜样作用增加学习机会。加强突击检查,全年支行组织突击检查22次,重点检查客户资料的保管及客户各类申请表的填写不完整的现象;针对银监飞行检查的日常化,支行加强与当地银监办的工作联系,收集银监飞行检查细则,有针对性地开展自查工作,重点对理财合规销售、客户资料保管、贷款要素完整性等开展自查。对检查发现的问题，坚持严格问责，对重要违规行为、屡查屡犯员工实施追究责任人，全年支行对42人次处违规处理，违规积分扣罚74分、扣减绩效5900元。在进行处罚的同时，各专业部门开展周例会，对近期发生的风险事件或存在问题进行再次警示，组织学习相关制度文件或由当事人对问题进行自我分析，通过举一反三的方式力求减少问题的产生。强化员工异常行为管理清理风险隐患。在做好常规排查工作的同时，通过开展多频次的谈心谈话、互谈、员工家庭走访等活动，形成排查工作日常化开展的机制，强化员工异常行为管理。在排查过程中，也发现个别员工存在网络平台贷款、员工收支不匹配等情况，支行加大帮扶力度，与部门网点共同帮教，持续跟踪管理，确保安全无事故。

（贺　坤）

·中国农业银行股份有限公司安吉县支行·

【概况】 2018年，安吉农行全力助推地方经济发展，在支持实体经济发展、帮扶小微企业、服务重大民生工程和普惠“三农”等方面作出积极探索。截至2018年12月末，支行各项本外币存款余额65.76亿元，比年初增加9.35亿，市场份额占比30.39%。各项贷款余额119.70亿元，比年初增加30.37亿元，市场份额占比45.78%。不良贷款余额1020万元，不良贷款率0.09%。3月7日，在召开的2017年度安吉经济发展风云榜颁奖盛典上，农行安吉县支行获“银行机构先进集体”的称号。

10月，农行安吉支行走村入户宣讲惠农e贷产品

【助力地方经济发展】 2018年，信贷重点支持水利项目、高速公路项目、旅游行业、新农村建设、实体经济和小微企业，积极支持当地特色农林产业，探索创新绿色担保机制，推广线上产品；在信贷规模安排上优先安排绿色企业、战略新兴行业客户、小微普惠客户，解决融资难、融资慢的问题。全年新投放“五水共治”、高速公路、棚户区改造等基础设施项目、旅游业、小微企业贷款累计32亿元。

【加大小微企业支持】 加大线上线下融合，推进对小微企业的信贷支持，2018年支行新增小微企业信贷客户49户，全年新投放小微企业贷款3.86亿元。加强与税务、工商部门的合作，利用工商注册等系统，做好对小微企业开户等基础金融服务。加大小微企业走访力度，积极上门开展金融服务对接，了解小微企业金融需求。以“小微网贷”“微捷贷”为抓手，实现小微企业在线自助申贷、自助提款、随借随还。

【助力乡村振兴】 加大“三农”团队培养，完善“三农”服务机制。通过派驻年轻业务骨干到孝丰、梅溪、天子湖乡镇挂职学习，开展“三农”政策宣讲，协调银行贷款，搭建完善农村金融服务渠道；与余村、鲁家村、黄杜村村支部书记开展导师结对，共同探索乡村绿色发展的新路子。推广线上惠农产品惠农e贷，推广惠农信用贷款，满足农村客户融资需求；基于安吉白茶特色，创新白茶数据专项网贷。截至12月末，安吉农行农户贷款余额3.77亿元，较年初增加1.31亿元，新投放农户1200余户。主动加强外延合作，创新绿色担保业务。与省担保集团、安吉县国信融资担保有限公司共同签署“绿色保”业务合作，优先支持当地茶叶种植户、“农家乐”经营户等生态农业客户。全年发放27余笔，投放金额1000余万元。

【风险防控】 控制信贷风险，加大信贷风险防控与不良去化，严格把好贷前、贷后管理，加强风险化解和管理工作，全年实现不良清收1675万元、现金清收845万元，不良贷款余额与不良率分别比2017年末减少505万元和下降0.08个百分点。夯实基础管理，推进“三线一网格”管理模式，开展员工参与经商办企业、民间借贷和非法集资等专项治理活动，抓好员工行为分析及排查；深化乱象整治排查，实事求是揭露风险及问题，抓好问题整改。全面提升操作水平及风险防控，推进业务操作大学习，年初制订学习计划，分条线抓好培训及测试，提升全行员工服务及操作水平。

【党建工作】 完善基层党支部“三会一课”及组织生活制度，一个网点一个支部，强化对支部党员的教育管理，开展“两优一先”评比，以支部为单位组建业务突击队、志愿者服务队等，发挥“两个作用”。开展党建共创，推动党建与业务的融合。推动支行各支部与结对村、企业、税务等机关单位的结对行动，通过联合开展主题党日活动，实现党建共创、业务合作。2018年，各支部累计与税务、工商、企业以及村支部等单位开展党建结对活动五十余次。落实从严治党，推进党风廉政建设。坚决落实支行纪委书记专职化，加强纪检队伍建设。坚持“党纪一刻钟”学习，加大对典型问题的通报，开展“查教结合学案例 筑牢防线促发展”警示教育活动，打牢支行廉政基础。推动党建工作网络系统，推进“三线一网格”管理模式，优化支行党建线、纪检线、运管线的岗位设置和党员配置，实现人人有网、人人有责。

【天荒坪新设网点】 2月6日，农行安吉县支行在天荒坪镇新设立网点营业。3月28日，市银监批复该网点更名为余村绿色专营二级支行，该二级支行致力于推动绿色普惠、服务绿色小微、服务“三农”，大力扶持信息经济、休闲旅游、清洁能源等绿色产业发展和美丽乡村建设等。

2月6日，农行安吉县支行在天荒坪新设网点营业

【签署“绿色保”业务合作】 4月16日，与省担保集团、安吉县国信融资担保有限公司共同签署“绿色保”业务合作，该协议的签订是助推湖州市绿色金融改革创新试验区建设和安吉“两山”理论实践示范县建设的有益实践，也是创新绿色担保业务、践行绿色金融理念的积极探索。根据协议，省担保集团、安吉国信担保及农行安吉县支行三方充分发挥各自优势，重点支持安吉县区域内的绿色金融客户。结合安吉县实际情况，首期合作额度2亿元，优先支持当地茶叶种植户、“农家乐”经营户等生态农业客户，根据业务开展情况，服务范围将逐步扩大至环保、节能、清洁能源、清洁交通、循环经济等领域。

（马　丽）

·中国建设银行股份有限公司安吉支行·

【概况】 2018年，中国建设银行股份有限公司安吉支行上下凝心聚力、攻坚克难，以转型为主线、以创新为驱动、以合规为底线，践行核心理念，围绕绿色发展的主基调，推进建总行“三大战略”发展。存款业务方面，截至2018年底，一般性存款(人行口径)时点余额76.92亿元，比年初增加9.33亿元。其中对公存款余额49.27亿元，比年初增加8.11亿元；个人存款余额

27.65亿元，比年初增加1.22亿元。日均余额78.22亿元，增加12.10亿元。其中：对公日均余额51.76亿元，增加9.99亿元；个人日均余额26.46亿元，增加2.11亿元。贷款业务方面，截至2018年底，各项贷款余额77.43亿元，比年初增加20.15亿元。其中，对公贷款余额35.36亿元，比年初增加14.14亿元；个人贷款余额42.07亿元，比年初增加6.01亿元。资产质量方面，截至2018年底，不良贷款余额1112万元，比年初下降375万元，不良率0.14%，比年初下降0.12个百分点，实现不良额、不良率的双降。全年处置不良贷款1147万元。国际业务方面，全年完成国际结算量10.35亿美元，系统（湖州分行）占比40%，当地四行（工、农、中、建）占比31.38%，当地四行、系统排名均列第一；跨境人民币结算量8.47亿元，系统占比46.36%，当地四行占比43.22%，系统、当地四行排名均列第一。经营效益方面，截至2018年底，实现净利润17975万元，较2017年同期增加3709万元。贷款收益率4.8%，比2017年同期提升0.11个百分点，存款付息率0.84%，与2017年同期持平，存贷利差3.96%，比2017年同期提升0.11个百分点。

【“三大战略”发展】　住房租赁方面。把蓝海项目提升至支行重大战略之一，全年完成企业租赁系统、公租房系统、共享系统和监管系统四大系统上线。根据安吉区域的特点明确工作方向、指导具体的营销方法，通过勤走访、多联系，着重对蓝海项目进行介绍和推荐，依托全行员工的努力，扩量提升房源，已有公租房814套、企业房源758套、共享房源17套。

金融科技方面。建行有金融科技14大平台，安吉支行完成推进住房租赁平台、智慧政府平台、党群服务平台、公益教育平台、“善行宗教”平台等的应用。智慧政务平台方面，实现安吉县人民法院案款系统全渠道上线，成为独家诉讼费代理行；实现“国土金通”平台上线；实现安吉县住房维修基金系统上线。党群服务平台方面，签约了政府机构类党群综合服务平台6家、企业类党群综合服务平台28家。公益教育平台方面，实现3所学校的平台上线运营。善行宗教平台方面，完成灵峰寺、安吉基督教堂等33家宗教场所的平台上线运营。此外，拓展“银医通”2户，与安吉县人民医院达成无感支付协议，强化金融科技场景的应用。

普惠金融方面。截至2018年底，安吉支行普惠金融贷款余额6.52亿元，较年初增加1.28亿元。其中，公司普惠金融贷款余额2.47亿元，比年初增加0.61亿元；个人普惠金融贷款余额4.05亿元，比年初增加0.67亿元。普惠金融推动方面，坚持大数据运用，推广“惠懂你”APP注册，及时营销落地系统推荐客户；借力外部力量，通过政府部门、税务系统、科技局等获取客户资源，以产品推介会、沙龙等方式，对产品进行宣传；打造安吉支行普惠金融品牌，贯彻普惠金融战略，打造“普惠行”普惠金融品牌。自2018年9月至年底，支行累计开展“普惠行”品牌沙龙活动4场，深入产业园区2家、乡镇2处，累计参与客户达96户，达成信贷意向23户，完成信贷投放4户，达成开户意向47户，实现开户12户，完成“惠懂你”APP注册326户。2018年2月，随着全国建行首笔“文明助农贷”在安吉余村的投放，“普惠助农”更成为安吉支行的工作亮点。全国建行在安吉试点推出创新支农信贷产品“文明助农贷”，安吉支行结合当地县域实际，将“文明助农贷”业务与2个全国文明村和17个浙江省文明村全面对接。2018年，发放“文明助农贷”业务31笔，金额合计538万元，基本实现“文明助农贷”业务在全县文明村的全覆盖。

【支持安吉县域经济建设和发展】　践行“两山”理论，支持绿色经济发展。发挥建设银行在大客户、大项目上的服务优势，信贷投放积极向“六型客户”转化，将金融资源和服务向清洁能源、环境整治、绿色交通、节能减排、绿色支付等重点领域倾斜。2018年，安吉支行在绿色金融领域累计授信36.8亿元，实际投放15.24亿元，年内新增投放4亿元，支持装机规模国内前三的长龙山抽水蓄能电站、“中国小莱茵河”长湖申航道西延工程、“生态互补样板”安吉草荡水库42兆瓦渔光互补光伏发电工程、“五水共治”典范安吉梅溪河道综合整治工程、绿色环保建筑中国物流安吉现代物流园等等绿色经济项目。同时，借助绿色金

建行安吉支行开展“裕农通”助农服务点拓展工作

融改革趋势,推动建行“裕农通”助农服务点的拓展工作。截至2018年底,设立服务点27个,并全部激活运行。其中安吉余村“裕农通”服务点已打造成标杆助农服务点。安吉支行被确定为湖州建行系统综合型支行的一家绿色信贷特色支行,下辖网点原递铺路支行更名为人民路绿色专营支行,开始绿色专营模式的探索。

发挥建行传统优势,支持安吉县域棚户区、城中村改造等民生工程。近几年是安吉县投资项目建设的重要时期,安吉支行发挥在项目建设贷款上的优势,努力向上级行申请贷款规模,为项目建设提供授信。配合政府城市改造民生工程建设,推进棚户区改造工作进程。主动加强与县内实施主体的对接服务,加快项目融资进程,截至2018年底,棚户区融资余额12亿元。

创新驱动,全力服务安吉外向型企业发展。家具(转椅)行业作为安吉县经济的主要支柱产业,安吉支行对该行业有广泛的信贷支持,对上市的当地3家家具企业的授信达4.8亿元。针对安吉外向型企业,利用建行产品的多样性,通过大力推进各类创新型衍生国际业务产品,帮助企业降低财务成本、提高存款收益、锁定汇率风险,实现银企双赢。如为安吉某上市企业办理全省建行的首笔国际双保理业务,累计金额1.04亿元;通过产品创新,以票据池额度质押方式为安吉某招商引资企业发放流动资金贷款3000万元等。

发挥建行住房金融业务优势,支持民生住房领域。2017年以来,有一大批房地产开发商进入安吉,尤其像碧桂园、祥生、绿城等全国百强房企的房产开发项目进入安吉市场后,安吉支行利用自身的住房金融业务优势,通过标准化、流程化的集约经营模式,服务开发商和购房客户。2018年全年累计发放个人住房贷款17.18亿元,笔(户)数2966户,新增合作楼盘19家。

【信贷风险管控】 完善信贷授信风险控制机制。建立信贷业务联动管理模式,在客户准入时落实贷前会商制度,贷后管理做实对企业的实地回访,及时发现潜在风险,强化信贷风险的全程、精细管理,提高信贷风险的防范能力、预警能力、纠偏能力和化解能力,使风险关口有效前移,提早化解风险。着力化解存量风险。对现有存量授信客户的风险特征、变化状况、押品情况进行及时分析,逐一制定方案举措,逐个化解,全年压缩关注类贷款金额4539万元。建立健全不良贷款工作机制,实现不良资产额、率双降。在不良贷款的管理中,及时防范和化解法律风险,维护建行的合法权益。以催收已核销不良贷款、专项回收快贷信用卡不良为切入点,加强与法院、律师及公证处、破产管理人等部门的联系,加快不良催收的进展速度,全年实现不良资产额、率双降。

【合规管理】 推进合规管理的常态化制度,组织开展“行长讲合规”“合规官大讲堂”“警示教育”“案例宣讲”“合规演讲”及知识竞赛等系列活动。成立支行“三个年”活动领导小组、内控评价小组及风控委员会,全面梳理内控资源,推动风险评价、跟踪整改工作。全面梳理流程、规范业务操作行为,通过关键风险点监控检查、理念传导、活动宣传等从操作环节、管理措施上予以完善。抓好对业务部门履行自律监管职责的再监督检查，延伸业务监督检查的覆盖面。制定2018年安吉支行案防工作计划，做好员工行为集中排查和全年员工家访工作；开展对银行市场乱象等专项治理工作及治乱象维秩序“回头看”活动，做到内控案防工作前置化。

【营运渠道管理】　柜面管理团队各履其职、各负其责，加强管理、监督、检查与辅导，指导柜面人员按照规章制度和操作流程办理业务，组织员工学习业务知识，通过每月的营运主管例会交流情况。通过开展“守合规、保安全、助力开门红”柜面非现场专项检查和“柜面四大业务领域风险”专项整治检查，规范柜面操作，减少屡查屡犯问题的发生。网点服务围绕“美环境、抓服务、提质量、促转型”网点服务质量提升活动和“服务质量效率双提升”劳动竞赛活动开展工作。完成各网点“劳动者港湾”的创建，特别是支行营业部“劳动者港湾”专区的建设工作。完成孝丰支行网点装修。

【创新企业文化】　把文明创建与企业文化建设有效结合。2018年，安吉支行参加系统组织的“同心赞颂 爱我建行”主题系列文化活动，有职工演讲比赛、主题征文书画活动、“最美建行人”和“最美家庭”评选活动。其他的活动有：组队参加系统篮球比赛、乒乓球比赛，选送作品参加系统职工书画摄影展活动，参加安吉县第11届职工文化艺术周活动等。自主创新开展具有特色的企业文化建设活动。每年的活动内容在丰富，形式在创新，如举办安吉支行2018年元宵联欢晚会，在儿童节开展庆“六一”陶瓷制作体验亲子活动，组织员工开展动手制作扎染亲子活动，开展俄罗斯世界杯足球赛有奖竞猜活动，在妇女节组织女员工开展庆三八节插花活动，举办两期瑜伽培训，开展秋季户外健步走活动、工会会员射箭体验活动、秋季摄影采风活动等。承担建行的社会责任，积极回报社会，展现建行品牌和风采。安吉支行学雷锋志愿者服务队2次到文昌民工子弟学校开设金融知识讲座和“六一”联欢。参加人行、银监组织的“3·15消费者权益保护月”主题活动、“金融知识进万家”的金融知识普及月活动和湖银协组织开展的湖州市银行业“银协杯”庆祝改革开放40周年职工摄影大赛。开展“反假货币，助力美丽乡村建设”反假货币进企业街道的宣传活动。在支行营业部设立金融消保维权服务站和教育基地。安吉支行作为全国文明单位，积极响应安吉县的文明创建工作，组织全体员工参与创建活动，安排志愿者参加交通文明劝导、巡查劝导志愿活动，履行社会责任。做好工会工作，把关爱员工的事落到实处。在各网点和支行大楼安装暖水“小厨宝”提供热水；更换支行大楼进水生锈管道，让员工喝上放心的清洁饮用水。开展职工医疗互助、“慈善一日捐”、为困难员工送温暖慰问活动，尤其是为患病员工向省、市分行申报大病医疗救助，向县总工会申报并争取到国家专项困难补助基金的补助款。多年来坚持为每位怀孕女员工送防辐射服、每月送牛奶饮品，落实特殊关爱政策。逢年过节、高温季节、年终结算时，行领导都到一线进行慰问。

12月29日，县委书记沈铭权（左二）、县长陈永华（左一）参观建行安吉支行“劳动者港湾”专区的建设工作

【全国建行绿色金融工作推进会在安吉召开】　6月，全国建行绿

色金融工作推进会在安吉召开,建设银行总行行长王祖继、首席风险官廖林等为人民路绿色专营支行揭牌,为安吉支行推进绿色金融发展提供新助力。截至2018年底,人民路绿色专营支行对公贷款余额17.01亿元,绿色信贷余额15.24亿元,绿色信贷占比89.59%,当年新增4.6亿元。

【举行“品浙行”安吉外贸公共服务平台发布仪式】 为加强对企业的服务,应对中美贸易摩擦对外贸企业的影响,6月,由建行承办的“品浙行”安吉外贸公共服务平台发布仪式暨应对汇率波动风险培训活动在安吉举行,与会企业两百余家,建总行两位专家分析宏观经济形势及汇率走势,现场为企业深入讲解避险交易策略。会上还推荐了安吉支行资金交易产品。

(顾迪明)

·中国银行股份有限公司安吉县支行·

【概况】 中国银行股份有限公司安吉县支行(以下简称“支行”)成立于1992年,共设立两个营业网点,包括支行营业部、胜利西路支行。截至2018年12月末,支行实现营业收入6772万,拨备前利润5709万元;实现净利润5146万元,人均净利润135万元。全年本外币存款合计151919万元,较年初增加36874万元;本外币贷款合计201025万元,较年初增长16123万元。

支行把存款工作作为首要任务和全行业务发展的基础。抓好个金存款“开门红”工作。动员全行利用有利时机,实行金融服务走出去,以“来聚财”业务为抓手,吸引个体户资金,推动存款增长,为拓展新市场、新客户,支行的个人金融业务主动向安吉商场、农副产品市场浸透,主动对接商户,拓展个金储蓄市场。以重点企业客户为龙头、夯实业务基础。4月份白茶卡交易期,实现交易1.3万笔,交易金额1.7亿元;9月份实现首笔土地出让金的缴存,全年实现土地出让金入账7笔,金额累计约1.7亿元,日均存款提升近2000万元;10月份成为县卫计系统智慧医疗支付平台三家合作银行之一,将实现全县21家公立医疗机构账户全覆盖;集中走访安吉“走出去”企业,协助海外机构锁定大部分安吉走出去企业的海外账户。截至12月末,支行本外币时点存款增加约4.19亿元,三季度以来市场份额较省行考核基期均有提升。公私联动,基础拓展。年内支行强化公私联动,对公、对私业务部门协同作战,共同拓展基础客户,截至12月末,对公新开账户502户,其中活跃账户增加347户,有效账户83户;个人手机银行月活倍增完成率105%;代发薪人数增加2000余人,代发金额新增约38%。强化考核导向,工作重点放在日均存款增长。支行通过提升有贷户的派生存款量、行政事业单位定期存款以及加大客户经理、网点日均存款考核激励机制等方式促进日均存款的稳步增长。

【绿色金融服务】 探索“两山”理念,实现绿色金融发展。2018年,中行安吉支行充分利用好安吉白茶“金溯卡”项目,大力叙做茶农贷、茶企分期业务以及企业开户、授信业务,使得金溯卡项目真正带来综合效益。针对鲁家村田园综合体试点项目,通过深入分析乡村旅游项目的融资需求特点,制定专项融

3月15日,中行安吉支行工作人员走上街头开展消费者权益保护宣传服务活动

资服务方案，及时发放 1200 万元中期流动资金和 800 万元流动资金填补项目资金缺口。截至 2018 年末，支行绿色贷款余额 63371 万元，绿色贷款增幅 26%，占全部贷款比例约 32%；普惠贷款余额 17639 万元，普惠贷款增幅 39%，普惠贷款户数 172 户，较年初增加 40 户；全口径小微贷款余额 91838 万元，增幅 0.19%。

【支持实体经济】 2018 年，中国银行浙江省分行在广泛征求民营企业意见建议后制定《支持民营企业发展行动计划 20 条》，涵盖优化授信政策、提高服务质效、加强资源配置、拓宽融资渠道、降低融资费用、完善服务模式、创新产品服务七个方面内容，直指民营企业在发展过程中遇到的痛点和难点问题。支行贯彻上级行以及金融监管部门的工作要求，牢牢把握金融服务实体经济的根本宗旨，充分发挥综合化经营、全球化经营、外汇外贸专业、普惠金融创新、风险防控等金融服务五大特色。强化授信政策支撑，引导资源配置。通过“合理调整抵质押率，扩大可接受抵质押物范围”“对于优质民营企业，开通项目审批‘绿色通道’，确保审批时效”“建立民营企业白名单，加大对重点企业的信贷投放”等授信政策，加大信贷支持力度。同时配置专项信贷规模，精准向中小企业、绿色企业、带贫龙头企业、县域涉农领域倾斜，通过资源配置有效引导业务发展。加强产品创新，降低企业融资成本。一方面加大市场分析，深入企业调研，结合企业需求推出创新产品和窗口期产品，通过海外联行融资、供应链融资、在线融资等产品，拓宽企业融资渠道，降低融资成本；另一方面立足“两增两控”要求，单列普惠金融考核指标和贷款利率，全力破解中小企业融资难、融资贵问题。发挥国际化特色优势，深化金融一体化服务。作为拥有全球最多分支机构的中资银行，支行进一步发挥全球网络和渠道优势，致力于为企业提供跨国现金管理、外汇政策咨询、海外投资收购、境外发债、海外融资等综合跨境金融服务助力安吉企业融入全球价值链、产业链、资金链搭建平台。

【抓清收控不良】 支行在做好强化贷后管理，严密防范新增不良的同时，严格落实风险预警机制，认真梳理、深入评估风险预警企业状况，有针对性地实施差异化管理。及时召开专题会议，将不良清收化解作为首要问题来抓，靠前指挥，及时布控，加强防御。综合运用现金清收、法律诉讼等手段多策并举，加大与上级行、政府、法院的联系沟通，主动利用各种有利资源，采取行之有效的催收措施，推进不良处置进程。实现吉利农牧业本息全额清收，宏丰皮革核销近两年后表外全额清收，中港玻璃进入不良仅 15 天就快速全额清收。截至 12 月末，支行不良贷款余额 136 万元，不良率 0.07%。

【内部管理】 在当前严峻的案防形势下，支行持续推进内控合规建设，通过宣传教育、考核引导和严肃问责等手段，提升员工合规意识和防控能力。督导落实各部门开展经营管理自查自纠。落实市行员工异常行为专项排查整治工作，通过谈心谈话、回访公司、个人客户、家访等形式，及时发现异常行为和可疑信息，防患于未然，逐笔建立员工异常行为排查台账，督促员工时刻约束自身行为，提高综合素质。同时加强案防教育和安全

2 月 21 日，中行安吉支行党员前往县人民检察院廉政教育基地参观学习廉洁文化

保卫工作。落实廉政教育和安全目标管理责任制，支行多次组成检查组加强对营业单位的安全检查和内控监察检查，严格执行基层机构案防预警系统，确保支行各业务安全稳定运行。

【队伍建设】 党建引领，加强队伍建设。支行党支部以湖州分行党委“党建五个一”“党建1＋1”“书记工程”三大融入式党建创新工程为抓手，通过搭建党建共建单位、创建“四融入”组织、树立最美优秀党员标杆、开展“凝心聚力带头上”补齐一个短板活动等多种方式，凝心聚力、砥砺前行。支行党支部充分发挥党员干部先锋模范作用及基层党组织战斗堡垒作用，攻坚克难，同时结合绿色金融发展战略和省分行党建品牌创建工作要求，支行党支部创建“绿水青山里的党支部”党建品牌，奋力争当践行“两山”理念“样板地、模范生”，推进“两山”理念在中行基层支部的实践。党建品牌“绿水青山里的党支部”进入中国银行浙江省分行基层党建品牌前十强；《中国银行湖州安吉支行党支部开展组织生活会、民主评议党员工作案例》被中行总行作为基层党组织生活创新案例推送中组部；协助省行在安吉余村挂牌中国银行“两山”教育基地。

（张建凤）

·中国邮政储蓄银行股份有限公司安吉县支行·

【概况】 截至2018年12月末，中国邮储银行安吉县支行（以下简称“支行”）储蓄存款余额8.27亿元，比年初净增0.5亿元；日均余额7.9亿元，较2017年净增0.54亿元；全年各类贷款余额25.25亿元，较2017年增加6.38亿元。其中，信用贷款全年投9382万元，比年初增加1126万元；中小微企业全年信贷投放总量87391万元，比年初增加27751万元，增幅46.53％；制造业投放总量为19695万元，比年初增长1995万元，增幅21.2％。截至12月末，支行累计清收不良贷款本息748万元，不良贷款余额345万元，不良率0.15％，比当地同业平均水平低0.28个百分点，资产质量各项管控良好。

【服务实体经济】 2018年，支行加强与政府、企业合作，切实履行社会责任，为当地经济发展提供金融支持。践行社会责任，助力下岗工人再就业。与就业局合作，由就业局向支行推荐再就业客户，向下岗再就业人群提供专项贷款。秉持“植根城乡、服务大众”的经营方针，充分发挥遍布城乡的网络优势，不断推进服务模式创新，实现企业与再就业人员的互赢发展。全年完成放款76笔，发放金额2256万元。做实“青创”融资平台，助力青年创业。着眼青年创业需求，在县银监办、团县委、人力社保局的指导和支持下，自2014年起，支行连续第四年举办“5·28”青年创业贷款现场对接咨询会，2018年活动当天洽谈受理意向贷款232笔，共计金额12039万元，并实现60％以上的放款量。坚持“支农支小”，助力乡村振兴建设。通过前期与国土部门、当地乡镇的对接，推出“美丽乡村农房建设小额贷款”，并在政府部门的支持下，形成较好的“银政”合作模式，使产品的落地和推广都比较顺利。全年发放该种贷款40笔，共计金额970万元，意向客户20余户，金额约400万元。

【发展绿色金融】 2018年，支行践行“两山”理念，切实按照上级

11月28日，中国邮储银行安吉县支行与县个体民营企业协会签订党建共建协议

行及监管部门的要求发展绿色金融。支持重点项目建设。位于安吉天荒坪长龙山抽水蓄能电站的开发项目，是发展绿色能源、保护绿水青山的一项重大举措。积极响应支持重大民生基础设施建设的号召，主动对接项目业主中国三峡集团，多次参加项目银团对接会，并通过行外银团嵌套行内银团的模式量身为浙江长龙山抽水蓄能电站项目设计融资方案，最终获得总行批复10亿元授信金额用于支持该项目建设，已累计发放贷款25880万元。服务绿色小微企业。利用政府政策性资金为小微企业提供担保，主动为贷款设置利率上限方式，解决小微企业的实际融资需求，降低小微企业融资成本。截至2018年12月末，已累计发放“安吉科技贷”“两山助力贷”2170万元。

【深化改革】　支行积极探索特色支行发展模式，在“三农”金融事业部整体框架下，为进一步推进二级支行信贷业务专业化经营、差异化发展进程，明确各二级支行间区域发展的业务重点和客群定位，2018年，完成“两强”“两专”特色支行建设。于3月份制定安吉县支行信贷特色支行建设方案，就特色支行建设的专营方向、人员配置、发展计划、人员竞岗和实施步骤作出安排。4月中旬，信贷特色化支行建设开始，并逐一将各项规划落实到位，完成特色支行建设目标。

【服务社会】　推进金融知识进校园、进社区活动。2018年，组织开展金融知识进校园活动6次，发放宣传资料600余份；开展金融知识进社区活动4次，发放宣传资料400余份，特别是反假币知识、防范非法集资、反电信（网络）诈骗等金融知识受到广大民众认可。落实信用村镇建设。针对较多农村青年在农家乐和民宿产业方面的创业需求，推进县域内信用村建设，全年完成8个行政村的信用村建设工作，收集约2000户村民授信基础资料，为信用村的有志青年创业提供绿色快捷的通道。做实志愿者服务工作。根据团县委对金融机构志愿者服务站的建设要求，在辖内网点设立志愿者服务站，并由网点内员工志愿报名产生志愿者队伍，工作时间志愿者佩戴志愿者徽章进行服务，形成良好的服务机制，同时也展现邮储青年良好的风貌；参加县银监组建的银行业绿色金融志愿者服务队，参与“3·12”植树、清河道活动；与团县委、县人社局联合组建“优化营商环境”党员志愿者服务队，承诺立足本职、服务青年，为创最美县域奉献一分力量。

（张晓旭）

·湖州银行股份有限公司安吉支行·

【概况】　截至2018年末，湖州银行安吉支行（以下简称“支行”）各项存款余额22.7亿元，比年初增长26.74%；各项贷款余额21.12亿元，比年初增长16.06%，其中，小微企业和个人经营性贷款余额18.64亿元，占总贷款的88.3%。2018年，累计发放各项贷款15.45亿元，签发银票1.16亿元，办理银票及商票贴现0.21亿元。

【扶持小微企业】　发放信用贷款。2018年，支行通过“小企业专项信用贷款”“出口退税托管贷款”“易税贷”等相关信贷产品发放信用贷款，解决企业融资难、担保难问题，全年累计发放各项信用贷款23713万元，余额15646万元，较年初增加560万元。中小微企业投入。截至2018年末，支行中小微企业余额186411万元，较年初增加35489万元，2018年全年支行中小微企业贷款增长23.52%。制造业投入。截至2018年末，支行制造业贷款余额79371万元，较年初增加26777万元，2018年安吉支行制造业贷款全年增长51%。

【开展普惠金融】　城镇建设。根据县委、县政府关于加快全县小城镇建设工作，2018年对梅溪镇城中村改造项目发放项目贷款1000万元，并联系和促成总行购买梅溪镇为加快城中村改造筹集资金而发行的债券5000万元。乡村振兴。根据县委、县政府关于乡村振兴战略推进，发展乡村生态旅游项目，对环灵峰区发放绿色生态乡村旅游项目发放项目贷款1亿元。智慧工程。根据县委、县政府提出的优化公共服务供给，积极参与完成全县智慧健康系统信息化改造提升工程项目。2018年中安吉支行与安吉县妇保医院、安吉县人民医院、安吉县中医院等开展“医银通”“智慧停车场”项目的合作。“医银通”自助设备上线，实现患者自助挂号、预约、缴费、查询等功能。智慧停车场落地，通过“无感支付”的技术实现系统自动识别车牌，“刷牌”即可完成停车费支付。党建引领发展。开展党建工作，以党组织建设为抓手引领金融服务工作，2018年与溪龙乡黄杜村党支部开展党建共建结对，并对黄杜村11名党员经营户发放支农贷款880万元。

【打造党建品牌】 2018年在市国资委、湖州银行总行的指导和要求下，支行以党建领引实践，将自身转型发展与当地的生态建设相结合，全力打造“聚焦两山实践，助力绿色金融”党建品牌，探索绿色金融发展之路。支行党建品牌以总行“沉下去”战略为内涵，以争取开发一款绿色“新产品”，打造一批绿色“新亮点”，建设一支绿色“新铁军”为目标，形成了乡村振兴、绿色实体、绿色支付、党建共创为内容的四大建设版块，并荣获2018年度湖州市国有企业优秀党建品牌荣誉。

【绿色金融创新】 绿色信贷投入。2018年，支行绿色信贷贷款余额107349万元，较年初增加25490万元。推动绿色金融产品创新。2018年安吉支行递铺绿色小微专营支行陆续推出绿色“两山”系列信贷产品支持安吉县“三农”，全年发放“白茶贷”“茶票贷”“民宿贷”共计7601万元。递铺绿色小微企业专营支行在绿色产品、管理及制度方面的创新经验《湖州银行递铺绿色小微企业专营支行创新产品加快绿色金融发展》被市政府办公室以专报形式刊登并得到副市长施根宝、项乐民的批示推广。推广“绿贷通”平台。全年通过“绿贷通”平台对接企业73家，并对这些企业通过平台进行授信。推动绿色信贷创新。2017年7月12日，全国城商行首家绿色小微专营支行即递铺绿色小微专营支行成立并开业，明确绿色小微专营支行的定位即专注于绿色小微企业个性化、定制化服务。支行对绿色支行单独进行信贷转授权，落实独立的绿色信贷审批制度，2018年开始对贷款实行分类并实行贷款标识(绿色友好类、蓝色合格类、黄色关注类、红色缺失类)。

8月1日，湖州银行安吉支行与黄杜村开展党建结对共建合作签约仪式

【金融服务创新】 提升网点标准化建设。根据总行网点标准化建设要求，支行对营业环境设施、营业秩序、员工形象、柜面服务等7项62条进行全面规范与优化，使厅堂、柜面服务更专业，更优质。优化移动上门服务。2018年将支行原有移动服务设备升级为2.0版本，优化硬件，整合软件，基本实现移动服务终端上网点非现金业务的离柜操作。简化业务办理手续和流程，使企事业客户足不出户即可享受银行优质服务，2018年共为企事业单位进行上门服务33次。推进网点下沉，服务农村。2017年底，安吉支行迈出网点下沉的一大步，在晓墅设立梅溪社区支行，充分发挥属地优势，深耕农村市场，优化资源配置，积极探索社区金融服务新模式，并通过成立农村金融服务小队，实现网点区域联动，与县城网点服务互相辐射，提高小微企业金融服务的覆盖率。

【惠企便民举措】 主动为企业减负。支行利用信贷产品“更新贷”为全县中小微企业减负让利，在贷款到期后不需要贷款企业再筹集还贷资金即可以为借款企业办理贷款继贷手续。2018年，支行累计为全县中小微企业办理“更新贷”140户，累计办理“更新贷”53270万元，按企业还贷款时调头资金成本估算该项可为全县中小微企业节约融资成本400万元。丰富储蓄业务产品线。2018年，支行陆续上线“定随意”“节节高”“定随心”等储蓄类产品以及针对高净值客户的大额存单产品，除靠档计息的特点，随着存期的增加，“定随意”产品最高收益可达3.85%，“定随心”最高收益可达3.9325%，“节节高”收益最高可达6.6%，大额存单稳定收益率为4.2626%，丰富客户选择。落实“普惠金融”工作。支行全年共组织开展各项金融知识宣传活动近30次，涵盖面涉及企业、社区、行政村、菜场、广场等，向社会群众宣传防假、防抢、防盗、防骗等知识，普及基础金融知识，增加社会群众安全防范意识。提升电子渠道服务。2018年，支行陆续上线企业账户管理系统、票据交易管理系统、印章管理系统，开通微信对账服务功能，全面提升业务办理的信息化水平，另外，对原有的自助机具做了更新换代，让客户能有更便捷的使用体验。

【强化风险管理】 2018年，安吉支行进一步强化风险管理能力，控制风险底线，开展全年动态化、常态化信用风险排查与信用风险管理，强化主动识别风险和市场主动退出机制，严密防范重点领域风险，加强国家限制性行业信贷风险防控，提升信息科技风险防范水平，增强流动性风险管理和市场风险管理，强化案防管理，年末，贷款不良率0.29%，较年初下降0.31%；根据湖州银行总行要求继续深化“银行乱象整治年”活动，推动“治乱象维秩序”专项治理工作，强化合规意识，规范经营行为。

（孙普兵　黄星宇）

·杭州联合农村商业银行股份有限公司安吉支行·

【概况】 2018年，杭州联合农村商业银行股份有限公司安吉支行（以下简称“支行”）始终以服务“三农”、支持小微企业、园区实体企业发展为己任，不断优化产品与服务，以实际行动支持安吉地方经济发展。在产品服务上力求创新，针对安吉辖区客户需求，通过实践市场调研，陆续推出“税银贷”“电商贷”“企业循环贷”等多个广受客户欢迎的信贷产品；在审批流程上，通过手机办贷、手机审批，方便客户资料的收集，提高服务效率。安吉支行充分发挥产品、结算、服务等方面的优势，为区域经济的发展添砖加瓦。存款增长保持稳定。截至2018年12月底，支行各项存款余额8.18亿元，比年初增加0.73亿元，增幅9.9%，其中储蓄存款2.35亿元，比年初增加0.33亿元，对公存款5.83亿元，比年初增加0.40亿元。贷款增长态势良好。各项贷款余额22.40亿元，比年初增加2.85亿元，增幅14.6%。其中1000万元以下小额企业贷款时点数5.10亿元，比年初增加0.03亿元。

【增量扩面】 2018年，支行存款组织工作取得成效，各类客户28468户，比年初增加3640户。存款组织常抓不懈。作为异地支行在渠道建设不畅的情况下，支行明确主要以扩大基础客户群和经营性贷款客户的现金流为主要存款来源结合总行2018

3月7日，在2017年度安吉经济发展风云榜颁奖盛典上杭州联合银行安吉支行被中共安吉县委、安吉县人民政府授予“2017年度经济发展先进集体”称号

年初“走千访万”劳动竞赛活动精神以及“比学赶超”活动工作方案，支行及时召开行务会议及营销工作例会，对2018年工作进行部署。支行以全员营销的模式，将指标进行量化分解，并下发业务劳动竞赛方案，每月对完成情况进行统计、上报、考核，不断完善绩效考核方案。在总行“走千访万”总结表彰会议上，支行取得6个单项奖的良好成绩。同时将业务团队分区域，明确25个村，有重点有层次进行走访，深入到政府、街道、社区、园区、市场和企业，多渠道多维度地组织存款。融入社区开展活动。全年坚持普惠金融方向，和部分村社区、街道部门合作，开展如碧门村电商协会企业座谈对接会、乡村运动会、溪龙茶企茶农座谈会、皈山场村端午节包粽子比赛、走访慰问困难家庭、多次校园车站宣传活动、联合县经信委牵头部分竹产业企业座谈会、孝源街道竹林权整村流转签约会、天子湖省际产业转移示范园区企业座谈会等多种合作模式的银企对接形式，搭建平台批量营销客户。注重个企信贷投放。根据总行的信贷投向政策及结合湖州银监分局年初下发的年度监管意见，支行贯彻落实，贷款投放以小微企业和农户经营性贷款为主。班子成员带领营销人员深入一线开展营销走访活动，以抓好基础客户积累、解决辖内客户金融需求、维护好存量客户以及拓展新客户为工作目标，做好增量扩面工作。客户经理在完成日常工作的同时，经常加班加点，争取代发工资、借记卡开卡、营销经营性贷款。围绕绿色金融、绿色信贷的发展方向，坚持“做小、做精、做散”的信贷服务理念，逐步占领市场，推进社区银行建设总体战略。截至2018年12月末，支行全年企业用信户312户(含个体工商户)，比年初净增46户，完成全年任务的153%；个贷户2737户，比年初增加普通贷款户数409户，完成全年任务的136%，均超额完成年初制定目标任务。

【风险管控】 支行从年初开始，对各类授用信业务进行“信用风险专项排查”“操作风险专项排查”以及结合湖州银监分局下发的“风险防控攻坚年、乱象整治深化年、转型升级提升年”三个年专项活动方案等多方位的风险排查，对排查过程中发现的一些问题，及时采取化解与防范处置措施；强化员工“三尽职”执行力，严格落实贷款“三查”制度，坚持依法合规经营，重点对贷款主体准入、用途合规、面签落实、资金去向、流程规范方面进行重点落实，严防各类风险。做好“阳光贷”产品的风险识别和分析管控，年初及时叫停该产品在农户个人的信贷投放，和合作代理商沟通，要求做好整改工作。同时对资信状况好、对产品情况了解、自有厂房抵押的信贷客户营销企业阳光贷，加大绿色贷款投放。加强信息收集跟踪，采取多种方式做好不良贷款清收。全年杭州联合银行安吉支行不良贷款余额797.52万元，不良率0.36%。

【绿色金融发展】 2018年，支行在2017年度推进“绿色支行”申报的基础上，在总行的支持下，年初编制完成《杭州联合银行安吉支行2018年度绿色信贷投向政策》及《杭州联合银行安吉支行绿色金融产品服务手册》，向市银监分局上报《杭州联合银行安吉支行绿色支行创建方案》。

3月20日，杭州联合农村商业银行股份有限公司安吉支行溪龙金融便利点开业

年内开展多次绿色信贷培训，注重对绿色信贷客户的营销把握，对接湖州金融办牵头的“绿贷通”平台系统，做好绿色需求客户准入，全年平台授信企业9家，授信投放金额1830万元。开展整村授信。着重做好春季白茶农户贷款营销工作，并于3月中旬在安吉县溪龙乡开设第一家金融便利点，服务当地茶农茶企；按照湖州银监分局副局长蓝春锋在2018年全市农村中小金融机构监管暨转型发展工作会议上提出的要求，打通“绿色金融”“普惠金融”服务最后一米线。对接营销辖内多个绿色项目，其中长湖申线航道西延工程安吉段项目已获总行授信1亿元，作为总行发行绿色金融债组成部分，对永裕竹业授信3000万元，对森海健康疗养项目等其他一些符合信贷投向的绿色项目接洽授信。截至2018年12月底，支行绿色类贷款余额8.06亿元，比年初增加1.29亿元，占全部贷款35.98%。

【队伍建设】 加强员工队伍建设。支行开展各类培训学习活动，做好人员梯队培养工作；强化员工对制度的学习，日常利用每周例会开展业务知识、业务技能等方面的培训。2018年上半年，组织客户经理赴海宁支行进行学习交流；强化员工内部管理工作，特别是内控管理、风险防范、优质文明服务、员工行为等方面，提高综合营运服务能力。开展各类交流学习及文体活动，增强员工归属感、凝聚力、团队合作意识，提高整体作战能力。做好案件防控工作。加强员工行为动态关注，开展员工贷款和异常情况检查，对员工的“福农卡”在10月20日前进行清理并要求注销。开展部分员工家访，对一些苗头问题说清楚，纠错纠偏。对平安综治、安全生产、消防工作责任层层落实，及时传达各类安保动态和案情通报，加强安全保卫知识的培训与学习，开展突发事件应急处置、消防等演练工作。

【运营管理】 支行运营部门整理了操作风险中的要点，每季度形成《运营督查通报》，向部门员工进行解读和组织共同学习，并形成探讨和考试机制，保证对每个点的注意事项控制到位。业务经办过程中，针对每个员工，特别是新员工存在的小差错，一对一开展指导和帮扶，在操作节点上为员工树立正确意识，降低操作层面带来的风险。在日常工作中，按照湖州监管分局、人民银行及总行要求结合支行实际开展反洗钱、防范电信网络诈骗、绿色金融、金融消费者权益等各类宣传活动；积极认真梳理向总行及监管部门报送的各类数据及报告，响应总行管理的日常工作，并做好内部的传达和督导，有错必纠，快速整改，及时上报。

【连续两年荣膺安吉县经济发展先进集体称号】 3月7日，由中共安吉县委、安吉县人民政府组织的2017年度安吉经济发展风云榜颁奖盛典在安吉县新闻宣传中心举行，支行作为受邀单位，由陈国强行长为代表，参加此次仪式。支行在县域15家被考评银行机构中脱颖而出，在信贷投向、新增存贷比、不良资产处置、服务创新等16项考评指标中，综合排名第一，被中共安吉县委、安吉县人民政府授予“2017年度经济发展先进集体”称号，这也是支行连续两年获此荣誉称号。

【溪龙便民服务点开业】 3月20日，杭州联合农村商业银行股份有限公司安吉支行溪龙金融便利点开业。金融便利点位于安吉县溪龙乡白茶市场三区8幢95－96号，位于溪龙村委正对面，距溪龙乡政府办公楼约500米，北临306省道，南临12省道延伸段。该区域属于人流量集中点，茶场市场新老区均集中在该区域，金融服务需求较为旺盛，经济发展势头良好，潜力较大，有利于为该区域乃至周边乡镇的中小企业、白茶经营户、茶户提供更便捷、更全面的金融服务。截至12月末，支行对溪龙村、黄杜村茶农茶企发放贷款215户，贷款金额14410万元；对该区域的整村授信工作，完成357户农户授信，授信金额1亿多元。

【孝源街道竹林整村流转签约仪式举行】 8月2日，“坚定两山路 奋进新时代”孝源街道竹林整村流转（尚书圩村）签约仪式在尚书圩村文化礼堂举行。到场的有安吉县人民政府副县长任贵明、县农办主任吴婉芳、县金融办党组副书记陈世斌、孝源街道党委书记胡可立、孝源街道办事处主任陈晖、支行行长陈国强等。支行作为金融机构战略合

8月2日,孝源街道竹林整村流转(尚书圩村)签约仪式举行

作方在仪式中与皈山林业开发有限公司就支持竹林经济发展战略合作进行签约。陈国强行长在签约仪式上的讲话中强调支行作为以服务"三农"、服务实体经济、支持绿色金融的地方性金融机构,应主动融入乡村振兴战略,回归本源,下沉服务重心,支持农业供给侧结构性改革,助力农村产业发展。将以此次战略合作作为落实乡村振兴战略的契机,坚持绿色导向,在农村这个大舞台上深耕细作,不断加大普惠金融力度,推进绿色金融发展。

(许亦贝)

·浙江安吉农村商业银行股份有限公司·

【概况】 2018年,安吉农商行牢牢把握"党建引领金融助推乡村振兴"工作主线,在发展绿色普惠金融、加强风险管理、增强服务能力、加强党的建设等方面迈出新的步伐。存贷增长保持稳定。截至2018年末,各项存款余额231.8亿元,比年初新增18.3亿元,增幅8.6%,其中储蓄存款144.6亿元,比年初新增13.1亿元,对公存款87.2亿元,比年初新增5.2亿元;日均存款余额224.4亿元,比年初新增17.1亿元,增幅8.2%。各项贷款余额163.6亿元,比年初新增31.1亿元,增幅23.5%。发展质量持续向好。截至2018年末,五级不良贷款余额1.83亿元,比年初上升2417万元,不良率1.12%,比年初下降0.08个百分点;四级不良贷款余额0.84亿元,比年初下降2117万元,不良率0.52%,比年初下降0.28个百分点。其中,逾期60天以上贷款全部纳入不良,信贷质量和风险总体真实可控。综合效益再创新高。全年实现各项收入14.36亿元,同比增加2.84亿元,增幅24.66%;账面利润3.62亿元,同比增加0.49亿元,增幅15.58%;实际利润6.73亿元,同比增加1.12亿元,增幅19.96%;成本收入比35.78%,同比下降1.11个百分点。

【绿色普惠金融】 加大支农支小投入,农户贷款授信面和用信覆盖面分别达到84%和37%,50万元以下个人小额信用贷款余额达57.5亿元;小微企业贷款余额达140.9亿元,比年初新增26.8亿元。推进绿色金融发展,发行湖州市首单、浙江农信系统金额最大绿色金融债;发放绿色信贷42.6亿元(湖州人行口径),其中"两山"系列信贷产品1074笔共计7.8亿元;建设绿色普惠金融标准化体系,相关做法得到人总行副行长陈雨露点赞,被人行研究局《绿色金融动态》刊载,认为安吉农商行做法"为小法人银行发展绿色普惠金融贡献了安吉方案"。打通农村金融服务最后一公里,对接政务公共服务网络,实现社保、工商、税务、公积金等政务民生服务在安吉农商行一窗受理、一站办妥;大力发展互联网金融,拓展丰收互联为主的互联网客户20.4万户,企业网银超过1.1万户。

【服务乡村振兴】 乡村振兴战略提出以来,安吉农商行主动对接,服务乡村振兴工作被纳入《安吉县乡村振兴三年行动计划(2018~2020年)》,并作为唯一金融机构被列为乡村振兴领导小组成员。与县委组织部、农办、财政局、农业局联合发布《党建引领金融助推乡村振兴五年行动计划(2018~2022年)》,提出五年发放贷款100亿元服务乡村振兴,并设立1亿元乡村振兴专项资金,专项支持集体经济

12 月 25 日，安吉县委、县政府授予安吉农商行“乡村振兴主办银行”铭牌

薄弱村。2018 年 12 月 27 日，县委、县政府召开专题会议，授予安吉农商行“乡村振兴主办银行”荣誉牌。

【开展“三大”专项活动】 11 月，在全行部署“大学习、大走访、大提升”专项活动，推进“大学习”。建立年度学分制，采取“线下现场培训＋线上知鸟平台”相结合的方式，组织全行员工学理论、学法规、学业务，开展 2 场全辖视频集中学习会，通过知鸟平台推出 41 门视频课程、9 场知识小测试。开展“大走访”。以走访质量为第一标准，推进普惠走访的“四个转变”：走访主体从“基层走访、部门参与”，转变到“总行班子、机关部室、基层支行全面走访”；走访导向从原先“注重数量、全面覆盖”，转变到“质量优先、逐村推进”；走访内容从“宣讲产品、营销产品”，转变到“了解需求、深化服务、不刻意营销”；走访方式从“无的放矢，随机走访”，转变到“提前预约，精准服务”。全行干部员工发扬农信“三水”精神、“背包”精神，两个月走访农户 7194 家、企业 2138 家。全面实现“大提升”。提升党建工作内涵，实现业务精细化管理，重点抓好人员素质和服务水平提升，设立助学助教基金和彩虹慈善基金（新时代文明实践基金），提升企业形象。

【风险管理】 风险管理机制更加完善。完善风险管理架构，单设合规管理部，健全全面风险管理的制度体系。持续推进流程银行建设，上线、优化各类工作流程 210 条，对业务处理流程和行为规范实现严格监控和约束。信贷风险得到防控。加强信用风险排查，严控关联企业贷款、担保圈企业贷款、循环担保贷款、超比例贷款等风险。加强风控系统运用，建立“T＋1”预警监测指标系统，实现 18 个指标的“T＋1”监测。加大不良贷款化解处置力度，全年累计清收不良贷款 16032 万元，其中现金清收 6216 万元。资金业务严守资管新规。调整资产结构，投资性金融资产较年初下降 7.71 亿元，降幅达 10.78％；资金业务资产中风险相对偏高的特定目的载体投资较年初下降 14.46 亿元，降幅 41.85％，占全行总资产比例由年初的 13.10％降至 7.31％，其中非标资产占比由年初的 4.86％降至 0.12％。资金业务杠杆率 1.14，继续保持低位运行。风险问责力度不断加大。持续开展正风肃纪行动，落实从业人员承诺“十个严禁”事项，对违规违纪案件实行零容忍。强化风险责任追究，加大对员工违规行为的处罚问责力度，全年累计处罚违规人员 444 人次，经济处罚金额 75.79 万元。

【党建工作】 健全党建管理体制。在省农信联社的指导下，完成农信党建工作领导体制调整的试点任务，将各级党组织隶属关系调整至行党委管理，继而把党的领导和党建工作要求写入公司章程，明确党组织在企业治理结构中的“法定”地位；健全完善重大事项决策机制，明确将党委会研究讨论作为董事会、经营管理层决策重大问题的前置程序；在行党委下设党委办公室、党委组织部、党委宣传部、纪检监察室四个党务部门，明确党建工作职责，配强人员力量，形成各司其职、密切配合的党建工作机制。推动党建融入业务。开展党建“双基共建”结对行动，推动农商行与村（社区）、企事业单位基层党组织结对共建，实现双方“组织共抓、资源共享、活动共推、困难互帮”，深度融入乡村治理，如与县内黄杜村共同到西部贫困地区开展茶苗捐助精准扶贫工作，在鲁家村设置该行绿色金融实践基地等。开展党员“三级联动”挂职行动，选派总行副行长赴经济开发区、示范区挂职副主任；支行行长挂职镇长（主任）助理、扁平化支行负责人挂职团委副书记；党员职工和客户经理担任村（社区）金融顾问，形成对全县乡镇（街道）、村（社区）挂职服务的全覆盖。加强基层组织建设。从有利于党支部发挥作用出发，按照“支部建在支行上”的原则，一支行成立一支部，将党支部优化调整至36个，10月份对基层党支部全部组织换届，选拔一批政治素质过硬、党建业务扎实、职工群众认可的党务干部。按片区成立6个党总支部，配备12名党总支专职党务工作人员，层层压实党建工作责任。打造支部品牌。根据支部特色，实施“一支部一品牌”工程，如孝丰支行支部打造“星心创芯，‘贷’动振兴”党建品牌，天荒坪支行支部打造“两山之源 绿色普惠”党建品牌，退休党员支部打造“欢乐银龄”品牌。严格组织生活。严格“三会一课”主题党日等组织生活制度，固定每月25日为全行党支部主题党日，开展听党课、走农户、访农场、慰问困难党员群众、志愿者服务、文明城市创建劝导等系列党建活动。组织拍摄党建宣传片，开展党员过政治生日活动，提升党员党性意识。加强智慧管理。开发智慧党建平台，对党建工作实现日常化、痕迹化管理。加强党建阵地建设。在全行打造“1+2+X”党建阵地建设体系。“1”是总部建成党群服务中心。以“红心向党，惠农兴商”为主题，突出党员学习教育、党建宣传展示、党群共建共享、党务智慧管理四大功能。“2”是建成两家支部党建示范点。在辖内孝丰支行、天荒坪支行建设支部党建示范点，集中展示基层支部党建特色亮点工作。“X”是在全行党支部建好用好党员活动室，为全行党员开展组织活动和学习教育提供保障。巩固深化宣传阵地。成立党委宣传通讯组，加强“一行报一微信一网站一简报”的宣传平台建设。安吉农商行党建工作做法被省委组织部《时代先锋》、省国资委《浙江国资》相继刊载，党建工作得到省国资委、省联社等各级领导的肯定。

【签约民族村振兴帮扶计划】 为积极响应乡村振兴战略，促进安吉县内两个少数民族村经济社会快速发展，推动民族村乡村振兴，3月15日，安吉县民族村振兴计划启动仪式在章村镇郎村村文化礼堂举行。启动仪式上，安吉农商行与民族村签订帮扶意向协议，助力美丽乡村经营、投身乡村振兴事业。作为全市仅有的两个少数民族村，安吉县报福镇中张村、章村镇郎村村的发展和村民的增收情况备受省、市、县及属地乡镇各级政府的关注和支持，市政府在第一轮四年帮扶的基础上，于2018年再次启动第二轮五年帮扶计划。

【参加银行业绿色金融工作交流会】 3月29日至30日，中国银保监会主办的全国银行业绿色金融工作交流推进会在湖州召开。安吉农商行作为湖州试点区绿色金融代表银行之一受邀参加，并代表银行机构开展以“创新绿色普惠之路”为主题的交流发言，就安吉县与安吉农商行的基本情况、发展绿色金融的背景、在绿色普惠金融方面的实践、取得的成效、探索中遇到的困难及展望五方面进行全面的分享。

【在全球绿色金融领导力国际研讨会上作交流发言】 5月25日上午，由清华大学金融与发展研究中心、国际金融公司（IFC）可持续银行网络（SBN）、中国环境

5月25日，安吉农商银行董事长周盛东在全球绿色金融领导力国际研讨会上作经验交流

与发展国际合作委员会(CCICED)共同主办的全球绿色金融领导力国际研讨会在浙江湖州召开,来自全球四十多个国家和地区的央行、财政部、金融监管机构、证券交易所、金融机构和智库的一百多名高管和专家参加大会交流,安吉农商银行受邀出席会议并作交流发言。会上,安吉农商行作为湖州绿色金改试验区的代表行之一,结合自身做法作《绿色普惠之路》的主题交流发言。该行董事长周盛东就安吉农商行在绿色普惠金融发展方面的背景、实践及成效进行经验分享,从搭建绿色组织架构、构筑绿色信贷全流程管理模式、加大创新绿色普惠产品引导企业绿化转型、探索小法人银行绿色普惠金融标准化体系等方面作了介绍,详细阐述安吉农商行发展绿色金融的理念、愿景和做法,得到国内外同行的肯定和赞赏。

【银行卡积分挂钩垃圾分类】 6月,安吉农商行创新开发的“银行卡积分垃圾分类回收平台”在安吉县报福镇上张村正式启动,居民通过手机在垃圾智能回收平台上注册,按照操作指示完成垃圾的分类和投放,回收人员将根据平台数据做好分类垃圾的称重,并换算成对应积分回馈到居民的银行卡上,居民可持银行卡在安吉农商行各网点、丰收驿站、指定超市,实现礼品兑换或消费抵现。该平台是安吉农商行实践绿色发展理念的一项创举,通过银行卡应用功能的拓展,用积分奖励的形式,激励居民主动对垃圾进行分类,破解垃圾分类长期存在的痛点和难点。

【开设住房公积金业务服务网点】 根据“最多跑一次”的改革要求和客户一站式的服务需求,安吉农商银行经过前期与县住房公积金中心多次的探讨和研究,于6月20日与住房公积金系统完成对接、测试,办理首笔公积金缴存业务。总行营业部作为首个开设的服务网点,不仅在服务上得到提升,也标志着该行成为湖州农信系统首家开设住房公积金业务服务网点的金融机构。此次安吉农商银行与县住房公积金中心的深化合作,践行了“最多跑一次”改革,让老百姓得到更多优质服务,在开设的服务网点即可完成公积金查询、提取、归集、贷款等所有相关业务的一站式办理。通过公积金和商业银行服务的高度融合,可以替代客户在公积金中心和银行之间往返办理业务的模式,将以往需要跑两三次才能办理完成的事项整合为一次,改变客户多次跑服务窗口的局面,简化手续和业务办理流程,老百姓的满意指数大大提升。

【浙江农信“浙里贷”在安吉上线】 6月26日上午,浙江农信首款纯线上大数据信贷产品“浙里贷”在安吉农商行上线,省农信联社副主任江丕贤出席发布会并致辞。“浙里贷”是一款绿色且有“温度”的产品,与同业产品相比,它具有更普及、更智慧、更实惠、更便捷的特点。它面向农户、市民、个体工商户、小微企业主,是目前同业受众面最广的一款产品;并把人行征信、信用中国、信用浙江等政府公信力数据融入“浙里贷”的智能风控模型中,这在全国是首创;同时,免担保、免抵押、免服务费,实行利率优惠;实现让数据说话、让数据跑路,客户通过手机操作无须面签,仅两分钟就能实现资金到账,真正做到“客户一次也不用跑”。此次“浙里贷”在安吉的实践运用,充分结合安吉县域实际,以青年客户群体作为产品的主要服务对象,采取“白名单”制

6月26日,浙江农信“浙里贷”在安吉上线

进行前期数据导入,针对青年客户的实际需求开展针对性授信,为广大青年创业发展提供有力的资金支持。

【成立"新时代文明实践基金"】 11月8日,安吉农商行牵手安吉县慈善总会成立全国首个"新时代文明实践基金",以每年60万元、五年共计300万元的基金额度褒奖各类社会好人。"新时代文明实践基金"的成立,旨在建立好人帮扶礼遇制度,让好人能够得到全社会的关心关爱。此基金主要用于褒奖县内入选全国、省、市和县级的道德模范(含提名奖),入选中国好人榜、浙江好人榜、湖州好人榜的身边好人,入选县级以上的各类先进典型人物,获评县级以上的优秀志愿服务组织(个人),以及在临时性、突发性等事件中涌现出来的具有重大正面典型意义的人物。除了给好人提供一次性奖励外,安吉农商行还加大对身边好人的信贷支持力度,提高好人授信额度,同时给予利率优惠。年内安吉农商行对8名褒奖对象给予每人100万元免担保、免抵押、更便捷的贷款授信,以实际行动践行关爱先进模范、弘扬社会文明的良好风尚。

【发行绿色金融债】 11月15日,湖州首单绿色金融债券由安吉农商行发行,这是湖州市作为国家级绿色金融改革创新试验区建设启动以来首单绿色金融债券,填补湖州市在绿色金融债券市场的空白,也是浙江农信系统目前发行金额最大的绿色金融债券。本期债券为3年期固定利率金融债券,规模3亿元,票面利率4.6%,创2018年同期限同级别金融债券价格新低,认购倍数达10.77倍。募集资金将专项用于绿色农业、绿色林业、节能改造、循环经济等绿色项目,支持县域绿色产业发展,推动经济、社会和环境效益共赢。

(易雪莲)

·浙江安吉交银村镇银行股份有限公司·

【概况】 安吉交银村镇银行是由交通银行发起组建的新型农村金融机构,于2010年4月9日开业。2018年,下设综合管理部、授信管理部、风险合规部、预财营运部、业务管理部5个管理部门,有业务发展部、营业部、梅溪、孝丰、天荒坪、天子湖6家经营单位,共有员工103人。作为一家新型农村金融机构,围绕安吉县产业结构、经济发展状况和金融服务需求,坚持"以市场为导向、以客户为中心"的经营方针和"服务'三农'、稳健经营、争创一流"的经营理念,依托交通银行强大的品牌、资金、网络和技术支持,充分发挥自身的体制机制优势,推进"支农支小"业务。截至2018年末,资产总额14.31亿元,负债总额12.66亿元。

【公司治理】 2018年,安吉交银村镇银行注册资本金1.8亿元。建立股东会、董事会、监事会、经营层等机构为主体的公司治理组织架构。董事会定期听取行经营层、专业委员会履职报告并加强对全行经营管理工作的调研分析,指导和督促经营班子做好经营管理工作。

【业务发展】 2018年,安吉交银村镇银行以绿色和普惠金融为抓手,"支农支小"工作取得实效。安吉交银村镇银行把实现存量结构调整、服务优化、产品不断创新,小微企业贷款、涉农贷款和绿色贷款稳步增长作为

8月,安吉交银村镇银行开展金融消费者权益保护讲座

提升服务实体经济质效的主要工作目标。按照区域农户经营特色，推出一些有针对性的业务，如“农家乐贷”等，还为绿色贷款投放开通快捷绿色通道。结合反假币、反洗钱、金融知识下乡、征信知识宣传等，推出各具特色的宣传活动，全年开展金融知识下乡活动五十余次，大量宣传走访乡村、企业、社区和学校。同时，加强农村信用调研工作，落实社区管户经理进村入区，建立收集信用村农户档案。

【党建工作】　安吉交银村镇银行落实党建和党风廉政建设工作，以党建促经营。落实“三会一课”制度，打造“党员之家”，开展组织生活会、党员示范岗等活动。全年制作党建工作简报十期。在作风建设方面，组织开展“纪律教育月”、“行风建设年”、“温馨家访”、警示案例学习等专题活动，组织开展“经商办企业排查”“员工违法违规行为排查”等专项行动。

【内控管理】　安吉交银村镇银行重点加强合规建设、安全保卫、消费者权益保护和案件防控工作。全面提升合规风险管理水平，在监管单位的督导下，开展“深化乱象治理”等活动；全年分条线、部门共布置或开展各类相关学习、培训，邀请发起行老师授课，组织合规案防测试，开展网上考试；全年开展各类自查和条线检查，有针对性地开展“上对下”全行综合检查。落实安全保卫工作，做好责任书签订、重要位置安防设施改造、微型消防站增设等工作，开展火灾隐患排查、消防培训和测试、反抢反诈骗和疏散演习等活动。做好消费者权益保护工作，全年开展“3·15”消保宣称等各类专题宣传活动，完善消保机制建设，受理金融消费投诉，维护金融消费者权益。加强案件防控工作，严格落实监管部门、交总行要求，全面排查各类员工违规行为，协调推进自查、抽查和整改问责工作。

【助力余村农家乐“绿色发展，绿色转型”】　安吉交银村镇银行贯彻绿色发展理念，通过积极探索绿色金融发展模式、创新金融产品与服务方式、发挥绿色金融助推安吉天荒坪镇余村农家乐转型升级。通过前期的调查走访，发现余村农家乐普遍面临着设备陈旧、装修过时等现象，为此，安吉交银村镇银行主动对接，对余村农家乐进行批量授信工作，发放农户小额贷款授信证书，截至2018年末，授信30余户，授信金额500余万元。通过绿色金融授信模式，解决余村农家乐转型升级资金紧张的困难，为余村农家乐品牌打造提供金融支持，为安吉最美县域绿色发展注入活力。

（陈　甫）

保　险

·中国人民财产保险股份有限公司安吉支公司·

【概况】　2018年，中国人民财产保险股份有限公司安吉支公司（以下简称“支公司”）保费收入2.723亿元，增幅6.41%，超市场2.55个百分点，市场份额43.58%，同比上升1.05个百分点，稳居全县财险公司之首。全年支付赔款1.45亿元，缴纳税费2233万元，缴纳代收车船税1562万元。

稳定政策性险种，创新地方性险种。2018年，人保财险安吉支公司农险保费收入1135万元，同比增长33.52%。其中有地方特色全国首创的安吉白茶低温气象指数保险，在完成三年试点工作后于2018年进行全面推广，全年白茶保险赔付297.37万元，远超地方财政投入，使财政资金有效放大，充分发挥出保险业在社会和经济发展中的稳定器和放大器的作用，稳定安吉县茶叶产业的发展。为积极创新地方性特色险种，为安吉县乡村振兴工作添砖加瓦。支公司与县金融办、发改委、林业局共同研发毛竹收购价格指数保险，该险种是继安吉白茶低温气象指数保险以来，另一项全国首创的地方特色毛竹价格指数保险，从单一的保自然灾害风险提升到保市场经济风险的高度，三年试点，首年参保总面积限额5万亩，计划承保面积逐年增加5万亩。毛竹价格指数保险旨在通过保险的杠杆作用，稳定毛竹收购价格，提高竹农生产管理的积极性，增强竹农抗市场风险能力，加快竹产业流转和品牌打造，促进竹产业的健康可持续发展，守护我们的绿水青山。

【环境污染责任险签约企业】　6月初，安吉县环境污染责任险签约企业。在由县环保局牵头召开的环境污染责任保险动员大会上推广的环境污染责任保险，

6月1日，安吉县环境污染责任保险服务合作协议签约仪式举行

打破保险公司只进行单纯理赔的模式，通过“保险＋服务＋监管＋防范”为一体的环境污染责任险运作机制，充分发挥保险的社会服务功能，为有效推进全县环境污染责任险工作提供全面的保障，在源头上做好环境污染的风险管理，帮助政府完成监督责任，从而保护好安吉的美丽乡村。

【启动“警保联动”模式】 2018年，为深化“放管服”改革，健全安吉县道路交通事故“快处快赔”机制，共同推动提升道路交通事故处理能力和服务水平，10月，支公司与县公安局交警大队联合开展警保联动“快处快赔”工作，短短三个月时间，“警保联动”共接报案1441起，符合“快处快赔”条件案件1104起，占比76.6%。“警保联动”新模式的启动，改进事故快速处理方式，改善全县城区高峰期道路拥堵状况，实现道路“快处快赔”，给广大老百姓带来实实在在的方便。

【护航首届中国农民丰收节活动】 9月23日，“两山热土·浙里丰收”2018首届中国农民丰收节分会在安吉县余村村举行，来自全国各地的农民朋友聚集在一起，共同庆祝这个盛大的节日。支公司作为唯一保险合作伙伴，为该项活动提供1000万元的公众责任险，全程护航此次丰收节活动。

（王启雯）

·中国人寿保险股份有限公司安吉县支公司·

【概况】 2018年，中国人寿安吉县支公司（以下简称“支公司”）作为国内专业经营寿险业务的企业，依托覆盖安吉县城乡的服务网络，致力于为社会广泛大众提供优质的保险产品和服务。截至2018年12月31日，支公司实现保费收入4亿元，共处理理赔案件2700件，理赔金额2400万元；为5400多个家庭送去保险理赔金。

【个险渠道】 2018年，支公司全力推进分职场独立运作，初步建立安吉公司“十大标团”，坚持业绩人力“两手抓、两手都要硬”。为此2018年还特别设立了培训部，收展发展部，全力支持团队的独立运作和新人育成。

【团险渠道】 抓机遇，大力开拓政保业务，挖掘农村市场潜力，实行区域化经营；受当前各项政策影响，政府也加大惠民保险的力度，支公司在全县各乡镇、各行政村，走访、宣传老年人意外骨折补充险、社保补充险、计生系列保险、旅游意外险及农家乐系列保险。在意外险方面，与教育局沟通，做好学平险服务工作，并积极同财险合作，扩大学平险的承保规模。与企业客户建立良好的合作关系，通过跟同业公司的价格比拼，服务争优，并结合市场的需求，对团险产品重新组合销售。2018年，还对现有的乡镇网点进行扩充，对空白乡镇网点实现全覆盖。

【银保渠道】 面对竞争异常激烈的市场，在强化对银行客户经理综合素质培训的基础上，加大对渠道的管理和维护，对银行渠道进行梳理，对其架构做了调整，使渠道管理更专业化、规范化。

【新型业务推广】 2018年，积极使用推广各类E化业务，主要包括：无纸化投保、微回执、微回访和各类保全的E化、理赔E化的使用，对上门办理业务的客户支公司员工手把手进行保全E化的操作讲解，让每一位客户都能学会在E化中操作，充分利用公司为方便客户建立的自助平台，使客户能随时随地熟练办理各类业务。继续通过销售渠道和公司柜面，两手一起抓，让客户切实体会到公司与时俱进、方便快捷的服务。

【内控管理】　从总公司到省公司，再到分公司，都高度重视内部管理工作，提升管理的专业化、集约化、规范化水平。按照上级公司的要求，一手抓业务，一手抓管理，“两手抓、两手都要硬”的原则，结合自己公司的实情，顺应业务发展的要求，全面加强和改善各项内部管理工作。向管理要效益，通过管理促发展，通过一系列的措施，促进团队的稳定和管理工作的加强，内控机制得到强化，风险得到控制，实现增收节支。在财务方面，认真落实收支两条线，本着以加快发展不断增收，以厉行节约降低无谓消耗为原则，加大短险开拓力度，通过加大发展降低赔付率。

7月，中国人寿保险有限公司安吉县支公司开展凯蒂猫家园中国人寿保险之夜活动

（陈　琳）

教　育

【概况】 2018年，安吉县有各级各类学校89所，其中普通高中5所、职业类高中3所、初中20所、小学27所、幼儿园27所、区域性中心成校5所、广播电视大学1所、特殊教育学校1所；在职教职工5546人，全日制在校学生70778人。2018年，创建浙江省基本实现教育现代化县，获评2018年度浙江省教育工作业绩考核优秀单位。学前教育坚持优质普惠办园思路，承办多次国际国内会议，浙江省103所“安吉游戏”实践园，融入国家的“一带一路”倡议。义务教育以“美丽学校”创建为抓手，省标准化学校比例达95.91%。着力构建“轻负高质”课堂教学模式，将“生本课堂”改革与减负工作有机结合，在全县各中小学校形成以活动为载体的校本课程，促进学校全面发展特色发展，有国家级足球特色学校7所、省级足球特色学校12所，创建一批如全国五子棋特色学校、全国攀岩特色学校等在省内外有影响力的特色学校，产生湖州市首位棋类世界冠军。普高教育坚持质量导向，着力新高考和“三位一体”招生的研究，一段线上线人数实现五连增，高考一段万人比和增加人数全市领先，清华、北大顶尖名校连续取得突破。全年安吉县5所普通高中，安吉高中完成省一级普通高中特色示范学校创建，孝丰高级中学、振民高级中学和昌硕高级中学均完成省二级普通高中特色示范学校创建。中职教育坚持“名学校、名专业、名教师”的“三名”办学思路。职业教育发展挂钩考核连续获省级一等奖，师生在各级技能大赛中成绩突出，学生杨应政获第44届世界技能大赛管理与制暖项目全国选拔赛第二名并入选国家集训队，教师程鑫获全国说课比赛一等奖。职教中心创建浙江省中职名校，并成为世界技能大赛全国县级集训基地。成人教育做好“五四三二”文章，通过帮助企业招工、培训，开展农村转移劳动力培训以及“五水共治”、垃圾分类等一系列培训。

·学前教育·

【概况】 2018年，安吉县有幼儿园27所，其中公办幼儿园22所，民办幼儿园5所。3～6岁在园幼儿15124人，3～6岁幼儿三年入园率100%。普惠性幼儿园覆盖率85%。全年完善覆盖城乡、布局合理的学前教育公共服务网络，健全学前教育成本分担和运行保障机制，增加学前教育优质资源，满足县域内大部分幼儿享受三年优质普惠学前教育的需求，普及学前三年教育。强化安吉学前教育品牌建设，“安吉游戏”国际影响力逐步形成。“安吉游戏”课程成为有国际影响力的幼教课程。全县乡镇中心幼儿园均达三级以上；幼儿教师持证上岗率91.9%以上；生均公用经费县、乡(镇)各按义务段预算内生均公用经费标准的1/3拨付；提高各类幼儿园非事业编制教师待遇。2018年，学前教育经费进预算，专项经费1783万元，较2017年增长539万元，提高财政性学前教育经费在教育经费中所占比例。健全学前教育专项经费和生均公用经费制度，逐年提高学前教育专项经费和预算内生均公用经费。

《安吉县教育布点专项规划(2017～2030)》方案启动，制定《安吉县幼儿园扩容工程和薄弱幼儿园改造工程方案》,经县政府批准实施。2018年,三官中心幼儿园异地新建完工,于当年9月投入使用。高禹中心幼儿园建设工程有序推进。递铺街道中心幼儿园完成施工图图审,项目由开发区采取PPP方式建设,完成后整体移交教育局办园。紫金花园、梅溪泗洲山小区2所小区配套幼儿园于同年9月投入使用。幸福里、龙山、香缇溪岸、恒隆府4所小区配套幼儿园启动内部装修。其次对乡镇(街道)薄弱幼儿园如天荒坪幼儿园、灵峰幼儿园、昌硕幼儿园、溪龙幼儿园以及相关教学点等进行改造提升,通过对相关幼儿园教学楼、食堂、室外活动场地建设和设施设备添置等途径,完成薄弱改造任务。

2018年,财政继续设立"乡镇幼儿园建设以奖代补""幼儿园升等奖励""农村偏远、经济落后乡镇、低收入幼儿园资助""幼儿园质量提升奖励""自聘教师养老保险补助""小区配套幼儿园装修""普惠性民办幼儿园奖补"等专项经费2000万元,增强对学前教育经费扶持力度。引导和支持民办幼儿园提供面向大众的普惠性服务。通过财政补助、派驻公办教师、表彰奖励、教师培训等方式,确保普惠性民办幼儿园与公办幼儿园享有同等政策。年内向童心亭幼儿园选派1名公办教师,向暖咪儿幼儿园选派4名公办教师,支持民办幼儿园提高教育教学质量。严格民办幼儿园准入制度,健全幼儿园等级管理和年度审核制度,规范民办幼儿园办园行为。

【教育部·联合国儿童基金会儿童早期发展项目在安吉召开培训】 1月,为期三天的教育部·联合国儿童基金会儿童早期发展项目在安吉培训开班,安吉八十余名项目教师代表参加本次培训。联合国儿童基金会儿童早期发展项目负责人陈学锋、楼春芳,以及华东师范大学华爱华教授主持本次培训。参加培训教师重点学习安吉的理念,思考怎样让安吉的幼教经验迁移到提升各项目的质量上来。

【浙港幼儿园教师交流活动】 4月8~11日,浙港幼儿园教师交流活动围绕"游戏"与"教师专业成长"展开,走进安吉多所幼儿园的游戏现场,走近浙、港幼儿园教师游戏和教育论坛。本次浙港幼儿园教师交流活动,得到香港非牟利幼儿教育机构议会浙江代表团的高度参与。两位团员代表梁志坚、吴燕琴女士就"香港幼儿教育的发展与趋势""香港幼儿教育的课程""香港幼儿教师的培训与专业发展""香港幼儿园教师及校长的专业发展"等主题进行介绍与交流。让与会浙江教师初步了解香港幼儿教育的基本状况和香港幼儿园的课程样态。

2018年以来,经中联办对接,先后有两批200余名香港幼教界专家到安吉考察安吉游戏,省教育厅外事处拨专款20万元用于安吉游戏的省港澳交流。

【非洲学前教育考察团到安吉考察】 5月,非洲学前教育考察团来到安吉,希望中国经验能在南非洲生根发芽,非洲是"一带一路"的重要节点,也是中国向西推进"一带一路"建设的重要方向和落脚点,"一带一路"建设给中非合作发展带来新的挑战。

【程学琴参加美国开端计划第九区第七届儿童早期教育年会】 5月7~9日,美国开端计划第九区第七届儿童早期教育年会,在风景秀丽的加利福尼亚州北好莱坞举行。本次年会的主题为"儿童冒险家",程学琴老师受邀作为主讲嘉宾,众多来自世界各地的早期教育专家学者出席会议。会议期间老师们还通过户外游戏、画游戏故事、游戏故事分享等亲身体验安吉游戏的魅力,在游戏中充分理解安吉游戏的意义和价值。

【举行浙江省"安吉游戏"实践园授牌仪式】 7月,省教育厅举办的"安吉游戏"实践园授牌暨实践启动仪式在安吉举行,全省103所实践园园长、老师参加活动。省教育厅学前处处长王振斌、省学前处调研员刘惠玲等出席启动仪式。103所实践园的确立是在全省撒下游戏的种子,并辐射越来越多的地区和幼儿园,让游戏点亮儿童的生命,落实"以游戏为基本活动"的理念,实现省优质、均衡的幼儿教育。

·基础教育·

【概况】 2018年,安吉县有小学27所(1所民办学校),学生30273人;初中18所(4所民办学校),学生12821人,特殊学校1所。全县共有普通高中5所,其中公办学校3所、民办学校2所,在校学生9552人,教职工821人,其中专任教师732人。

【学校德育工作】 搭建学生成长平台。精简《中小学德育(团队)工作考核细则》等相关文件，下发德育工作行事历，按月提供节日清单，供学校参考，提醒学校整体规划，提前安排。根据研学文件要求，开展研学基地申报工作。配合县政府开展文明城市创建。开展“美丽校园”创建活动深化校园文化建设。指导学校根据教育部新版《中小学生守则》和《浙江省中小学生日常行为规范(试行)》加强学生行为规范和文明礼仪教育。提升德育课程品质，通过校园隐性环境文化建设形成浓厚的德育氛围，通过挖掘整合各学科教学中的德育元素充实德育课程内容，通过不同年级的主题教育和旗下微队会展示等校内校外活动丰富德育课程形式。根据各级教材使用要求统筹整合实施《中医药与健康》(五年级)、《水土保持》(五年级)、《生态文明》(六年级)、《学做文明人》(小学)、《浙江人》(初中)、《湖州—两山思想》(初中)、《清丽湖州》(中小学)、《人·自然·社会》(中小学)、《少先队》(中小学)、《天目茗华》(中小学)等地方德育教材。提升学生综合素养。借力各部门的资源优势，开展核心价值观教育、核心素养培育和弘扬传统文化活动，有序规划实施法制、公益(慈善)、安全、生态、诚信、自救自护(人防、红十字)、反欺凌、禁毒、反邪教、国防、科普、青春期等各类主题教育活动。还开展推普周、规范汉字大赛、流动少年宫进校园、科普讲座进校园(通过县科协邀请中科院院士到四所学校作科普报告)等活动。

11月24日，安吉县教育局举办“美丽教育大讲堂”第三期专题讲座

【队伍建设】 完善“精英+普及”型的中小学班主任(德育导师)综合能力大赛模式，采取借班上课的形式进行组织开展安吉县中小学班会课大赛。每年7月，举办安吉县中小学班主任(德育导师)能力大赛。建立五个安吉县班主任工作室，成立三个安吉县少先队辅导员名师工作室，发挥名师对德育队伍建设的影响，实现安吉县工作优质资源共享、教育均衡发展和教育质量全面提升。

【心理健康教育】 建设专兼职结合的心理健康教育教师队伍，强化校级心理辅导站建设，2018年，完成9所学校标准化心理健康室建设，5所示范心理健康室建设；推进珍爱生命教育、抗挫折教育和青春健康教育，加强对单亲家庭、困难家庭、残障家庭、流动家庭、农村留守儿童等特殊群体的心理健康教育，促进学生身心和谐发展。全年安吉县中小学教师心理健康C证持证率达68.4%。报福小学、章村小学、高禹中学三所学校创建浙江省健康促进学校银牌单位。

【家校联动机制】 成立家庭教育指导中心，办好各类家长学校，组织开展“家长进家校”“家长体验日”“家长授课日”等活动，强化对家庭教育的指导。开展家访活动，要求学校家访率不得低于80%，通过家访了解具体情况，密切家校关系，防止学生因贫、因厌学等情况产生的辍学，落实立德树人，加强学校教育。落实《关于做好义务教育阶段农村留守儿童教育关爱工作的通知》，做好新居民子女关心关爱教育，探索积分入学办法。

【体育、艺术与科技创新教育】 以全面贯彻党的教育方针，推进素质教育为目标，始终把学校体育、艺术、科技作为教育工作的重要组成部分。坚持贯彻《中共中央国务院关于加强青少年体育增强青少年体质的意见》(中发〔2007〕7号)、《教育部关于印发〈学生体质健康监测评价办法〉等三个文件的通知》(教体艺〔2014〕3号)、《中共浙江省委浙江省人民政府关于加强青少年体育增强青少年体质的实施意见》(浙委〔2008〕11号)、《中小学校艺术教育工作自评办法》和《中小学校艺术教育发展年度报告办法》等文件精神。开展阳光体育运动、推进课外文体活动工程、深化体育艺术"2+1"项目,并将其作为中小学深化素质教育的具体举措和有效载体。规范教育教学。安吉县一直把学校是否严格执行课程设置及课时计划作为抓学校教育工作的重点之一。近年来,主要通过"制度规范、督导跟进、考核挂钩"等措施加以推进。将开足开齐开好艺术课、信息学课、体育、艺术与科技创新教育、活动课、大课间、体育活动"五落实"(活动时间落实、活动场地器材落实、活动项目落实、活动学生辅导老师落实、活动记录落实),保证学生每天一小时课外体育活动时间、艺术活动、科技活动等内容列入对学校综合督导和发展性督导评估指标体系。全县所有学校都能保证学生每天一小时课外体育活动时间。依托课程改革实验,推行中小学生的全面素质综合评价。2008年起,全面实施初中毕业升学体育考试制度,2018年体育测试成绩占中考总分的30分。健全学生体育、艺术、科技竞赛制度。根据省、市文件精神结合本地实际,教育局组织一年一度的中小学体育节、艺术节、科技节,提前确定年度中小学生阳光体育、艺术、科技竞赛规程与办法。每学年度开展12个项目的阳光体育竞赛活动(网球挑战赛、羽毛球挑战赛、中学生女子排球比赛、小学生男子篮球赛、中小学生篮球技能大赛、足球联赛、中小学生足球技能大赛、生乒乓球联赛、中小学生乒乓球技能大赛、中小学生田径比赛、生定向运动会、游泳精英赛)、2项艺术竞赛(书画现场赛、舞蹈类表演赛)、3类大型科技活动(科技信息学、三模、创新发明)。在各项赛事形成制度的基础上,将竞赛参与与活动结果与《安吉县中小学校体育、艺术、科技评估办法》相结合。举办科技节"三模"比赛。安城小学五子棋、凤凰山小学攀岩、新民学校门球、安高足球纷纷在省、市比赛中取得好成绩。教育局不断加大投入,完善体育、艺术、科技教育硬件设施建设。全年安吉县有53所中小学运动场地塑胶化,根据标准化配备的要求,全县每所学校都在学期开学初增设一批室内外运动器材。县教育局要求各中小学学校将每年公用经费15%左右投入到学校的体育、艺术、科技教育中,设立艺术教育成果经费奖补办法,用于县中小学生艺术节活动、社团建设等;并联合县体育局每年通过向体育布点学校奖励、体育特色学校补助等奖补办法,用于县中小学生体育节活动、社团建设等;加大实验室、科技创新硬件建设力度。

11月30日,安吉县第二小学党建工作示范点建设情况展示

【学校卫生保障】 开展心理健康、青春期、禁毒防毒、预防近视等多种健康教育,使儿童青少年掌握常见病防治和卫生保健知识,增强学生自我保健意识,养成科学、文明、健康的生活方式和行为习惯,在各校设立禁毒教育宣传角,聘请专业人士来校讲解毒品危害,组织全县教师参加禁毒教育培训。定期开展心理健康教育,提高学生素质,促进学生心理健康培养。集中开展心理健康教师资格培训,浓厚师资氛围。

【减轻学生课业负担】 改进学校和学生评价体系。根据教育部颁布的《中小学教育质量综合评价框架》《中国学生发展核心素养》和省教育厅颁布的《浙江省中小学教育质量综合评价指标》,修订义务段学校学年发展性评价办法,将学生发展指标(品德行为、学业水平、学习力、运动健康等十项指标)纳入评价标准;实施《安吉县教育局深化义务教育课程改革考核奖励办法》,每年投入500万元奖励,鼓励学校深化课程改革。根据《浙江省初中阶段学生综合素质评价实施指导意见》制定《安吉县义务教育阶段学生综合素质评价实施方案》,将初中、小学学生的综合素质评价纳入规范范围。鼓励学校改革创新,实施符合学校实际情况的学生发展性评价办法,涌现出递铺小学的"七彩阳光少年"评价体系、凤凰山小学的"小凤娃"评价体系、安城中学的"梧桐之星"评价体系、丰食溪中学的"星级少年"评价体系等。提升课程教育改革水平。将原有九个专题研究小组整合为七个,分项目召开阶段性研讨会,进行学年考核奖励。分学段阶段性举办现场会,将各项目的实践经验在全县加以推广。优化课程改革体系。将学习力的培养纳入学校学年发展性评价指标体系,加强校长队伍的外出学习和论坛交流;分梯度推进"生本课堂"教学改革,鼓励学校尤其是12所县"生本课堂"教学改革专题研究成员学校在前几年"小组合作制"课堂教学改革的基础上,继续深化和改进;稳步推进初中分层走班教学改革。出台加强学生管理的若干举措。严格控制学生在校学习时间,有条件的学校尝试弹性上学时间,到校时间可适当延迟,保证学生充足的睡眠时间、充裕的早餐时间、从容的上学时间,促进学生身心健康;加强学生在校管理,有条件的学校实行晚托。控制学生作业负担,小学一、二年级不得留书面家庭作业,其他年级学生平均水平书面家庭作业量每天控制在一小时以内,初中学生平均水平书面家庭作业量每天控制在两小时以内,学校须按年级做好各学科作业的平衡工作。县教育局贯彻落实省教育厅重要文件精神,加强学校规范办学和课程建设的管理和指导,满足学生选课需求。成立全县普通高中教育和高考备考工作领导小组,下设备考指导组、备考研究组、后勤保障组。实施备考工作通报制度、重要考试质量分析制度和阶段性工作推进制度,加强工作的针对性和实效性。每月定期与不定期开展对学校管理等工作的集中督查调研,重点是工作落实是否到位,是否存在问题,并有效及时反馈工作,加强整改。

【高中成绩】 制定并完善普通高中质量考核与奖励制度,争取县长基金、社会资金,做好对学校教师和学生的奖励工作。2018年,高考全县一段上线515人,并实现五年连续增长,有3人被北京大学、清华大学录取。

·职成教育·

【概况】 2018年,安吉县有职业高中3所,其中公办学校2所、民办学校1所;在校学生5897人,教职工448人,其中专任教师431人。

2018年,创建国字号项目3个。通过国家级职业教育和成人教育示范县复检。9月19～20日,省教育厅代表教育部对安吉县创建国家级农村职业教育和成人教育示范县进行复检;创建全国数字化学习先行区;创建第45届世界技能大赛国家级集训基地。吸引国家和省级媒体关注多次。《中国教育报》2018年11月20日头版文章《五百民企有了人才"管家"》,介绍天子湖成校"招工交给成校,所有培训免费"事迹;《中国农村教育》2018年10期(上)以《不忘初心,擦亮品牌,优化服务,砥砺前行》为题,介绍天子湖成校招工培训就业一条龙服务特色工作;《中国农村教育》2018年11期(上)同期刊登两篇报道,分别是《五步妙招,推动乡村振兴》,介绍安吉实施"两山"理念的做法;《聚焦安吉白茶产业,提升茶农致富能力》,介绍安吉梅溪成校开展白茶培训,创建特色品牌事迹。《浙江日报》2018年12月14日以《沉到企业车间 建立实训基地》为题,介绍安吉县成校为示范区企业服务的先进做法。全年获省职业教育发展考核获一等奖。由省教育厅主办,县教育局承办的全省学习型城市建设推进会7月在安吉召开。申报省级项目4个,其中职教中心1个、乡镇成校3个;省级建设项目中期评估,优秀1个、良好2个。高职考本科录取26人(职教中心23人、艺术高中3人),世界技能大赛进入前五名;省技能大赛一等奖4个(教师1个、学生3个)、二等奖5个。

贯彻省厅支持安吉18条意见,落实工作新成效。建立3个省级名师工作室(职教中心2个:省级名师黄云语文工作室、省级名师陈建军计算机工作室;艺术高中1个:中国美院李勇教授安吉工作室);建立1个艺术教育基地(中国美院安吉实习基地);建立3个“3+2”高校联合办学模式(浙江经贸学院财会“3+2”、浙江旅游学院旅游“3+2”、嘉兴学院学前教育“3+2”);选派1人上挂省教育厅。

【校企合作】 共建一体化人才培养培训模式1个;搭建为敏实集团和耕德公司招工培训3个,其中为敏实集团和耕德公司招工259人,设立冠名班4个(敏实班、耕德班、洁美电子班、永艺班);建立“职成企一体化人才培养培训”实践研究课题1个;成立一体化党员志愿服务队1个。实施农业技能、“两创”人才、生态宜居、乡风文明等各类农民培训37660人次;开展全国文明城市创建素质专题培训12200人次,创建全国社区教育特色学校1所。2017年全省电大业余考核安吉电大为A等,名列全省69家电大前茅。

·队伍建设·

【概况】 2018年,实施机关党建创优、学校党建创强、职成党建创新的“三创工程”,开展2584名党员“党性体检、民主评议”活动,组建70余支党员志愿者队伍;召开党建推进现场会,建设命名6个美丽党建示范点、19个

11月30日,安吉县教育系统党建工作现场推进会暨“安吉县教育系统美丽党建示范点”授牌仪式举行

三星级以上党支部;2名党员教师获评特级教师,建成32个名师名校长工作室,带动全县教师“比学赶超”,727名教师获2018年省、市、县各类先进荣誉。在选人用人上重点聚焦政治强、业务精、纪律严、作风正、有担当、能作为的干部,在选拔过程中既充分听取基层干部教师意见又注重民主评议,同时也充分听取监审科及分管党风廉政领导的意见,做到用必查、查必严、程序合规、提拔公开。全年提拔校级领导33人(其中正职8人、副职25人)。

2018年上半年,18位县级名师和4位县级名校长工作室结对100余人次,累计开展活动100余次。2018年8月,开展新一轮“名教师名校长系列评选”活动,张卫其等21人被评为“县级名教师”,章洁等5人被评为“县级名校长”,另评选出学区级学科带头人100人、优秀校长30人、优秀中层干部50人,校级优秀班主任123人、优秀教师150人。

2018年,新教师招聘报名人数再创历史新高,达1315人,比2017年增加190人。通过网上报名、资格初审、笔试、资格复审、面试、体检考查、选择岗位、办理聘用手续等程序,新录用教师142人(普高7人、职业高中10人、初中小学100人、幼儿园25人)。

·教育保障·

【概况】 2018年,经县发改委批复实施的政府投资新建项目有幸福里小区配套幼儿园建设工程、东城花园小区配套幼儿园装修工程、第二小学笼式足球场项目,续建项目有安高综合楼、第三小学、第五小学、城北小学、昌硕小学食堂综合楼等项目。其中被列为省民生实事项目的是幸福里小区配套幼儿园建设工程、紫金花园小区配套幼儿园装修工程、第二小学笼式足球场和

第五小学建设项目,其中第五小学建设项目被列为省义务教育学校薄改项目。县重点项目有城北小学和第五小学建设项目。全年安吉县有5个项目按时投入使用,分别是昌硕小学食堂综合楼、三官中心幼儿园、紫金花园小区配套幼儿园、东城花园小区配套幼儿园、泗州山小区配套幼儿园。启动教育PPP项目前期工作,涉及全县新建项目4个,改扩建项目26个,计划通过未来3～5年实施该项目,建设内容涵盖教学及辅助用房拆建、体育场馆建设、保留建筑外立面改造、教学设施采购等,总投资约12亿元。全年完成设计库招标,设计总预算资金约3500万元。此外,结合省建设厅在全省开展第二次城镇房屋调查工作的契机,对全县各类学校共计580栋年代久远房屋进行一次专业鉴定。参与街道乡镇完成4个项目包括第四初中、灵峰小学、灵峰中心幼儿园、晓墅幼儿园钱坑桥教学点的规划方案,完成幸福里、香堤溪岸、龙山庄园、恒隆府4所小区配套幼儿园的移交协议工作。

完成全县公办中小学校园无线全覆盖项目,率先完成学校无线覆盖的省考核要求,同时技术上实现无线认证与综合信息平台的账号统一和跨校漫游;作为移动应用"安吉教育"小程序正式上线,实现教育信息与安吉教育网的信息同步,教育办公与安吉教育综合信息平台的权限同步。录播方面完成3个精品录播教室和4个简易录播教室的建设,实现全县录播教室的网格化部署;完成8所学校广播系统的升级改造,实现广播系统和消防演练的移动端管理。2018年,配备学校计算机416台,交互式多媒体105套。推进云机房建设工作,完成9个云机房的部署。争取省补项目,完成3个省补移动学习终端智慧教室的部署。

完成4个创新实验室(良朋小学的"放飞梦想"、报福中学的"捣鼓车间",第二初级中学的"初中科学数字实验室"、第四小学的"小学科学数字实验室")的建设;完成16所中小学21个美术专用教室建设;完成12所学校危险化学药品的报废处置工作;完成2018年浙江省书香校园图书省级和县级财政的图书采购工作。

·教育改革·

【优化县属普通高中布局】 2018年,县教育局对照《安吉县委全面深化改革领导小组2018年工作要点》"社会体制改单"部分,全面落实本单位涉及改革项目。年内成立安高教育集团,在天略举办集团初一创新班,推行初高中联合体建设。艺术高中增设音乐舞蹈专业,职教中心启动中德合作班和浙江科技学院"3+4"应用型本科一体化培养试点。

【新时代教师队伍建设改革方案】 2018年,创新评价办法,分学段、分类别设置竞争奖项评价。调整评价内在,质量以常规、德育以状态、特色以效果为基本。拓展评价外延,推行第三方评价机制。按照省市瘦身、部门准入、考核减负的要求,制定出台减负十项举措,推进清静校园建设。在全市率先实施校长职级制,以任职年限为基础,综合考评,68位校长获评初级、中级、高级称号。

【中小学教师"县管校聘"管理体制改革】 稳妥推进县管校聘试点,2762名教师应聘上岗,63名教师跨校交流,7名教师落聘分流。制定教育系统人事红蓝线制度,规范教师进城选调、柔性流动、五百行动选派、局机关挂职等行为,年内公开选聘局机关中层8人。

【中考招生制度改革】 全年安吉县对中考招生政策作了较大幅度的调整。完善公办普通高中定向生分配制度和普高、中职最低控制分数线制度;进行体育考试和加分项的调整;推进中考实验操作考试。

【完成中职教育现代学徒制改革试点】 安吉县3所中职学校适合推行现代学徒制学校3所,专业5个,实施现代学徒制的学校3所,专业5个,1700多名学生参加试点,比例均为100%。建有职教集团1个(上墅职业教育集团)、职教联盟3个(安吉现代服务业职教联盟、安吉县技工人才培养战略合作联盟、敏实集团校企合作联盟),上墅私立职高和安吉职教中心均为牵头单位。2018年,安吉职教中心设立敏实、耕德、洁美、永艺4个校企合作班,招生160人。

【民办教育健康发展】 政策扶持,促进发展。继续实行公用经费补助政策,制定《安吉县民办教育发展专项奖励办法》，按计划完成2018年民办学校各类补助及奖励工作。加强对民办学校的考核，将民办学校的日常监管和考核工作纳入到责任区随机督导工作中，由责任督学对民办学校的教育教学工作进行随机督导，民办教育管理科不定期进行检查，确保民办学校办学质量。加强监管，建立长效机制。加强民办学校年检工作，将民办学校日常监督和管理纳入到责任区随机督导工作中；结合“双随机”工作，利用随机抽查系统，定期和不定期进行随机检查，并将检查结果纳入到年检结果；加强与县市场监管局、公安局、文广新局、体育局等联系，充分发挥安吉县民办非学历教育培训机构管理领导小组的职能，建立长效机制，加强对民办学校的监督和管理。联合市场监管、公安、消防、民政等部门开展文化培训机构专项整治行动。公布32家白名单，对139家无证校外培训机构进行专项整治，其中文化类教育培训机构95家、0～3岁幼托机构44家。年内4家无证无照文化类培训机构被关停，12家有照无证文化类培训机构完成整改，5家正在申领办学许可证。

·平安建设·

【概况】 2018年，教育系统上下进一步强化安全发展理念，弘扬生命至上、安全第一的思想，贯彻落实中央、国务院及省市县关于安全生产工作的决策部署，坚决遏制较大以上事故，推动学校依法履行安全生产主体责任，完善校园安全风险防控和隐患排查治理“双重预防”机制，做到所属学校“大事不出、小事少出”，以平安校园助推平安安吉建设。局行政班子定期召开校园安全形势分析会，研究并制订实施校园安全网格化风险管控工作机制，通过建立教育局、学区、学校三级网格管控体系，全面排查、识别、评估校园安全风险，落实风险管控责任，提升学校安全风险管控水平。

【督查整改】 2018年，教育局“强化隐患排查，防患于未然。”校园安全隐患大排查覆盖率100%，下发整改通知书45份并督促学校逐一落实整改。局行政班子领导带队开展市挂牌督办项目隐患“清零行动”督查，于4月底前完成验收销号工作。全年县教育局多次联合县交警大队开展校车运行情况暗访；联合县文广新局对学校周边网吧开展执法检查；联合县市场监管局对学校食堂及食堂配送企业进行食品安全抽查。年内县教育局配合相关部门完成国务院消防检查和安吉县创省级食品安全县的暗访检查。其中食品安全县省暗访实现零扣分的目标。对省、市平安暗访通报的问题清单，逐一核实并落实整改工作，并对某校外培训机构实施关停处理。在下半年的省暗访中实现教育部门“无通报零扣分”的目标。

【专题工作】 4月，组织开展“电梯条例及预防结核病宣贯”专题活动。教育局组织全县广大师生，先后开展《湖州市电梯使用条例》及结核病防控知识教育活动。6月，组织开展安全生产月主题活动。活动期间，县教育局组织开展安全生产主体责任“五个一”活动，全面落实市教育局提出的防溺水“六个一”工作要求；参加县安全生产广场咨询活动和安全生产公益广告创意及校园安全摄影征集活动。5～8月，组织开展防溺水专题活动。活动期间县教育局领导深入学校检查防溺水宣传教育及暑期防溺水措施落实情况、《教育部防溺水告家长书》回执回收及家长签字情况等；7月，县教育局安全科与党建科积极行动，在全县各级各类学校及教育局机关组织开展“共产党员防溺水在行动”主题活动，各校均成立共产党员防溺水志愿者小组，党员教师身着红马甲，顶烈日、冒高温，走近山塘水库、沟渠河道开展隐患排查与防溺水劝导和宣传活动，活动贯穿于整个暑期，其中7月22～30日是集中开展时间。据统计，此次活动有45个学校支部700余名党员志愿者参加，发放防涨水宣传单10000余张。9月，组织开展“消防三年翻身仗”专题活动。县教育局贯彻落实市、县消防三年翻身仗行动方案，结合暑期师德教育周和119消防宣传日(月)活动，组织开展消防主题教育活动，通过抓“知识教育、实操培训、疏散演练、隐患排查、设施保障”推动安吉县校园消防三年翻身仗行动的实施。活动期间全县安装校园智慧充电桩装置85套，这一措施得到市教育局的推广。10～11月，组织开展“平安护航世信大会”专题活动。县教育局成立由局党委书记、局长为组长的地理信息大会校园安全与维稳治理行动领导小组,负责协调、部署、督促各项工作的推进和校园安全维稳工作的落实,保障大会期间的校园安全与稳定。

【宣传预警】 县教育局安全科不定期通过“安吉教育发布”、校园安全工作微信群和QQ群发布预警信息,向学校通报外地发生的相关安全事故和季节性卫生或疫情事件,要求各校举一反三,积极防范。暑期与安吉新闻集团融媒体中心合作推出四期安全教育课堂“小萌警来了”,以小朋友喜闻乐见的RAP说唱形式,通过家长微信平台向广大家长、学生推送暑期防溺水、外出交通、食品卫生、防拐防骗等方面的安全知识。

【“三防”建设】 2018年,县教育局继续加大技防投入,先后完成安吉县昌硕高级中学等16所学校视频监控系统的升级改造工程;安吉县第七小学等4所学校的食堂升级(B升A)改造工程及全县所有学校幼儿园的智慧充电桩安装工程,共计投入安保资金约550万元。与此同时,为加强校园安保专业队伍建设,年内县教育局分别对校园保安服务费及校车运营费标准进行调整,累计增加安保经费支出近100万元。

【举措创新】 2018年,县教育局促成县交运总公司成立具独立法人资质的校车管理公司,行使全县校车运营管理和安全的主体责任,改变县教育局在校车管理中既当运动员又当裁判员的不当角色定位,实现校车运营与监管的责任分离。与此同时,为提高校园电气设备安全隐患的排查能力,县教育局通过公开招标,引进第三方安全服务机构承担学校电气及消防安全隐患排查任务,使排查工作更细致、更专业,实现“专家查隐患、部门抓整改”的安全监管模式,提升全县教育系统安全服务社会化水平。

【业务培训】 4月18～21日,县教育局组织全县各级各类学校安全管理员(分管校长)赴安徽合肥开展为期四天的安全管理员培训活动,通过听专家讲座、工作介绍、实地考察,提高学校安全管理员的专业知识和安全防范技能及事故处置水平。

·信访工作·

【概况】 2018年,随着群众对教育要求越来越高,当前教育信访出现持续增长趋势。全年教育局受理各类信访共计431件次,总量较2017年增加39.4%。其中,浙江省统一咨询投诉举报平台办理370件,占总量的85%,教育信箱19件,各级来信21件,来电来访21件。反映学校管理方面的信访量最多,共190件次,占44%。就学问题的信访依然是热点,共122件,占28.3%。反映民办培训机构管理信访数量增多,有39件,占比9%。此外还涉及教育行风建设、学生交通安全、食品安全、民代幼群体问题等信访。

县教育局领导高度重视当前的教育矛盾化解工作,成立信访工作领导小组,局长为第一责任人,分管领导负直接责任,职能科室直接抓,学校、单位各负其责。实行领导接待日制度,及时疏导和化解各类矛盾。设立信访接待室、信访举报电话、信访举报箱和电子邮箱。建立局班子成员联系学区、学校工作制度,把信访维稳工作作为党风廉政建设的一项重要内容,并且通过制定岗位责任清单、层层签订责任状等形式将工作落到实处。2018年,教育局领导到信访局驻点接访10人次;参与县领导接访3人次;参与阳光热线直播接听11次。

制定《安吉县教育局2018年信访维稳工作预案》,完善领导包案制度、岗位责任制、信访接待制度、登记制度、限时办结制、重大事项快速报告制度等。强化校务监督工作,2018年11月,对全县81名校监组组长进行专题培训,将学校信访矛盾作为校监组工作重点之一,将矛盾发现、处置在基层。

2018年是重大活动频繁的一年,如上海进博会、互联网大会、世界地理信息大会、“枫桥经验”纪念大会等,县教育局高度重视重大活动期间的信访维稳工作,局班子召开专题研讨会,对存量问题进行研判,建立局领导联系重点人员责任制和实行24小时值班制度。全年教育系统未发生进京赴省非访或集体访等行为,也未出现重大影响事件,总体和谐稳定。

·教育工会·

【概况】 2018年,县教育工会下辖4个学区工会工作委员会和1个高中直属单位工会工作委员会、64个基层工会。会员5218

人，其中女会员 3542 人，占会员总数的 67.88%。民办学校工会 8 个。现有县级“先进职工之家”48 个、“合格职工之家”3 个，县级“妈咪暖心小屋”44 个。新成立安吉嗳咪儿幼儿园工会和安吉县天子湖镇良朋中心幼儿园工会。教育保障中心等 21 家工会按时换届，教育局机关等 6 家工会及时增替补。全年新加入工会 190 人。

2018 年，走访 14 户困难家庭，送出 6 万余元的慰问金；对 9 位教职工医疗互助补助 23860 元；对 2 位家庭遭遇特殊困难的教师补助 34987 元；对家庭遭遇特殊困难的 7 位离退休教师补助 10 万元。有 5065 位教职工参加教育系统教职工医疗互助会和县总工会的医疗互助，参与率达 97.07%；教职工体检标准提高到每人 1300 元；教职工暑期疗休养时间调整为每人每年一次 2000 元，疗休养地点扩大到对口支援的青海、吉林以及周边五省市。

举办安吉县第三届教职工运动会、教职工乒乓球比赛、男子篮球比赛、嗒嗒球比赛、首届教职工桥牌比赛、气排球比赛等体育活动；开展教师朗诵比赛、班主任综合能力大赛、首届小学科学教师 STEM 课程能力大赛、中等职业学校专业课教师专业技能大赛、幼儿园教师专业技能比赛、交互式电子白板应用技能大赛、信息技术应用技能比赛、首届初中科学教师 STEM 课程能力大赛等教职工技能大赛。

安吉县高级中学被评为 2016～2018 浙江省“三育人”先进集体，孝丰镇中心幼儿园被认定为浙江省第三批“妈咪暖心小屋”示范点；孝丰高级中学工会、梅溪中学工会、第二小学工会、天荒坪小学工会、孝丰幼儿园工会被评为 2017 年度湖州市教育系统先进工会组织，第二小学、杭垓小学被评为 2017～2018 湖州市“三育人”先进集体，县教育工会女职工委员会的“明体健行、快乐工作”——女教职工气排球比赛被市总工会列为第三批湖州市工会女职工文化品牌项目，第十小学、嗳咪儿幼儿园被认定为湖州市舒适型“妈咪暖心小屋”；县教育工会被评为 2017 年度安吉县工会工作先进单位、2017 年度安吉县工会信息工作先进集体，孝丰镇中心幼儿园工会被评为 2017 年度安吉县“五一巾帼标兵岗”。

实验幼儿园章洁被评为 2016～2018 浙江省“三育人”先进个人，县教育工会涂立强被评为浙江省教育系统优秀工会工作者；职教中心叶铜被评为第五届湖州市首席技师暨南太湖新技师，第三初中张春萍、孝丰小学赖其军被评为 2017～2018 湖州市“三育人”先进个人，天荒坪学区盛宝强、梅溪学区周冰、昌硕高级中学华能中、实验初中陈忠伟、实验幼儿园陈彩虹、孝丰小学郑慧、杭垓小学杨金芳、良朋小学吴华菊被评为 2017 年度湖州市教育系统优秀工会工作者；县教育局党委书记、局长施明清荣获 2017 年度县“优秀工会之友”称号，县教育工会涂立强、教科研中心袁和林、安吉县高级中学胡现红被评为安吉县劳动模范，职教中心叶铜获安吉县劳动模范提名奖，县教育工会涂宝寅、艺术高级中学卞贤华、第五小学洪莲芳、杭垓中学戴群、山川小学张光青被评为 2017 年度安吉县优秀工会积极分子。

安吉县高级中学等 8 个工会被评为教育系统 2017 年度“窗口工会”，递铺学区工委等 12 个工会被评为教育系统 2017 年度工会工作先进单位，吴炳忠等 12 人被评为教育系统 2017 年度工会工作先进个人，王平等 12 人被评为教育系统 2017 年度“工会之友”。

（李岩民）

科 学 技 术

科技工作

【概况】 2018年,安吉县申报国家高新技术企业64家,60家通过认定,其中新认定国家高新技术企业37家。新认定省科技型中小企业95家。1～10月,完成高新技术产值51.8亿元,同比增长11.6%,增幅列全市第一。开展规上企业研发机构建设三年行动计划,2018年新认定省级企业研究院7家,数量为安吉县历年之最,居全市县区第一,位列全省县市第二。新认定省级高新技术企业研发中心13家,市级高新技术企业研发中心21家,县级企业研发中心51家。

综合平台有序推进,省级绿色高新制造园区初具形态,省级椅艺创新服务综合体全面启动。孵化平台加快建设,科技创业园和"两山"创客小镇二期项目列入县重点工程,年底前均可交付使用,届时安吉县将增加近6万平方米的孵化空间。众创平台加快培育,根据市众创空间管理办法,安吉县及时出台《安吉县众创空间认定及考核管理试行办法》,加大政策扶植力度,年内新建且已投入运营10家。认定市级众创田园3家,完成国家级、省级星创天地备案各1家。

积极参与做好"国千""省千""南太湖精英计划"等人才引进培育工作。2018年,入选市级领军型创新团队5个,超额完成预期目标。组织12位人才申报南太湖特支计划,5位人才入选。惠嘉生物刘金松入选第九届科技小巨人。举办第三届"两山杯"创新创业大赛,大赛吸引来自海内外152个项目参赛,遴选出具有发展潜力的优质项目50个参加总决赛,吸引高层次人才100名,21个项目获奖。洁美电子董事长方隽云入选省"万人计划"。安吉县和也科技获浙江省专利金奖,实现全市省级专利金奖首个突破。

10月16日,2018年安吉县第三届"两山杯"创新创业大赛项目评审会召开

开展"坚定两山路,奋进新时代"主题教育,结合班子会、主题党日及时传达贯彻上级精神,设置党建墙,强化党建第一责任落实,政治站位进一步提升。严格落实党风廉政建设主体责任和"一岗双责",班子带头开展"党纪一刻钟"教育,落实县委巡察、县人大评议问题意见的整改,全面规范项目审批、资金拨付流程,执行"三重一大"集体决策制度,规范班子决策行为。时刻注重干部队伍建设,开设"科技讲堂",组织科技创新发展主题研讨班,运用多种渠道,树立创新务实、勤政廉洁的队伍形象,提升干部履职能力业务能力。

【知识产权创新】 推进企业知识产权战略。2018年新增20家企业参与贯标备案,已通过贯标企业20家。增加国家知识产权示范企业2家、国家知识产权优势企业2家、认定省级专利示范企业6家、认定市级专利示范企业11家。加大对专利申报的扶持力度。2017年12月至2018

年10月，安吉县专利申请量9682件，其中发明专利申请量4201件，占比43.39%，在全市县区排名第一；专利授权量3297件，发明专利授权量278件。推动专利运用创新，联合6家金融机构，对31家企业开展专利权质押融资贷款业务，全年为企业争取专利权质押融资登记额3.5亿元，企业争取专利权质押融资金额2.03亿元，均在全市县区排名第一。

【创新改革】 落实“最多跑一次”改革要求，优化科技服务流程，4个办理事项达到五星级，5个办理事项达到四星级。切实做好创新券申领使用“掌上办理”，简化创新券兑现使用操作流程，2018年以来已发放创新券1036万，位列全省县市第四。积极搭建院企个性化服务机制。杭电智能制造技术研究院技术与15家企业达成科技合作协议，与6家企业组建创新、创业研究团队，且均申报2018年“南太湖精英计划”短期项目。安吉县惠嘉、和也、竹博园完成的3项科技成果分别获省科技进步奖一等奖、二等奖和三等奖。

【省重点实验室实现首个突破】 3月，中德智能冷链物流技术研究院成立，由浙江科技学院与安吉县人民政府共建，并将浙江省食品物流装备技术研究重点实验室搬迁至安吉，是湖州第六家省级重点实验室，实现安吉县重点实验室零突破。

【创建首批国家创新型县】 11月，围绕践行“两山”理念“样板地、模范生”目标，大力实施创新驱动发展战略，在全国100余创建县中脱颖而出，成为首批52个创新型县（市）之一，并在11家科技支撑生态文明建设主题县（市）中名列前茅。安吉县的建设主题是“科技支撑生态文明建设”，分为三个阶段稳步实施。

【国家农业科技园区】 11月，面对申报国家级农业科技园区的限制条件，笔架山省级农业高新技术产业园区积极应对，经过地方向科技部推荐申报、材料审查、现场考察、视频答辩等程序，12月成功创建全国第八批国家农业科技园区（国科办农〔2018〕100号）。

【省级重点企业研究院】 省重点研究院实现首个突破。11月，浙江天草生物科技股份有限公司成功创建天草植物生化利用省级重点农业企业研究院，这是安吉县首家省级重点企业研究院。

【安吉县荣获省科技进步一等奖】 2018年，惠嘉生物的“畜禽抗生素减量和养分减排的新型微生态制剂技术研究与产业化”获省科技进步一等奖，是湖州市唯一的科技进步一等奖获得单位，同时实现安吉县省科技进步一等奖首个突破。

（孙　聪）

科协工作

【概况】 2018年，县科协积极申报浙江丰虹新材料股份有限公司、安吉美丽乡村研究院、大康控股集团有限公司、浙江惠嘉生物科技股份有限公司4家企业为市级院士专家工作站，浙江和也健康科技有限公司被认定为省级院士专家工作站。超前并超额完成市考核和县政府年度目标，全县院士专家工作站17家。发挥联系科技工作者的桥梁纽带作用，组织大康等企业拜访南京大学王广厚等院士，寻求技术指导和项目协作。邀请吴丰昌等院士专家团队来安吉，开展与企业面对面工作交流会，帮助攻克技术难关，院士专家团队在企业改革创新、转型升级中发挥积极作用。主动招商，完成浙江威步机器人技术有限公司、浙江瓦信科技有限公司、浙江逸航科技有限公司3家企业入驻安吉无人机创新中心，其中吴开华、魏凯华2支团队被湖州市“南太湖精英计划”入选为2018年第一批领军型创业团队。“竹产业可持续发展专项咨询项目”被列入2018年度浙江省院士行业科技咨询项目。由中国林科院林化所研究员、工程院院士蒋剑春领衔，全年重点围绕新常态下竹产业培植经营新模式、竹材粗加工模式及助力实践“两山”理念、助推乡村振兴战略开展专题研究，并主动参与第14届竹业学术大会，主办竹产业可持续发展项目专家咨询会安吉分会场。为安吉竹产业转型升级和可持续发展提供技术指引，形成安吉经验。

建立起与“美丽乡村建设发源地”相适应的科普工作体系，开展“两山示范、科普先行”主题活动，加强科普基层组织建设，

11月2日，安吉县科协召开竹产业可持续发展专项调研项目专家咨询会

吸纳全县85名基层科技人才进入科协组织，以基层“三长”工作年度主题活动为载体，开展农技白茶培育、“校长天文科普”和医院院长应急急救等各具特色的宣教和指导活动，发挥“三长”在乡村振兴科普工作中的引领作用。充分发挥农村文化礼堂阵地作用，明确将农村科普学校列入农村文化礼堂的文化讲堂建设之中，实行共建共享，并将村级科普领导小组合并到村便民服务领导小组，与农村文化礼堂实行统一管理。全县已建成文化礼堂(106个)实现科普知识全覆盖。推荐市级科普行动计划项目4个，市重点金桥工程项目8个。新建科普E站16家、建设农村科普“三个一”示范点11家，不断添加科普元素，浓厚科普氛围。2018年，确定安吉作为中国科协第20届年会活动观摩点。4月27日，安吉科协被确定为浙江省“三长”工作试点单位；同时在全省科协2018年基层科普工作交流与推进会议上，《“两山”示范，科普先行——安吉县科普服务乡村振兴的探索与实践》工作做典型发言。6月15日，安吉科协被中国科协第20届年会组委会办公室授予优秀组织单位称号，县科协主席朱海燕、副主席程维新荣获先进个人。11月16日，《“三长”在行动，众人拾柴火焰高 安吉县发挥“三长”作用试点工作综述》在浙江省科协“科技武林门”上做专题介绍。

配合民政部门开展年检，及时指导并加强联系与沟通，全年完成年检率100%。以社会组织清理整顿专项工作为契机，对科协系统20家学(协)会进行清理整顿，完成2家学会组织换届，注销3家，清理整顿后，县科协保留18家学(协)会。安吉白茶协会被吸收成为中国农技协会常务理事。继续提升“院士林”建设，完成“院士林”碑记的撰写，全年增加采集12位院士的签名与手模印；秦大河、潘云鹤、梅宏等45位“两院”院士植树留念，为“两山”理念发源地增添科技科普新元素。与上海浦东新区农村经济学会建立协作关系，发挥两地组织系统的智力、人才优势，在开展农村科普交流合作、提高科技资源供给能力、推进公民科学素质提升、搭建智库平台等方面进行合作。安吉白茶协会积极参与“安吉白茶助力精准扶贫”，前期对精准扶贫点位进行实地走访踏勘，后期对白茶链生产过程提供技术指导。实施创新驱动助力工程，组织白茶协会开展产业调研，《关于安吉白茶产业可持续发展的调研》等三篇报告为安吉县委、县政府决策和产业政策的导向提供参考，同时加大学会对相关村、企的技术指导，建立学会助力最美县域服务站八家。

抓好对十九大精神的学习贯彻，开展“不忘初心、牢记使命”主题教育，推进“两学一做”学习教育常态化制度化。完成设立微信群(安科协)、开辟公众号(安吉科普)，在内网和科普E站(安吉县科学技术协会网)上设有党建栏目，运用“互联网+”开展党建活动。组织全县科协系统在上海交通大学举办的学习十九大精神暨创新能力培训会。科协机关党组织争创五星级基层党支部，创建“服务‘两山’，红色科普”县直机关党建优质服务品牌活动。年初在全县科协系统开展“七联”活动。科协领导、干部分别通过联系乡镇、企业、院士专家工作站、学

(协)会、科普基地、科协委员和科技工作者,开展走访基层、服务承诺、专题讨论等活动20余次,征求意见建议10余条。分析和研究县纪委《关于反馈2017年度党风廉政建设责任制考核情况及党组落实主体责任情况评议意见的函》中指出的问题,有针对性地提出整改方案。制定《廉政勤政责任书》,并与全体机关工作人员层层签订个性化责任状,把学习教育与边整边改做到有机结合。全体党员干部重新梳理廉政风险点、完善廉政档案,结合自身的岗位实际执行"一岗双责"。

【中国科协实践活动在安吉举行】 2018年,确定安吉作为中国科协第20届年会活动观摩点。5月25日,由中国科协党组书记、常务副主席怀进鹏带队,全国各省科协书记共七十余人在余村村参观安吉县科普工作成就展,开展贯彻全国生态环境保护大会精神、学习生态文明建设成果的实践活动。怀进鹏为安吉科协工作题词:"争做全国科协标兵县"。

【中国科技峰会上推介"安吉实践"】 9月,中共安吉县委副书记赵德清在四川遂安由中国科协主办的中国科技峰会——生态环境高峰论坛上闪亮推荐"绿水青山就是金山银山的安吉实践"。他表示,践行"两山"理念,建设美丽乡村,发展生态文明,实现乡村振兴,为美丽中国夯基铺路,安吉既是率先实践者,也是最大受益者。

【美丽乡村院士专家工作站揭牌】 11月,由中国工程院院士魏敦山领衔,安吉美丽乡村研究院、BEST100最佳设计网主办,安吉县科协、安吉县农办支持的安吉美丽乡村研究院院士专家工作站揭牌仪式暨"乡村共建"论坛隆重举行。全国首个美丽乡村领域院士专家工作站成立。中国建筑学会室内设计分会副理事长宋微建、县农办主任吴婉芳、中国十大住宅设计师郑稼和等围绕乡村共建主题做精彩演讲。

(张　鹏)

11月2日,安吉美丽乡村研究院院士专家工作站揭牌仪式暨首届"乡村共建"论坛举行

文化·新闻

文　化

·文化工作·

【重点文化项目】 2018年,安吉县文化工作推进"1+X"自然生态体系建设,以浙江(安吉)自然博物院发展规划为指引,全力推进省、县共建创新项目浙江自然博物园建设,牵头协调解决开馆筹备、职工宿舍配套设施建设、安吉馆享受地方有关人才政策等相关问题,保障12月28日开馆试运营。同时,协调浙江自然博物院与安吉县自然文化类项目基地之间建立紧密合作伙伴关系,争取到由省财政出资1900万元在安吉新馆中增设"绿水青山就是金山银山——从安吉到世界生态文明的生动实践""两山"大型主题展览,提升安吉县生态文明建设和绿色发展国内外交流水平。融合特色产业,以山水林田湖为根本,深度参与建设、提升龙王山安吉小鲵国家自然保护区、西港国家湿地公园(水文化客厅)、中国大竹海景区、溪龙万亩现代白茶园、笔架山生态循环农业观光园、中国竹子博览园、五峰山体育森林公园、鲁家国家级田园综合体文化创意区等一批自然文化类园区建设;推动"文化+竹产业",全面贯彻落实中国传统工艺振兴计划,扶持建设十家县级竹文创工坊,涉及竹编、竹刻、竹家具、竹建筑、竹扇等多个领域的传统手工艺,打响安吉"竹文化创意谷"品牌,助推竹产业向文化创意、工艺时尚领域蝶变升级。共建美丽集群,培育乡村振兴文化样本,联合县委宣传部制定出台《关于推进乡村振兴战略建设美丽生态文化集群实施意见》(安委宣〔2018〕23号),计划从2018~2020年,统筹建设五大美丽生态文化集群,即中国最美乡村生态博物馆群、中国最美乡村影剧院群(规划南北影剧院精品带)、中国最美乡村图书馆群(吸引社会资本参与)、中国最美乡村文化礼堂群、中国最美竹文创工坊群,并在评定标准、组织领导、布局设计、投入主体、财政补助和考核责任上予以保障,已完成本年度首批50家建设任务。此项工作信息分别在省、国家文化和旅游部门内部刊物中录用。

12月28日,浙江自然博物院试开馆

【特色创新工作】 2018年,安吉县82个重大项目,涉及文物调查考古项目12个,占比达15%。提前介入并参与高铁大道、孝丰龙袍坞高尔夫球场、长乐社区齐云路道路贯通工程、安吉县道霞大线(山川至大里段)等工程沿线文物调查;参与配合高铁大道、笔架山农田平整工程、笔架山农业高新区主干道路改扩建工程、孝丰镇农田平整(旱改水)工程等大型工程沿线的考古发掘工作;全年开展项目用地文物调查200余次,完成交通道路沿线170公里的文物调查,重大项目调查勘探3000亩,考古发掘3000平方米。全年清理墓葬38座,出土器物近500件;服务美丽乡村建设,参与拟定吴昌硕故居、景村姚家大院等处文物残损勘察和维修方案,先后指导15个村的美丽乡村文化建设,撰写设计文本7个。

【公共文化品牌】 公共文化基础设施提档升级。县城重点提升“四馆”层级，昌硕文化中心二期图书馆新馆项目土建工程于5月20日全面结顶，内部墙体砌筑和粉刷已全部完成，进入内部装修阶段。1000万元新馆图书采购项目完成公开招标，县文化馆新馆建设也已启动。加强基础文化设施建设，新建灵峰街道、山川乡文化站2家，杭垓镇、上墅乡、递铺街道3家新站所在建设；新建城市书房2家，配合县委宣传部新建文化礼堂19家、新建(提升)农村数字影院10家、新建竹文创工坊13家、新建(提升)乡村图书馆10家、新建(提升)乡村博物馆10家，并择优挑选首批“最美”品牌文化集群64家。其中，一条以报福村、下汤村、溪南村、刘家塘村、山河村、银坑村、余村村、霞泉村和大里村等影院为节点串联而成的农村影院精品观光走廊基本形成(南线)，成为最美影院集群成果的示范；指导孝丰镇孝丰社区列入省第六批历史文化村落保护利用重点村名单；中南百草园集团有限公司列入浙江省文化产业示范基地；吴昌硕纪念馆被中央美术学院授予美术教育实践基地；省图书馆在天荒坪山河村援建浙江省图书馆天荒坪分馆，为湖州首家。

文艺创作屡出精品、新品、优品。搭建文艺赛事平台，发挥政策激励作用，支持基层文艺工作者竞相施展才华创优品、树精品，构筑文艺创作大繁荣局面。《竹乐》参加中宣部全国文明城市建设会议活动；编排选送“最多跑一次”主题戏剧小品《我们的APP》，在由省文化厅举办的浙江省第29届戏剧小品邀请赛获金奖(为省级艺术规格最高小品戏剧赛事，金奖全省5个)；选送畲族传统舞蹈《木鼓舞》获首届浙江民间艺术精品展演暨第七届浙江民间文艺映山红奖优秀民间艺术表演评选活动金奖(全省六个、湖州市唯一)；歌曲《今天的你真美》获省第17届音乐新作演唱演奏大赛银奖；排舞《平安安吉》《哦，宝贝》获浙江省第11届排舞大赛入围奖，在湖州市排舞大赛中获一金二铜，以及优秀组织奖；在湖州市第八届南太湖艺术节中获优秀组织奖，选送的文艺作品在创作、舞蹈、音乐、表演和视觉等3类12种比赛中获金奖8个、银奖7个、铜奖14个；小型舞台艺术作品资助项目歌曲《金石之声》通过国家艺术基金项目资金资助浙江省初评；推荐农民书画家蒋红兵荣获2018年全国“两会”重点推荐“人民艺术家”称号，同时在2018年全国德艺双馨书画艺术家投票评选中获冠军第三名，并获中国美术艺术院院长荣誉称号；指导大型诗歌剧《大哉，吴昌硕》、“国遗”项目《化龙灯》、歌曲《美畲山》、“省遗”项目《竹乐》4项进行国家艺术基金申报；创新制作《绿水青山不会忘》安吉县优秀原创歌曲集，首批收录村歌等本土原创歌曲15首，集中展示安吉县各村生态人文发展成果；配合县委宣传部斥资300万元创作以“两山”理念为核心的大型舞台剧《两山故事》，首演获好评，并以“2+40”的形式(市中心2场、村文化礼堂40场)在县内巡演。

11月13日，安吉县文化馆选送节目《今天你真美》获湖州市第八届南太湖艺术节金奖

【文化遗产保护】 2018年，县文广新局充分探索越文化起源和发展的潜力区块，促进珍贵遗产资源保护传承和地方经济结构转型升级，推进古城国家级遗址公园项目。该城址获国家文物局发文(办保函〔2018〕147号)支持并给予建设性意见四条(全省仅四处获国家局挂牌立项)。文

物考古科技保护中心和博物馆主体建筑全部完成,文物考古科技保护中心办公及实验室区域装修年底完成。先后召开国家考古遗址公园、安吉古城考古保护中心(博物馆)陈列大纲设计研讨会和八亩墩考古发掘方案专家研讨会,并成立由陕西省考古研究院原院长焦南峰任组长、信立祥(海昏侯墓专家组组长)等八人任组员的高规格考古专家组,为推进遗址公园建设(八亩墩发掘)和文物考古科技保护中心(博物馆)布展提供专业支持。此外,八亩墩主墓周边完成33座陪葬墓考古;窑山遗址新开探方发掘面积350平方米,发现重要遗存堆积,目前在进一步考证中。

加强遗产保护传承。在"两山"扶持政策的影响下,省文物局首次在省一级工作思路中加入多项地方工作:将"支持推动安吉县开展'两山'理论实践试点县建设""加快推进安吉古城和越国贵族墓群列入国家考古遗址公园立项名单项目的保护展示和配套设施建设""重点做好安吉八亩墩考古勘探发掘项目"三项地方性工作纳入《浙江省文物局2018年工作要点》(浙文物发〔2018〕57号)。2018年,累计争取文物保护专项补助资金360余万元,完成安吉古城遗址、龙山越国贵族墓群平安工程建设招投标,以及上马坎遗址等4处国保单位保护利用规划编制;新增"两山会址"等7家不可移动文物为文物保护单位,初步建立文物信息数据库并试运行;全面展开新一批省保"四有档案"制作和第六批县保单位调查、遴选工作;联合公安局、各乡镇成立文物安全联防联控工作领导小组,初步建立联防联控工作机制;全面加强馆内文物安全保护升级以及县内100多处文保点巡查工作,出版《故鄣遗珍》《博物馆古籍登记图目》等普查书籍。

【文化市场监管】 深化平安文明市场创建。严格对标全国文明城市创建要求,落实文化市场经营单位达标创建任务。加强与公安、市场监管等部门对接联动,合力加强场所监管;多方位、立体式加强创建氛围营造,提升场所及消费者创建共识;加强场所日常动态巡查,开展错时检查,及时制止纠正有违创建标准的行为;加强对违法行为的查处力度,为创建工作保驾护航。同时,在首届联合国世界地理信息大会、世界互联网大会乌镇峰会、改革开放40周年等重大活动与时间节点,加强市场安保维稳工作,开展重点整治,落实隐患排除,确保市场平安稳定。全年安吉县注册登记并实际经营的文化场所337家,其中网吧场所44家、歌舞娱乐场所34家、演出场所3家、影院5家、印刷企业174家、出版物销售点77家。全年日常巡查出动执法人员1908人次,巡查文化经营单位(文物)1406家次。查处违法经营活动44起,举报6起,其中行政立案40起,办结40起,共处罚款104000元,警告25家次,停业整顿1家次,没收违法所得1724.49元,没收违法物品231件。获2017年全省"扫黄打非"先进集体;2017年安全生产先进单位(县级);2017年"平安安吉"建设先进集体(县级)、安吉县城区烟花爆竹禁售禁放工作先进集体等荣誉。

创新文化市场管理模式,推进"扫黄打非"进基层工作。始终紧绷意识形态安全管控,落实"五大专项"任务要求,对"扫黄打非"进基层示范点创建培育扩面提质,确保"六进""八有"要求得到落实;对接县农办,在美丽乡村长效管理考核中增加"扫黄打非"内容;修订文化条线对乡镇(街道)

8月6日,湖州市文化市场网格化建设暨"扫黄打非"进基层工作现场会举行

的考核细则，增加赋分比重；创新绿书签活动载体，制作发放“绿书签”10000份、海报50张，加强知识产权保护，拒绝盗版和有害出版物；组建文化市场“扫黄打非”联络站，规范209个村(社区)联络站设置工作。创新文化市场监管方式。联合县文明办、县公安局下发《安吉县2018年度“平安文明网吧”建设实施办法》，发挥典型示范作用；落实省、市关于“双随机”抽查工作要求，每月开展两次文化部门“双随机一公开”抽查活动，全年开展“双随机”抽查22次(其中联合抽查2次)，抽查各类文化经营单位246家次、文物95家次。多途径加强安全宣贯培训。全年开展各类场所负责人法律法规、经营规范及安全生产知识培训5场，培训人员246人次；联合技术服务机构专业人员，组织开展娱乐场所从业人员消防实作培训，共7批21家场所350名骨干人员参训，并开展消防实作大比武及应急处置演练。

【对外文化交流】 对外宣传有高度。《浙江：放歌新时代 文化进万家》在中央电视台《新闻联播》、《中国艺术报》头版、浙江卫视、《浙江日报》播出、刊登；《让人民群众在文化的滋养中享受美好生活——政府工作报告在基层文化工作者中引起热烈反响》在《中国文化报》刊登；《浙江安吉县影院发展实现“高铁速度”》在《中国新闻出版广电报》、中央电视台第六套电影频道《中国电影报道》栏目播出；政务信息《安吉县打造五大集群助力乡村振兴》被省文化厅、国家文化和旅游部内部刊物录用刊登；政务信息《湖州安吉县：唱响“扫黄打非”进基层工作“三部曲”》被省“扫黄打非”办录用；通讯《复兴乡村文化 实现乡村振兴——“案例 安吉生态博物馆”》在《中国文物报》刊登；政务信息《文物部门创新服务助力项目推进》在《信息通报(近日要情)》(县委办)整版刊登；黄卫琴作为省级卫视改革开放40周年安吉县典型人物专题报道，电视节目《特别策划·歌声飘过40年：黄卫琴——把绿水青山写进村歌里》在浙江卫视栏目专题播出等。此外，还有120余篇图文信息在省、市级各大网络媒体上刊登。传播渠道多维度。探索具有“微”特征的新的文化传播方式：微信公众号“安吉文化”全年推送文化资讯247条，阅读量达129305，点赞量达4807。开通文化驿站、数字文化、免费听看书以及文化有礼等栏目，打造安吉数字文化“微”平台；“一周文化快讯”全年推送60余条，文化活动350余场次；和腾讯直播平台合作，注册并运营抖音、微博、贴吧、美篇等网络平台官方账号，参与欢乐风暴抖音节、“抖动安吉”大赛、互联网大会、省市网评演练等活动，利用碎片化的自媒体平台消解文化的整体性、厚重性，带来文化新的传承和传播。对外交流有宽度。全年吸引国际汉学家及智库专家、国家文化和旅游部、生态环境部等各级各类领导、政府团队考察安吉县文化建设近210批次；以昌硕文化为纽带，邀请西日本书道会会长、日本著名篆刻家师村妙石来访安吉，并赠送1993年日中韩国际友好交流当代书画名家、吴

浙江日报
ZHEJIANG DAILY
上一期 上一版 上一篇
下一期 下一版 下一篇
收藏 推荐 打印
版面导航 | 标题导航 | 返回主页

00011版：专版

文章导航

• 邂逅浪漫　山水如画无限好

安吉山川乡绿水青山中孕育乡村振兴——

邂逅浪漫　山水如画无限好

杨斌英　刘俊杰 司冬歌

安吉山川乡绿水青山中孕育乡村振兴——

邂逅浪漫　山水如画无限好

杨斌英　刘俊杰 司冬歌

安且吉兮，居之心宜；绿色环绕，游之心旷。安吉山川乡，因山多川多竹海多而闻名。春来满山新绿倒映溪水中，夏至古琴声起荷花别样红，秋风一吹落叶翩翩层林尽染，冬日白雪茫茫一片.风情四季，别样景致。

作为“全国首个环境优美乡”“中国美丽乡村精品乡”，十多年来，山川乡坚定“绿水青山就是金山银山”的理念，打生态牌，走绿色路，描绘了一幅山水如画无限好的图景，在这里邂逅浪漫，收藏美好时光，深受游客青睐。

一张蓝图绘到底，今年以来，山川乡党委、政府紧紧围绕安吉县委“两聚一美”发展大局，以争创全域省级旅游度假区为载体，环境整治稳步提升，营商环境持续优化，百姓生活更加富裕，让美丽乡村在绿水青山中不断振兴。

生态振兴

小城整治再添靓色

秋日的暖阳下，来到安吉山川乡山川村盛家堂自然村，古色古香的石板街干净整洁，一面面白墙上绘着“滚铁环”“跳房子”“打弹珠”等儿童趣事，十分生动。“小城镇改造以后，我家小店有了‘情怀’，更加‘浪漫’！”山川集镇的盛家堂副食品店店主方玉华笑着说，外墙雪白，上绘一幅童趣版漫画，木制店招横挂，平添了乡村风味，不管当地老百姓还是游客，总会情不自禁停留，和它合照留念，这里俨然成了“网红地”。

这是山川乡在小城镇环境综合整治工作中，打造的一处节点。安吉山川乡，历来以生态优美而闻名，百年古宅、千年古寺、万顷竹海、九曲避暑胜地、高山沼泽、深幽峡谷等美不胜收，丰富的生态资源在这里繁衍生息。

10月26日，介绍安吉经验文章《邂逅浪漫 山水如画无限好》在《浙江日报》上整版刊登

昌硕四代展作品集;赴日本参加日本北九州第23次纪念吴昌硕活动,促成鄣吴小学与日本花房小学友好结对,并初步达成湖州与日本北九州缔结文化友好城市的意向。

【文化队伍建设】 人才队伍制度保障。首次创新文化文艺专业人才招聘途径,牵头制定出台《安吉县人民政府办公室关于印发安吉县改革文化艺术类专业人员公开招聘实施办法的通知》(安政办函〔2018〕12号),从巩固稳定基层文化艺术类人才队伍、优化基层文艺类人才招聘和定向培养、突出实用型基层文艺人才专业要求等方面入手,选拔优秀的基层文化人才,完成具体实施细则初稿拟定;落实省厅乡镇文化员定向培养政策,确定杭垓镇和孝丰镇两个招生指标,完成各项考试程序和签约。

【国际汉学家赴安吉考察】 7月26日,国际汉学家到安吉考察,文化和旅游部外联局副局长朱琦,浙江省文化厅副厅长蔡晓春,中外文化交流中心副主任李蕊,浙江省文化厅外事处副处长张成名,安吉县委书记沈铭权,县委常委、宣传部部长陈旭华,副县长任贵明,县文广新局局长彭忠心,文物局局长朱清清等陪同考察。

【吴民先先生八十初度书画小品展】 9月3日上午,召开吴民先先生八十初度书画小品展启幕仪式,安吉县副县长任贵明主持,苏州市人大常委会副主任顾月华,苏州市文联党组书记陆菁,苏州市文广新局副局长徐红霞,苏州市审批局副局长吴亮,安吉县人大常委会主任陆为民,安吉县政协主席叶海珍,中共安吉县委常委、宣传部部长陈旭华,安吉县文广新局局长彭忠心等出席活动。

【古城遗址被列为浙江省2019~2020年全国重点文物保护单位保护利用设施建设项目】 11月,国家文物局公布"十三五"时期文化旅游提升工程中的全国重点文物保护单位保护利用设施建设项目,安吉县递铺城址(现更名为古城遗址)被列入浙江省2019~2020年全国重点文物保护单位保护利用设施建设项目。古城遗址是越国重镇和秦汉鄣郡郡治所在,是浙江省最早的省级行政中心。2013年,古城遗址与龙山越国贵族墓群被国务院合并公布为第七批全国重点文物保护单位。2016年,安吉龙山古城遗址又被公布为国家"十三五"期间重要大遗址,升级为国家最高等级的遗址保护序列。2017年,安吉古城国家考古遗址公园由国家文物局立项。古城遗址是国家文化和旅游部组建后,首批列入文化旅游提升工程的项目,全省仅有四个。对于古城遗址的保护展示利用,推动遗址公园建设和促进文化旅游深度融合,擦亮安吉文化名片都具有十分重要的价值和意义。

【浙江自然博物院试开馆】 12月28日上午,浙江省自然博物院试开馆,并举行试开馆仪式。新建安吉馆区位于安吉县科教文新区,占地面积300亩、投资11亿元,是目前亚洲单体建筑最大的自然博物馆,不仅配备有地质馆、生态馆、贝林馆、恐龙馆、自然艺术馆和海洋馆6个主展馆,更有4D电影院、自然探索中心、文创商店和自然体验餐厅等众多休闲娱乐设施。

(夏　琛)

·文联工作·

【开展文化艺术活动】 2018年,县文联紧贴中心工作广泛开展文艺活动。元旦春节期间,县文联组织下属协会先后举行各类活动浓厚节日氛围。元旦春节期间在村、社区、街区开展各类演出三十余场。推出"摄影进万家 温暖全家福"活动。承办县新春团拜会,举办"我的城市我的家——文明牵手你我他"元宵大型民俗文化演艺汇活动。在县城生态广场等地开展猜灯谜、送福字等节日喜庆活动。注重内外联动推动创作、展览。县书法家协会、美术家协会先后与安徽省宣城市广德县、泾县联合开展书法、美术作品创作,并举行"文化走亲 溪山生秀"安吉广德两县书法联展,泾县、安吉写生作品展。争取国家艺术基金青年艺术教育理论人才培养项目赴安吉采风创作,来自中央美院、中国美院、华东师大等全国三十余所高校的中青年骨干教师创作国画、油画等画作一百余幅,在此基础上,举办"花开安吉——国家艺术基金青年艺术教育理论人才培养项目写生创作优秀作品展",该批作品10月份在北京展出。深入服务基层贴近群众需要。为县内溪龙村等地开展传统节目编导指导,先后改编各类戏曲十余支。组织开展写春联送福字活动三十余场,参与会员九十余人次。开展特色民俗、非遗展示以及进校园活动六场，指导开展“田园鲁家美丽行”“美丽公路，美好生活”“最美县域 美丽乡村精品示范巡礼”主题摄影等活动。

【推进文艺创作】 全年围绕“两聚一美”主题，开展文艺精品创作。民间艺术家协会精心打造畲族《木鼓舞》，获评浙江民间艺术映山红奖。协助时任中国作协副主席陈琦嵘等赴安吉余村等地采风，完成诗集《大地的回声》。其中刊载描写安吉诗歌十余篇。完成儿童文学创作“大侦探海拉拉”系列，该项目主作者、县作协会员陈树受邀到多地学校讲座。革新求变，以全县人民践行“两山”理念的奋斗历程为主线，创新打造主题剧目《两山故事》，并将演出送至文化礼堂等阵地演出。

【文化礼堂建设】 县文联继续发挥下属协会优势，推进农村文化礼堂建设。全年陆续赴14个乡镇35个村开展农村文化礼堂建设工作调研，对各乡镇、村的建设计划全面梳理。在前期调研的基础上，根据村自主申报、乡镇统筹推进的流程，协助确定新建农村文化礼堂16家。组织人员现场踏勘，给予指导，协助建设村完成建设任务。继续开展文化礼堂服务，开展“送文化到礼堂”系列展览展示、书法惠民、文艺演出等活动近50场。

（张　巍）

安吉县文联2018年度部分文学艺术创作成果统计表

表7

序号	作　者	作品类别或名称	赛事名称或时间	主办单位	获奖等级
1	刘　伟	《雨中的歌》	2018湖州市第八届南太湖艺术节舞蹈比赛	中共湖州市委宣传部、湖州市文化广电新闻出版局	创作铜奖、表演铜奖
2	陈箐箐 季靓靓	《灵峰战马图》	2018湖州市第八届南太湖艺术节舞蹈比赛	中共湖州市委宣传部、湖州市文化广电新闻出版局	创作铜奖、表演铜奖
3	朱丽娜	《今天的你真美》	2018湖州市第八届南太湖艺术节音乐比赛	中共湖州市委宣传部、湖州市文化广电新闻出版局	创作金奖、表演金奖
4	高宇霞	《美丽的蝴蝶》	2018湖州市第八届南太湖艺术节音乐比赛	中共湖州市委宣传部、湖州市文化广电新闻出版局	创作铜奖、表演铜奖
5	沈　吉	《宝贝我爱你》	2018湖州市排舞大赛	中共湖州市委宣传部、湖州市文化广电新闻出版局	铜奖
6	陈梦园 刘　伟	《拍拍拍》	2018湖州市排舞大赛	中共湖州市委宣传部、湖州市文化广电新闻出版局	铜奖
7	刘　伟 陈箐箐	《迷住了我》	2018湖州市排舞大赛	中共湖州市委宣传部、湖州市文化广电新闻出版局	金奖
8	程继民	《碟中行》	2018湖州市中小学文艺汇演	湖州市教育局	一等奖
9	沈基铭	《竹乡美》	2018“群文杯”第七届暨“一带一路”唱赞歌大型原创词曲征集活动	全国第七届暨“群文杯”组委会	铜星奖
10	沈基铭	《请到云上草原来》	2018中国社会音乐研究比赛	中国社会音乐研究会	银奖
11	徐　雁	《那天在路上看到你》	2018全国群众创作歌曲展评	全国群众创作歌曲展评会	金奖
12	董　云	书法	浙江省第五届群星奖视觉艺术	浙江省文化厅	入展
13	程卫忠	书法	浙江省第五届群星奖视觉艺术	浙江省文化厅	银奖

续表

序号	作　者	作品类别或名称	赛事名称或时间	主办单位	获奖等级
14	曹寿槐	书法	《中华名联大鉴》	中国文联出版社	发表
15	杜启汉	书法	《中华名联大鉴》	中国文联出版社	发表
16	祝　嘉	书法	《中华名联大鉴》	中国文联出版社	发表
17	董才宝	书法	《中华名联大鉴》	中国文联出版社	发表
18	程卫忠	书法	《中华名联大鉴》	中国文联出版社	发表
19	范一安	书法	湖州市女子楷书作品展	湖州市女子书协	入选
20	范一安	书法	老菊经霜灿入霞——记缶翁生命的最后一年	湖北美术出版社	发表
21	程卫忠	书法	“沈尹默奖”首届青少年书法大赛	湖州市书协	青年沈尹默奖
22	丁立臣	书法	“沈尹默奖”首届青少年书法大赛	湖州市书协	青年金奖
23	胡珈铭	书法	“沈尹默奖”首届青少年书法大赛	湖州市书协	少年沈尹默奖
24	祝子渝	书法	“沈尹默奖”首届青少年书法大赛	湖州市书协	青年优秀奖
25	方寒先	书法	“沈尹默奖”首届青少年书法大赛	湖州市书协	青年优秀奖
26	周鑫熙	书法	“沈尹默奖”首届青少年书法大赛	湖州市书协	入展
27	祝　嘉	书法	第八届浙江省中青年书法篆刻展	浙江省书协	入展
28	祝　嘉	书法	《书画世界》杂志	安徽美术出版社	发表
29	汪志华	书法	第八届浙江省中青年书法篆刻展	浙江省书协	入选
30	丁立臣	书法	第八届浙江省中青年书法篆刻展	浙江省书协	入选
31	方建胜	书法	第八届浙江省中青年书法篆刻展	浙江省书协	入选
32	祝　嘉	书法	首届“华珍阁”杯金刚经全国书法作品展	上海华珍阁艺术馆	入选
33	董才宝	书法	首届“华珍阁”杯金刚经全国书法作品展	上海华珍阁艺术馆	入选
34	毛雪峰	书法	首届“华珍阁”杯金刚经全国书法作品展	上海华珍阁艺术馆	入选
35	程建兵	书法	首届“华珍阁”杯金刚经全国书法作品展	上海华珍阁艺术馆	入选

续表

序号	作　者	作品类别或名称	赛事名称或时间	主办单位	获奖等级
36	程卫忠	书法	浙江新峰精英书法40家精品展	浙江省书协	入选
37	田光耀	书法	瀚海墨韵——全国实力派书画名家作品邀请展	沂南县文联	入展
38	田光耀	书法	专版介绍——从小习字不断精进	浙江工人日报	发表
39	祝　嘉	书法	《神州时代艺术》杂志	中国文联出版社	发表
40	董　云	书法	2018湖州市南太湖视觉艺术书法展	湖州市宣传部	金奖
41	程卫忠	书法	2018湖州市南太湖视觉艺术书法展	湖州市宣传部	银奖
42	李　军	书法	2018湖州市南太湖视觉艺术书法展	湖州市宣传部	铜奖
43	丁立臣	书法	2018湖州市南太湖视觉艺术书法展	湖州市宣传部	铜奖
44	丁　盛	书法	2018湖州市南太湖艺术节书法大展	湖州市宣传部	入展
45	王云根	书法	2018湖州市南太湖艺术节书法大展	湖州市宣传部	入展
46	黄家贵	书法	2018湖州市南太湖艺术节书法大展	湖州市宣传部	入展
47	方建胜	书法	2018湖州市南太湖艺术节书法大展	湖州市宣传部	入展
48	孙传江	书法	2018湖州市南太湖艺术节书法大展	湖州市宣传部	入展
49	陈志贤	书法	2018湖州市南太湖艺术节书法大展	湖州市宣传部	入展
50	涂宝鸿	书法	2018湖州市南太湖艺术节书法大展	湖州市宣传部	入展
51	汪志华	书法	2018湖州市南太湖艺术节书法大展	湖州市宣传部	入展
52	董智慧	书法	2018湖州市南太湖艺术节书法大展	湖州市宣传部	入展
53	石为民	书法	2018湖州市南太湖艺术节书法大展	湖州市宣传部	入展
54	毛雪峰	书法	2018湖州市南太湖艺术节书法大展	湖州市宣传部	入展
55	李拥民	书法	2018湖州市南太湖艺术节书法大展	湖州市宣传部	入展

续表

序号	作　者	作品类别或名称	赛事名称或时间	主办单位	获奖等级
56	李志祥	书法	2018湖州市南太湖艺术节书法大展	湖州市宣传部	入展
57	任玉珠	书法	2018湖州市南太湖艺术节书法大展	湖州市宣传部	入展
58	叶澍龙	书法	2018湖州市南太湖艺术节书法大展	湖州市宣传部	入展
59	胡抱谷	书法	2018湖州市南太湖艺术节书法大展	湖州市宣传部	入展
60	沈一浪	书法	2018湖州市南太湖艺术节书法大展	湖州市宣传部	入展
61	刘盛颖	书法	2018湖州市南太湖艺术节书法大展	湖州市宣传部	入展
62	程建兵	书法	2018湖州市南太湖艺术节书法大展	湖州市宣传部	入展
63	胡建华	书法	2018湖州市南太湖艺术节书法大展	湖州市宣传部	入展
64	李　军	书法	2018湖州市南太湖新峰计划	湖州市文联	入选
65	祝子渝	书法	2018湖州市南太湖新峰计划	湖州市文联	入选
66	丁立臣	书法	全国第二届大学生书法篆刻展	中国书协	入展
67	祝　嘉	书法	《书法报》聘为视频课导师	《书法报社》	特聘
68	祝　嘉	书法	《时代书画报》	时代书画报社	发表
69	丁　盛	书法	“之江新颜——走进革命老区·绘就美丽乡村”大型书画摄影作品展	浙江省文联	入展
70	涂宝鸿	书法	手书习近平《之江新语》廉政篇章书法作品展	浙江省硬笔书法家协会	入展
71	汪　群	散文《竹林问道》	2018年度中国散文年会(北京)	《散文选刊》杂志社	十佳散文奖
72	汪　群	散文《泥土里的学问》	2018全国优秀文学作品征评大赛	《作家报》、中国文联《神州》杂志社	特等奖
73	汪　群	散文《天荒坪之光》	2018全国散文诗歌作品大赛	中国散文学会、《国家诗歌地理》编辑部	二等奖
74	汪　群	散文《乡夜赶戏》	2018全国优秀文学作品大赛	《作家报》、中国文联《神州》杂志社	创新奖
75	汪　群	诗歌《云端上的石佛寺》	2018第二届“佛诞节”全国诗歌大赛评选	《国家诗歌地理》编辑部	二等奖
76	汪　群	散文《激扬于心海》	2018湖州市纪念改革开放40年征文大赛	湖州市委宣传部、文联、总工会	二等奖

续表

序号	作　者	作品类别或名称	赛事名称或时间	主办单位	获奖等级
77	汪　群	诗歌《一位老农的独白》	2018湖州市“秋裕杯”诗歌大赛	湖州晚报、湖州文学院	三等奖
78	严明卯	诗歌《秋分》	2018湖州市“秋裕杯”诗歌大赛	湖州晚报、湖州文学院	二等奖
79	严明卯	诗歌《安吉竹乡行》	2018全国散文诗歌作品大展	中国散文学会、《国家诗歌地理》编辑部	三等奖
80	严明卯	诗歌《井冈行》	2018全国优秀文学作品大赛	《作家报》、中国文联《神州》杂志社	特别荣誉奖
81	郑依群	散文《古驿道和独松关》	2018全国优秀文学作品大赛	《作家报》、中国文联《神州》杂志社	金奖
82	沈　健	诗歌《安且吉兮》	2018全国散文诗歌作品大赛	中国散文学会、《国家诗歌地理》编辑部	创作奖
83	周　麟	诗歌《在江南，种植一条幸福的路》	2018全国散文诗歌作品大赛	中国散文学会、《国家诗歌地理》编辑部	创作奖
84	涂宝鸿	诗歌《安吉高村印象》	2018全国散文诗歌作品大赛	中国散文学会、《国家诗歌地理》编辑部	创作奖
85	朱　敏	散文《一条溪水》	2018优秀文学作品大赛	《作家报》、中国文联《神州》杂志社	一等奖
86	朱　敏	诗歌《一片叶子》	2018湖州市“秋裕杯”诗歌大赛	湖州晚报、湖州文学院	三等奖
87	朱　敏	诗歌《感恩一片叶子》	2018全国散文诗歌作品大展	中国散文学会、《国家诗歌地理》编辑部	创作奖
88	白锡军	散文《陕北的土地》	2018全国优秀文学作品大赛	《作家报》、中国文联《神州》杂志社	银奖
89	李建平	诗歌《青山绿水从小滋润我们》	2018全国散文诗歌作品大展	中国散文学会、《国家诗歌地理》编辑部	创作奖
90	张　鹰	诗歌《白茶》(外一首)	2018全国优秀文学作品大赛	《作家报》、中国文联《神州》杂志社	一等奖
91	程志恒	散文《美在安吉》	2018全国优秀文学作品大赛	《作家报》、中国文联《神州》杂志社	金奖
92	郑濂生	随笔《泥桥的怀念》	2018全国优秀文学作品大赛	《作家报》、中国文联《神州》杂志社	二等奖
93	沈基铭	歌词《你的光辉照我家》	2018全国群文之星评选	中国大众音乐学会	杰出作品奖
94	沈基铭	歌词《请到云上草原来》	2018全国词曲评选	中国社会艺术协会	银奖
95	沈基铭	歌词《拉着手一起来》	2018中国好词曲精品创作	国家海洋电视台“一带一路”百家媒体走基层组委会	三等奖
96	沈基铭	歌词《安吉美》	2018全国群文之星评选	中国大众音乐协会	铜奖

续表

序号	作　者	作品类别或名称	赛事名称或时间	主办单位	获奖等级
97	汪　群	诗集《苕溪清音》	2018年12月	团结出版社	—
98	陈　树	儿童侦探推理小说《大侦探海啦啦》5本	2018年2月	广州花城出版社	—
99	陈连根 胡建华	诗集《安吉县村镇地名藏头诗》	2018年1月	团结出版社	—
100	刘永亮	诗集《虚拟的月亮》	2018年6月	浙江工商大学出版社	—
101	汪士锐	诗文集《萤火斋诗文集》	2018年4月	团结出版社	—
102	黄学芳	诗集《自然的神示》	2018年10月	上海文化出版社	—
103	朱国平	史文集《先秦事迹60讲》	2018年12月	江苏凤凰文艺出版社	—

新　闻

【概况】 2018年，安吉新闻集团坚持“融合、创新、跨越”发展思路不动摇，开展媒体融合攻坚年、产业转型升级年、美丽团队建设年等“三个年”建设，在内容生产、外宣影响、平台融合、产业拓展和队伍建设等方面取得成绩，二次创业热潮激情不断，全年实现营业收入突破2亿元大关，达到2.2亿元，同比增长12%。2018年，在全省广播电视新闻协作评比中，安吉广电台获奖等级和数量均再创历史新高，并在大会上做典型发言。广播获县级先进集体特等奖，排名全省第一；上送中央人民广播电台十强单位，排名全省第一（含地级市台），其中《中国之声》播出安吉稿件106条。电视获县级先进集体一等奖，排名全省第七，首次进入上送中央电视台十强单位，排名全省第五（含地级市台）。全年央视《新闻联播》播出安吉稿件19条。

11月14日，浙江省广电学会安吉培训中心揭牌仪式举行

【媒体融合工作】 2018年，安吉新闻集团按照融媒体建设的要求，调整编委会下属机构及职能，组建或改建融媒体新闻中心、广播中心、视频创作中心、媒体服务中心等；调整和完善新媒体稿件预审制、规范领导报道、各平台终审标准化体系、广告纳入编委会议等机制；三个频道分别交由融媒体新闻中心、广告事业中心、媒体服务中心整体包装运作，实现频道资源“编委会统筹、相关中心统领”的运作模式。平台融合有创新。广播中心与文澜公司利用技术融合优势，“爱安吉”APP对广播节目《声动晚高峰》《健康安吉》等多档栏目进行常态化视频直播，实现从听广播到“看”广播的新突破；视频创作中心、广告中心和

梅地亚三部门的制作电脑实现共享存储、联网统一管理，提高制作效率。入驻“中国蓝”云平台，开设“最安吉”抖音号，组建来自县委党校、《浙江日报》等16人的时政评论员队伍。提升装备新技能。首次运用手机4G进行现场连线直播，建设纸媒媒资库，完成图库建设，引进试用4K电视技术。

正确把握和传递县委、县政府声音，突出“两山”主题和“建设中国最美县域”目标，精心组织策划，强化栏目引导，第一时间对报道选题、报道内容、报道手法进行全媒体谋划。电视广播相继完成改版。电视新闻频道打造一小时三十分钟自办节目，品牌栏目《百姓连线》重点打造“今日重点”“有事您说话”等板块；广播全新包装，增加《健康安吉》《房子那些事》《路况小飞侠》等栏目或板块，通过大幅度增加民生服务性内容来突出本土优势。主题宣传贴紧中心。全媒体推出“乡村振兴系列”“创建全国文明城市进行时”“坚定‘两山路’奋进新时代”“项目为王 聚力赶超”“千里传情、一叶扶贫”“向人民报告”改革开放40周年等主题报道40余个1000余篇，做到月月有重点、季季有主题。其中栏目《两山新篇 高端访谈》、内参《应对新现象 警惕新风险——关于新形势下全县矿产资源管理难点的调查》获县委书记沈铭权批示。外宣方面，全年在省级以上广播、电视、报纸上刊播稿件700余条(篇)，其中中央级媒体150篇(条)，中央电视台《新闻联播》栏目19次聚焦安吉。电视、广播双双进入送央视、央广前十强，并获2018年度浙江省广播电视对农节目服务工程建设考核优秀奖；广播获省新闻协作特等奖(第一名)、送央广第一名(含地市级)，选送的广播对农栏目《农村新天地》和对农节目《为了习总书记的嘱托》均获省广播电视对农节目政府奖一等奖。选送的电视对农节目《“两山”样板地的“余村经验”》被评为对农节目政府奖二等奖。

重点打造融媒体移动终端。“爱安吉”APP进入改版计划，增加“5189000”、安吉气象等模块，尝试研究“文明超市”等新模块开发。9月7日，中宣部《每日要情》刊发《浙江安吉推进县级融媒体建设》，推介安吉县级融媒体建设经验；获复旦大学主办的中国网络理政十大创新案例；作为基层创新案例推送至国家广电总局，并首次应邀参加中国网络视听大会，作为大会唯一的县级参展媒体，受到中央宣传部副部长、国家广播电视总局局长、党组书记聂辰席的关注。实施安吉发布微信公众号转型，总阅读量超过千万，其中“10万+”推文7条，超额完成全年任务，荣获浙江省第三届大数据舆情高峰论坛“金舆奖·优秀政务发布”。7月，上线推出以民生为主的“最安吉”微信公众号，实现与“安吉发布”差异化发展。

【产业转型升级】 演艺活动首次跨出县域。梅地亚演艺活动走出县域，举办跨县域的少儿才艺大赛和浙皖省际技能大赛；办好省政府主办的首届中国农民丰收节，全过程参与安洽会，彰显“小黄人”团队力量。活动品牌活力彰显。继续办好无人机创新大奖赛、家博会，推出“相约朗境”青春联谊会等惠民类服务活动，全年突破100场。视频创作实现良好开局。视频创作中心采用自主完成和邀请合作的方式，打造新生产线完善生产流程，承制《“两山”发源 森林安吉》《路益三农 美在“四好”》《成就最美县域 成就最美的你》《全心全意 只为等你》等宣传片，组建团队八个月来，共承制各类宣传片、汇报片78部，创作公益片28部。全年文创产业实现营收5600万元，其中演艺活动首次达1000万元，视频创作实现“开门红”，达500万元。

加强全年市场营销服务统筹规划，打好基础业务保卫战，通过以实战带培训的方式，加快营销服务队伍的专业化建设，用户平均每月消费额(AURP值)、人均增值服务效益在全省乃至全国县级台处于领先水平，全年营收1.35亿元，完成全年任务的108%，同比增长20.4%，连续三年创历史新高。做好小城镇综合治理、“雪亮工程”建设等县委、县政府重点项目建设，以大数据中心为依托，研发智慧社区平台系统项目，获省金潮奖、基层优秀科技创新奖一等奖。在祥溪花园、穆皇小区、雾山家园三个小区进行“5+X”模式的智慧安防小区试点建设工作，完成首个智慧旅游村智慧田园鲁家建设。与湖北省楚天广播电视网络、视讯网络签订战略性合作，湖北办事处挂牌，安吉智慧城市建设经验在湖北推广，多个

7月19日，安吉新闻集团与湖北楚天战略合作签约仪式举行

文创智慧项目签约落户湖北，开启安吉在湖北全省“互联网+”项目的全面合作。文澜公司四个平台落地云梦县，交付“数字大冶”“数字汉川”和“汉川扶贫”。“爱安吉”APP省内签约遂昌、海宁和新昌电视台，省外与河北易县、佛山高明电视台确定合作关系，全年营业收入1718万元，同比增长27%。

加强与浙江省广播电视学会联系，成为市、县专业委员会主任台，挂牌成立浙江省广播电视学会首个培训中心，首期融媒体中心建设台长研讨班举办。“游视界”APP完成版本升级，添加手机城市定位、合伙人自动生成二维码等功能，同时完善与实施合伙人制度，加强与“驴妈妈”合作，游视界平台总部经济模式全面落地，形成全国机票、高铁票线上购买，酒店、景点全国运营，各地特色旅游产品云集的线上、线下体系，平台资金流量达2600万元，举办长三角联盟峰会、武汉峰会，联盟会员达176家，覆盖全国16个省，其中集团旗下星号公司首次承接县旅委山东市场推荐活动。星号公司完成开发区增资入股，在郑州、成都、苏州等地区与当地分销商达成总经销合作，安吉购产品纳入政采云、中国移动办公用品采购目录，全年营收862万元。

【团队建设】 支持县委巡察组开展好巡察工作。做好党建、贯彻执行中央八项规定精神、全面从严治党三个方面十项存在的问题整改工作，并举一反三制定《二级单位管理办法》《播音员、主持人管理办法》《招投标管理办法》等一批长效制度。坚持正确政治方向，开展学习党的十九届四中全会精神，推进“两学一做”学习教育常态化制度化，引导党员干部践行习近平新时代中国特色社会主义思想；贯彻县委“两聚一美”主题实践，夯实党委统一领导，发挥支部堡垒作用，智慧党建投入使用。筹办党建讲坛，精选专题，定期举行讲座，调动机关干部主动学习、研讨问题的积极性和创造性，与央视总编室宣传统筹支部结成友好党支部，打造机关党建学习品牌。执行“三会一课”制度，每季度组织理论中心组集体学习研讨。同时，为配合创建全国文明城市，开展一系列特色主题党日活动，举办“无偿献血·传递爱心”“主持人进校园”“抗击冰雪”志愿行动等活动，创建“新绿红韵”党员志愿者服务队，发挥“党员我带头”精神。落实党风廉政建设责任制，落实“一岗双责”，落实执行“三重一大”制度，年初层层签订《党风廉政建设责任书》；定期召开党风廉政建设大会和民主生活会，每季度召开班子党风廉政建设专题会议，开展“党章党纪党规”学习活动和“党纪党性教育一刻钟”活动。

根据发展需要，合理配置人力资源，全员转为公司聘用制，增强团队归属感。加大与“双一流”大学、专业高校的合作，加大新闻采编(新媒体)、软件研发、电子商务等关键岗位专业性高端人才的引进力度，并与浙江大学、武汉大学、浙江传媒学院等高校签约成立就业实践基地；加大培训培养力度，加快优秀年轻干部的培养，构建科学的后备人才梯队，建立专家工作站，邀请八位来自中央和省级媒体的行业精英担任导师，与集团骨干记者开展导师帮带结对，进行一对一指导；组织融媒体新闻中心、广播中心、视频创作中心等部门分批参加复旦大学新闻培训、全国网络视听培训等业务培训，提升转型创业能力。

7 月 31 日，安吉新闻集团与浙江传媒学院建立实训基地揭牌仪式

启动全国文明单位创建，开展“新绿之舟”等系列文化竞赛，激发一线科室“拼、比、争”，获得一、三季度县级部门效能提升创新奖。开展团队文化建设，网络公司、文澜公司、梅地亚公司等均开展不同形式的文化活动。完善综合保障，建成楼宇电视、开展档案室建设，加强安全、节能等综合运用管理，提高安全意识，确保安全生产、安全播出、安全出版；提高后勤服务水平，改善员工工作环境，提升集团形象，增强员工获得感。全力支持县工会、妇委会和团委等开展工作，做好联系乡镇、村（社区）、企事业单位等工作，助力安吉县对吉林抚松县结对帮扶，其优质农特产和旅游项目免费通过游视界平台向全国进行营销展示。

【系列主题报道】 2018 年，县新闻集团推出系列主题报道：开设系列报道《坚定“两山”路 奋进新时代》相继推出《下村记事》《一线解难》《感恩奋进大家谈》等子栏目；推出《项目为王 聚力赶超》专栏，着重报道各地在招商引资、项目推进上的好做法和优良作风；配合全国文明城市创建，报纸电视开设聚焦文明城市创建的《亮短揭丑曝光台》等专栏，并注重反馈推出《建设者说》；围绕项目“双进”聚焦重点项目推进；推出“庆祝改革开放 40 年 · 我们经历”系列报道，以民生视角展示改革开放 40 年来安吉在经济社会发展各个方面的巨大变化；持续跟踪做好针对白茶扶贫报道，先后推出“白叶一号相亲记”等系列报道，并推出相关评论，提升新闻的热度和深度；推出“贯彻全委会精神‘一把手’系列访谈”“贯彻全委会精神 发力八大重点”“‘两山’新篇 高端访谈”等系列组合，聚焦贯彻落实全委会精神。

【首次运用手机 4G 技术进行现场连线直播】 1 月底，在抗击雨雪冰冻灾害天气报道中，首次运用手机 4G 技术进行现场连线直播，更加直观地反映新闻现场。同时，新媒体首次与浙江广电蓝媒号合作，完成三场抗击雨雪冰冻灾害直播。承担媒体责任，通过广播、电视、微博、微信、“爱安吉”APP 等发布路况、天气等实时便民信息 2500 余条；策划“温暖黄丝巾”活动，组织 1000 余辆私家车、出租车参与到免费搭乘同路人的行列；通过广播平台协助一名癌症患者及时送医，协助竹博园召集志愿者解决竹子大面积倒伏等困难。

【开展跨县域文化赛事】 2018 年，县新闻集团首次开展跨县域文化赛事。举办“文明新风‘童’心颂”——2018“美颂之星”湖州地区少儿才艺大赛，走出安吉，拓展到整个湖州地区，在长兴、德清设海选点，扩大活动影响，实现区域跨越。大赛自 5 月启动，历时 4 个月，共 520 位选手参赛。

【应急指挥平台升级】 升级全县应急指挥平台，突破技术难题，创新采用应用管理系统（VWAS）软件、Digicom 多屏处理器系统等技术，整合接入各部门、乡镇（街道）、村（社区）的综合信息指挥平台，实现其平台资源（智慧城管、智慧安检、综合管控、智慧旅游等）、视频监控、视频连线、应急广播和现场直播等功能的有效整合，形成县、乡镇、村三级联动、快速响应的指挥体系。该系统吸引省委常委、政法委书记王昌荣前来调研，并对该项工作给予充分肯定。

【开发县投资环境监测手机 APP】 开发完成县投资环境监测手机

APP,打通企业对政府服务的反馈渠道,实现随时随地无障碍掌握县内投资政策,优化营商环境。成为监测点的企业都有对应账号,只需动动手指就能轻松进行问题反馈和服务评价。同时,系统会自动对服务评价进行数据统计和分析,分值将成为考核各部门企业服务的参考数据。该APP投入使用后,成为县营商环境监测的重要抓手。

【建设安吉首个智慧旅游村】 完成智慧鲁家建设,使其成为安吉县首个智慧旅游村。项目包括火车沿线的监控、WiFi、应急广播、票务闸机、人脸抓拍机等设备的安装调试、智慧指挥中心建设,全年指挥中心具备2.5维鲁家地图及鲁家空中720度展示、地面360度全景虚拟游、各农场及主要景点的语音讲解功能,让游客可以拿着手机、坐着火车游遍鲁家。

【研发真三维可视化城市指挥系统】 研发真三维可视化城市指挥系统,通过楼宇三维地理信息系统(GIS)管理系统、视频联动管理、智慧广播系统、三维消防技术等,实现国土、市政、交通、公安、测绘、规划、水利等部门空间数据一体化应用及智能化互联互通,信息交换与共享,并且合理配置和调度资源,从而提高工作人员的快速响应和协同处理能力。2018年,一期测试项目已落地,以县政府为起点的城区四平方公里的面积地图上线使用。

【跟踪做好白茶扶贫报道】 策划推出“千里传情 一叶扶贫”全媒体新闻行动,派出小组远赴贵州省普安县、沿河县,跟踪采访“白叶一号”扶贫苗送达及种植情况,在九天时间里,实现内宣、外宣同步跟进,以文字、图片、视频、漫画、直播、现场连线等手段进行了全方位、立体式呈现。

【美丽乡村信息服务平台】 提档升级美丽乡村信息服务平台,以村级“三务”(党务、村务、财务)公开信息平台为载体,推进“三务”公开的制度化、规范化、信息化,实现村级“三务”全领域、全过程、全方位公开,形成标准统一、内容精准、更新及时、全程监控的公开体系,提升农村基层治理现代化水平,为大力实施乡村振兴战略、加快最美县域建设提供坚强保障。

(王　莹)

3月29日,浙江省记协阅评员、监督员与安吉新闻集团开展新媒体座谈交流会举行

卫生·体育

卫生　计生

【概况】 2018年，县卫生和计划生育局以健康安吉建设为蓝本，推进公立医院改革，开展“双下沉、两提升”，省、县、乡医疗服务体系稳步推进，县域医共体试点取得实效，医德医风常抓不懈，基本医疗和公共卫生服务水平显著提升，全县卫生健康事业稳步发展。2018年，安吉县有医疗卫生机构197家，其中县级医院5家、县级卫生机构2家、乡镇（街道）卫生院16家和社区卫生服务站125家、120急救分中心1家；民营医疗机构41家。卫生技术人员2660人，其中执业医师865人、执业助理医师312人、注册护士1064人；每万人拥有床位数54张；每万人拥有卫生技术人员57.8人，其中医生25.6人。全县副高级以上人才365人，其中正高101人。全县孕产妇死亡率、婴儿死亡率、5岁以下儿童死亡率分别为0、2.06‰、2.75‰。全县医疗单位门急诊量442.0913万人次，医疗业务收入12.89亿元，较上年增长7.24%。

·基层卫生·

【概况】 2018年，对46家村社区卫生服务站进行改造提升，补助资金195万元；开展《浙江省基本公共卫生服务规范》（第四版）培训，加大项目宣传力度，多形式、多渠道宣传服务内容和政策，提高居民知晓率和满意度，完成电子健康档案系统的改造升级。组建县级指导团队三个，强化项目季度督导考核，提升项目质量，加大对基层项目执行的指导。

8月16日，安吉县庆祝首个中国医师节暨“最美天使”评选颁奖典礼举行

【启动基层医疗机构财政补偿机制改革】 2018年，安吉县成为全省第一批启动基层医疗机构财政补偿机制改革实施县区。通过统一组织培训，掌握标准要点；完成安吉县当量标准和信息化平台建设，制定出台《安吉县基层医疗卫生机构补偿机制改革财政补偿实施办法（试行）》。改革后，基层医疗机构将实行“财政专项保基本，服务运行按绩购买”的模式，进一步明确补偿渠道，完善补偿方式和村卫生室补偿机制，规范收支管理和完善。

【责任医生签约服务】 全年完成责任医生签约率36.64%，重点人群覆盖率83.1%。开展家庭医生签约标准化建设。溪龙乡卫生院在健康管理中创新方法，分类、重点、全方位对辖区居民进行健康管理；杭垓镇中心卫生院完成省级家庭医生签约服务示范点复评。强化家庭医生签约服务宣传。举办现场宣传义诊活动16场，现场发放宣传资料4000多份，展示宣传展板200多块，开展健康知识培训23场，现场签约1000多人。邀请县级医共体专家开展广泛义诊，并针对2830位签约重点对象进行入户随访问诊。建立家庭病床33张，按需上门服务，进一步便民惠民。

・妇幼保健・

【概况】 2018年,全县有产妇4331人,住院分娩活产4361人,住院分娩率达100%,高危孕产妇管理率达100%,孕产妇零死亡。产前筛查率95.70%,新生儿疾病筛查率100.11%,新生儿访视率超过98.99%。孕产妇孕期艾滋病、梅毒、乙肝孕期检测率99.95%,艾滋病感染孕产妇及所生婴儿抗病毒用药率均达100%,艾滋病感染孕产妇分娩儿童早期诊断检测比100%;梅毒感染孕产妇治疗率及所生儿童预防性治疗率98.98%;乙肝感染孕产妇分娩婴儿免疫球蛋白接种率100%。农村育龄妇女叶酸服用率96.76%。

【落实国家优生、健康促进项目及“两癌”筛查】 国家规定的免费计划生育技术服务覆盖率达99.36%,婚前医学检查率98.26%,国家免费孕前优生健康检查项目目标人群覆盖率达72.3%。安吉县完成参加城乡居民基本医疗保险的35~64周岁(含)户籍宫颈癌免费检查1.487万人次,妇女免费乳腺癌免费检查1.425万人次,完成年度目标任务。

・综合医改・

【概况】 2018年,安吉县通过医共体建设、“双下沉、两提升”、医疗卫生服务领域“最多跑一次”、首轮医疗服务价格调整、薪酬制度改革、药品集中采购、五大区域诊断中心建设等诸多创新举措,实现公立医院医疗总费用增长4.29%,门急诊均次费下降1.30%,住院均次下降4.93%,药占比29.71%(下降2.43%),医疗服务收入占比30.33%(上升4.47%),百元医疗收入消耗卫生材料(不含药品收入)下降12.19%,医保总费用(16.31亿元)增幅从2017年同期的18.11%下降到9.06%;统筹基金(7.99亿元)增幅从2017年同期的19.42%下降到10.12%。

【县域医共体试点】 1月1日,启动县域医疗服务共同体试点工作,以县人民医院、县中医院、县三院作为牵头单位,分别与县二院、16家乡镇(街道)卫生院组成3个县域医共体。1月9日,安吉县中医医院梅溪镇医共体作为首家成员单位挂牌成立。2月初,全县17家医疗机构全部完成签约挂牌工作。制定印发《安吉县县域医共体基本医疗保险基金支付办法》《安吉县跨医共体医疗费用争议处理指导意见》等医共体建设文件,设立医共体工作信息简报,定期交流工作动态。

【三院搬迁】 8月18日凌晨4点50分至8点09分,450余名医护人员、7辆救护车、2辆大巴车完成153名住院病人大转移,同时全面启用新院区。2013年下半年,在政府主导下,安吉县第三人民医院选择“借鸡生蛋”、引进民营资本建造新院区,实施股份制改革的道路。改制后,医院进行调整绩效方案、自主培养人才等一系列改革措施,保持医院的稳定和发展,在政府和主管部门的努力下,2017年底完成新院区建设并于2017年12月18日举行新医院竣工典礼。

・医政管理・

【概况】 2018年,全面加强医疗质量安全管理。开展临床路径管理、日间手术、优质护理服务病房等举措;开展处方点评工作。县医疗机构内部接受医疗投诉90起,自行处理59起,自行处理纠纷数同期下降58.75%;医调委受理的医疗纠纷57起(含往年),处理完成38起(含往年)。出台《安吉县医疗责任保险以奖代补暂行考核办法(试行)》,鼓励和推动各医疗机构积极参与医疗责任保险。抓好全县医疗质控管理,建有18个医疗质量控制中心,完善质控考核细则。加强事中质控检查,按季度对重点内容督查通报并与年终考核成绩挂钩。组织参加省、市级医学技能竞赛,共获奖项22个。

【医疗卫生服务“最多跑一次”改革】 印发《安吉县卫生和计划生育局关于进一步做好深化医疗卫生服务领域“最多跑一次”改革工作的通知》(安卫计〔2018〕75号),进一步分解医疗卫生服务领域“最多跑一次”改革各项任务清单,并纳入县级医院年度目标考核和院长责任状内容;通过周报制度、局联系科室暗访体验通报等措施,及时了解医院工作进度,督促各医疗机构加大投入积极整改。县人民医院作为示范医院完成“最多跑一次”任务清单,各县级医院自助挂号使用率明显提升,患者排队等候时间明显缩短,移动支付使用更普遍,分级诊疗系统得到推广使用,志愿者服务更加常态化,医院的服务意识大大提高。

【区域共享中心】 不断完善病理、检验、放射、心电区域诊断中心建设。2018年8月，全县第一个消毒供应中心成立并开始运行，1～12月为基层卫生院出具影像诊断37009份、心电图诊断10105份、临床检验标本6133份、病理标本653份。

【无偿献血】 2018年全县完成无偿献血7063.5人份(按每200毫升一人份)、141.27万毫升，完成人份率108.15%，单次300毫升以上人次占72.05%；街采献血量占比49.72%，均超额完成年度目标。临床用血全部来自无偿献血，自体输血占临床用血总量的11.27%。符合政策血费报销78人次，报销血费64977元。深化与安吉宇翔外国语专修学院、浙江科技学院安吉校区两所高校献血联动机制，高校学生成功献血680余人次，为全县的献血工作写上浓墨重彩的一笔。全县获得全国无偿献血奉献奖金奖8位、银奖21位、铜奖76位。

·中医中药·

【概况】 2018年，制定《2018年安吉县中医药工作要点》，明确提升基层中医药服务能力工作责任单位和时间节点要求；开展中药饮片专项检查2次；首批4家卫生院作为乡镇“治未病”服务点提升工作试点单位，配合医共体“减法”工作，提高体检质量和预防干预效果；建立23人基层适宜技术推广骨干队伍，面向临床人员及全体乡村医生推广培训3期；启动首批中医师承定向培养学员选拔、培养工作；部署开展《中医药法》颁布实施一周年系列宣传“五个一”活动，提高公众对《中医药法》的知晓率。

【中医师承定向培养】 出台《安吉县人民政府办公室关于印发面向基层开展中医师承培养工作的实施意见》(安政办发〔2018〕31号)，并全面启动师承培养工作，选拔46名首批中医师承定向培养班学员，该项旨在通过中医师承定向培养机制来破解基层医务人员匮乏难题的工作，分别获副省长成岳冲、副市长闵云及县委书记沈铭权批示肯定，《光明日报》《新华社高管信息》等进行相应报道，省卫健委、省中医药管理局及市卫计局编发专刊宣传推广。

8月24日，安吉县首届中医师承定向培养班学员拜师仪式开展

【中医药法宣传】 全年在县城九州大舞台、县行政中心，组织以送香囊、尝药膳、展中草药叶画、中医健康指导等为主要内容的大型纪念宣传活动，此次集中宣传，安吉县共有22家医疗机构140余人次参与，发放宣传册8000余张，推送微信30余篇，开展5场义诊及20余场中医药健康讲座等，通过这些方式让中医药事业发展氛围浓厚。

【中医药竞赛】 2018年，县卫计局在全市中药质量、中医护理、基层适宜技术和中医病例四项中医药类别竞赛中，首次获得一等奖一项(中药质量)、二等奖两项(中医护理、基层适宜技术)的历史佳绩。其中，中药质量获全市个人第一、第三名，基层适宜技术获全市个人第三名。

·计划生育·

【概况】 2018年，全面两孩实施情况良好，共出生4540人，其中一孩率51.92%，二孩及以上率48.08%，人口自然增长率为2.55‰。落实各项政策措施，提升计生家庭发展能力，帮扶计生特殊困难家庭，发放公益金补助106万余元。

【流动人口健康促进】 2018年，创建国家级流动人口健康促进示范企业1家、示范家庭3户，县级示范企业4家、示范学校2所、示范家庭34户。

【母婴设施建设】 完善全面两孩政策配套措施，加强公共场所母婴设施建设，加大经费投入，截至2018年底，母婴设施累计建设50家，其中当年新增28家。

·疾病防控·

【概况】 2018年，落实霍乱、H7N9型禽流感、登革热等重点传染病防控工作。全年甲、乙类传染病发病率远低于全省平均水平，法定传染病上报及时率及信息完整率均100%。

【传染病、慢病等报告自动化】 2018年，5家县级医疗机构及16家乡镇(街道)卫生院完成传染病网络报告平台自动化改造，实现平台推送报卡至国家大疫情系统；完成5家县级医疗机构及16家乡镇(街道)卫生院慢性病信息化系统改造和市级联测工作。12月，开展省级联测工作；中盖结核病项目三期于本年6月底实现安吉县人民医院、安吉县第二人民医院信息化改造工作，并通过省级督导检查。

【登革热防控工作】 加强全县各级医疗机构、疾控中心、卫生监督所对蚊媒传染的思想重视，齐抓共管，协同防控，切实维护群众健康。2018年，安吉县共排除登革热8例，无登革热病例发现。

【应急能力建设】 8月27～30日，为期四天，安吉县承担沪苏浙皖三省一市突发应急传染病国家队联合演练任务，并获评国家突发急性传染病防控队伍(浙江)培训演练实践基地。

【精神卫生竞赛】 8月29日，在市级精神卫生知识竞赛上安吉县荣获团体二等奖，阚绪伟在竞赛中表现突出，入选湖州市代表队参加次月的全省精神卫生竞赛，并荣获个人二等奖。

·爱国卫生·

【概况】 2018年是安吉县国家卫生县城的第四次复评年，县政府专题召开动员会议。5月22～24日，接受复评考核验收并通过。鄣吴镇、上墅乡、溪龙乡高分通过国家卫生乡镇暗访和技术评估；梅溪镇获省级卫生镇称号，至此，安吉县省级以上卫生乡镇全覆盖；全县新增省级卫生村25个，山川乡、灵峰街道、上墅乡省级卫生村全覆盖；8月2日，县委书记沈铭权对卫生创建工作作重要批示。11月21日，县卫计局党委书记、局长肖家青在全省“国卫长效巩固推进会”上作《全力推进卫生乡镇创建、夯实健康城市基础》专题发言。为创新举措，县爱卫办制定出台全省首个《卫生乡镇(县城)督查制度》，由15个乡镇(街道)每季一次对卫生乡镇进行交叉检查。

【推进改水改厕】 推进“厕所革命”、助力“乡村振兴”，5月，县爱卫委联合县农办、住建局三部门下发《在全县范围开展“简易厕所、露天粪缸”攻坚清零行动的通知》。历时四个月的“攻坚清零”行动共计整治简易厕所和露天粪缸1117座；结合世界银行农村生活污水治理项目，完成农村无害化卫生厕所1656座改厕任务。对照标准新建和改建星级旅游公厕以及农村公厕至本年底累计达387座。

【加大控烟力度】 3月，县爱卫办联合县文明办下发《关于做好创建全国文明城市公共场所禁止吸烟工作的通知》和《安吉县禁烟标识和警示语句制作标准与张贴规范》，全面加强室内公共场所禁止吸烟工作。多次组织对

5月23日，安吉县国家卫生县城复评反馈会召开

机关部门和各级医疗卫生单位、学校、商场超市等五类公共场所的禁烟工作进行督导检查，并通报检查结果。加大宣传教育，开展无烟机关、无烟医院、无烟学校、无烟示范单位等创建活动。

【建设健康安吉】 成立健康安吉建设领导小组，由县长陈永华任组长，制定印发《安吉县创建全国健康促进县实施方案》《2018年健康安吉建设考核评分细则和2018年健康安吉乡镇(街道)考核评分标准》《2018年健康安吉建设责任部门考核标准(试行)》等文件；由县政府主持召开全县健康安吉建设(健康促进县)推进会。新创建健康家庭示范户300户，高禹中心学校被命名为健康促进金牌学校，县中医院创建成为省级健康促进医院。

·卫生监督·

【概况】 2018年，开展各类监督检查4200余户次，办理行政处罚案件110件，依法申请强制执行案件3件。所办案件中，一般程序86件、简易程序24件，罚款276300元。受理并查处群众投诉举报42起。

【推行"双随机"】 2018年，继续做好"双随机"工作。全年抽取"双随机"任务236家，其中国家级任务162家、省级任务74家，任务总完成率100%，抽查事项覆盖率100%。

【民宿监管】 开展全县民宿单位住宿卫生规范提升工作，加强巡查回访力度，结合实际做好分类指导和督查。3月，全县九家民宿样板房申报单位有七家通过市局考核小组的考核。

【医疗监管】 2018年，查处无证行医13起，立案12起，作出行政处罚9起，移送司法机关1起；与公安部门联合执法4次；回访查处过的非法行医场所10户次，监督协管回访20户次。完成医疗机构专项检查60余户次。

【学校卫生监管】 开展学校卫生监督检查，指导督促学校消除卫生安全隐患。除了开展中高考及秋季学考选考期间的学校卫生监督检查外，还在春季开学时开展预防结核病等其他专题宣传活动。

(王　伟)

体　　育

【第16届省运会】 2018年，安吉县体育局历时三个多月完成第16届省运会皮划赛艇、举重、乒乓球、公路自行车、柔道五项办赛工作及火炬采集、火炬传递两场省运会大型配套活动。在餐饮、住宿、交通、志愿者服务、医疗保障、安全保卫等方面不断优化，出动工作人员6000余人次，服务5场赛事近3000名运动员、教练员、省内外裁判和组委会领导嘉宾等。省运会期间，全县4家酒店参与保障，入住房间7260间，调动车辆2000余车次。在第16届省运会中，安吉县运动员获金牌39.6枚，超额完成市下达的金牌目标任务20枚(超出19.6枚)，实时金牌超上届省运会金牌12.6枚。此外，安吉县获湖州市承办浙江省第16届运动会三等功，安吉县少体校获湖州市参加浙江省第16届运动会二等功。

【创建全国全民健身运动模范县】 完成全国全民健身运动模范县创建材料申报，已通过省体育局初审，作为全省仅有的五个县区代表之一报国家体育总局。

7月7～15日，第16届省运会皮划赛艇比赛在安吉赋石皮划赛艇基地举办

参加2014～2017年度浙江省群众体育工作成绩突出单位和个人表彰大会，安吉县体育局局长章安民作题为《践行“两山”理念，作为民办实事的样板地、模范生》的交流发言。大会授予安吉县为浙江省群众体育先进集体。2018年，全县累计开展“全民健身与省运同行”各类运动会1000余场，其中国家级比赛8场、省级比赛9场。完成2018年省、市项目创建及体育设施提档升级工作，新创建省级中心村全民健身广场1个，市级中心村全民健身广场4个、市级中心村休闲公园5个，相继建成杭垓、递铺2个乡镇(街道)文体中心。此外，溪龙乡后河村体育馆初具规模。推进便民体育设施建设，新建省级小康体育提升工程20个，省、市便民体育设施27个。新建室内健身房25个，新建、改建塑胶灯光篮球场、笼式足球场、拆装式游泳池、人工草坪门球场、地掷球场56个。新增体育场地面积约10万平方米。

【体育产业发展】 组织第九届“中国·安吉美丽乡村杯”全国桥牌混团公开赛、第十五届“浙江安吉生态杯”全国羽毛球邀请赛等自主品牌赛事及全国象棋个人锦标赛、全国“百龄杯”桥牌比赛、全国少儿乒乓球赛等大型赛事。积极争取赤豆洋高山生态旅游度假区项目入选2018年度全国优选体育产业项目名录，成功培育2个省级运动休闲旅游示范基地(仙龙峡运动营地、中南百草原景区)，1个省级优秀项目(户外拓展安吉大里项目)，1条省级精品线路(江南天池一大竹海一藏龙生态旅游一环太湖赛道)。申报田园嘉乐比项目争取进入省体育产业资金项目库。完成山川乡省级运动休闲小镇的申报创建工作。此外，体育彩票销售屡创新高，提前五个月完成2亿元全年目标任务，截至2018年底，体彩销售总额超3.9亿元。

【助力全国文明城市创建】 结合第16届省运会比赛，在公交车站、大型广告牌布置公益广告30余处；悬挂张贴创文明城市标语40余条、布置道旗80余条。此外，为营造创建氛围，县体育局在体育场所及办公室设社会主义核心价值观内容约20处、公益广告50余处，并实现全面禁烟。全年开展文明交通劝导活动近百次，劝导不文明交通行为26起。以文明创建为载体与团县委联合开展志愿服务活动，有志愿者400余人次。文明城市创建迎检期间，出动志愿者100余人次在各体育场所开展志愿活动，对不文明行为及规范停车等问题进行劝导。

(吴人凤)

民 政 工 作

【最低生活保障】 自2018年11月1日起，县行政区域内最低生活保障标准从每人每月681元调整至810元，低保月人均补差499.4元。截至2018年12月底，低保4461户6334人（其中城镇433户596人，农村4028户5738人，新增低保625户1000人，取消低保1622户2596人，动态变更4461户6334人），发放低保金4140.5万元、物价补贴71.2万元，春节慰问金173.1万元。

【社会救助】 2018年，浙江省率先实现对困难群众"全国联网一站式即时结报"医疗救助，全年救助145301人次，救助金额达2786万元。对3391户4728人次进行临时救助，救助金额430万元。完善低收入核对工作，年内省、市、县级核对系统同时使用。

【防灾减灾】 开展全国第十个"5·12"防灾减灾宣传日活动，发放8000多份防灾减灾宣传单和创建文明城市倡议书。对全县所有的避灾安置场所进行检查，取消19家避灾安置点。按标准要求建成10家规范化避灾安置场所。拨款30万元给4个街道用于辖区内避灾安置场所的物资配备。

【老龄工作】 建成示范型居家养老服务中心6家，完成助餐、配送餐服务覆盖村（社区）130家，成立2家医养结合养老机构，增加养老机构床位602张。政府购买服务为全县60周岁以上老年人购买意外伤害保险，养老机构消防喷淋改造实现全覆盖。全市率先完成老年优待证下放工作，安吉县老年人在所在乡镇（街道）就可以即办即领。老年电大完成学员培训15800人次，开展安吉县"金婚银婚·重温新婚"大型公益摄影展活动。抓好敬老月活动落实，老年人免费一日游活动覆盖全县景区，旅游达20000余人次。慰问百岁老人、老劳模、老干部、老专家等。开展重阳节大型志愿便民服务活动、敬老爱老新风尚成果展示及"创建全国文明城市，

10月16日，"创建全国文明城市，推进为老志愿服务"庆重阳主题文艺汇演活动开展

推进为老志愿服务”庆重阳主题文艺汇演等系列活动。

【社会福利工作】 调整孤儿和困境儿童基本生活费，在册困境儿童219人，其中在册孤儿21名，发放生活费186万元，春节慰问金5.87万元。开展孤弃儿童养育大排查，将孤儿的基本信息和抚养人的信息录入到全国儿童福利系统，对每名孤儿和困境儿童建立档案，做到一人一档一册。完成添翼计划11人，全县有留守儿童168人。增加福利企业1家，残疾职工安置比例达37.44%，残疾职工月平均工资2853.2元，完成31家福利企业和工疗机构的奖补工作，发放资金271.48万元，其中超比例安置奖励21.45万元，核准社会保险补贴250.03万元。

【优抚安置】 推进省级“双拥”模范县二连冠创建工作，投入经费30余万元。为全县各类优抚对象3788人发放定期抚恤及生活补助费1610.04万元、住院医疗补助47.56万元、生活困难补助金36万元。发放2017年秋冬退役士兵经济补助金938.28万元，义务兵家庭优待金1265.18万元。引导社会力量参与优抚服务覆盖所有乡镇(街道)，优抚服务模式不少于3种。通过购买服务为565名年满60周岁的重点优抚对象提供每月4小时的服务，为全县313名义务兵父母购买50元/人的意外伤害保险。接收报到2018年秋退役士兵197人，完成12名符合政府安排工作的退役士兵接收安置工作。举办2018年退役士兵专场招聘会，120余名退役士兵与企业达成就业意向。完成县退役军人服务中心、乡镇(街道)退役军人工作服务站、村(社区)退役军人工作服务社、机关部门成退役军人工作服务点建设，推进退役军人服务工作全县无缝隙。完成退役军人和其他优抚对象信息纸质采集9069名，举行“9·30”烈士公祭仪式。

【基层自治和社会工作】 启动首批全国农村社区治理实验区建设工作，开展乡镇(街道)民政协理员招聘，全年招聘15名，充实基层民政工作力量。完成省级社区治理与服务创新实验区验收，完成20家便民大厅改造提升项目，建成8家幸福邻里中心。结合全国文明城市创建、“双禁”工作、绿色生态殡葬等中心工作，指导各村(社区)开展村规民约修订。完成全县基层群众性自治组织特别法人统一社会信用代码赋码工作。增加持证社工147人，其中初级111人、中级36人。

【社会组织】 创新“3456”工作模式，推进社会组织综合党委实体化运作，实现党的组织、党的工作全覆盖。完成2018年度社会组织承接政府转移职能和购买服务推荐性目录编制。投入资金120万元资助社会组织35个公益性项目实施。完成13家社会组织等级评估工作，2家5A级社会组织上报市复评，参评率85.5%。按照抽查比例，完成21家社会组织“双随机”抽查工作。增加社会组织30个(社团14个、民办非企业16个)。

【移民管理】 2018年，全县移民直补资金发放21115人，资金1255.4万元。全年确定移民项目58个，涉及移民资金2090万元，其中100万项目4个，50万元项目12个。完成58个项目基础材料入库工作并报省办备案。通过政府公开招投标的形式确定具有招标代理、工程监理、工程造价等资质的中介公司参与移民项目实施全过程的监管。委托第三方开展对2016、2017年已拨付资金的106个项目的审计，内审面达100%。组织开展“入村访户”大走访活动，全面排摸各类移民情况，建立健全移民涉稳风险点和重点帮扶对象档案。

【社会事务】 开展深化移风易俗文明治丧，助推生活方式绿色化行动，签订“移风易俗文明治丧”承诺书6.1万份，在全省率先实现无治丧妨碍社会公共秩序、无扰民办丧的现象。加大对丧事扰民、出殡游街、违规车辆、殡葬市场违建坟墓的整治力度，“三沿五区”坟墓整治近1200穴，无一例新生违建坟墓现象发生；开展省殡葬综合改革试点工作，绿色殡葬实现“殡葬全跟踪、治丧不扰民”目标。2018年，火化遗体3308具，设灵堂348户，接待治丧群众26万人次，免费赠送骨灰盒756只。惠民减免2185人，免费礼仪服务2960场次，减免金额295万元。

开展安吉县标准地名地址库暨安吉地名管理信息系统的

7 月 20 日，安吉县殡葬领域突出问题专项整治行动暨绿色殡葬示范区创建部署会召开

建设，开始《国家地名标准词典》安吉篇编撰工作。

加快婚姻登记数字化建设，启用人脸识别系统，全年结婚 3296 对、离婚 1474 对，登记合格率 100%，发挥婚姻家庭辅导室和婚姻调解委员会的作用，对离婚人员劝导成功率超过 30%。实现福彩单厅单机销售额全国第一，达 8481 万元。践行福彩社会责任，开展“福彩暖万家”系列公益活动，全年累计资助 200 多人，资助金额达 72.2 万元。

流浪乞讨人员救助 428 人次，接领、护送回乡 29 人次。

【获得荣誉】 2018 年，获评首批全国农村幸福社区建设示范单位、全国老年远程教育示范区、2017 年度老龄工作全省先进县、2017 年度全省民政事业统计工作优秀县级单位、省殡葬综合改革试点、首批省级社区治理和服务创新实验区、老年电视大学省级办学先进单位、浙江省 2018 年度视频型彩票五星级销售厅、社会组织党群服务中心省级示范点、2018 年度水库移民工作考核全省优秀县，成功申报首批全国农村社区治理实验区。

【省“双拥”模范县创建动员暨“双拥”创建培训大会】 5 月 4 日，县民政局召开省“双拥”模范县创建动员暨“双拥”创建培训大会，县委常委、人武部部长谷炳方主持动员大会，县委副书记、政法委书记、“双拥”工作领导小组常务副组长赵德清，副县长、“双拥”工作领导小组副组长王捷，县“双拥”办主任、民政局局长姜平出席会议并讲话。

【殡葬领域突出问题专项整治行动】 7 月 20 日，全县殡葬领域突出问题专项整治行动暨绿色殡葬示范区创建部署会议召开。副县长王捷、县民政局局长姜平、各乡镇（街道）分管负责人及有关部门分管领导参加。姜平就全县《殡葬领域突出问题专项整治行动细化方案》和安吉县殡葬工作被列为浙江省殡葬综合改革试点情况进行说明，部署开展全县殡葬领域突出问题专项整治行动和安吉县绿色殡葬示范区创建工作。

【省级社区治理和服务创新实验区结项验收汇报会】 8 月 8 日，省厅验收专家组成员秦新春、彭兵、王景玉等来安吉就首批省级社区治理和服务创新实验区建设情况实地进行检查验收，市民政局副局长周建荣、安吉县领导黄根凤、县民政局局长姜平陪同参加。现场踏点验收后召开座谈会，黄根凤对两年来安吉实验区创建工作进行汇报，专家组就城乡社区治理与服务相关问题与县民政局、组织部、宣传部、农办等部门进行交流探讨。

【“9·30”公祭革命烈士仪式】 9 月 30 日上午，安吉县公祭革命烈士仪式在孝丰革命烈士陵园举行。公祭仪式由县委副书记、政法委书记赵德清主持。县四套班子领导及法检两长，县“双拥”领导小组成员单位及相关单位有关负责人，县公安局、法院、检察院、人武部干部代表，烈士家属、老战士、退役军人、驻安吉武警部队官兵、学生代表以及孝丰镇干部群众代表参加公祭仪式。

【全县深化村级“三务”公开信息平台建设推进会】 11 月 15 日，全县深化村级“三务”公开信息平台建设推进会召开。出席会议的有县委常委、县委副书记、

11月15日,全县深化村级“三务”公开信息平台建设推进会召开

县城乡社区工作协调小组组长赵德清,县民政局局长、县城乡社区工作协调小组办公室主任姜平,全县“三务”公开业务部门分管领导及业务科室负责人,各乡镇(街道)党委副书记、乡镇(街道)“三务”信息平台建设工作的联络员,全县所有村(社区)“三务”信息平台建设工作信息员,共计260人。姜平就全面深化推进村级“三务”公开信息平台建设做工作布置。

【悬挂光荣牌启动仪式】 12月29日,在昌硕街道双溪口村举行安吉县为烈属、军属和退役军人等家庭悬挂光荣牌启动仪式。副县长杜尉栋,县民政局局长姜平,政府办副主任曹颖,昌硕街道办事处主任赵晓光,县人大工委主任夏旦,各乡镇(街道)分管领导,昌硕街道双溪口村烈属、军属和退役军人家庭代表,双溪口村“两委”班子相关成员等参加活动。

(汪佳佳)

民族·宗教

民　　族

【概况】 2018年，抢抓中央、省、市政策机遇，启动县民族村第二轮结对帮扶工作，市财政每年补助30万元，安排16个市级部门单位结对帮扶，争取中央帮扶资金30万元、省补少数民族发展资金35万元。深入挖掘畲族文化，郎村舞蹈队《畲族木鼓舞》获浙江民间文艺映山红奖金奖，两个少数民族村运动员代表市参加全省少数民族运动会，获1银10铜历史最好成绩。以项目为龙头，明确10个帮扶项目，补助资金2000余万元，全年下拨175万元。县民族村帮扶工作连续两年在全省作典型交流发言。年内对全县外来少数民族人口进行全面排摸，建立数据库，做到少数民族服务管理工作底数清。以点带面，抓好典型培育，指导孝源街道试点开展"1＋4＋N"精准服务模式，指导递铺街道梅园学校开展深化针对外来少数民族学生的民族团结创建活动，争创省级民族团结进步单位。注重提升服务实效，在递铺、昌硕、天子湖等外来少数民族相对集聚的乡镇（街道）开展法律服务、职业培训等服务一千余人次。

宗　　教

【概况】 2018年，严格安全生产管理，坚持每月抽查、每季普查和不定期督查相结合，及时发现整改安全隐患80余处，确保国庆期间和11月份四场重大会议等重要时期的平安稳定。立足解决宗教场所分布不均衡、建筑风貌良莠不齐，以及场所审批及宗教临时活动没有明确选址依据等实际问题，通过一年多的调查规划，完成制定《安吉县县域宗教活动场所及民间信仰点布局规划（2018～2030）》，明确远期规划宗教活动场所49处、民间信仰点105处，并对新建、重建、扩建场所提出实施策略及措施，建筑风格及引导，推进宗教活动场所区域布局和宗教教派分布更加科学化、合理化。该项工作被评为"2018年度全省统战工作实践创新优秀案例"。同时，开展宗教领域私设聚会点专项治理工作，相关做法和工作成效得到省委宗教工作巡察组和省委、市委统战部门高度肯定。对上墅教堂等六个宗教场所开展标准化建设，完成宗教场所升挂国旗全覆盖，灵峰寺成为全省首批百个宗教法治宣传教育基地之一。推进宗教人士队伍建设，举办全县宗教场所负责人专题培训班，组织县宗教界骨干赴安徽泾县开展革命传统教育。

（王章锦）

4月9日，湖州市委书记马晓晖（前中）赴安吉县灵峰寺走访看望联系的党外代表人士——市佛教协会会长、安吉灵峰寺主持释慈满大和尚（前右）

残疾人事业

【概况】 2018年,全县有各类持证残疾人11773人。其中,视力残疾1253人,占10.6%;听力残疾1726人,占14.7%;言语残疾370人,占0.03%;肢体残疾5157人,占43.8%;智力残疾1314人,占11.2%;精神残疾1523人,占12.9%;多重残疾430人,占0.04%。在残疾人中,男性6699人,占56.9%,女性5074人,占43.1%。2018年,天荒坪镇余村村、溪龙乡溪龙村创建浙江省第一批无障碍社区(全省102个),其中溪龙村创建活动还被全省通报表扬,全省仅11个。安吉县残疾人电商就业创业工作被省残联确定为“安吉模式”进行推广。安吉县全国残疾预防综合试验区创建试点开展多场残疾预防宣教活动,受全国残疾人康复办公室通报表扬。组织18名残疾人参加湖州市残疾人工匠大赛,获团体总分第一名好成绩。王玉玲获2018年全国残疾人网球锦标赛同理残疾组女子单打、混合双打两个第一名,女子双打第二名。

2018年,安吉县残疾人基本保障和公共服务迈上新台阶。通过规范“两项补贴”发放流程和自查自纠,调整停发补贴对象443人。全县享受困难残疾人生活补贴4537人,享受重度残疾人护理补贴4261人,发放“两项补贴”资金2217万元。落实好残疾人意外伤害保险、大病再保险政府买单,实行城乡居民基本医疗保险、城乡居民基本养老保险全额补贴工作,惠及全县所有持证残疾人。对106名残疾人个体工商户,72名家庭困难的自谋职业者和22名在扶贫基地、盲人按摩等机构就业的残疾人,按照职工基本养老保险最低缴费标准的50%给予补贴。推进15家残疾人庇护机构办理综合责任险。加大各项救助力度,慰问困难残疾人家庭1058户,慰问资金100万元,为10名残疾人提供临时救助2.72万元。实施残疾人危旧房改造48户。促进就业创业扶持,对30家超比例安置残疾人就业的单位发放奖励资金48万元,全县按比例就业人数达983人,增加37人。发放就业创业贷款贴息45万元,创业补助1.2万元,35人受益。为15名自主创业的残疾人提供100万元免息创业扶持资金。实施残疾人精准康复服务行动,提供残疾人基本康复服务5666人,残疾人辅助器具服务427人。实施助听、助明、助行168人。为56名听力言语、脑瘫、孤独症患儿提供抢救性康复训练、配送辅助器具及人工耳蜗适配服务等。落实精神残疾人医疗救助1010人。完成家庭责任医生签约服务5635人,其中三类重点签约2142人,签约服务率100%。实施“无障碍设施进家庭”152户。抓好特殊教育,为146名残疾学生及困难残疾人家庭子女提供阳光助学资金29.4万元;为16名残疾人大学生争取省级补助费、住宿费资金15.5万元;为170名残疾儿童发放特殊教育补助17万元。加强文化供给,开展“残疾人特殊艺术进万家”巡演23场。实施送文化“五个一工程”助残活动,为100名农村困难残疾人开展送书、送报活动,带50名残疾人游园,为1000名残疾人送上残疾人特殊艺术演出。夯实残疾人工作基础,制定出台《非招标类小额交易谈判操作办法》《预算执行“红黄绿”三色预警办法》,加强残疾人事业专项资金的规范使用和管理。组织乡镇残联理事长、协管员、残联机关全体干部赴苏州大学举办残疾人工作者业务素质提升培训班,开展政策、业务学习培训,培训对象涵盖到县、乡镇、村三级,参训人员达260人。加强残疾人基本服务状况和需求信息数据库动态更新和管理工作,全年走访残疾人11719人,为残疾人精准服务做好信息数据收集。

【开展系列活动】 5月3～4日,组织开展为期两天的县残疾人综合运动会。15个乡镇(街道)的193名残疾人同场竞技,共设田径、象棋、围棋、羽毛球、乒乓球、飞镖六大项目。5月20日,湖州市庆祝第28次全国助残日暨最美助残人发布盛典在安吉举行。市政协副主席、市残联理事长李红,市残联党组书记余加

5月20日，湖州市庆祝第28次全国助残日暨最美助残人发布盛典在安吉举行

伟，安吉县人大常委会副主任王爱民，安吉县残工委主任、人民政府副县长王捷，安吉县政协副主席、县总工会主席侯献荣等出席发布盛典。8月21～24日，浙江省第十届残疾人运动会群体项目（象棋、围棋、飞镖）比赛在安吉举行，全省11个地市的226名运动员、裁判员、教练员参加为期四天的赛事。9月3日，安吉县第二次全国残疾预防日宣传教育主题活动在安吉新闻集团梅地亚演艺中心举行。

【机关、事业单位单招单考录用一名残疾人】 协调县住建局在2018年安吉县事业单位公开招考中专设残疾人岗位，经审核19名残疾人通过初审，并于5月12日参加笔试。最终1人被录用。这是安吉县贯彻落实按比例安排残疾人就业政策的一次破冰之举，机关、事业单位按比例安置残疾人就业实现零的突破。

【“互联网＋”铸就残疾人就业创业梦】 推进社会合作，由企业针对残疾人推出电商客服岗位，进行双向选择。2018年，浙江恒林椅业股份有限公司一次性推出残疾人电商岗位48个，37名残疾人现场签约，共签约42人。截至2018年底，全县6家企业与残联签订合作协议，68名残疾人实现电商就业。

【全国残疾预防综合试验区创建】 2018年，县残联重点围绕“产前筛查诊断、儿童残疾筛查诊断、残疾评定、残疾预防宣传教育”各项年度项目任务进行工作。全年完成产前筛查406人，儿童残疾筛查110人、残疾评定1110人。开展残疾预防“进社区、进家庭、进校园”等宣传教育活动27场次，发放宣传资料12000份，举办讲座（培训）16场次。探索和创新残疾预防工作模式，实施肢体功能障碍患者康复补助政策前移，康复训练费每月补助限额1000元，康复训练最长不超过6个月（补助总额每人不超过6000元），减少残疾发生和发展。

【无障碍特色小镇建设】 全省首创在鄣吴镇开展无障碍特色小镇建设，列入2018～2019年县政府投资项目，写进省残联2018年工作要点。1月26日，省残联副理事长吴一农一行到安吉县考察无障碍特色小镇建设。4月16～17日，住房和城乡建设部标准定额研究所副所长胡传海，住房和城乡建设部标准定额司处长谭华，住房和城乡建设部标准定额研究所处长刘春林，中国残联维权部处长张东旺等到安吉县考察无障碍特色小镇建设。全年完成盲道、无障碍坡道、无障碍通道、无障碍卫生间等设施改造，完成无障碍信息系统20%的工程量，基本完成镇区重点区域的改造和建设。

【“智慧残联”工作平台】 围绕残疾人综合服务大数据中心，搭建管理、服务、互动三个平台，残疾人可以进行网上自助申请、网上服务诉求、网上服务事项查询等网上互动。在“安吉残联”微信公众号开辟“智慧助残云”平台。平台开设“服务大厅”“新闻中心”“智慧生活”三大板块，为残疾人提供二代身份证查询、政策解读、就业培训、手语教学、无障碍影视等服务，残疾人关注公众号后即可在“助残云”平台上享受不出家门的零距离服务，共享科技信息时代的发展成果。

【全县残疾人事业发展大会召开】 5月15日上午，县政府召开全县残疾人事业发展大会暨县残联第七届主席团第二次全体会议，回顾总结2017年全县的残疾人工作，研究部署2018年残疾人工作任务。副县长王捷出席会议并讲话，县残联党组书记、理事长李建人向大会作报告，县政府办副主任曹颖主持会议。县政府残工委委员，县残联第七届主席团委员，县残联全体机关干部，各乡镇(街道)分管领导、残联理事长、协管员等参加会议。会议对2017年度安吉县残疾人工作优秀集体和优秀个人进行表彰。其中，天子湖镇残联、溪龙乡残联、孝丰镇残联等6家单位获2017年度安吉县残疾人工作优秀集体，章红、金则英、俞丹等20名同志被评为残疾人工作优秀个人。

(相晶晶)

5月15日，2018年度全县残疾人工作会议暨县残联第七届主席团第二次全体会议召开

关心下一代工作

【概况】 2018年，安吉县关工委以教育引导、关爱帮扶青少年为重点，整合各方资源，全面加强青少年思想道德建设，强化法制教育，引导青少年树立正确的价值观、人生观，知党史，爱国家，争做“两山”好少年。

完善各级关工委组织。2018年3月，县关工委会同县委组织部，明确乡镇（街道）关工委由乡镇（街道）党委分管领导兼任关工委主任，同级退居二线或退休的老同志担任常务副主任，同时配好一至两名在职或退休干部担任工作人员，所有乡镇（街道）、村（社区）均已健全关工委组织。落实浙委办发〔2017〕24号文件精神。协助县委、县政府完成市委督查室对浙委办发〔2017〕24号文件精神贯彻落实情况的专项督查，针对督查组提出的问题和要求完成整改。

拓宽助学渠道，开展“助困圆梦”活动。争取长龙山抽水蓄能有限公司分别向县关工委和天荒坪小学各捐赠30万元爱心基金，开展“情暖两山·筑梦未来”“关爱朝阳·快乐青春”资助仪式，累计资助困难青少年115名，并为两家省级关爱儿童之家提供建设资金。关注留守儿童，建立关爱儿童之家。协同杭州娃哈哈集团有限公司开展“爱要多多陪伴”庆“六一”公益赠饮活动，呼吁社会关爱留守儿童，呼吁家长多抽一点时间陪伴孩子。联合慈善总会在杭垓镇松坑村和昌硕街道广场社区共同建立安吉首批省级关爱儿童之家，实现安吉县关爱儿童之家零突破。注重家庭教育，构建家庭教育指导网络。在建立全县家庭教育指导中心的基础上，联合妇联在山川乡建立安吉县首个亲子家庭教育俱乐部，将更多的教育资源引入农村，促进和谐文明家风。注重培植暑期小候鸟俱乐部，重点是城镇社区、企业，利用回乡大学生对流动儿童开展为期一个月的暑期教育。注重平安和谐，创建“美丽伊家”。在2017年与县妇联合力组建“美丽伊家”帮帮团的基础上，组织三十余名热心“五老”志愿者（称为“美丽阿姐”），参与婚姻纠纷调解，通过现场调解、提供维权咨询、开展座谈、进行心理和情感疏导等方式化解矛盾纠纷，降低离婚率。抓好法制教育，搭建禁毒教育平台。开展“不让毒品进我家，健康生活你我他”主题活动，联合县检察院开展禁毒教育宣讲进校园等活动，报福镇关工委联合综治办成立融冰工作室，完成对八个涉毒家庭的青少年结对帮教，坚持每周上门走访三次。

8月31日，安吉县首批关爱儿童之家成立启动仪式举行

开展“两山”理念宣传教育。关工委在全县中小学校第一课堂开展“弘扬红船精神·争当时代新人”“读习爷爷写过的‘两山’文章”“重走习爷爷绿水青山之路”等主题教育27场次；利用第二课堂开展“践行‘两山’理念，争做新时代好少年”、红领巾拥抱“两山”等专题活动，引导青少年在大自然中领会“两山”理念。联合教育局组织中小学生参加浙江省中小学生“红船领航”网上征文活动，安吉县有12篇征文获奖，安吉县第一小学获全市优秀组织奖。丰富“两山”理

念实践载体。利用余村“两山”理念教育实践等十个青少年教育实践基地,培养“两山小卫士”“两山小标兵”和“两山好少年”,引领广大青少年学习、宣传、践行“两山”理念;联合老年大学、安吉县第二小学开展“大手牵小手 文明我先行”志愿服务活动,通过老少同绘“绿水青山”长卷、“送你一颗绿,还你一片绿”免费赠送花苗花种和“环保卫士”活动,吸引一百余名老少志愿者参加。建立“河小青”“路小青”“林小青”三青队伍,为保护安吉的青山绿水贡献力量,在践行“两山”路上彰显青少年形象。

【“3·25”生态志愿服务活动】 3月23日,县委老干部局、县关工委牵头,联合县第二小学开展创建全国文明城市,发挥老同志正能量暨“大手牵小手 文明我先行”“3·25”生态志愿服务活动。这次生态日主题活动分为三个子活动同时进行:老少同绘“绿水青山”长卷,“送你一颗绿,还你一片绿”免费赠送花苗花种和“环保卫士”志愿活动,吸引一百余名志愿者参加。

【困难青少年专项助学金发放仪式】 5月25日,浙江长龙山抽水蓄能有限公司、县关工委、县慈善总会联合举办“情暖两山·筑梦未来”——困难青少年专项助学金发放仪式,为90名困难少年儿童发放爱心基金,累计发放18万元。

【开展庆“六一”公益赠饮活动】 5月31日,安吉县关工委协同杭州娃哈哈集团有限公司在安吉县梅溪镇龙翔社区紫梅小学开展“爱要多多陪伴”庆“六一”公益赠饮活动,为学校留守儿童、外来务工人员子女送去关爱。

【法制教育活动】 6月7日,县关工委联合县检察院赴皈山中学举办“远离暴力与毒品 守护纯净校园”法制教育活动,采取以案释法、以法论事、以情景模拟、游戏体验等方式让学生深刻理解校园暴力和毒品会带来的危害,让同学们不仅学习到法律法规条文,也学会如何合法保护自身权益。

【困难青少年关爱基金发放仪式】 9月22日,举办浙江长龙山抽水蓄能有限公司“关爱朝阳·快乐青春”困难青少年关爱基金现场发放仪式,资助特困(重病)学生8人、困难学生17人,资助安吉县首批关爱儿童之家2家,累计发放关爱基金12万元。

(宋　怡)

9月22日,“关爱朝阳 快乐青春”关爱基金发放仪式举行

2018年领导简介

沈铭权　1970年12月生于浙江德清(籍贯同),汉族,省委党校研究生学历。1990年8月参加工作,1994年4月加入中国共产党。现任安吉县委书记。

1986年9月至1990年7月,湖州中等专业学校工业民用建筑专业学生;1990年8月至1995年6月,德清县高林乡团委书记;1995年6月至1997年8月,德清县委宣传部办公室主任(1994年8月至1997年6月,中央党校函授学院经济管理专业大专学习);1997年8月至1998年4月,共青团德清县委副书记;1998年4月至2000年1月,共青团德清县委书记(1999年3～4月在浙江省委党校团干部培训班学习,1997年8月至1999年12月中央党校函授学院经济管理专业本科学习);2000年1月至2001年7月,德清县雷甸镇党委副书记(2000年11月至2001年5月湖州市委党校党政青干班学习);2001年7月至2002年1月,德清县干山镇党委书记;2002年1～11月,德清县干山镇党委书记、人大主席(2002年7～10月在湖州市优秀年轻干部新知识读书班学习);2002年11～12月,安吉县委常委;2002年12月至2006年11月,安吉县委常委、组织部部长;2006年11月至2011年9月,湖州市委宣传部副部长、市精神文明建设委员会办公室主任(2008年3～12月清华大学湖州市领导干部公共管理高级研修班学习,2006年9月至2009年7月在浙江省委党校在职研究生班马克思主义哲学(社会发展专业学习);2011年9月至2012年6月,湖州市委宣传部副部长、市精神文明建设委员会办公室主任(正局级)(2012年2～6月在浙江省委党中青年干部培训一班学习);2012年6月至2014年6月,湖州广播电视传媒集团总裁(湖州广播电视总台台长)、党委书记;2014年6月至2015年1月,安吉县委副书记、县人民政府代县长、党组书记,湖州省际承接产业转移示范区安吉分区管委会党工委书记(兼);2015年1月至2016年7月,安吉县委副书记、县人民政府党组书记、县长,湖州省际承接产业转移示范区安吉分区管委会党工委书记(兼);2016年7～8月,安吉县委书记、县人民政府党组书记、县长,湖州省际承接产业转移示范区安吉分区管委会党工委书记(兼);2016年8～11月,安吉县委书记,湖州省际承接产业转移示范区安吉分区管委会党工委书记(兼);2016年11月起任现职。

陈永华　1966年3月生于浙江长兴(籍贯同),汉族,大学学历,农学学士。1989年8月参加工作,1988年6月加入中国共产党。现任安吉县委副书记,县政府党组书记、县长,县国资党工委书记。

1985年9月至1989年7月,浙江水产学院养殖系淡水渔业专业学生;1989年8月至1995年4月,长兴县夹浦乡干部、司法办主任兼法律服务所主任、党政办主任、镇工业公司副经理、经理;1995年4月至1996年2月,长兴县煤山镇镇长助理;1996年2月至1999年1月,长兴县煤山镇党委委员、副镇长兼镇资产经营公司总经理;1999年1月至2001年7月,长兴县李家巷镇党委副书记、镇长(2000年

6～9 月国家纺织工业局经济发展司挂职学习);2001 年 7 月至 2002 年 1 月,长兴县李家巷镇党委书记、镇长;2002 年 1 月至 2005 年 5 月,长兴县李家巷镇党委书记、人大主席(2002 年 9～12 月湖州市委党校党政青干班学习);2005 年 5～12 月,湖州市招商局局长助理;2005 年 12 月至 2010 年 12 月,湖州市招商局副局长、党组成员;2010 年 12 月至 2012 年 6 月,湖州市交通运输局副局长、党委委员;2012 年 6 月至 2014 年 3 月,湖州市政府副秘书长;2014 年 3 月至 2016 年 8 月,湖州市吴兴区委常委、织里镇党委书记(正局长级);2016 年 8 月至 2017 年 2 月,安吉县委副书记,县政府党组书记、代县长;2017 年 2～7 月,安吉县委副书记,县政府党组书记、县长;2017 年 7 月起任现职。

陆为民 1963 年 7 月生于浙江安吉(籍贯同),汉族,大学学历。1983 年 6 月参加工作,1986 年 4 月加入中国共产党。现任安吉县人大常委会党组书记、主任,县委委员。

1983 年 6 月至 1984 年 6 月,安吉县溪龙乡茶叶技术员;1984 年 6 月至 1989 年 12 月,安吉县晓墅乡团委干部、团委书记(1985 年 5 月至 1988 年 9 月在浙江省中等刊授政治专业学校经济管理专业学习);1989 年 12 月至 1992 年 9 月,安吉县荆湾乡党委副书记、纪委书记;1992 年 9 月至 1995 年 10 月,安吉县皈山乡党委书记;1995 年 10 月至 1997 年 12 月,安吉县梅溪镇党委书记(1995 年 2 月至 1996 年 12 月浙江大学经济管理专业证书班学习);1997 年 12 月至 1998 年 2 月,安吉县递铺镇党委书记;1998 年 2 月至 2001 年 8 月,安吉县递铺镇党委书记、县委委员(1998 年 9 月至 2000 年 7 月复旦大学国际政治系行政管理专业研究生课程班学习);2001 年 8 月至 2003 年 1 月,安吉县递铺镇党委副书记、镇长,县委委员(2001 年 8 月至 2003 年 12 月中央党校函授学院经济管理专业本科学习);2003 年1～2 月,安吉县递铺镇党委书记、镇长,县委委员;同年 2～4 月,安吉县委常委,递铺镇党委书记、镇长;2003 年 4 月至 2006 年 9 月,安吉县委常委,递铺镇党委书记、人大主席;2006 年 9～12 月,安吉县委常委、递铺镇党委书记;2006 年 12 月至 2007 年 1 月,安吉县委常委;2007 年 1～9 月,安吉县委常委,县政府副县长、党组副书记,县委政法委副书记,县行政学校校长;2007 年 9 月至 2008 年 5 月,安吉县委常委,县政府副县长、党组副书记,县委政法委副书记,县行政学校校长,县发改委主任(物价局局长)、党组书记;2008 年 5 月至 2009 年 2 月,安吉县委常委,县政府副县长、党组副书记,县委政法委副书记,县行政学校校长;2009 年 2 月至 2011 年 6 月,安吉县委常委,县政府副县长、党组副书记,县委政法委副书记,县行政学校校长,经济开发区(递铺镇)党委书记;2011 年 6～12 月,安吉县委常委,县人民政府副县长、党组副书记,县委政法委副书记,县行政学校校长;2011 年 12 月至 2012 年 2 月,安吉县委副书记、县人民政府副县长、县委党校校长;2012 年 2 月至 2016 年 12 月,安吉县委副书记、县委党校校长;2016 年 12 月至 2017 年 2 月,安吉县人大常委会党组书记、县委委员;2017 年 2 月起任现职。

叶海珍 女,1963 年 1 月生于浙江安吉(籍贯同),汉族,大学学历。1984 年 7 月参加工作,1985 年 7 月加入中国共产党。现任安吉县政协党组书记、主席,县委委员。

1984 年 6 月至 1985 年 10 月,安吉县荆湾乡妇联专职干部;1985 年 10 月至 1992 年 10 月,安吉县荆湾乡妇联主任(1985 年 5 月至 1988 年 9 月浙江省中等刊授政治专业学校政治工作专业学习);1992 年 10 月至 1993 年 3 月,安吉县安城镇党委委员;1993 年 3 月至 1994 年 4 月,安吉县安城镇党委副书记;1994 年 4 月至 1995 年 10 月,安吉县安城镇党委副书记、纪委书记,1995 年 3 月任镇人大副主席(1991 年 8 月至 1994 年 6 月在中央党校函授学院党政管理专业大专学习);1995 年 10 月至 1998 年 6 月,安吉县溪龙乡党委副书记、乡长;1998 年 6 月至 1999 年 2 月,安吉县溪龙乡党委书记;1999 年 2 月至 2003 年 3 月,安吉县溪龙乡党委书记、人大主席(1999 年 8 月至 2001 年 12 月中央党校函授学院经济管理专业本科学习;2000 年 11 月至 2001 年 5 月湖州市委党校青干班学习);2003 年 3～4 月,安吉县人民政府副县长,溪龙乡党委书记、人大主席;2003 年 4

月至2008年12月，安吉县人民政府副县长、党组成员（2004年5～7月浙江大学县处级领导干部公共管理研修班学习）；2008年12月至2012年2月，安吉县委常委、宣传部部长；2012年2月起任现职。

赵德清　1963年7月生于浙江安吉（籍贯同），汉族，省委党校研究生学历，历史学学士。1984年8月参加工作，1986年12月加入中国共产党。现任安吉县委副书记、县委政法委书记。

1980年9月至1984年7月，杭州大学历史系历史专业学生；1984年8月至1988年12月，安吉县委党校干部；1988年12月至1991年9月，安吉县司法局律师事务所律师、副主任；1991年9月至1992年6月，安吉县司法局办公室副主任；1992年6月至1993年4月，安吉县司法局党组成员、办公室主任；1993年4月至1994年3月，安吉县委办公室综合信息科科长；1994年3月至1995年9月，安吉县政协办公室副主任；1995年9月至1998年5月，安吉县港口乡党委副书记、乡长（1996年3月至1998年7月浙江大学经济学专业研究生课程班学习）；1998年5月至2000年1月，安吉县港口乡党委书记；2000年1～8月，安吉县天荒坪镇党委书记、人大主席；2000年8月至2001年11月，安吉县委办公室副主任（保留正科级）；2001年11月至2003年4月，安吉县委办公室副主任、史志办主任（2001年9～12月湖州市委党校党政青干班学习；2002年7～10月湖州市优秀年轻干部新知识读书班学习）；2003年4月至2006年12月，安吉县委办公室主任（2001年2月至2004年1月浙江省委党校在职研究生政治学专业学习）；2006年12月至2007年1月，安吉县委常委、县委办公室主任；2007年1月至2011年6月，安吉县委常委、统战部部长（2007年4～6月全省统战部长上岗培训班学习）；2011年6～12月，安吉县委常委、统战部部长、政法委书记；2011年12月至2016年12月，安吉县委常委，县委政法委书记；2016年12月起任现职。

杨新初　1976年2月生于浙江湖州（籍贯同），汉族，省委党校研究生学历。1994年8月参加工作，1999年5月加入中国共产党。现任安吉县委常委、纪委书记，县监察委员会主任。

1991年9月至1994年7月，湖州中等专业学校文秘专业学习；1994年8月至2001年1月，湖州市政府办公室秘书处干部（1996年8月至1999年6月省委党校函授学院经济管理专业学习，1997年7月任科员）；2001年1月至2002年6月，湖州市政府办公室流通政法处、发展处副处长（1999年8月至2001年12月中央党校函授学院政工专业本科学习）；2002年6月至2004年5月，湖州市委办公室综合二处、综合四处副处长（2001年8月至2002年12月浙江师范大学法政经济学院研究生区域经济学课程进修班学习结业）；2004年5月至2005年6月，湖州市信访局办公室主任；2005年6月至2011年3月，湖州市纪委（监察局）行政效能监察室主任（2007年9～12月市委党校中青年干部培训班学习，2008年12月确定副局长级，2009年9～11月湖州市自主创新和城市管理专题班学习，并赴新加坡培训）；2011年3月至2012年2月，湖州市纪委（监察局）办公室（监察综合室）主任（副处级）（2008年9月至2011年7月省委党校在职研究生班政治经济学专业学习）；2012年2月至2015年6月，湖州市纪委常委（2013年3～11月清华大学公共管理学院湖州市领导干部公共管理高级研修班学习结业）；2015年6～7月，湖州市纪委常委，安吉县委常委、纪委书记；2015年7月至2017年2月，安吉县委常委、纪委书记；2017年2月起任现职。

吕　立　1967年9月生于浙江湖州（籍贯同），汉族，大学学历。1987年8月参加工作，1993年4月加入中国共产党。现任安吉县委常委、组织部部长，县委党校校长（"两山"讲习所所长），县国资党工委副书记。

1985年9月至1987年7月，浙江商校物价专业学生；1987年8月至1995年10月，湖州市物价局办事员、科员（1991年2月至1993年9月下派双林镇政府，1988年4月至1991年12月在省高等教育自学考试价格学专业学习）；1995年10月至1997年11月，市物价局价格信息中心副主任、综合调研处副处长（主持工作）；1997年11月至2002年3月，市物价局综合调研处处长(1995年8月至1997年12月在中央党校经济管理专业本科班函授学习,2000年11月至2001年5月在湖州市委党校青干班学习);2002年3～9月,湖州市发展计划委员会国民经济综合处副处长、主任科员;2002年9月至2003年6月,市委组织部干部二处(知工办)主任科员;2003年6月至2005年3月,湖州市委组织部干部二处副处长(知工办副主任)、主任科员;2005年3月至2007年2月,湖州市委组织部人才办副主任(知工办主任)兼干部二处副处长;2007年2～9月,湖州市委组织部干部二处处长、人才办副主任(知工办主任);2007年9月至2008年12月,湖州市委组织部干部二处处长;2008年12月至2010年5月,湖州市委组织部部务会议成员、干部二处处长;2010年5月至2011年1月,湖州市对口支援新疆阿克苏地区柯坪县指挥部党委副书记、副指挥长、纪委书记(副局长级),市委组织部部务会议成员、干部二处处长;2011年1月至2014年1月,湖州市对口支援新疆阿克苏地区柯坪县指挥部党委副书记、副指挥长、纪委书记(副局长级),湖州市委组织部部务会议成员;2014年1月至2015年1月,湖州南太湖产业集聚区管理委员会副主任,湖州经济技术开发区(湖州台商投资区、湖州高新技术产业园区)管理委员会副主任、党委委员;2015年1～9月,安吉县委常委,同年2月任组织部部长;2015年9月至2016年12月,安吉县委常委、组织部部长,统战部部长;2016年12月至2017年7月,安吉县委常委、组织部部长,县委党校校长;2017年7～12月,安吉县委常委、组织部部长,县委党校校长,县国资党工委副书记;2017年12月起任现职。

任　烽　1970年8月生于浙江安吉(籍贯同),汉族,省委党校研究生学历,经济学学士。1992年8月参加工作,1997年4月加入中国共产党。现任安吉县委常委,统战部部长,县社会主义学校校长。

1988年9月至1992年7月,浙江财经学院会计系审计学专业学生;1992年8月至1995年12月,安吉县审计局科员(1995年4～7月在安吉县委党校青干班学习);1995年12月至1996年12月,安吉县鄣吴镇镇长助理;1996年12月至1998年10月,安吉县鄣吴镇(乡)副镇(乡)长;1998年10月至1999年6月,安吉县交通局办公室主任;1999年6月至2000年1月,安吉县交通局局长助理、办公室主任;2000年1～4月,安吉县交通局副局长、办公室主任;2000年4月至2002年8月,安吉县交通局副局长、党委委员;2002年8～12月,安吉县交通局副局长、党委委员,县公路段段长(2001年10月至2002年1月在湖州市“79式”年轻干部培训班学习);2002年12月至2003年4月,安吉县交通局局长、党委书记,县公路段段长;2003年4月至2007年3月,安吉县交通局局长、党委书记,县委委员(2001年2月至2004年1月省委党校政治学专业研究生学习);2007年3～6月,安吉县发展和改革委员会主任(物价局局长)、党组书记,县委委员;2007年6月至2010年9月,安吉县委常委(赴西藏工作);2010年9～12月,安吉县人民政府党组成员、副县长,县委委员;2010年12月至2013年12月,安吉县人民政府党组成员、副县长,县委委员,县旅委(灵峰度假区)党委书记(兼);2013年12月至2016年12月,安吉县人民政府党组成员、副县长,县委委员;2016年12月至2017年2月,安吉县委常委,县人民政府党组成员、副县长,统战部部长,县社会主义学校校长;2017年2月起任现职。

陈旭华　女,1976年11月生于浙江安吉(籍贯同),汉族,大学学历。1996年8月参加工作,1999年8月加入中国共产党。现任安吉县委常委、宣传部部长。

1993年9月至1996年8月,湖州市中等专业学校文秘档案专业学习;1996年8月至1997年3月,安吉县高禹乡办事员;1997年3月至1998年9月,安吉县高禹乡团委副书记;1998年9月至2000年8月,安吉县永和乡干部;2000年8月至2001年11月,安吉县高禹镇妇联主席;2001年11月至2002年1月,安吉县缫舍乡乡长助理;2002年1月至2003年12月,安吉县缫舍乡副乡长(2000年7月至2003年6月高等教育自学考试浙江大学行政管理专业大专学习);2003年12月至2006年8月,安吉县杭垓镇党委委员;2006年8月至2008年5月,安吉县上墅乡党委副书记、纪委书记(2004年

9月至2007年6月武汉理工大学网络教育学院法学专业本科学习）；2008年5月至2011年6月，安吉县鄣吴镇党委副书记、镇长；2011年6～7月，安吉县鄣吴镇党委书记；2011年7～12月，安吉县鄣吴镇党委书记、人大主席；2011年12月至2015年4月，安吉县鄣吴镇党委书记、人大主席，县委委员；2015年4月至2016年11月，安吉县残联党组书记、理事长，县委委员；2016年11～12月，安吉县委宣传部部长，县残联党组书记、理事长，县委委员；2016年12月至2017年3月，安吉县委常委，宣传部部长，县残联党组书记、理事长；2017年3月起任现职。

赵怀君　1976年9月生于浙江安吉（籍贯同），汉族，大学学历。1996年8月参加工作，1996年5月加入中国共产党。现任安吉县委常委，开发区党工委书记、管委会主任。

1992年8月至1996年6月，浙江林校森林保护专业学习；1996年8月至2000年12月，安吉县永和乡团委副书记、团委书记、农林办副主任、党政办主任（1997年6月至2000年3月姚村办事处工作，1997年8月至1999年12月中央党校经济管理专业本科学习，2000年3～5月湖州市青年团干部培训班学习）；2001年4月至2003年4月，安吉县委宣传部办公室副主任、外宣科科长（2001年4～7月县委党校青干班学习）；2003年4～5月，安吉县委宣传部办公室主任；2003年5月至2004年1月，安吉县委宣传部部务会议成员、办公室主任；2004年1～10月，安吉县委宣传部部务会议成员、办公室主任（副科级预备人选）；2004年10～12月，安吉县良朋镇党委副书记；2004年12月至2006年8月，安吉县良朋镇党委副书记、纪委书记；2006年8月至2008年8月，安吉县递铺镇党委副书记；2008年8月至2009年9月，安吉县委宣传部常务副部长（正科级）；2009年9月至2013年9月，安吉县广播电视台台长、党委书记，县委宣传部副部长（兼）；2013年9月至2014年1月，安吉县广播电视台台长、党委书记，县新闻宣传中心主任、党组书记（兼），县委宣传部副部长（兼）；2014年1月至2015年3月，安吉县广电台（新闻宣传中心）台长、党委书记，县委宣传部副部长（兼）；2015年3月至2016年1月，安吉县发经委党委书记、主任（物价局局长），省际承接产业转移示范区安吉分区党工委副书记（兼）；2016年1～12月，安吉县发经委党委书记、主任（物价局局长），县中小企业局局长，省际承接产业转移示范区安吉分区党工委副书记（兼）；2016年12月至2017年1月，安吉县委常委，县发经委党委书记、主任（物价局局长），县中小企业局局长，省际承接产业转移示范区安吉分区党工委副书记（兼）；2017年1～3月，安吉县委常委，开发区党工委书记、管委会主任，县发经委党委书记、主任（物价局局长），县中小企业局局长；2017年3月起任现职。

谷炳方　1973年7月生于浙江湖州（籍贯同），汉族，大专学历。1992年12月参加工作，1995年6月加入中国共产党。现任安吉县委常委、人武部部长。

1992年12月至1995年7月，第一集团军原一八一师炮团战士、班长；1995年7月至1998年7月，长沙炮兵学院学员；1998年7月至2005年1月，第一集团军步兵三旅排长、参谋、教导队队长；2005年1月至2009年3月，第一集团军司令部炮指部参谋；2009年3月至2011年1月，湖州军分区司令部参谋；2011年1月至2012年3月，湖州军分区司令部作训办负责人；2012年3～4月，安吉县人武部副部长兼军事科长；2012年4月至2015年3月，安吉县人武部副部长兼军事科长，县人防办副主任（兼）；2015年3月至2017年2月，安吉县人武部部长、县人防办副主任（兼）；2017年2～12月，安吉县人武部部长、县人大常委会委员；2017年12月至2018年11月，安吉县委常委、人武部部长，县人大常委会委员；2018年11月起任现职。

徐卫勇　1975年9月生于浙江长兴（籍贯同），汉族，省委党校研究生学历。1993年8月参加工作，1997年5月加入中国共产党。现任安吉县委常委，省际承接产业转移示范区安吉分区党工委书记。

1990年9月至1993年7月，湖州师范学校普师专业学习；1993年8月至1994年8月，长兴县吕山小学教师；1994年8月至2001年8月，长兴县下箬中学教师、副教导员（1993年7月至1996年6月在浙江省高等教育自学考试汉语言文学专业大专学习,1997年8月至2000年7月在杭州师范学院中文教育专业函授本科学习);2001年8月至2002年7月,长兴县雉城镇包桥中学副校长;2002年7月至2004年4月,长兴县广播电视局干部;2004年4月至2005年4月,长兴县广播电视局办公室主任;2005年4月至2008年9月,长兴县广播电视台副台长、党委委员;2008年9月至2011年6月,长兴县委办公室副主任(2007年9月至2010年7月在省委党校在职研究生班区域经济学专业学习);2011年6月至2012年7月,长兴县龙山新区党工委副书记、管理委员会主任,龙山街道党委副书记、办事处主任;2012年7月至2013年2月,长兴县龙山新区党工委副书记、管理委员会主任;2013年2月至2015年6月,长兴县泗安镇党委副书记、镇长人选,湖州省际承接产业转移示范区长兴分区党工委副书记(兼),2014年1月任镇长;2015年6月至2016年1月,长兴县泗安镇党委书记、湖州省际承接产业转移示范区长兴分区党工委副书记(兼);2016年1月至2017年8月,长兴县泗安镇党委书记;2017年8月至2018年6月,湖州广播电视传媒集团副总裁(湖州广播电视总台副台长)、党委委员;2018年6月起任现职。

潘　鸣　1979年10月生于浙江湖州(籍贯同),汉族,大学学历。2002年8月参加工作,2000年6月加入中国共产党。现任安吉县委常委,县政府党组副书记、副县长,县委政法委副书记,县行政学校校长,县国资党工委副书记,县政务服务管理办公室(县公共资源交易管理办)党委书记、主任(兼)。

1998年9月至2002年7月,杭州电子工业学院机械电子工程专业学习;2002年8月至2004年1月,湖州职业技术学院远程教育学院学籍管理员;2004年1月至2005年7月,湖州职业技术学院招生就业处干事;2005年7月至2007年9月,湖州职业技术学院团委副书记(主持工作)(2004年4月至2006年10月在杭州电子科技大学软件工程专业硕士学位班学习);2007年9月至2008年10月,共青团湖州市委员会工农学少部副部长(主持工作);2008年10月至2009年2月,共青团湖州市委员会工农学少部部长(2008年9～12月在湖州市委党校青干班学习);2009年2月至2011年3月,共青团湖州市委员会常委、工农学少部部长;2011年3月至2015年10月,共青团湖州市委员会副书记、党组成员(2013年3～11月在市领导干部清华公共管理高级研修班学习,2013年6月至2013年12月在浙江省商务厅挂职办公室副主任);2015年10月至2018年3月,湖州广播电视传媒集团副总裁(湖州广播电视总台副台长)、党委委员,2017年9月任吴兴区妙西镇党委副书记、镇长(挂职);2018年3～10月,湖州广播电视传媒集团副总裁(湖州广播电视总台副台长)、党委委员,吴兴区埭溪镇党委书记(挂职);2018年10月起任现职。

王海稳　1976年4月生于河南桐柏(籍贯同),汉族,研究生学历,法学博士。1997年8月参加工作,2000年10月加入中国共产党。现任杭州电子科技大学马克思主义学院院长,安吉县委常委、副县长(挂职)。

1993年9月至1997年8月,河南师范大学政治教育系政教专业学习;1997年8月至1999年9月,河南省桐柏县一高中教师;1999年9月至2002年3月,浙江大学法学院马克思主义理论与思想政治教育专业硕士研究生学习;2002年3月至2004年5月,杭州电子工业学院文理学院教师,2003年5月起任讲师;2004年5月至2012年6月,杭州电子科技大学人文学院教师,2008年9月起任副教授(2006年9月至2010年6月在苏州大学政治与公共管理学院政治学理论专业博士研究生学习);2012年6月至2013年6月,杭州电子科技大学马克思主义学院教师(2012年2～7月在中央编译局做访问学者);2013年6月至2014年6月,杭州电子科技大学马克思主义学院院长助理(正科级),2013年11月起任教授;2014年6月至2016年4月,杭州电子科技大学马克思主义学院副院长;2016年4月至2017年6月,杭州电子科技大学马克思主义学院院长(2012年8月至今在中央编译局博士后流动站工作);2017年6月起任现职。

吴佩勋　1964年4月生于浙江德清(籍贯同),汉族,大学学历。

1985年8月参加工作，1985年6月加入中国共产党。现任安吉县人大常委会党组副书记、副主任。

1983年10月至1985年7月，浙江省人民警察学校公安专业学习；1985年8月至1991年2月，德清县公安局刑侦大队侦查员；1991年2月至1996年5月，德清县公安局刑侦队大队长（1992年1月至1994年10月在浙江省高等自考刑事侦查专业大专学习）；1996年5月至1998年4月，德清县洛舍镇党委副书记；1998年4月至1999年2月，德清县洛舍镇党委副书记、镇长；1999年2月至2003年4月，德清县公安局副局长、党委委员（保留正科长级）（2000年6月至2002年6月在浙江大学宪法学与行政法学专业研究生课程进修班学习）；2003年4月至2004年9月，德清县公安局常务副局长、党委副书记；2004年9月至2005年12月，德清县公安局政委、党委副书记（1997年4月至2005年12月自考中国人民公安大学公安管理专业本科）；2005年12月至2007年8月，湖州市公安局副调研员（副处级治安员），湖州太湖旅游度假区党委委员、公安分局局长；2007年8月至2012年3月，安吉县委常委，县公安局局长、党委书记，县委政法委副书记；2012年3月至2016年12月，安吉县委常委，县公安局党委书记、局长、督察长，县委政法委副书记；2016年12月至2017年2月，安吉县人大常委会党组副书记；2017年2月起任现职。

王爱民　女，1960年4月生于浙江安吉（籍贯同），汉族，大学学历。1980年8月参加工作，无党派人士。现任安吉县人大常委会副主任（兼），县计生协会会长（兼）。

1977年10月至1978年8月，安吉县青山公社中学民办老师；1978年10月至1981年7月，浙江省嘉兴卫生学校妇幼医士专业学习；1981年7月至1993年5月，安吉县妇幼保健所医生；1993年5月至1994年12月，安吉县妇幼保健所副所长；1994年12月至1998年6月，安吉县卫生局防保科副科长（1995年9月至1996年12月在浙江大学成人教育学院经济管理专业大专证书班学习，1996年10月至1997年1月在安吉县委党校青干班学习）；1998年6月至2007年1月，安吉县卫生局副局长（2002年4～10月兼任安吉县中医院院长，2001年4月至2003年12月浙江省高等教育自学考试经济管理专业大专学习）；2007年1～4月，安吉县政协副主席（兼）、县卫生局副局长；2007年4月至2012年2月，安吉县政协副主席（兼），2007年12月兼任县计生协会会长；2012年2月起任现职。

孙　松　1961年5月生于浙江安吉（籍贯同），汉族，大专学历。1978年12月参加工作，1992年7月加入中国共产党。现任安吉县人大常委会党组成员、副主任。

1978年12月至1982年9月，安吉县机床厂工人；1982年9月至1985年9月，安吉县土产公司团支部书记；1985年9月至1987年6月，中国人民大学价格学专业学习；1987年6月至1992年12月，安吉县物价局检查所工作；1992年12月至1993年7月，安吉县物价局价格事务所副所长；1993年7月至1994年6月，安吉县物价局检查所所长；1994年6月至1995年10月，安吉县物价局党组成员、物价检查所所长，1995年6月起任副主任科员（1995年4～7月在安吉县委党校青干班学习）；1995年10月至1996年8月，安吉县天荒坪镇党委副书记、纪委书记，县物价检查所所长；1996年8月至1998年7月，安吉县天荒坪镇党委副书记、纪委书记、工会主席（兼）；1998年7月至2000年8月，安吉县天荒坪镇党委副书记、镇长；2000年8月至2001年11月，安吉县天荒坪镇党委书记、人大主席；2001年11月至2005年4月，安吉县发展计划委员会主任（物价局局长）、党组书记；2005年4月至2007年3月，安吉县发展和改革委员会主任（物价局局长）、党组书记（2002年3月至2006年12月在华东师范大学世界经济专业在职研究生课程进修班学习）；2007年3月至2011年2月，安吉县政府办公室主任、党组书记，县政府法制办公室主任；2011年2月至2012年2月，安吉县政府办公室主任、党组书记，县政府法制办公室主任，县新居民服务管理局局长、党组书记；2012年2月起任现职。

黄先国　1962年4月生于浙江安吉（籍贯同），汉族，大专学历。1978年12月参加工作，1985年12月加入中国共产党。现任安吉县人大常委会党组成员、副主任。

1979年1月至1980年11月,安吉县杭垓公社梅村大队民办教师;1980年11月至1984年1月,中国人民解放军83424部队战士;1984年1～5月,安吉县杭垓乡梅村村民办教师;1984年5月至1987年8月,安吉县杭垓区人武部干事;1987年8～12月,安吉县缫舍乡人武部副部长;1987年12月至1990年1月,安吉县报福乡党委委员、人武部部长(1985年9月至1988年9月浙江省中等刊授政治专业中专学习);1990年1月至1992年9月,安吉县杭垓区委委员、人武部部长;1992年9月至1995年10月,安吉县下汤乡党委副书记、乡长;1995年10月至1998年7月,安吉县下汤乡党委书记;1998年7月至2001年11月,安吉县上墅乡党委书记、人大主席;2001年11月至2002年1月,安吉县递铺镇人大工作领导小组组长;2002年1月至2003年4月,安吉县递铺镇人大主席;2003年4月至2007年3月,安吉县农业局局长、党委书记(2003年4月至2005年4月在中国地质大学网络教育学院经济学专业大专学习);2007年3～9月,安吉县农业和农村办公室主任;2007年9月至2012年2月,安吉县农业和农村办公室主任、县委办公室副主任;2012年2月起任现职。

俞立安 1963年2月生于浙江安吉(籍贯同),汉族,大学学历,农学学士。1983年8月参加工作,1985年12月加入中国共产党。现任安吉县人大常委会党组成员、副主任。

1979年9月至1983年7月,浙江林学院林学系林学专业学习;1983年8月至1988年1月,安吉县原赤坞乡政府干部、乡经济联合社副社长;1988年1月至1991年5月,安吉县原南北湖乡工办副主任、主任;1991年5月至1994年3月,安吉县递铺区委秘书,1992年4月任副主任科员;1994年3月至1996年2月,安吉县三官乡党委副书记;1996年2月至1998年6月,安吉县三官乡党委副书记、纪委书记(1997年3～12月在浙江省农村基层领导干部岗位培训班学习);1998年6月至2000年1月,安吉县原南北湖乡党委书记、人大主席;2000年1月至2003年4月,安吉县良朋镇党委书记、人大主席(1999年11月至2001年7月在浙江大学研究生院农村经济管理专业研究生进修班学习结业);2003年4月至2004年3月,湖州市委宣传部党教处副处长(主持工作)、主任科员;2004年3月至2007年5月,湖州市委宣传部宣传处处长;2007年5月至2011年9月,湖州市委宣传部办公室主任;2011年9月至2012年11月,湖州市社会科学院院长(2012年9～11月湖州市委党校第二期进修班学习);2012年11月至2014年7月,湖州市社会科学院院长、社会科学界联合会副主席(兼);2014年7月至2016年11月,市文化广电新闻出版局(文物局)副局长、党委委员;2016年11～12月,安吉县人大常委会副主任候选人;2016年12月至2017年2月,安吉县人大常委会党组成员、副主任候选人;2017年2月起任现职。

梁蕴伟 1965年4月生于浙江安吉(籍贯同),汉族,大专学历。1982年11月参加工作,1987年4月加入中国共产党。现任安吉县人大常委会党组成员、副主任。

1982年11月至1991年7月,安吉县财税局递铺财税所工作(1983年9月至1986年7月浙江广播电视大学财政专业大专学习);1991年7月至1997年5月,安吉县财政局递铺二所、税政科工作;1997年5月至2000年9月,安吉县财税局办公室副主任;2000年9月至2002年6月,安吉县财税局办公室主任;2002年6月至2008年5月,安吉县财政局副局长、党组成员;2008年5～11月,安吉县财政局党组副书记、副局长、纪检组长;2008年11月至2009年4月,安吉县财政局党组副书记、副局长、纪检组长,县政府金融办副主任(主持工作);2009年4月至2011年1月,安吉县财政局局长、党组副书记,县政府金融办副主任(主持工作);2011年1～12月,安吉县财政局局长、党组书记,县政府金融办副主任(主持工作);2011年12月至2012年3月,安吉县财政局局长、党组书记,县政府金融办副主任(主持工作),县委候补委员;2012年3月至2014年9月,安吉县财政局局长、党组书记,县委候补委员;2014年9月至2015年1月,安吉县财政局局长、党组书记,县委委员;2015年1月至2016年12月,安吉县委办主任,县委委员;2016年12月至

2017年2月，安吉县委办主任；2017年2至3月，安吉县人大常委会党组成员、副主任，县委办主任；2017年3月起任现职。

任贵明 1966年10月生于浙江安吉(籍贯同)，汉族，省委党校研究生学历。1984年8月参加工作，1995年3月加入中国共产党。现任安吉县人民政府党组成员、副县长，县委委员。

1981年9月至1984年7月，湖州师范学校普师专业学习；1984年7月至1986年8月，安吉县良朋中心小学教师；1986年8月至1991年8月，安吉县鄣吴中学教师(1989年9月至1991年7月湖州师范专科学校中文科土脱产大专学习)；1991年8月至1997年8月，安吉县丰食溪中学教导主任、副校长；1997年8月至1999年5月，安吉县委办公室科员；1999年5月至2001年3月，安吉县委办公室信息科科长，2000年3月任副主任科员(1997年7月至1999年7月杭州大学中国现当代文学在职研究生课程班学习)；2001年3月至2003年4月，安吉县委办公室副主任；2003年4月至2004年11月，安吉县委办公室副主任、史志办主任；2004年11月至2006年12月，安吉县杭垓镇党委书记；2006年12月至2007年2月，安吉县委办公室副主任(保留正科级)；2007年2月至2011年6月，安吉县委办公室主任(2005年8月至2007年12月中央党函授学院法律专业本科学习)；2011年6～11月，安吉县人民政府副县长、党组成员，县委办主任，县委委员；2011年11月至2012年4月，安吉县人民政府副县长、党组成员，县委委员(2010年9月至2013年7月省委党校马克思主义哲学专业在职研究生班学习)；2012年4月至2017年4月，安吉县人民政府党组成员、副县长，县委委员，县红十字会会长(兼)；2017年4月起任现职。

何承明 1968年7月生于浙江安吉(籍贯同)，汉族，大学学历。1989年8月参加工作，1995年11月加入中国共产党。现任安吉县人民政府党组成员、副县长，县委委员。

1987年9月至1989年8月，浙江省交通学校汽车运输管理专业学习；1989年8月至1990年9月，安吉县公路运输管理所工作人员；1990年9月至1996年12月，安吉县马家渡港务所副所长、所长(1996年9月至1999年7月浙江大学成人教育学院经济管理专业大专学习)；1996年12月至1998年10月，安吉县交通局办公室副主任；1998年10月至2001年11月，安吉县公路管理段党支部副书记、副段长(2001年9月至2004年7月浙江工业大学成人教育学院法学专业本科学习)；2001年11月至2004年2月，安吉县章村镇党委副书记、纪委书记(2003年10～12月湖州市委党校党政青干班学习)；2004年2月至2006年5月，安吉县政府办公室副主任、党组成员；2006年5～8月，安吉县政府办公室副主任、党组成员(正科级预备人选)；2006年8月至2008年5月，安吉县杭垓镇党委副书记、镇长；2008年5月至2009年4月，安吉县孝丰镇党委副书记、镇长；2009年4月至2011年12月，安吉县孝丰镇党委书记；2011年12月至2012年3月，安吉县孝丰镇党委书记，县委委员；2012年3～12月，安吉县城市管理执法局局长、党委书记，县委委员；2012年12月至2014年12月，安吉县城市管理执法局局长、党委书记，县数字化城市管理监督指挥中心办公室主任，县政府办副主任(兼)，县委委员；2014年12月至2015年1月，安吉县城市管理执法局局长、党委书记，县数字化城市管理监督指挥中心办公室主任，县委委员；2015年1～3月，安吉县政府党组成员、副县长，县城市管理执法局局长、党委书记，县数字化城市管理监督指挥中心办公室主任，县委委员；2015年3月起任现职。

杨建新 1971年6月生于浙江湖州(籍贯同)，汉族，大学学历。1991年8月参加工作，1993年9月加入中国共产党。现任安吉县政府党组成员、副县长，县公安局党委书记、局长、督察长，县委政法委副书记，县委委员。

1989年9月至1991年7月，浙江省人民警察学校公安治安专业学习；1991年8月至1995年11月，湖州市城郊公安局织里派出所民警；1995年11月至1997年7月，湖州市公安局城区分局太湖派出所副所长；1997年7月至1998年12月，湖州市公安局城区分局织里警署副署长兼办公室主任(1995年4月至1998年6月在浙江省高等教育自学考试公安管理专业大专学习);1998年12月至2000年3月,湖州市公安局城区分局织里警署副教导员兼交巡警中队政治指导员;2000年3月至2002年7月,湖州市公安局城区分局飞英派出所指导员;2002年7月至2005年3月,湖州市公安局吴兴区分局飞英派出所所长;2005年3～6月,湖州市公安局吴兴区分局月河派出所所长,2005年4月任月河街道党委委员,2005年6月正科级;2005年6月至2006年9月,湖州市公安局吴兴区分局党委委员、政治处主任,2005年7月任主任科员(1999年4月至2005年12月在浙江省高等教育自学考试公安管理专业本科学习);2006年9月至2008年1月,湖州市公安局吴兴区分局副政委兼政治处主任;2008年1月至2009年11月,湖州市公安局吴兴区分局副政委兼政治处主任、纪委书记、督察长;2009年11月至2011年7月,湖州市公安局政治部警务教育处处长;2011年7月至2013年7月,湖州市公安局吴兴区分局政委、党委副书记;2013年7月至2016年2月,湖州市公安局副调研员,吴兴区分局政委、党委副书记;2016年2～11月,湖州市公安局副调研员、警令部主任;2016年11～12月,安吉县副县长人选,县政府党组成员,县公安局党委书记,县委政法委副书记;2016年12月起任现职。

杨绍军 1969年11月生于浙江安吉(籍贯同),汉族,省委党校研究生学历。1989年8月参加工作,1992年7月加入中国共产党。现任安吉县政府党组成员、副县长,县委委员。

1987年9月至1989年8月,杭州农业学校农经专业学习;1989年8月至1993年8月,安吉县塘浦乡农经站站长;1993年8月至1996年8月,安吉县农经委干部(1992年10月至1995年6月自学考试杭州电子工学院会计专业大专学习);1996年8月至2001年4月,安吉县委组织部综合科、组织科、干部科干部;2001年4月至2002年6月,安吉县委组织部干部科副科长;2002年6月至2003年7月,安吉县委统战部副部长(2000年8月至2002年12月中央党校经济管理专业本科学习);2003年7月至2004年12月,安吉县天荒坪镇党委副书记、纪委书记;2004年12月至2007年1月,安吉县委组织部副部长、县纪委委员、县直属机关党工委委员;2007年1～6月,安吉县委组织部副部长、县人大常委、县纪委常委、县直属机关党工委委员;2007年6月至2009年4月,安吉县委组织部副部长、县人大常委、县纪委常委;2009年4月至2011年12月,安吉县委组织部常务副部长(正科级)、县人大常委、县纪委常委(2006年9月至2009年7月浙江省委党校马克思主义哲学专业在职研究生班学习);2011年12月至2012年2月,安吉县委组织部常务副部长(正科级)、县人大常委、县委候补委员;2012年2～3月,安吉县委组织部常务副部长(正科级)、县委候补委员;2012年3月至2013年12月,安吉县水利局局长、党委副书记,县委候补委员;2013年12月至2014年9月,安吉县水利局局长、党委书记,县委候补委员;2014年9月至2016年5月,安吉县水利局党委书记、局长,县委委员;2016年5月至2017年2月,安吉县政府党组成员,县政府办党组书记,政府办(法制办、外事办、应急办)主任,新居民局党组书记、局长,县水利局党委书记、局长,县委委员;2017年2～3月,安吉县政府党组成员、副县长,县政府办党组书记,政府办(法制办、外事办、应急办)主任,新居民局党组书记、局长,县水利局党委书记、局长,县委委员;2017年3月起任现职。

王 捷 女,1971年1月生于浙江安吉,籍贯浙江绍兴,汉族,大学学历。九三学社社员,1990年1月参加工作。现任安吉县人民政府副县长,九三学社安吉县基层委主委。

1989年12月至1995年2月,安吉县百货公司工作(1990年9月至1993年7月浙江广播电视大学法律专业大专学习);1995年2月至2002年10月,安吉县人民检察院侦查监督科书记员;2002年10月至2003年12月,安吉县人民检察院公诉科副科长(2000年8月至2002年12月中央党校函授学院法律专业本科学);2003年12月至2005年12月,安吉县人民检察院检委会委员、侦查监督科科长;2005年12月至2007年5月,安吉县人民检察院检委会委员、公诉科科长;2007年5月至2012年2月,安吉县人民检察院副检察长(2007年9～12月湖州市委党校党政青干班学习);2012年2～4月,安吉县人民检察院副检察长,县政协常委;2012年4月至2014年1月,安吉县人民检察院副检察长(正科级),县政协常委;2014年1月至2016年1月,安吉县司法局局长,县政协常委;2016年1月至2017年2月,安吉县司法局局长、县政协常委、九三学社安吉县基层委主委;2017年2～3月,安吉县人民政府副县长、县司法局局长、九三学社安吉县基层委主委;2017年3月起任现职。

杜尉栋　1976年8月生于湖北黄石,籍贯湖北阳新,汉族,硕士研究生学历。2003年4月参加工作,2011年12月加入中国共产党。现任湖州市发展和改革委员会党组成员、副主任(市物价局副局长),安吉县政府党组成员、副县长(挂职)。

1996年9月至2000年7月,同济大学交通运输专业学习;2000年9月至2003年1月,同济大学交通运输规划与管理专业研究生学习;2003年4月至2004年10月,上海市人才实业发展中心职工;2004年10月至2005年8月,湖州市经济建设规划院职工(2004年10月至2005年8月借调湖州市发展计划委员会固定资产投资处);2005年8月至2006年7月,湖州市价格监督检查局干部;2006年7月至2007年12月,湖州市价格监督检查局副主任科员;2007年12月至2011年7月,湖州市发展和改革委员会国民经济综合处副处长;2011年7月至2017年8月,湖州市发展和改革委员会规划处(总规划师室)处长;2017年8月至2018年10月,湖州市发展和改革委员会党组成员、副主任(市物价局副局长);2018年10月起任现职。

陈　瑶　女,1976年2月生于浙江缙云(籍贯同),汉族,大学学历。农工党党员,1997年8月参加工作。现任省卫生计生委办公室副主任,安吉县人民政府副县长(挂职)。

1994年9月至1997年8月,浙江工业大学浙西分校计算机应用与维护专业大专学习;1997年8月至2000年7月,丽水地区计划生育委员会科员;2000年7月至2002年6月,丽水市计划生育委员会科员(1999年8月至2001年12月在中央党校函授学院法律专业本科学习);2002年6月至2003年12月,丽水市计划生育委员会副主任科员;2003年12月至2007年5月,丽水市人口计生委政策统计处(信息中心)副处长;2007年5月至2009年9月,丽水市人口计生委政策法规处(流动人口管理处)处长;2009年9月至2013年4月,浙江省人口计生委发展规划处主任科员;2013年4月至2014年7月,浙江省人口计生委办公室副主任;2014年7月至2016年7月,浙江省卫生计生委办公室副主任;2016年7月起任现职。

黄根凤　女,1963年7月生于浙江安吉(籍贯同),汉族,大专学历。1984年7月参加工作,1985年12月加入中国共产党。现任安吉县人民政府党组成员,县红十字会会长(兼)。

1984年6月至1985年10月,安吉县皈山乡妇联专职干部;1985年10月至1993年2月,安吉县皈山乡妇联主任;1993年2月至1995年10月,安吉县皈山乡副乡长;1995年10月至1997年7月,安吉县孝丰镇党委副书记(1994年8月至1997年6月中央党校函授学院经济管理专业大专学习);1997年7月至2001年11月,安吉县孝丰镇党委副书记、镇长;2001年11月至2003年2月,安吉县孝丰镇党委书记;2003年2～4月,安吉县孝丰镇党委书记、县委委员;2003年4月至2005年4月,安吉县计划生育局局长、党组书记,县委委员;2005年4月至2007年3月,安吉县人口和计划生育局局长、党组书记,县委委员;2007年3月至2011年1月,安吉县交通局局长、党委副书记,县委委员;2011年1～12月,安吉县人大常委会副主任、党组成员,县委委员;2011年12月至2017年2月,安吉县人大常委会党组成员、副主任;2017年2～4月,安吉县人民政府党组成员;2017年4月起任现职。

熊义勤　1969年8月生于浙江长兴(籍贯同),汉族,浙江省委党校大学学历。1991年8月参加工作,1991年6月加入中国共产党。现任浙江大学新农村发展研究院办公室副科秘书,安吉县县长助理(挂职)。

1988年9月至1991年7月,浙江农业大学农学系大专学习;1991年8月至1996年12

月,浙江农业大学党委宣传部校报编辑部编辑(1993年7月至1996年7月在浙江省委党校国民经济计划与管理专业本科学习);1996年12月至2012年11月,浙江大学园正分公司七级职员;2012年11月至2018年3月,浙江大学新农村发展研究院办公室副科秘书;2018年3月起任现职。

朱玉成 1960年4月生于江苏靖江(籍贯同),汉族,大学学历。1978年3月参加工作,1982年12月加入中国共产党。现任安吉县政协党组成员、副主席。

1978年3月至1981年10月,步兵第三师炮兵团一三〇火箭炮营指挥连战士;1981年10月至1988年7月,步兵第三师炮兵团一三〇火箭炮营指挥连排长、副连长、连长(1985年9月至1987年7月在浙江广播电视大学党政干部专科大学学习);1988年7月至1989年10月,步兵第三师炮兵司令部正连职参谋;1989年10月至1990年6月,步兵第三师炮兵司令部侦察股股长;1990年6月至1992年12月,步兵第三师炮兵司令部作训股股长;1992年12月至1995年1月,步兵第三师炮兵团一五二加榴炮营营长;1995年1月至1998年2月,步兵第三师炮兵团参谋长(1994年8月至1996年12月中央党校大学函授学院经济管理专业本科学习);1998年2～12月,步兵第三师司令部炮兵科科长;1998年12月至1999年12月,炮兵第九师司令部侦察科科长;1999年12月至2002年9月,安吉县人武部部长;2002年9月至2006年9月,安吉县委常委、人武部部长;2006年9～11月,安吉县委常委;2006年11月至2007年1月,保留副县级;2007年1～3月,安吉县政协副主席;2007年3月至2013年12月,安吉县政协副主席、党组成员,县总工会主席、党组书记;2013年12月至2016年9月,安吉县政协党组成员、副主席,县总工会主席;2016年9月起任现职。

侯献荣 1963年8月生于江苏靖江(籍贯同),汉族,大学学历。1981年10月参加工作,1985年6月加入中国共产党。现任安吉县政协党组成员、副主席,总工会主席。

1981年10月至1985年9月,步兵三师高炮营战士(1983年9月至1985年7月中国人民解放军高射炮兵学校高炮排长专业中专学习);1985年9月至1988年8月,步兵三师高炮营营部指挥排长、一连政治指导员;1988年8月至1991年6月,第一集团军政治保卫处正连职干事(1987年9月至1990年7月在中国人民解放军南京政治学院军队政治工作学专业大专学习);1991年6月至1993年12月,第一集团军政治保卫处副营职干事;1993年12月至1998年3月,第一集团军高炮旅司令部管理科正营职协理员;1998年3月至1999年3月,第一集团军高炮旅政治部副主任;1999年3月至2000年3月,第一集团军防空旅导弹团政治处主任(1997年8月至1999年12月在中央党校函授学院经济管理专业本科学习);2000年3月至2002年3月,第一集团军防空旅地空导弹团副政委;2002年3月至2007年1月,安吉县人武部政委;2007年1月至2008年2月,安吉县委常委、县人武部政委;2008年2～4月,德清县人武部政委;2008年4月至2009年8月,德清县委常委、县人武部政委;2009年8月至2010年1月,德清县人武部政委;2010年1月至2011年12月,安吉县政协党组成员、副主席;2011年12月至2015年9月,安吉县政协党组成员、副主席,统战部部长;2015年9月至2016年9月,安吉县政协党组成员、副主席;2016年9月起任现职。

梁　霜 女,1969年12月生于浙江安吉(籍贯同),汉族,大学学历。无党派人士,1993年11月参加工作。现任安吉县政协副主席、工商联主席。

1990年9月至1993年11月,浙江农业大学经济管理系金融专业学习;1993年11月至1996年12月,农业银行安吉支行晓墅分理处会计,联行电脑系统管理员;1996年12月至2000年6月,农业银行安吉支行营业部会计、联行、储蓄;2000年6月至2002年6月,农业银行安吉支行客户部国际业务主办;2002年6月至2005年4月,安吉经济开发区管委会副主任(2003年9月至2005年7月对外经济贸易大学远程教育法学专业本科学习);2005年4月至2007年4月,安吉县监察局副局长;2007年4月至2009年6月,安吉县招商局副局长;2009年6月至2011

年7月，安吉县皈山乡乡长；2011年7月至2012年2月，安吉县政府办公室副主任（保留正科级）；2012年2～3月，安吉县政协副主席、政府办公室副主任；2012年3月至2016年9月，安吉县政协副主席；2016年9月起任现职。

伍水荣　1962年5月生于浙江安吉（籍贯同），汉族，大学学历。1981年8月参加工作，1985年6月加入中国共产党。现任安吉县政协党组成员、副主席。

1979年9月至1981年8月，安吉师范学校普师专业学习；1981年8月至1988年9月，安吉县缫舍乡中学教师、教导主任、工会主席（1985年8月至1988年7月浙江广播电视大学汉语言文学专业大专学习）；1988年9月至1992年8月，安吉县缫舍乡中学教导主任、校长、党支部书记；1992年8月至1995年11月，安吉县教育局办公室秘书、副主任（主持工作）；1995年11月至1998年6月，安吉县教育局办公室主任；1998年6～7月，安吉县教委党委委员、办公室主任；1998年7～12月，安吉县山川乡党委副书记；1998年12月至2001年1月，安吉县山川乡党委副书记、纪委书记；2001年1月至2003年12月，安吉县梅溪镇党委副书记、镇长（2001年8月至2003年12月中央党校法律专业本科学习）；2003年12月至2004年2月，安吉县梅溪镇党委书记、镇长；2004年2月至2006年12月，安吉县梅溪镇党委书记；2006年12月至2007年3月，安吉县梅溪镇党委书记、县委候补委员；2007年3月至2011年1月，安吉县外经贸局（招商局）局长、党委书记，县委候补委员；2011年1～12月，安吉县商务（粮食、招商）局局长、党委书记，县委候补委员；2011年12月至2012年3月，安吉县商务（粮食、招商）局局长、党委书记，县委委员；2012年3～12月，安吉县发经委主任（物价局局长）、党委副书记，县委委员；2012年12月至2013年12月，安吉县发经委主任（物价局局长）、党委副书记，湖州省际承接产业转移示范区安吉分区管委会党工委副书记（兼），县委委员；2013年12月至2014年12月，安吉县发经委主任（物价局局长）、党委书记，省际安吉分区党工委副书记（兼），县委委员；2014年12月至2015年1月，安吉县政协党组成员、副主席候选人，县发经委主任（物价局局长）、党委书记，省际安吉分区党工委副书记（兼），县委委员；2015年1～3月，安吉县政协副主席、党组成员，县发经委主任（物价局局长）、党委书记，省际安吉分区党工委副书记（兼），县委委员；2015年3月至2016年12月，安吉县政协党组成员、副主席，县委委员；2016年12月起任现职。

陈卫卫　1974年11月生于浙江安吉（籍贯同），汉族，工学学士、研究生（硕士学位）。民进会员，1998年1月参加工作。现任安吉县政协副主席，省际承接产业转移示范区安吉分区管委会主任。

1994年9月至1997年10月，浙江工业大学工业与民用建筑专业学习；1997年10月至2003年1月，华东交通建设总公司职工（1999年9月至2001年7月浙江工业大学土木工程专业本科学习）；2003年1月至2005年10月，安吉县审计局工商企业科干部；2005年10月至2007年5月，安吉县审计局工商企业科副科长；2007年5月至2010年11月，安吉县审计局固定资产投资审计科科长、安吉县国家项目审计中心副主任；2010年11月至2012年2月，安吉县经济开发区副主任、县审计局总审计师；2012年2月至2013年2月，安吉县经济开发区副主任，县审计局总审计师、县政协常委；2013年2月至2014年1月，安吉县经济开发区副主任、县审计局总审计师、县城市建设投资（集团）有限公司监事会监事（兼）、县政协常委（2010年9月至2013年12月厦门大学公共管理硕士学习）；2014年1月至2015年1月，安吉县政协递铺地区联络委员会主任、县审计局总审计师、县城市建设投资（集团）有限公司监事会监事（兼）、县政协常委；2015年1～4月，安吉县政协递铺地区联络委员会主任、县审计局总审计师、县政协常委；2015年4月至2017年1月，安吉县孝源街道办事处主任、县政协常委；2017年1～2月，省际承接产业转移示范区安吉分区管委会主任、县政协常委；2017年2月起任现职。

沈芳君　女，1968年1月生于浙江德清（籍贯同），汉族，法律硕士。1986年8月参加工作，2001年1月加入中国共产党。现任安吉县人民法院党组书记、院长,县委委员,县委政法委委员。

1983年9月至1986年7月,湖州第二人民护士学校护士专业学习;1986年8月至1989年7月,德清县第三人民医院护士;1989年7月至1994年10月,德清县第一人民医院护士;1994年10月至1995年9月,德清县莫干山报社记者;1995年9月至1999年5月,德清县人民政府办公室秘书;1999年5月至2003年4月,德清县政府办公室法制科副科长、科长,法制局副局长,2002年12月任副主任科员(1996年9月至1999年7月在浙江大学成人教育学院经济管理专业函授大专学习;1999年9月至2002年6月在浙江大学成人教育学院法学专业函授本科学习);2003年4月至2004年4月,德清县法制办公室主任(副科级);2004年4月至2007年4月,德清县妇联副主席、党组成员(2004年3月至2005年6月在北京大学法学院法律硕士专业学习);2007年4月至2009年2月,德清县人民法院党组成员、纪检组组长,2008年3月任主任科员;2009年2月至2012年4月,德清县人民法院副院长、党组成员;2012年4月至2016年11月,德清县人民法院党组副书记、副院长(正科级);2016年11～12月,安吉县人民法院党组书记、县委政法委委员;2016年12月至2017年2月,安吉县人民法院党组书记、代院长,县委委员,县委政法委委员;2017年2月起任现职。

陈　章　1971年11月生于浙江长兴(籍贯同),汉族,浙江省委党校研究生学历。1992年8月参加工作,1998年11月加入中国共产党。现任安吉县人民检察院党组书记、检察长,县委委员,县委政法委委员。

1990年9月至1992年7月,浙江法律学校法律专业学习;1992年8月至1993年1月,湖州市人民检察院举报中心办事员;1993年1～10月,湖州市人民检察院法纪检察处办事员;1993年10月至1995年1月,湖州市人民检察院法纪检察处书记员;1995年1月至2003年2月,湖州市人民检察院反贪污贿赂局书记员(1991年4月至1999年12月在浙江省高等教育自学考试法律专业大专学习;2000年8月至2002年12月在中央党校函授学院法律专业本科学习);2003年2月至2004年1月,湖州市人民检察院反贪污贿赂局助理检察员;2004年1月至2007年9月,湖州市人民检察院反贪污贿赂局副局长、助理检察员、检察员(2002年3月至2004年7月在中央广播电视大学法学专业本科函授学习);2007年9月至2008年9月,湖州市人民检察院反贪污贿赂局常务副局长、检察员;2008年9月至2009年12月,湖州市人民检察院反贪污贿赂局常务副局长、正科级检察员;2009年12月至2013年1月,湖州市人民检察院反贪污贿赂局局长,2010年6月任湖州市人民检察院检察委员会委员,2010年11月确定副局级(2010年9～12月在湖州市委党校青干一班学习);2013年1月至2016年11月,湖州市人民检察院党组成员、反贪污贿赂局局长(副局级),湖州市人民检察院检察委员会委员(2012年9月至2015年7月在浙江省委党校在职研究生班行政管理专业学习);2016年11～12月,安吉县人民检察院党组书记、县委政法委委员;2016年12月至2017年2月,安吉县人民检察院党组书记、代检察长,县委委员,县委政法委委员;2017年2月起任现职。

党政社团组织机构及其领导名录

（2018.01—2018.12）

中共安吉县第十四届委员会

书　　记：沈铭权
副 书 记：陈永华
　　　　赵德清
　　　　王海瑛（女）（2018.11 挂职半年）
常　　委：杨新初
　　　　乐叶俊（2018.10 免）
　　　　吕　立
　　　　任　烽
　　　　陆建卫（2018.06 免）
　　　　陈旭华（女）
　　　　赵怀君
　　　　谷炳方
　　　　徐卫勇（2018.06 任）
　　　　潘　鸣（2018.10 任）
　　　　王海稳（挂职）

安吉县委工作部门及直属单位

安吉县委办公室（政研室）
主　　任：王一明
副 主 任：马联国（2018.06 任，2018.10 免）
　　　　夏　靓（女）（2018.10 任）
　　　　赵德忠（兼）
　　　　吴婉芳（女）（兼）
　　　　傅爱国（兼）
　　　　杨　盛
　　　　沈高飞
　　　　余张良（2018.06 免）
　　　　金黎明
　　　　王　凯
县史志办主任：唐银荣
县史志办副主任：江　燕（女）（2018.02 任）
政研室副主任：何海军
机要局、保密局局长：朱卫东

安吉县委组织部
部　　长：吕　立
常务副部长：徐　伟
副部长、两新工委书记：凌逸刚
副 部 长：顾建强（兼）
　　　　石晨熹（兼）
　　　　王直一（兼）（2018.07 免）
　　　　董　良
人才办主任（副科级）：姚池泉（2018.06 免）
　　　　吴　凯（2018.06 任）
县委两新工委副书记：邱少春（兼）（2018.06 免）
　　　　陈文渊（兼）（2018.06 免）
　　　　徐　渊（兼）
　　　　张　超（兼）（2018.06 任）
　　　　李建人（兼）（2018.10 任）
　　　　郑时骏（2018.02 任）
县委两新工委委员：张永玲（女）
　　　　王伟静（女）
　　　　吴榨胜
　　　　顾学中
　　　　王军民
　　　　傅海飞
　　　　华新平
　　　　陶　玲（女）
　　　　岳小才
　　　　马　赟
　　　　陆文龙
副科级组织员：余　卫（2018.02 免）
　　　　郑时骏（2018.02 免）

安吉县委宣传部
部　　长：陈旭华（女）
常务副部长：金枫涛

副　部　长:王伟静(女)
　　　　　黄宣华
　　　　　张　炯(2018.10免)
　　　　　唐宝城(2018.10任)
网信办主任:张国锋
外宣办主任:陆健斌
文明办主任:沈一平
部务会议成员:陈毛应(2018.10免)

安吉县委统一战线工作部(台办、民宗局、侨办)

部　　　长:任　烽
常务副部长:陈方良(2018.06免)
　　　　　王卓良(2018.06任)
副部长、台办(侨办)主任:王　欢
副部长、民宗局局长:黄先贵(2018.06免)
　　　　　　　　　李晓敏(2018.06任)
副　部　长:陈文渊(兼)(2018.06免)
侨办副主任:施润涛
部务会议成员:韩诗富(2018.02任)

安吉县委政法委员会

书　　　记:赵德清
副　书　记:乐叶俊(2018.10免)
　　　　　潘　鸣(2018.10任)
　　　　　杨建新
常务副书记:王国明
副书记、综治办主任:张　军
副书记、维稳办主任:樊锡宏
副书记、610办公室主任:许　虹
维稳办副主任:黄益春(2018.06免)
610办公室副主任:樊星亮
综治办副主任:钱　群
政治处主任(副科级):李彩华(女)

安吉县委农业和农村工作办公室

主　　　任:吴婉芳(女)
副　主　任:王志平
　　　　　崔列军
　　　　　任强军
办公会议成员:陈　铖(女)

安吉县委老干部局

局　　　长:石晨熹
副　局　长:陈晓龙(2018.06免)
　　　　　王家斌(2018.06任)
　　　　　牟娇珺(女)

局务会议成员:俞军政(2018.06免)
　　　　　　张宏民

安吉县直属机关党工委

书　　　记:赵德忠
副　书　记:程　琦(女)
直属机关党工委委员:王伟静(女)
　　　　　　　　　杨　盛
　　　　　　　　　王　芸(女)
　　　　　　　　　董家明
　　　　　　　　　李　斌(2018.06免)
　　　　　　　　　郑　浩(2018.06任)
县委副科级组织员(党工委):李　萍(女)
　　　　　　　　　　　　余海兵(2018.02任)

安吉县委、县政府信访局

局　　　长:傅爱国
副　局　长:周　勇(2018.06免)
　　　　　欧冬生(2018.10免)
　　　　　杨兵斌(2018.06任)
　　　　　何倩君
局务会议成员:郭月红(女)

安吉县委党校、行政学校

党校校长:吕　立
行政学校校长:乐叶俊(2018.10免)
　　　　　　潘　鸣(2018.10任)
常务副校长:李晓敏(2018.06免)
　　　　　陈文渊(2018.06任)
副　校　长:王秀华
　　　　　楼　成
　　　　　余　卫(2018.02任)
　　　　　王　甲(2018.02任)
校务会议成员:董水祥
　　　　　　陈　纲(2018.10任)

安吉县档案局

局　　　长:任爱军
副　局　长:朱家胜
局务会议成员:鲁婷君
　　　　　　张建勇

安吉县考核工作办公室(县委督查办)

常务副主任:王直一(2018.07免)
督查办(考核办)副主任:诸自力
　　　　　　　　　　鲍　敏(女)
办公会议成员:李铁红

安吉县编委办公室

主　　　任:王直一(2018.07 免)
副　主　任:黄　成
　　　　　　张敏飞(2018.02 任)
办公会议成员:王　云(2018.02 任)

安吉县第十六届
人民代表大会常务委员会

主　　　任:陆为民
副　主　任:吴佩勋
　　　　　　王爱民(女)
　　　　　　孙　松
　　　　　　黄先国
　　　　　　俞立安
　　　　　　梁蕴伟
常委会委员:叶　安
　　　　　　杨彩梅(女)
　　　　　　肖秋萍(女)
　　　　　　吴智敏(女)
　　　　　　谷炳方(2018.11 免)
　　　　　　冷明珠(女)
　　　　　　张加勇
　　　　　　陆卫东
　　　　　　林立辉
　　　　　　周盛东(2018.10 免)
　　　　　　施　霞(女)
　　　　　　莫　骄
　　　　　　夏　旦
　　　　　　顾小宝
　　　　　　徐存林
　　　　　　黄承文
　　　　　　梅明星
　　　　　　盛文明
　　　　　　章军平
　　　　　　韩金苗
　　　　　　程益欢
　　　　　　楼　军
　　　　　　鲍亚红
　　　　　　鲍高峰
　　　　　　谭丽丽(女)
　　　　　　黎逢林
　　　　　　徐　伟(2018.02 任)
　　　　　　陈秀宽(2018.02 任)
安吉县人大常委会党组书记:陆为民
安吉县人大常委会党组副书记:吴佩勋
安吉县人大常委会党组成员:孙　松
　　　　　　黄先国
　　　　　　俞立安
　　　　　　梁蕴伟
　　　　　　楼　军

安吉县人民代表大会
各专门委员会

法制(内务司法)委员会

主 任 委 员:鲍亚红
副主任委员:叶　安

财政经济委员会

主 任 委 员:徐存林
副主任委员:韩金苗

安吉县人民代表大会
常务委员会各工作机构

办公室(研究室)

机关党组书记、办公室(研究室)主任:楼　军
办公室副主任:王小平
办公室副主任:沈晓波
研究室副主任:吴　欣

教育科技文化卫生工作委员会

主　　　任:莫　骄
副　主　任:任强松

农业与农村工作委员会

主　　　任:顾小宝
副　主　任:高岳林

城乡建设与环境资源保护工作委员会

主　　　任:林立辉
副　主　任:石定一(2018.07 免)
　　　　　　王　炜(2018.07 任)

代表与选举任免工作委员会

主　　　任:谭丽丽
副　主　任:卞敏峰

安吉县人民政府

县　　长:陈永华
副 县 长:乐叶俊(2018.10免)
潘　鸣(2018.10任)
任贵明
何承明
杨建新
杨绍军
王　捷(女)
王海稳(挂职)
陈　瑶(女,挂职)
杜尉栋(2018.10任,挂职)
县长助理:熊义勤(2018.03任,挂职)
县政府党组书记:陈永华
县政府党组副书记:乐叶俊(2018.10免)
潘　鸣(2018.10任)
县政府党组成员:任贵明
何承明
杨建新
杨绍军
杜尉栋
黄根凤(女)
郑继农

安吉县人民政府工作部门及直属单位

安吉县人民政府办公室(外事办、法制办、新居民事务局)

主任、党组书记(法制办主任、新居民事务局局长):
郑继农
党组成员、副主任:刘海中
明瑞成
王　芸(女)
盛　强
曹　颖
陈易新
法制办主任:郑继农
法制办副主任:窦　丰
徐　艳(女)
党组成员:陈　琦
外事办主任:郑继农
外事办副主任:谭益强
应急办主任:郑继农
大数据管理中心主任:陈　鑫
520办主任:麻爱军
520办副主任:杨国荣(2018.06免)
王家斌(2018.06免)
吴　军(2018.06免)
龚勇华

安吉县发改委

党组书记、主任(物价局局长):童师祥
党组副书记:楼　军
党组成员、副主任:朱卫贤
马贻松
吴锋雷
市政府驻上海联络处安吉工作部主任:楼　军
市政府驻上海联络处安吉工作部副主任:程益欢
党组成员:周建忠(2018.03任)
于淑芳(女,2018.03任)

安吉县经信委

党委书记、主任:高安兵
党委副书记、副主任:吴榨胜
党委副书记、副主任(兼),竹产业发展局局长(兼):
王凌峰
党委委员、副主任:陈昌明
副主任:唐　斌
党委委员、竹产业局副局长(兼):王伟明
党委委员:徐　斌(2018.02任)
中小企业局局长:高安兵
副局长:吴榨胜

安吉县教育局

党委书记、局长:施明清
党委副书记、副局长:王军民
余张良(2018.06任)
副局长:周巨满
党委委员:姚锦友
高慧芬(女)
万宝林(2018.06任)

安吉县科学技术局

党组书记、局长:刘承娟(女,2018.10免)
马联国(2018.10任)

知识产权局局长：胡景琦（竹产业局副局长〈兼〉）
党组成员、副局长：李　丰
　　　　　　　　　傅海飞
党 组 成 员：王　康
　　　　　　曾君兵

安吉县民族宗教事务局

局　　　长：黄先贵（2018.06 免）
　　　　　　李晓敏（2018.06 任）
副　局　长：张　强

安吉县公安局

党委书记、局长、督察长：杨建新
党委副书记、政委：董秀华
党委副书记、常务副局长：丰贤忠
党委委员、副局长：张志龙
党委委员、副局长、禁毒办主任：何敏捷
党委委员、副局长：周　勇（2018.06 任）
　　　　　　　　　姚云峰
党委委员、副政委、政治处主任：潘建军
党委委员、副局长，交警大队大队长：李　军
禁毒办常务副主任（副科级）：卫安宜
看守所所长（副科级）：陈红卫
森林公安局局长、林业局副局长（兼）、公安局党委委员（兼）：胡承东
森林公安局教导员：梅月明
交警大队教导员：章　莉（女）

安吉县民政局（老龄委办公室）

党组书记、局长：姜　平
党组副书记：徐　渊
副　局　长：徐　渊
　　　　　　牟定帮
　　　　　　李震伟
党委委员、老龄委办公室主任：诸晓旭
党 委 委 员：陈孝泉（2018.10 任）
　　　　　　陈庆胜

安吉县司法局

党 委 书 记：王　峰
局　　　长：王　峰（2018.10 免）
　　　　　　王　晶（2018.10 任）
党委委员、副局长：吴毅能
　　　　　　　　　郑永华
　　　　　　　　　梅利庆（2018.10 免）
党 委 委 员：阮红权

安吉县财政局

党组书记、局长：徐　勇
党组副书记、副局长：华新平
党组副书记：陈显永（2018.10 免）
党组成员、副局长：俞土良
　　　　　　　　　楼建成（2018.10 免）
　　　　　　　　　童升明
党组成员、地税局副局长：李　军（2018.10 免）
党组成员、总会计师：吴　蔚（女，2018.10 任）

安吉县国家税务局

党委书记、局长：何文刚（2018.10 任）
党委副书记、副局长：谢　明（2018.09 任）
　　　　　　　　　　陈显永（2018.10 任）
党委委员、副局长：朱小双（2018.09 任）
　　　　　　　　　李　明（2018.09 任）
　　　　　　　　　李　军（2018.10 任）
　　　　　　　　　阎远胜（2018.09 任）
总 经 济 师：杨　斌（2018.09 任）
党委委员、纪检组组长：姚小红（2018.09 任）

安吉县人力资源和社会保障局

党委书记、局长：顾建强
党委副书记、副局长：杨奎强
党委委员、副局长：董秀忠
　　　　　　　　　陶　玲（女）
　　　　　　　　　朱　晖
社会保险管理局局长（副科级）：刘远成
公共就业与人才服务局局长（副科级）：夏　南

安吉县国土资源局

党委书记、局长：陈志文
党委委员、纪委书记：詹国方
党委委员、副局长：程卫军
　　　　　　　　　王卫民
　　　　　　　　　徐基财
党委委员、总规划师：冯　瑜（女）
县不动产登记中心主任：孙　宙
县国土资源监察大队大队长：张　镔
党 委 委 员：朱栋胜

安吉县住建局（规划局）

党委书记、局长，人防办主任：马洪滨
党委副书记、副局长：李德宝
　　　　　　　　　　邓锦森
党委委员、人防办副主任：程能杰

党委委员、副局长:张　勇

沈德芳

党委委员、总工程师:王铖军

安吉县交通运输局

党委书记:何承明(2018.10任)

党委书记、局长:叶新安(2018.10免)

党委副书记、副局长:王肖峰(2018.11免)

党委委员、副局长:何敏杰

党委委员、副局长、总工程师:朱越峰

党 委 委 员:刘远庆

安吉县水利局

党委书记、局长:戴先才

党委副书记、副局长:蒋晓燕(女)

党委委员、副局长:邬如锦

张宏兵

党委委员、总工程师:戴泽胜

党委委员、老石坎水库管理局党支部书记:熊晓毅

党 委 委 员:范水宝

安吉县农业局

党委书记、局长:杨忠义

党委委员、副局长:韩树根

党委委员、副局长,畜牧兽医局局长(兼):陈林泉

党委委员、副局长:马道青

党委委员、总农艺师:吴旭东

党 委 委 员:陈　婷(女)

安吉县林业局

党委书记、局长:吴有才

党委副书记、副局长:邹　云

党委委员、副局长:王伟星

杨中军

总 工 程 师:胡可易

党 委 委 员:张宏亮

李国庆

安吉县商务局(粮食局)

党委书记、局长:孙　莉(女)

党委副书记、副局长:赵晓光(2018.06免)

程　晖(2018.06任)

党委委员、副局长:顾学中

谢文荣

党 委 委 员:陈　健(女)

吴　叶(女)

安吉县文化广电新闻出版局

党委书记、局长:彭忠心

党委副书记、副局长:施月素(女)

党委委员、副局长,文物局局长(兼):朱清清(女)

党委委员、副局长:施永清

党 委 委 员:王家荣

彭卫红(女)

安吉县卫生和计生局

党委书记、局长:肖家青

党委副书记、副局长:秦光明(2018.10任)

党委委员、副局长:岳小才

顾岳炎

吕佳生

李贵洪

党委委员、计生协会专职副会长:张明娣(女)

党 委 委 员:鄂荣梅(女)

安吉县红十字会

会　　长:黄根凤(兼)

党组书记、专职副会长:温菊梅(女)

副 会 长:王　芸(女)(兼)

党 组 成 员:张　静

谢彦峰

安吉县审计局

党组书记、局长:沈卫江

党组副书记、总审计师:李孝良

党组成员、副局长:束国顺

张瀚尹(女)

党 组 成 员:徐　焱

曹　磊(女)

安吉县环境保护局

党组书记、局长:马洪亮(2018.10任)

局　　长:王　晶(女,2018.10免)

党组书记、县生态办常务副主任:

凌海明(2018.10免)

党组成员、总工程师:曹　杰

党组成员、副局长:盛勇华

王灵君

党组成员、环境监察大队大队长(副科级):

吴胜枫(2018.06免)

刘　剑(2018.06任)

党 组 成 员:汪　波

安吉县统计局
党组书记、局长:朱昌发
副　局　长:杨鹤云
党组成员、副局长:黄丽芬(女)
党组成员、总统计师:郭　亮
党 组 成 员:谢占敖
　　　　陈世宏
国家统计局安吉调查队
党组书记、队长:徐礼彬
党组成员、副队长:唐志平
党组成员、纪检组组长:程　炬
安吉县风景与旅游管理委员会
党委书记、主任:管永丰
党委副书记、副主任:罗福娣(女)
党委委员、副主任:吴云浩
　　　　王正南
副　主　任:任强军(兼)
　　　　张志龙(兼)
　　　　何敏杰(兼)
　　　　朱清清(兼)(女)
　　　　周春雨(兼)
党委委员、总规划师:邵炜钦
党 委 委 员:项志周
安吉县安全生产监督管理局
党组书记、局长:王有富
党组副书记、副局长:陈国庆
党组成员、总工程师:朱海华
党组成员、副局长:徐　杰
党 组 成 员:郭海峰
　　　　王　忠
安吉县综合执法局(县城市管理局)
党委书记、局长(大队长):乐叶都
党委副书记、副局长(副大队长)(保留正科长级):
　　　　胡志中
党委委员、副局长(副大队长):王　雅(女)
　　　　金荣根
　　　　黄　强
　　　　吴宏亮
数字化城管办主任:乐叶都
党 委 委 员:李　斌
安吉县市场监督管理局
党委书记、局长:章熙翔
食安委办主任:章熙翔
党委副书记、副局长:邱少春(2018.06 免)
　　　　张　超(2018.06 任)
党委委员、副局长:张建国
　　　　谢康卫
　　　　郑在文
　　　　周春雨
食安办副主任:白福川
稽查大队大队长:梅本炜
递铺分局局长:周汪明
梅溪分局局长:周　俊(2018.06 任)
安吉县机关事务管理局
党组书记、局长:李敏芳(女)
党组副书记、副局长:何　瑛(女)(2018.06 免)
党组成员、副局长:马新苗
　　　　陈　刚
　　　　梅利庆(2018.10 任)
党 组 成 员:章旭军
安吉县政务服务管理办公室
党委书记、主任:乐叶俊(兼)(2018.10 免)
　　　　潘　鸣(兼)(2018.10 任)
党委副书记、常务副主任(正科长级):朱车生
党委委员、副主任:王旦晖(2018.01 任)
　　　　张柏林
党委委员、公共资源交易管理办副主任:高　峰
党 委 委 员:喻　鸿(女)
安吉县体育局
党组书记、局长:章安民
党组成员、副局长:周忠林
党 组 成 员:胡莉娟(女)
　　　　陈　亮
安吉县投资促进局
党组书记、局长:曹宏华
党组副书记、副局长:陈　波
党组成员、副局长:杨志梅(女)
　　　　马荣勇
　　　　吴胜国(2018.02 任)
党 组 成 员:徐文学
　　　　张　敏
安吉县供销社联合社
党委书记、主任:屠继忠
党委副书记、副主任:方旭东

党委委员、副主任:叶茂荣
党委委员:闻明龙
徐　侃
郭　峰

安吉县广播电视台(新闻宣传中心)

党委书记、台长:宋焕新
党委副书记、总编辑:秦光明(2018.10免)
祝　青(2018.10任)
党委副书记、副台长:汪钟鸣
党委副书记、副台长、总工程师:
曹燕明(2018.10免)
党委委员、副台长:施亚军
祁乐乐
孙朝阳
党委委员:张安东

安吉县矿产资源管理办公室

常务副主任:曹旭东
副主任:王建强
冯　瑜(女)(兼)
李国庆(兼)
邬如锦(兼)
徐　杰(兼)
黄　强(兼)
张建国(兼)
办公会议成员:李　刚
李群刚(2018.06任)

安吉县金融办公室

党组书记、主任:陈作云(2018.06免)
党组副书记、副主任:陈世斌
党组成员、副主任:韩凌云(女)
党组成员:姜海峰

安吉县城投(集团)公司

党委书记、董事长:周　斌
党委副书记、总裁、副董事长:陈　卫
党委副书记:朱浚氲
党委委员、纪委书记:姚法根
党委委员、总工程师:施振鸿
党委委员、副总经理:方　亮
王　丞
卓可耕
张　军

安吉县文旅(集团)公司

党委书记、董事长:钱良宏
党委副书记、总经理,副董事长:郑　立
党委副书记:张丽琴(女)
党委委员、纪委书记:胡晓旻
党委委员、副总经理:丁剑斌
康海滨
叶勤民

安吉县产投(集团)公司

党委书记、董事长:蔡刚清
党委副书记、总经理,副董事长:邹　进
党委副书记:叶宏亮
党委委员、纪委书记:马　权
党委委员、副总经理:方　俊

安吉县县属国有企业联合监事会

主席:楼高峰
副主席:潘毓红(女)

安吉县交警大队

大队长:李　军
教导员:章　莉

安吉县公路管理局

局长:姜　锋
党总支书记:朱求璘

安吉县道路运输管理局

局长:蒋江宏
党总支书记:褚朝虎(2018.06免)
吴　军(2018.06任)

安吉县港航管理局

局长:胡庆忠
党支部书记:潘立文

安吉县赋石水库管理局

局长:马超群
党支部书记:陈水龙

安吉县老石坎水库管理局

局长:范一华
党支部书记:熊晓毅

安吉县赋石渠道管理处

主任:王　炜
党支部书记:徐志宏(2018.06免)

湖州市住房公积金管理中心安吉县分中心

分党组书记、主任:王永洪

分党组成员、副主任：王永平
陈明欢

安吉县气象局

党组书记、局长：叶戴麟
党组成员、纪检组长：易　欣
党组成员、副局长：江　杰

安吉县烟草专卖局（公司）

党组书记、局长（经理）：杨惠明
党组成员、副经理：刘志昌
党组成员、纪检组长，副局长：郭　震（2018.07 任）

安吉县供电公司

党委书记、执行董事：石　勇（2018.10 任）
匡剑勋（2018.10 免）
党委副书记、总经理：陈伟宏
党委副书记、纪委书记、工会主席：章建华
党委委员、副总经理：王玉铭
高久国
朱司丞

安吉邮政管理局

分党组书记、局长：戴　军
分党组成员、副局长：章小龙
吴高平

安吉县邮政公司

党委书记、总经理：张利锋（2018.10 免）
徐文军（2018.10 任）
党委委员、副总经理、纪委书记：许秋红（女）

安吉县电信局（公司）

总经理、党委书记：沈文强
党委委员、副总经理、工会主席：
刘文亮（2018.10 免）
党委委员、纪委书记、副总经理：胡迎峰
党委委员、副总经理：朱从武

中国人民银行安吉支行（外汇局）

党组书记、行长（局长）：黄金胜
副行长（副局长）：顾世伟
副行长、纪检组长：石荣海

湖州银监分局安吉监管办事处

主　　任：邱红星

中国银行安吉县支行

行　　长：吴　穹
副 行 长：江朝兵
韩正明

中国工商银行安吉县支行

行长、党总支书记：郑月镁
副 行 长：王力刚
冯　锋
楼　军

中国农业银行安吉县支行

行长、党委书记：王卫东
纪委书记：谢勇武
副 行 长：丁　琴
应云萍

中国建设银行安吉县支行

行长、党总支书记：杨　杰
副 行 长：徐永芳（女）
于春宝
楼世杰

安吉县农业发展银行

行长、党支部书记：卫　峰
副 行 长：郭　翔

湖州银行安吉支行

行　　长：徐仁龙
副 行 长：高洪峰
行长助理：梁罕峰
黄　权

安吉县农村商业银行

董 事 长：周盛东
行　　长：马连贵
监 事 长：华公荣
副 行 长：丁爱平
戴益众

中信银行安吉支行

行　　长：黄　健
副 行 长：韦三红
袁德华

安吉交银村镇银行

行　　长：施荣佺
副 行 长：施传雄
石海飞

邮储银行安吉县支行

行　　长：潘华东
副 行 长：蒋瑞云

杭州联合银行安吉支行

行　　长：陈国强
副 行 长：雷　鸣

政协安吉县第九届委员会常务委员会

主　　　席:叶海珍(女)
副 主 席:朱玉成
　　　　　侯献荣
　　　　　梁　霜(女)
　　　　　伍水荣
　　　　　陈卫卫
秘 书 长:杨慧伟(女)
常务委员:于淑芳(女)
　　　　　王　晶(女)
　　　　　王旦晖
　　　　　王培舜
　　　　　朱海燕(女)
　　　　　李　超
　　　　　李建人
　　　　　杨鹤云
　　　　　宋焕新
　　　　　张　力
　　　　　张咏梅(女)
　　　　　陈文渊
　　　　　陈永兴
　　　　　邵云东
　　　　　周昌平
　　　　　赵　磊
　　　　　钮亚民
　　　　　施明清
　　　　　顾岳炎
　　　　　钱雅琴(女)
　　　　　郭云潮
　　　　　曹建民
　　　　　盛勇成
　　　　　章义龙
　　　　　梁峰晖
　　　　　屠继忠
　　　　　释慈满
　　　　　潘莉莉(女)
安吉县政协党组书记:叶海珍(女)
安吉县政协党组成员:朱玉成
　　　　　　　　　侯献荣
　　　　　　　　　伍水荣
　　　　　　　　　杨慧伟(女)

政协安吉县第九届委员会办公室及各专门委员会

办公室
主　　　任:刘　斌(2018.06 免)
副 主 任:乔　梁
　　　　　王雪尧
社会法制委员会
主　　　任:周雪逵
副 主 任:肖永平
　　　　　梅宏业
提案委员会
主　　　任:潘海丽(女)
副 主 任:郑　勇
经济科技委员会
主　　　任:阚继彦
副 主 任:笪百祥
人口资源环境委员会
主　　　任:叶星贵
副 主 任:王健锋
教文卫体委员会
主　　　任:徐亚良
副 主 任:方文明(2018.06 任)
文史资料委员会
主　　　任:王雪尧
副 主 任:黄　刚
民族宗教与港澳台侨委员会
主　　　任:金云生(2018.06 免)
副 主 任:秦连荣
委员工作委员会
主　　　任:吴　旭
副 主 任:邵　喆

中共安吉县纪律检查委员会

书　　　记:杨新初
副 书 记:王昌慧
　　　　　余再鸣

常　　委：张永玲（女）
郭兆东
邢立东
王孝国
案件审理室主任：黄薇娜
案件监督管理室主任：卢柏鑫（2018.10任）
王孝国（2018.06免）
党风政风监督室（县政府纠风办）主任：
周　颖（女）
第一纪检监察室主任：金旭岭
第二纪检监察室主任：刘伟栋
第三纪检监察室主任：傅　强
第四纪检监察室主任：卢柏鑫（2018.10免）
办公室主任：沈伟飞
信访室主任：姚　斌
干部室主任：宋　丽（女）
宣教室主任：周创华

安吉县委巡察办

巡察办主任：张永玲
巡察办副主任：李　斌（2018.06任）
组　　长：楼钱荣
付继军
余五八
朱国炎

安吉县纪委派驻纪检监察组

第一纪检监察组组长：李雪峰
第一纪检监察组副组长：黄友花（女）
方照平
第二纪检监察组组长：魏建刚
第二纪检监察组副组长：韦文生
罗　飞（2018.02免）
段正海（2018.02任）
第三纪检监察组组长：赵　晖（女）
第三纪检监察组副组长：夏芳琴（女）
黄　菽
第四纪检监察组组长：刘利民
第四纪检监察组副组长：朱亚尔
戚寒斌
第五纪检监察组组长：俞秋华（女）
第五纪检监察组副组长：吴柏顺
孙　平
第六纪检监察组组长：陈　兵
第七纪检监察组组长：李成锋
第七纪检监察组副组长：刘达有（2018.10免）
第八纪检监察组组长：王　伟
第九纪检监察组组长：王　特
第十纪检监察组组长：童　辉
第十一纪检监察组组长：徐新良
驻党工委纪工委书记：董家明
驻公安局纪检监察组组长：程晓波
驻公安局纪检监察组副组长：胡　亮
驻法院纪检监察组组长：陈柏良
驻检察院纪检监察组组长：陈琳玉
驻检察院纪检监察组副组长：马碧云
县委副科级纪检监察员：张美星（女）
李亚明
潘新兰（女）
梅敖铭
谢咏菊（女）
李　群（女）
吴华军（2018.06任）
江　莉（女）
陈美红（女）

安吉县监察委员会

主　　任：杨新初
副　主　任：王昌慧
余再鸣
委　　员：张永玲（女）（2018.02免）
郭兆东
邢立东
刘伟栋（2018.02任）
姚　斌（2018.02任）

安吉县人民法院

党组书记：沈芳君（女）
院　　长：沈芳君（女）
党组副书记、副院长：顾少白
党组成员、副院长：张汉文
孟黎明

党组成员、政治处主任:郭豪杰(2018.01任)
执行局局长:何勇强(2018.10免)
审判委员会专职委员:来燮元
汤珊珊(女)(2018.06任)
递铺法庭庭长:孙红波
梅溪法庭庭长:肖建平
天子湖法庭庭长:陶世文(2018.06免,保留副科长级)
梁　赟(女)
孝丰法庭庭长:高　峰
保留副科级:彭瑞森
毛剑卫
戴伟民

安吉县人民检察院

党组书记:陈　章
检察长:陈　章
党组副书记、副检察长:胡秀义
党组成员、副检察长:蒋正平
陈昌松
党组成员、政治处主任:李静波
检委会专职委员:叶　昕(女)
宋丽燕(女)
驻经济开发区检察室主任:王春梅(女)
驻天子湖检察室主任:李国芳(女)
党组成员:王玮玉

社会团体

安吉县总工会

主　　席:侯献荣
党组书记、常务副主席:王卓良(2018.06免)
戎露波(2018.06任)
党组成员、副主席:阎德顺
钟传声
党组成员、经审会主任:程　剡(女)
党组成员:曹永远

共青团安吉县委员会

书　　记:华建伟
副书记:许进京
管田甜(女)

安吉县妇女联合会

党组书记、主席:王红缨(女)
党组副书记、副主席:张惠红(女)
党组成员、副主席:徐　笛(女)
党组成员:黄　洁(女)

安吉县科学技术协会

党组书记、主席:朱海燕(女)
党组成员、副主席:王欣欣
程维新(2018.10免)
蒋　斌(2018.10任)
副主席:胡景琦(2018.01任〈兼〉)
吴旭东(2018.01任〈兼〉)
党组成员:徐剑锋

安吉县工商业联合会

主　　席:梁　霜(女)
党组书记、常务副主席:陈文渊(2018.06免)
李建人(2018.10任)
党组副书记、副主席:周敏林
党组成员、副主席:胡惠芬(女)
党组成员:叶　烨(女)
姜根喜

安吉县残联执行理事会

党组书记、理事长:李建人(2018.10免)
凌海明(2018.10任)
党组副书记、副理事长:徐康东
党组成员、副理事长:姚　健(2018.06免)
叶明珠(女)(2018.06任)
党组成员:周旭红(女)

安吉县文学艺术界联合会

主　　席:金枫涛

安吉县社科联

主　　席:王伟静(女)

乡镇(街道)党委、人大、政府、纪委

开发区

党工委书记:赵怀君
党工委副书记:吴国兴(兼)
胡可立(兼)
沈　强

许　杰
管委会主任:赵怀君
常务副主任:沈　强
党工委委员:柳初晓(兼)
陈　晖(兼)
党工委委员,县纪委、县监委派驻开发区纪检监察组组长:彭明晗
党工委委员、管委会副主任:金　山
管委会副主任:毛　军
王光伟
余明华
张　贤
张　华
蒋林斌
程卫军(2018.04 任,挂职)
县委副科级组织员:杨俊伟(2018.02 任)

递铺街道

党 委 书 记:吴国兴
党委副书记:柳初晓(女)
潘明亮(2018.10 免)
周方平(2018.10 任)
人大工委主任:黎逢林
办事处主任:柳初晓(女)
党委委员、纪委书记、监察办公室主任:
周方平(2018.10 免)
潘丽敏(女,2018.10 任)
党委委员、办事处副主任:徐敏捷
党 委 委 员:祝接兵(人武部部长)
干雪峰
张圣安
沈　旭(派出所所长)
程杰杰(2018.01 任,挂职)
人大工委副主任:池金豪(2018.10 免)
朱　平(2018.10 免)
麻江云(2018.10 任)
办事处副主任:潘黎明
朱　江
陈　星(2018.10 免)
刘向葵(2018.10 任)
县委副科级组织员:杨绍兴
汤　军

示范区安吉分区

党工委书记:陆建卫(2018.06 免)
徐卫勇(2018.07 任)
党工委副书记:陈小龙(兼)
李　明(兼)
应秋平
章　毅
管委会主任:陈卫卫
常务副主任:应秋平
党工委委员:徐启龙(兼)
尹碧锃(兼)
党工委委员,县纪委、县监委派驻示范区安吉分区纪检监察组组长:陈　东
党工委委员、管委会副主任:孙水明
管委会副主任:楼建国
郑　晔
江　平
江五一
方　颖
县委副科级组织员:陈　峰(2018.02 任)

梅溪镇

党 委 书 记:陈小龙
党委副书记:马洪亮(2018.10 免)
徐启龙
喻　南
镇　　　长:马洪亮(2018.10 免)
徐启龙(2018.10 任)
人 大 主 席:章军平
党委委员、纪委书记:范　斌
监察办公室主任:范　斌(2018.07 任)
党委委员、副镇长:尚亿勇
党 委 委 员:张云峰
叶贤林(人武部部长)
周明辉(派出所所长)
汤常欢
周　军(2018.06 任)
人大副主席:李一鸣
副　镇　长:李国锋
章　红(女)
周　军(2018.06 免)
邱亦宸(2018.06 任)

县委副科级组织员:周克圣
刘向葵(2018.10免)
周秀梅

溪龙乡

党委书记:易国兵
党委副书记:唐宝城(2018.10免)
孙传国(2018.10任)
陈　瑜(女)
人大主席:黄定瑞
乡　　长:唐宝城(2018.10免)
孙传国(2018.10任)
党委委员、纪委书记、监察办公室主任:
蒋　斌(2018.10免)
刘忠元(2018.10任)
党委委员、副乡长:姚尚平
党委委员:龚文金
汪玉成
张　贤(人武部部长)
副 乡 长:张友林
肖建峰(2018.02任)

天子湖镇

党委书记:李　明
党委副书记:尹碧锃
孙传国(2018.10免)
金　鸣(2018.10任)
镇　　长:尹碧锃
人大主席:王宏之(2018.10免)
党委委员、纪委书记:陈润锋
监察办公室主任:陈润锋(2018.07任)
党委委员、副镇长:吴　斌
党委委员:冷云峰(人武部部长,2018.10任)
曹叶平(派出所所长)
金　鸣(2018.10免)
谢传斌(2018.10免)
刘列飞(2018.10任)
金则英
刘美玉(女,2018.06任)
人大副主席:李更正
康敏良
副 镇 长:张　振
陈志良

县委副科级组织员:韩建忠(2018.06免)
周兴伦
吴清泉

鄣吴镇

党委书记:高发义
副 书 记:张　超(2018.06免)
朱红星
刘欣欣(2018.06任)
人大主席:戴泽万
镇　　长:张　超(2018.06免)
朱红星(2018.06任)
党委委员、纪委书记:朱亚尔(女,2018.02免)
罗　飞(2018.02任)
监察办公室主任:罗　飞(2018.07任)
党委委员、副镇长:刘欣欣(2018.06免)
党委委员:张应杰(人武部部长)
舒丽强
徐　聪(2018.10免)
章　磊(派出所所长)
人大副主席:戚继成
副 镇 长:沈　巍
陈学兴(2018.06免)
潘莉莉(女)
吴胜枫(2018.06任)
县委副科级组织员:肖建峰(2018.02免)
陈　韬(2018.02任)

杭垓镇

党委书记:夏　靓(女)(2018.10免)
王长林(2018.10任)
副 书 记:何伟锋
徐　平
人大主席:俞兆松
镇　　长:何伟锋
党委委员、纪委书记:方　伟(女)
监察办公室主任:方　伟(女,2018.07任)
党委委员、副镇长:马炳华
党委委员:任元心(2018.02免)
郁　斌
王　勇(派出所所长)
董春亮(人武部部长)
任　仁(2018.06免)

沈学斌
林　颖(女,2018.10 任)
人大副主席:李宗栓
梅明星
副　镇　长:胡立武
张　行
陈纯国
县委副科级组织员:林　颖(女,2018.10 免)
胡成功(2018.06 任)

孝丰镇

党 委 书 记:戎露波(2018.06 免)
翟金坚(2018.06 任)
党委副书记:祝　青(2018.10 免)
李　强(2018.10 免)
金志成(2018.06 免,保留副科长级)
潘明亮(2018.10 任)
姚池泉(2018.06 任)
周济时(派出所所长,2018.10 任)
人 大 主 席:陈秀宽
镇　　　长:祝　青(2018.10 免)
潘明亮(2018.10 任)
党委委员、纪委书记:周长青
监察办公室主任:周长青(2018.07 任)
党委委员、副镇长:施明军
党 委 委 员:周济时(2018.10 免)
王忠明(人武部部长)
阎莘颖
郑云武
金　莹(2018.02 任)
人大副主席:麻江云(2018.10 免)
龚晓云(女)
副　镇　长:何向华
沈　坚
韩　辉
县委副科级组织员:金　莹(2018.02 免)
方　杰
俞军政(2018.06 任)

报福镇

党 委 书 记:王　兵
党委副书记:贺　苗(女)
潘安国(2018.10 免)
徐　聪(2018.10 任)
人 大 主 席:戴开林
镇　　　长:贺　苗(女)
党委委员、纪委书记、监察办公室主任:
潘丽敏(女,2018.10 免)
欧冬生(2018.10 任)
党委委员、副镇长:江维平
党 委 委 员:杨爱禾
葛鹏炎(派出所所长)
郭豪杰(2018.01 免)
赵志行(2018.02 任)
丁　兵(人武部部长)
人大副主席:张世根
副　镇　长:来　青
石　轲
张卫成(2018.02 任)
县委副科级组织员:张卫成(2018.02 免)
邵云峰(2018.02 任)

章村镇

党 委 书 记:王长林(2018.10 免)
叶鸣岗(2018.10 任)
党委副书记:唐春燕(女)
汪治国
人 大 主 席:盛琦丽(女)
镇　　　长:唐春燕(女)
党委委员、纪委书记:伍高君
监察办公室主任:伍高君(2018.07 任)
党委委员、副镇长:周　峰
党 委 委 员:冷云峰(2018.10 免)
郭俊杰
章东辉(2018.10 免)
周道全(派出所所长)
卢培炎(人武部部长,2018.10 任)
人大副主席:吴月成(2018.10 免)
副　镇　长:孟振华
周志良
周群毅(2018.10 任)
县委副科级组织员:竺　亮

孝源街道

党 委 书 记:胡可立
党委副书记:陈　晖

叶　燕(女)
主　　任:陈　晖
人大工委主任:黄承文
正科长级干部:熊国斌(2018.06任,援疆)
党委委员、纪委书记:张清卫
监察办公室主任:张清卫(2018.07任)
党委委员、办事处副主任:周立智
党委委员:汪　欣(人武部部长)
祝水宏(派出所所长)
刘明晖
黄一丹(女)
人大工委副主任:吴正明(2018.10免)
吴月成(2018.10任)
李锡良
办事处副主任:许晓亮
陈飞飞
县委副科级组织员:胡迎春

天荒坪镇

党委书记:赵双勤
党委副书记:夏中金
董建波
人大主席:盛文明
镇　　长:夏中金
党委委员、纪委书记:查道胜
监察办公室主任:查道胜(2018.07任)
党委委员、副镇长:张天滨
党委委员:朱　峥(派出所所长)
王凌霄
阮小明
刘列飞(2018.10免)
张　伟(人武部部长)
金　鑫(2018.02任)
雷文华(女,2018.10任)
人大副主席:杜又喜
副镇长:吴宏亮(2018.06免)
阎　彬
雷文华(女,2018.10免)
任　仁(2018.06任)
县委副科级组织员:金　鑫(2018.02免)
邢　峰
冷冰峰

上墅乡

党委书记:翟金坚(2018.06免)
刘　斌(2018.06任)
党委副书记:康锡刚
叶明珠(女)(2018.06免)
吴云浩(2018.06任)
人大主席:肖建忠
乡　　长:康锡刚
党委委员、纪委书记:鲍　鲲(2018.06免)
陈学兴(2018.06任)
监察办公室主任:陈学兴(2018.07任)
党委委员、副乡长:叶勤民(2018.02免)
鲍　鲲(2018.06任)
党委委员:孙　郡(2018.06免)
陈孝泉(2018.10免)
孟江雯
谢传斌(人武部部长,2018.10任)
朱青莲(女,2018.02任)
副乡长:许军法(2018.06免,保留副科长级)
石定一(2018.06任)
卢　丰
县委副科级组织员:朱青莲(女,2018.02免)

山川乡

党委书记:邱竟明
副书记:吴丹妮(女)
施旭锋
人大主席:朱　毅
乡　　长:吴丹妮(女)
党委委员、纪委书记:韩雪峰
监察办公室主任:韩雪峰(2018.07任)
党委委员、副乡长:叶　飞(2018.06免,保留副科长级,宁夏挂职)
应建坤(2018.06任)
党委委员:翁　婧(女,2018.02免)
马　超
袁克桂(人武部部长)
吴晓明(2018.02任)
副乡长:刘忠元(2018.10免)
吴晓明(2018.02免)
沈　阳(2018.02任)
县委副科级组织员:沈　阳(2018.02免)

张翠云(女,2018.02 任)

昌硕街道

党 委 书 记:窦长胜(2018.06 免)

符海滨(2018.06 任)

党委副书记:符海滨(2018.06 免)

赵晓光(2018.06 任)

梅爱华(女)

人大工委主任:夏　旦

办事处主任:符海滨(2018.06 免)

赵晓光(2018.06 任)

党委委员、纪委书记:张彩林

监察办公室主任:张彩林(2018.07 任)

党委委员、办事处副主任:左　巍

党 委 委 员:潘永林(人武部部长)

翁　婧(2018.02 任)

周智国(昌硕派出所所长)

祝　冬

章旭辉(凤凰山派出所所长)

人大工委副主任:干永海

办事处副主任:王宏之(2018.10 任)

张　力

郑　龙

县委正科级组织员:杨卫德

县委副科级组织员:周　刚

周群毅(2018.10 免)

灵峰旅游度假区(灵峰街道)

党 委 书 记:马联国(2018.06 免)

管永丰(2018.06 任)

党委副书记:叶鸣岗(2018.10 免)

潘安国(2018.10 任)

沈红林

人大工委主任:施　霞(女)

主　　　任:叶鸣岗(2018.10 免)

潘安国(2018.10 任)

党委委员、纪委书记:周静红(女)

监察办公室主任:周静红(女,2018.07 任)

党委委员、副主任:程　国

党 委 委 员:任元心(2018.02 任)

周　治(派出所所长)

江　燕(女,2018.02 免)

程　飞(人武部部长)

陆　勇

人大工委副主任:王德才

副　主　任:喻锦程

龚家宏

县委副科级组织员:楼　杰

乡镇街道概况

安吉经济开发区

【概况】 2018年,围绕"两聚一美",奋力"拼比争"。全年完成财政收入34.97亿元,同比增长13.1%,完成规上工业总产值342亿元,同比增长15.6%,实到外资8900万美元,各项经济指标较好地完成"全年红"任务。

项目引进谋划有突破。突出只招工业大好高项目。安费诺电子、科尔卡诺家具等一批优质项目签约落户,养生堂植物工厂、英特教育小镇等高端项目对接取得良好进展。探索开展零土地总部经济项目招引,3月底开展首次集中签约,10个项目顺利签约。精谋产业增量,云数据中心产业谋划初见成效,与中国电信、云泰数通签订框架协议。安洽会签约6个大项目,总投资120亿元。

项目落地推进有突破。突出工业城和工业综合体布局,抓好"5+1"重点项目。永艺工业4.0、养生堂、宝业、敏实、汽配园,实行牵头领导跟踪机制,制订全年推进计划,逐月督促,每周比拼,逐个消化项目推进中存在的问题。完成工业项目开工31个、竣工28个。应对省统计局投资数据考核工作,以7个点的差错率(10个点以下为正常)高质量完成受检任务。把项目推进与扫黑除恶结合起来,联合执法部门坚决打击阻碍施工、"四抢"等影响项目建设的不法行为。

征迁清零有突破。突出抓好百日攻坚,实行"6+1""7+4"工作机制,提前一个月完成全年计划。南北庄集镇、长乐遗留区块基本拆平,孝源北山区块城改计划完成(45户),拓展区块拆迁(75户),东浜遗留区块已清零,双河梅园区块(92户)、自博园石虎区块(60户)已清零,万亩、康山、塘浦、鞍山推进较快。完成征地7165亩,拆迁856户,投入资金20.6亿元。

基础设施建设有突破。突出"集中财力最紧要的事",抓好73个重点基础设施项目。东西两个高速互通一启一建,303、304两条省道一通一建,灵峰北路、绕城北线、齐云路、浮玉路、栗山路、草原路等道路基本通车,塘浦大道西延、阳光大道西延、浦源大道改造、地下管廊等重大工程启动建设。科创园二期基本建成,城北小学、幼儿园、小山园区、汽配园加快推进。特别是城北区块形象已有较大改变。

企业服务有突破。突出优化营商环境。在中美贸易摩擦的大背景下,关心关注企业发展,研究出台涉及小上规、股改挂牌、科技创新、企业供地、"亩均论英雄"改革等激励政策的《优化营商环境十项举措》。2018年工业企业新上规4家、小上规28家;完成股改11家,省股交中心成长板挂牌5家,新三板挂牌1家,主板上市1家,企业发明专利申请及新增研发机构同比增长30%以上。助推企业战略规划落地,10个左右"双金"工业园的轮廓逐渐清晰。回应企业关切,成立工作专班,全力破解洁美生态功能区调整、安费诺排放空间争取、亚太招工留人难等问题。关注竹贸城资产处置及盘活、丰华五星土地扫尾、上影中弘困局、阳光美辰办证等问题,化解涉企稳定风险。联合两街道加强"一租多"企业检查整改,积极介入应对恒林椅业、三益家具等企业安全生产事故善后事宜。稳妥推进绿世界、信多达、亚太等环保案件处置,营造了安商亲商的发展氛围。

工作保障有突破。提出《2018

年重点改革创新领域十项举措》，从创新土地保障办法、推进征迁安置改革、规范资产资源管理等十个方面破旧革新，提高发展质量和效益。积极化解地方债风险，建立每周一例会、每天一报表工作机制，明确八条措施，抓好分工落实。在应对省地方债、隐性债务审计中讲原则、讲智慧，检查组评价较好。破解用地紧缺问题，规划建成区内一律取消宅基地安置、公墓用地一律只减不增等规定，推动存量村级6%留用地货币置换。推进农整项目30个。全年累计盘活土地614亩，涉土地局调项目共75个，局调面积约2000亩，已落实农转报批项目39个，涉及用地农转指标710亩。补齐人才稀缺短板，加强与知名规划院、咨询研究所、经济中介联系对接，建立顾问机制，创新推出开发区与相关部门共建机制，与科技局联建产业创新综合体、与经信委联建椅艺小镇、与广电台联建广电信息产业园等。成立数据组，专攻云数据产业谋划和发展。

从严治党有突破。成立机关党委、机关纪委，完善机关党建架构。成立开发区两新工委，发挥经发局联系和服务企业的优势，做好“围绕经济抓党建，抓好党建促发展”的结合。加强洁美、上港、南方水泥等非公企业“两新”党建工作，组织企业支部与省内相关行业支部结对活动8次。推进中层干部竞岗，实施“督查比拼”活动，举办一区二街道首届机关运动会，开展了四局三平台谈心谈话，从多方面入手增强干部队伍凝聚力、战斗力。特别是，编制“六重”清单，推进新一轮“双百千万”工程，用工作成效检验党员干部党性，全面完成“全年红”任务。开展一系列防控廉政风险的创新实践，针对财务、土地、国资管理廉政风险，打造经济运行、预征土地、重要国资三个管理系统，出台相关管理办法，规范了权力运行；针对绿化建设养护职责不清、管理粗放的实际，完成修竹绿化公司改革，堵牢了管理漏洞；针对苗木征迁领域的腐败案件，开展征迁苗木补偿机制改革，取消苗木征迁市场价补偿，采取移栽费补偿，降低了廉政风险。

【安吉椅艺创新服务综合体入选】 1月3日，省首批产业创新服务综合体创建名单公布，开发区椅艺产业创新服务综合体成功入选。该综合体将依托开发区绿色家居产业园区，建设期为三年，预计投入资金将超过1.2亿元，整合科技创新、机制创新、业态创新、管理创新、服务创新等全产业链公共服务于一体，打造共享、开放、高效的椅艺产业创新服务体系，为椅业产业转型升级提供有力创新服务保障。到2020年，综合体总部建筑面积将达1万平方米以上，创新服务人员将达200人，各类研发检测试验设备总价值将达3000万元以上。

【中源家居在上交所主板上市】 2月8日，中源家居股份有限公司在上海证券交易所A股主板上市，成为继永艺股份、洁美科技、恒林股份后县内第四家上市公司。

【恒林椅业获“金牛”企业称号】 2017年，恒林椅业缴纳税金达2亿元，荣获2017年度湖州市“金牛”企业称号，填补了县企业无“金牛”的空白。根据《湖州市“金象金牛”大企业培育三年行动计划（2017～2019）》文件精神，金牛企业需当年市内实缴税金2亿元以上，或市内全部主营业务收入在50亿元以上。

2月8日，中源家居股份有限公司在上海证券交易所A股主板上市

【2017 年度县十大明星企业】 3 月 7 日上午，2017 年度安吉经济发展风云榜颁奖盛典举行。开发区恒林椅业、永艺家具、天振竹木、洁美电子、中源家居、嘉瑞福家具、中力机械、大东方家具、博泰家具等 9 家企业获评县十大明星企业，并在生态广场竖旗一年表彰。

【集中签约总部经济项目】 3 月 31 日上午，首批零土地总部经济项目集中签约仪式在发展大厦举行，开发区全体班子成员参加。护童家具、鲲鹏—南天湖乐创中心元龙 9 个项目集中签约，预计年产值达到 40 亿元、利税达到 2 亿元。开展“零土地”总部经济招商并取得突破，是开发区转变招商思路、放大产业优势、厚植新动能的结果。

【工商业联合会成立】 5 月 26 日上午，安吉经济开发区商会成立暨商会第一届会员大会在美林度假村召开，53 家会员企业的负责人参加会议，县委常委、开发区党工委书记、管委会主任赵怀君、县工商业联合会(总商会)及开发区相关负责人出席会议。会上，恒林椅业董事长王江林当选首任会长。

【宝业装配式建筑项目选址入选试点】 6 月 6 日，省国土厅发布《浙江省国土资源厅关于做好矿地综合开发利用采矿权试点工作的通知》(浙土资厅函〔2018〕229 号)，同意宝业装配式建筑项目选址鞍山村建筑用灰岩矿入选省矿地综合开发利用采矿权试点。

【云数据中心项目规划评审会】 7 月 19 日上午，安吉大型云数据中心项目规划评审会在发展大厦 1208 会议室召开，县委常委、开发区党工委书记、管委会主任赵怀君主持会议，开发区及县发改、经信、供电、电信等单位负责人参加评审。会上，华信设计院、省电力设计院、贵州交勘院、安吉城乡规划设计院等设计单位汇报了规划编制情况。

7 月 19 日上午，安吉大型云数据中心项目规划评审会召开

【发展大型云数据中心专题论证会】 8 月 29 日上午，安吉县发展大型云数据中心专题论证会在省经信委 1112 会议室召开，省发展改革委(能源局)、省经信委、省国土资源厅、国家税务总局浙江省税务局、省通讯管理局、安吉县政府、市经信委、省电力公司、浙江电信、浙江移动、浙江联通、华信设计院等单位相关负责人参加会议，省经信委党组成员、总工程师厉敏参加会议并发表总结讲话。会上，县委常委、开发区党工委书记、管委会主任赵怀君汇报了安吉谋划发展大型云数据中心产业相关情况，各与会单位讨论了安吉发展大型云数据中心的可行性及存在的困难。会议认为安吉发展大型云数据中心产业具有较大优势。

【杭长高速公路开发区互通和规划 304 省道工程开工】 9 月 28 日上午，杭长高速公路开发区互通、镇海至安吉公路(安吉矮部里至南北庄)即规划 304 省道(安吉矮部里至南北庄)工程开工仪式在南北庄村举行。

【养生堂(安吉)智能生活产业科技园项目奠基】 10 月 29 日上午，安洽会重点项目集中开竣工仪式举行，正式拉开了第 11 届中国美丽乡村 · 安吉投资贸易人才洽谈会的序幕。县领导沈铭权、陈永华、陆为民、赵德清、赵怀君、徐卫勇、侯献荣参加，并为养生堂(安吉)智能生活产业科技园项目奠基。

【浙澳(安吉)经贸合作区成立】 11月28日,省政府办公厅发文批复湖州市,正式同意在安吉经济开发区建设浙江澳门(安吉)经贸合作区。合作区的设立有利于安吉打造国际贸易和投资创新高地。

【优化营商环境十项举措】 12月10日,开发区正式发布《关于印发安吉经济开发区优化营商环境十项举措的通知》(安开工委〔2018〕48号)。从破解企业用工"两难"问题,提升园区基础保障能力,创新工业用地供应机制,扶持股改上市和企业发展,推动企业加快创新发展,深入落实"最多跑一次"改革,全面推进"亩产论英雄"改革,积极抓好企业固废处置,全力保障重点项目推进等方面入手,梳理出28条工作举措,着力提升开发区服务品牌,打造一流营商环境。

【"重要国有资产管理系统"强化国资有效管理】 12月18日,开发区重要国有资产管理系统正式上线。开发区全面理清所属国有资产形成资产清册,整合录入软件系统,图信化、界线化、立体化展现资产现状,智能化提供信息筛选、统计分析、预警提醒等功能。同时,依据配套出台的《安吉经济开发区重要国有资产管理办法(试行)》(安管委〔2018〕107号),设置资产的使用、处置审核审批流程,实行留痕化管理,有效规范资产管理行为,维护资产安全完整,提高资产使用效益。

(夏　炎)

示范区安吉分区

【概况】 2018年,示范区围绕全县"两聚一美"发展大局,立足打造高新技术成果转化集聚区和省际产城融合示范区的战略目标,以"攻坚大项目、培育大产业、谋划大平台、抓实大党建"为主线,创新构建"4221"工作体系,坚持四大分局抓项目招引、双线并进抓产业质效提升、建管一体抓平台建设、严管队伍抓党建合力,较好地完成了全年各项目标任务,经济发展继续保持稳中有进的良好态势。全年完成财政总收入6.2亿元,预计实现规模以上工业总产值137亿元,规模以上工业增加值29.2亿元,规模以上利税8.3亿元,同比分别增长16.9%、9.4%、12.1%和5.8%。

按照示范区"1+2+3"重点产业导向,完善"定点、定人、定向"招商工作机制,坚持瞄准"高精尖专特新"领域,锁定杭州、上海、苏南三大重点区域加大项目靶向招引力度。探索推行市场化招商方式,委托中介机构提供项目线索,重点攻坚引入外资项目。全年累计新签约登新科技、天璇智控、鸿泉电子等亿元以上项目15个,总投资46亿元,其中引进福斯特新材料、洁美产业园等10亿元以上项目2个。评定工业"大好高"项目8个,实到外资4536.6万美元,浙商回归省外到位资金22亿元,分别完成全年目标任务的100%、101.1%和110.1%。建立项目"双线"推进机制,实行责任领导月访、联企专员周访、招商人员回访的联系制度;定期召开项目"双进"双周例会,对重点、难点问题实行专题会商。同时完善项目推进责任体系,创新推行一次会议、一张表格、一支队伍、一套机制"四个一"工作制度,夯实责任、传导压力。全年累计实现亿元以上开工项目17个、竣工项目12个,分别完成全年目标任务的243%和200%。福斯特新材料项目顺利实现开工建设,共创小微企业园一期基本实现竣工。

9月1日,示范区安吉分区"6+N"亩均提升行动推进大会

以“五未土地处置行动”和“低散乱”整治为抓手，纵深推进“双停”资源整治工作，通过挖潜低效利用土地和盘活存量资源，实现土地资源再利用、项目质量再提高。全年累计盘活“双停”项目17个，盘活工业用地460余亩，盘活用地占全区土地供应总量的50.6%。蓝孔雀、赛尔美通过“腾笼换鸟”引进了金鱼集团、华缔集团等一批优质大项目。

按照省市县“亩均论英雄”改革导向，率先在全县推行“6+N”亩均提升行动，通过“督促做实一批、引导创优一批、鼓励转型一批、帮扶并强一批、支持改新一批、强制盘活一批”六大主要措施和若干具体实施路径，为企业提供清单式服务。截至目前，已纳入评价体系管理企业151家，排摸意向转型或并强企业22家，亩均4万元以下重点整治企业47家，重点攻坚出租企业8家，完成淘汰整治落后产能6家，2018年全区规上企业亩均税收达到8.6万元，同比增长18.2%。积极引导重点企业与科研院所、高等学校开展技术创新和项目合作，进一步加快企业转型和提升企业核心竞争力。全年新增国家高新技术企业7家、省级研发中心4家、省级研究院2家、众创空间1家，惠嘉生物成功获得省科技进步一等奖。实施高端智力集聚工程，成功申报“南太湖精英计划”各类项目12个、“海外工程师”1家。深入开展重点企业培大育强三年行动，按照年度推进计划强化分类指导和梯度培育，打好企业培育组合拳，推动企业做大做强做优。全年新增产值超5亿元企业1家，10亿元企业3家；新增县“百强”工业企业6家，累计达29家。细化推进“凤凰行动”计划，完成“小升规”企业12家，“新上规”企业3家，累计规上企业总数达97家。

启动编制示范区单元控制性详细规划、高铁新城区块控制性详细规划和天子湖区块给排水专项规划。完成示范区总体规划、重点片区城市设计规划和环境功能区划调整。基本形成以总规为纲要，各类控规、详规为辅的全域规划体系，确保以高起点规划引领平台纵深拓展开发。围绕“万亩工业大平台”定位，持续拓展平台空间，重点推进临港区块和天子湖南区、北区三大片区征迁攻坚任务。全年累计完成征地1680余亩，拆迁206户。不断强化基础和配套设施保障，科创园等创新引擎加快布局，启动实施建设路、高铁快速路、天子湖大道延伸段建设，兴业路延伸段、高庄西路改造工程等全面竣工。深入推进园区“污水零直排”创建，完成园区良朋片区污水管网修复，46家重点涉水企业实现流量在线实时监测。全面开展涉气企业整治行动，编制完成27家重点涉气企业整治方案，15家正在实施整治，欣业包装、龙鑫印染等5家企业已通过验收。大力推动园区生态化、园林化改造，启动临港大道、梅晓线、兴业路、上马山路等道路景观提升工程，实施新建绿化项目8个，新增绿化面积约6万平方米、道路彩化面积8万平方米。

深入开展党建“双提升”集中攻坚行动，加快提升党务工作者专业化能力和党组织规范化标准。全年新成立非公企业党支部3家、联建1家、流动党支部1家，实现了园区非公企业党组织和党的工作全覆盖。大力推进“红色阵地”提升工程，以“美丽党建”强基行动为抓手，通过全域化、标准化、特色化的阵地建设，提升党员活动阵地、宣传阵地的规范化水平。全年共新建非公企业党组织阵地4家，提升完成26家，祖名豆制食品成功创建县级党建示范点。全面推进党风廉政主体责任落实，制定《示范区干部年度立体考核办法》，坚持干部工作业绩争先和主体责任落实同步推进、并行考核。加强党风廉政“双向三化”履职领域风险防控工作，完成细化6大局(办)主要职能95大项169小项，梳理风险内容198条，制定防控措施375条，进一步预防、控制和降低干部履职风险。严格把好选人用人政治关，突出担当、实干精神，建立健全正向激励机制，全年共新提拔县委副科级组织员1名，新选拔任用中层正职干部2名、中层副职干部8名。牢固树立以实干创实绩、以实绩论英雄的鲜明导向，全面打造一支激情干事、担当干事的干部队伍。深入践行“奋勇争先、赶超发展”主题，定期举办“智慧大讲堂”，开展“双重”工作双月督查考核，不断浓厚“比学赶超”氛围。深化党性锻炼，以“支部主题党日”活动为载体，推行“一月一会议”“一季一主题”，组织党员干部赴余村、南京大屠杀纪念馆参观学习，进一步筑牢党员干部党性意识、强化责任担当。搭建一线岗位实践活动载体，组织开展“四大攻坚”“百日大会战”行动和以“打造‘四微’标杆，争当创建先锋”为主题的全国文明城市创建宣传活动，加快党员干部围绕中心提升履职能力。

【工业经济转型升级大会】 3月9日，示范区召开工业经济转型升级大会。大会回顾总结了2017年示范区工业经济发展情况，部署了2018年工业经济发展主要工作任务，并对2017年度十大纳税企业、4家先进基层站所、17位企业服务明星进行了通报表彰。同时制定并下发《示范区安吉分区工业经济政策(2018)》《关于印发2018年示范区安吉分区工业经济转型升级活动实施方案的通知》等文件，加快推动工业提质增效。

【惠嘉生物获省科技进步一等奖】 4月11日，省科技厅发布2017年度浙江省科学技术奖获奖项目(人员)名单，其中示范区浙江惠嘉生物科技有限公司斩获省科技进步一等奖。由国家“万人计划”人才刘金松、“省千”人才杨彩梅，共同领衔的“畜禽抗生素减量和养分减排的新型微生态制剂技术研究与产业化”项目，获评省科学技术进步奖一等奖。

【“万亩大平台”集中推进行动暨“四大攻坚”“百日大会战”誓师大会】 4月20日，示范区召开“万亩大平台”集中推进行动暨“四大攻坚”“百日大会战”誓师大会。旨在利用4～7月一百天时间，集中精力抓重点、攻难点、创亮点，全面推进各项工作，力争实现“时间过半、任务过半”。示范区班子成员、天子湖镇相关领导、示范区全体干部、基层站所及项目投资建设代表参加此次活动。

【文明城市创建现场推进会】 7月27日，示范区结合主题党日活动，以“打造‘四微’标杆，争当创建先锋”为主题，在安吉祖名豆制食品有限公司召开文明城市创建现场推进会。通过入企宣讲、文明劝导、自愿服务、环境督查等活动，营造示范区企业“全员参与，共建共享”的浓厚氛围。本次活动由示范区党工委副书记章毅主持。示范区、基层站所部分干部及企业党组织、企业职工代表参加。

7月27日，主题党日活动暨文明城市创建现场推进会召开

【“6+N亩均行动”推进大会】 9月1日，为全面贯彻落实省、市、县关于推进“亩均论英雄”改革工作部署要求，进一步加快示范区新一轮产业大升级、大发展，示范区组织召开“6+N亩均行动”推进大会。此次会议由县政协副主席、示范区管委会主任陈卫卫主持。县委副书记、县长陈永华，县委常委、示范区党工委书记徐卫勇，县人大常委会党组成员、副主任梁蕴伟，县政协副主席、示范区管委会主任陈卫卫，县工业领域相关部门主要负责人、梅溪镇和天子湖镇主要领导及相关分管领导、示范区园区用地五亩(含)以上的工业企业负责人、两镇基层站所主要负责人、示范区班子领导和全体干部参加会议。

【探索园区大气污染治理常态化机制】 为解决示范区天子湖南区和晓墅工业园大气污染问题，示范区创新工作方式，依托浙江大学在环保领域的专业研究能力，对园区重点涉气企业统一编制《示范区大气污染治理方案》，做到“一企一案”“一企一策”。目前，欣业包装、龙鑫印染等5家企业已完成整治验收，25家企业正在实施整治过程中，进一步解决了园区长期以来大气污染问题。

【健全示范区项目推进机制】 建立项目"双线"推进机制,实行责任领导月访、联企专员周访的联系制度,定期召开项目"双进"双周例会,专题会商协商。同时完善项目推进责任体系,12月制定出台《示范区项目推进管理办法》,明确一次会议、一张表格、一支队伍、一套机制"四个一"制度,有力保障项目顺利推进。特别是华缔生物药业在全市"四新比看"活动中综合评分位列第六,创造了全县最好成绩,同时为市对县考核加分作出了贡献。

【环境功能区划调整】 示范区全力对接省环保厅,积极争取工作支持,在充分论证、调研基础上,组织上报了《天子湖环境功能区勘误文本》,并于12月24日得到了省环保厅的批复同意,保障了福斯特新材料、九元通讯等重大产业项目的开工建设。

【实行共创小微企业园"社会投资+政府管理"运行模式】 为减轻政府资金压力,加快引导亿元以下小微企业产业集聚、资源集约、区域集中,示范区坚持政府主导,积极鼓励社会资本参与小微企业产业园建设,再由政府负责回租。在项目准入、项目招引、企业服务、物业管理等环节由示范区全程主导。同时因地制宜制定了《示范区共创小微企业产业园管理办法》,明确入园产业定位,确保产业"专精特新"。该项目投产后预计为政府节约资金3.89亿元,新增工业产值10亿元,贡献税收6000余万元。

【集聚优质项目创建"大好高"一条街】 充分利用天子湖大道(兴业路至兴盛路段)区域400亩用地空间,制定区域落地项目产业导向、投资额度、亩均税收等硬性指标和市场前景、综合实力等软性指标,引导产业相近、行业相关、主业相同的优质项目加快集聚。目前,该区域已成功签约振欣透平、登新科技、卡塞尔机械等5个工业"大好高"项目,总投资约12亿元,项目全部投产后预计可创造亩均税收30万元、亩均产值500万元以上。

(向　丹)

递铺街道

【概况】 递铺街道东临德清,西连孝丰,南接余杭、临安,北靠溪龙、天子湖,地域面积237平方公里,常住人口7.5万,境内有省级经济开发区1个(浙江省安吉经济开发区)。递铺水陆交通便捷,生态环境优美,杭长高速穿境而过,国家一级公路04省道、11省道一纵一横贯穿全境,水运集装箱码头(川达物流)直通上海港。2017年,县委县政府从战略驱动的高度谋篇布局,作出"一区两街道"新一轮体制调整的决策部署,开发区与递铺街道职能分离,递铺街道统筹处理综合治理、农村发展、社会发展、生态治理等社会事务,不再肩负经济发展职能。

2018年,递铺街道坚持"一带四园"的总体思路打造全域美丽街道,以"一年打基础、二年出形象、三年大变样"的三步走战略,落实县委县政府"两聚一美"的决策部署。三官、塘浦和康山小城镇环境综合整治通过省级验收,康山成为小城镇环境综合整治省级样板,三个小城镇的基础设施大幅提升,文化底蕴充分彰显,脏乱差的面貌彻底改变。古城、鹤鹿溪成功创建美丽乡村精品示范村,特色美丽乡村从鲁家一枝独秀转变为三足鼎立。四大田园综合体统筹布局,"田园鲁家"核心区公建项目基本完成,辐射区南北庄、义士塔、赤芝村美丽乡村项目启动,以"一带四园"为支撑的全域美丽街道框架格局在"深耕细作"中逐步拉开。《乡村振兴三年实施方案》《加快美丽乡村休闲旅游发展若干办法》《"美丽乡村经营示范村"创建办法》《壮大村级集体经济若干政策》等系列扶持政策相继出台,为美丽环境向"美丽经济"转变注入了最强大的动力。"鞍山初见""三官鱼雁""青龙修远""赤芝明心"等乡村民宿纳入精品管理,"涵田度假""印象老庄"等高端休闲旅游项目成效初显。培优育强与扶弱脱困并举,专项制定垅坝、青龙、兰田和蚕桑场村精准扶持方案,通过集体土地流转、村级物业租赁和工商资本引入,成功消除村集体经营性收入在15万元以下的集体经济薄弱村。2018年,街道农民人均纯收入3.1万元,同比增长10%。全面启动全国文明城市创建,新时代文明实践所、站全域覆盖。通过制作与文化相连、与景观相融、与主题相契的文明城市创建公益广告,形成文明创建人人知晓、人人参与的浓厚氛围。通过广泛布点、强化宣传,推动社会主义核心价值观"看得见、记得牢、践行好"。围绕创建重点，完成15个安置小区、5个农贸市场的卫生环境整治，17个督查点整改，垃圾分类和垃圾不落地实现全覆盖。开展移风易俗活动，“鲜花换纸钱、物品换爆竹”等举措，推动传统习俗向现代文明加快转变。在美丽新递铺的青山绿水之间，文明新风正逐渐成为这座产业之城、宜居之城最动人的底蕴。

全年受理、调处各类矛盾纠纷320起，调解成功率99%。“三改一拆”工作纵深推进，全年拆违22万平方米，“三改”62万平方米。万亩、双河区域性拆违取得突破性进展，新增违建势头有效遏制。在阳光大道、绕城环线、杭长高速等主要道路沿线开展综合治理，整改点位七百余处。卫片执法点、水泥制品点、环保督查点的治理整改全面完成，河长制、路长制常态化推进，完成全国改善农村人居环境大会、全国“四好农村路”现场会环境保障。整治“四抢”，开展集中行动11次，拔除抢种苗木70万余株，严厉打击非法侵占公共利益行为。加强农村生活污水配套设施后期维护，完成南北庄、六庄污水设施整改110余户，污水处理终端整改提升60余处。针对辖区企业数量多、流动人口多、存量违建多、社会矛盾多的实际情况，探索实施“二级街道”管理模式，增设双河、塘浦、雾山寺、安城四个二级街道管理处，以网格化管理为基础，以四个平台综合信息指挥室为中枢，推动“管理力量下沉、服务关口靠前”。全面完成二级街道职责分工、机构设置和管理办法制定。

巩固提升农业基础，完成里溪、西港溪、浒溪等项目综合治理前期准备，治理重点中小河流马家段1.8公里，山塘水库除险加固6座。推进现代渔业绿色振兴，强化农业面源污染治理，完成1000余亩养殖业尾水整治。首创全县半专业森林消防队伍，形成以县专业森林消防队为主，街道半专业森林消防队伍为辅的森林火灾扑救体系。建成彩色森林800亩，森林抚育1000亩，制止非法开垦林地8起、非法占用林地12起。推进农整复垦，完成“旱改水”413亩，土地复垦327亩，垦造耕地205亩。递铺街道坚持民生优先，突出抓好底线民生，办好民生实事。街道第二幼儿园投入使用，第五小学主体工程完成80%，城北小学主体工程完成70%，街道中心幼儿园完成开工准备，文体中心、街道卫生院大楼基本建成。改造提升农村公路三十余公里，群众出行条件进一步改善。出台全县首个健康事业发展奖励办法，完成五家村级卫生服务站改造提升，进一步吸纳基层医疗服务人才，提升群众“小病就医”水平。

新建便民服务大厅投入使用，加快推进“一窗受理、集成服务”改革落实。赵家上成功创建市级体育广场，垅坝建成省级体育公园。全年举办文体活动145场，成功举办首届递铺街道农民丰收节、全县首个门球联赛。开展平安创建大宣传，创新“平安三率”、普法教育等宣传手段，不断提高街道“平安三率”和法律意识。开展“扫黑除恶”专项斗争，保障群众安居乐业。开展“依法养犬、文明养犬”宣传教育，推进犬类规范管理专项整治行动。开展安全生产隐患大排查大整治行动，2500余处安全隐患整改到位。开展村级工业平台企业消防安全隐患专项整治，54家企业完成整改。创建规上企业“护企平安卫队”，帮助企业开展内部消防安全隐患排查整治。完成塘浦竹贸城、至尚家具厂、丽友转椅配件厂重大安全隐患整改。

党建工作巩固提升。建成全市首个党员使命教育馆，成为

安吉党员使命教育馆室内

加强党员党性教育和践行“两山”理念的重要阵地。打造长乐、双河等六个党建示范点，发挥主题教育在推动基层党建中的带动引领作用。成功创建一个市级、四个县级先锋示范村。实施党员“家园十指数”，纳入党员先锋指数考评，在生态环境治理中充分发挥党支部的战斗堡垒作用，党员的示范带头作用，引导群众共建美丽家园。实施中层干部竞聘，优化中层干部资源配置，改善干部队伍结构，激发干部队伍活力。完成31个中层岗位的竞争上岗，13个中层岗位调整。创新开展中层干部季度例会述职制度，工作推进月督查、季考评，以强有力的督查推动工作落实。健全考核奖惩机制，压实各村(社区)书记抓党建责任，选树优秀支部书记和党员干部外出挂职学习，培养优秀村级党组织带头人。开展村“两委”班子“回头看”活动，调整村干部三人。组织村级后备干部公开招考，着力进行村级后备干部培养。以“坚定‘两山’路 奋进新时代”活动为载体，围绕“奋进九问”，弘扬“寻乌调查”精神，践行深入唯实作风，集中开展“大走访、大宣讲、大调研、大讨论”等“六大行动”。走访农户1.5万户，收集意见建议1012条，开展思路大讨论45场，梳理“关键小事”140余件。

【退役军人两级服务保障体系】 建立递铺街道退役军人服务站，退役军人服务社在33个村(社区)实现全覆盖，落实办公场所，指定专人负责，构建街道和村(社区)两级服务保障体系。利用近五个月时间，完成1800余名退役军人及家属的信息采集、核对和完善。动员街道和村(社区)干部，对退役军人进行逐户走访，向优抚对象发放慰问金，深入排摸和掌握退役军人个体和群体利益诉求问题，协调解决退役军人工作和生活问题五起，化解矛盾纠纷三起。

【安吉党员使命教育馆落成】 9月25日，安吉党员使命教育馆在递铺街道鲁家村举行揭幕仪式。展馆主体建筑占地面积300平方米，展厅主要设“使命起航”“使命聚力”“使命传承”三大篇章，是新时代加强党员党性教育和践行“两山”理念的重要载体，是全市、全省乃至全国“不忘初心、牢记使命”主题教育的重要阵地。

【鲁家村裘丽琴领取地球卫士奖】 9月27日上午，联合国的最高环境荣誉——地球卫士奖颁奖典礼在美国纽约举行，浙江省“千村示范万村整治”工程(简称“千万工程”)荣获联合国地球卫士奖中的“激励与行动”奖，鲁家村村委会主任裘丽琴作为浙江省农民代表上台领奖，并发表了获奖感言。

【鲁家村获“中国十佳小康村”】 2月25日，2018中国“三农”发展大会在北京召开，鲁家村成功入选第11届中国十佳小康村。近年来，鲁家村以打造家庭农场集聚区为载体，深挖以循环农业、创意农业和农事体验为主要内容的美丽乡村旅游潜力，实现农业与休闲旅游产业的深度融合；以“企业+村+家庭农场”的全新经营模式为突破口，将美丽乡村的生态资源转化为发展资本，吸引20亿元社会资本共建共营村庄景区，实现发展成果与全体村民普惠共享。2018年，村集体经济收入400余万元，村民人均收入38820元，接待旅游人数51万人次，旅游收入1000余万元。

【《村级健康事业发展奖励补助办法》发布】 为破解村(社区)卫

9月27日上午，裘丽琴(左三)作为浙江省农民代表上台领奖

生服务站设施陈旧、医生断层、服务站“空巢”等难题。《村级健康事业发展奖励补助办法》落实年度责任医生签约补助奖约40万元，中高级职称医务人员每月补助500至1000元不等，流动人口医疗卫生管理经费1∶1配套，提升或新建服务站可获得50%资金补助，日常运行考核合格可获得4万元/年的运行补贴。通过绩效考核与资金奖励并举，提升群众小病就医服务水平。

【古城遗址入选国家“十三五”文旅提升工程】 古城遗址是迄今为止保存最好的越国城址，也是太湖流域及浙江地区迄今发现同时期规格最高的城址。2018年11月，国家文物局公布“十三五”时期文化旅游提升工程中的全国重点文物保护单位保护利用设施建设项目，古城遗址成为浙江省2019～2020年全国重点文物保护单位保护利用设施建设项目。古城国家考古遗址公园已由国家文物局立项，目前正按计划推进文保中心遗址博物馆，其主体结构的土建工程已经结顶，内部装修、布展等在规划设计中。

【宋茗茶博园开园】 3月9日，递铺街道古城村的安吉宋茗茶博园开园，项目总投资3.8亿元，区域总面积2600亩，由千亩安吉白茶精品园、茶康养度假酒店、茶文化影视基地、安吉白茶博物馆、茶叶品种资源库等五大区块组成，以安吉白茶文化为主题，白茶精品园为平台，集白茶生产、研发、技术推广、品牌展示、茶文化传播为一体的生态农业文旅度假综合体，也是省级白茶一二三产融合试点的成果。

（罗时波）

2018年递铺街道农村基本情况一览表

表8

村(社区)名	村民小组(个)	农户数(户)	人口数(人)	耕地面积(亩)	村级经济总收入(万元)	补助收入(万元)	经常性收入(万元)	其中：经营性收入(万元)	农民人均纯收入(元)	书记	主任
长乐村	23	714	2783	70	414.21	138.09	276.12	234.11	35000	温兴元	徐强国
鲁家村	16	610	2299	1433	1569.37	1018.56	550.81	300.20	38820	朱仁斌	裘丽琴
南北庄	24	966	3222	2308	415.63	304.72	110.91	37.57	33037	胡建国	郑火明
义士塔	7	220	789	530	184.26	140.76	43.50	16.67	33498	竺正祥	吕吉娣
赤　芝	25	1109	3558	1477	406.20	325.72	80.48	18.53	31205	王乐华	张德煜
吉庆桥	13	498	1524	713	199.19	22.97	176.22	138.16	31785	朱惠荣	彭建伟
雾山寺	8	470	1718	0	384.01	78.70	305.31	247.59	31560	高国强	陶建军
荷花塘	18	665	2570	1813	172.00	71.12	100.88	64.35	31300	张孟臣	崔百顺
银　湾	10	425	1544	1324	287.17	46.98	240.19	201.39	31158	卜建平	吴玑南
赵家上	10	515	2226	480	253.54	112.60	140.94	71.41	30134	张晓明	李晓林
三　官	22	975	3395	3380	298.70	91.42	207.28	147.56	31010	徐彩琴	贺胜平
老　庄	23	535	2038	2829	373.53	327.41	46.12	27.09	28890	王官仁	喻元根
青　龙	9	300	1027	1769	481.52	448.15	33.37	16.12	29980	余成忠	罗荣安
东山垓	13	312	1160	1725	209.30	133.34	75.96	59.80	27660	王林顺	黄吉新
双　河	30	1512	4810	5920	543.75	236.40	307.35	231.61	30931	江　斌	丁来庆
康　山	18	847	2707	1102	369.15	98.38	270.77	227.99	31319	鲁健民	陈　磊
六　庄	11	468	1559	1913	166.83	131.66	35.17	15.76	30186	李洪仁	俞　强

续表

村(社区)名	村民小组（个）	农户数（户）	人口数（人）	耕地面积（亩）	村级经济总收入（万元）	补助收入（万元）	经常性收入（万元）	其中：经营性收入（万元）	农民人均纯收入（元）	书记	主任
鹤鹿溪	25	888	3088	4950	2351.21	2208.99	142.22	118.85	35000	李升阳	邱新强
安城	58	1517	5308	4244	750.40	107.31	643.09	253.30	29307	吴国仁	程有平
横塘	24	823	2832	4115	361.70	222.14	139.56	62.46	26900	刘刚强	胡宝财
垅坝	40	925	3305	3534	295.51	215.81	79.70	44.49	27944	孙道珺	刘峰
兰田	19	755	2622	4915	524.99	491.44	33.55	16.73	25928	谢传洋	汪小华
古城	33	950	3452	4116	1036.13	828.05	208.08	174.56	28550	张康钱	—
鞍山	23	512	1769	3051	341.94	200.15	141.79	74.48	31000	吴立群	王世新
马家	19	850	3025	1371	303.43	206.73	96.70	38.48	32545	田忠根	王贵福
蚕桑场	4	120	365	10	95.69	56.65	39.04	17.69	24600	马汝进	马汝进
万亩	28	1429	4179	1896	422.08	43.64	378.44	299.96	34583	林长顺	王国朝
塘浦	12	477	1430	550	220.28	42.36	177.92	141.70	31090	娄云红	杨浙龙
东浜	17	700	2004	450	230.46	125.89	104.57	64.56	31337	鲍仁姣	陈永才
净土	9	593	1921	985	419.71	141.17	278.54	202.56	31450	李志德	傅世泽
合计	591	21680	74229	62973	14081.89	8617.31	5464.58	3565.73	31105	—	—

昌硕街道

【概况】 昌硕街道是安吉县下辖的一个街道，区域面积100.94平方公里，常住人口约15万。2018年，昌硕街道办事处围绕“两聚一美”工作大局，持续深化“小城大爱·美好昌硕”品牌建设。2018年实现财政收入5.85亿元，同比增长29%。农民人均收入33440元，同比增长5.2%。完成浙商回归资金6500万元，引进汪木英医院和安吉传祺酒店两个浙商回归项目，投资3亿元以上的总部经济项目重庆“猪八戒网”文创产业园初步确定落户余墩社区。重点服务业实现投资8428万元，新增规上服务业企业18家，规上服务业营业收入40.39亿元，同比增长8%。全年消化批而未供土地795亩，完成盘活存量建设用地277亩，11宗供而未用地块开工建设。“最多跑一次”改革在街道全域有序开展，4个重点规上服务业企业服务环境监测点有效运转。全年处理游客投诉11次，满意率100%。村集体经营性收入达6636万元，同比增长5%。双一村“乡村旅游示范村”创建有序开展，省级“森林人家”创建稳步推进。三友、朗里、石鹰和高坞岭物业项目有序开展。

明确三年创建路线图，网格化推进创建工作，打造“街道+社区+小区”三级创建样板，建立“每月一曝”和综合督查等机制，全年两次获得创建优秀单位称号。组建专班，创新“十步攻坚法”，完成山头、余墩和天荒坪南路三大区块城中村改造清零任务，总计签约552户，腾出用地空间1218亩，解决大批历史遗留问题。完成违建普查“一户一档”资料5488户，建立健全无违建管理网格25个，组织开展“集中推进日”活动12次，完成违建点位核查752处，拆违面积达2.6万平方米。各级河长巡河500多公里，两条县级河道、四条镇级河道及全部小型水库纳入第三方物业管理。妥善处置中央环保督查“回头看”案件3起，完成专项整改28起，完成犬只免疫和登记2957条。“双禁”工作长效化推进，三友社区美丽

11 月 15 日，安吉县昌硕街道新时代文明实践所建设动员会暨城市生活垃圾分类管理专题推进会召开现场

乡村成功复牌。率先完成 10 个示范小区垃圾分类环卫设施布点，协调处理垃圾分类“三站”建设 34 处，有序推进“三化四分”和“三站三定二进楼”工作。

“四个平台”运转顺畅，“综治中心”“视联网”和“雪亮工程”作用初显，63 个全科网格顺利搭建，26 个 1600 名“平安家园”卫队成员全年发现处理城市管理和治安问题 564 起。推进“党建＋四联四治”小区治理模式，打造 14 个示范小区，加快推进小区共建共治共享。完成转椅市场 230 间商铺和城区 3000 余间出租房专项消防安全整治。全年为企业提供安全“体检”280 余次，化解各类隐患 88 起。切实抓好电梯安全管理，报废取缔问题设备 18 台。配合完成省食品安全县成功创建。深入开展“扫黑除恶”专项斗争，摸排涉恶线索 11 条，破获各类涉黑涉恶案件 16 起。受理信访案件 73 件、县长热线 961 件。加大平安护航力度，确保全国“两会”等重要节点平安稳定。

联合有关部门完成石马港公园建设，打通玉华路、石佛西路等断头路。完成芝里小区、银景小区等片区雨污分流 10 公里改造工程。完成 9 条背街小巷整治项目。凤凰山农贸市场改造完成投入运营，中心农贸市场改造快速推进。“精准扶贫”扎实推进，为 149 户 264 名低保户、673 名残疾困难人员和 950 名失业人员发放救扶资金 1000 余万元。联合县妇保院、昌硕卫生院，为 14568 位 0～6 岁儿童进行残疾筛查。提供工作岗位 3000 个，调解劳动争议案件 53 件。全年开展邻里节、乡村体育节等各类文化体育主题活动 303 场次，承办“四好农村路”全国现场会、安吉县庆祝建党 97 周年等大型活动。独松关与古驿道全国重点文物保护单位规划设计和 12 个非遗项目复评顺利完成。全年落实教育经费 150 万元。流动人口计划生育服务覆盖辖区 5 万余流动人口，为 136 个家庭提供计划生育奖励扶助。推行“深化移风易俗 文明治丧”绿色殡葬。退役军人服务站顺利揭牌，“光荣之家”荣誉牌悬挂 1831 户。幸福邻里中心项目加速推进，朗里、天目、云鸿等一批试点启动运行。实现居家养老服务中心全覆盖，建成省级示范型 2 家。“智慧 5189000”APP 成功上线，全年累计受理热线 29327 件次，开展“圆梦帮困”1621 件次。

坚持街道党委领导，接受人大监督，全年向人大专题报告工作两次。支持工会、团委、妇联和科协等群团组织开展工作，构建群策群力、合力干事的良好氛围。落实“拼比争”主题实践活动各项工作要求，执行项目认领工作机制，推动 92 项年度重点工作落地。利用“四个一”基层大走访等载体，发现并解决群众 220 余件“关键小事”。完善街道项目管理、资金管理、日常管理制度，健全项目资金款项管理办法、印章使用办法等，提高机关运作效率。健全村级工程管理办法、“一书一档一报”等制度，严控严管风险点。加强村社“三资”管理，针对薄弱环节，制定防范措施。

【犬类管理工作】 自全县启动犬类规范管理专项整治行动以来，街道生态文明办紧扣中心、把握节奏，第一时间召开推进大会，创新开展犬只集中免疫、登记一体化服务点，对偏远山区村开展点对点上门服务。

【智汇海内外,贤聚在昌硕】 11月30日,“智汇海内外 贤聚在昌硕”——2018浙江安吉高层次人才洽谈会暨昌硕街道·昆士兰大学“空中”交流会在凤凰山小学举行。近年来,街道组织办围绕县委、县政府及街道党委办事处各项中心工作,按照县人才工作领导小组的统一部署,不断加大招才引智力度,持续提升人才服务效能。

11月30日,2018浙江安吉高层次人才洽谈会暨昌硕街道·昆士兰大学“空中”交流会举行

【提“三力”、争“三强”】 12月21日,九州昌硕广场举办昌硕街道两新党组织“提三力、争三强”主题活动暨九州商圈党组织孵化基地启动仪式。

(马晓如)

2018年昌硕街道村改居社区基本情况一览表

表9

社区	村民小组(个)	农户数(户)	总人口(人)	劳动力合计(个)	土地总面积(亩)	农村经济总收入(万元)	农民人均收入(元)	村级经济总收入(万元)	村级固定资产(万元)	社区书记	社区主任
上郎	6	233	627	445	0	78435	33225	33.2	480	陈富平	谢德潮
芝里	5	390	1176	732	0	22019	33158	85.2	11071	郭梦骅	潘丽琴
递二	12	627	1853	1112	0	12843	34067	423	20000	袁斌	袁斌
余墩	11	530	1862	1256	600	63800	34124	221	495	胡益法	龚家和
穆王城	6	354	1144	733	867	84033	33589	821	10705.18	潘一丁	朱小平
递铺	20	1290	3345	1943	0	108186	34969	278	1164	周和民	蒋秋平
山头	7	396	1385	856	8	15261	33612	878	18400	王恭平	严铁
范潭	10	395	1190	745	269	22020	34554	1112	12735.1	郑涛	刘汉军
双溪口	10	450	1788	867	100	31515	33866	114	754	丁自云	陈朝阳
高坞岭村	11	478	1908	1133	16200	8292	30998	62	350	胡阿毛	蒋肖杰
石鹰村	9	494	1657	1124	132	20342	31054	25	111	何德根	何建国
三友社区	26	1670	4896	1196	800	112999	32695	1522	758.6469	张乐平	陈亚军
朗里社区	13	616	1947	843	279	84720	33970	182	818.5	李允河	丁辉
双一村	9	810	2661	1432	177	30440	34007	261	5400	朱学星	李为民
合计	155	8733	27439	14417	19432	694905	467888	6017.4	83242.4369	—	—

2018 年昌硕街道城市社区基本情况一览表

表 10

社　　区	户数(户)	总人口(人)	区域面积(平方千米)	社区书记	社区主任
凤　凰	1559	3703	0.9	陈贤琴	许民强
铜山桥	701	1411	0.9	章红岩	胡秀平
昌　硕	2454	5562	0.73	张　敏	周　蓉
新街桥	2600	5509	0.83	郑久忠	汪　霞
玉　磬	783	1835	0.62	梅明芬	李　静
桃　园	1636	3780	1.41	周智红	盛颖兰
云　鸿	1957	2941	0.95	胡惠芳	顾　艳
天　目	2771	7102	0.73	李建华	范　萍
广　场	6680	16667	0.85	郑　敏	陈义红
灵　芝	2029	4467	0.62	孙　红	孙　红
灵　峰	2062	4649	1.2	楼亚芳	刘　燕
合　计	25232	57626	9.74	—	—

灵峰街道

【概况】　灵峰度假区前身为安吉环灵峰山建设发展总公司，于2008年7月从开发区单列成立，2011年6月成立管委会，2014年2月成立灵峰街道，2015年8月1日全面接管城南社区，规划面积从52平方公里扩展至84平方公里。2018年，灵峰街道以“一流标杆打造‘国旅’样板示范、高质量建设中国‘最美公园’”为总目标，全面推动了街道经济社会持续健康发展。全年实现财政收入3.01亿元，同比增长22.2%。实到外资、规上服务业营收、浙商回归省外资金等5项重点指标超额完成年度目标。全年旅游人数232.7万人次，旅游总收入30.2亿元，同比分别增长23.3%、12.7%。先后成为全国改善农村人居环境工作会议、全国“四好农村路”管理现场会、全国发展乡村民宿推进全域旅游现场会等三大全国性会议现场参观考察点，获国务院副总理胡春华、全国人大常委会副委员长吉炳轩等各级领导点赞好评。全年街道、村(社区)获“蔬果特色农业强镇”等省级以上荣誉12项。

全年新引进股书、致达金控等总部经济项目3个，实到外资1303万美元，浙商回归省外资金3.146亿元。成立“攻坚清零”专班抓征迁，全年累计签约57户、拆除168户、征地3673亩，实现雷迪森、股书等6个项目全面清零；港中旅地中海、绿城悦榕庄、竹博园开元度假村3个高端酒店正式运营，小隐半日村等5家民宿部分营业；美颂农贸市场、东方世贸彩虹城(一期)、龙王溪玫瑰园(二期)主体结顶；以树兰健康城为代表的13个签约项目正常推进。

“最多跑一次”改革深入推进，全年梳理优化142项事项流程，无差别全科受理事项85项。出台“项目警长”等优化营商环境10条举措，组织企业专场招聘会、稳岗培训等5场。建成全县首个街道级“1+3+N”旅游综合执法体系，项目推进“三三制”、现场办公制等有力落实，解决项目拆迁安置等难题13个，完成企业“小升规”6家、“个转企”20家、淘汰落后产能1家。

实现土地出让金收入11.95亿元。消化转而未供、盘活存量建设用地1032亩，完成霞泉、碧门农整项目1个，新增耕地指标26.5亩，完成高标准农田建设1500亩。建立下属企业人才引育机制，引进(调入)硕士研究生3人，培育副高人才2人。

全国文明城市创建、“双禁”、犬类规范整治等工作高压推进。小城镇环境综合整治、“五水共治”污水零直排区创建通过省级验收。常态治理持续发力，累计拆违4.15万平方米、拆后利用3.7万平方米。全县率先引进新材料PL系列生物环保降解酶提升农产品治理。“一溪一路一湖”三大工程形象初步呈现，浒溪生态治理项目入选浙江省海绵城市建设典型案例。灵峰山一期景观工程完工。完成辖区主干道和主区域绿化、彩化19万平方米，完成浮玉南路、永康北路等7公里亮化。

乡旅梦工厂、蔓塘里艺术公社两个项目有序推进，“1+2+N”联创乡村经营模式初步构建。大竹园、横山坞分别通过3A级、2A级景区村庄验收。碧门村“众创空间”入驻签约五家，获省电子商务十强专业村称号。完成全域智慧旅游地图制作。田园嘉乐比乐园、灵峰山景区通过4A级旅游景区景观质量评价，灵峰山景区游客人次、营收同比分别增长8.82%、21.16%。“七彩灵峰”农业公司销售收入同比增长10%。

8个为民办实事项目较好完成，新增停车位700余个、3A级标准旅游厕所4个，自来水、污水管网改造提升分别完成2.8公里、2.6公里。累计发放低保金、残疾人“两项补助”资金218.6万元；发放养老补贴48万元，涉及70岁以上老人1200余名。地质安全隐患三年任务两年完成。农村土地确权工作通过验收。农林水工作有序推进。

全年教育投入490万元，奖励支出150万元。家庭医生签约率超全县平均水平，灵峰、碧门成功创建省级卫生村；成功举办第二届全民运动会，灵峰、大竹园、霞泉成功创建省小康体育村，获省第五批体育特色乡镇称号。建成全省领先综合文化站，在全市率先社会化运营。开展非遗进校园、读书节等活动30余场，组织健康知识、垃圾分类等培训24次。

完成浒溪社区居民公约制定，修订村规民约7个。组建灵峰“平安卫队”，化解矛盾纠纷321起、疑难积案5起，大岙自然村拆迁安置、君茂公司处置等遗留难题得到实质性解决。完成全国“两会”、联合国世界地理信息大会等重大会议活动维稳安保任务。综治考核全县前列。全年安全隐患同比下降13.1%，无重特大事故发生。

自觉接受街道人大工委监督，办理人大代表、议政员议案和建议22件，办结率、满意率100%。“三重一大”事项决策程序不断完善。制定《聘用干部十条底线》《绿化苗木管理办法》《招商引资工作机制》等七项制度，修订《工程建设管理办法》等五项制度。全年有效应对诉讼案件7起。严把监督审计关，完成财务及融资审计6起、工程项目审计170起，规范招投标47个。数字政务中心高效率运转，办结数字城管事项2400件、受理“12345”阳光热线诉求事项400件，处置率均达100%。处理“四个平台”事件10800件，办结率达99%以上。办公自动化、数字灵峰等系统运用规范，文件流转、事项审批效率提升。

党风廉政建设和“一岗双责”责任有力履行，中央八项规定精神严格落实，县委巡察组反馈的5大类17个问题得到扎实整改。全年开展工程建设领域、农村基层作风巡查、重点项目推进、机关效能等监督40余次，落实诫勉谈话、批评教育、提醒谈话等第一种形态处置36人次。“三公”经费支出合理规范。

【创建国家级旅游度假区】 1月5日，全国旅游资源规划开发质量评定委员会发布公告，确定灵峰度假区为国家级旅游度假区。

【“七彩先锋”颁奖典礼】 2月8日，“匠心筑梦 化茧成蝶”——灵峰旅游度假区(灵峰街道)2017年度七彩先锋颁奖典礼在安吉新闻集团一号演播大厅隆重举行。

2月8日，“匠心筑梦 化茧成蝶”——灵峰旅游度假区(灵峰街道)2017年度七彩先锋颁奖晚会举行

【"项目警长工作室"揭牌】 3月12日,"项目警长工作室"揭牌仪式在灵峰旅游度假区海游天地度假城项目现场举行。

【全国"农居"现场会考察点】 4月26日,全国改善农村人居环境工作会议安吉县召开,大竹园村、剑山村蔓塘里成为现场会考察点。

【获"十大最美乡村影视取景地"称号】 5月11～12日,灵峰国家级旅游度假区在北京巅峰大会上荣获"十大最美乡村影视取景地"称号。

【举行党建共建签约仪式】 6月28日,灵峰旅游度假区(街道)纪念建党97周年大会暨与东航浙分公司党建共建签约仪式在地中海酒店举行。

【承办县家庭教育现场会】 10月24日,安吉县深化村级家庭教育指导站(社区家长学校)工作推进会在灵峰街道家庭教育指导服务中心召开。

【第二届全民健身展示大会】 11月3日,"创全国文明城市,建灵峰最美公园"——灵峰街道第二届全民运动会暨健身展示大会开幕式在灵峰小学举办。本届运动会共有13支代表队500余名运动员参加比赛。设有拔河、50米接力赛、定点投篮、乒乓球、羽毛球、跳绳、趣味比赛等11个比赛项目。

【"平安卫队"授旗仪式】 11月14日,灵峰度假区(街道)"平安卫队"授旗暨"扫黑除恶"、平安建设大会战启动仪式在灵峰村下扇安置区健身广场举行。

【省妇女干部教育基地现场观摩会】 11月23日,浙江省妇女干部教育培训现场教学基地建设现场观摩会在目莲坞举行,省妇女干部培训基地第一、二批基地负责人、基地所在县(市、区)妇联分管主席、浙江省女性教育培训联盟理事等参加现场观摩。

(张丽琴)

2018年灵峰街道村(社区)基本情况一览表

表11

村(社区)名	村民小组数(个)	农村户数(户)	农村人口(人)	农村劳动力(个)	农民人均收入(元)	经营收入(万元)	发包及上交收入(万元)	投资收益(万元)	补助收入(万元)	总收入(万元)	村集体经济总收入(除补助收入)(万元)	经营性收入(考核)(万元)	书记	主任
灵峰村	22	1203	4005	2550	34741	236.8877	16.2693	427.8829	167.673	872.9217	705.2487	681.0399	俞伟国	姚良才
剑山村	11	503	1744	1168	34665	14.258	23.2356	1046.1211	98.9837	1194.9089	1095.9252	1083.615	丁其军	潘 伟
横山坞村	14	458	1656	1159	36998	141.4222	9.1825	200	161.4574	572.5284	411.071	350.6047	蔡明福	郑光亮
大竹园村	16	564	2030	1314	33729	2.3225	152.4301	0	765.3666	961.0042	195.6376	154.7526	褚飞明	俞亚琴
碧门村	16	495	1760	1178	36958	5	69.4341	29.04	1082.7535	1199.3541	116.6006	103.4741	李亚财	吕卫东
霞泉村	17	543	1784	1184	36166	3.24	34.9009	0	466.6739	535.8753	69.2014	38.1409	施 敏(第一书记) 庞森茂	梁旭芳
城南社区	21	911	3582	2232	33518	118.684	5.9964	330.875	192.6747	690.2226	497.5479	455.5554	朱新平	谷卫强
合 计	117	4677	16561	10785	34959	521.8144	311.4489	2033.919	2935.5828	6026.8152	3091.2324	2867.1826	—	—

孝源街道

【概况】 孝源街道位于安吉中西部,东接天子湖镇,南接孝丰镇,西临安徽省,距县城15公里,12省道穿境而过。"七山一水两分田",交通便利,环境优美。总人口10206人,约50平方公里。2018年,孝源街道围绕"两聚一美"战略,紧扣乡村振兴战略要点,梳理工作目标,创新工作模式,推进党委确立的三色(红色引领、绿色固本、金色产业)工程。全年实现规上企业工业总产值20.1亿元,同比增长18.6%;农民人均纯收入33793元,增长8.9%。

以新发展理念为引领,瞄准产业发展新动向,优服务、打基础、重布局,产业基础得到新提升。协助开发区开展精细化服务与管理,全力提升营商环境。主动与开发区局办和平台公司对接,定期汇总报送重点信息,确保开发区对相关工作通盘研究,协调解决存在问题。细化企业职工服务管理体系建设,创新建成全县首个少数民族职工服务中心和企业少数民族职工工作站。辖区企业规模工业销售收入18.6亿元,同比增长15.6%;规模工业增加值4.2亿元,同比增长13.2%;规模工业利税1.9亿元,同比增长5.8%。完成申嘉湖高速再西延工程孝源村、皈山场村、洛四房村700亩土地青苗复评及土地测量分队分户工作;完成孝源村298亩土地签约;完成32户拆迁复评,签约3户。完成绿色家居产业园拆迁55户和土地签约1350亩。2018年农村经济总收入35.26亿元,同比增长8.7%。森林生态修复抚育综合工程(2018年工作重点毛竹山整村流转)被列为省级试点申报项目,完成尚书圩村与观音桥村毛竹山整村流转工作,毛竹山整村流转7232亩,并诞生全国毛竹收购价格指数保险保单。收回山塘水库24座。完成2.3公里的林道修建,回车水库除险加固工程和观音溪桃园里、尚书圩河道治理,完成洛四房村水环境优美村验收工作,完成3条小流域水土保持综合治理工程。完成安茶集团、"网易味央"等湖州市农业龙头企业项目建设,完成尚书圩休闲农业园、"网易味央"美丽产业园申报和创建工作。成功创建国家级标准化气象灾害防御乡(镇)。完成5个村村级财务审计和固定资产清理盘点,完成5个行政村38个村民小组农村集体资产清产核资工作,完成第四次经济普查清查阶段工作。尚书休闲文化村落3A景区全年接待游客6.23万人次,同比增长7.5%;旅游收入达210万元,同比增长6.9%;成功申报浙江省文化旅游示范基地。1.1亿元的"微度假"全域旅游项目启动建设,"微度假"营销中心装修和塘皈线整治提升工程完成,老政府青年双创基地和皈山场白茶市场启动改造,汽车营地项目和生态农业园项目完成招商及项目地块的政策处理等。招商盘活申博农业园和丰博房产项目,启动网易味央总部经济引进工作。上影影视文化产业园平台共引进注册各类工作室达608家。

结合中国美丽乡村建设10周年,举办安吉县第九届尚书文化节,追寻乡村振兴的文化兴盛之路,向世界展示安吉美丽乡村建设成果,展示人与自然的和谐。以创建"平安校园"活动为主题,定期开展校园及周边安全巡查和学生食品安全、医疗救助等知识培训,委托第三方对辖区内学校进行安全风险评估,加强源头管理,控制安全隐患。启动病媒生物防治、查螺灭螺、卫生服务站维修等项目,实施责任医生签约服务和尚书圩、孝源村中医师承工作。成功通过国家级卫生县城复评,创建省级卫生村2个、市级卫生村2个、健康示范村1个、健康示范户20个、心理咨询站1个,心理咨询室5个。开展大型义诊和咨询活动11次,开展健康教育课11次,安排农民体检3084人、学生体检3429人、免疫接种3554人。发放80周岁以上老人慰问金额共计18.436万元。全年新纳入低保7人,支出型贫困8人,取消不符合政策低保12人,发放最低生活保障金80万余元,支出型贫困发放资金5万余元。基本养老保险参保率92.23%,基本

12月8日,安吉县第九届尚书文化节开幕

医疗保险参保率达99.37%。围绕“2020年成功创建全县首个美丽乡村精品示范街道”中期发展目标,深化环境整治。全年共拆除违建3万余平方米,“三改”6.8万平方米。在建工地全部按照扬尘“7个100%”标准落实到位。全面开展烟花爆竹“双禁”工作,效果明显。完善秸秆焚烧网格化监管机制,确保了遥感火点“0”发生。实施观音桥、皈山场、洛四房三个村的农村生活污水处理工程,截至目前已经完成85%。完成河湖“清四乱”专项行动,完成“河小青”巡河发现的20处问题整改工作。完成普查污染源企业273家,协助环保局完成对辖区内8家化学需氧量“散乱污”企业整治工作。全国文明城市创建工作保质保量推进。以《全国文明城市测评体系》和街道创建方案,组建形成“4+12+1”的文明城市创建工作格局(创建领导小组下设4个工作组、12个专项整治组、1督察组),对企业小区整治、背街小巷美化、建筑工地整治、公共设施完善等开展整治,“对症下药”补齐城市建设和管理的短板,全面提升市民文明素质和社会文明程度。突出生态环境的保护、山水魅力的彰显和乡村风情的展示,洛四房村精品示范村完成全部建设并通过验收,观音桥村全力推进精品示范村创建工作,孝源村小城镇综合整治进入施工,有效提升村庄面貌和活力。

以“大事不出街,小事不出村”为工作目标,狠抓综治维稳工作,开展民情大走访,共排查不稳定因素90起,成功化解90起,化解各类矛盾纠纷72起,受理信访件184件,办结率100%。建立以“家园卫士”工程为引领,以全科网格建设为抓手的15支120人的“家园卫队”,推进群防群治建设。增加安装40个安置区联网监控,加强社会治安防控电子化管理。以实景实物和案例为教育题材,建成安吉县首家禁毒预防教育基地,面向全县开放。以树立“隐患就是事故”的工作理念,成功完成1家市级重大事故隐患挂牌督办单位、2家县级重大事故隐患挂牌督办单位销号工作。深入推进双重预防体系建设,完成磁性材料、精细化工、家具、食品等9个行业26家企业进行企业安全风险等级评估,指导7家企业开展安全生产标准化与企业可持续发展(SCORE)项目融合建设。创建6个安全生产事故隐患排查治理实践基地,积极推进企业对粉尘收集、储存等风险隐患大的环节进行技改。建立全县首个消防安全体验馆,成立消防快速反应应急分队,成立食品安全社会化监督员队伍。制定食品安全急救方案,做好食品安全应急准备工作。

支持街道议政会完善机制,协助人大代表“五联”落实,在街道议政员“五员”履职,议政员小组“五组”活动,以及代表和议政员“五有”活动方面提供各项保障。践行“众人的事,大家商量着办”理念,精细化推进民生实事项目票决制工作,2018年票决实施的8件民生实事项目,除2项因政策原因迟滞或取消外,其余事项均落实见效,街道群众享受到了实实在在的发展红利。支持街道人大代表联络站在去年湖州市五星级创建成功基础上,在硬件配置、机制优化方面给予后勤保障。开展以“凝聚力增强年、执行力提高年、创新力提升年”为主题的作风建设“三个年”活动,召开主任办公会议15次、党风廉政建设专题会议4次。汇总梳理街道风险点70余项次,村级风险点50余项次,并制定相应的防控措施。启动“清廉乡村”创建工作。开展第二批干部廉政档案建档工作,实现干部廉政档案全覆盖。组织机关干部通过赴省南湖监狱参观、到法院旁听,开展警示教育。落实县“最多跑一次”改革的中心工作,率先完成街道及5个村的“无差别全科受理(一窗通办)”便民服务大厅建设工作。引入流动便民服务平台,实现“跑零次”,下村进企30次,接待群众500余人,办结事项170余件。进一步打造“雪亮工程”,新增安装监控40个。

【“三色工程”推进行动】 3月2日,全国文明城市创建暨“三色工程”动员会召开。街道党委书记胡可立部署开展“三色工程”年度工作推进行动,即将年度三十余项重点工作项目,划分为“红色党旗引领”“绿色固本强基”和“角色产业强村”三大工程,有序推进年度工作,并落实周巡查、月通报制度,评比月度项目推进先进个人和流动红旗。

【毛竹林整村流转仪式】 8月2日,“坚定两山路 奋进新时代”孝源街道竹林整村流转签约仪式在尚书圩村举行,林农与村股份经济合作社,村股份经济合作社与街道林业公司,街道林业公司与保险机构分别签订协议书，至此，孝源街道尚书圩村90%毛竹林实现流转，由街道林业公司统一经营，集中分红，毛竹价格指数保险护航，副县长仁贵明出席，并授予“安吉县林下经济试验区”铭牌。

【创制民生实事项目“三严三办”工作法】 8月10日，街道民生实事项目票决制“三严三办”工作法代表安吉县在全省人大工作会议上交流。“三严三办”工作法，即项目确定阶段严筛选，项目实施阶段严落实，项目推进中严督查。项目实施过程中具体有领导领办，科室经办，代表督办，确保民生实事项目集民意，解民忧，促民生。

【禁毒预防教育基地】 10月30日，孝源街道禁毒预防教育基地在安吉县职教中心启用。该基地设有毒品样品展示、毒品危害展示、禁毒教育展示等内容，全方位展示毒品危害和近年来禁毒工作成果。该基地目前对外承接各类青少年禁毒预防教育工作。

【人大代表联络站在全市交流】 11月30日，街道人大工委主任黄承文代表安吉县在全市做了街道人大代表联络站工作交流。孝源街道人大代表联络站围绕议政会组织和议政员作用发挥，强化街道议政会管理，落实“五员”“五组”和“五有”工作机制。将全体35名议政员划分为“工业企业”“农业和农村发展”“美丽乡村与环境建设”“社会管理与服务”和“休闲旅游与微度假”等五个活动小组。出台议政员履职评议工作办法，引导议政员创建全国文明城市示范岗。

【召开第九届尚书文化节】 12月8日，孝源街道在尚书圩村举办第九届尚书文化节。此次文化节作为安吉美丽乡村艺术节和2018年中国美丽乡村嘉年华活动的一部分，与美术报创刊25周年庆合并举办，活动邀请国内100余名知名艺术家出席，并组织地方特色文化展示，进一步提升尚书休闲旅游对外知名度、美誉度。

（王　滨）

2018年孝源街道各村基本情况一览表

表12

村　名	村民小组数（个）	户数（户）	总人口（个）	劳动力（个）	农林合计面积（亩）	村级集体经济总收入（万元）	人均纯收入（农经口）（元）	书记	主任
皈山场村	15	906	3085	2102	24787	423	33398	徐正军	—
洛四房村	7	425	1349	867	8205	435	33730	叶林森	王云中
观音桥村	8	406	1357	841	14918	149	32933	吴正明（第一书记）	何　强
尚书圩村	3	312	1058	697	9520	623	34783	李锡良	李忠仁
孝源村	5	875	3357	1460	26685	188	33822	马家斌	张方国
合　计	38	2924	10206	5967	84115	1818	168666	—	—

梅　溪　镇

【概况】 梅溪镇位于安吉县东北部，地处杭嘉湖平原西部边缘。东接长兴县和吴兴区，北连长兴县，西邻本县天子湖镇，南接德清县和本县递铺街道、溪龙乡。全镇总面积192平方公里，总人口66942人。2018年，梅溪镇全年财政收入1.2亿元，完成全年目标任务的142%；城镇居民人均可支配收入4.8万元，农民人均纯收入2.83万元，分别同比增长7%和9%。成功创建“浙江省卫生镇”“浙江省非遗小镇”和“浙江省森林城镇”，并被授予“浙江省社会治安综合治理先进集体”。完成规上服务业营业收入6.29亿元、服务业重点项目投资1.88亿元、基础设施投入3亿元,分别同比增长18%、48%和114%。成功签约隐龙将居房车营地、尚书阁精品民宿、二院高端医养结合体等5个重点项目,总投资超10亿元。梅溪初夏生态农业园建设项目成功申报市"大好高"项目。主要经济指标总量和增幅继续保持全县前列。平台建设实现新拓展。加大园区"两纵两横"平台框架投入,完成梅林大道、疏港大道、临港大道码头连接线及园区3号路、4号路、7号路建设,紫梅田园建成开园,职工公寓项目前期加快,不断提升园区承载能力。全面启动兴山、湖北湾等重点区块征迁,完成各类拆迁204户、征地2400亩。开展重大项目征迁"拔钉清零"行动,保障"清水入湖"、商合杭高铁、申嘉湖高速、长湖申航道西延、303省道、笔架山农业高新区等重点工程项目顺利推进。垦造耕地360亩、旱改水960亩、农整立项340亩。企业服务实现新突破。制定出台《梅溪镇服务业经济发展政策》,新增海气化工、美林大酒店等规上服务业3家,音画乡村、圆方旅游等一批县重点项目加快推进。积极探索县级工商审批权限下放,试点乡镇分局直批,办出首张电子化营业执照。全面启动"亩均论英雄"改革,完成"低小散""散乱污"企业整治24家。完成住房公积金扩面455人、规模企业建缴444人,两项指标均提前超额完成全年目标任务。完成全国污染源普查工作。率先完成全国第四次经济普查清查任务。

加快推进小城市培育(试点)和小城镇环境综合整治行动,全年投入资金2.1亿元,泗洲山路、人民路东西两段、兴梅路等改造完成,墅兴路主干道改造推进中,美林大酒店等项目建成运营,市民服务中心、石龙社区服务中心、梅溪村综合楼、集镇东河浜区块征迁等项目全面启动,独山头小城镇环境综合整治通过省市验收。全面启动文明城市创建行动,建成乡镇第一批新时代文明实践所,打响"紫梅义警""紫梅花"等微笑劝导品牌,梅溪镇连续两个季度获评县文明城市创建先进单位。完成荆湾美丽乡村精品示范村复评,全面启动红庙等七个村美丽乡村精品示范村培育。推进全县美丽乡村精品示范"三村联创"项目,将上舍、三山、管城三村连片打造,精心打造美丽乡村精品示范区。加快乡村休闲旅游发展,长林垓、荆湾获评"省2A级景区村庄",马村成功创建省级果蔬采摘基地。狠抓"三改一拆",累计拆违13万余平方米。持续开展毁林毁竹种茶专项治理。推进全域烟花爆竹"双禁"。完成美丽公路建设14.5公里。推进"厕所革命"行动,完成首批60座农村公厕改造。河长制工作取得实效,成立全省首支水上执法中队。荆湾国控断面水质达到省"水十条"考核Ⅱ类水标准。

全面启动武康桥村粮食生产功能区等13个现代农业"两区"项目建设,红庙村粮食烘干中心等8个农业"两区"项目建成并通过验收。做好农业龙头企业培育工作,新纳入县名优农产品库产品4个、培育市县级农业龙头企业2家、示范性家庭农场1家、农产品电商主体2家,完成4家省级示范性家庭农场监测和1家专业合作社国家级监测。发展农田水利高效节水灌溉,红庙等5800亩节水灌溉工程投入使用。全面启动病险水库山塘"清零"行动,完成草荡水库竣工验收、刘家冲等4座山塘整治、石坞岭水库除险加固临时供水工程,将26座重点山塘水库及昆铜港纳入物业管护试点。提升平原圩区"防洪排涝"能力,完成10个面上水利工程、中小河流水系连通试点、荆湾联合土斗圩区整治及2个水毁工程项目,保障全镇汛期安全。抓好林业项目建设,完成陈嵘省级湿地公园总规编制、湿地公园土地流转1400余亩、茶园生态修复设计14500亩。钱坑桥化家坞古银杏获"中国最美古树"称号。落实各项惠农政策,农业保险及各类补贴及时发放到位。全面启动农业水价试点改革。规范农村"三资"管理,重视内审机制,建立"六本基础台账"。农村土地确权通过省市验收。梅溪镇被评为第三次全国农业普查工作市级先进集体。

加快推进梅溪白茶青叶交易市场、镇文体中心、七条农村道路改造提升、农村危房改造等一批群众关心的民生项目建设。建立梅溪首个大学生(青年)创业基地——安吉初夏农创园。全县首个乡镇区域地名规划完成。推进绿色殡葬改革,完成龙口村公墓提升及钱坑桥区域性公墓选址。创新"精准扶贫+"模式带动困难群众脱贫,帮扶困难家庭成员就业96人。不断加

2018年3月25日,全国绿化委员会、中国林学会部分成员到陈嵘墓前悼念

大教育和卫生投入,镇中心卫生院准备开工、晓墅幼儿园泗洲山分园建成、钱坑桥新幼儿园加快推进。梅溪中学中考成绩位居全县农村中学前列。高标准建成退役军人服务站,完成2178名烈属、军属、退役军人信息采集。积极承办纪念陈嵘诞辰130周年系列活动,成功举办第二届民俗文化节、第二届民俗踩街活动、第四届全民运动会、第五届马村蚕桑文化节系列活动。加大非遗项目保护和传承,启动"马村蚕桑"国家级非遗项目申报。完善社会救助体系,发放低保救助金等各类困难补助金635万元。大力开展全民参保登记及参保扩面,全年新增参保1500人。深入推进"最多跑一次"改革。人武、计生、统计、档案、工青妇、民族宗教、史志和关心下一代等工作取得新成绩。从严推进"扫黑除恶"专项斗争,坚决打击社会歪风邪气,组织开展35起集中攻坚行动,保障重点项目顺利推进。严格落实安全生产主体责任、监管责任,加大安全生产投入,完成白云社区350户居民消防隐患线路整治,28家企业开展社会化服务风险识别,完成食品安全县创建工作,安全生产形势总体稳定。全面建成基层治理"四个平台"。完成全国"两会"、地理信息大会等"平安护航"任务。梅溪实现由县"上访大镇"向省"平安乡镇"的转变。

严格执行"三重一大"民主决策等各项规定。参与人大代表问政会、政协委员与镇长面对面活动。主动接受人大依法监督,重大事项向人大主席团报告,认真办理人大代表建议42件、县政协提案1件,办复率、满意率100%。连续四年被评为市法治(制)工作先进单位。全年开展正风肃纪督查79次。加强财务监督管理,"三公"经费同比持续下降10%。受理12345政府阳光热线1300多件,确保群众诉求事事有回音、件件有落实。

【长湖申航道西延工程动工】 1月9日,安吉最大水运工程项目即长湖申航道西延工程在梅溪镇破土动工。长湖申线航道西延工程梅溪段全长17.075公里,经过马村、华光、龙口、龙翔、梅溪、板桥、荆湾、小溪口等8个行政村和社区。长湖申航道西延工程起于安吉县递铺街道阳光坝,终至湖州船闸,航道全长66.23公里,其中安吉阳光坝至长兴港口水文站段按天然Ⅳ级航道标准建设,长兴港口水文站至湖州船闸段按限制性Ⅲ级航道标准建设。项目概算投资约21.34亿元,建设工期为42个月。

【梅溪镇党建和经济发展召开】 3月2日,梅溪镇党建和经济发展大会暨全国文明城市创建动员和小城市培育试点建设推进大会在梅溪镇中学报告厅召开,镇全体机关干部、村(社区)"两委"全体干部、企业代表、农业大户代表、"两代表一委员"、村(社区)群众代表、基层站所、中小学学校、银行系统负责人等共450余人参加了会议。会议由镇党委副书记、镇长马洪亮主持,党委副书记徐启龙宣读表彰文件,镇党委委员、常务副镇长尚亿勇布置全国文明城市创建、小城市培育试点、小城镇环境综合整治工作,镇党委书记陈小龙作重要讲话。

【梅溪综合市场二期开业】 3月10日,梅溪综合市场二期开业,二

3月10日，梅溪综合市场二期开业活动现场

期小商品市场占地面积约2000平方米，其中一楼商铺23间，有食品店、杂货店、五金、小百货等；二楼规划家具、家电专场。

【纪念陈嵘诞辰130周年活动】 3月25日，纪念陈嵘诞辰130周年活动在石龙村陈嵘森林公园开幕，由中国林学会、安吉县人民政府主办，县林业局、县文广新局、安吉新闻集团、梅溪镇人民政府承办。全国绿化委员会副主任、中国林学会理事长赵树丛以及省市林学会嘉宾和安吉县干部群众代表等一行人来到陈嵘墓前进行悼念。

【安吉县全民健身月·第九届乡村体育节】 5月25日，安吉县全民健身月·第九届乡村体育节暨梅溪镇第四届全民运动会在梅溪中学开幕。

【首次人大代表问政会】 7月16日，梅溪镇首次开展人大代表问政会，县人大常委会党组副书记、副主任吴佩勋，镇人大主席、副主席及主席团成员，镇相关班子成员，部分市、县、镇人大代表及代表小组负责人出席会议，相关职能科室、站所主要负责人参加会议。

【信访矛盾联合调解中心】 7月16日，全市首个信访矛盾联合调解中心——梅溪镇信访矛盾联合调解中心举行揭牌仪式。

【退役军人服务站揭牌】 12月21日上午，梅溪镇退役军人服务站在白云公园举行揭牌仪式。

（陈　思）

2018年梅溪镇各村基本情况一览表

表13

村(社区)名	村民小组数(个)	户数(户)	总人口(人)	劳动力(人)	总面积(亩)	村级集体经济总收入(万元)	人均纯收入(元)	书记	主任
马　村	22	1170	4260	2558	21750	72.63	27950	李志能	李文星
红　庙	33	946	3650	2290	15045	62.73	27195	谈立志	魏益兴
甲　子	17	590	2130	1484	10500	51.47	28344	白炳清	林炳毅
梅　溪	41	1264	4280	3300	12075	162.03	33929	吴文林	王传根
章　湾	11	300	1200	946	6000	19.04	30871	魏　斌	李全德
荆　湾	19	680	2875	1667	7170	148.32	33065	张利民	汪辉庆
小溪口	21	1318	4749	2890	11520	23.6	24530	俞　敏	刘粉义
板　桥	37	1512	5170	3649	21300	62.94	23718	缪平水	项　成
华　光	19	650	2310	1890	6480	37.98	29023	李登富	黄兆龙
石　龙	27	934	3276	2048	22020	87.6	31654	林运森	周银湘
龙　口	31	810	2970	1885	12120	74.63	25855	沈万华	何明华

续表

村名	村民小组数(个)	户数(户)	总人口(人)	劳动力(人)	总面积(亩)	村级集体经济总收入(万元)	人均纯收入(元)	书记	主任
武康桥	26	1074	3780	2018	2446	41.69	26087	罗明贵	徐国平
晓墅社区	14	647	1917	1055	6129	766.67	26246	陈双龙	杨　欢
独山头	9	456	1671	987	15600	199.12	30150	陈忠芳	王显林
干溪桥	7	142	705	405	7350	16.54	29443	汪雪平	尚意华
长林垓	26	976	3322	2170	25650	95	30439	谢传超	李方清
上　舍	14	375	1316	835	6900	105.97	29452	胡庆良	章维波
三　山	9	221	757	482	489	76.96	27252	徐　胜	周小勇
管　城	6	162	532	332	335	13.58	27537	郑继学	熊志明
路　西	12	482	1832	1240	750	52.81	26517	凌金贵	江利勇
钱坑桥	9	536	1925	1180	1140	30.2	26379	肖月华	王伟冰
梓　坊	11	388	1385	899	899	23.56	26845	钱茂森	范义凤
铜　山	26	692	2509	1475	1472	94.17	27656	汪庆意	王元林
紫梅社区	11	1160	2314	1097	750	—	—	周利平	邱水莹
龙翔社区	15	1499	3018	1380	2250	—	—	沈　琪	刘　佳
白云社区	18	674	3089	1409	2130	—	—	沈　渊	赵海霞
合　计	491	19658	66942	41571	—	2319.24	650137	—	—

天子湖镇

【概况】 天子湖镇，因辖区内的天子岗水库而得名(辖区现有安吉县第四大水库——天子岗水库，水库容量1861万立方米)，成立于2012年5月，由原高禹、良朋两镇合并而成。镇域面积201平方公里，常住人口5.7万，省属南湖监狱坐落其间。天子湖镇以省际边界的独特区位、工业重镇的历史地位和县域副中心的目标定位，是省际承接产业转移示范区的核心区。县“十三五”规划也明确提出，天子湖镇要建设县域副中心，牢牢抓住高铁、高速、通航的独特优势，积极打造工业新区、高铁新城、通航小镇。2018年，天子湖镇(除示范区)实现财政收入12574万元，同比增长27%；农民人均收入27570元，同比增长8.06%；完成服务业营业收入4.71亿元、服务业固定资产投资1.9亿元，分别超额完成全年任务的25.6%和37.5%。

2018年，综合实力稳步提升。膨润土特色产业园建设深入推进，204省道及高铁大道沿线企业关停拆除协议签订基本完成。建成农业科技示范基地、示范性家庭农场等县级以上农业项目7个，争取上级奖补资金500余万元，农业“大好高”项目招引任务提前半年完成。新增农业机械210台套，成功举办全市农业“机器换人”现场会。新增规模以上服务业企业4家，完成“个转企”72家。完成园区、集镇等重点区块拆迁346户、征地6300亩。处置批而未供土地452亩、供而未用土地99亩。完成农整项目县级初验200亩、土地综合开发440亩、“旱改水”263亩、高标准基本农田建设7200亩。27个高铁新城子项目动工建设，占全部项目的50%以上。

坚持先行先试、接轨市场，坚持优中选强、放眼全国，"组团发展、整镇推进、全域振兴"思路，20村联营公司全省率先成立。与浙江农林大学、农商银行等高等院校、金融机构保持紧密对接，与中建国际、华侨城、中青旅等国字号品牌建立合作关系。成立乡村振兴学堂，承办省级专家助力乡村振兴战略活动，授信额度一亿元的乡村振兴合作协议成功签订。安吉华侨城卡乐全域旅游（天子湖）项目、山水受荣·乡村生态旅游度假谷、天衡小微企业产业园、美颂天子湖广场等一批优质项目相继落户。物业经济、实业投资、乡村旅游和农旅观光"四位一体"的产业框架初见雏形。公司运营以来，实现经营性收入500万元，村均增收20万元以上，经济薄弱村消薄工作实现全覆盖。

深入推进全国文明城市、全国卫生镇等国家级创建项目，组建志愿队伍15支，参与环境治理、文明劝导等各类活动3600人次。"两违"管控工作扎实开展，严厉查处各类违法用地46件，拆除违法建筑15800平方米。整治两路两侧40公里、治理河道15公里、清淤池塘14处。水产养殖尾水治理2600亩，新建治理点22个。长隆、里沟、南北湖、古苑等村垃圾不落地处理通过考核验收。烟花爆竹实现全域"双禁"。良朋、西亩小城镇环境综合整治通过省级验收。高庄村成功创建美丽乡村精品示范村，高禹、南北湖通过复评。维护管理农村公路200公里，改造提升22.6公里，建成"美丽公路"2条，完成绿化面积4.5万平方米。完成2座废弃矿山复绿工程。新增珍贵彩色森林示范基地590亩。

开展全民参保工作。医疗保险参保率99%以上，新增18周岁以上养老保险1000余人。劳动纠纷多元化解平台建设列为全市首批试点，获省级和谐劳动关系先进集体、省级劳动纠纷多元化解机制建设成效显著单位。新增就业创业800余人，发放低保补助、"夕阳安康"等各类救助帮扶资金700余万元，惠及困难群体1000余人。创建市级以上卫生村6个，精神障碍患者监护人救助险投保率100%。成功争取全县首个"法润乡村"试点单位，村级事务"五个所有"管理机制全市首创。举办中国农民丰收节、乡村振兴嘉年华、稻乡音悦节等系列活动，集聚人气10万余人。成功申报省级特色体育小镇、古苑陶文化市级非物质文化遗产。中心幼儿园新建、高禹小学改扩建、良朋小学周边环境提升等项目有序推进，发放教育教学奖励资金300余万元。改造提升供水管网29公里，建成"污水零直排区"4个，完成8个村饮用水改造工程。扎实推进安全生产、综治维稳、环境保护等"大平安"工作。工青妇、人武、老龄、科技、统计、档案等工作取得新成效。

组织开展"坚定两山路 奋进新时代"主题活动，建立领导干部固定接待走访制度，解决关键小事140余件。成功创建县级先锋示范村2个，培育县级美丽党建强基示范点2个。创新建立党员"三线"管理法，党员教育管理步入规范化、程序化轨道。宣传思想文化工作得到进一步加强，党委意识形态工作责任制有效落实，全年省级以上刊发重点报道二十余篇，统战工作持续全市领跑，"大统战"工作格局全面形成，特色经验全市推广。党风廉政建设扎实推进，成

9月25日，湖州市单季晚稻"机器换人"现场会举行

功创建清廉乡村3个,共青团工作摘得省级桂冠,妇联区域化改革全市领先。党管武装工作取得新成绩,国防动员教育、民兵队伍建设得到进一步加强。

5个省级建设项目、2个县级建设项目,通过上级部门验收,争取资金500余万元;3个省级“美丽牧场”提升项目,争取资金100多万元;天子湖丰采家庭农场被评为省级示范性家庭农场、天子湖山菇家庭农场被评为市级示范性家庭农场,安吉振林苗木专业合作社被评为市级示范性合作性;新申报省级现代农业项目6家、省级美丽牧场1家、社会化服务体系建设1家;晓云、吟诗国家级旱涝保收粮食功能区项目通过上级部门验收。安吉冰露蓝莓等5个农业主体成功申报安吉县第一批美丽产业园;新引进农业“大好高”项目1个;申报农村信息化示范村4个、省级农业科技示范基地3个,申报农业科技示范户68户。新增农业机械210台套,成功举办全市农业“机器换人”现场会。新增无公害农产品10个换证8个,新增绿色食品5个换证1个。做好“三品一标”和自产自销蔬菜的农残抽检。水产养殖尾水治理2600亩,新建22个养殖尾水治理点。申报休闲渔业基地创建1家,“美丽渔场”创建2家、健康养殖示范户10户。完成吟诗村珍贵彩色森林示范基地470亩。完成南北湖湿地总规修编及详规编制,清理北湖沟淤泥,完成对湿地区域内违章建筑进行评估及对养殖甲鱼大棚、外塘进行测量。通过“湖州市森林城镇”审核验收。完成西苕溪沙河高禹段整治Ⅱ标段主体工程,安吉县西苕溪沙河递铺Ⅱ标段完成完工验收,浑泥港片项目工程完成完工验收。

【高铁新城启动建设】 科创园、天长大道、吴址路等27个子项目全部动工建设,占全部项目的50%以上。新城建设采取与中建国际PPP合作模式,先期总投资17.5亿元,全面实施市政、房建、园林绿化三大类53项基础配套工程。高铁新城是天子湖镇重要的发展引擎和形象门户,新城处于天子湖镇的核心位置,总用地面积为433.74公顷。

【集镇创建】 11月14日,西亩集镇按照“精致小集镇、精美大花园”定位高标准实施11个重大项目,总投资约2500万元。主要包括线路上改下、完善道路设施、背街小巷综合整治,南北入口景观、滨水环境风貌等项目。整治后沿街立面、街容街貌风格提升。累计完成沥青路面改造约1.5万平方米,立面改造4.68万平方米,改造提升雨污管网3.4公里,改建农副产品交易点1处,建筑面积约670平方米,新建污水处理终端3座,新建文化景观节点8处,拆除违章蓝色钢棚1600多平方米。新增绿化种植面积4600多平方米,覆盖率上升到55%以上。12月19日,良朋集镇按照“活力良朋”的定位,聚焦集镇功能补充拓展、有机更新、系统修复和完善提升。高水平实施30个重大项目,总投资约5000万元。主要包括主干道等级提升、沿街立面改造、道板更新铺装、停车泊位增设、背街小巷综合整治、强弱电管线系统整理等项目。累计完成沥青路面改造摊铺39500平方米,完成立面改造1.5万余平方米,改造提升雨污管网约8公里,增加污水集中处理终端6个,增设停车场6处,增加停车泊位98个,优化提升公共厕所4座,新增绿化面积3900余平方米,植入特色文化景观12处,累计拆除违法建筑、蓝色钢棚、赤膊墙体1031处共计1.1万余平方米。

【“美丽乡村”精品示范村】 12月,围绕建设乡村,发展乡村,将乡村建设重心聚焦“规划美、环境美、发展美、人文美、制度美”五大板块。高庄村成功创建“美丽乡村”精品示范村,高禹、南北湖村顺利通过复评,西亩村完成“美丽乡村”精品示范村培育计划。

【劳动纠纷多元化解平台】 1月,作为全市首批试点,天子湖镇被评为浙江省乡镇(街道)劳动纠纷多元化解机制建设成效显著单位,天子湖镇政府被评为省级创建和谐劳动关系工作先进组织。

【“法润乡村”试点单位】 6月,县人民检察院、人民法院、司法局、天子湖镇人民政府联合构建“法润乡村”试点机制,在天子湖镇高禹村和高庄村试运行。开辟了法治文化宣传阵地,以“法润乡村”为主题,开展系统性、常态化的普法教育。依托《最美高庄》村报,定期由各成员单位发布典型案例等。开展动态系统

11 月 23 日，天子湖镇高庄村举办稻乡音悦节

普法，包括菜单式普法、名片式普法、触角式普法，做好法治服务乡村振兴战略。2018 年度高禹村、高庄村被评为省级民主法治村，高庄村成为首批市民主法治建设标准化示范村。天子湖镇成功承办湖州市加强和创新乡村治理现场会。

【中国农民丰收节等系列活动】

7 月 7 日，天子湖镇举行了首届乡村振兴嘉年华启动仪式暨水果采摘节，打造"独具生态特色、彰显时代特征、富有无限生机"的休闲农场观光体验旅游新模式，20 个村的特色农产品也逐一亮相。9 月 19 日，晓云村举办中国农民丰收节活动，通过近几年农事活动的开展，晓云村已经成为践行"两山"理念的明星村，金色村景也成了"网红田"。为了庆祝首个国家层面的农民丰收节的分会场之一落户安吉，晓云村也将开展形式多样的庆丰收活动。全村上下合成一气，开创新局面，让"金色晓云"再次腾飞，打造新一轮"乡村振兴、金色晓云"。11 月 23 日，高庄村举办了稻乡音悦节。该村农耕文化底蕴深厚，全村以农业种植和水产养殖为主，素有"浙北甲鱼第一村"的美誉。近年来，高庄村以"美丽乡村"精品示范村创建为主抓手，以乡村经营为主引擎，加大村庄环境提升，加快农村基础设施建设，加速农业产业发展步伐，此次音悦节正是"美丽乡村"精品示范村创建的成果展示。以"开展采摘季，推动乡村休闲旅游，提升产业品牌"为宗旨，以"体验乡村生态生活，体会农村经济发展新变化"为活动载体，推动天子湖镇高铁新城，通航小镇的建设，加快天子湖镇特色农业产业链旅游资源开发，激发天子湖发展新活力，借助"亲子旅游第一县""乡村旅游首选地品牌"，打造"独具生态特色、彰显时代特征、富有无限生机"的休闲农场精品观光体验旅游模式。2018 年，天子湖镇先后举办了冰露蓝莓水果采摘节、晓云村中国农民丰收节、高庄村稻香音悦节，集聚人气近 10 万人次。

（胡　星）

2018 年天子湖镇各村基本情况一览表

表 14

村　名	村民组（个）	农户数（户）	总人口（人）	土　地总面积（亩）	劳动力（个）	人　均收　入（元）	村集体收入（经常性收入）（万元）	经营性收　入（万元）	水田（亩）	旱地（亩）	水塘（亩）	林地（亩）	书　记	主　任
高庄村	21	913	3231	16426	1957	25843.39	199.12	178.12	5303	260	9800	3200	谢连贵	颜　骏
余石村	20	643	2366	13858	1540	24928.15	51.11	30.44	2988	—	314	4555	刘太喜	吕行祥

续表

村　名	村民组（个）	农户数（户）	总人口（人）	土　地总面积（亩）	劳动力（个）	人　均收　入（元）	村集体收入（经常性收入）（万元）	经营性收　入（万元）	水田（亩）	旱地（亩）	水塘（亩）	林地（亩）	书　记	主　任
高禹村	47	1530	5648	29135	3854	29058.07	404.93	302.97	6500	220	500	380	李更正	柯红标
吴址村	39	1129	4004	21195	2500	26452.10	20.52	148.14	5174	350	1156	5585	何顺喜	黎　江
南店村	16	480	1682	7264	1322	28674.20	78.01	53.4	2660	270	330	280	刘世传	吴银林
五福村	10	332	1036	6293	673	28803.09	178.02	104.69	700	—	—	—	陈良田	罗继金
南北湖	20	578	2181	8775	1293	27693.72	134.3	121.25	3100	—	2300	—	李爱芹	黄凤娟
吟诗村	22	699	2404	11998	1415	28623.13	37.77	30.4	3279	—	350	2400	叶贤锋	陈　平
古苑村	15	488	1777	11897	843	27720.88	37.02	30.2	2460	89	800	1100	吴安意	胡秋英
张芝村	17	537	2001	11313	1040	28680.66	97.79	90	3200	—	100	400	朱桂兰	程超军
晓云村	16	765	2545	8138	1590	27595.28	33.39	30.38	3661	13	—	1479	刘　丽	程华东
良朋村	29	1438	4366	16098	2679	26871.28	89.25	73.42	10185	3383	695	8197	张光胜	姚有林
溪港村	13	508	1963	14405	1235	26795.72	31.94	30	2870	321	—	8500	项　云	李新武
里沟村	14	741	2207	9302	1423	26724.06	58.11	55.67	4090	376	—	3500	张斗志	叶书华
长隆村	11	540	1785	9872	1140	27719.89	31.72	30.58	3407	305	—	3437	—	刘武乐
西亩村	28	971	3357	14524	1940	27387.55	32.99	30.42	4019	1458	—	15691	董保华	钱公平
良村村	30	835	3092	29793	1865	27212.16	48.67	30.45	3393	918	—	13357	孙志锋	徐基强
乌泥坑	11	336	1070	11091	600	27102.80	37.02	30.3	936	630	—	8600	马传军	马雪佳
受荣村	17	394	1420	10867	900	27042.25	30.9	30.23	260	420	520	8484	夏毓富	董毓芳
迂迢村	23	470	1696	11785	930	27606.13	30.17	30	284	757	—	9998	胡义群	孙实践
合　计	419	14327	49831	274029	30739	27570.59	1662.75	1461.06	68469	9770	16865	99143	—	—

溪　龙　乡

【概况】 溪龙乡，建于1950年，取“溪水曲折、蜿似游龙”之意得名。位于安吉县东北部，是一个半山区半平原的乡镇，乡域面积32.25平方公里，常住人口9063人，辖5个行政村，分别为溪龙、黄杜、徐村湾、后河和新丰。溪龙乡是中国美丽乡村精品村全覆盖乡、全国环境优美乡、全国“一村一品”示范乡镇、国家级标准化农业示范区、国家级卫生乡镇、省级农业主导产业示范区、省级生态循环农业示范区、省级生态示范乡镇、省级文明乡、省级卫生乡、省级非物质文化遗产主题（实验）小镇、省级机器换人示范乡镇等。2018年入选全国农业产业示范强镇建设名单，并获中国茶文化研究员颁发“中国茶文化之乡”称号，有“中国白茶第一乡”美誉。

2018年，溪龙乡紧盯招商引资，狠抓项目推进，加快产业结构调整，突出一二三产业融合发展。全年实现财政收入9395万元，同比增长17.7%；规上工业总产值13.4亿元，同比增长10.5%；工业增加值2.63亿元，同比增长12.5%；完成利税1.14亿元，工业性投入5742万元。农民人均收入33291元，同比增长12.3%。完成实到外资800万美元，浙商回归省外资金4.2亿元。新引进中国安吉白茶小镇乡村振兴综合体和“两山”种质园项目，成功申报市定“大好高”项目2个。与上海爱家集团签订了计划投资60亿元的中国·安吉白茶小镇综合体开发合作协议。提前完成启德二期、艾特设备二期共计8万平方米厂房的建设。锦坤家具、天鹰五金区块完成道路建设。

围绕“道路美化、空地绿化”等“八化”开展全域整治行动，拆除沿路沿线广告牌500余处，墙体白化美化6000平方米，清理沟渠15公里，整理绿化5200平方米。完成溪龙、徐村湾、后河三个村水塘整治清淤工程。基本完成联合斗圩区整治。完成杏红山至青山庙道路建设、徐村湾路口改造、凉亭岗至黄杜道路整修和白茶示范园区主要道路沥青铺设。申嘉湖高速公路西延徐村湾安置地房屋主体工程建设完工，市政配套工程同步推进。石后组自拆自建房屋竣工。完成涉及新丰、后河、徐村湾、黄杜的4个村民组144户农村生活污水接户纳管工作。完成集镇上马坎入口景观节点打造，集镇标识标线系统全面优化。“两山”会客厅配套设施进一步完善。小城镇综合整治顺利通过省级验收和“回头看”。完成致富路党建形象节点和万亩茶园平台配套提升工程。新丰村以“金色新丰、梦里水乡”为主题，完成“美丽乡村”精品示范村创建。黄杜村省级特色精品示范村创建成功。

“最多跑一次”改革向村级延伸，完善“四个平台”建设，规范内部运行，梳理内部事项，设置无差别一站式综合受理窗口5个。乡、村两级网格化管理和信息化建设更加完善。成立“老娘舅和事佬”工作室，调解各类乡村纠纷41起，实现司法服务群众零距离。完善全科网格功能和“茶乡卫队”家园卫士建设。成功创建国家级卫生乡，全域人居环境卫生面貌进一步提升。以新时代文明实践所（站）为载体，全面开展“五美”系列行动。以“讲文明、树新风”为主题，开展“鲜花换纸炮”文明祭扫、绿色殡葬劝导，举办“雷锋精神永流传·文明家风代代传”等各种形式活动16场次，助力全国文明城市创建。全域实行烟花爆竹“双禁”。广泛开展“十美”人物评选，黄杜村20名党员代表获得“2018最美湖州人”“2018浙江骄傲”等荣誉，茶苗捐赠成为东西部协作产业扶贫的典范。在全市率先实现高标准全民健康体检全覆盖，建立全民健康服务中心，通过筛查预警，挽救农户家庭14个。乡卫生院获评全国群众满意乡镇卫生院。改造提升斗区农村饮用水，2000余人受益。推进生活污水提标改造，受益农户84户。省内首个高标准乡村综合体育馆主体工程在后河村竣工，内部装修有序推进。成立企业家联谊会乡村振兴基金，关注关心弱势群体，截至目前已筹集各类善款30余万元。支持教育事业发展，高标准制定学校教育教学质量奖补政策，兑现各类奖补资金77万元。注重农村文化发展，新培育新丰村丰收锣鼓和溪龙村白茶龙两支文化团队，徐村湾非遗犟驴子代表安吉参加省级展演。溪龙长归园公墓环境提升工程全面完工。

以“不忘初心 感恩奋进”主题活动为抓手，扎实推进党建工作。实施“一营六连”军事化管理，通过突击点验、季度拉练，全力打造溪龙“铁军”。成立乡重点工作专班13个，明确工作牵头负责人和参与人。落实“六联六见六实”三个六工作法，提高班子和干部执行力和落实力。同时在全乡干部中开展“六个好”，组织乡机关干部开展“党建知识”与“工作规则”测试并进行通报，营造“拼、比、争”的工作氛围。落实《中国共产党支部条例》，升格党委1个，新建企业家联谊会党总支、茶产业商会党支部和企业联合支部共3个，对全乡26名党小组长队伍进行优化，新调整17名，其中9名“一肩挑”，使党的组织和党的工作实现全覆盖。召开溪龙乡“美丽党建强基行动”以及“环境大提升”现场推进会，推进五村联动，促进整乡提升，溪龙村、黄杜村分别获评市级、县级“美丽党建”先锋示范村。以基层党组织活动年为载体，推行“主题党日＋”长效机制；以官微红色论坛、手机微课堂等形式做到周周都有微党课；广泛开展“最美系列”评选活动，做到月月都有比和赛；以述职评议为主要内容，做到季季都有群众评。强化中心组和党员干部的理论学习，扎实开展“不忘初心 感恩奋进”主题教育，全年共组织开展各类学习教育活动五十余场。成立一支由“宣讲名嘴”带队的宣讲团队，结合“道德讲堂”、主题党日、志愿活动等开展各类活动二十余场，“茶香叶话”获评浙江省新时代基层宣讲示范讲堂。创新开展基层作风“三查”制度，常态化开展党纪教育、明察暗访和专项检查，整治“慵、懒、散、拖”等不作为、慢作为现象。按照控制总量、优化结构、提高质量的总体要求，2018年新发展党员11名、预备党员转正7名，查处违规违纪党员5名。黄杜村党员群众愿意捐赠茶苗帮助贫困地区脱贫一事，得到习近平总书记的充分肯定并专门作出重要指示。黄杜村基层组织建设得到省委常委、组织部部长黄建发批示，党建工作经验在全市推广学习。打造“红壤绿叶”党建工作品牌，依托白茶产业核心区优势，与中茶所、浙茶集团党委结对，全面开启“党建＋技术＋人才＋产业”战略合作，联动开展党建、技术、文化、推介等活动三十余场，“茶香叶话”品牌党课累计听课三千余人次。通过协作引才等方式建立溪龙智库和专家工作站，成功举办首届智库峰会。

深入推进法治政府建设，制定出台溪龙乡规范工作流程，明确政府工作制度。进一步完善法律顾问参与规范性文件制定、合同合法性审查制度，行政执法公示、执法全过程记录、重大执法决定法制审核等试点工作积极推进。加强政务服务，加快融入省政务服务“一张网”。积极开展“督查月”活动，参与安全环保、民生实事工程等重点工作的专项督查。主动接受人大法律监督和政协民主监督，积极办理人大代表建议意见。强化财政预算执行、重点项目建设、专项资金使用和领导干部经济责任等审计全覆盖。全面落实党风廉政建设责任制，贯彻执行中央八项规定精神。公务用车信息化、标识化管理全面落实。“三公”经费实现零增长。全面展开农村集体“三资”管理专项治理，完成第三方审计工作。

【黄杜村捐茶苗扶贫】 4月9日，溪龙乡黄杜村盛阿伟等20名党员联名写信给习近平总书记，汇报村里种植白茶致富的情况，提出捐赠1500万株茶苗帮助贫困地区群众脱贫。5月18日，习近平给溪龙乡黄杜村这20名党员回信，并作出重要批示：来信所提捐赠茶苗一事，请国务院扶贫办研处。“吃水不忘挖井人，致富不忘党的恩”这句话讲得很好。增强饮水思源、不忘党恩的意识，弘扬为党分忧、先富帮后富的精神，对于打赢脱贫攻坚仗很有意义。5月20日，市委书记马晓晖赴溪龙乡传达习总书记重要指示精神和省委书记车俊批示精神，并视察白茶产业党建联盟党建基地。5月21日，溪龙乡组织传达学习习近平总书记关于黄杜村20名党员捐赠茶苗一事重要指示精神、浙江省委书记车俊重要批示精神、市委书记马晓晖和县委书记沈铭权重要讲话精神。10月18日，“一片叶子富了一方百姓”浙江安吉捐赠茶苗启运仪式在溪龙乡黄杜村举行。12月15日，黄杜村20名党员捐赠“白叶一号”茶苗扶贫的事迹，在央视一套《必由之路》第五集“立国之本”中播出。

【安吉白茶海外参展】 5月8日，溪龙乡人民政府组织8位茶农和茶企代表赴波兰参加世界食品展，进一步提升安吉白茶品牌知名度，拓宽白茶销售渠道。

【黄杜村村主任获全国脱贫攻坚表彰大会奉献奖】 10月17日，溪龙乡黄杜村村主任钟玉英因积极参与茶苗扶贫行动，获国务院扶贫办颁发的2018年全国脱贫攻坚表彰大会奉献奖。

【智库及乡村振兴参事会成立】 3月10日，溪龙乡举行中国安吉白茶小镇溪龙智库暨第一届乡村振兴乡贤参事会成立大会。

【央媒助力安吉白茶小镇乡村振兴】 3月27日，由《经济日报》主办的央媒助力安吉白茶小镇

5月20日，湖州市委书记马晓晖赴溪龙召开习总书记重要指示传达学习会

乡村振兴活动在经济日报社举行。《人民日报》、中央电视台、《光明日报》、中国经济网等多家媒体机构代表出席。

【王旭烽参加学习座谈】 6月4日，国家一级作家、茅盾文学奖获得者、中国国际茶文化研究会理事王旭烽赴溪龙乡学习习总书记重要指示精神并与溪龙茶人茶企见面座谈。

6月4日，国家一级作家、茅盾文学奖获得者、中国国际茶文化研究会理事王旭烽与溪龙茶人茶企见面座谈

【安吉白茶与乡村振兴智库峰会召开】 4月9日，中国国际茶文化研究会、安吉县人民政府和溪龙乡人民政府共同举办安吉白茶与乡村振兴2018智库峰会。中国国际茶文化研究会会长周国富、副会长于达辉、安吉县政协主席叶海珍、全国供销总社杭州茶叶研究院研究员、党委书记郑国建、浙江大学茶叶研究所所长王岳飞等出席会议。

【全民体检】 在全县率先完成人均1200元高标准的全民健康体检工作，与普济堂合作，新增肿瘤标志物等五项检查，建立全民健康管理中心及大数据库。

【意外保险全覆盖】 为全乡9063人购买政府救助保险，实现全覆盖。重点针对精神病人伤人救助、自然灾害救助等进行投保，对建立保障措施、抵御各种风险起到了积极作用。

（王　凯）

2018年溪龙乡各村基本情况一览表

表15

村　名	村民小组数（个）	户　数（户）	总人口（人）	劳动力（个）	总面积（平方公里）	村级集体经济总收入（万元）	人均收入（元）	书　记	主　任
溪龙村	21	885	2823	1760	8.79	343	31807	贾根林	李云峰
徐村湾村	23	643	2173	1530	8.3	177	28596	施安龙	刘　司
新丰村	9	371	1351	872	2.42	412	35100	李正山	刘新平
后河村	13	345	1239	801	2.24	271	28305	方忠华	余　凯
黄杜村	9	416	1533	965	10.5	284	45003	盛阿伟	钟玉英
合　计	75	2660	9119	5928	32.25	1487	168811	—	—

鄣　吴　镇

【概况】 鄣吴镇是浙江省湖州市安吉县辖镇，地处安吉县西北部，距离县城30公里，西北与安徽广德交界，是浙皖边贸重镇。镇域总面积49.5平方公里，总人口1.15万。2018年，实现财政收入2849万元，完成全年任务的139%，同比增长47.2%；完成实到外资224.8万美元；浙商回归、规上服务业营业收入和重点项目投资分别完成7000万元、1.78亿元和1.38亿元；旅游25万人次，旅游收入1.5亿元。

成功引进伟光汇通全域旅游、竹林右转等高端项目，美国男孩营地等一批项目正积极洽谈。专题成立镇重点办，建立“13120”推进机制，助推重点项目建设。上海大商汇已建成营业，山屿海二期太阳城即将试营业，浪漫谷区块正抓紧供地，安吉游戏开工建设，璞峰酒店正建设施工道路。完成玉华樱桃采摘园、鄣吴果缘家庭农场、翠峰农庄改造提升。探索“项目招引＋村企合作＋资源盘活”的经营模式，引育中草药基地、“两山”村居等项目，提升上吴、民乐等村集体经济造血功能。新培育农产品质量安全追溯体系2家，申报无公害农产品认证10个、农民专业合作社1家，发展现代家庭农场2家。深化“扇业小镇”建设，启动小镇规划设计编制，探索多主体多模式开发小微企业园。加快“散乱污”制扇企业转型提升，建立“一企一策”转型举措。培育归仁里扇文化创意街区，新增扇业制作和展示商户五家。启动中国·鄣吴首届扇文化博览会，举办名家扇面画展，以弘扬扇文化促进扇产业振兴。

推进鄣北线建设，启动龙上线新建工程工可编制，完成龙上线大中修工程。改造提升昌硕西路及古鄣路西段，新建八府广场停车场。完成鄣吴溪生态河道景观改造。无障碍设施改造稳步推进中。坚持“三四五”联动，落实河长制、路长制，断面水质保持在Ⅱ类以上。抓好垃圾分类、秸秆禁烧和背街小巷整治，实行长效管理。严控违法建设、非法捕鱼和毁林开垦，“攻坚清零”基本扫尾，累计拆违拆旧1.3万平方米，拆后利用率92.6%，完成集镇成熟地块开发土地储备。常态狠抓精细化管理，启动智慧城管建设，提升镇区管理水平。新建智慧旅游系统、沿线标识标牌和风情景观小品，旅游风情特色日益彰显。加快推进全域大景区建设，昌硕故里精品观光带基本建成，完成玉华精品示范村创建、景坞精品示范村复评，鄣吴经营示范村创建通过验收，并创成国家3A级旅游景区、省3A级景区村庄，玉华村创成省2A级景区村庄、水环境优美村，民乐牛栏坞湿地公园全面完工，上堡240亩美丽森林建设全面完成。

加大古村落综合保护和开发利用，推进九弄十二巷改造提升，鄣吴村获评省历史文化(传统)村落保护利用示范村。推进文化礼堂、乡村图书馆、乡村影剧院、竹文创工坊、乡村博物馆群等五大美丽文化集群建设，新建乡贤馆、里仁书屋、昌硕书画合众社等文化设施，高标准打造知青大院“两山”教育实践基地。扎实开展非遗等文化遗产展示，挖掘鄣吴金龙、扇面艺术特色内涵，打造3支特色文艺团队，举办各类品牌文化活动16场次。依托古鄣讲堂、扇艺课堂、知青大院，开展文化遗产传承教育活动，举办“颂昌硕遗风·树清廉家风”“开学第一课”，推进非遗文化、清廉家风教育与学校教育、社会教育融合，促进鄣吴特色文化传承。加快文化创意街区建设，出台文旅业态招商政策，引进扇艺馆、印章馆、拓片馆、归仁里主题餐厅等特色业态。持续放大昌硕文化、知青文化品牌效应，举办首届吴昌硕国际艺术奖启动仪式、泛长三角知青文化节等活动。围绕亲子研学旅游，举办第二届中国亲子旅游节、浙江卫视热播节目《同一堂课》活动，打造“行走的课堂在古鄣”品牌，古镇特色旅游影响力进一步提升。

完成昌硕小学综合楼改造，成功创建浙江省标准化成校。推进卫生事业发展，投入三十余万元更新医疗器械，完成母婴设

12月29日，吴昌硕国际艺术节启动

施达标建设。抓好就业创业扶持，完成新型职业农民和技能人才培训1100余人次。困难群众危房治理15户、危旧房改造23户，搬迁治理地质灾害隐患点3处6户。高标准打造无障碍小镇，全力做好低保户、残疾人等群体扶贫帮困。完成7件为民办实事项目。探索“红印党建”整镇推进为引领，“村规民约”共定共守为准则，“家园卫队”常态运行为保障的基层治理新模式，构建富有鄣吴特色三治融合善治体系，引导群众共建共治共享。首创并打响“平安家园卫队”特色品牌，47支卫队、247名队员常态开展平安宣传、治安防控、纠纷调处，获市县领导重要批示肯定并在全县推广。深入开展新时代文明实践工作，扎实推进烟花爆竹“双禁”和犬类专项整治。深化平安创建。深化“一中心、四平台”基础建设，无差别全科受理窗口镇村全覆盖，“四个平台”高效顺畅运行，招聘7名专职网格员常态开展网格巡查。以打造全县最平安乡镇为抓手，平安村、“三无村”实现全覆盖，全国“两会”、世界地理信息大会等重要时期社会平安有序。加大各类重点领域排查和整治力度，全年无安全生产重大事故发生，三项指标实现零增长。

【特色产业】 鄣吴镇竹林产业丰富，制扇产业历史悠久。50年代后，竹材加工产业发展迅猛，在安吉县竹林馆1961年展出的竹制品当中，就有团扇、扇骨等竹扇商品内容。制扇业为安吉竹产业当中重要的组成部分，所产竹扇占全国总产量的1/3。安吉所产竹扇被称为“安吉竹扇”。

鄣吴镇自古生产折扇，史称“鄣吴折扇”。制扇业是鄣吴镇的特色优势产业，年产各类折扇1800万把，产品远销日本、韩国和欧美等地。全镇拥有各类折扇企业101家，并以培育出500万元销售企业2家，规模企业实现销售收入4000万元。制扇成为当地农民增收的主要途径。鄣吴折扇精选鄣吴镇优质竹为原料，经过砍竹、锯竹、破边、冲边、水煮、扎篾、打眼、选边、刨皮、对号和打磨11个步骤制作扇骨，再用宣纸为底进行包浆，请名家题字或作画，最后进行组装。全部完成需要50余道工序共计108个步骤。由于鄣吴折扇做工精良，又带有名家词画，国学元素丰富，极具观赏和收藏价值，为大众所喜爱。

【浙江省大学生乡村振兴创意大赛竞赛合作基地】 10月，为借智借力推进乡村振兴，全力展示和推介鄣吴形象，成功争取成为全市唯一的2019年度浙江省大学生乡村振兴创意大赛竞赛合作基地。

【与日本北九州市花房小学合作交流】 昌硕小学代表鄣吴镇与日本北九州市花房小学签订友好学校。两校合作交流持续深化，开展系列互访交流活动。9月，鄣吴镇安排昌硕小学校长作为昌硕文化交流特使访问花房小学，交换55幅学生作品在日本展出。11月，日本花房小学的55幅作品在鄣吴展出。此次活动在日本引起较大反响，得到日本《读卖新闻》、《每日新闻》、《西日本新闻》三家报社报道，在日本放送协会(NHK)和西日本电视台(TNC)两家电视台播出，在日本宣传推广昌硕文化，促进中日友好交流。

【红印党建整镇推进】 鄣吴镇深入挖掘昌硕文化、知青文化内涵精髓，成功打造出“红印党建”特色品牌，实行“一村一品”的推进模式，获评全县整镇推进示范乡镇，《湖州日报》、市委组织部

9月，昌硕小学师生赴日本开展文化交流

相关刊物均刊登报道。5月,景坞村在一季度县“美丽党建”强基行动现场会获得全县第一,全市“抓落实、走看赛”活动在鄣吴举办现场会。

【“平安家园卫队”工程】 5月,鄣吴镇创新实施“平安家园卫队”工程,深化“全网+微网”全覆盖的形式,探索“线上+线下”相结合的方式,建立起由247名党员骨干、村民组长、退休教师、热心群众等组成的47支“平安家园卫队”,开展平安宣传、治安防控、纠纷调处和服务群众,经验做法得到市委常委、公安局局长夏文星的批示肯定。8月17日,县委政法委在鄣吴召开现场会,并在全县推广实施。

【“至善至贤”统战特色品牌】
10月,鄣吴镇在深入挖掘地方乡贤文化的基础上,打造“至善至贤”统战特色品牌。建成全县首个乡贤馆—鄣吴乡贤馆,完成“六点一线”乡贤阵地建设,《浙江日报》《湖州日报》等主流媒体均进行了相关的深度报道。

【创新乡村善治新模式】 8月,鄣吴镇通过村民依法参与村规民约修订,村委会依规执行村规民约实施,建立健全村规民约共定共守机制,6个村均成立村规民约监督理事会,先后制止和处置毁林种茶、露天焚烧等负面事项14起,调解因村级建设引发纠纷8起,逐步构建党委领导、政府负责、社会协同、公众参与、法治保障的现代乡村治理体制。

【举办第二届中国亲子旅游节】
9月,由安吉县政府主办,浙江之声、鄣吴镇承办,面向长三角推介安吉鄣吴亲子旅游资源的第二届中国亲子旅游节顺利举办,进一步打响“行走的课堂在古鄣”亲子旅游品牌,极大地提升了鄣吴的影响力和美誉度。

【“清廉乡村”特色化建设】 8月,为深入挖掘吴氏家风家训,精心打造“清风馆”,开展晒家谱传家训扬家风活动,举办“开学第一节课”,打造“颂昌硕遗风,树清廉家风”品牌,受到省市县纪委高度肯定。

(张泽人)

2018年鄣吴镇各村基本情况一览表

表16

村名	村民小组(个)	农户数(户)	人口(人)	耕地面积(亩)	村级经营性收入(万元)	村级经济总收入(万元)	补助收入(万元)	村级可支配收入(万元)	人均村级可支配收入(元)	2018年人均收入(元)	增长率(%)	山林面积(亩)	毛竹林面积(亩)	松树林面积(亩)	湿地松面积(亩)	杉树林面积(亩)	板栗林面积(亩)	生态公益林面积(亩)	书记	村长
鄣吴村	39	1054	3608	3005	276.74	439.49	150.16	276.74	767.01	35264	12.6	13732	5220	2618	857	1098	371	4216	顾先方	黄潮洪
玉华村	4	168	619	420	100.17	230.48	105.81	100.17	1618.25	35776	12.8	6397	3062	194	36	136	3	2433	邱新平	—
景坞村	24	771	2747	1000	135.94	1086.17	926.17	135.94	494.86	33735	12.6	17210	9594	829	0	1298	18	5532	徐建国	方有顺
民乐村	7	245	809	498	37.15	163.2	125.89	37.15	459.2	28896	12.2	6962	2894	760	0	313	49	2397	汪月珍	—
上吴村	20	688	2502	1135	60.29	235.66	138.21	60.29	240.96	27116	12.3	11863	5306	1522	0	315	411	3666	朱有云	朱邦成
上堡村	10	242	792	568	20.57	153.78	116.81	20.57	259.72	28486	12.3	4631	2318	483	2	201	811	876	徐成贵	—
合计	104	3168	11077	6626	630.86	2308.78	1563.05	630.86	569.52	33700	12.5	60795	28394	6406	895	3361	1663	19172	—	—

杭垓镇

【概况】 杭垓镇位于安吉县西部,东邻孝丰镇,南接报福镇、章村镇,西北与安徽省的广德、宁国交界,全镇辖区面积268.02平方公里,辖18个行政村,340个村民组,总人口3.52万人。2018年,鄣吴镇实现财政收入5152万元,完成目标任务的116.3%;农民人均纯收入30298元,同比增长8.7%。获得全国文明城市创建、县服务业增效和招商引资流动红旗等荣誉。桐杭村、唐舍村、缫舍村、松森党支部等单位分别获得了全国农村优秀学习型组织、省级美丽乡村特色精品村、市级党建先锋示范村、市级双强非公企业党组织等荣誉。

开展主题教育活动，强化基层组织建设。坚持和完善“三会一课”制度，提高党员的思想政治素质。开展村级组织换届“回头看”、先锋指数考评等活动。成立民宿联盟党支部和安吉商会驻苏州相城区党支部，扩大基层党组织覆盖面。严把党员发展关，按照“成熟一个、发展一个”的要求，全年发展党员11名，平均年龄39岁。全面落实意识形态工作责任制，抓好意识形态工作“四张”清单，将意识形态工作进一步落到实处。成立新时代文明实践所（站），进一步加强改进农村基层宣传思想文化工作和精神文明建设，打通宣传群众、教育群众、服务群众的“最后一公里”。以“坚定‘两山’路，奋进新时代”“拼比争看”“百日攻坚”等系列主题活动为载体，营造“比学赶超”的工作氛围。加强干部队伍学习教育工作，开展理论中心组学习14次，宣讲10次，基层党组织上党课100余次。同时，完善人才奖励政策，搭建电商双创平台，增强招才力度，加快引才速度，助推人才落户创业。切实履行党委抓党风廉政建设第一责任人职责，强化主体意识，落实主体责任，健全工作机制。坚持“一把手”负总责，领导班子成员“一岗双责”工作机制，严格执行“三重一大”、“末位表态”、个人重大事项报告等制度。抓好廉政风险点排查、正风肃纪检查、“党纪教育一刻钟”、“讲政治、讲规矩、守纪律”专项检查等工作。制定出台村集体资产管理、工程管理等办法，提高风险防控，规范权力运行。推进“清廉乡村”建设，唐舍村、桐杭村率先创建成功。扎实开展农村基层作风巡查，全年巡查6个村，梳理问题75条，移交3条。准确把握和运用“四种形态”，全年农村党员干部党纪立案13件，处理13人，提醒谈话12人，批评教育15人。重视人大、政协、统战工作，切实加强党管武装工作，工青妇、科协、老龄、老干部、工商联、人才、广电、关心下一代等工作取得新进展。

5月8日，县委书记沈铭权在杭垓走访调研

坚持招商引资“一号工程”不动摇，突出项目建设，主抓产业发展，综合实力再上新台阶。进一步优化营商环境，强化“双进”服务，为项目的招引、报批、建设提供“店小二”式优质服务。2018年以来，共引进项目2个，在谈3个，开工3个。工业总产值和增加值超额完成全年任务。借助“亩均论英雄”活动载体，加快低效企业整治，规范企业经营，全年出清低效企业12家。一三产业融合发展。坚持选商选资，全年完成服务业“大好高”项目和市级农业大好高项目各1个。新建游客集散中心、停车场、星级旅游厕所等基础设施10余处。千山梅海年初开园，野乐园、环翠、令鸟草堂等项目有序推进。做大特色农业品牌，培育新型农业产业化联合体。完成县级美丽产业园建设项目。电商销售额突破2.5亿元，成功申报市级电商众创空间。

深化小城镇环境综合整治工作，解决了主干道杆线乱拉、群众缺乏活动场所、小学接送无停车场地、大面积卫生死角等问题。城区建设完成主街立面改造、西溪公园等建设项目，集镇形象逐步优化。磻溪村和缫舍村两个老集镇整治顺利通过省级验收。唐舍村完成“美丽乡村”精品示范村复评工作，桐杭村基本完成预期总投资，新增美丽乡村精品示范村培育村两个。继续做好“美丽乡村”长效管理，开展露天粪坑、简易厕所的整治行动，完成桐杭村、松坑村、磻溪村、尚梅村垃圾不落地工作。以“山青水净”行动为抓手，全面开展

"封山育林、限药减肥"工作。扎实推进"三四五"工程,成功创建"无违建乡镇"。开展集中饮用水源地整改工作,库区周边实现"两断三清"。持续做好"双禁"、犬类管理和非洲猪瘟防控工作。

完成农村公路改造提升、危桥改造、水利建设工程等既定任务,全面实施病险水库三年清零计划。完成3个村级电影院提升、3个市级体育休闲公园项目建设。成立申嘉湖高速公路建设指挥部,推进申嘉湖高速孝源至唐舍岭段三标段政策处理工作。抓好低保、社会保障、残联、计生奖特扶等各项政策的落实。建立退役军人服务站,完成1135名退役军人的登记及信息录入。开展"最多跑一次"改革,下放办理事项142项。完成示范性居家养老服务中心建设。绿色殡葬工作列为全县先进工作典型。全年教育支出255万余元。成功举办第五届梅花文化节暨第三届元宵灯会、浙江省流动大舞台节目等大型活动。完成文化走亲任务5场、文化下乡活动8场,丰富了基层业余生活。健全"四个平台"建设,配齐网格员队伍,顺利完成重大活动的维稳安保工作。征兵工作保持全县领先地位。统战工作扎实开展,整治非法聚会点9处,加强对台交流,完成6个村乡贤参事会建设。

【乡村振兴大会启动仪式】 4月4日,杭垓镇乡村振兴大会暨百名干部联村连心大走访活动启动仪式召开,主要是落实镇党代会、人代会精神,部署2018年重点工作,凝心聚力,实干担当,把思想、行动集聚到"四镇联创"、建设"生态原乡、静心小镇"总目标上来,聚集到我们即将开展的百名干部联村联心大走访活动上来,奋力加压,聚力赶超发展,为圆满完成2018年的工作开好头,起好步。

【电商企业参加数字贸易博览会】 4月11日,安吉县杭垓电商协会组织26家电商企业前往义乌,参加2018中国国际电子商务博览会暨首届数字贸易博览会。此举标志着杭垓镇电商企业开始进军国际市场,谋求新的发展空间。4月28日,由国务院台湾事务办事处举办的第一届海峡两岸"美丽乡村"论坛在安吉开幕,来自浙江、北京、上海、广东、重庆、湖北等"美丽乡村"建设示范点代表以及来自台湾的基层代表,嘉宾学者300余人参加了此次论坛。其间,来自台湾和各省代表80余人参观了中国大梅海景区以及美丽乡村精品示范村唐舍村。

【申嘉湖高速杭垓段征迁动员大会】 9月13日,杭垓镇重点项目"百日攻坚"暨申嘉湖高速杭垓段征迁动员大会召开。10月12日,申嘉湖高速公路安吉孝源至唐舍段(杭垓段)征迁启动仪式举行。

【"醉美杭垓—秋入心声"美丽乡村嘉年华活动】 11月19日,杭垓镇政府携手浙江电视台公共新闻频道、安吉县旅委、交通局联合举办2018中国安吉·杭垓镇"醉美杭垓—秋入心声"美丽乡村嘉年华活动。

【文明实践所(站)揭牌】 12月29日,为进一步加强和改进农村基层宣传思想文化工作和精神文明建设,打通引导群众、关心群众、服务群众的"最后一公里","杭垓镇新时代文明实践所和18个新时代文明实践站"正式揭牌成立。

(石晶晶)

2018年杭垓镇各村基本情况一览表

表17

村名	村民小组数(个)	户数(户)	人口(人)	人均收入(元)	村级集体经济总收入(元)	劳动力(个)	总面积(平方公里)	书记	主任
杭垓村	19	1289	3519	32851	3297930	1815	12.9	肖开东	王永平
尚梅村	31	778	2456	29015	2320249	1705	17.8	丁谷中	陈永芹
新上塘村	30	785	2637	29696	4269262	1663	25.2	何红明	陈登学
桐杭村	19	660	2151	33196	4710436	1405	19.1	潘佩琴	单明星

续表

村名	村民小组数（个）	户数（户）	人口（人）	人均收入（元）	村级集体经济总收入（元）	劳动力（个）	总面积（平方公里）	书记	主任
唐舍村	19	467	1608	35831	5343263	1049	8.9	梅明星	周世强
松坑村	17	512	1790	32544	2651704	1271	11	程传法	曹　勇
高村村	17	535	1789	32016	2673115	1237	23.02	徐世维	胡友春
姚村村	18	589	1833	31483	852898	1405	19.5	王　斌	邵　刚
吴村村	19	524	1659	31903	830650	1148	16.5	—	项用明
磻溪村	27	831	2622	33144	6415790	1722	19.2	潘建刚	胡　坤
岭西村	9	251	834	30230	2355708	596	5.7	马明雁	董银红
杭河村	13	333	1055	25940	2032939	709	9.5	孙贵明	陈贤镇
文岱村	10	281	936	27729	1544267	592	8.5	余大金	曾庆坤
桐坑村	19	584	1878	26528	3327467	1283	11	胡爱武	胡爱武
七管村	12	357	1284	26520	3134167	810	9.5	陈有亮	胡来春
缫舍村	23	808	2688	33945	3318665	1766	22.4	周先忠	姚明星
和村村	27	841	2966	26720	3728888	1849	18.3	龚继生	李再清
大坑村	11	433	1447	26092	3801656	880	10	徐成新	杨希洲
合　计	340	10858	35152	545383	56609054	22905	268.02	—	—

孝丰镇

【概况】 孝丰镇位于安吉县西南部，是安吉西南部的经济、文化和贸易中心，行政区域面积191.4平方公里，总人口5.3万。2018年，孝丰镇围绕全县“两聚一美”发展大局，强势推进“四大工程”，攻坚克难、扎实工作，全镇经济社会保持良好发展势头。全年实现财政总收入2.92亿元，同比增长14%，城镇居民可支配收入增长6.9%，农民人均纯收入增长8.6%。成功获批国家安吉竹产业示范园区，首批中国竹业特色之乡。实现规上企业工业总产值28.25亿元、工业增加值7.25亿元、利税4.35亿元、工业性投入2.36亿元，分别完成全年计划的108.7%、131.9%、145%、138.8%。全年招引项目6个，“大好高”项目开工1个、竣工2个。完成合同外资2500万美元，实到外资850万美元，浙商回归省外资金4.3亿元。和也科技、乌毡帽酒业二期、海龙家具二期项目主体竣工，特种鞋厂、立欣运动器材竣工投产。成功出让老酒厂、云鸿塔路西延区块90亩，优化土地配置60亩，盘活企业2家、厂房4.55万平方米，完成“小升规”4家，“个转企”31家，省股权交易中心成长版挂牌2家。总投资2000万美元的海鱼淡养项目顺利签约。完成高标准农田建设2330亩、“旱改水”建设80亩，完成下汤小流域生态治理。认证国家无公害农产品基地3家，获批市级家庭农场2家。休闲服务业活力凸显，全镇8家规上服务业企业营业收入2.4亿元，同比增长9.1%。孝德文化园顺利落成，五峰山运动休闲项目康体中心建设中，梦山水红酒庄园、森海国际养生谷项目完成土地招拍挂，上海爱家项目签约落地。

全年新增专利286件，其中发明专利39件。永裕竹业建立省级竹产业精深加工研究院，获评国家林业标准化示范企业。和也科技建立省级院士专家工作站，获评全市首家省级专利金奖企业。乌毡帽酒业通过省级专利示范企业认定评审。溢宁工艺品获中国国际竹产业博览会金奖。创新平台建设加快，立丰纸业获评国家高新技术企业，海龙家具、正源塑木建立省级高新技术企业研发中心。和也科技、佶竹科技入选2019年度省级重点研发计划项目。

城镇面貌有力改善。赤坞小城镇环境综合整治通过省级验收。完成孝丰路主管网建设，实施通德路整治提升。启动历史文化村落建设，完成南门老街兵役站修缮。完成五峰路延伸段市政工程、新三院基础设施配套工程。完成救济弄、银沙路住宅区等15个城镇老旧小区的公共设施维修。增设城区停车位300个、临时停车位241个。村域发展亮点纷呈。潴口溪、大竹村获精品示范村创建一等奖，潴口溪村喜获第一名。城东社区成功创建乡村经营示范村。“五村联创”启动建设。横溪坞毛竹专业合作社经营模式全县推广。经济薄弱村入股物业建设项目，并成功争取首批乡村振兴专项资金免息贷款授信额度2000万元。实现垃圾不落地全覆盖，横溪坞村创成全国首个“垃圾不出村”。环境改善更趋良好。获评省级森林城镇，城东社区、大河村获评省级森林人家。深入推进“五水共治”，全面落实河(湖)长制，乡镇交接断面水质全年保持Ⅱ类水以上。新建(改建)污水管网52.9公里，污水处理终端81个，污水总接户2922户，生态河道治理6公里。切实做好赋石水库饮用水源地综合整治工作。基本完成生猪养殖污染整治工作。有序推进“三改一拆”，拆除违法建筑8.7万平方米，拆后利用6.7万平方米。合力攻坚大气污染防治，全面落实烟花爆竹“双禁”，空气质量整治取得实效。

惠民工程落细落实。镇级新时代文明实践所挂牌，村级新时代文明实践站全域覆盖。“新三院”投入使用。306省道整治工程加快推进。泰隆银行成功入驻。新贯通联网公路3.9公里，提升改造农村公路10.5公里。完成山塘整治3座，河道防洪埂建设2公里，林道提升23.3公里。老石坎村成功创建省级卫生村。完成10个村(社区)卫生服务站、24座农村厕所改造提升，卫生健康服务水平不断提高。实现犬类规范化管理。社会事业欣欣向荣。举办第八届孝文化节，新建村文化礼堂2座、电影院1座，开展文化活动60余场，丰富群众文化生活。开展校外培训机构专项治理工作。实现创业型村(社区)全覆盖。养老、医疗保险扩面工作超额完成任务。实现全镇低保户管理全覆盖，发放优抚、低保等社会救助资金1100余万元。人武、计生、统计、档案、工青妇、残联和关心下一代等工作取得新成绩。

平安根基坚实稳固。圆满完成重要时间节点的维稳安保任务，全年实现零非访、零群访。新增访调对接工作室，矛盾纠纷调处率100%，化解成功率99.6%。“老鲁工作室”获市级名牌人民调解工作室、市最美老干部工作室。新成立劳动纠纷多元化解中心，获评省级劳动人事争议基层调解优秀单位。高质量实施“雪亮工程”，实现重点公共区域视频监控全覆盖。全力推进“扫黑除恶”专项斗争工作，实现打击效能和社会效应双提升。加强安全生产监管，深入开展隐患排查、消防演练等工作。全镇社会大局和谐稳定，实

3月29日，开展《安吉县“平安家庭”守则》发布活动

现“平安孝丰”十三连冠。依法行政有序推进。坚决落实镇党委工作部署，强化民主集中制，认真执行“三重一大”民主决策等各项规定。自觉接受人大监督和社会监督，办理人大代表议案、建议30件和民情民意64条。“最多跑一次”改革向基层延伸，率先完成21个村（社区）便民服务中心“无差别全科受理”全覆盖。进一步提高“12345”阳光热线办理效率，全年受理热线698起，实际解决率和百姓满意率提高。严格落实“一岗双责”要求，细化从严治党责任。强化资金管理、资产处置、工程实施、项目招引等重点领域监管，把制度的笼子扎得更紧。“三公”经费大幅下降。

【《“平安家庭”守则》发布活动】 3月29日上午，“共建平安家庭，齐创文明城市”暨安吉县《“平安家庭”守则》现场发布活动在孝丰镇孝子公园内举行。通过此次《“平安家庭”守则》现场发布活动，将会更好地指导和激发全社会广大家庭积极推行健康、文明、向上的生活方式，树立家庭平安、社会和谐的文明新风尚，使每个家庭的“小安”汇聚成全社会的“大安”，用每个人的“小美”汇聚成文明安吉的“大美”。

【新三院投入使用】 8月18日上午，安吉第三人民医院完成从孝丰镇北街20号到城东五峰路的整体搬迁，正式入驻新院区开诊。安吉县第三人民医院新院区，位于孝丰镇城东，总占地面积104亩，包括门诊楼、急诊楼、住院楼、医技楼、后勤综合楼等，设计床位600张，是目前全县面积最大、设计理念和设备最先进的医院。

【文明实践站揭牌仪式暨新时代村企文化共建合作仪式】 12月19日，新时代文明实践站揭牌仪式暨新时代村企文化共建合作仪式在孝丰镇潴口溪村举行。浙江和也科技有限公司与潴口溪村举行村企文化共建合作签约仪式。

（傅驿盛）

安吉县第三人民医院新院区启用

2018年孝丰镇各村基本情况一览表

表18

村名	村民（居民）小组数（个）	户数（户）	总人口（人）	劳动力（个）	总面积（平方公里）	村级集体经济总收入（万元）	人均纯收入（元）	书记	主任
大竹村	10	358	1207	989	8.3	142.6	28334	刘林	石国庆
大河村	11	418	1490	1200	10.7	71.5	26669	扶元明	刘旭国
老石坎村	17	625	2123	1438	9	69.3	25850	吴宏强	金泰昌
下汤村	20	760	2527	1503	11.3	94.5	30502	赵森华	—
横柏村	15	423	1358	1042	9.9	108.9	26264	蒋宏伟	潘如忠
溪南村	18	557	1771	1318	12.9	67.5	26601	王宏光	—

续表

村　名	村民(居民)小组数（个）	户数（户）	总人口（人）	劳动力（个）	总面积（平方公里）	村级集体经济总收入（万元）	人均纯收入（元）	书记	主任
渚口溪村	14	600	1995	1258	7.9	260.9	28972	叶国平	束明旺
孝丰村	16	1021	3233	2085	9.1	1002	36663	赵西民	—
狮古桥村	19	638	1920	1265	7.1	48.3	29008	徐启红	—
城东村	12	586	2033	1420	9.8	591.5	33101	金朝鑫	唐秋根
城北村	29	1250	4200	3020	15.5	108.5	31856	王财华	元伟人
横溪坞村	8	325	1100	905	9.2	215.7	35291	裘松伟	高连中
赤坞村	18	826	2760	1640	14.8	52.9	23659	林　立	陈银发
赋石村	14	658	2158	1441	13.3	87.4	32622	程品良	杜培生
夏阳村	9	453	1526	1086	12.5	28.4	23850	肖世成	杨旺清
白杨村	13	492	1947	1387	11.3	45.4	24046	黄月明	周哉青
新村村	12	470	1418	853	8	25.6	23343	陈是良	马志彬
竹根前村	15	680	2310	1650	9.1	86.1	25762	王金平	黄学中
三眼井社区	18	1858	2896	1520	—	—	24192	欧爱红	蔡　军
南台社区	20	1906	3220	1680	—	—	36246	沈　利	赵佳音
北街社区	18	2200	4750	1815	—	—	34860	高　胜	—
合　计	326	17104	47942	30515	189.7	3107	607691	—	—

报　福　镇

【概况】　报福镇位于安吉县西南部，天目山北麓，东邻上墅乡，南接临安市，西与章村镇交界，北界孝丰镇、杭垓镇。地势南高北低，最高处位于桐坑岗，海拔1506.9米；最低处位于彭湖村，海拔100米，植被覆盖率达90%以上，森林覆盖率86%。全镇总面积177.96平方公里，常住人口19094。2018年，报福镇立足全县“两聚一美”发展大局，坚持“生态立镇、产业强镇、文明新镇、长寿名镇”总体思路，对标高质量发展的根本要求，深入实施“134100”工程。全年实现财政收入3782万元，同比增长28.9%。实现规上工业总产值18776万元、完成规上服务业营业收入3.16亿元，分别同比增长7.9%、21.5%。

项目“双进”持续发力。打响项目“双进”攻坚战，新引进项目2个，其中市级服务业“大好高”项目1个。加大“双停”破解力度，加快手续办理、指标落实，成功盘活南无山、亚盛地板、大石浪等“双停”项目。开展“优化营商环境年”行动，采取现场办公、一线办理等办法，推动项目快落地、早见效，新开工项目2个，即将建成2个，在建项目运营3个。县重点项目大场坪展现新形象，展示接待中心全面竣工。华贝项目取得新突破，金福景苑、集镇商业街推出新速度。完成4家服务业规上企业申报，敏泰科技获评市外资“大好高”，“花舞江南”获评市级农业“大好高”，汇联木业获评市级农业龙头企业。全域旅游持续提升。紧抓全域旅游示范乡镇创建契机，编制完成全域旅游规划初稿及三年行动计划。全面实施智慧旅游系统建设，完成景区电子显示屏、无线网络和流量监控等综合调试。持续加大全域景区基础设施投入，完成翠谷石浪4A级景区游客服务中心及停车场建设，深溪、石岭等村新增星级旅游厕所5座。提升"长寿报福"旅游活动品牌内涵，先后举办"中国蓝王牌对王牌"、山水文化旅游节、"三月三""九月九"畲家风情节等各类主题活动10场。成功创建全域旅游示范乡镇，入围省第三批旅游风情小镇培育创建名单，景溪村入选省级休闲旅游示范村，简爱民宿获评省级金宿。乡村经营持续深入。深入排摸各村资产资源，建立乡村经营项目库，景溪山民文化街、清韵汤口景区等获集体经济项目支持。继续推进飞地抱团联营，出台《物业用房管理办法》，十村联建物业房一期顺利运营。创新建立"新山市"品牌，搭建本土优质产品营销平台。加快推进现代农业发展，新增白鹭池田园景观，提升汤口芍药园区景观设施，成功申报现代林业园区项目1个，完成"一事一议"项目4个。发展林下经济，完成高标准专业笋用林示范基地建设2000亩，套种杨桐500亩，种植三叶青50亩。完成规上工业增加值4820万元、利税值2488万元，分别完成全年任务的130%、124.4%。扎实开展"五未土地"处置行动，落实批而未供土地104亩，实现供而未用项目开工1个，收储土地13.3亩，农整复垦土地80余亩。全面启动"亩均论英雄"专项行动，完成排摸核准工作。加大生态工业和科技创新工作力度，完成个转企10家、"小升规"1家，新增规上服务业4家，申请发明专利11项。电商孵化中心成功创建市级"众创空间"。推进企业上市股改工作，完成股改2家，其中浙交所上市1家。

成功创建"小城镇环境综合整治"省级样板镇。坚持"畅美"理念，实施以1条传统老街、1条临山景观风情带、3条主要道路、5个主要节点为主要内容的"1135"整治工程，完成背街小巷13条核心区块道路、立面、五线等提升整改，新增集镇主干道污水管道1.5公里、背街小巷截污纳管污水管网2公里，新建停车场21个、增加停车泊位239个。高标准建成福地公园，新增大型集中绿地1万余平方米。坚持建管并举，联合开展规范经营、停车等整治行动，新增自动抓拍监控5处，消除"蓝色屋面"160余处。集中开展农贸市场综合整治行动。深化报福老街文化挖掘，开展"老树新芽·城深报福"主题策划。精品示范提质扩面，上张村启动美丽乡村精品示范村创建，统里村实施创建，中张村、景溪村顺利通过复评。乡村路网日益完善，改建报石公路1公里，提升深王公路至大场坪道路5公里，新建统里至统里寺道路1.2公里。集镇和汤口、洪家等5村实行环卫保洁作业市场化，做到垃圾日产日清。全镇10个村好评率达98%，生活垃圾无害化处理率100%。成功举办"容大杯"安吉县第二届垃圾分类大奖赛。犬类规范管理获评全市标杆，犬只免疫、登记完成率98%。生态环境不断优化。坚持把"三四五"联动作为推进生态文明建设的重要抓手，每月常态化开展"集中推进日"行动。打击新增违法建筑，拆除新增违法建筑18处，确保"新增归零"；逐步消除存量违法建筑，做到分类处置、应拆尽拆，拆除存量361处3.98万平方米。卫片执法全县领先，全面完成上海督查整改案件。抓好河长制、林长制、街(巷)长制等落实，实施张坞溪小流域治理项目及水利加固、修复等工程4个，完成森林彩化300余亩，交接断面水质类别常年达到Ⅱ类以上。围绕"污水零直排"目标，完善集镇沿街商铺、居民小区、背街小巷、重点企业等污水设施提升，完成报福、彭湖等村世界银行污水管网建设，推进农村生活污水治理，常态化运转镇污水处理中心，成功通过省市级"污水零直排"乡镇创建验收。实施非洲猪瘟常态化防控检查机制。

民生保障持续改善。推进"最多跑一次"改革，全面梳理和规范各类办事项目，优化办事流程，完成硬件建设、事项进驻、窗口设置及绩效管理等标准化建设7项。推进绿色殡葬，实施树葬4人。率先成立全市首个乡镇老年人联合会，保障老年人权益。加大扶贫济困工作力度，累计发放各类优抚金、最低生活保障金、慰问金278.12万元，"长寿补贴"18万元。抓好退役军人服务管理工作，全面排摸各类人员信息568人次，悬挂光荣牌596个。全面完成治气治霾设备购买、农用电表后维修购买服务等为民办实事项目8个。社会治理扎实有效。创新实施《报福镇"平安家园卫队"巡防考核办法》，推动平安综治工作有效落实，组织平安夜巡1000余次，有效防控矛盾纠纷51起。按照"6＋X"模式，确定六大网格员278名、专职网格员14名，实现区域全覆盖。高标准推进“雪亮工程”、基层治理综合平台建设,新增治安防控探头76个,实现集镇安全防范全覆盖。实施“扫黑除恶”三年专项行动,打处涉黑涉恶人员2名。推进地质灾害治理,全年完成治理工程3个。举办全县地质灾害应急和防御小流域山洪演练。文明实践深入开展。全面推进全国文明城市、国家级卫生镇创建工作,新时代文明实践所、站实现全覆盖,广泛开展文明劝导、守护河道、美丽庭院等各类志愿活动,形成“美丽福嫂”“红马甲巡更”等特色品牌,编发《榜样册》2辑、《文明宣传手册》2000余份。深入挖掘“长寿文化”“福文化”“地标文化”“红色文化”等内涵,新建爱国主义国防教育主题公园1座,成功申报非遗项目1个,新增文化礼堂1座。工会、团委、妇联、人武、统战、教育、老龄、慈善、残联等事业取得新进步。

发挥镇法制办职能,实行重大决策、重要文件备案审查制。主动接受人大代表监督,自觉向人大主席团报告工作,广泛听取人大代表和群众的意见建议。全年办理各类议案、建议15件,办结率100%。办理“12345阳光热线”等各项民情信访工作。作风效能全面加强。贯彻落实“八项规定”“六条禁令”等中央和省市县各项要求,扎实开展“坚定‘两山’路,奋进新时代”主题活动,强化机关内部管理和正风肃纪要求,完善镇机关干部绩效考核,推动干部执行力明显提升。纠正“四风”问题。开展效能监察,全年开展八项规定落实情况专项检查2次,开展正风肃纪工作检查50次,发现违规享受低保及低保边缘户待遇问题1起23人,有关单位均已整改到位。全面落实党风廉政建设责任制,强化党章党规党纪意识,组织学习新监察法,执行重大事项报告制度、工程招投标制度和“三重一大”、“五不直接分管”和村级民主决策制度,强化项目资金、财务收支管理,严控公务支出。继续推进“阳光村务”运行,规范“三资”使用管理,全面深化“组账村管”工作。

6月27日上午,报福镇党委书记王兵为千名党员上党课

【地质灾害应急和防御小流域山洪演练】 5月31日,报福镇联合县国土资源局、防汛办结合本镇当前防灾减灾工作,在洪家村泥石流地质灾害隐患点开展2018年地质灾害应急暨小流域山洪灾害防御现场演练。本次演练以近期连续强降雨天气,山体土壤水分饱和,报福镇洪家村突发泥石流地质灾害,道路、电力、通信设施损毁,人员受困受伤为背景,根据相关规定,启动应急响应,组织人员紧急转移,开展抢险救援工作。模拟报福镇遭遇连续强降雨,洪家村发现泥石流隐患沟,有山洪泥石流的迹象,直接危及下方村民的生命财产安全,情况十分紧急。报福镇人民政府立即启动应急预案,及时撤离受威胁群众,避免人员伤亡。此次演习分为应急抢险组、后勤保障组、治安保卫组、巡查监测组、医疗卫生组、专家组等共三百余名人员参加。

【物业用房二期建设】 7月,报福镇启动物业用房二期的建设。通过向上争取省级项目支持、10个村自筹资金,在集镇广茗路上建起二期物业用房,二期建设在当年12月已经结顶。报福镇10个村组团发展物业经济,2018年1月物业用房一期已投入使用,每村每年可增收2万元。

【首届开竹节】 自9月29日至10月7日,报福镇探索“夜游经

9 月 29 日，报福镇举行首届开竹节启动仪式

济”品牌，成功尝试竹产业“接二连三”新途径。组织策划的首届开竹节成为安吉最热闹的打卡地点之一。为期九天的活动吸引了四万多名游客来到统里村，度过竹灯夜游的难忘一晚。央视 1 套、13 套、浙江卫视等二十多家主流媒体对活动进行了深入广泛的报道，取得了良好经济效益和社会效益。

【福地公园建成】 11 月，报福镇首个集镇大型公园、山体公园特点的福地公园建成。公园位于报福镇金茗路东面，新建公共活动广场、景观亭、爱国主义教育平台（含歼- 20 战斗机、米加农炮）、瀑布景观、景墙等，以建设“海绵公园”为前提实施道路、铺装、绿化、生态车位等配套设施，总面积 2500 平方米。

（单丽君）

2018 年报福镇各村基本情况一览表

表 19

村名	特称	村民小组数（个）	户数（户）	总人口（人）	劳动力（个）	面积（平方公里）	村级集体经济总收入（万元）	人均收入（元）	书记	主任
汤口村	生态汤口	10	300	999	593	4.50	161.16	31031	蔡科技	陈纪军
上张村	古朴上张	11	519	1592	1012	10.80	116.60	33052	王炳法	雷金贤
中张村	民俗中张	20	585	1879	1131	28.84	258.91	34305	程　驰	程文元
洪家村	田园洪家	13	546	1877	1146	11.80	176.86	39639	季高明	王　洁
深溪村	美景深溪	15	454	1456	947	36.40	273.87	34162	童云飞	邹建敏
景溪村	十里景溪	11	389	1236	773	2.78	388.59	37039	黄大伟	许星潮
石岭村	石岭人家	10	277	901	594	35.00	174.26	36472	王为林	谢五一
报福村	休闲报福	31	860	2653	1592	10.44	194.20	35618	高彬波	金加忠
彭湖村	竹木彭湖	26	708	2299	1380	13.60	232.66	35315	高前进	周卫国
统里村	山水统里	41	836	2766	1730	23.80	552.14	34251	戴士根	郎小虎
合计		188	5474	17658	10898	177.96	2529.25	350884	—	—

章 村 镇

【概况】 章村镇位于安吉县西南山区，区域面积 89.16 平方公里，总人口 1.58 万（畲族 540 人）。2018 年，章村镇围绕“两聚一美”发展大局，突出建设“浙北最美山区小镇”中心任务，深入实施“生态立镇、休闲强镇、开放兴镇”发展战略，紧扣“拼比争”活动要求，全力冲刺各项既定目标任务。全年实现财政收入 1824 万元，同比增长 21.3%，完成服务业营业收入 8900 万元，固定资产投资2353万元,浙商回归省外资金6000万元,均超额完成年度任务数,获2018年度浙江省首批"森林休闲养生小镇"称号。全年新签约项目2个,新引进静庐·高山精品民宿,总投资3000万元;洞庭山矿泉水项目已完成企业注册、取水证审批、项目规划方案评审等前期工作,于2018年12月12日开工建设并完成市级工业"大好高"认定,实现章村亿元企业零的突破;蔻新酒店项目启动主体建筑建设;新园中园项目累计投入2300万元完成茶园改造和休闲设施建设,休闲服务功能进一步提档升级;完成龙王山大景区规划编制工作,全域旅游功能定位和布局进一步完善。完成旅游公共设施项目7个,新建和提升民宿11家,先后成功举办"畲村过大年"、漂流节、农民丰收节等"美丽乡村"嘉年华系列活动,全镇旅游人数52万人次,实现旅游总收入1.43亿元,同比分别增长15.6%和27.2%;郎村中药材种植基地等4个项目列入县项目库;无公害农产品基地不断扩大,完成2个无公害农产品基地认证,葫芦井4个绿色食品续展;农业品牌和经营主体不断增加,完成2个农产品安全追溯体系建设,新增家庭农场2家;完成农产品检测数量720个;高山村完成黄精种植等6个项目共800亩林下经济项目申报,河垓、章村完成588亩彩色健康森林项目申报,争取省级生态示范基地创建项目1个。

围绕"一加强三整治"要求,以设计施工一体化(EPC)模式完成25个小城镇综合整治项目建设,并通过省级验收。先后投入2000余万元完成集镇"五线下地"整治工程,主干道下地率100%;投入1500余万元完成129幢建筑外立面改造提升,改造面积9000平方米;新铺设道板4500平方米、道路沥青27100平方米,绿化提升1.2万平方米;建成五贵岭党建公园和郎村口公园;开展背街小巷整治工程,打通规划30年的老区道路,集镇面貌焕然一新;以创建国家级卫生镇为契机,深化环境综合治理,成功通过市级验收。深入开展"三四五"专项行动,以"无违建"创建复评工作为抓手,拆违14处,拆违面积13240平方米,拆后利用率100%,完成"三改"12000平方米,完成任务的120%;完成"一户一档"调查工作。开展污染防治攻坚行动,率先完成第二次全国污染源普查。认真做好世界银行项目扫尾工作,全面完成810户污水治理工程,集镇污水处理厂一期工程顺利通过验收。规范建立五级河长制,长效管理机制进一步完善。深入开展简易厕所"攻坚清零"行动,取缔、改造简易厕所近600个。全面开展烟花爆竹"双

6月2日,章村镇举办四季休闲汇之漂流节"清凉一夏 最美章村"

禁”，实现镇域全覆盖；高度重视环境卫生长效管理，全面推行垃圾分类、垃圾不落地；深入开展秸秆禁烧、畜牧整治、绿色殡葬、打击非法电捕鱼、农贸市场整治等综合治理，生态环境得到持续优化。深入推进乡村振兴，完成乡村振兴三年规划编制并启动实施，“一村一民宿”建设工作初现成效。完成长潭、高山“美丽乡村”精品示范村复评，启动郎村、章村、茅山、章里“美丽乡村”精品示范村创建和培育工作。完成全镇闲置房排查摸底和集体资产清产核资。完成浮塘、章里等5个村级饮用水站验收。完成农村道路改造提升8.8公里。高度重视村级项目争取，新增“省级扶持集体经济发展”试点项目2个，“一事一议”项目5个，争取补助资金460万元；郎村成功争取省级历史文化村落重点村、省级美丽宜居村创建，长潭村荣获浙江省生态文化基地、浙江省美丽宜居村等称号。

民生事业发展迅速，高度重视教育工作。完成小学足球场、幼儿园长廊及操场改造，发放学前教育补助20余万元，深化留守儿童关爱。关心关爱弱势群体，为全镇60周岁以上老人、计生特殊家庭、低保及残疾对象购买人身意外伤害保险4300余份，发放低保及残疾对象生活补贴129.39万元，各类慰问及救助金23.18万元。举办各类文化活动30余场，成功申报县级非遗7项、市级非遗3项；《木鼓舞》获浙江民间艺术精品展演金奖。新增室内健身房2个，8个村先后开展乡村体育节。重视就业创业工作，组建“农创·星创”平台和临工服务队，开展技能培训4场176人次，新增就业103人次。完成岗位补贴申请企业4家，审核11笔共计330万元青年创业贴息贷款；深入推进“最多跑一次”改革和村级工作准入制，打通政府服务“最后一公里”。民生基础设施进一步完善，章村派出所建设基本完工；成立退役军人服务站，全面落实退役军人信息采集及挂牌工作；完成镇老年服务中心提升改造，荣获省级老年服务中心示范点。建设完善镇级社会心理服务体系，深化责任医生签约服务；启动章村、章里村级生态公墓建设；完成茅山村物业房建设等5个移民项目；完成章村等5个为老助餐点建设；新增残疾人“辅具共享”服务站1个；持续开展“七五”普法宣传，深入推进“扫黑除恶”专项斗争，全面开展“家园卫士”工程，“平安三率”稳步提升，“平安章村”建设实现十三连冠。全年转办处理各类信息1500余条，调解处理纠纷70余起，化解信访件12起，开展宣传活动12次。开展犬类规范管理专项行动，集中免疫犬只951只，规范不文明养犬行为80余起。高度重视安全生产工作，强化食品药品、道路交通、消防、校园等重点领域的安全监管，全年未发生较大以上安全事故。全面推进全国文明城市创建及新时代文明实践工作，荣获四季度全县文明城市创建考核优胜单位。

【民族村振兴计划】 3月15日，安吉县民族村振兴计划启动仪式在章村镇郎村村顺利举行。启动仪式上，县文旅集团、美林度假有限公司分别与章村镇、中张村签订合作开发框架协议，民建安吉支部、农工党安吉基层委分别与中张村、郎村村签订帮扶意向协议，县知联会、县新联会分别与中张村、郎村村签订帮扶意向协议，县农商银行与两个民族村签订了帮扶意向协议。农商银行为2个民族村分别授信1000万元进行帮助支持；民建安吉支部积极与省民建对接，初步达成助推农产品销售意向，并为民族村带来了项目信息；知联会引荐荷兰客商来到民族村进行现场考察。

【“浦源花开”留守儿童加油站公益项目启动】 5月28日，章村镇“浦源花开”留守儿童加油站公益创投项目启动仪式在章村镇河垓村文化礼堂举行。2018年初，县妇联面向全县妇联组织和女性社会组织开展首届妇女儿童家庭公益服务项目微创投活动，章村镇妇联结合本镇实际，针对留守儿童现状进行研究和分析，申报了“浦源花开”留守儿童加油站公益创投项目，并列入全县妇联儿童公益服务创投九大项目之一。该项目根据留守儿童的分布情况，采取就近原则，在村文化礼堂建立留守儿童加油站，为留守儿童提供一个集亲情关怀、学习辅导、兴趣培养和休闲娱乐于一体的活动阵地。通过开展关爱帮扶、维护权益、健康教育等系列活动，切实为留守儿童成长营造了健康、快乐、平等、和谐的生活学习环境。

【举办首届农民丰收节】 9月21日，以“传承农耕文化·促进乡村振兴”为主题的首届章村镇农民丰收节在郎村村举行。近年来，章村镇紧抓乡村振兴的历史性发展机遇，围绕“发展特色经济，打造浙北最美山区小镇”主题，以“绿色”和“特色”为底色，演绎出了一幕幕特色产业发展“大戏”，其中乡村休闲旅游和特色农林业是最具活力最有潜力的一出戏。章村镇，正在成为充满希望的发展热土，形成了特色产业、特色文化、特色生态突出的休闲优势。

12月12日上午，洞庭山矿泉水安吉有限公司天然山泉水生产项目举行开工仪式

【规上工业企业实现零突破】12月12日上午，洞庭山矿泉水安吉有限公司天然山泉水生产项目开工仪式举行。该项目坐落于章村镇章村村龙潭区块，用地约50亩，主要生产(经营)天然山泉水，项目总投资3亿元，一期投资约1.6亿元。经过全体镇、村干部多年的共同努力，该项目推进工作取得历史性突破，实现了规上工业企业零突破。洞庭山矿泉水项目的开工建设，为全镇经济的健康发展注入新的生机与活力。

（尤　頔）

2018年章村镇各村基本情况一览表

表20

村　名	自然村个数(个)	户数(户)	总人口数(人)	劳动力(个)	总面积(平方公里)	村集体总收入(万元)	2018农村经济总收入(万元)	书　记	主　任
长潭村	7	525	1790	1238	17.44	249	15110	朱雪慧	方庙府
河垓村	6	599	2010	1472	9.6	72	27288	章本建	徐　斌
郎村村	9	508	1615	1130	10.07	65	6492	何存芳	郑兴华
浮塘村	10	385	1191	726	7.8	36	7280	王晨夤	杨存贵
章村村	8	969	3005	1819	11.76	137	18569	郎洪业	程和平
高山村	11	338	1071	543	9.89	245.67	9634.67	蒋富珍	李炳龙
章里村	15	662	2131	1561	13.33	35	13303	王金土	潘兴荣
茅山村	11	726	2356	2320	9.15	160	11935	王永富	周汉龙
合　计	77	4712	15169	10809	89.04	999.67	109611.67	—	—

上　墅　乡

【概况】 上墅乡位于安吉县西南部，区域面积77.5平方公里，总人口1.52万。2018年，上墅乡围绕“天目慢谷·幸福上墅”总目标，全乡规上工业总产值8.21亿元，同比增长18.1%；财政总收入4605万元，同比增长21.1%。农民人均收入33055元，同比增长9.6%。项目双进再提速。坚持“对标引进、对号入座”选项目，确保新引进项目符合上墅实际、符合产业导向、符合“大好高”标准。全年完成项目招引7个，总投资约5亿元，实到外资128万美元，列入浙商回归省外资金6309万元。“吾想园”被认定为市级“大好高”项目。项目推进周期进一步缩短，“云半间”、“漫时光”、隐居山水酒店已竣工运营；环湖度假、天目含云酒店完成主体建设；田中园酒店农田板块启动施工；国际艺术山谷政策处理基本完成；花花色玫瑰庄园方案进一步深化。全年累计项目开工5个，在建5个，竣工投产4个。培育效益农业主体，新增水稻专业合作社1家，县级美丽农业产业园2家，市级现代农业园1家。国卿家禽养殖场高分通过省级“美丽牧场”初次验收。富源水产获县级“美丽渔场”称号，并通过全国水产健康养殖示范场验收。突出发展休闲产业，获省农家乐乡村休闲旅游特色乡镇称号。刘家塘村获评国家AAA级景区、市级农家乐特色(集聚)村、县乡村旅游示范村。龙王村获评省AAA级村庄景区、省级农家乐特色(集聚)村、县乡村旅游示范村。董岭村获评省AA级村庄景区、省级农家乐特色(集聚)村、县乡村旅游示范村，实现了A级村庄景区全乡覆盖。成功举办第七届慢生活主题文化节、央视《过大年》、首届田园风情节等活动，不断丰富“慢”内涵，聚集“慢”人气。“青石上”、“蓝莲花开”、艾伦家等一批精品民宿初显集群效应。全年旅游人次达65万，旅游收入8000万元。积极谋划小微产业园，已完成企业排摸、规划编制、资料申报。对标“亩均论英雄”，完成4家低效企业、12家“散乱污”企业腾退出清。贴近一线服务，推动企业破解“双停”2家，股改1家，成长板挂牌1家，个转企13家。“居然雅竹”“嘉诚五金”等产值增长率均超县级平均水平。举办“企业家大讲堂”4次，深化政企交流，提升企业主经营理念和管理水平，并推动“创二代”队伍培养。主动对接，搭建政企、银企合作平台，为小微企业争取银行贷款超亿元。开展“科技服务零距离、比拼赶超争一流”活动，成功培育省级科技型企业、国家高新技术企业各两家。开通上墅至九州广场夜间往返公交班车，助力企业招工。锅炉整治、科技型小微企业培育、公积金扩面等工作稳步推进，全面完成既定目标任务。

坚持规划引领，实现乡域控规全覆盖，并完成国际慢城概念性总体规划和北部片区“美丽乡村”精品示范村规划编制。加快慢城基础设施改造，投入200余万元实施白缸线、刘彭线、罗董线道路两侧绿化提升，投入1500余万元开展强弱电线整治梳理与下地。谋划乡旅游集散中心、慢生活街区，完成乡文体广场建设，深挖富硒、造纸、私立高中等特色文化，融入慢城元素，提升慢谷风情小镇。完成全国农村四好公路管理现场会的示范点建设任务。注重建管并举，狠抓“三改一拆”，全年累计拆除存量违建41处，拆除违法建筑3.306万平方米，改造123户、面积1.97万平方米。打造施阮、龙王、董岭“美丽乡村”精品示范“三村联创”。突出做好“联”文章，通过组织联动、机制联通、配套联结、产业联营、文化联姻，乡村两级干部苦干实干，完成建设项目49个，投入建设资金2.6亿元(含工商资本投入)。刘家塘村成功创建首批市级乡村经营示范村。加强生态涵养，完成2800亩森林抚育和彩色健康森林建设，打造珍贵树种基地600亩，全乡森林覆盖率从80.1%提升到82.5%。常态化推进卫生长效管理和集镇“六乱整治”，垃圾不落地全乡覆盖。治水措施，推进市级“污水零直排区”创建，完成6.1公里污水管网检测清淤、恒峰纸业污水纳管、刘家塘安置小区污水处理、集镇污水管网整治等工程，全年交接断面水质始终保持Ⅱ类标准。加强生态监管，推进河湖长制、路长制、林长制等工作，开展秸秆禁烧、电鱼炸鱼、地笼捕鱼、畜禽养殖污染网格化巡查，杜绝破坏生态行为。获全国森林康养基地试点建设单位和省级康养小镇荣誉称号，刘家塘村获全国生态文化村和全国最美森林人家称号，刘家塘村、董岭村获得省级“一村万树”示范村称号，田垓村、施阮村获得省级森林人家称号。

加快民生实事项目落地，董岭村避灾中心完成主体工程。推进绿色殡葬，基本完成生态陵园三期及骨灰堂建设，坟墓迁移入园500余穴。大溪河道(龙王段)新建堤防1452米。农村公路提升改造及大中修11公里。完成文体广场和农村公路养护站建设。开展“433”自来水改造、汤村桥建设、罗董线公路驿站建设、渠道修复1500米、新建及改造提升农村公厕24座等一系列民生项目的建设。公共事业再增效。启动全国文明乡创建,完成新时代文明实践中心建设。纵深推进“健康上墅”建设,改善和提高农村医疗设施条件和服务水平,通过国家卫生乡镇技术评估,上墅村、罗村村成功创建省级卫生村。全面实行犬类规范管理和烟花爆竹“双禁”工作。抓好各项赛事和全民健身,龙王村南屿青龙舞龙队取得了省第五届舞龙锦标赛一金一银的好成绩。成功创建省级“名特优”手工作坊一家,刘家塘村举办全县“农村家宴放心厨房”现场会。完善基层老龄组织,成立全乡老年人联合会。国防、“双拥”和后备力量建设得到加强,高标准完成年度征兵任务。工会、青年事务、妇女儿童、残联、档案、科协、商会等工作取得新成绩。坚持“平安上墅”建设,深化“扫黑除恶”行动,夯实“四个平台”改革,推进“雪亮工程”建设,实施“平安细胞”工程,安全生产及平安稳定工作扎实推进。充分发挥农村“五老”、乡贤、家园卫士作用,并成功创建省级民主法治村。创新推出外来游客自主调解旅游纠纷的“以外调外”模式、党员干部“联片包户”工作法、董岭每月逢十召开村民代表例会制度。全年排查调解矛盾纠纷102起,调处成功102起,化解成功率100%。

坚持依法行政。严格制度规范,完善并修订《上墅乡机关内部管理制度》,严肃各项工作纪律。健全民主决策、科学决策机制,完善落实重大事项集体决策、专家论证、条线审查等制度,确保行政行为于法有据、程序合规。加强行政行为监督,深化政务公开,自觉接受人大依法监督和社会舆论监督,全年共办理人大代表议案3件,办结率和满意率100%。受理“12345”政府阳光热线241件,来信来访8件次,事项办结率100%,满意率达94%。明确“五大工程”作战表,对排定的33项重点工作定标准、定措施、定时限、定责任,形成链条式、清单式、台账式工作推进机制,相继成立项目推进部、联创协调组,把全部心思和精力投入到谋发展、抓落实上的具体实践中。开展“坚定‘两山’路、奋进新时代”“导师帮带再深化、坚奋行动再出发”——“民情大回访、夺取全年红”等系列主题实践活动,全力推进“最多跑一次”改革。同时,加大督查督办力度,坚决整治不作为和懒政怠政行为,营造干事创业的浓厚氛围。履行从严治政主体责任和党风廉政建设“一岗双责”,贯彻落实中央八项规定精神,驰而不息纠正“四风”。执行“三重一大”集体决策,全年递交决策事项101项,财政资金使用审批更加规范。紧盯廉政风险重点领域,出台《上墅乡建设工程项目管理办法》和《上墅乡政府投资项目资金管理办法》,防范廉政漏洞。严格“三资”管理,推行村级财务制度化、规范化管理,防止农村集体“三资”流失。聚焦公共权力、公共资源、公共资金等重点,严查不正之风和腐败问题,做到干部清正、政府清廉、政治清明。

【“坚定‘两山’路、奋进新时代”动员大会召开】 4月27日,上墅乡召开“坚定‘两山’路、奋进新时代”主题活动暨“拼抢一百天、变化每一天”攻坚行动动员大会,上墅乡全体干部、人大代表、企业代表和老干部参加会议。此次攻坚行动,以“三比三问”为主抓手,开展“大走访、大宣讲、大调研、大讨论、大提升、大推进”等六大活动,谱写上墅新篇章。

4月27日,上墅乡召开“坚定‘两山’路、奋进新时代”主题活动暨“拼抢一百天、变化每一天”攻坚行动动员大会

【“民情大回访 夺取全年红”动员会】 8月18日，上墅乡召开“导师帮带再深化 坚奋行动再出发”——“民情大回访 夺取全年红”主题活动动员会，利用8月中旬到11月底100天时间，通过集中开展主题活动，在对象上“五走联心”，在内容上“五问明情”，在形式上“五访聚智”，加快全年目标任务提前超额完成，全面夺取全年红。

【游客老年大学成立】 8月29日，上墅乡“先锋夕阳·红途驿站”揭牌暨游客老年大学成立仪式在上墅乡董岭村隆重举行。

8月29日，上墅乡举行全市首个游客老年大学成立揭牌仪式

【田园风情节开幕】 11月2日，“悠享‘硒’望田园，共筑振兴梦想”——上墅乡首届田园风情节在上墅乡田垓村开幕。田垓村与浙江“两山”农业发展有限公司签订合作协议，县农业局为安吉富源水产党群创业互助会授牌，与会人员体验农事活动，共享丰收喜悦。

（陈　立）

2018年上墅乡各村基本情况一览表

表21

村　名	村　民小组数（个）	户　数（户）	总人口（人）	劳动力（个）	总面积（亩）	村级集体经济总收入（万元）	人　均纯收入（元）	书　记	主　任
刘家塘村	14	627	2155	1486	10026	308.9	37920	褚雪松	蔡国明
田垓村	17	585	1994	1390	11505	65.8	31615	马小勇	陈吾强
上墅村	28	860	2715	1897	9699	85.4	32494	戴尧生	张国栋
罗村村	16	708	2196	1532	7018	66	30018	鲍俞林	方福明
施阮村	15	683	2275	1593	14061	212.4	31010	李苗松	施根祥
龙王村	14	687	2117	1481	39866	278.9	34589	张春华	朱丽英
董岭村	3	128	489	340	18611	174.7	33055	王文贤	谢坚强
合　计	107	4278	13941	9719	110786	1192.1	230701	—	—

天荒坪镇

【概况】 天荒坪镇位于安吉县南端，东与杭州市余杭区交界，南与临安区接壤，西连上墅乡，北接灵峰街道，属西苕溪流域。行政区域面积113.63平方公里，2018年常住人口22741。2018年，天荒坪镇全镇经济社会发展呈现蓬勃向上的好势头。财政收入11594万元，同比增长67.64%；实到外资800万美元，浙商回归资金4.5亿元，招引市定“大好高”项目2个，其中工业“大好高”实现零突破。紧盯“两山”示范区建设，立足村强、民富、景美、人和的“村庄样板”战略目标，调优余村全域旅游远景规划，完成环境整治、功能配套、工程建设等四十余项重点工作，破解项目收储、土地征用等政策处理难题，成功创建国家4A级旅游景区。对标建党100周年长龙山电站第一台机组并网发电，做好项目服务保障。在大溪、横路、银坑等村的支持配合下，妥善化解了竹林压覆盖、农房震损、农民饮用水等复杂难题，电站主体工程顺利推进。决胜小城镇环境综合整治，推进山河、白水湾集镇范围内50个项目的整治建设，成功创建省级标杆。

做强产业升级，"双停"盘活取得历史突破，白水湾工业园区提升扩容加快推进，周铁艺家具、金洹家具等一批工业项目开工建设。辰霖家具获评市"大好高"。黄路包装完成新三板挂牌。布谷鸟酒店、祥生田野牧歌、金栖堂等项目顺利推进，市"大好高"绿城"豆乐园"项目启动建设，农业园区品牌化提升，林下经济规模化发展，彩色农业不断扩大，成功创建省级"两山"森林康养小镇。全域旅游持续深化，乡村旅游示范村、省级景区村庄等创建深入开展，乡村旅游品牌影响不断扩大。"美丽乡村"精品示范村建设成效明显，白水湾、五鹤村顺利通过验收，港口、银坑村完成复评。大物业市场化管理模式全镇覆盖，健全夜间保洁机制，县级督查好评率同比增长20%。河道整治、乡村道路改扩建及省道亮化工程有序推进，马吉、井村村庄环境逐步提升，良好生态环境持续巩固。景区私设停车场与私设摊位整治全面完成，旅游秩序不断优化。全国文明城市创建纵深推进，全市率先推行烟花爆竹"双禁"，集镇"六乱"从严整治，移风易俗积极倡导，乡风文明落地生根。

完成"四个平台"建设，高标推进"最多跑一次"改革试点。强化群众危旧房改造，积极落实社会救助，健全最低生活保障和低保边缘户制度。省图书馆分馆落户，中心农贸市场建成使用，警务中心、卫生院等有序推进，地质灾害点治理、污水处理终端等一批民生工程进展顺利，潘村水库除险加固基本完成。打造社会治理新格局，深入开展"扫黑除恶"专项行动，全面梳理历史举报信息，排摸问题线索，重拳出击三起影响恶劣的侵占集体资产案件。深入推进平安建设，完善网格化服务体系，充实网格服务力量。上下联动，做好全国改善农村人居环境、全国乡村民宿发展等重大会议保障工作。

坚持全面从严治党，积极践行监督执纪"四种形态"，深化"廉政档案"机制，动态开展排查防控工作。扎实开展"坚定两山路、奋进新时代"主题活动，深入推进"百千"专项行动，村级办公场所规范化建设有效推进。创新成立民宿党支部，高标准完成县"美丽强基"现场考察，基层党建制度不断健全。统战规范化建设有序开展，西鹤村与台湾乡村成功结对，对台联谊取得新突破。人大工作保持一线状态、体现一线作风，五星级代表联络站建设成效明显。工会、团委、妇联、残联、科协、人武、红十字会等组织服务中心能力进一步提高。

【"高举两山旗·建设四美区"行动】 3月2日，天荒坪镇召开2018年度"高举两山旗·建设四美区"行动动员大会，全体班子成员、镇机关中层以上干部，各村"两委"主职干部，各站所负责人，工业经济企业代表，休闲经济企业代表，农业种养大户及农业专业合作社负责人参加此次会议。此次大会是总结大会也是动员大会，镇党委书记赵双勤表示面临难得的历史机遇，需要以奋发有为的精神状态，开拓进取的实干作风，保持干事的激情、创业的豪情和创新的激情，实干担当，奋勇争先，全力争当全县最美县域排头兵，为加快天荒坪新一轮发展努力奋斗。

【省运会圣火采集仪式】 7月18日上午7点，"湖通四海 浙运生机"第16届省运会圣火安吉县采集仪式在"两山"理念诞生地余村村的党建广场举行。市、县、镇领导和火炬护卫手候选人、运动员代表、学生代表、志愿者代表及新闻媒体代表一百余人参加。

【《"两山"理念讲习》丛书首发仪式】 8月22日，《"两山"理念讲习》丛书首发仪式在天荒坪镇山河村文化礼堂举行。2018年是"两山"理念诞生13周年。这套书总结了这些年安吉在"两山"理念指引下探索走出了一条生态美、产业兴、百姓富的科学发展之路，为"两山"理念在全国的实践提供了可借鉴、可推广的样本。这既是“两山”理论研究与发展的总结之作，也是新时代生态文明建设继往开来之作，具有十分重要的理论价值和应用价值。

【高级育婴师职业技能培训】11 月 26 日，天荒坪镇人力社保所联合镇组织办、镇卫计办组织举办了高技能人才培训暨高级育婴师职业技能培训班，本次培训共有 41 名学员参加，她们经过数天的学习，通过专业权威的考试，取得国家认证的高级育婴师证书，成为持证上岗的高级育婴顾问，为更多家庭带去科学、正确的育婴理念和育儿知识。培训期间，学员们将通过理论课程和实际操作进行系统学习，包括：新生儿基础护理、黄疸及脐带护理、洗澡和抚触、大动作和精细动作、感知能力开发、情绪管理、辅食添加、常见病预防等相关知识。旨在通过本次系统培训掌握更多的专业母婴知识及技能，并学以致用，更好地服务社会。

（马　颖）

11 月 27 日，天荒坪镇举办高级育婴师职业技能培训班

2018 年天荒坪镇各村基本情况一览表

表 22

村　名	村民小组数（个）	农户数（户）	农业人口数（人）	劳动力数（个）	耕地面积（亩）	林地面积（亩）	集体总收入（万元）	人均收入（元）	书　记	主　任
大溪村	11	551	2193	1411	218	32554	752	41272	陈　军	徐向明
横路村	21	902	3377	2369	750	23718	547	32989	郎文火	汤利仁
余村村	8	280	1052	749	586	5565	580	44688	潘文革	俞小平
山河村	12	528	1646	982	355	5993	778	42412	邵林峰	沈校生
马吉村	17	553	1996	1263	875	8760	294	35371	朱泽明	徐　滨
银坑村	6	245	878	594	348	8357	901	38072	邵水良	李为民
井村村	12	210	1521	975	1103	4271	517	34576	王任胜	王秀耀
白水湾村	15	672	2670	1901	1877	10727	367	35842	游如珍	盛锂铌
西鹤村	17	727	1569	1012	850	6672	271	33639	梅良红	竺胜奇
五鹤村	15	522	1921	1304	757	11958	355	39328	李照宏	潘永强
港口村	28	837	2866	2092	978	13823	898	37302	凌云海	俞英俊
合　计	162	6027	21689	14652	8697	132398	6260	36772	—	—

山　川　乡

【概况】　山川乡位于安吉县南端,东界余杭区、南邻临安区,西北与天荒坪接壤。行政区域总面积46.72平方公里,6018人。2018年,山川乡实现财政收入2403万元,完成目标任务的138.1%,增长46.8%;农民人均可支配收入36343元。原来需要三年完成的创建任务提前到两年内完成,让山川乡提早踏上“省旅”步伐,为山川乡的提档发展搭建了新平台。成功创成了山川省级旅游度假区。

围绕完善集镇功能,完成九大整治项目,提升集镇基础设施配套,提高整体集镇形象,获小城镇环境综合整治省级样板。成功创成全县首批“美丽特色乡镇”。抓好项目“双进”。浙澳元气谷项目完成框架协议签订,重点项目投资完成3.8亿元,云上草原赤豆洋观光区块、灵溪山景区形象整体显现,盘活一批闲置项目,“以大带小、以点带面”的休闲旅游产业链进一步完善。探索实施乡村经营模式,打开“两山”转化通道,高家堂村借力云上草原,对七星谷景区提档升级,为村域旅游注入活力。大里村引入第三方对教育基地开展合作经营,并采取村民融资配股形式,在做大村集体的同时,让百姓享受发展红利。2018年,各村经营性收入平均达127.5万元。

立足山川特有优势,将生态环境转变为美丽风景。出台《山川全域景区管理手册》,加强精细化管理,实现乡域范围“垃圾不落地”“物业化保洁全覆盖”。全面推进“污水零直排区”创建工作,农村生活污水管网入户实现全覆盖。以霞大线为主干道,打造旅游观光带,完成三十余处以“浪漫”为主题的小品布置,集镇实现“五线下地”。“美丽乡村”建设提质扩容。山川村、船村村分别创成“美丽乡村”精品示范村。九亩村扎实推进培育工作,完成村庄建设、环境提升、产业发展三大规划,提前完成古道修复工作。

完善基层平安保障体系,制定班子成员平安建设任务清单,定期协商研判,增强平安建设合力。组建基层综合治理团队,建成标准化的综合治理指挥中心,推动“村居雪亮工程”建设,招录6名专职网格员,全乡共建立“平安家园卫队”21支。全年成功调解纠纷78起,有效化解农民工讨薪事件6起,涉及45人,累计金额58万元。“水墨桃园”违法用地依法妥善处置到位。

做好“文明+文化”“本土文化+现代文化”“文化+旅游”一体化挖掘、整体化提升。精心制作山川乡歌、卡通形象,提升山川标志,并将各元素融入全域旅游各个环节。依托地方特色的传统节日和民间文化,举办“我陪父母游乡村”“我和田野有个约会”“年味在山川”等系列活动。首次采用文化走亲与旅游推介相结合的方式,赴周边省市举办浪漫山川旅游推介会。结合省级运动休闲小镇创建,成功举办井空里溯溪挑战赛。一年来,新华社等十余家国家级媒体宣传“浪漫山川”超百次。全面开展“全国文明城市”创建活动,挂牌成立山川乡新时代文明实践所,实现各村新时代文明实践站全覆盖。

出台改善学生营养餐补助政策,由乡财政以每人每餐两元的标准,对在山川就读的学生和学前儿童进行用餐补助。开展政府购买医疗服务,邀请专家医生定期到山川坐诊,为百姓提供优质的医疗资源。山川小学教学质量、师德师风、平安校园连续两年获评优秀以上等级,山川幼儿园

3月23日,山川乡开展“助力全国文明城市创建,共建浪漫山川小城镇”百日攻坚行动

成功创建省二级标准化幼儿园。推进社会心理服务体系建设，实现心理咨询室站(室)整乡覆盖。交通状况显著提升，旅游大环线建设工程全面竣工通车，全域旅游大通道基本构成。完成集镇背街小巷拓宽改造和沥青铺设，打通多条断头路，基本实现集镇内部道路环通。

出台并实施“党建引领乡村振兴三年行动计划”。持续用好“红色直播间”“红色加油站”等载体。创新开展“共绘红美”工程，选派两名在抓建设、抓经营、抓党建等方面有经验、有成效的村党组织书记，跨村兼任党组织第一书记，三名乡中层骨干，任党组织副书记，帮助派驻村理清思路、理顺机制，为长远发展打好基础、强化保障。完成“坚定‘两山’路 奋进新时代”大走访活动。推进“两学一做”学习教育常态化、“党纪一刻钟”等制度，推进反腐败和正风肃纪工作，保持反“四风”的高压态势。

【“助力全国文明城市创建，共建浪漫山川小城镇”百日攻坚】 3月23日上午，山川乡开展“助力全国文明城市创建，共建浪漫山川小城镇”百日攻坚行动，通过文明创建先锋队、集镇面貌提升先锋队、美丽庭院建设先锋队等五支环境整治队伍开展环境整治、监督巡查各项行动提升美丽小城镇面貌，加强居民的环境保护、文明意识，助力全国文明城市的创建。

【赤豆洋高山生态旅游度假项目(云上草原项目)】 7月24日，国家体育总局体育经济司公布了《2018全国优选体育产业项目名录》，共包含383个体育产业项目，山川乡浙江安吉赤豆洋高山生态旅游度假项目入选。本项目是一个集野奢酒店、高山户外滑雪场、观光、索道、极限运动小镇于一体的生态旅游度假项目。项目全部建成后，每年可以接待游客100万人次，实现营业收入3亿元，利税1.2亿元。项目总投资11.2亿元，面积2179亩，其中山顶1169亩，山下1010亩。截至2018年底，项目1号索道完成上站房结顶、下站房装修90%及支架设备安装90%；雪具大厅完成一至三层装修70%；雪道完成管线铺设及初、中级雪道覆绿；水库大坝完成蓄水；旅游基础配套完成室外游览车回车场建设、山顶环线建设及悬崖栈道主体建设。

【“乡镇巨变看湖州”采访活动】 8月21日，湖州市文明办、建设局、市委外宣办主办的2018年“乡镇巨变看湖州”媒体采访活动在山川乡举行，人民日报(人民网)、新华社(新华网)、央广、中新社、澎湃新闻、文汇报、新民晚报、浙江日报、浙江之声、浙江电视台(新蓝网)、浙江在线、浙江交通之声、都市快报、钱江晚报、凤凰网、澳门华文报等二十余家媒体参与采访报道。

【井空里溯溪越野挑战赛】 12月29日，由浙江省登山协会、湖州市体育局、安吉县人民政府主办，安吉县体育局、安吉县文广新局、安吉县旅委、安吉县山川乡人民政府承办，安吉县委两新工委、安吉休闲户外运动协会协办的2018浙江安吉井空里溯溪越野挑战赛新闻发布会在山川乡海博山庄酒店举行，新华网、人民网、中国新闻社等二十余家媒体记者及嘉宾出席新闻发布会。12月30日，赛事在山川乡成功举办，近800名运动员和户外运动爱好者参加本次比赛，其中有112名运动员参加竞赛组比赛，女运动员有20人，平均年

12月30日，2018浙江安吉井空里溯溪越野挑战赛举行。图为起跑现场

龄约30岁。本届竞赛专业组线路总距离为19.5公里,海拔最低200米,最高445米,途经峡谷、森林、古道和村落。运动员需要累计爬升近894米,是一条集“雄、奇、灵、秀”于一体的绝美穿越赛道。业余组比赛线路总距离9.8公里。

(刘俊杰)

2018年山川乡各村基本情况一览表

表23

村 名	村民小组数(个)	户 数(户)	总人口(人)	劳动力(个)	总面积(亩)	村级集体经济总收入(万元)	人 均纯收入(元)	书 记	主 任
山川村	11	405	1410	975	6.69	146	35709	钟炳鑫	潘士华
高家堂村	9	241	865	535	6.49	139	38138	—	潘小众
马家弄村	7	241	872	610	8.82	112	38291	沈广宏	李建明
大里村	6	357	1133	712	8.39	260	36293	应忠东	宣志强
船村村	7	287	1012	684	10.55	135	34990	方 丹	赵正平
九亩村	3	112	402	276	5.78	34	34030	管祥德	林国华
合 计	43	1643	5694	3792	46.72	826	217451	—	—

说 明

1. 本索引采用主题分析方法，按主题词首字拼音字母顺序和音序排列，首字相同，则按第二字的音序排列，以此类推。

2. 阿拉伯数字、外文字母开头的词，以词中第一个中文字开始排序。

3. 本年鉴的文献特载、大事记、附录的内容及插图不做索引。

A

D

E

F

G

H

J

N

P

Q

R

S

T

W

X

Y

Z

数字开头